Nav. 12-14 Planspieltage

Speth
(Hrsg.)

Berufsfachliche Kompetenz Industrie
Betriebswirtschaft
2. und 3. Schuljahr

Ausgabe Baden-Württemberg

W0002175

Speth
(Hrsg.)

Berufsfachliche Kompetenz Industrie
Betriebswirtschaft
2. und 3. Schuljahr
Ausgabe Baden-Württemberg

Merkur
Verlag Rinteln

Wirtschaftswissenschaftliche Bücherei für Schule und Praxis
Begründet von Handelsschul-Direktor Dipl.-Hdl. Friedrich Hutkap †

Herausgeber:
Dr. Hermann Speth

Verfasser:

Dr. Hermann Speth, Dipl.-Hdl., Wangen im Allgäu

Hartmut Hug, Dipl.-Hdl., Argenbühl

Hans-Jürgen Hahn, Dipl.-Hdl., Balingen

Gernot B. Hartmann, Dipl.-Hdl., Emmendingen

Friedrich Härter, Dipl.-Volkswirt, Sexau

Fast alle in diesem Buch erwähnten Hard- und Softwarebezeichnungen sind eingetragene Warenzeichen.

Das Werk und seine Teile sind urheberrechtlich geschützt. Jede Nutzung in anderen als den gesetzlich zugelassenen Fällen bedarf der vorherigen schriftlichen Einwilligung des Verlages. Hinweis zu § 52a UrhG: Weder das Werk noch seine Teile dürfen ohne eine solche Einwilligung eingescannt und in ein Netzwerk eingestellt werden. Dies gilt auch für Intranets von Schulen und sonstigen Bildungseinrichtungen.

* * * * *

5. Auflage 2012

© 2007 by MERKUR VERLAG RINTELN

Gesamtherstellung:
MERKUR VERLAG RINTELN Hutkap GmbH & Co. KG, 31735 Rinteln

E-Mail: info@merkur-verlag.de
            lehrer-service@merkur-verlag.de
Internet: www.merkur-verlag.de

Umschlagfoto: Festo AG & Co.

ISBN 978-3-8120-**0558-6**

Vorwort

Auf der Grundlage des Rahmenlehrplans für den Ausbildungsberuf Industriekaufmann/ Industriekauffrau hat das Land Baden-Württemberg einen neuen Lehrplan erstellt, der seit dem Schuljahr 2008/2009 in Kraft ist. Dieses Schulbuch deckt die Lerninhalte des 2. und 3. Schuljahres für den Schwerpunkt Betriebswirtschaft ab.

Zwei Schwerpunkte kennzeichnen den neuen Lehrplan. Zum einen werden die betriebswirtschaftlichen Inhalte in Lernfelder gegliedert, die sich an den Geschäftsprozessen eines Industriebetriebs ausrichten, und zum anderen wird die Bearbeitung von Projekten unter Einsatz einer integrierten Unternehmenssoftware gefordert. Beide Schwerpunkte stellen hohe Anforderungen an Lehrer und Schüler. Das vorliegende Lehrbuch möchte dazu beitragen, dass diese Anforderungen erfolgreich bewältigt werden können.

Für Ihre Arbeit mit dem Lehrbuch möchten wir Sie auf Folgendes hinweisen:

- Die vorliegende Neuauflage enthält Aktualisierungen des Datenmaterials (z.B. die Rechengrößen der Sozialversicherung für das Jahr 2012) und redaktionelle Verbesserungen. Der parallele Einsatz dieser Auflage mit der vorangegangenen Auflage ist ohne Probleme möglich.

- Jedem Lernfeld ist eine Übersicht vorangestellt, die die Geschäftsprozesse mit der dazugehörigen betriebswirtschaftlichen Fachsystematik verknüpft (z.B. S. 79).

- Es werden zwei Projekte angeboten, die mit einer integrierten Unternehmenssoftware zu bearbeiten sind. Als Software wird jeweils „Microsoft Dynamics NAV®" eingesetzt.

- Die Lernbereiche Geschäftsprozesse und Steuerung und Kontrolle werden über Textverweise eng miteinander verzahnt.

- Zentrales Prinzip bei der Behandlung der betriebswirtschaftlichen Lerninhalte ist, fachsystematische mit prozessorientierten Elementen zu verknüpfen.

- Zahlreiche Abbildungen, Schaubilder, Beispiele, Begriffschemata, Gegenüberstellungen und Zusammenfassungen erhöhen die Anschaulichkeit und Einprägsamkeit der Informationen.

- Fachwörter, Fachbegriffe und Fremdwörter werden grundsätzlich im Text oder in Fußnoten erklärt.

- Bei der Behandlung wichtiger Gesetze werden die Paragrafen angegeben, um Ihnen die selbstständige Arbeit bei der Lösung von Rechtsfragen zu erleichtern. Die Abkürzungen und die genauen Bezeichnungen der Gesetze finden Sie auf der S. 508 dieses Buchs.

- Bei den Berufs- und Personenbezeichnungen wurde auf die Differenzierung zwischen männlicher und weiblicher Form verzichtet. Es soll an dieser Stelle jedoch ausdrücklich erwähnt werden, dass bei der Nennung sowohl männliche als auch weibliche Berufs- und Personengruppen gemeint sind.

- Ein ausführliches Stichwortverzeichnis hilft Ihnen, Begriffe und Erläuterungen schnell aufzufinden.

- Für die Inhalte des 1. Schuljahres steht ein Grundband zur Verfügung, auf dem dieses Lehrbuch aufbaut (Merkur Verlag, ISBN 978-3-8120-0555-5).

Wir wünschen uns eine gute Zusammenarbeit mit allen Benutzern dieses Buches und sind Ihnen für jede Art von Anregungen und Verbesserungsvorschlägen dankbar.

Die Verfasser

Inhaltsverzeichnis

Teil 1: Betriebswirtschaftliche Inhalte der Lernfelder 2, 3, 4, 5 und 6

Fortführung Lernfeld 2: Leistungserstellungsprozesse planen, steuern und kontrollieren

7	Produktions-Controlling	15
7.1	Grundlagen	15
7.1.1	Begriff Controlling	15
7.1.2	Aufgaben des Controllings	16
7.1.3	Arten des Controllings	16
7.2	Aufgaben des Produktions-Controllings	18
7.3	Zusammenhang zwischen Beschäftigungsänderungen und Kostenentwicklung	20
7.3.1	Normalbeschäftigung und Beschäftigungsgrad	20
7.3.2	Gliederung der Kosten unter dem Gesichtspunkt ihres Verhaltens bei Veränderung der Beschäftigung	21
7.3.2.1	Kostenverläufe bei fixen Kosten	21
7.3.2.2	Kostenverläufe bei variablen Kosten	23
7.3.2.3	Mischkosten	25
7.3.2.4	Kostenremanenz	26
7.3.3	Kritische Kostenpunkte	28
7.3.4	Einfluss der Fertigungsverfahren auf die Kosten	32
7.3.4.1	Grundsätzliches	32
7.3.4.2	Beispiel für die Auswirkungen von Kostenverschiebungen	33
7.4	Betriebliche Kennzahlen der Leistungserstellung	37
7.4.1	Produktivität	37
7.4.2	Wirtschaftlichkeit	38
7.4.3	Rentabilität	39
7.4.4	Kennzahlen zur Beurteilung der Prozessqualität	39
7.5	Rationalisierung	42
7.5.1	Begriff, Anlässe und Ziele der Rationalisierung	42
7.5.2	Einzelmaßnahmen der Rationalisierung	44
7.5.2.1	Ersatz unwirtschaftlicher Anlagen	44
7.5.2.2	Standardisierung (partielle Massenfertigung)	44
7.5.2.3	Eigenfertigung oder Fremdbezug (Make or Buy)	49
7.5.3	Ganzheitliche Rationalisierungskonzepte	52
7.5.3.1	Just-in-time-Konzeption	52
7.5.3.2	Lean Production	53
7.5.3.3	Integrierte Aufgabendurchführung mithilfe elektronischer Informations- und Kommunikationssysteme am Beispiel des CIM-Konzepts	57
7.6	Qualitätsmanagement	61
7.6.1	Entwicklung des Qualitätsgedankens und die Notwendigkeit eines Qualitätsmanagements	61
7.6.2	Begriffe Qualität und Qualitätsmanagement	63
7.6.3	Zielkonflikt zwischen Qualität, Zeitbedarf und Kosten sowie dessen Lösung	64
7.6.4	Maßnahmen für ein Qualitätsmanagement	65
7.6.4.1	Normenreihe DIN EN ISO 9000:2008ff.	65
7.6.4.2	Konzept des Total Quality Managements (TQM)	69
7.6.4.3	Kontinuierlicher Verbesserungsprozess (KVP) – Kaizen	71
7.6.4.4	Betriebliches Vorschlagswesen	73

Lernfeld 3: Beschaffungsprozesse planen, steuern und kontrollieren

1	**Ziele der Beschaffung (Materialwirtschaft)**	76
2	**Einbettung der Beschaffungsprozesse in das Gesamtsystem betrieblicher Geschäftsprozesse**	77
3	**Beschaffungsmarktforschung (Beschaffungs-Marketing)**	78
3.1	Wertschöpfung mithilfe der Beschaffung	78
3.2	Begriff Beschaffungsmarktforschung	80
3.3	Informationen über Lieferer	80
3.4	Informationsquellen	83
4	**Beschaffungsplanung**	85
4.1	Aufgaben der Beschaffungsplanung	85
4.2	Bedarfsplanung	86
4.2.1	Begriff Bedarfsplanung	86
4.2.2	Kriterien für die Materialauswahl	86
4.2.3	ABC- und XYZ-Analyse	88
	4.2.3.1 ABC-Analyse	88
	4.2.3.2 XYZ-Analyse	91
4.2.4	Mengenplanung	94
4.2.5	Zeitplanung	96
4.3	Materialbereitstellungsverfahren	100
4.3.1	Bedarfsdeckung durch Vorratshaltung	100
4.3.2	Bedarfsdeckung ohne Vorratshaltung	101
5	**Liefererauswahl**	104
5.1	Grundsätzliches	104
5.2	Einfaktorenvergleich mit Bezugskalkulation	104
5.3	Mehrfaktorenvergleich (Scoring-Modell)	105
6	**Beschaffungsprozesse durchführen**	110
6.1	Grundsätzliches	110
6.2	Bestellung	110
6.3	Kontrolle des Wareneingangs	110
6.4	Zahlung des Kaufpreises	111
6.5	Unternehmenstypische Formen des Zahlungsverkehrs	113
6.5.1	Überblick über die Geld- und Zahlungsarten	113
6.5.2	Bargeldlose (unbare) Zahlung	115
	6.5.2.1 Eröffnung eines Girokontos	115
	6.5.2.2 Überweisung	116
	6.5.2.3 Lastschriftverfahren	119
	6.5.2.4 Zahlungen mit der Bankkarte	120
	6.5.2.5 Kreditkarte	123
	6.5.2.6 Onlinebanking (Homebanking)	124
	6.5.2.7 Zahlungsformen beim E-Commerce	125
	6.5.2.8 Vorteile der bargeldlosen Zahlung	126
6.6	Besondere Buchungen bei der Beschaffung von Werkstoffen und Handelswaren	129
6.6.1	Buchungsmethoden und die Grundbuchungen bei der Beschaffung von Werkstoffen und Handelswaren	129
6.6.2	Besondere Geschäftsvorfälle bei der Beschaffung von Werkstoffen und Handelswaren	131
	6.6.2.1 Buchhalterische Behandlung von Sofortnachlässen	131
	6.6.2.2 Buchung der Bezugskosten	132
	6.6.2.3 Rücksendungen an den Lieferer	134
	6.6.2.4 Gutschriften und Preisnachlässe von Lieferern	137

6.7	Lieferungsverzug (Nicht-Rechtzeitig-Lieferung) als Leistungsstörung im Rahmen des Beschaffungsprozesses	145
6.7.1	Begriff und Voraussetzungen des Lieferungsverzugs	145
6.7.2	Rechte des Käufers	147
7	**Beschaffungs-Controlling**	152
7.1	Lagerhaltungskosten und Lagerrisiken	152
7.1.1	Funktionen und Arten des Lagers	152
7.1.1.1	Funktionen des Lagers	152
7.1.1.2	Arten des Lagers	152
7.1.2	Bestandsoptimierung in der Lagerhaltung auf der Basis von Lagerkennzahlen	154
7.1.2.1	Arten der Lagerhaltungskosten	154
7.1.2.2	Festlegung von Mindest- und Meldebeständen	155
7.1.2.3	Berechnung von Lagerkennzahlen	156
7.1.3	Risiken einer fehlerhaften Lagerplanung	159
7.2	Moderne Logistikkonzepte	162
7.2.1	Begriff und Aufgaben der Logistik	162
7.2.2	Materialfluss im Unternehmen	163
7.2.3	Strategien der Lagerbewirtschaftung (Lagerorganisation)	163
7.2.4	Bedeutung der Logistik	165
7.2.5	Möglichkeiten der Prozessoptimierung	165

Lernfeld 4: Absatzprozesse planen, steuern und kontrollieren

1	**Einbettung der Absatzprozesse in das Gesamtsystem betrieblicher Geschäftsprozesse**	169
2	**Marketing**	171
2.1	Grundlagen, Ziele und Aufgaben des Marketings	171
2.1.1	Grundlagen des Marketings	171
2.1.2	Marketingziele	172
2.1.3	Aufgaben des Marketings	175
2.2	Marktforschung	176
2.2.1	Begriff Marktforschung, Gebiete der Marktforschung und die Träger der Marktforschung	176
2.2.2	Methoden der Marktforschung	178
2.2.3	Marktgrößen	179
2.3	Produktpolitik	185
2.3.1	Überblick	185
2.3.2	Konzept des Produkt-Lebenszyklus	186
2.3.3	Portfolio-Analyse	190
2.3.3.1	Konzept der Portfolio-Analyse und -Planung	190
2.3.3.2	Marktwachstum-Marktanteil-Portfolio	191
2.3.4	Entscheidungen zum Produktprogramm	195
2.3.4.1	Überblick	195
2.3.4.2	Produktinnovation	195
2.3.4.3	Produktmodifizierung (Produktvariation)	198
2.3.4.4	Produkteliminierung	198
2.3.5	Produktmix	199
2.3.6	Anbieten von Sekundärdienstleistungen	200

9

2.4	Kontrahierungspolitik (Entgeltpolitik)	204
2.4.1	Begriffe Preispolitik und Preisstrategien	204
2.4.2	Preisstrategien	205
2.4.3	Preispolitik	206
2.4.3.1	Ziele der Preispolitik	206
2.4.3.2	Arten der Preispolitik	206
2.4.3.2.1	Kostenorientierte Preispolitik	206
2.4.3.2.2	Abnehmerorientierte (nachfrageorientierte) Preispolitik	207
2.4.3.2.3	Wettbewerbsorientierte (konkurrenzorientierte) Preispolitik	211
2.4.3.2.4	Marktorientierte Preisbildung am Beispiel Target Costing	212
2.4.4	Lieferbedingungen	216
2.4.5	Finanzdienstleistungen	216
2.5	Kommunikationspolitik	220
2.5.1	Werbung	220
2.5.1.1	Begriff Werbung und die Grundsätze der Werbung	220
2.5.1.2	Werbeplanung	221
2.5.1.3	Werbeerfolgskontrolle	224
2.5.1.4	Bedeutung der Werbung	226
2.5.2	Verkaufsförderung	227
2.5.3	Public Relations (Öffentlichkeitsarbeit)	228
2.5.4	Neuere Formen der Kommunikationspolitik	229
2.6	Distributionspolitik	233
2.6.1	Begriff und Aufgabe der Distributionspolitik	233
2.6.2	Absatzorgane	233
2.6.2.1	Werkseigener Absatz	233
2.6.2.2	Werksgebundener Absatz	237
2.6.2.3	Ausgegliederter Absatz	240
2.6.2.3.1	Handelsvertreter	240
2.6.2.3.2	Kommissionär	242
2.6.3	Absatzorganisation	244
2.6.3.1	Äußere Organisation des Absatzes (Absatzwege)	244
2.6.3.2	Innere Organisation des Absatzes	245
2.6.4	Absatzlogistik	246
2.6.4.1	Begriff und Aufgaben der Logistik	246
2.6.4.2	Grundlegendes zur Absatzlogistik	246
2.6.4.3	Outsourcing von Logistikleistungen	247
2.7	Entwicklung eines Marketingkonzepts (Marketing-Mix)	253
3	**Marketing-Controlling**	256
3.1	Aufgaben und Gegenstand des Marketing-Controllings	256
3.2	Instrumente des Marketing-Controllings	257
3.2.1	Überblick	257
3.2.2	Soll-Ist-Vergleiche	257
3.2.3	Kennzahlenanalyse	260
3.2.3.1	Aufgaben der Kennzahlenanalyse	260
3.2.3.2	Erfolgskennzahlen als Beispiel für Kennzahlen des Marketing-Controllings	260

Führungsmethoden Personal

Lernfeld 5: Personalwirtschaftliche Aufgaben wahrnehmen

1	**Einbettung der Personalwirtschaft in das Gesamtsystem betrieblicher Geschäftsprozesse**	**264**
2	**Begriff, Ziele und Aufgaben der Personalwirtschaft**	**266**
2.1	Ziele der Personalwirtschaft	266
2.2	Aufgaben der Personalwirtschaft	266
3	**Personalbedarfsplanung**	**268**
3.1	Begriffe Personalbedarfsplanung, Personalbedarf und die Arten des Personalbedarfs	268
3.2	Quantitative Personalbedarfsplanung	269
3.3	Qualitative Personalbedarfsplanung	270
4	**Personalbeschaffungsplanung** *intern + extern, Vor- Nachteil*	**272**
4.1	Aufgaben der Personalbeschaffungsplanung	272
4.2	Personalbeschaffungswege	272
5	**Personalbeschaffung**	**275**
5.1	Personalauswahl und Personaleinstellung	275
5.2	Rechtsrahmen des Arbeitsverhältnisses	277
5.2.1	Arbeitsvertrag	277
5.2.2	Tarifvertragliche Regelungen	280
5.2.3	Betriebsvereinbarung	282
5.3	Betriebliche Vollmachten	286
5.3.1	Begriffe Delegation und Vollmacht	286
5.3.2	Gesetzlich geregelte Vollmachten	286
5.3.2.1	Handlungsvollmacht	286
5.3.2.2	Prokura	288
5.3.3	Gesetzlich nicht geregelte Vollmachten	289
6	**Personaleinsatzplanung**	**292**
6.1	Aufgaben der Personaleinsatzplanung	292
6.2	Quantitative und qualitative Personaleinsatzplanung	292
6.3	Zeitliche Personaleinsatzplanung	293
6.3.1	Aufgaben der zeitlichen Personaleinsatzplanung	293
6.3.2	Flexible Arbeitsgestaltung (Arbeitszeitmodelle)	293
6.3.2.1	Begriff und Ziele der Arbeitszeitflexibilisierung	293
6.3.2.2	Überblick über Arbeitszeitmodelle	295
7	**Personalführung**	**298**
7.1	Begriffe Leitung und Führung sowie die Grundlagen der Personalführung	298
7.2	Motivierung der Mitarbeiter	299
7.2.1	Begriffe Motivation und Motivationstheorie	299
7.2.2	Zwei-Faktoren-Theorie von Herzberg	300
7.2.3	Grundsätze der Personalführung	301
7.3	Führungsstile	301
7.4	Führungsmethoden	302
7.5	Mitarbeitergespräche	303
8	**Personalentwicklung**	**305**
8.1	Begriff Personalentwicklung und Überblick über Maßnahmen zur Personalentwicklung	305
8.2	Maßnahmen zur Personalentwicklung	306
8.2.1	Personalbildung	306
8.2.2	Personalförderung	307
8.2.3	Arbeitsstrukturierung	308

Management by Y-) Führungsmethode

3 Wissen

9	**Personalbeurteilung**	310
9.1	Ziele und Kriterien der Personalbeurteilung	310
9.2	Beurteilungsformen	310
9.3	Zweck, Häufigkeit und Träger der Personalbeurteilung	312
9.4	Datenschutz	312
10	**Personalentlohnung**	314
10.1	Arbeitsstudien	314
10.1.1	Begriff und Notwendigkeit der Arbeitsstudien	314
10.1.2	Arbeitszeitstudien	315
10.1.2.1	Begriff Normalleistung	315
10.1.2.2	Ermittlung der Normalzeit mithilfe einer REFA-Zeitaufnahme	315
10.1.3	Arbeitswertstudien	320
10.1.3.1	Begriff Arbeitswertstudien	320
10.1.3.2	Methoden der Arbeitsbewertung	320
10.1.3.3	Bedeutung der Arbeitsbewertung	324
10.2	Entlohnungssysteme	327
10.2.1	Überblick	327
10.2.2	Zeitlohn	327
10.2.3	Akkordlohn	328
10.2.3.1	Voraussetzungen für die Entlohnung nach Akkordlohn	328
10.2.3.2	Einzelakkord	328
10.2.3.3	Gruppenakkord	331
10.2.4	Prämienlohn	331
10.3	Lohn- und Gehaltsbuchungen	336
10.3.1	Aufbau der Lohn- und Gehaltsabrechnung	336
10.3.2	Berechnung der Lohnsteuer, des Solidaritätszuschlags und der Kirchensteuer	337
10.3.3	Berechnung der Sozialversicherungsbeiträge	339
10.3.4	Buchung von Personalaufwendungen	342
11	**Personalfreisetzung**	347
11.1	Notwendigkeit von Personalfreisetzungen	347
11.2	Kündigung	348
11.2.1	Begriff Kündigung	348
11.2.2	Arten der Kündigung	348
11.2.3	Kündigungsschutz	350
11.3	Arbeitsgerichtsbarkeit	351
12	**Bewältigung von Konfliktsituationen der Arbeitnehmer**	355
12.1	Betriebsverfassung und Unternehmensverfassung	355
12.2	Betriebsrat	355
12.3	Weitere Organe nach dem Betriebsverfassungsgesetz	358
12.4	Unmittelbare Rechte der Belegschaftsmitglieder nach dem Betriebsverfassungsgesetz	358
12.5	Betriebsvereinbarung	359
13	**Personal-Controlling**	361
13.1	Operatives und strategisches Personal-Controlling	361
13.1.1	Grundsätzliches	361
13.1.2	Operatives Personal-Controlling	362
13.1.3	Strategisches Personal-Controlling	363
13.2	Erfassung und Aufbereitung von Personaldaten	364
13.2.1	Personalakte	364
13.2.2	Personalinformationssystem und Personalstatistik	365
13.2.2.1	Personalinformationssystem	365
13.2.2.2	Personalstatistik	366

Lernfeld 6: Investitions- und Finanzierungsprozesse planen

1	**Einbettung der Investitions- und Finanzierungsprozesse in das Gesamtsystem betrieblicher Geschäftsprozesse**	368
2	**Zusammenhang zwischen Investition und Finanzierung**	370
3	**Investitionsplanung**	371
3.1	Investitionsanlässe und Investitionsarten	371
3.2	Verfahren der Investitionsrechnung	373
3.2.1	Grundsätzliches	373
3.2.2	Einsatz statischer Verfahren der Investitionsrechnung zum Vergleich von Investitionsalternativen	374
3.2.2.1	Begriff und Arten der statischen Verfahren	374
3.2.2.2	Kostenvergleichsrechnung	375
3.2.2.3	Gewinnvergleichsrechnung	376
3.2.2.4	Rentabilitätsrechnung	377
3.2.2.5	Amortisationsrechnung	378
3.2.2.6	Kritische Anmerkungen zu den statischen Verfahren der Investitionsrechnung	379
4	**Finanzierungsplanung**	381
4.1	Finanzierungsanlässe	381
4.2	Kapitalbedarfsermittlung	381
4.3	Finanzplan	384
5	**Langfristige Finanzierungsmöglichkeiten**	387
5.1	Übersicht über die Finanzierungsarten	387
5.2	Formen der Außenfinanzierung	389
5.2.1	Beteiligungsfinanzierung	389
5.2.1.1	Begriffsklärungen	389
5.2.1.2	Beteiligungsfinanzierung am Beispiel der KG	389
5.2.1.3	Beteiligungsfinanzierung am Beispiel der GmbH	391
5.2.2	Darlehensfinanzierung als Beispiel für eine langfristige Fremdfinanzierung durch Banken	392
5.2.2.1	Begriff Fremdfinanzierung (Kreditfinanzierung)	392
5.2.2.2	Bankdarlehen	393
5.2.3	Industrieobligation als Beispiel für einen Kapitalmarktkredit	400
5.2.3.1	Begriff und Arten des Kapitalmarkts	400
5.2.3.2	Industrieobligation	400
5.2.4	Leasing	403
5.2.4.1	Begriff und Wesen des Leasings	403
5.2.4.2	Möglichkeiten der Vertragsgestaltung	403
5.2.4.3	Rechnerischer Vergleich von Leasing und Kreditfinanzierung	405
5.2.4.4	Beurteilung des Leasings	407
5.2.5	Factoring	407
5.2.6	Beurteilung der Fremdfinanzierung	409
5.3	Formen der Innenfinanzierung	412
5.3.1	Selbstfinanzierung	412
5.3.1.1	Begriff und Arten der Selbstfinanzierung	412
5.3.1.2	Offene Selbstfinanzierung am Beispiel der KG	412
5.3.1.3	Offene Selbstfinanzierung am Beispiel der GmbH	414
5.3.2	Finanzierung aus freigesetztem Kapital (Finanzierung aus der Abschreibung)	416
5.3.2.1	Mittelfreisetzung durch Vermögensumschichtung	416
5.3.2.2	Finanzierung aus Abschreibungsrückflüssen (Abschreibungsfinanzierung)	417

6	**Kreditsicherung durch Personen und Vermögensgegenstände**	420
6.1	Überblick über Möglichkeiten der Kreditsicherung	420
6.2	Personalkredite	420
6.2.1	Blankokredite	420
6.2.2	Verstärkter Personalkredit	421
	6.2.2.1 Bürgschaftskredit	421
	6.2.2.2 Zessionskredit	422
6.3	Realkredite	423
6.3.1	Überblick	423
6.3.2	Durch bewegliche Sachen gesicherte Kredite	424
	6.3.2.1 Lombardkredit	424
	6.3.2.2 Sicherungsübereignungskredit	425
6.3.3	Durch Grundstücke gesicherte Kredite (Grundkredite)	426
6.4	Finanzierungsgrundsätze	433

Beispiele für die schriftliche Abschlussprüfung im Prüfungsfach: Betriebswirtschaft / Geschäftsprozesse		438
Beispiel 1:	Prüfungsaufgaben Sommer 2005	438
Beispiel 2:	Prüfungsaufgaben Winter 2005/2006	444
Beispiel 3:	Prüfungsaufgabe Sommer 2006	452

Teil 2: Geschäftsprozessorientierte Projekte

1	**Projekt: Leistungserstellungsprozess**	460
1.1	Grundlagen und Basisdaten	460
1.2	Leistungserstellungsprozess auf der Basis eines Kundenauftrages	468
2	**Projekt: Beschaffungsprozess**	486
2.1	Grundlagen und Basisdaten	486
2.2	Beschaffungsprozess auf der Basis eines Kundenauftrages	495

Abkürzungen der Gesetze und Rechtsverordnungen	507
Stichwortverzeichnis	509

Kontenrahmen im Anhang des Buches

Teil 1: Betriebswirtschaftliche Inhalte der Lernfelder 2, 3, 4, 5 und 6

Fortführung Lernfeld 2: Leistungserstellungsprozesse planen, steuern und kontrollieren

7 Produktions-Controlling

7.1 Grundlagen

7.1.1 Begriff Controlling

Der Begriff Controlling ist von dem angelsächsischen Wort „to control" abgeleitet und kann mit steuern, führen und kontrollieren übersetzt werden. Der Ausdruck Controlling darf also nicht dazu verleiten, ihn inhaltlich ausschließlich mit kontrollieren gleichzusetzen.

Merke:

- **Controlling** ist eine Methode, die den Entscheidungs- und Steuerungsprozess von Führungskräften durch die Bereitstellung entsprechender Informationen unterstützt.

- Controlling muss sicherstellen, dass die Unternehmensführung die **Entwicklung von Marktprozessen** frühzeitig aufnimmt und für das **eigene Unternehmen nutzbar** macht.

- Gleichzeitig muss das Controlling darauf achten, eventuelle **Gefahren aus Marktveränderungen** rechtzeitig zu erkennen und deren **negative Auswirkungen vom Unternehmen** abzuwenden.

So übernimmt Controlling z.B. die Gestaltung von Informationssystemen, koordiniert die Planungen der einzelnen organisatorischen Einheiten (z.B. Abteilungen), lässt die Zielerreichung messen, analysiert Abweichungen, diskutiert über Korrekturmaßnahmen und überwacht z.B. die Realisierung von Maßnahmen.

Die Unterstützungsfunktion des Controllings endet mit Analysen, Empfehlungen usw. Die Entscheidung selbst wird letztendlich aber von der Unternehmensführung getroffen.

Neben dieser **funktionalen (aufgabenorientierten) Sichtweise** des Controllingbegriffs kann Controlling auch unter **institutionellem Gesichtspunkt** (Einordnung des Controllings in die Unternehmensorganisation) betrachtet werden.[1] Daneben kann auch die Frage nach den Instrumenten des Controllings aufgeworfen werden (**instrumenteller Gesichtspunkt**).[1]

---

[1] Im Folgenden wird aufgrund des Lehrplans auf die institutionelle und die instrumentelle Betrachtung des Controllings nicht eingegangen.

Merke:

- Unter **funktionaler Betrachtung** ist Controlling eine Methode, durch die Bereitstellung entsprechender Informationen die Unternehmensleitung bei ihren Entscheidungen (ihrer Zielerreichung) zu unterstützen.
- Der **institutionelle Aspekt** des Controllings wirft die Frage auf, wie Controlling in die Unternehmensorganisation einzugliedern ist.
- Unter **instrumenteller Betrachtung** des Controllings ist zu entscheiden, welche Controllinginstrumente zur Erreichung der Unternehmensziele einzusetzen sind.

7.1.2 Aufgaben des Controllings

Bezogen auf die Führungsaufgaben der Unternehmensleitung kommt dem Controlling die **generelle Aufgabe** zu, eine **ergebnisorientierte Planung, Steuerung** und **Überwachung** des Unternehmensgeschehens zu **sichern.** Das setzt voraus, dass das Controlling alle Informationen über das Unternehmensgeschehen erfasst, aufbereitet und koordiniert. Basis für die Informationsgewinnung ist das Rechnungs- und Finanzwesen verbunden mit dem dahinterstehenden betriebswirtschaftlich-technischen Datenmaterial.

Aus dieser generellen Aufgabe leiten sich für das Controlling insbesondere folgende **spezielle Aufgaben** ab:

- Mitwirkung und Mitentscheidung bei der **Planung der Unternehmensziele,** bei der **strategischen und operativen Planung** und deren **Kontrolle,**
- Abwicklung des **Rechnungswesen** (Durchführung der Kosten- und Leistungsrechnung, Buchhaltung, Jahresabschluss, Steuerwesen),
- Erstellung **ergebnisorientierter Informationen** für die Führungskräfte auf allen Ebenen,
- Mitgestaltungsrecht bei Fragen der **Organisation** und der **Informationssysteme.**

Controlling umfasst also Dienstleistungs- bzw. Beratungsaufgaben sowie Entscheidungsaufgaben bezogen auf das gesamte Unternehmen, Unternehmensbereiche, Aufgabenbereiche, Produkte und Projekte, und zwar auf allen organisatorischen Ebenen.

7.1.3 Arten des Controllings

Der Controllingbereich lässt sich unter verschiedenen Gesichtspunkten betrachten und aufgliedern. Im Folgenden beschränken wir uns auf die Gliederung des Controllings nach dem **Gesichtspunkt des Zeithorizonts** und nach der **betrieblichen Funktion (Aufgabe).**

(1) Gliederung des Controllings unter dem Gesichtspunkt des Zeithorizonts

■ Operatives Controlling

Das operative Controlling bezieht sich auf einen kurz- bis mittelfristigen Zeitraum und operiert mit messbaren Daten, d.h. mit Mengen- und/oder Wertgrößen. Es ist sowohl vergangenheits-, gegenwarts- als auch zukunftsbezogen. Durch Sicherung von Liquidität, Rentabilität und Wirtschaftlichkeit soll die Lebensfähigkeit des Unternehmens gewährleistet werden. Daten der Vergangenheit werden teilweise auch in Planvorgaben für die naheliegende Zukunft transformiert.

■ **Strategisches Controlling**

Das strategische Controlling ist auf die langfristige Existenzsicherung des Unternehmens bedacht. Dazu reicht eine an kurzfristigem Gewinnstreben orientierte Unternehmensführung nicht aus.

Im Gegensatz zum operativen Controlling, das stärker mit den im Unternehmen entwickelten Mengen- und Wertgrößen operiert, ist das strategische Controlling mehr nach außen gerichtet und verzichtet auf messbare Daten. Es bezieht rechtliche, politische und wirtschaftliche Entwicklungen in die Überlegungen ein und ist in zeitlicher Hinsicht völlig offen. So werden z.B. die Entwicklungen auf dem Gebiet des Umweltschutzes verfolgt, um frühzeitig umweltfreundliche Produkte in das Produktprogramm aufnehmen zu können.

Dem strategischen Controlling fällt die Aufgabe zu, im Hinblick auf eine dauerhafte Existenzsicherung des Unternehmens Chancen und Risiken für das Unternehmen abzuschätzen. Die Stärken und Schwächen des Unternehmens sind herauszustellen, um darauf aufbauend Risiken und Chancen abzuwägen und entsprechende Maßnahmen zur Begünstigung der Stärken und zur Behebung der Risiken einzuleiten.

(2) Gliederung des Controllings nach dem Gesichtspunkt der betrieblichen Funktion (Bereichs-Controlling)

Unter dem Gesichtspunkt wichtiger betrieblicher Funktionen unterscheidet man folgende Arten des Bereichs-Controllings:

Bereiche	Gegenstand
Beschaffungs-Controlling	Es ist auf jene Marktaktivitäten ausgerichtet, die sich auf die Bereitstellung der Einsatzgüter beziehen.
Marketing-Controlling	Es bezieht sich auf jene Marktaktivitäten, die der Verwertung der Unternehmensprodukte dienen.
Produktions-Controlling	Es ist insbesondere ausgerichtet auf das Kostenverhalten, die Produktivitäts- und Wirtschaftlichkeitsentwicklung sowie das Qualitätsmanagement.
Personal-Controlling	Es befasst sich mit dem Aufbau und der Entwicklung der Personalkosten und entwickelt Grundlagen für Personalentscheidungen.

Zusammenfassung

■ Der **Begriff Controlling** kann **aufgabenorientiert** (Controlling als Methode), aus **institutioneller Sicht** (Controlling z.B. als Abteilung) oder **instrumentell** (Einsatz von Controllinginstrumenten) betrachtet werden.

■ **Generelle Aufgabe des Controllings** ist es, die Geschäftsleitung bei der Steuerung des Unternehmens durch Beschaffung und Aufbereitung von Informationen, durch Koordinieren, Analysieren und Kontrollieren zu unterstützen. Hierfür werden die Informationen so aufbereitet, dass eine ergebnisorientierte Führung des Unternehmens möglich wird.

- Die **speziellen Aufgaben des Controllings** betreffen insbesondere die Planungs- und Kontrollrechnung, das Rechnungswesen als Dokumentationsrechnung, die Erstellung ergebnisorientierter Informationen, Gestaltungsaufgaben bezogen auf Informationssysteme und Organisationsfragen.

- Unter dem Gesichtspunkt **wichtiger betrieblicher Funktionen** unterscheidet man z. B.:
  - Beschaffungs-Controlling,
  - Marketing-Controlling,
  - Produktions-Controlling,
  - Personal-Controlling.

- Unter dem Gesichtspunkt des **Zeithorizonts** (des Planungszeitraums) unterscheidet man:
  - **operatives Controlling** (kurzfristiger Planungszeitraum) und
  - **strategisches Controlling** (langfristige, existenzsichernde Planungsperspektive).

Übungsaufgabe

1
1. Geben Sie in einer allgemein gehaltenen Kurzfassung an, was man unter dem Begriff Controlling versteht!

2. Nennen Sie verschiedene Arten des Controllings:
   2.1 unter dem Gesichtspunkt der Unternehmensfunktionen,
   2.2 unter dem Gesichtspunkt des Zeithorizonts!

3. Nennen Sie einige Merkmale, durch die sich das operative Controlling vom strategischen Controlling unterscheidet!

7.2 Aufgaben des Produktions-Controllings

(1) Generelle und fallbezogene Aufgaben des Produktions-Controllings

Die **generelle Aufgabe des Controllings** besteht darin, die betrieblichen Informationen so aufzubereiten und anschließend bereitzustellen, dass die Unternehmensleitung das **gesamte Unternehmensgeschehen ergebnisorientiert planen, steuern** und **überwachen** kann. Die Informationen gewinnt das Controlling aus dem Zahlenwerk des Rechnungs- und Finanzwesens sowie aus einer speziell angelegten technisch-betriebswirtschaftlichen Daten-, Modell- und Wissensbank. Das **Produktions-Controlling** ist **Teil des Gesamt-Controllings** und hat daher dessen Aufgaben durch Informationen aus dem Bereich der Produktionswirtschaft zu unterstützen.

- Die **generelle Aufgabe** des **Produktions-Controllings** besteht darin, die Informationen aus dem Leistungserstellungsprozess so aufzubereiten und anschließend bereitzustellen, dass die Unternehmensleitung den **Entstehungsprozess von Produkten ergebnisorientiert planen, steuern** und **überwachen** kann. Ihre Informationen gewinnt das Produktions-Controlling insbesondere aus der Kostenrechnung und der Investitionsrechnung sowie aus der Aufbereitung technischer Daten.

- Aus den generellen Aufgaben lassen sich sodann **spezielle Aufgaben** des **Produktions-Controllings** ableiten.

Aufgaben des Produktions-Controllings	Beispiele
Regelmäßige Aufgaben	Mitarbeit bei der kurz- und mittelfristigen Produktprogrammplanung, der Materialbedarfsplanung, der Produktionsprozessplanung und -kontrolle (z.B. Terminüberwachung, Kapazitätsbelegungs-, Materialeinsatz- sowie Instandhaltungsplanung und -kontrolle) sowie bei der Budgetplanung und Kontrolle des Produktionsbereichs.
Aufgaben von Fall zu Fall	Die Auswahl, Einführung und Weiterentwicklung eines Planungs-, Steuerungs- und Kontrollsystems, die Beurteilung von technischen Investitionen, die Mitarbeit bei Fragen der Betriebsorganisation (z.B. Arbeits- und Betriebszeitregelungen) sowie die Begleitung spezifischer Maßnahmen im Produktionsbereich (z.B. Verlegung eines Standorts, Einführung eines neuen Fertigungsverfahrens).

(2) Überblick über die Maßnahmen zur Umsetzung des Produktions-Controllings

Das Produktions-Controlling lässt sich prinzipiell durch zwei Gruppen von **Controllingmaßnahmen** umsetzen:

- Zum einen durch die **Festlegung von Erfolgsmaßstäben** und deren Überprüfung durch direkt zahlenmäßig **messbare Kennziffern**. Eine Auswahl wichtiger Kennziffern und deren Zielsetzung enthält die nachfolgende Tabelle.

Zielsetzung	Kennziffern (Auswahl)
Optimierung des Leistungserstellungsprozesses (prozessorientierte Informationen).	Dauer der Durchlaufzeit der Aufträge, Rüstzeiten je Auftrag, Losgrößen je Auftrag, Auslastung der eingerichteten Arbeitsplätze.
Aussagen über die erzielte Produktivität.	Arbeitsproduktivität, Materialproduktivität, Betriebsmittelproduktivität.
Verzinsung des eingesetzten Kapitals bzw. Aussagen über die Wirtschaftlichkeit der erbrachten Leistungen.	Kapitalrentabilität, Umsatzrentabilität, Lagerkapazitätsauslastung, Verbrauchs- und Beschäftigungsabweichungen, Wirtschaftlichkeitsvergleich zweier Produktreihen.
Ermittlung von Kosten für Qualitätssicherungsmaßnahmen.	Stör- und Ausfallzeiten nach Dauer und Ursachen an den einzelnen Arbeitsplätzen, Fehlerkosten, Kosten für Qualitätssicherungsmaßnahmen im Verhältnis zu den Produktionskosten.
Aussagen über die verursachten Kosten durch Betriebsstörungen und -unterbrechungen.	Stillstandskosten im Verhältnis zu den gesamten Produktionskosten, Wiederanlaufkosten je Maschine im Verhältnis zur Maschinenlaufzeit pro Jahr.

- Zum anderen können Controllingmaßnahmen darauf abzielen, **Soll-Ist-Vergleiche von Kennziffern** vorzunehmen, deren **Abweichungen zu analysieren** und gegebenenfalls **Verbesserungsvorschläge** zu unterbreiten.[1]

Von den angesprochenen Controllingmaßnahmen in der Produktionswirtschaft werden im Folgenden dargestellt: Zusammenhänge zwischen Beschaffungsänderungen und Kostenentwicklung (Kapitel 7.3), Auswertung betrieblicher Kennzahlen (Kapitel 7.4), Rationalisierung (Kapitel 7.5), Qualitätsmanagement (Kapitel 7.6).

---

[1] Eine konsequente Weiterentwicklung der Soll-Ist-Vergleiche ist das sogenannte **Benchmarking**. Dabei werden die ermittelten Kennzahlen des eigenen Unternehmens mit denen des besten Konkurrenten verglichen. Ziel ist es, die Entwicklungsrichtung am besten Wettbewerber auszurichten und damit die Leistungslücke zum Branchenführer systematisch zu schließen.

7.3 Zusammenhang zwischen Beschäftigungsänderungen und Kostenentwicklung

7.3.1 Normalbeschäftigung und Beschäftigungsgrad

Jedes Unternehmen ist bezüglich seiner räumlichen, technischen und personellen Ausstattung auf eine bestimmte Leistungsmenge festgelegt. Diese Leistungsmenge je Zeiteinheit (Tag, Monat, Jahr) nennt man **Normalbeschäftigung**.[1] Von der Normalbeschäftigung ist die tatsächliche Beschäftigung zu unterscheiden, die man in einem Prozentsatz zur normalen Beschäftigung angibt. Diesen Prozentsatz nennt man **Beschäftigungsgrad**.

Merke:

- Unter **Normalbeschäftigung** versteht man die Beschäftigung, die unter normalen Verhältnissen bei gegebener Ausstattung erreichbar ist. Sie beträgt 100 %.

- Der **Beschäftigungsgrad** drückt das prozentuale Verhältnis der tatsächlichen Beschäftigung zur Normalbeschäftigung aus.

$$\text{Beschäftigungsgrad} = \frac{\text{tatsächliche Beschäftigung} \cdot 100}{\text{Normalbeschäftigung}}$$

Beispiel:

Die mögliche Leistungsmenge beträgt pro Monat 8000 Stück eines Erzeugnisses. Im Monat Mai betrug die Zahl der tatsächlich hergestellten Menge (erbrachte Leistung) 6000 Stück.

Aufgabe:

Wie viel Prozent beträgt der Beschäftigungsgrad?

Lösung:

$$\text{Beschäftigungsgrad} = \frac{6000 \cdot 100}{8000} = \underline{\underline{75\,\%}}$$

Die Beschäftigung steht in einem engen Zusammenhang mit der Kapazität einer Unternehmung.

Merke:

Die **Kapazität** stellt das Leistungsvermögen bzw. die Leistungsfähigkeit einer Unternehmung dar. Die Beschäftigung ist die Inanspruchnahme der Kapazität.

Die Normalbeschäftigung kann bis zur **technischen Maximalkapazität (Kapazitätsgrenze)** gesteigert werden. Unter **Maximalkapazität** versteht man die technisch bedingte obere Leistungsgrenze eines Betriebs (oder einer Maschine), also die höchste Ausbringung. Daneben gibt es in vielen Betrieben auch eine **Minimalkapazität**. Sie kann aus technischen oder wirtschaftlichen Gründen nicht unterschritten werden, wenn der Betrieb funktionsfähig sein soll (z. B. Mindestgeschwindigkeit eines Fließbands).

---

[1] Normalbeschäftigung setzt voraus, dass die Arbeitskräfte eingearbeitet sind und diese Leistung auf Dauer ohne gesundheitliche Beeinträchtigung erbringen können.

7.3.2 Gliederung der Kosten unter dem Gesichtspunkt ihres Verhaltens bei Veränderung der Beschäftigung

7.3.2.1 Kostenverläufe bei fixen Kosten

Merke:

Fixe Kosten sind Kosten, die sich bei einer Änderung des Beschäftigungsgrades in ihrer absoluten Höhe nicht verändern.

(1) Absolut fixe Kosten

Gesamtbetrachtung. Absolut fixe Kosten verändern sich von der Ausbringungsmenge 0 bis zur Kapazitätsgrenze nicht.

Beispiele:

Miete, Abschreibungen, Gehälter.

Stückbetrachtung. Bezieht man die angefallenen Fixkosten auf ein einzelnes Stück und untersucht, wie sich deren Höhe bei unterschiedlicher Ausbringungsmenge ändert, so ergibt sich folgender Zusammenhang: Erhöht man die Menge an Leistungseinheiten (der Beschäftigungsgrad nimmt zu), dann verteilt sich der konstant hohe Block an Fixkosten auf eine größere Menge, d.h. die Fixkosten pro Stück sinken. Ein sinkender Beschäftigungsgrad hat die entsprechend umgekehrte Wirkung.

$$\text{Fixkosten je Leistungseinheit} = \frac{\text{Fixkosten der Periode}}{\text{Summe der Leistungseinheiten}}$$

Beispiel:

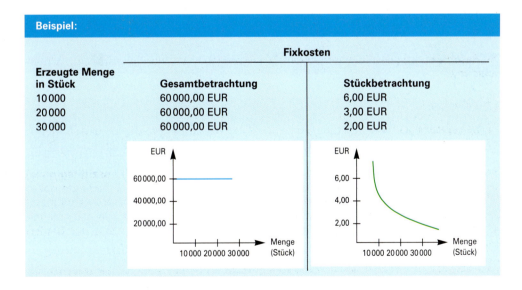

(2) Relativ fixe Kosten (sprungfixe Kosten)

Die relativ fixen Kosten (sprungfixe Kosten) bleiben nur innerhalb einer bestimmten Ausbringungsmenge konstant.

Soll die Produktion gesteigert werden, dann erreicht sie irgendwann einen Punkt, von dem ab sie mit der vorhandenen technischen Ausstattung bzw. den eingestellten Arbeitskräften nicht mehr erhöht werden kann. Es müssen neue Maschinen gekauft, zusätzliche Arbeitskräfte eingestellt und/oder eine neue Fabrikhalle angemietet werden. In diesem Fall erhöhen sich die fixen Kosten sprunghaft. Die zusätzlich entstehenden Kosten nennt man **sprungfixe Kosten (intervallfixe Kosten)**.

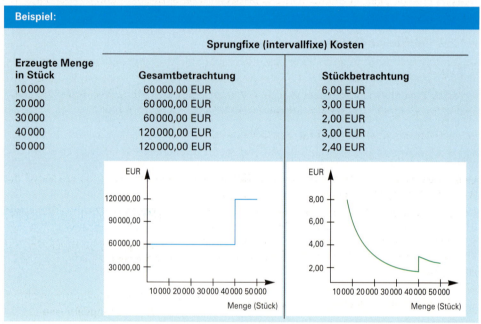

Beispiel:

Sprungfixe (intervallfixe) Kosten

Erzeugte Menge in Stück	Gesamtbetrachtung	Stückbetrachtung
10 000	60 000,00 EUR	6,00 EUR
20 000	60 000,00 EUR	3,00 EUR
30 000	60 000,00 EUR	2,00 EUR
40 000	120 000,00 EUR	3,00 EUR
50 000	120 000,00 EUR	2,40 EUR

Merke:

- In der Gesamtbetrachtung bleiben bestimmte Kosten (die sogenannten Fixkosten) bis zur Kapazitätsgrenze trotz Änderung der Beschäftigung absolut gleich.
- Wird die Kapazitätsgrenze überschritten, springen die bisherigen Fixkosten auf ein neues Niveau.
- Die auf eine Leistungseinheit umgerechneten fixen Kosten verringern sich bei steigender Beschäftigung und erhöhen sich bei rückläufiger Beschäftigung.

(3) Leerkosten

Wird aufgrund geringer Beschäftigung die Kapazität nur teilweise genutzt, gliedern sich die fixen Kosten in Nutzkosten und Leerkosten auf.

- **Nutzkosten** ist der Teil der Fixkosten, der bei gegebener Kapazitätsausnutzung „in Anspruch" genommen wird, d. h. **Fixkosten der genutzten Kapazität**.
- **Leerkosten** sind die **Fixkosten der nicht genutzten Kapazität**.

> **Beispiel:**
>
> In einem Unternehmen betragen die Fixkosten einer Maschine 45 000,00 EUR. Die Kapazität der Maschine ist zu 75 % ausgelastet.
>
> Nutzkosten: $\dfrac{45\,000\ \text{EUR} \cdot 75}{100} = \underline{\underline{33\,750{,}00\ \text{EUR}}}$
>
> Leerkosten: $45\,000{,}00\ \text{EUR} - 33\,750{,}00\ \text{EUR} = \underline{\underline{11\,250{,}00\ \text{EUR}}}$

Die Leerkosten machen deutlich, welcher Anteil der Fixkosten nicht genutzt wird. Unser Beispiel besagt, dass 11 250,00 EUR an Fixkosten für eine Beschäftigungserhöhung noch zur Verfügung stehen.

7.3.2.2 Kostenverläufe bei variablen Kosten

> **Merke:**
>
> **Variable Kosten** sind Kosten, die sich in ihrer absoluten Höhe bei Änderung des Beschäftigungsgrades (Änderung der Ausbringungsmenge) verändern.

Je nach **Art der Kostenänderung** unterscheidet man:

(1) Proportionale Kosten

Gesamtbetrachtung. Die proportionalen Kosten verändern sich im gleichen Verhältnis wie die Ausbringungsmenge.

Stückbetrachtung. Bezieht man die Summe der proportionalen Kosten einer Periode auf eine Leistungseinheit, dann muss der Anteil, der auf eine Leistungseinheit entfällt, bei jeder Beschäftigungshöhe gleich sein.

> **Beispiele:**
>
> Fertigungsmaterial, Fertigungslöhne, Provisionen.

$$\text{Proportionale Kosten je Leistungseinheit} = \frac{\text{Summe der proportionalen Kosten}}{\text{Summe der Leistungseinheiten}}$$

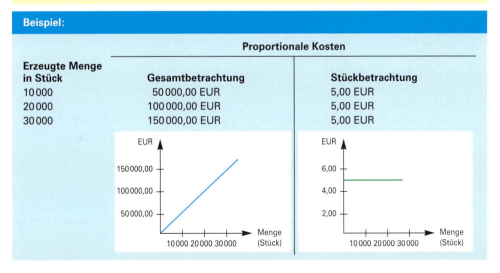

> **Merke:**
> - In der Gesamtbetrachtung verändern sich die proportionalen Kosten im gleichen Verhältnis wie die Beschäftigung.
> - Auf eine Leistungseinheit (z.B. auf ein Stück) bezogen, bleiben die proportionalen Kosten gleich (konstant).

(2) Überproportionale (progressive) Kosten

Diese Kosten steigen stärker an als die Beschäftigung. Das ist häufig der Fall bei Überbeschäftigung. Beispiele für überproportionale Kosten sind Überstundenlöhne, erhöhter Energieverbrauch, Reparaturkosten und Abschreibungen aufgrund der Überbeanspruchung der Maschinen.

Beispiel:

Überproportionale (progressive) Kosten

Erzeugte Menge in Stück	Gesamtbetrachtung	Stückbetrachtung
10 000	50 000,00 EUR	5,00 EUR
20 000	120 000,00 EUR	6,00 EUR
30 000	300 000,00 EUR	10,00 EUR

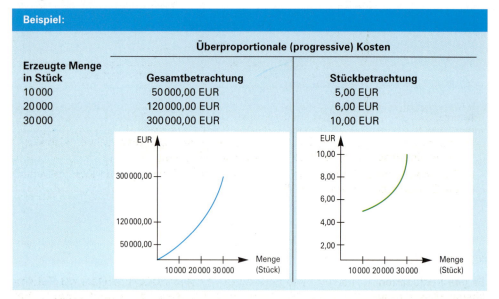

> **Merke:**
> Überproportional (progressiv) verlaufende variable Kosten steigen sowohl in der Gesamtbetrachtung als auch in der Stückbetrachtung stärker als die Beschäftigung.

(3) Unterproportionale (degressive) Kosten

Die unterproportional verlaufenden Kosten steigen geringer als die Beschäftigung. Die Gründe dafür liegen z.B. in günstigeren Einkaufsmöglichkeiten für das Material und/oder Steigerung der Produktivität dadurch, dass mit steigendem Beschäftigungsgrad effizientere Fertigungsverfahren verwendet werden. Beispiele für unterproportionale Kosten sind Steigerung der Arbeitsleistung bei gleichbleibendem Zeitlohn, Senkung des Materialaufwands infolge höherer Rabatte, Senkung der Betriebsstoff- und Energiekosten infolge günstigerer Beschaffungspreise bzw. günstigere Tarife durch die Energieversorgungsunternehmen.

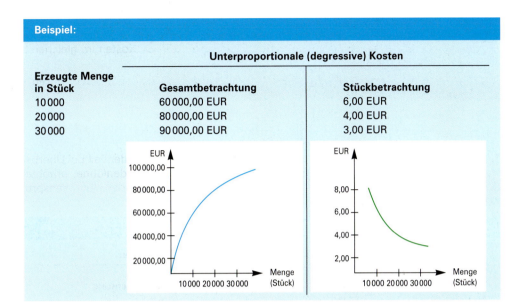

Merke:

- In der Gesamtbetrachtung verändern sich die unterproportional verlaufenden Kosten in einem schwächeren Maße als die Beschäftigung.
- Bei einem unterproportionalen (degressiven) Verlauf der variablen Kosten sinken die Stückkosten bei steigender Beschäftigung.

7.3.2.3 Mischkosten

Es gibt Kostenarten die zugleich fixe und variable Kostenanteile enthalten, z.B. Telefonkosten (Anschlussgebühr + Tarifeinheiten) oder Energiekosten (Grundentgelt + Verbrauchsentgelt).

Merke:

Mischkosten sind Gemeinkosten, die **fixe** und **variable Kostenanteile** aufweisen.

Beispiel:

Das Grundentgelt für eine Just-in-time-Lieferung von Kisten in Containern beträgt unabhängig von der Anzahl der Kisten je Lieferung 21,39 EUR.[1] Ein Container kann maximal 500 Kisten aufnehmen. Das Entgelt pro Kiste beträgt 0,1043 EUR.[1] Bei unterschiedlicher Anzahl von Kisten ergeben sich folgende Kosten:

---

[1] Als Kosten wirken sich nur die Nettobeträge, d.h. die Beträge ohne Umsatzsteuer, aus. Bei den angegebenen Werten handelt es sich daher um Nettowerte.

Kisten je Container	fixe Kosten in EUR gesamt	fixe Kosten in EUR je Einheit	variable Kosten in EUR gesamt	variable Kosten in EUR je Einheit	Mischkosten gesamt	Mischkosten je Einheit
100	21,39	0,2139	10,43	0,1043	31,82	0,3182
200	21,39	0,1070	20,86	0,1043	42,25	0,2110
300	21,39	0,0713	31,29	0,1043	52,68	0,1756
400	21,39	0,0535	41,72	0,1043	63,11	0,1578
500	21,39	0,0428	52,15	0,1043	73,54	0,1471

Aufgabe:
Stellen Sie die Mischkosten in der Gesamtbetrachtung und in der Stückbetrachtung grafisch dar!

Lösung:

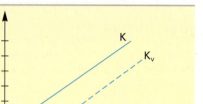
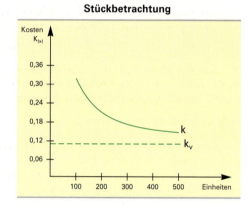

Die variablen Lieferungskosten nehmen mit steigender Anzahl an Kisten proportional zu. Bezogen auf eine Leistungseinheit (Kisten) verringern sich die Mischkosten je Stück mit steigender Anzahl an Kisten (Degressionseffekt des Fixkostenanteils).

7.3.2.4 Kostenremanenz

Geht die Beschäftigung in einer Unternehmung zurück, müssten theoretisch auch die Kosten dem Kostenverlauf entsprechend sinken. In der Praxis bleibt der Kostenabbau jedoch hinter dem Beschäftigungsrückgang zurück. Diese Erscheinung nennt man **Kostenremanenz.**[1]

---
[1] remanent (lat.): zurückbleibend

Bei den **fixen Kosten** sind hierfür insbesondere folgende **Gründe** verantwortlich:

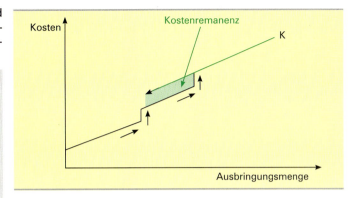

- Einhalten der gesetzlichen Kündigungsbestimmungen und Tarifverträge für Arbeitnehmer, Sozialpläne, Abfindungszahlungen,
- Einhalten von Abnahmeverpflichtungen im Beschaffungsbereich,
- Verzögerungen beim Verkauf von stillgelegten Anlagen und Maschinen,
- erhöhte Lagerkosten bei Absatzstockungen,
- Bindung an Grundmietzeit, falls Produktionsanlagen geleast werden.

Bei den **variablen Kosten** treten Remanenzerscheinungen nicht in diesem Umfang auf. Etwa dann, wenn die Arbeitsintensität der Mitarbeiter stark absinkt, weil sie z.B. aus Furcht vor Kurzarbeit die Arbeit „strecken".

Folgen der Kostenremanenz sind, dass

- die Gesamtkostenkurve mit steigender Beschäftigung einen anderen Kostenverlauf als bei abnehmender Beschäftigung hat,
- die Stückkosten bei rückläufiger Beschäftigung erheblich ansteigen,
- die Verlustzone bereits früher (bei höherer Ausbringungsmenge) als bisher beginnt.

Durch die Kostenremanenz wird die Unternehmung daran gehindert, dem sinkenden Absatz durch Preissenkungen entgegenzuwirken. Unter Umständen wird die Unternehmung sogar dazu gezwungen, die Preise zu erhöhen.

Übungsaufgaben

2 Ordnen Sie die folgenden Kostenarten den fixen Kosten, den variablen Kosten und den Mischkosten zu. Verwenden Sie dazu das nachfolgende Schema:

fixe Kosten	Mischkosten		variable Kosten
	überwiegend fix	überwiegend variabel	

Gehälter einschließlich gesetzlicher Sozialaufwendungen, Instandhaltungskosten, Energiekosten, Abschreibungen nach Leistungseinheiten, Verbrauch von Fertigungsmaterial, Hilfslöhne, lineare Abschreibung, Verwaltungsgemeinkosten, Zinsen, Reinigungskosten, Werbekosten, Postentgelte, Fertigungslöhne einschließlich gesetzlicher Sozialaufwendungen, Sondereinzelkosten der Fertigung, Reisekosten für die Vertreter, Miete für eine Lagerhalle, Verbrauch von Betriebsstoffen, Garantieleistungen.

3 Aus der Kosten- und Leistungsrechnung eines Industrieunternehmens sind die folgenden vier typischen Kostenverläufe entnommen:

verkaufte Menge	(1) fixe Kosten		(2) proportionale Kosten		(3) unterproportionale Kosten		(4) progressive Kosten	
	gesamt	Stück	gesamt	Stück	gesamt	Stück	gesamt	Stück
0	400,00		–		–		–	
100	400,00		50,00		50,00		50,00	
200	400,00		100,00		90,00		100,00	
300	400,00		150,00		125,00		150,00	
400	400,00		200,00		155,00		220,00	
500	400,00		250,00		175,00		300,00	
600	400,00		300,00		190,00		400,00	

Aufgaben:

1. Übertragen Sie die Tabelle in Ihr Heft und berechnen Sie die Kosten für die restlichen Kostenarten!

2. Nennen Sie je zwei Beispiele für die aufgeführten Kostenverläufe!

3. Stellen Sie den Verlauf der vier Kostenarten (Gesamtkosten und Stückkosten) jeweils in einem Koordinatensystem grafisch dar!

4. Bei modernen Industriebetrieben ist der Anteil der fixen Kosten an den Gesamtkosten in der Regel hoch.

   4.1 Worauf ist dieser Sachverhalt zurückzuführen?

   4.2 Welche Auswirkungen hat das plötzliche Ausbleiben von Aufträgen auf den Verlauf der fixen Kosten?

5. Welchen Sachverhalt drückt das nachfolgende Schema aus?

fixe Kosten (K_{fix})	Gemeinkosten
variable Kosten (K_v)	Einzelkosten

7.3.3 Kritische Kostenpunkte

Der Leiter der Rechnungswesenabteilung sagt, als er die neusten Statistiken durchgesehen hatte: „Endlich sind wir im neuen Zweigwerk über den toten Punkt hinaus!". Er meinte damit, dass dort jetzt der Beschäftigungsgrad überschritten sei, bei dem die Erlöse gerade die Kosten decken.

Bei den folgenden Überlegungen gehen wir der Einfachheit halber von einem Einproduktunternehmen aus, das keine Lager bildet (abgesetzte Menge entspricht der hergestellten Menge). Ferner unterstellen wir, dass das Unternehmen lediglich mit absolut fixen und proportional variablen Kosten arbeitet. Die Kostenpreise und Absatzpreise sind während des Betrachtungszeitraums konstant. Unter diesen Bedingungen erhalten wir ein Kostenbild wie auf S. 30 abgebildet.

Beispiel:

Ein Industriebetrieb stellt Zubehörteile (Plastikbausätze) für Modelleisenbahnen her. Monatlich können maximal 1 000 Packungen (Inhalt 10 Bausätze) erzeugt werden. Es wird nur auf Bestellung gearbeitet.

– An **fixen Kosten** fallen monatlich an: für Gehälter 9 000,00 EUR, für Miete 1 600,00 EUR, für Nebenkosten (Heizung, Licht, Reinigung) 400,00 EUR, für die Verzinsung des investierten Kapitals 3 000,00 EUR und für die Abschreibung der Spritzgussmaschinen und der Werkzeuge 6 000,00 EUR. Die fixen Kosten betragen also insgesamt 20 000,00 EUR.

– Die (proportional) **variablen Kosten** betragen 30,00 EUR je Verkaufspackung. Sie setzen sich aus den Roh- und Hilfsstoffkosten (6,00 EUR), den Akkordlöhnen (22,00 EUR) und den Energiekosten (2,00 EUR) zusammen. Die Fertigungslöhne sind deshalb so hoch, weil viele Einzelteile (z. B. Pflanzen) in Handarbeit fertiggestellt werden müssen.

– Der Absatzpreis je Verkaufspackung beträgt 55,00 EUR.

Aufgaben:

1. Berechnen Sie in Intervallen von jeweils 100 Verkaufspackungen für die Herstellung von 100 bis 1 000 Verkaufspackungen die anfallenden Gesamtkosten, die Stückkosten, den Gesamtgewinn bzw. -verlust und den Stückgewinn bzw. -verlust! Verwenden Sie hierzu eine Kosten-Leistungs-Tabelle!

2. Berechnen Sie die Nutzenschwelle!

3. Ermitteln Sie den optimalen Kostenpunkt und das Gewinnmaximum!

4. Stellen Sie E, K, K_v und K_{fix}, k, k_v und e grafisch dar, kennzeichnen Sie die kritischen Kostenpunkte und die Gewinn- und Verlustzonen!

Lösungen:

1.

Menge der Verkaufspackungen (x)	fixe Gesamtkosten in EUR (K_{fix})	variable Gesamtkosten in EUR (K_v)	Gesamtkosten in EUR (K)	Gesamterlös in EUR (abgesetzte Menge x Preis) (E)	Gewinn (schwarze Zahlen) bzw. Verlust (grüne Zahlen) (G/V)	variable Stückkosten (k_v)	fixe Stückkosten (k_{fix})	Stückkosten in EUR (k)	Stückerlös in EUR (e)	Stückverlust bzw. Stückgewinn (g/v)
100	20 000,00	3 000,00	23 000,00	5 500,00	17 500,00	30,00	200,00	230,00	55,00	175,00
200	20 000,00	6 000,00	26 000,00	11 000,00	15 000,00	30,00	100,00	130,00	55,00	75,00
300	20 000,00	9 000,00	29 000,00	16 500,00	12 500,00	30,00	66,67	96,67	55,00	41,67
400	20 000,00	12 000,00	32 000,00	22 000,00	10 000,00	30,00	50,00	80,00	55,00	25,00
500	20 000,00	15 000,00	35 000,00	27 500,00	7 500,00	30,00	40,00	70,00	55,00	15,00
600	20 000,00	18 000,00	38 000,00	33 000,00	5 000,00	30,00	33,33	63,33	55,00	8,33
700	20 000,00	21 000,00	41 000,00	38 500,00	2 500,00	30,00	28,57	58,57	55,00	3,57
800	20 000,00	24 000,00	44 000,00	44 000,00	– –	30,00	25,00	55,00	55,00	– –
900	20 000,00	27 000,00	47 000,00	49 500,00	2 500,00	30,00	22,22	52,22	55,00	2,78
1 000	20 000,00	30 000,00	50 000,00	55 000,00	5 000,00	30,00	20,00	50,00	55,00	5,00

2. $x = \dfrac{20\,000}{55 - 30} = \underline{\underline{800 \text{ Stück (Nutzenschwelle)}}}$

3. Der optimale Kostenpunkt und das Gewinnmaximum liegen an der betrieblichen Kapazitätsgrenze, d. h. bei der Produktion von 1 000 Stück.

2.
$E = K$
$E = K_F + K_v$
$p \cdot x = K_F + K_v \cdot x$
$p \cdot x - K_v \cdot x = K_F$
$x \, (p - K_v) = K_F \, | : (p - K_v)$
$x = \dfrac{K_F}{p - K_v}$

4.
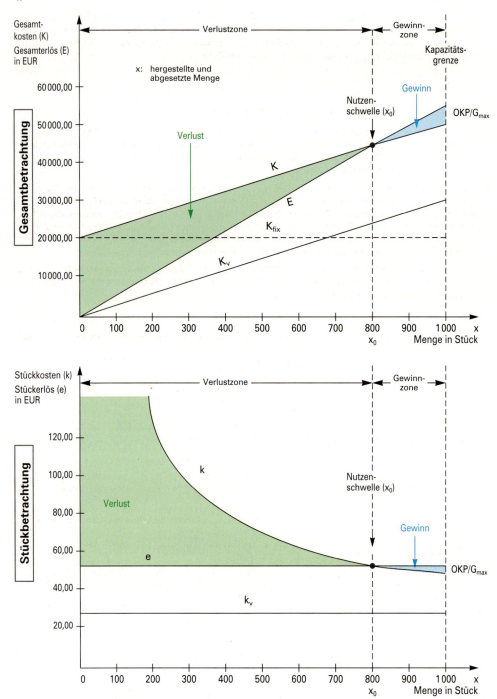

Erläuterungen:

- Unterstellt man einen linearen Gesamtkostenverlauf, ergibt sich mit zunehmender Beschäftigung eine Kostendegression, weil die proportional-variablen Kosten je Stück konstant, die fixen Kosten je Stück jedoch abnehmen **(Gesetz der Massenproduktion)**. Das Massenproduktionsgesetz kann mit folgender Gleichung zum Ausdruck gebracht werden:

$$k = k_v + \frac{K_{fix}}{m}$$

Das Stückkostenminimum liegt an der Kapazitätsgrenze.

- Bei linearem Gesamtkostenverlauf und gegebenem Absatzpreis liegt das **Gewinnmaximum** (G_{max}) immer an der Kapazitätsgrenze, weil dort die Differenz zwischen Erlös (Umsatz) und Gesamtkosten (Gesamtbetrachtung) bzw. zwischen Absatzpreis je Stück und Stückkosten (Stückbetrachtung) am größten ist **(optimaler Kostenpunkt [OKP])**.

- Den Beschäftigungsgrad, bei dem der Umsatz den Gesamtkosten (Gesamtbetrachtung) bzw. der Absatzpreis je Stück den Stückkosten entspricht, bezeichnet man als **Nutzenschwelle (Gewinnschwelle [x_0])**, mitunter auch als „toten Punkt" (Break-even-Point). Kann der Betrieb seine Ausbringungsmenge (seine Beschäftigung) über die Gewinnschwelle hinaus erhöhen, erzielt er Gewinn, d. h., er tritt in die **Gewinnzone** ein. Liegt die Beschäftigung unter der Gewinnschwelle, arbeitet der Betrieb mit Verlust. Er befindet sich in der **Verlustzone**.

Sind die fixen Gesamtkosten (K_{fix}), die proportional-variablen Stückkosten (k_v) und der Absatzpreis (P) gegeben, so lässt sich die Gewinnschwelle leicht berechnen. Da bei der Gewinnschwelle die Gesamtkosten dem Erlös entsprechen, gilt:

$$K_{fix} + k_v \cdot x = P \cdot x$$

wobei x die hergestellte und abgesetzte Produktionsmenge bedeutet.[1] Mit den Zahlen unseres Beispiels ergibt sich somit:

$$
\begin{aligned}
20\,000 + 30x &= 55x \\
25x &= 20\,000 \\
x &= \underline{800 \text{ (Stück)}}
\end{aligned}
$$

Übungsaufgaben

4 Die Thomas Helmle KG in Biberach stellt Spielpuppen für Kinder her. Eine Puppe wird für 80,00 EUR verkauft. Bei vollkommener Ausnutzung der Kapazität können insgesamt 500 Puppen produziert werden. Die Produktion erfolgt nur nach Bestellung. Die Kostenstruktur verläuft linear.

Die Fixkosten betragen 10 000,00 EUR/Monat. Die variablen Stückkosten betragen konstant 40,00 EUR.

Menge	Gesamtkosten			Stückkosten			Gesamterlös	Gesamt-	
x	K_{fix}	K_v	K	k_{fix}	k_v	k	E	gewinn	verlust
100	10 000,00	4000	14.000	100	40,00	140,-	8000,-		6 060,-
200	10.000,-	8000	18.000	50	40,-	90,-	16.000,-	2 000,-	2 000,-
300	10.000,-	12.000	22.000	33	40,-	73,-	24.000,-		
400	10.000,-	16.000	26.000	25	40,-	65,-	32.000,-	6 000,-	
500	10.000,-	20.000	30.000	20	40,-	60,-	40.000,-	10 000,-	

---

1 Außerdem gibt es folgende Berechnungsmöglichkeit: $\text{Gewinnschwelle} = \dfrac{\text{Fixkosten } (K_{fix})}{\text{Preis (e) - variable Kosten } (k_v)}$

$$\frac{10.000,-}{80 - 40} = 250 \text{ Stk.}$$

Aufgaben:

1. Ergänzen Sie die angegebene Tabelle!
2. Berechnen Sie die Nutzenschwelle (Gewinnschwelle)!
3. Ermitteln Sie den optimalen Kostenpunkt und das Gewinnmaximum!
4. Bei welcher Produktionsmenge wird ein Gewinn von 3520,00 EUR erzielt?
5. Stellen Sie die Variablen E, K, K_v und K_{fix} sowie die Variablen k, k_v und e grafisch dar, kennzeichnen Sie sowohl die kritischen Kostenpunkte als auch die Gewinn- und Verlustzonen!
6. Wann ist das Gewinnmaximum erreicht?
    6.1 theoretisch,
    6.2 praktisch?

5 Die Kostenanalyse für eine Fertigungsanlage ergibt folgendes Bild:

April: Hergestellte Menge 3400 Stück, Gesamtkosten 273000,00 EUR

Mai: Hergestellte Menge 3600 Stück, Gesamtkosten 282000,00 EUR

Die variablen Kosten verlaufen proportional. Der Verkaufserlös beträgt je Stück 77,00 EUR.

Aufgaben:

1. Ermitteln Sie die Nutzenschwelle (Ausbringungsmenge und Umsatz)!
2. Wie viel EUR beträgt der Gewinn/Verlust bei einem Beschäftigungsgrad von 72 % bzw. 100 %, wenn die Kapazitätsauslastung im Monat Mai 80 % beträgt?
3. Bei welchem Umsatz wird ein Gewinn von 11 200,00 EUR erreicht?
4. Welche betriebswirtschaftliche Bedeutung hat die Nutzenschwelle?

7.3.4 Einfluss der Fertigungsverfahren auf die Kosten

7.3.4.1 Grundsätzliches

Fertigungsverfahren (man spricht auch von Produktionsverfahren oder Produktionsstrukturen) mit geringem Lohnkosten- und hohem Kapitalkostenanteil (vor allem Zinsen und Abschreibungen) bezeichnet man als **kapitalintensive** oder **anlageintensive Fertigungsverfahren**.

> **Beispiel:**
>
> Das Anrichten des Betons mit der Schaufel ist ein arbeitsintensives (lohnkostenintensives) Produktionsverfahren. Der Einsatz eines Betonmischers spart bereits Arbeitskräfte.

> **Merke:**
>
> Die **Kostenstruktur** bzw. ihre Veränderung wird weitgehend vom jeweiligen **Fertigungsverfahren** eines Industriebetriebs bestimmt.

Die Substitution arbeitsintensiver durch anlageintensive Verfahren (z.B. auch durch Automation) ist teuer. Je stärker sich ein Betrieb anlageintensiver (kapitalintensiver) Verfahren bedient, desto höher sind seine fixen Kosten. Andererseits nehmen die variablen Kosten ab, weil die menschliche Arbeitskraft teilweise eingespart wird.

7.3.4.2 Beispiel für die Auswirkungen von Kostenverschiebungen

(1) Ausgangsbeispiel

Nehmen wir nochmals das Beispiel von S. 29f. zur Hand. Es wird angenommen, dass unser Betrieb durch den Einsatz eines anlageintensiven Verfahrens die variablen Kosten durch Einsparung von Arbeitskräften von 30,00 EUR auf 20,00 EUR senken kann. Die fixen Kosten (Abschreibungen, Zinskosten) nehmen jedoch um 8 000,00 EUR auf 28 000,00 EUR monatlich zu. Gleichzeitig wird die monatliche Kapazität auf 1 200 Packungen erhöht.

	Verfahren A				Verfahren B			
	Kosten des arbeitsintensiven Verfahrens				Kosten des anlageintensiven Verfahrens			
Erzeugung in Stück	Fixe Kosten je Monat in EUR	Variable Kosten in EUR	Gesamt-kosten in EUR	Stück-kosten in EUR	Fixe Kosten je Monat in EUR	Variable Kosten in EUR	Gesamt-kosten in EUR	Stück-kosten in EUR
200	20 000,00	6 000,00	26 000,00	130,00	28 000,00	4 000,00	32 000,00	160,00
400	20 000,00	12 000,00	32 000,00	80,00	28 000,00	8 000,00	36 000,00	90,00
600	20 000,00	18 000,00	38 000,00	63,33	28 000,00	12 000,00	40 000,00	66,67
800	20 000,00	24 000,00	44 000,00	55,00	28 000,00	16 000,00	44 000,00	55,00
1 000	20 000,00	30 000,00	50 000,00	50,00	28 000,00	20 000,00	48 000,00	48,00
1 200	← Kapazitätsausweitung durch Substitution →				28 000,00	24 000,00	52 000,00	43,33

└ Kritische Produktmenge

Erläuterungen:

Das Beispiel zeigt, dass der Betrieb nur dann auf das anlageintensivere (kapitalintensivere) Verfahren übergehen wird, wenn er künftig mit einer dauerhaften Absatzerhöhung (und damit mit einer dauerhaften Fertigung) von mehr als 800 Verkaufspackungen (der sogenannten **kritischen Produktmenge**) rechnen kann. Der gleiche Sachverhalt wird in der Abbildung 1 auf S. 34 dargestellt.

(2) Veränderungen des Ausgangsbeispiels: Erhöhung der variablen Kosten

Die Entscheidung für oder gegen die Substitution der Produktionsverfahren ist auch von der tatsächlichen und/oder der erwarteten Faktorpreisentwicklung (vor allem der Lohnkostenentwicklung) abhängig. Würden in unserem Fall die variablen Kosten unter sonst gleichen Bedingungen um beispielsweise 25 % steigen, nimmt die kritische Produktmenge von bisher 800 auf 640 Verkaufspackungen ab, wie aus der nachstehenden Berechnung sowie aus der Abbildung 2 auf S. 34 ersichtlich ist.

Erläuterungen:

■ **Kritische Produktmenge vor der Erhöhung der variablen Kosten:**

Bei der kritischen Produktmenge sind die Kosten des arbeitsintensiven (lohnkostenintensiven) Verfahrens den Kosten des anlageintensiven (kapitalintensiven) Verfahrens gleich hoch:

Gesamtkosten des Verfahrens A = Gesamtkosten des Verfahrens B

$20 000 + x \cdot 30 = 28 000 + x \cdot 20$

$x \cdot 10 = 8 000$

$\underline{\underline{x = 800}}$

■ **Kritische Produktmenge nach der Erhöhung der variablen Kosten um 25 %:**

$20 000 + x \cdot 37,5 = 28 000 + x \cdot 25$

$x \cdot 12,5 = 8 000$

$\underline{\underline{x = 640}}$

3 Speth u.a. - ISBN 978-3-8120-0558-6

■ Schlussfolgerung

Das Zahlenbeispiel erklärt, warum Lohnkostenerhöhungen tendenziell dazu führen, dass arbeitsintensive Produktionsverfahren durch kapitalintensive Produktionsverfahren substituiert (ersetzt) werden.

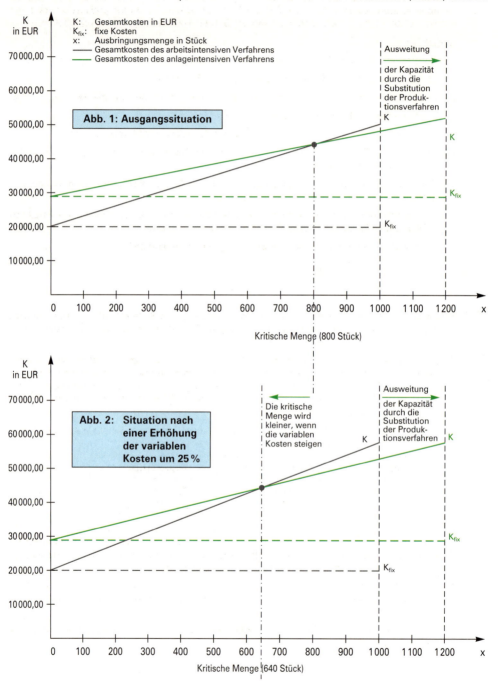

Übungsaufgaben

6 Die fixen Kosten eines Industriebetriebs betragen 120000,00 EUR je Periode. Die proportional-variablen Kosten belaufen sich auf 100,00 EUR je Kostenträger. Der Absatzpreis ist konstant und beträgt 300,00 EUR je Stück. Maximal kann der Betrieb 1000 Stück je Periode herstellen.

Aufgaben:

1. Unterscheiden Sie die Begriffe fixe und variable Kosten!

2. Stellen Sie eine Kosten-Leistungs-Tabelle wie auf S. 29 auf!

3. Zeichnen Sie die Gesamtkosten und die Erlösgerade und ermitteln Sie die Gewinnschwelle!

4. Zeichnen Sie die Stückkostenkurve und die Preisgerade!

5. Erläutern Sie anhand des Beispiels das „Gesetz der Massenproduktion"!

6. Wie viel Euro Gewinn erzielt der Betrieb, wenn die Nachfrage so groß ist, dass er an der Kapazitätsgrenze produzieren kann?

7. Warum liegt bei linearem Gesamtkostenverlauf das Gewinnmaximum an der Kapazitätsgrenze?

8. Wie verschiebt sich die Gewinnschwelle, wenn die fixen Kosten um 5% und die variablen Kosten um 10% steigen? Lösen Sie die Aufgabe rechnerisch!

9. Welche Gründe führen zu einer Verschiebung der Kostenkurven?

7 **Fallstudie:** Die NORDEN GmbH in Albstadt stellt hochwertige Säfte her, die nur aus frischem Obst gepresst werden. Im vergangenen Geschäftsjahr entschied sich die Geschäftsleitung, auch Säfte aus Konzentrat zu produzieren.

Da die Kapazität des Werks Albstadt mit der Produktion der Frischsäfte (A-Säfte) voll ausgelastet war und nach den vorliegenden Marktprognosen auch ausgelastet bleiben wird, entschloss sich die Geschäftsleitung, in Neustadt ein Zweigwerk zu errichten, das am 30. Juni des vergangenen Geschäftsjahres die Produktion der Konzentratsäfte (B-Säfte) aufnahm. Die Kapazität des neuen Werks beträgt 5000 hl je Monat.

Am 1. September des vergangenen Geschäftsjahres liegen für das Werk Neustadt u.a. folgende Zahlen für das dritte Quartal vor:

Monat	Produktionseinheiten	Gesamtkosten
Juli	3000 hl	630000,00 EUR
August	3600 hl	684000,00 EUR
September	3900 hl	...

Die produzierten B-Säfte wurden sofort abgesetzt, d.h., es wurde nicht auf Lager produziert. Der Barverkaufspreis der B-Säfte wurde von der Geschäftsleitung auf 180,00 EUR je hl festgesetzt, der aus Konkurrenzgründen nicht überschritten werden kann.

Nahziel der Geschäftsleitung ist, im Werk Neustadt bis Ende September den Break-even-Point (die Gewinnschwelle) zu erreichen, d.h. die Ausbringungsmenge, bei der der Erlös gerade die Gesamtkosten deckt.

Fernziel ist u.a., bei den B-Säften eine Umsatzrentabilität (prozentualer Anteil des Reingewinns am Umsatz) von 5% zu erreichen.

Aufgaben:

1. Angenommen, Sie sind in der Controlling-Abteilung der NORDEN GmbH angestellt und erhalten von der Geschäftsleitung folgende Arbeitsaufträge:

   1.1 Wie viel Euro betragen voraussichtlich die Gesamtkosten des Werks Neustadt im Monat September?

   1.2 Wie viel Euro beträgt voraussichtlich der Gewinn bzw. der Verlust im September?

   1.3 Bei welcher Ausbringungsmenge und bei welchem Beschäftigungsgrad ist im Werk Neustadt der Break-even-Point erreicht?

   1.4 Bei welcher Ausbringungsmenge wird bei den B-Säften eine Umsatzrentabilität von 5 % erreicht?

   1.5 Darüber hinaus sollen Sie der Geschäftsleitung eine Grafik liefern, aus der die Fixkosten, die variablen Kosten, die Gesamtkosten, die Erlöse, der Break-even-Point, die Verlustzone und die Gewinnzone hervorgehen!

2. Aufgrund Ihres Berichts will die Geschäftsleitung der NORDEN GmbH in den Monaten September und Oktober einen „Einführungspreis" für die „B-Säfte" anbieten, um den Absatz anzukurbeln.

   Sie sollen einen begründeten Vorschlag machen, wie hoch der Hektoliter-Preis mindestens sein sollte!

3. Im ersten Quartal des laufenden Geschäftsjahres erreicht das Werk Neustadt folgende Beschäftigungsgrade: Januar 80 %, Februar 85 % und März ebenfalls 85 %. Die Kosten und die Absatzpreise blieben konstant.

   Für April wird mit einem Beschäftigungsgrad von 90 % gerechnet.

   Ein guter Kunde ist bereit, für April einen Zusatzauftrag von 100 hl zu erteilen, will aber maximal nur 140,00 EUR je hl zahlen.

   Anfang April will die Geschäftsleitung Folgendes von Ihnen wissen:

   3.1 Wie viel Euro betragen die Gesamtkosten im ersten Quartal?

   3.2 Berechnen Sie den Gesamtgewinn bzw. -verlust im ersten Quartal!

   3.3 Soll der Zusatzauftrag zum Preis von 140,00 EUR je hl hereingenommen werden? Wenn ja, wie würde sich der Gesamtgewinn bzw. -verlust unter sonst gleichen Bedingungen ändern?

   3.4 Des Weiteren will die Geschäftsleitung von Ihnen wissen, wie die langfristige Preisuntergrenze je hl bei Vollauslastung der Kapazität sein müsste.

7.4 Betriebliche Kennzahlen der Leistungserstellung

7.4.1 Produktivität

(1) Begriff Produktivität

Merke:

Die **Produktivität** ist die technische Ergiebigkeit eines Produktionsvorgangs. Sie stellt das Verhältnis von Ausbringungsmenge zu den Einsatzmengen der Produktionsfaktoren dar.

$$\text{Produktivität} = \frac{\text{Ausbringungsmenge}}{\text{Einsatzmenge}}$$

Aus dieser allgemeinen Formulierung der Produktivität lassen sich **Teilproduktivitäten** ableiten. Die wichtigsten sind die **Arbeitsproduktivität** und die **Kapitalproduktivität**.

(2) Arten der Produktivität

■ **Arbeitsproduktivität**

Bei der Arbeitsproduktivität wird die Ausbringungsmenge auf eine Arbeitsstunde bezogen.

Beispiel:

Ein Bauunternehmen erstellte im Monat April mit seinen Beschäftigten 2000 m^3 umbauten Raum, im Mai 2400 m^3. Die geleisteten Arbeitsstunden betrugen im April 3840 und im Mai 4416 Arbeitsstunden. Der Einsatz von Werkzeugen, Maschinen, Fahrzeugen, Ausstattung und Gebäude blieb unverändert (Wert 300 000,00 EUR).

Die Arbeitsproduktivität berechnet sich dann wie folgt:

$$\text{Arbeitsproduktivität} = \frac{\text{Ausbringungsmenge}}{\text{geleistete Arbeitsstunden}}$$

Mit den Zahlen des Beispiels erhält man folgende Werte:

Monat	Arbeitsproduktivität	Monat	Arbeitsproduktivität
April	$\frac{2000}{3840} = \underline{\underline{0,52}}$	Mai	$\frac{2400}{4416} = \underline{\underline{0,54}}$

Das Ergebnis zeigt, dass sich die Arbeitsproduktivität im Mai erhöht hat. Da sich die Ausstattung mit z. B. Maschinen und Werkzeugen nicht geändert hat, ist die Produktivitätssteigerung ausschließlich auf die Arbeiter zurückzuführen. Gründe können sein: besseres Wetter (die Arbeitskräfte fühlen sich wohler), die Aufsicht wurde verbessert, die Arbeitskräfte befürchten Entlassungen und strengen sich daher mehr an, das Betriebsklima ist besser geworden, die im April gewonnene Routine (Gewandtheit) nach der Winterpause führte im Mai zur Leistungssteigerung.

■ **Kapitalproduktivität**

Bezieht man die Ausbringungsmenge auf das eingesetzte Sachkapital, erhält man die Kapitalproduktivität.

$$\text{Kapitalproduktivität} = \frac{\text{Ausbringungsmenge}}{\text{Sachkapital}}$$

Mit den Zahlen des Beispiels erhält man folgende Werte:

Monat	Kapitalproduktivität	Monat	Kapitalproduktivität
April	$\dfrac{2\,000}{300\,000} = \underline{\underline{0,00\overline{6}}}$	Mai	$\dfrac{2\,400}{300\,000} = \underline{\underline{0,008}}$

Die Kapitalproduktivität ist (um 20 %) gestiegen, obwohl sich am Kapitaleinsatz nichts geändert hat.

■ **Zurechenprobleme**

Produktivitätssteigerungen lassen sich nur dann einem Produktionsfaktor (z.B. Arbeit) zurechnen, wenn die Leistung aller anderen Produktionsfaktoren konstant (unverändert) bleibt. In Wirklichkeit sind Produktivitätssteigerungen i.d.R. auf die Beiträge aller Produktionsfaktoren zur Leistungserstellung zurückzuführen.

■ **Messprobleme**

Bei Mehrproduktunternehmen lässt sich die Ausbringungsmenge nicht mehr in Mengeneinheiten messen, weil verschiedene Dinge (z.B. Produktarten) nicht addiert werden können. Man behilft sich dadurch, dass man die Ausbringungsmengen mit ihren Preisen vervielfacht und den Wert der Ausbringungsmengen in Euro angibt. Produktivitätsvergleiche können jedoch nur dann vorgenommen werden, wenn mit gleichbleibenden Preisen (konstanten Preisen, Verrechnungspreisen) gearbeitet wird. Werden sowohl die Ausbringungsmenge als auch die Einsatzmenge zu konstanten Preisen angegeben, spricht man auch von **mengenmäßiger Wirtschaftlichkeit**.

7.4.2 Wirtschaftlichkeit

Merke:

Wirtschaftlichkeit ist das Verhältnis erbrachter Leistung zu den für diese Leistung aufgewendeten Mitteln, also deren Kosten je Periode (z.B. je Geschäftsjahr).

$$\text{Wirtschaftlichkeit} = \frac{\text{Leistung}}{\text{Kosten}}$$

Der **Unterschied zwischen Wirtschaftlichkeit und Produktivität** besteht darin, dass die **Produktivität** ein **Mengenverhältnis** ausdrückt, während die **Wirtschaftlichkeit** ein **Wertverhältnis** darstellt. Praktisch heißt das, dass die Wirtschaftlichkeit – bewertet zu tatsächlichen Preisen – bei gleichbleibender Produktivität steigen oder fallen kann, wenn beispielsweise die Absatzpreise bei gleichbleibenden Kosten steigen bzw. fallen.

> **Beispiel:**
>
> Der Monatsumsatz einer Seilerei betrug 3 192 000,00 EUR. Die monatlichen Kosten beliefen sich auf 3 040 000,00 EUR. Die Wirtschaftlichkeitskennzahl berechnet sich wie folgt:
>
> $$\text{Wirtschaftlichkeit} = \frac{3\,192\,000}{3\,040\,000} = \underline{\underline{1{,}05}}$$
>
> Die Wirtschaftlichkeitskennzahl 1,05 bedeutet, dass für jeden eingesetzten Euro ein Erlös von 1,05 EUR erzielt werden konnte.

7.4.3 Rentabilität[1]

(1) Begriff

> **Merke:**
>
> Unter **Rentabilität** (Kapitalrentabilität) versteht man den prozentualen Anteil eines erzielten Gewinns an einem eingesetzten Kapital. Wird nichts anderes gesagt, bezieht sich die Rentabilitätskennzahl auf ein Jahr. Sie stellt somit nichts anderes als die Verzinsung eines investierten Kapitals dar.
>
> Die allgemeine Formel zur Berechnung der Kapitalrentabilität lautet also:
>
> $$\text{Rentabilität} = \frac{\text{Gewinn} \cdot 100}{\text{durchschnittlich eingesetztes Kapital}}$$

(2) Abgrenzung: Rentabilität, Produktivität, Wirtschaftlichkeit

Rentabilität und Wirtschaftlichkeit	Die Kapitalrentabilität zeigt die Verzinsung des durchschnittlich eingesetzten Kapitals, die Wirtschaftlichkeit das Verhältnis von Leistung zu Kosten an.
Rentabilität und Produktivität	Von der Produktivität unterscheidet sich die Rentabilität dadurch, dass die **Produktivität** ein reines **Mengenverhältnis** angibt, während die **Rentabilität** eine **Wertbeziehung** darstellt.

7.4.4 Kennzahlen zur Beurteilung der Prozessqualität

Die Kennziffern Produktivität, Wirtschaftlichkeit und Rentabilität haben statischen Charakter, weil sie Momentaufnahmen sind, die einen Periodenabschluss voraussetzen. Sie geben aber wenig Informationen darüber, inwieweit Prozessabläufe verbessert werden konnten. Die Qualität der Prozesse im Rahmen der Leistungserstellung muss sich aber insbesondere daran messen lassen, ob z. B. Fortschritte erzielt wurden im Rahmen der

---

1 Begriff und Arten der Rentabilität werden im Einzelnen im Fach Steuerung und Kontrolle, Lernfeld 9, Kapitel 3.4.4.3, behandelt.

Terminierung, in einer Verkürzung der Durchlaufzeit, und damit der Kapitalbindungsdauer bzw. in einer Einhaltung zugesagter Liefertermine.

Beispiele für solche prozessorientierten Kennzahlen wären

- ein Prozentsatz, der angibt, wie viel Prozent der veranlassten Fertigungsaufträge auch termingetreu beendet und ausgeliefert wurden.

$$P_z = \frac{\text{Zeitgerecht ausgeführte Fertigungsaufträge} \cdot 100}{\text{veranlasste Fertigungsaufträge}}$$

- ein Prozentsatz, der angibt, wie viel Prozent der Durchlaufzeit beansprucht wird für
  - die reine Bearbeitungszeit am Werkstück

$$P_b = \frac{\text{Ist-Bearbeitungszeit/Werkstück} \cdot 100}{\text{Ist-Durchlaufzeit/Werkzeug}}$$

  - die Transportzeit zwischen den einzelnen Bearbeitungsstationen bzw. für die Wartezeit vor/nach der Bearbeitung

$$P_t = \frac{\text{Ist-Transportzeit/Werkstück} \cdot 100}{\text{Ist-Durchlaufzeit/Werkzeug}}$$

$$P_w = \frac{\text{Ist-Wartezeiten/Werkstück} \cdot 100}{\text{Ist-Durchlaufzeit/Werkstück}}$$

Vergleicht man die Entwicklung dieser Kennzahlen von Periode zu Periode, dann erhält man sehr klare Informationen darüber, ob es gelungen ist, die Maßnahmen zur Prozessoptimierung in der Realität umzusetzen.[1]

Zusammenfassung

Die Begriffe Produktivität, Rentabilität und Wirtschaftlichkeit weisen folgende Zusammenhänge auf:

- Die **Produktivität** gibt ein rein **mengenmäßiges Verhältnis** wieder und sagt nur etwas über die technische Ergiebigkeit der Produktion aus. Ob dadurch auch ein finanzieller Erfolg erzielt wird, lässt sich aus der Produktivität nicht ersehen. Allerdings wird eine unproduktive Produktion zu Verlusten führen und kann damit langfristig die Betriebsaufgabe zur Folge haben.

- Die **Wirtschaftlichkeit** setzt die Leistung zu den Kosten ins Verhältnis und zeigt damit auf, ob die erstellte Leistung zu einem Betriebsgewinn geführt hat. Es handelt sich um ein **Wertverhältnis.**

- Die **Kapitalrentabilität** bezieht dagegen den **Gesamterfolg** (mit den neutralen Aufwendungen und Erträgen) auf das eingesetzte Kapital und rechnet so dessen Verzinsung aus.

- Auf Dauer besteht zwischen diesen drei Größen folgender enger Zusammenhang:
  Durch den technischen Fortschritt wird das mengenmäßige Ergebnis der Produktion steigen (hohe Produktivität). Die Steigerung der Produktionsmenge führt in der Regel zu einer Senkung der Kosten je Stück (Massenproduktionsgesetz) und damit zu einer höheren Wirtschaftlichkeit, die im Normalfall auch zu einer Steigerung der Rentabilität führt.

- Die Qualität des Produktionsprozesses wird durch Prozesskennzahlen dokumentiert.

---

1 Weitere prozessbezogene Kennzahlen siehe S. 19.

Übungsaufgaben

8
1. 1.1 Erklären Sie die Begriffe Produktivität und Wirtschaftlichkeit!

   1.2 Können sich Produktivität und Wirtschaftlichkeit gegenläufig entwickeln? Begründen Sie Ihre Meinung an einem Beispiel!

   1.3 Welche ökonomische Kennzahl wird wie folgt ermittelt?

   $$\frac{\text{mengenmäßige Ausbringung}}{\text{mengenmäßiger Einsatz}}$$

2. 2.1 Erklären Sie den Begriff Rentabilität!

   2.2 Machen Sie den Unterschied zwischen Rentabilität und Produktivität deutlich!

   2.3 Weisen Sie nach, dass Folgendes möglich ist: Das Unternehmen A arbeitet zwar produktiver als sein Konkurrent B, dennoch ist das Unternehmen A unwirtschaftlicher!

   2.4 Nennen Sie Maßnahmen zur Steigerung der Arbeitsproduktivität im personellen Bereich!

   2.5 Worin besteht prinzipiell der Unterschied zwischen der Kennzahl Wirtschaftlichkeit und der Kennzahl Termintreue?

3. Glaser Müller stellte zusammen mit seinen drei Gesellen im Monat Mai in 720 Arbeitsstunden 100 Fenster gleicher Größe und Qualität her, die auch verkauft wurden. Der Verkaufspreis je Stück betrug 150,00 EUR. Die Gesamtkosten der Glaserei beliefen sich im Mai auf 11 500,00 EUR. Das Eigenkapital betrug 280 000,00 EUR.

   Aufgaben:

   3.1 Berechnen Sie die Arbeitsproduktivität!

   3.2 Berechnen Sie die Wirtschaftlichkeit!

9 Der Geschäftsleitung der Stehlin KG stehen folgende statistische Angaben zur Verfügung:

Monate	Mai	Juni	Juli
Leistung (umbauter Raum in m^3)	4 000	4 400	4 850
Arbeitsstunden	3 520	3 696	3 520
investiertes Kapital	3 Mio. EUR	3 Mio. EUR	3,2 Mio. EUR

Aufgaben:

1. Berechnen Sie die Entwicklung der Arbeits- und der Kapitalproduktivität für die Monate Mai und Juni!

2. Im Monat Juli hat das investierte Kapital zugenommen, weil ein Förderband im Wert von 200 000,00 EUR angeschafft wurde.

   2.1 Berechnen Sie die Arbeits- und die Kapitalproduktivität für den Monat Juli!

   2.2 Wie erklärt sich die Zunahme der Arbeits- und der Kapitalproduktivität? Erläutern Sie in diesem Zusammenhang das Zurechenproblem!

3. Aus der Buchführung sind folgende Zahlen zu entnehmen:

Monate	Mai	Juni	Juli
Eigenkapital	2,00 Mio. EUR	2,05 Mio. EUR	2,10 Mio. EUR
Fremdkapital	1,00 Mio. EUR	1,00 Mio. EUR	1,10 Mio. EUR
Umsatz	1,31 Mio. EUR	1,44 Mio. EUR	1,42 Mio. EUR
Kosten	1,25 Mio. EUR	1,30 Mio. EUR	1,28 Mio. EUR
davon Zinskosten	0,24 Mio. EUR	0,24 Mio. EUR	0,27 Mio. EUR

   3.1 Berechnen Sie die Entwicklung der Wirtschaftlichkeit von Mai bis Juli!

3.2 Berechnen Sie die Entwicklung der Eigenkapital- und Gesamtkapitalrentabilität von Mai bis Juli![1]

3.3 Berechnen Sie die Umsatzrentabilität in den drei Berichtsmonaten! Unter Umsatzrentabilität versteht man den prozentualen Anteil des Reingewinns (hier: des Betriebsgewinns) am Umsatz.

3.4 Beurteilen Sie die von Ihnen errechneten Kennzahlen!

10 Ein Unternehmen möchte eine neue Stanzmaschine kaufen. Ihm stehen zwei Angebote zur Auswahl:

Maschine I: Anschaffungskosten 54 000,00 EUR; Leistung pro Jahr: 41 800 Stück; erforderliche Arbeitskräfte: 2; Arbeitsstunden pro Jahr je Arbeiter: 2040; Stundenlohn: 22,00 EUR; Kosten der Maschine je Tag laut Werksangabe: 60,00 EUR; Wert des erzeugten Produkts: 3,00 EUR; Arbeitstage: 240 im Jahr.

Maschine II: Anschaffungskosten 46 000,00 EUR; Leistung pro Jahr: 33 900 Stück; erforderliche Arbeitskräfte: 1; Arbeitsstunden pro Jahr je Arbeiter: 2040; Stundenlohn: 22,00 EUR; Kosten der Maschine je Tag laut Werksangabe: 110,00 EUR; Wert des erzeugten Produkts: 3,00 EUR; Arbeitstage: 240 im Jahr.

Aufgaben:

1. Berechnen Sie die Arbeitsproduktivität, Wirtschaftlichkeit und Rentabilität der beiden Maschinen!

2. Führen Sie Gründe auf, die für die Beschaffung der Maschine I bzw. der Maschine II sprechen!

7.5 Rationalisierung

7.5.1 Begriff, Anlässe und Ziele der Rationalisierung

(1) Begriff Rationalisierung

Merke:

Unter **Rationalisierung**[2] versteht man die Durchführung von Maßnahmen zur Verbesserung bestehender Zustände.

Beispiele:

Verminderung des Ausschusses durch verbesserte Materialprüfung. – Senkung der Lagerhaltungskosten aufgrund der ABC-Analyse. – Verkürzung der Produktionszeit durch verbesserte Anordnung der Betriebsmittel. – Verringerung des Krankenstands der Belegschaft durch Verbesserung der Arbeitsbedingungen und des Betriebsklimas.

---

[1] $\text{Eigenkapital-rentabilität} = \dfrac{\text{Reingewinn} \cdot 100}{\text{Eigenkapital}}$ $\text{Gesamtkapital-rentabilität} = \dfrac{(\text{Reingewinn} + \text{Zinsaufwand}) \cdot 100}{\text{Gesamtkapital}}$

[2] Ratio (lat.): Vernunft.

(2) Anlässe der Rationalisierung

Die Bundesrepublik Deutschland ist ein exportabhängiges, rohstoffarmes Land auf einer hohen technisch-wirtschaftlichen Entwicklungsstufe (Hightech-Industrieland). Hieraus folgt, dass die in Deutschland ansässigen Industriebetriebe versuchen müssen, weltweit mit ihren Mitbewerbern Schritt zu halten. Die Produkte müssen **technisch, qualitativ, gestalterisch** und **preislich** mit den Produkten der Konkurrenz vergleichbar sein. Es ist deshalb erforderlich, dass alle Maßnahmen ergriffen werden, um

- die **technische Entwicklung** voranzutreiben,
- das **Qualitätsmanagement** weiter zu verbessern (siehe S. 61ff.),
- die **schöpferischen Kräfte** zu fördern und
- das **Verhältnis von Leistung zu Kosten** zu verbessern, um zu konkurrenzfähigen Konditionen Erzeugnisse und Dienstleistungen anbieten zu können.

(3) Ziele der Rationalisierung

Ziele der Rationalisierung	Erläuterungen
■ in technischer Hinsicht	Erstrebt wird eine **Steigerung der mengenmäßigen Ergiebigkeit** bzw. der **Erzeugnisqualität** bei gegebenem Faktoreinsatz und/oder die **Verringerung des Faktoreinsatzes** bei gegebenen Ausbringungsmengen und -qualitäten.
■ in kaufmännischer Hinsicht	Es wird versucht, durch **Senkung der Faktorpreise** (z.B. durch Großmengeneinkauf, geschickte Verhandlungsstrategien) und **Erhöhung des Umsatzes** (z.B. durch ein geschicktes Marketing-Mix) den **Gewinn zu erhöhen** bzw. den **Verlust zu mindern**.
■ in organisatorischer Hinsicht	Angestrebt wird, die betrieblichen Zustände zu erfassen (z.B. mittels eines ausgebauten Rechnungswesens), auszuwerten und darauf aufbauend den **Betriebsaufbau** und die **betrieblichen Abläufe** im Sinne des ökonomischen Prinzips zu **verbessern**.
■ in ökologischer Hinsicht	Angestrebt wird, durch die Rationalisierungsmaßnahmen zugleich zur Umweltentlastung beizutragen. **Beispiele:** Ersatz alter Feuerungsanlagen durch Feuerungsanlagen mit höheren Wirkungsgraden bei gleichzeitigem Einsatz umweltschonender Brennstoffe. – Übergang zu umweltschonenden Produktionsverfahren bei gleichzeitiger Kapazitätserweiterung.
■ in soziologischer[1] Hinsicht	In soziologischer Hinsicht versucht die Rationalisierung, durch **Verbesserung** des **Zusammenwirkens der Menschen** (z.B. Verbesserung des Betriebsklimas) die Gesamtleistung des Betriebs zu erhöhen.

---

1 Soziologie: Lehre vom Zusammenleben und -wirken der Menschen; soziologisch: zwischenmenschlich.

7.5.2 Einzelmaßnahmen der Rationalisierung

7.5.2.1 Ersatz unwirtschaftlicher Anlagen

„Unwirtschaftlich" ist eine Produktionsanlage immer dann, wenn es kostengünstigere und/oder leistungsfähigere Alternativen gibt.

Unwirtschaftliche und veraltete Anlagen müssen ersetzt werden, damit qualitativ hochwertige Güter mit möglichst geringem Aufwand an Roh-, Hilfs- und Betriebsstoffen sowie Energiestoffen und menschlicher Arbeitskraft erzeugt werden können. In welchem Umfang und Tempo diese technologischen Verjüngungsmaßnahmen **(Rationalisierungsinvestitionen)** erfolgen, lässt sich am **Altersaufbau des Anlagevermögens** und dessen Veränderungen ablesen.

7.5.2.2 Standardisierung (partielle Massenfertigung)

(1) Begriff Standardisierung

Die moderne Wirtschaft ist bestrebt, den Arbeitsertrag u.a. durch Vereinheitlichung der Fabrikate zu steigern. Gerade auf diesem Gebiet hat die Rationalisierung das gesamte Wirtschaftsleben von Grund auf umgestaltet. So passen z.B. die genormten Glühbirnen in alle elektrischen Lampen, Autoreifen unterschiedlicher Hersteller auf die Felgen des entsprechenden Formats.

> **Merke:**
>
> Unter **Standardisierung** sind alle Maßnahmen zu verstehen, die der Vereinheitlichung von Erzeugnissen, Baugruppen oder Einzelteilen dienen.

Gliedert man die Standardisierungsmaßnahmen nach der **Zunahme produktionswirtschaftlicher Vorteile,** so kann man unterscheiden in **Teilefamilienfertigung, Normung, Baukastensystem** und **Typung.** Die Zunahme der produktionswirtschaftlichen Vorteile beinhalten jedoch gleichzeitig **absatzwirtschaftliche Nachteile,** da hiermit die Variantenvielfalt und damit die individuelle Bedarfsdeckung der Kunden abnimmt.

(2) Teilefamilienfertigung

Bei der Teilefamilienfertigung sind die produktionswirtschaftlichen Vorteile des Unternehmens im Vergleich zu den anderen Einzelmaßnahmen relativ gering. Das Ziel beschränkt sich darauf, **ähnliche Teile** zusammenzufassen und sie als **ein** Los durch die Fertigungsstation zu schleusen. Ähnlichkeit bedeutet, dass die Teile in Bezug auf mindestens eine Eigenschaft gleich sind. Die „Gleichheit" kann sich z.B. auf die Form, ein Maß oder ein Verfahren beziehen.

■ Gleichheit der Form

Verschiedene Teile besitzen die gleiche Form, z.B. zur Herstellung der Komponenten des Tisches (Querrohr, Längsrohr, Fußrohr) muss ein Vierkantrohr von einheitlich 30 x 30 mm auf unterschiedliche Längen abgesägt werden.

■ **Gleichheit des Maßes**

Unterschiedliche Teile müssen mit derselben Bohrung versehen werden.

■ **Gleichheit des Verfahrens**

Alle Teile durchlaufen denselben Fertigungsprozess, z. B. Brennen in einem Ofen.

In der Regel erfolgt die Fertigung auf derselben Apparatur mit denselben Werkzeugen, nur unter Verwendung eines anderen NC-Programms. Die Abbildungen zeigen eine Teilefamilie an Gegengewichten, Kipp- und Schwinghebeln.

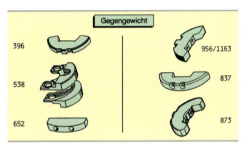

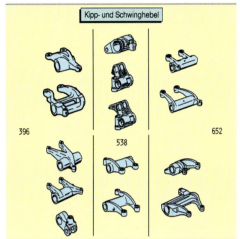

(3) Begriffe Normung und Normen und die Arten der Normen

■ **Begriff Normung**

> **Merke:**
>
> **Normung** ist die allgemein anerkannte Vereinheitlichung von Maßen, Formen, Begriffen, Herstellungsverfahren usw. für **Einzelteile** (z. B. Schrauben).

Die Normung fördert die Rationalisierung und Qualitätssicherung in Wirtschaft, Technik, Wissenschaft und Verwaltung und dient einer sinnvollen Ordnung und der Information auf dem jeweiligen Normungsgebiet. Daneben können von der Normung Anstöße zur Qualitätsverbesserung ausgehen.

Die Ergebnisse der Normungsarbeit in Deutschland sind **„Deutsche Normen"**. Sie werden vom **Deutschen Institut für Normung e. V.** Berlin, unter dem Zeichen **DIN** herausgegeben. Das Deutsche Normenwerk ist in der DIN 820 festgelegt.

■ **Begriff Normen**

> **Merke:**
>
> **Normen** sind nach einem vorgegebenen Verfahren aufgestellte und dokumentierte technische Bestimmungen oder Regeln für die Herstellung, Beschaffenheit, Verwendung, Bezeichnung, Kontrolle und den Vertrieb von Sachgütern und Dienstleistungen.

■ Arten von Normen

Normen kann man nach den verschiedensten Gesichtspunkten einteilen. Nachstehende Tabelle gibt eine Übersicht.[1]

Arten der Normen		
nach dem Umfang ihrer Anwendung	nach dem Gebiet der Normen	
	Grundnormen	Fachnormen
Verbandsnormen nationale Normen internationale Normen	Formelzeichen (z.B. π) Bezeichnungen (z.B. Kesselturbine, Spezialturbine) Formate (z.B. Papierformate wie DIN A4: Geschäftsbrief, DIN A6: Geschäftspostkarte) Gewindetoleranzen, Passungen	im Bauwesen (z.B. Beschläge) im Straßenbau im Brückenbau für Büromöbel im Lokomotivbau usw.

Erläuterungen:

■ **Verbandsnormen** werden von Verbänden und Vereinen in Form von Richtlinien und Vorschriften entwickelt.

> **Beispiel:**
>
> Der Verband der Elektrotechnik (VDE) erarbeitet DIN-VDE-Normen für die Sicherheit in der Elektrotechnik.

■ **Nationale Normen** werden von nationalen Vereinen, in der Bundesrepublik Deutschland vom **Deutschen Institut für Normung (DIN)** erarbeitet.

> **Beispiel:**
>
> Einheitliche Papierformate. Die Größe DIN A4 ist immer genau 21 cm breit und 29,7 cm lang.

■ **Internationale Normen** werden in den einzelnen Staaten erst wirksam, wenn sie von den jeweiligen nationalen Normenausschüssen übernommen werden.

> **Beispiel:**
>
> Auf europäischer Ebene arbeitet u.a. das Europäische Komitee für Normung (CEN), auf weltweiter Ebene die ISO (International Organization for Standardization). Z.B. Verschlüsselung von Zeichen im Rahmen von Datenübertragungen (E-Mail, Internet).

■ Europäische Normen

Europäische Normen gewinnen mit dem Zusammenwachsen Europas zunehmend an Bedeutung. Mit der Einführung europäischer Normen werden die einzelstaatlichen Regelungen nicht aufgehoben. Die Rechtsangleichung auf der Ebene der Gemeinschaft greift nur ausnahmsweise da ein, wo die Ziele der einzelstaatlichen Gesetze nicht gleich sind.

> **Merke:**
>
> Eine **Norm im Sinne der EU** ist eine schriftliche technische Beschreibung, die die Merkmale eines Erzeugnisses wie z.B. Leistung, Sicherheit, Abmessungen usw. festlegt.

---

1 Vgl. auch S. 65ff.

> **Beispiel:**
>
> Greifen wir die Produktgruppe elektrische Haushaltsgeräte heraus. Die technische Sicherheit erfordert, dass die Stromleitung ein drittes Kabel enthält, das mit der Erde verbunden wird. Bevor die Kommission gesetzgeberisch tätig wird, muss sie prüfen, ob alle 27 Mitgliedstaaten ein drittes Kabel vorschreiben. Ist dies der Fall, bedarf es keiner Rechtsangleichung. Ist dies nicht der Fall, so wird sich der EU-Gesetzgeber darauf beschränken, ein drittes Kabel gemeinschaftsweit vorzuschreiben. Er wird aber nicht vorschreiben, ob der dritte Steckerstift rund oder rechteckig sein, ob er sich in der Mitte oder an der Seite des Steckers befinden soll.

Es werden also nur grundlegende Anforderungen in Form von allgemeinen Schutzvorschriften verbindlich vorgeschrieben. Die Regelung von Einzelheiten wird den **europäischen Normeninstitutionen** überlassen.

Die Schaffung von **europäischen Normen** ermöglicht

- **erweiterte Märkte** (größerer Absatz, Stückkostensenkung aufgrund des Gesetzes der Massenproduktion),
- **niedrigere Entwicklungskosten** der einzelnen Hersteller,
- **erleichterte Zusammenarbeit** zwischen den europäischen Unternehmen und
- **bessere Beschaffungsmöglichkeiten** in Europa.

■ Vorteile der Normung

- Die **Beschaffung von Ersatzteilen** (z. B. bei Maschinen oder Autos) wird erleichtert.
- Die **Konstruktion neuer Produkte** wird erleichtert, weil bereits genormte Lösungen für Einzelteile vorliegen (z. B. Schrauben, Muttern, Ventile).
- Die **Arbeitszeit wird verkürzt,** da den Arbeitskräften die Normteile geläufig sind.
- Die **Verkleinerung des Lagers** wird ermöglicht, weil eine Beschränkung auf weniger Teile möglich ist. Damit sinken Lagerhaltungskosten und Lagerrisiko.
- Die Normung der Qualitäten führt zu **Qualitätsverbesserungen**.
- Dem Käufer wird der Einkauf wesentlich erleichtert. Der Käufer vertraut bei einem Produkt mit einem DIN-Zeichen darauf, dass die sich aus der Norm ergebende Produkteigenschaft und Qualitätanforderung vorhanden ist und überwacht wird.

(4) Baukastensystem

> **Merke:**
>
> Beim **Baukastensystem** setzen sich die Produkte aus Bausteinen zusammen. Bausteine werden dazu genutzt, verschiedene Produkte aufgrund von Baumusterplänen herzustellen.

Der Gefahr des Nachfragerückgangs bei zu starker Typenbeschränkung begegnet die Industrie durch Einführung des Baukastensystems (z. B. bei langlebigen Gebrauchsgütern wie Autos, Waschmaschinen, Fernsehgeräten, Rundfunkgeräten usw.). Hier werden einzelne Baugruppen vereinheitlicht, um sie dann wahlweise kombinieren zu können.

Beispiel:

Eine Automobilfabrik stellt Autos mit drei Motoren mit (A) 1,2 Liter, (B) 1,5 Liter und (C) 1,7 Liter her. Es werden zwei Arten von Karosserien gebaut, nämlich (I) Limousine und (II) Cabrio. Die Farben sind (a) blau, (b) grau und (c) grün. Alle übrigen Teile sind für sämtliche hergestellten Automobile gleich. Die Beschränkung auf wenige Baugruppen ermöglicht dennoch, durch Kombination den verschiedenen Kundenwünschen entgegenzukommen. Wie die nachstehende Darstellung der Verbindungsmengen zeigt, haben die Kunden eine Auswahl zwischen 18 Kombinationen.

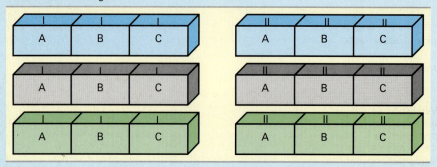

Aufgabe:
Welche Motoren- und Farbkombinationen bei Limousinen und Cabrios können den Kunden angeboten werden?

Lösung:

| Limousinen || Cabrios ||
Motor	Farbe	Motor	Farbe
1,2 Liter	blau	1,2 Liter	blau
1,2 Liter	grau	1,2 Liter	grau
1,2 Liter	grün	1,2 Liter	grün
1,5 Liter	blau	1,5 Liter	blau
1,5 Liter	grau	1,5 Liter	grau
1,5 Liter	grün	1,5 Liter	grün
1,7 Liter	blau	1,7 Liter	blau
1,7 Liter	grau	1,7 Liter	grau
1,7 Liter	grün	1,7 Liter	grün

(5) Typung

■ **Begriff und Zweck**

Merke:

Unter **Typung** versteht man die **Vereinheitlichung** von **Endprodukten.** Typen sind **gleichartige Produkte,** die sich in Einzelheiten unterscheiden können.

Zweck der Typung (oder Typisierung) ist die Konzentration der Nachfrage auf wenige Produkte, um zur Großserien- oder Massenfertigung übergehen zu können. Diese Aussage lässt sich am Beispiel der Autoindustrie verständlich machen. Die Herstellung individueller Autos ist teuer, weil der Fixkostenanteil sehr hoch ist. Kann jedoch durch Normung der Einzelteile, durch Baukastensystematik und durch Beschränkung auf wenige „Typen" zur großen Serie übergegangen werden, verbilligt sich der einzelne Wagen. Dadurch erhöht sich der Absatz.

Umgekehrt kann auch steigende Nachfrage die Typisierung beschleunigen.

■ Arten der Typung

Man unterscheidet zwischen **betrieblicher** und **überbetrieblicher Typung**. Bei der betrieblichen Typung beschränkt sich ein einzelner Hersteller auf wenige „typische" Produkte. Überbetriebliche Typung liegt vor, wenn sich mehrere Hersteller zusammenschließen, um die Herstellung bestimmter Typen gleichartiger Erzeugnisse unter sich aufzuteilen, etwa Heizkessel verschiedener Größen (Typenkartell).

■ Vorteile und Nachteile der Typung

Vorteile der Typung	Nachteile der Typung
■ Verkleinerung des Sortiments bzw. Erzeugnisprogramms. Dadurch werden z.B. Produktionskosten, Lagerhaltungskosten und Lagerrisiken gesenkt; ■ Vereinfachung des Rechnungswesens und damit ■ genauere Kalkulation; ■ einprägsame Werbewirkung durch Schaffung von Markenartikeln.	■ Bei zu weit geführter Typenbeschränkung können die Kunden das Produkt ablehnen, weil es ihren individuellen Wünschen nicht entgegenkommt. Dies gilt vor allem für Konsumgüter. Mit zunehmender Typenbeschränkung steigt also das Absatzrisiko. ■ Die Typung kann zur geschmacklichen Verarmung führen. ■ Mangelnde Anpassungsfähigkeit an Nachfrageänderungen wegen der in der Fertigung eingesetzten Spezialmaschinen bzw. -automaten.

7.5.2.3   Eigenfertigung oder Fremdbezug (Make or Buy)

Die Entscheidung zwischen Eigenfertigung und Fremdbezug (Outsourcing) ist zum einen eine strategische und zum anderen eine operative Planungsentscheidung.

■ Die **strategische Planungsentscheidung** ist langfristig angelegt und wird bereits im Rahmen der Produktentwicklung gefällt. Indem der Konstrukteur die Materialart und die Toleranzen in der Bearbeitungsgenauigkeit festlegt, bestimmt er bereits über die Fertigungstechnologie. Verlässt er bei der Wahl des Werkstoffs die Materialien, mit denen der Betrieb umzugehen gewohnt ist (z.B. Stoßstange aus Kunststoff statt aus Metall), ergibt sich zwangsläufig die Frage, ob die erforderliche Fertigungskapazität auch vorhanden ist.

Konstrukteure entwickeln die Produkte der Zukunft und arbeiten daher auch an der Zukunft des Unternehmens. Andererseits sind sie in ihrer Gestaltungsfreiheit nicht ungebunden. Sie müssen bestrebt sein, die geplante Funktionalität mit dem günstigsten Werkstoff und der günstigsten Fertigungstechnik herzustellen. Daher sind es in der Regel Konstrukteure, Fertigungstechniker, Einkäufer und Mitarbeiter des Rechnungswesens, die als Team bei der Entwicklung neuer Produkte zusammenarbeiten. So ist sichergestellt, dass alle technischen und kaufmännischen Gesichtspunkte ausreichend berücksichtigt werden.

- Die **operative Planungsentscheidung** für eine Eigenfertigung bzw. den Fremdbezug ist kurzfristig ausgerichtet und hängt insbesondere von der jeweiligen Beschaffungssituation ab. Ist beispielsweise Eigenfertigung geplant, die Kapazitätsgrenze jedoch erreicht, dann wird die Unternehmensleitung, um die kurzfristige Lieferbereitschaft bei den Erzeugnissen zu sichern, einen Wechsel zum Fremdbezug vornehmen. Bei geringer Auslastung der vorhandenen Kapazität wird die Unternehmensleitung dagegen versuchen, kurzfristig vom Fremdbezug zur Eigenfertigung zu wechseln.

Grundsätzlich kann man jedes Erzeugnis selbst fertigen bzw. kaufen. Die Entscheidung fällt in der Regel nicht aufgrund eines kurzfristigen Kostenvorteils,[1] sondern aufgrund längerfristiger, strategischer Fragestellungen, wie z.B.:

- Wodurch kann sich das eigene Unternehmen technologisch von den übrigen Wettbewerbern unterscheiden?
- Inwieweit trägt eine Baugruppe bzw. eine Leistungskomponente dazu bei, Kundennutzen zu schaffen und damit einen Wettbewerbsvorteil zu erringen?
- Kann der Lieferant Forschungs- und Entwicklungsarbeit übernehmen?
- Entstehen durch den Bezug Abhängigkeiten vom Lieferanten?
- Wird durch die Fremdfertigung dem Zulieferer ein Know-how geliefert, das selbst nur schwer und teuer aufzubauen oder zu halten ist?

Zusammenfassung

- Alle Maßnahmen zur Verbesserung der bestehenden Zustände bezeichnet man als **Rationalisierung**.

- **Ziele** der Rationalisierung:
  - **technisch:** – Steigerung der mengenmäßigen Ergiebigkeit bzw. der Erzeugnisqualität
    - Verringerung des Faktoreinsatzes bei gleichbleibender Leistung
  - **kaufmännisch:** – Senkung der Faktorpreise
    - Erhöhung des Umsatzes
    - Erhöhung des Gewinns bzw. Minderung des Verlusts
  - **organisatorisch:** – Verbesserung der Aufbau- und Ablauforganisation des Unternehmens
  - **soziologisch:** – Verbesserung des Zusammenwirkens der Menschen
  - **ökologisch:** – Produktion umweltgerechter Produkte

- Zu den Einzelmaßnahmen der Rationalisierung gehört die **Standardisierung** von Erzeugnissen mit dem Ziel, die Anzahl gleichartiger Arbeitsabläufe zu erhöhen.

---

1 Ein Kostenvergleich von Eigenfertigung oder Fremdbezug wird im Rahmen der Deckungsbeitragsrechnung im Band „Steuerung und Kontrolle" durchgeführt. Vgl. Lernfeld 8, Kapitel 5.5.4, S. 31ff.

■ **Beispiele für Standardisierungsmaßnahmen:**

Teilefamilien-fertigung	Erfassung von **ähnlichen Teilen**. Ähnlichkeit bedeutet, dass Teile in Bezug auf mindestens eine Eigenschaft gleich sind (z.B. Form, Maß, Fertigungsverfahren). In der Regel erfolgt die Herstellung auf derselben Apparatur mit denselben Werkzeugen, aber unterschiedlichen NC-Programmen.	**Zunahme produktionswirtschaftlicher Vorteile** und gleichzeitig **Abnahme absatzwirtschaftlicher Vorteile,** da hiermit die Variantenvielfalt und damit die individuelle Bedarfsdeckung abnimmt.
Normung	**Vereinheitlichung von Einzelteilen** in Bezug auf Abmessungen, Materialeigenschaften. Die Reichweite von Normen bezieht sich auf das Unternehmen (Werksnorm), einen Verband (Verbandsnorm, VDE), ein Land (nationale Norm, DIN) oder weltweit (internationale Norm, ISO).	
Baukasten-systematik	**Vereinheitlichung von Baugruppen,** die sich zu verschiedenen Endprodukten kombinieren lassen. Voraussetzung ist die Normung der Passstellen.	
Typung	**Vereinheitlichung des Produktganzen.**	

■ **Vorteile der Standardisierung:**

- ■ Einsparung von Konstruktionskosten;
- ■ Verringerung der Rüstkosten;
- ■ Tendenz zur Verwendung von Spezialmaschinen und einheitlichen Werkzeugen;
- ■ Tendenz zum Einsatz angelernter und ungelernter Arbeitskräfte;
- ■ Vereinfachung des Bestellwesens, da Teilevielfalt abnimmt;
- ■ günstigere Einkaufsbedingungen, da wenige Varianten und mehr gleichartige Teile;
- ■ Vereinfachung der Fertigungsplanung und -steuerung;
- ■ Einsatz kostengünstigerer Fertigungsverfahren.

■ **Eigenfertigung oder Fremdbezug** (Make or Buy) ist nicht nur eine operative Frage (z.B. Höhe der Kosten, Erhalt der Lieferbereitschaft), sondern auch eine Fragestellung von längerfristiger, strategischer Natur.

Übungsaufgabe

11 Die Chlorer GmbH kann durchschnittlich im Monat 4000 Einheiten Elektromotoren herstellen. Die fixen Kosten belaufen sich auf monatlich 1 Mio. EUR, die variablen Kosten auf 120,00 EUR je Produktionseinheit. Die Unternehmensberatung Klever & Partner meint, dass das bisherige Fertigungsverfahren veraltet sei und durch ein moderneres ersetzt werden müsse. Die fixen Kosten des neuen Verfahrens liegen 15 % über denen des bisherigen. Die variablen Kosten des neuen Verfahrens sind jedoch 50 % niedriger als die des alten Verfahrens.

Aufgaben:

1. Welche Gründe können für den Ersatz einer alten Anlage durch eine neue sprechen? (Nennen Sie zwei Gründe!)

2. Lohnt sich für die Chlorer GmbH rein rechnerisch der Ersatz der alten Anlage durch die neue?

3. Die Chlorer GmbH plant weitere Rationalisierungsmaßnahmen. Gedacht wird an eine Vervollständigung des Baukastensystems.

   3.1 Erklären Sie das Baukastenprinzip an einem selbst gewählten Beispiel!

   3.2 Welchen Vorteil hat das Baukastenprinzip?

4. Häufig sind Normung und Typung wichtige Rationalisierungselemente.

   4.1 Beschreiben Sie diese beiden Rationalisierungselemente an einem selbst gewählten Beispiel!

   4.2 Worin liegen die Vor- und Nachteile der Typung?

7.5.3 Ganzheitliche Rationalisierungskonzepte

7.5.3.1 Just-in-time-Konzeption[1]

(1) Wesen

Merke:

Die **Just-in-time-Konzeption** ist eine marktorientierte Unternehmenskonzeption mit der Zielsetzung, rasch und flexibel auf die sich schnell ändernde Nachfrage reagieren zu können. Eine solche Flexibilität setzt voraus, dass die betrieblichen Fertigungsanlagen so beschaffen sind, dass eine nachfragebedingte Änderung des Produktionsprogramms binnen kurzer Frist möglich ist.

Die Anwendung des Just-in-time-Prinzips ist nur möglich, wenn die gesamte Unternehmensorganisation auf den **Absatzmarkt ausgerichtet** ist. Mit der fortschreitenden Entwicklung auf dem Gebiet der Fertigungsflexibilisierung wird der Unternehmensführung ein Instrumentarium in die Hand gegeben, das es erlaubt, relativ kurzfristig und in einer weiten Variationsbreite auf die sich ändernden Nachfrageentwicklungen einzugehen.

Durch die bedarfs- und zeitnahe Produktion der nachgefragten Produktvarianten bzw. -mengen können die Lagerbestände sehr stark reduziert werden. In letzter Konsequenz besitzt ein nach dem Just-in-time-Prinzip gestaltetes Unternehmen überhaupt keine Lagerbestände (theoretischer Grenzfall).

Der Abbau von Lagerbeständen, insbesondere auch von Roh-, Hilfs- und Betriebsstoffen, Vorprodukten und Handelswaren bedingt die Einrichtung eines fertigungssynchronen Beschaffungssystems. Die Lieferer müssen absolut zuverlässig sein.

Das Just-in-time-Prinzip verlangt jedoch nicht nur eine absolut pünktliche Bereitstellung (Lieferung) der Werkstoffe (und auch der Betriebsmittel), sondern auch ein zuverlässiges Qualitätsmanagement (S. 61ff.) und leistungsfähige elektronische Informations- und Kommunikationssysteme.

(2) Problematik der Just-in-time-Konzeption

Bei zahlreichen Werkstoffen, Vorprodukten und Handelswaren ist die fertigungssynchrone Beschaffung nicht oder wenigstens nicht in ihrer extremen Anwendung durchführbar, weil die Vorlieferer ihre Produktion nicht an dem schwankenden Bedarf der Abnehmer

---

1 Just in time (engl.): gerade rechtzeitig.

ausrichten können oder wollen. Sie streben aus **kosten- und beschäftigungspolitischen Gründen** selbst eine kontinuierliche Produktion an. Des Weiteren können **technische Gegebenheiten** eine Anpassung an Nachfrageschwankungen verhindern. So kann z.B. ein Hochofen nur mit einer bestimmten Mindestmenge angeblasen werden. Auch **natürliche Bedingungen** können die Produktionsmengen bestimmen (z.B. die Jahreszeiten in der Landwirtschaft, Bauwirtschaft, der Fremdenverkehrswirtschaft).

Die Just-in-time-Beschaffung wird auch dann erschwert, wenn die Anlieferung der Werkstoffe und Waren durch Lastkraftwagen erfolgt. Verspätungen durch Staus verteuern letztlich die Anlieferung. Aus ökologischen Gesichtspunkten heraus ist die „Verlegung der Lager auf die Straße" wegen der damit verbundenen Umweltbelastung abzulehnen.

7.5.3.2   Lean Production

(1) Begriff und Merkmale der Lean Production

■ **Begriff Lean Production**

Merke:

Lean Production (schlanke Fabrikation) bedeutete ursprünglich eine **Verringerung der Produktionstiefe** je Produktionsschritt und Werk („Schlank durch Abspecken!"). Dies wird dadurch ermöglicht, dass die der Endfertigung vorgelagerten Fertigungsschritte auf unterschiedliche Werke im In- und Ausland ausgelagert werden.

■ **Merkmale der Lean Production**

Merkmale der schlanken Produktion im ursprünglichen Sinne sind:

■ die Produktionsdauer wird verkürzt;
■ Personal wird abgebaut, d.h., die Personalkosten sinken;
■ Lagerhaltungskosten nehmen ab;
■ durch die Verlagerung der Vorproduktion auf andere Werke und Länder nimmt die Bedeutung der Just-in-time-Anlieferung zu.

(2) Instrumente der Lean Production

Das im Rahmen der Lean Production verfolgte Ziel, einen verschwenderischen Einsatz von Ressourcen in allen Bereichen der Leistungserstellung zu vermeiden, spiegelt sich in den eingesetzten Instrumenten wider. Wichtige Instrumente der Lean Production sind z.B.

Instrumente der Lean Production	Erläuterungen
Sofortige grundlegende Fehlerbeseitigung.	Die Fehler werden bis zur Verursachungsquelle verfolgt, um ein wiederholtes Auftreten des gleichen oder eines ähnlichen Fehlers zu vermeiden.
Vereinfachung des Werkzeugwechsels.	Durch eine Vereinfachung und infolgedessen eine Beschleunigung des Werkzeugwechsels werden Rüstkosten eingespart.

Instrumente der Lean Production	Erläuterungen
Vorbeugende Instandhaltung der Produktionsanlagen.	Die Anlagen werden ständig vorbeugend instandgehalten, um aufwendige Reparaturarbeiten und damit verbunden einen längeren Produktionsausfall zu vermeiden. Dies ist besonders wichtig, wenn vom Unternehmen das Just-in-time-Konzept zugrunde gelegt wird, da dieses Konzept einen reibungslosen Materialfluss voraussetzt.
Förderung der Leistungsfähigkeit der Mitarbeiter.	Die Leistungsfähigkeit der Mitarbeiter kann durch Schulungsmaßnahmen, Erfolgsbeteiligung der Mitarbeiter, Prämienzahlung an die Mitarbeiter für Verbesserungsvorschläge erhöht werden.

(3) Lean Management

Lean Management ist eine aus Japan stammende Unternehmensphilosophie zur Unternehmensführung und bedeutet das Weglassen aller überflüssigen Arbeitsgänge in der Produktion und in der Verwaltung (Lean administration) durch eine intelligentere (besser durchdachte) Organisation.

Im Mittelpunkt dieser erweiterten Auffassung von Lean Production – dem **Lean Management** – stehen

- flache Hierarchien sowie **Eigenverantwortung** und **Teamarbeit** verbunden mit einer hohen Qualifikation und Motivation aller Mitarbeiter,
- starke **Kundenorientierung** in allen Unternehmensbereichen,
- kontinuierlicher Verbesserungsprozess **(Kaizen)**[1] und **Total Quality Management**[1] sowie
- **enge Zusammenarbeit mit den Lieferanten** verbunden mit Simultaneous Engineering[2] und produktionssynchroner Anlieferung (Just-in-time-Anlieferung).

Merke:

Lean Management ist ein Managementsystem, das **Serienprodukte** und **Dienstleistungen** mit ungewohnt **niedrigen Kosten** in **vorzüglicher Qualität** ermöglicht.[3]

(4) Merkmale des Lean Managements

■ Eigenverantwortung und Teamarbeit

Ein wichtiger Erfolgsfaktor liegt einerseits in der besonderen Bedeutung, die den Mitarbeitern im gesamten Wertschöpfungsprozess eingeräumt wird, und andererseits in der gezielten Anwendung von **Gruppenarbeit** auf allen Unternehmensebenen.

Durch die ausgeprägte **Delegation von Aufgaben** an einzelne Mitarbeiter bzw. Gruppen ergeben sich viel **flachere Hierarchien** als bei den herkömmlichen Organisationsstruktu-

---

1 Siehe Ausführungen S. 55.

2 Simultaneous Engineering: Parallel geschaltete Entwicklung von Produkten und den benötigten Produktionsmitteln. Ziel ist die Verkürzung der Entwicklungszeit für neue Produkte sowie die Senkung der Kosten. Vgl. S. 57.

3 Vgl. Thommen, Jean-Paul; Achleitner, Ann-Kristin: Allgemeine Betriebswirtschaftslehre. Umfassende Einführung aus managementorientierter Sicht, 4., überarbeitete und erweiterte Auflage, Wiesbaden 2003, S. 842f.

ren. Die einzelnen Arbeitsgruppen erfüllen ihre Aufgaben weitgehend eigenverantwortlich. An die einzelnen Mitglieder werden **hohe Qualifikationsanforderungen** gestellt. Jedes Mitglied muss alle weitgehend standardisierten Teilaufgaben der Gruppe bis hin zur Wartung der Maschinen zuverlässig erledigen können und bereit sein, sich laufend weiterzubilden.

Jede Gruppe hat einen **Gruppenleiter,** der die Verantwortung dafür trägt, dass

- die Arbeitsprozesse in der Gruppe reibungslos unter Beachtung des Zeittakts organisiert werden,
- die Arbeitsteilung und Entlohnung gerecht ist,
- die Auswahl der Gruppenmitglieder zweckmäßig erfolgt und
- ein hoher Qualitätsstandard gesichert wird.

Neben der Gruppenarbeit an sich hat sich als weiterer Vorteil des Lean Managements die **offene Kommunikation zwischen den Arbeitsgruppen** (auch über die wenigen Hierarchiestufen hinweg) erwiesen, da zahlreiche Aufgabenstellungen und Projekte team- bzw. bereichsübergreifend zu bearbeiten sind.

■ Kundenorientierung

Die Kundenorientierung ist ein wichtiges Element des Lean-Management-Ansatzes. Allerdings wird die Kundenorientierung beim Lean-Management-Konzept nicht nur unter dem Aspekt der Kundenwünsche gesehen, sondern auch unter dem Aspekt der Kundennähe.

Produziert (bzw. eine Dienstleistung erbracht) wird nur, wenn ein **Kundenbedarf** gegeben ist. Eine Produktion aus anderen Gesichtspunkten, z.B. zur Auslastung der Maschinen, erfolgt nicht und damit wird z.B. unverkäufliche Lagerware vermieden.

Neben **regelmäßigen Kundenbefragungen** hinsichtlich ihrer Zufriedenheit mit Produkt und Händler ist hier der direkte Kontakt zwischen Managern und Ingenieuren des Unternehmens und Kunden selbstverständlich. Durch den direkten Kontakt werden die im Markt auftretenden Probleme sofort analysiert und einer Lösung zugeführt.

Da Fehler trotz Total Quality Management nicht völlig ausgeschlossen werden können, soll ein **umfangreicher Kundenservice** selbst aus reklamierenden noch zufriedene Kunden machen.

■ Kaizen und Total Quality Management

Die Gestaltungsspielräume der Teams liegen weniger in der Verrichtung der standardisierten Aufgaben, sondern vielmehr darin, diese Standards permanent infrage zu stellen, in kleinen Schritten zu ändern und in diesem Sinn Problemlösungen zu entwickeln. Dieser **kontinuierliche Verbesserungsprozess (Kaizen[1])** kann mit seinem Streben nach Perfektion als eine weitere Stärke der Lean-Management-Konzeption angesehen werden.

Die durch Kaizen erzielbaren **Ergebniswirkungen** konzentrieren sich dabei nicht nur auf die beiden Erfolgsfaktoren Zeit und Kosten, sondern führen ferner zu einer Verbesserung der Produktqualität. Konkreter Ausdruck hierfür sind geringere Fehler-, Ausschuss- und Nacharbeitsquoten, eine Reduzierung von Reklamationen, ein geringerer Anteil an Sonderverkäufen und geringere technische Änderungen.

Zur Sicherung beziehungsweise Verbesserung des Qualitätsstandards wird im gesamten Fertigungsbereich ein **Total Quality Management (TQM)[2]** durchgeführt, das bereits bei

---

1 Kaizen ist eine japanische Philosophie und bedeutet Verbesserung in kleinen Schritten.
2 Vgl. hierzu die Ausführungen auf S. 69f.

der Planung von Produkten und Prozessen **Qualitätsmängel verhindern** und auftretende Mängel **schnellstmöglich beseitigen** soll. Aus diesem Grund ist jeder Mitarbeiter zu jeder Zeit befugt, bei Auftreten eines Fehlers das Fließband unverzüglich zu stoppen, die aufgetretene Störung schnellstmöglich zu beseitigen und deren Ursachen zu analysieren.

Je früher die notwendige Korrektur erfolgt, desto leichter ist sie möglich und desto niedriger sind die erforderlichen Beeinflussungskosten.

■ Intensive Lieferantenbeziehungen

Noch enger als mit den Kunden werden beim Lean Management die Beziehungen zu den Lieferanten gestaltet. Diese Beziehungen unterscheiden sich in vielerlei Hinsicht von den traditionellen Geschäftsbeziehungen:

Traditionelles Management	Lean Management
ständige Preisverhandlungen mit vielen Lieferanten	langfristige Partnerschaften mit wenigen Lieferanten
Kostenüberwälzung Hersteller/Zulieferer	Preisgestaltung unter Berücksichtigung beidseitiger Gewinninteressen
Einkauf als abgeleitete Unternehmensfunktion	strategisches Beschaffungsmanagement
viele Zulieferer/große Teilevielfalt	Systemlösungen
Technikzentrierung/Vernachlässigung der Kundenorientierung	Einbindung des Lieferanten und Kundennähe
nach Serienlauf zahlreiche Änderungswünsche	weniger Änderungen durch Simultaneous Engineering
verzögerte Informationspolitik	intensiver Informationsaustausch
Qualitätskontrollen nach Liefereingang	durchgehendes Qualitätsmanagement bereits beim Lieferanten
schwankende Abrufe in Losen	produktionssynchrone (Just-in-time-)Beschaffung
bürokratische Kontakte	transparente Spielregeln, gegenseitiger Einblick in die Datenstände
gegenseitiges Abgrenzungs-/Konkurrenzverhalten	Lieferantenförderung, -pflege und -entwicklung

Das Lean Management konzentriert sich somit auf das wettbewerbsentscheidende Kerngeschäft. Kostenintensive Randbereiche der Produktion (z.B. Pflege des Maschinenparks) werden nach außen verlagert **(Outsourcing).** Wegen der dadurch bedingten geringen Fertigungstiefe konzentriert sich die Beschaffung auf vergleichsweise **wenige Lieferanten.** Diese liefern dann zumeist **ganze Komponenten** und koordinieren ihrerseits die Zulieferungen für die von ihnen benötigten Teile.

Die Zusammenarbeit mit den Zulieferern ist dabei von Anfang an **auf lange Sicht angelegt** und beginnt in der frühen Startphase einer Modellentwicklung, sodass der Einfluss des Lieferanten auf Funktionen, Qualitäten und Kosten maximal ist. Die Hersteller-Zulieferer-Beziehungen gehen sogar so weit, dass der Hersteller Einblick in die Produktionsstrukturen des Zulieferers erhält. Ziel bei dieser Vorgehensweise ist es, die gesamte **Prozesskette** des Zulieferers zu optimieren und die daraus resultierenden Kostenvorteile untereinander aufzuteilen.

Die intensivste Zusammenarbeit zwischen dem schlanken Unternehmen und seinen Lieferanten ist das sogenannte **Simultaneous Engineering**. Durch eine gemeinsame, parallel geschaltete Entwicklung der Produkte können Zeit- und Kostenvorteile realisiert werden. Dabei werden Experten der Lieferanten über die gesamte Lebenszeit des Produkts (im beiderseitigen Interesse) einbezogen.

Beispiel:

Die Designer eines „schlanken" Autoherstellers haben den Leuchten für ein neues Modell ein bestimmtes Aussehen gegeben. Der Zulieferer entwickelt nun in Zusammenarbeit mit dem Hersteller die kompletten Systemkomponenten „Beleuchtung" für das neue Modell und ist auch bei einem späteren Facelifting beteiligt.

7.5.3.3 Integrierte Aufgabendurchführung mithilfe elektronischer Informations- und Kommunikationssysteme am Beispiel des CIM-Konzepts

Ein zentrales Koordinierungsinstrument in einem modernen Industriebetrieb zur funktionsübergreifenden und integrierenden Informationsverarbeitung ist das sogenannte **Computer Integrated Manufactoring-Konzept (CIM-Konzept)**. Es ist durch folgende Merkmale gekennzeichnet:

■ Unter CIM versteht man Bestrebungen zur Rationalisierung und Automatisierung unter Benutzung von Computern. CIM beschreibt den **integrierten EDV-Einsatz** in allen mit der Produktion zusammenhängenden Betriebsbereichen.

■ **Integration** unter Einsatz von Computern bedeutet abteilungsübergreifende Nutzung und Verarbeitung gemeinsamer Datenbestände. Von jedem Arbeitsplatz kann auf die Informationen/Daten zugegriffen werden, die für die Bearbeitung benötigt werden. Durch die Integration ist sichergestellt, dass an allen Stellen mit dem gleichen Aktualitätsgrad der Informationen/Daten gearbeitet wird.

■ CIM umfasst zwei zentrale Bereiche. Da ist zum einen der **betriebswirtschaftlich-technische Bereich** und zum anderen der **technische Anwendungsbereich**.

Erläuterungen zum CIM-Konzept (siehe Abbildung S. 58):

CAD	Unter **C**omputer **A**ided **D**esign versteht man computerunterstütztes Konstruieren. Das Zeichenbrett wird hier durch den Bildschirm ersetzt.
CAQA	Die **C**omputer **A**ided **Q**uality **A**ssurance umfasst alle Verfahren zur computergestützten Qualitätssicherung und Qualitätskontrolle.
CAP	Mit dem **C**omputer **A**ided **P**lanning werden Arbeitsvorgaben – insbesondere Arbeitsgänge und Arbeitspläne – erstellt.
CAM	Unter **C**omputer **A**ided **M**anufacturing versteht man die Anwendung des Computers im Bereich der Maschinensteuerung und der automatischen Materialversorgung.
AMH	Das **A**utomated **M**aterial **H**andling steuert den Materialfluss zwischen den einzelnen Fertigungsstationen.

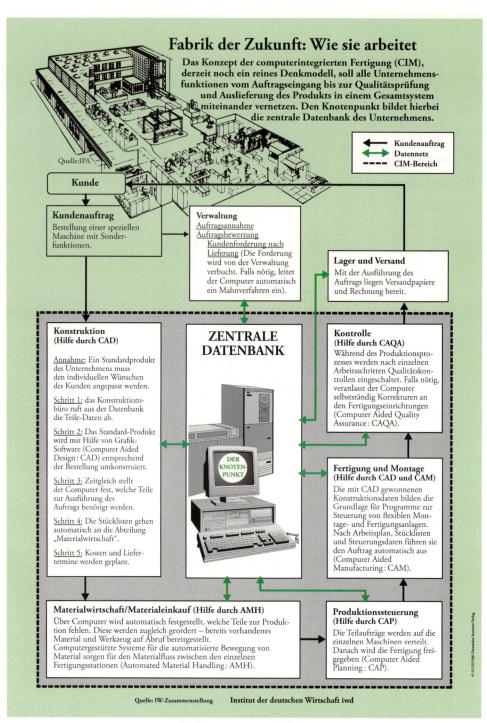

Rechnergesteuerte Fabrik

Zusammenfassung

Ganzheitliche Rationalisierungskonzepte

Just-in-time-Konzeption

Die erforderlichen Produktvarianten bzw. -mengen werden bedarfs- und zeitnah produziert bzw. beschafft. Dadurch werden die Lagerbestände sehr stark reduziert.

Voraussetzungen:

- Ausgefeiltes Informationssystem nicht nur innerhalb des Unternehmens, sondern auch zu den Lieferanten
- Hohe Zuverlässigkeit der Lieferanten
- Gut funktionierendes Qualitätsmanagement

Lean Production[1]

Lean Production ist das Zusammenwirken aller Bereiche eines Unternehmens in einem optimal abgestimmten Prozess. Die Konzeption erfordert eine ganzheitliche Betrachtungsweise des Unternehmens und nicht eine isolierte Verschlankung einzelner Teilbereiche.

Kennzeichen:

- Konsequente Kundenorientierung, d. h. schnelle, flexible Anpassung an spezielle Kundenwünsche
- Hohe Produktqualität
- Hohe Innovationsgeschwindigkeit
- Konkurrenzfähige Preise
- Kurze Lieferfristen
- Enge Kooperation der betrieblichen Aufgabenbereiche
- Integration der externen Partner in den betrieblichen Informationsfluss
- Besondere Organisationsformen wie z. B. Teamarbeit
- Ausgeprägte Kommunikations- und Informationsmöglichkeiten
- Übertragung von Verantwortung auf untere Hierarchieebenen
- Konzentration auf Wertschöpfung

CIM-Konzepte

Im Rahmen eines CIM-Konzepts werden die ursprünglich isolierten Bausteine des CAD, CAE, CAP, CAM, CAQ und der Betriebsdatenerfassung (BDE) in eine geschlossene Konzeption eingebettet. Eine unternehmensweite Datenbank stellt für alle Unternehmensbereiche die erforderlichen Informationen bedarfsgerecht zur Verfügung.

---

1 Vgl. IfaA: Lean Production, Köln, 1992.

Übungsaufgaben

12 1. Erläutern Sie Vor- und Nachteile der Just-in-time-Konzeption für Abnehmer und Zulieferer!

2. Welche „Social costs" können durch die Verwirklichung der Just-in-time-Beschaffung entstehen? (Social costs sind Kosten, die nicht der Verursacher trägt, sondern die Allgemeinheit.)

3. Was sagt nachstehende Karikatur aus?

Quelle: Bundeszentrale für politische Bildung (Hrsg.), Zeitlupe Nr. 18: Neue Technologien, Bonn 1986, S. 16ff.

13 Textauszug:

„... Kein Zweifel: Die ‚rechnergesteuerte Fertigung' verändert Schritt für Schritt die Arbeit in den Fabriken. Heute herrscht noch die **Massenproduktion** vor. Weil es sehr viel Geld kostet, bis ein **Fließband** mit allen dazugehörigen Maschinen eingerichtet ist, werden auf diesen ‚Fertigungsstraßen' dann sehr große Mengen des gleichen Produkts hergestellt. Soll hingegen ein Einzelstück, zum Beispiel ein sehr spezielles Werkzeug, gebaut werden, muss dies – wie in Urväterzeiten – weitgehend in Handarbeit geschehen. Wenn sich in Zukunft die **Roboter** per Knopfdruck ohne großen zusätzlichen Aufwand programmieren lassen, wird es hingegen möglich sein, auch einzelne Stücke **automatisiert** zu produzieren. Gerade deshalb ist diese Entwicklung zur ‚flexiblen Automatisierung' auch für die deutsche Industrie von großem Interesse. Denn eine ihrer Stärken ist der Maschinen- und Anlagenbau, bei dem die Kleinserienfertigung Vorrang hat.

Weil die neuen Techniken ganze Arbeitsabläufe automatisieren, gehen traditionelle Arbeitsplätze verloren. Dennoch ist die ‚Fabrik der Zukunft' keine Geisterfabrik, in der Computer und Roboter den Menschen vollständig verdrängt haben. Denn es bleibt eine große Zahl von Aufgaben, die auf absehbare Zeit nur der Mensch erfüllen kann. Dabei zeichnet sich ab, dass die verbleibende Arbeit vielgestaltiger und verantwortungsvoller, kurz, interessanter wird. Denn die Roboter übernehmen vor allem die ‚Jobs', in denen einfache und eintönige Handgriffe zu verrichten waren. Dafür entstehen neue Arbeitsplätze, zum Beispiel in den Bereichen Forschung und Entwicklung, Überwachung und Instandhaltung ..."

Aufgaben:

1. Erklären Sie kurz die fett gedruckten Begriffe!
2. Welche sozialen Folgen der Automatisierung werden im Text angesprochen?
3. Warum wird der „flexiblen Automatisierung" eine große Bedeutung zugemessen?

14 1. **Textauszug:**

> „… Lean Production fordert den ganzen Menschen, sein Wissen, sein Können und seine Identifizierung mit dem Unternehmen. Er soll nicht nur arbeiten, sondern mitdenken …
> Die Autoren einer Studie versprechen Europas Massenproduzenten, bei einer Umstellung ihrer Fertigung auf Lean Production könne dieselbe Menge mit weniger als der Hälfte der gegenwärtigen Mitarbeiter erarbeitet werden. Für Gewerkschaften muss dies schlicht eine Horrorvision sein, schon gar in einer Zeit, in der eine weltweite Rezession ohnehin Arbeitsplätze massenweise vernichtet."

Aufgaben:

1.1 Nennen Sie wichtige Merkmale der Lean Production!

1.2 Welche Vor- und Nachteile hat die Lean Production für die Arbeitnehmer?

1.3 Erläutern Sie, welche Besonderheiten der Lean-Management-Ansatz aufweist!

1.4 Beschreiben Sie, durch welche Merkmale die Organisation eines Unternehmens mit Lean Management gekennzeichnet ist!

2. Im Bauunternehmen Stehlin KG in Neuhausen wird zurzeit viel über notwendige Rationalisierungsmaßnahmen gesprochen.

Aufgaben:

2.1 Erklären Sie, was unter Rationalisierung zu verstehen ist!

2.2 Erläutern Sie an zwei selbst gewählten Beispielen, welche Ziele die Stehlin KG mit ihren Rationalisierungsmaßnahmen anstreben kann!

7.6 Qualitätsmanagement

7.6.1 Entwicklung des Qualitätsgedankens[1] und die Notwendigkeit eines Qualitätsmanagements

(1) Entwicklung des Qualitätsmanagements

Bis in die Mitte der 60er-Jahre erfolgte die Sicherstellung der Produktqualität dadurch, dass am Ende des Produktionsprozesses von Spezialisten Prüfungen und Kontrollen vorgenommen wurden **(Qualitätskontrolle)**. Fehlerhafte Produkte mussten nachgearbeitet oder gar ausgesondert werden. Dies verlangte erheblichen Aufwand, wenn z.B. ein fehlerhaftes Teil im Motorraum eines Autos eingebaut und im weiteren Produktionsfortschritt zusätzliche, fehlerfreie Komponenten hinzumontiert wurden, sodass der Zugang zum fehlerhaften Teil nur schwer möglich war. Qualitätsfortschritte wurden dadurch sichergestellt, dass die Prüfungsanforderungen strenger, also mit weniger Toleranzen formuliert wurden.

---

1 Vgl. Arno Gramatke, Informatik im Maschinenbau II, Quelle: www-ziw-ima.vwth-aachen.de/lehre/vorlesungen_uebungen/ informatik 2/download/referat_qssoftware.pdf, Seite 4.

Der Übergang von der Qualitätskontrolle zur **Qualitätssicherung** bestand darin, dass es nunmehr Ziel war, Fehler in ihrer Entstehung von vornherein zu vermeiden. Ein wichtiger Beitrag hierfür wurde bereits in der Phase der Produktentwicklung geleistet, indem dort auf eine fertigungs- bzw. montagegerechte Konstruktion geachtet wurde. Mitte der 90er-Jahre wurde das Qualitätsdenken auf alle Prozesse des Unternehmens angewendet. Alle Mitarbeiter und auch das Management wurden in das Qualitätsmanagement einbezogen. Im Rahmen eines ganzheitlichen Ansatzes **(TQM: Total Quality Management)**[1] wurde nicht nur die Qualität der Produkte, sondern auch die der Prozesse, der Mitarbeiter und Produktionsanlagen verbessert. Somit deckt der ursprünglich aus dem technischen Bereich der Produktion stammende Anspruch an Qualität nunmehr auch den Verwaltungsbereich ab. Grafisch lässt sich diese Entwicklung im nachfolgenden Schaubild darstellen.

1950	1960	1970	1980	1990	2000

Qualitätskontrolle	Qualitätssicherung	Total Quality Management (TQM)
▪ Qualität ist die Aufgabe von Spezialisten ▪ Kontrolle am Ende des Produktionsprozesses ▪ Qualitätsverbesserung durch strengere Prüf- anforderungen ▪ Fokus auf fehlerfreiem Erzeugnis	▪ Qualität ist die Aufgabe von Spezialisten ▪ Kontrolle bereits in der Phase des Entwicklungs- prozesses ▪ Qualitätsverbesserung durch Vorbeugung ▪ Beginn des prozess- orientierten Denkens ▪ Fokus auf technischen Bereich	▪ Einbeziehung des Manage- ments, aller Mitarbeiter und aller Prozesse über den gesamten Lebenszyklus des Produkts ▪ Fokus auf Zufriedenheit des Kunden

Nach heutigem Verständnis des Qualitätsmanagements liegt die Verantwortung für die Produkt- und Dienstleistungsqualität nicht mehr bei einer speziellen Abteilung, sondern bei jedem Mitarbeiter selbst.

(2) Notwendigkeit eines Qualitätsmanagements

Als Gründe für den hohen Stellenwert des Qualitätsmanagements sind u.a. folgende Argumente zu nennen:

- Aufgrund der Globalisierung der wirtschaftlichen Verflechtungen verfügen die Kunden über ein höheres Maß an Transparenz in Bezug auf die weltweit verfügbare Qualität. Damit steigt deren Qualitätsanspruch.
- Durch die zunehmende Verflechtung unternehmensübergreifender Prozesse (Supply Chain Management)[2] wird häufig auf die Eingangskontrolle verzichtet und diese auf den Vorlieferanten übertragen.
- Die immer größer werdende Komplexität der Erzeugnisse kann nur beherrscht werden, wenn alle Komponenten fehlerfrei sind.

---

1 Siehe hierzu die Ausführungen auf S. 69f.
2 Siehe S. 165f.

- Ohne Qualitätszertifizierung erhalten Unternehmen heute als Zulieferer kaum mehr Aufträge. Der nachvollziehbare Beweis für die Existenz eines Qualitätsmanagementsystems wird zum Überlebenskriterium und damit zu einem strategischen Wettbewerbsfaktor.

- Schlechte Qualität führt zu Garantieansprüchen und Kulanzerwartungen, u.U. zu Schadensersatzforderungen und Imageverlusten.

7.6.2 Begriffe Qualität und Qualitätsmanagement

Qualität ist kein feststehender Begriff, sondern hängt ab vom Verwendungszweck. Ob die geforderte Qualität erfüllt ist, wird über sogenannte Qualitätsmerkmale beurteilt. So muss ein Fahrrad, das für ein Zeitfahren verwendet wird, ganz andere Qualitätsmerkmale erfüllen als ein Mountainbike. Ein Speiseapfel wird nach den Qualitätsmerkmalen Geschmack, Festigkeit, Frische beurteilt. Wird er jedoch für eine Wilhelm-Tell-Aufführung benötigt, so stehen die Merkmale Größe und Farbe im Vordergrund.

> **Merke:**
>
> Der Begriff **Qualität** kann aus Sicht der Qualitätskontrolle (Funktionstüchtigkeit) oder aus Sicht der Kunden verstanden werden.
>
> - Aus **Sicht der Qualitätskontrolle** (Funktionstüchtigkeit) gibt die Qualität an, in welchem Maße die **Eigenschaften einer Leistung** (eines Produkts/einer Dienstleistung) die festgelegten, vorausgesetzten oder verpflichtenden **Anforderungen erfüllt.**
>
> - Aus **Sicht der Kunden** ist Qualität dann gegeben, wenn eine Leistung (ein Produkt, eine Dienstleistung) alle vom **Kunden gewünschten Eigenschaften** besitzt.

Die Festlegung, **welche qualitativen Ansprüche** an ein Produkt zu stellen sind, ist nur der erste und deutlich leichtere Schritt. Wichtiger und schwieriger ist es, dieses Qualitätsziel zu **erreichen** und zu **sichern.** Letzteres ist Aufgabe des Qualitätsmanagements.

> **Merke:**
>
> - Das **Qualitätsmanagement** hat zum einen die Aufgabe, **Fehler zu vermeiden,** und zum anderen soll im Rahmen eines kontinuierlichen Verbesserungsprozesses ein beständig **höheres Qualitätsniveau** erreicht werden.
>
> - **Qualitätsmanagement** beschäftigt sich damit,
>   - die Festlegung der Qualitätspolitik und der Qualitätsziele,
>   - die Qualitätsplanung,
>   - die Qualitätslenkung,
>   - die Qualitätssicherung und
>   - die Qualitätsverbesserung
>
>   einer Organisation aufeinander abzustimmen.

Eine wichtige Hilfestellung hierbei leisten **Qualitätsmanagementmodelle,** unter denen die **DIN EN ISO 9000-Serie**[1] das bekannteste Qualitätsmanagementmodell ist. Sie stellen quasi einen Leitfaden für Organisationen dar, um die selbst gesteckten Qualitätsziele systematisch und sicher zu erreichen.

7.6.3 Zielkonflikt zwischen Qualität, Zeitbedarf und Kosten sowie dessen Lösung

Die gleichzeitige Verfolgung der Unternehmensziele Qualität, Zeit und Kosten ist nicht durchführbar, da Zielkonflikte auftreten. Beispielhaft für einen Zielkonflikt werden die Beziehungen zwischen Qualitätskosten und hohem Qualitätsstandard dargestellt.

Kosten, die durch die Qualitätsorientierung angefallen sind, bezeichnet man als **Qualitätskosten.** Man unterscheidet drei Arten von Qualitätskosten: **Fehlerverhütungskosten, Prüfkosten** und **Fehler-/Fehlerfolgekosten.**

Zwischen den Fehlerverhütungs- und Prüfkosten und den Fehler-/Fehlerfolgekosten besteht eine Wechselwirkung. Wird viel für Fehlerverhütung und Prüfung aufgewendet, nehmen die Kosten für die Fehler-/Fehlerfolgekosten ab. Die kostenoptimale Kontrollstrategie liegt dann dort, wo die Summe aus Fehlerverhütungs-/Prüfkosten und den Fehler-/Fehlerfolgekosten ihr Minimum erreichen.

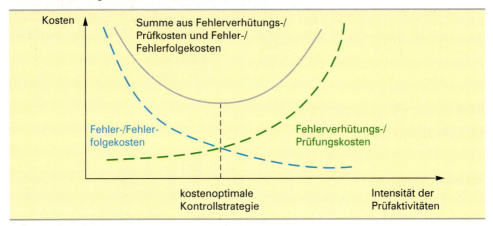

Das Qualitätsmanagement ist ein Beitrag dazu, die Konflikte aus dem Spannungsdreieck Qualität – Zeit – Kosten aufzulösen. Verwirklicht man dieses Konzept, dann führt dies zu einer Verbesserung der Geschäftsprozesse. Es führt zu hochwertigerer Produktqualität, verringert die Kosten der Nacharbeit und führt zu kürzeren Durchlaufzeiten. Das ursprünglich unlösbare Optimierungsproblem aus den gleichwertigen Zielen Qualität – Zeit – Kosten führt zu einer Zielharmonie, wenn man dem Ziel Qualität oberste Priorität einräumt. Grafisch lässt sich diese Entwicklung wie folgt darstellen:

---

[1] Siehe S. 65ff.

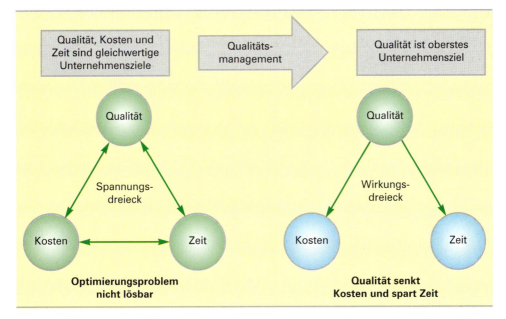

Dieses Wirkungsdreieck lässt sich gedanklich fortsetzen zu einer ganzen Wirkungskette. Ausgehend von einer verbesserten Qualität und damit sinkenden Kosten führt es auch zu wettbewerbsfähigeren Preisen. Wettbewerbsfähige Preise sichern die Marktposition des Unternehmens und damit die dort vorhandenen Arbeitsplätze und führen damit zu einem langfristigen, stabilen Unternehmenserfolg.

7.6.4 Maßnahmen für ein Qualitätsmanagement

7.6.4.1 Normenreihe DIN EN ISO 9001:2008 ff.[1]

(1) Überblick

Aus der Schreibweise der Norm ist zu erkennen, für welchen regionalen Geltungsbereich die Norm anerkannt ist und angewendet wird:

DIN Deutsches Institut für Normung (bundesweite Anerkennung)
EN Europäische Norm (europaweite Anerkennung)
ISO International Organization for Standardization (weltweite Anerkennung)

Qualitätsmanagementsysteme werden derzeit in der Fassung DIN EN ISO 9001:2008 zertifiziert. Diese Normenreihe stellt die Prozessorientierung in den Vordergrund. Damit entspricht das Qualitätsmanagementsystem besser dem betrieblichen Geschehen. Das neue Normensystem schafft dem Unternehmen die Gestaltungsfreiheit, sich an den eigenen Unternehmens- und Qualitätszielen, den unternehmensindividuellen Prozessen sowie an den Bedürfnissen und Erwartungen der internen und externen Kunden zu orientieren.

---

[1] Vgl. hierzu: Qualitätsmanagementsysteme. Ein Wegweiser für die Praxis. Herausgeber: Industrie- und Handelskammern in Nordrhein-Westfalen und Baden-Württemberg, Düsseldorf 2003. Die DIN EN ISO 9001:2008 enthält gegenüber DIN EN ISO 9001:2000 keine neuen Anforderungen, sondern lediglich redaktionelle Änderungen.

Das **Regelwerk der DIN EN ISO 9000:2008-Familie** umfasst folgende Bestandteile:

- DIN EN ISO 9000:   Grundlagen und Begriffe, Definitionen
- DIN EN ISO 9001:   Qualitätsmanagement: Forderungen
- DIN EN ISO 9004:   Qualitätsmanagement: Anleitung zur Verbesserung der Leistungen
- DIN EN ISO 19011: Leitfaden für das Auditieren von Qualitätsmanagement- und Umweltmanagementsystemen

(2) Kennzeichen der Qualitätsmanagementsysteme nach DIN EN ISO 9000:2008

Die Normen der DIN EN ISO 9000:2008 fordern die Anwendung eines prozessorientierten Ansatzes. Das Modell eines prozessorientierten Qualitätsmanagementsystems lässt sich wie folgt schematisch darstellen:

Erläuterungen:

Kundenzufriedenheit	DIN EN ISO 9001:2008 misst der Erreichung der Kundenzufriedenheit **herausragende Bedeutung** bei.
	Die Wünsche und Erwartungen der Kunden lassen sich ermitteln, indem **die betriebsinternen Informationen** des Vertriebs genutzt werden, durch Kundenbefragung, Forderungen nach Garantieleistungen, Händlerberichte, Auswertung von Marktdaten oder Vergleich mit dem Wettbewerb.
	Zusätzlich sind **produktbezogene Verpflichtungen** aufgrund gesetzlicher Vorgaben, Normen zu berücksichtigen. Auf der Basis dieser beiden Informationskreise lassen sich die Anforderungen an die eigenen Produkte formulieren hinsichtlich Zuverlässigkeit, Preis, Sicherheit usw.
Verantwortung der Leitung	DIN EN ISO 9001:2008 nimmt das Unternehmensmanagement in die Pflicht und verhindert so, dass die Verantwortung für das Qualitätsmanagement an Beauftragte delegiert wird. Die Unternehmensleitung soll selbst über Qualitätspolitik und Qualitätsziele des Unternehmens entscheiden. Außerdem ist es Aufgabe der Unternehmensleitung, das QM-System in Bezug auf Eignung, Angemessenheit, Effizienz und Änderungsbedarf zu bewerten und gegebenenfalls fortzuentwickeln.

Management von Ressourcen	Kundenzufriedenheit und Unternehmenserfolg kann nur erreicht werden, wenn qualifiziertes, motiviertes Personal und eine entsprechende Infrastruktur an Gebäuden, Einrichtungen und Betriebsmitteln zur Verfügung steht. Zu Letzterem gehört insbesondere auch ein effizientes Informationssystem, das den Mitarbeitern zielgruppengerecht Auskunft gibt über den Stand der innerbetrieblichen Vorgänge.
Produkt-realisierung	Kein Unternehmen kann es sich mehr leisten, Zusagen in Bezug auf Termin, Stückzahl, Produktanforderungen und -qualität nicht einzuhalten. Daher sind die Unternehmensabläufe so zu gestalten, dass die Kunden optimal betreut und ihre Anforderungen sichergestellt werden.
Messung, Analyse und Verbesserung	Im Unternehmen müssen sowohl die Produkte und Dienstleistungen, die Wirksamkeit und Effizienz der Prozesse als auch das Qualitätsmanagement und die Organisation ständig optimiert werden. Um Verbesserungspotenziale, Schwachstellen und Fehler zu erkennen, müssen Informationen systematisch gesammelt und aufbereitet werden. Informationen über die **Kundenzufriedenheit** erhält man z.B. über Kundenbefragungen, Branchenstudien oder über ein definiertes Reklamationsverfahren. Informationen über die **Fertigungsprozesse** lassen sich z.B. gewinnen durch Auswertung der Daten aus dem elektronischen Fertigungsleitstand oder von Stichprobenprüfungen. Um die **Qualität der Verwaltungsprozesse** zu beurteilen, kann man sich prozessbezogener Kennzahlen bedienen, wie z.B. Anteil der Kundenanfragen, die auch zu Aufträgen werden, Anteil der fehlerfrei bzw. termingerecht ausgelieferten Aufträge. Die gewonnenen Kennzahlen müssen in Beziehung gesetzt werden zu eigenen Zielvorgaben oder zu vergleichbaren Kennzahlen, die sich an den besten messen **(Benchmarking)**.

Ein eingeführtes Qualitätsmanagementsystem ist eine „Never-ending-Story". Wird dieser Prozess der Qualitätsverbesserung erst einmal gestartet, dann entwickelt sich die Organisation über einen Regelkreis (PDCA-Zyklus)[1] tendenziell immer näher an die vollkommene Erfüllung der Kundenwünsche („Immer-besser-Modell"). Da die Kundenwünsche sich aber stetig ändern, kommt der Entwicklungsprozess allerdings auch nie zur Ruhe.

(3) Inhalt und Umfang der DIN EN ISO 9000:2008 ff.

Aus der Kapitelgliederung der Normvorschrift lassen sich zugleich die wesentlichen Inhalte der Normen erkennen:

0. Einleitung
1. Anwendungsbereich
2. Verweis auf andere Normen
3. Begriffe
4. Forderungen an das Qualitätsmanagementsystem
5. Verantwortung der Leitung
6. Management der Mittel
7. Produktrealisierung
8. Messung, Analyse und Verbesserung

---

1 Siehe S. 72 f.

Die angegebenen Kapitelnummern werden in aller Regel auch als Gliederungssystem im Qualitätsmanagementhandbuch verwendet. Die Abschnitte 4 bis 8 enthalten die konkreten Anforderungen, die im Rahmen eines Zertifizierungsverfahrens darzulegen sind.

So müssen z. B. im Rahmen des Kapitels 5 „Verantwortung der Leitung" im Qualitätsmanagementhandbuch Aussagen darüber getroffen werden,

- in welcher Weise die Unternehmensleitung eine **konsequente Kundenorientierung** innerhalb der Organisation vermitteln will und wie die Kundenzufriedenheit kontinuierlich erhöht werden soll.
- in welcher Weise sie **gesetzliche und behördliche Auflagen** innerhalb der Organisation vermittelt und wie diese umgesetzt werden sollen.
- wie das **Qualitätsmanagementsystem** selbst innerhalb der Organisation eingerichtet werden soll.
- welche konkreten und messbaren **Qualitätsziele** die Unternehmensleitung verfolgt.
- wie innerhalb der Organisation die **Verantwortungsbereiche** und die **Befugnisse** klar aufzuteilen sind.
- Auch ist zu klären,
  - wie (z. B. durch Organigramm, Stellenbeschreibungen)
  - an wen (z. B. eigene Mitarbeiter, Kunden, Lieferer, Behörden)
  - auf welche Weise (z. B. Aushang, Intranet, Internet)

  diese **Zuständigkeitsbereiche kommuniziert** werden, damit alle Betroffenen innerhalb und außerhalb der Organisation sich direkt an den **richtigen Ansprechpartner** wenden können.

(4) Grundsätze des Qualitätsmanagements nach DIN EN ISO 9000:2008 ff.

Die Normenfamilie ISO 9000:2008 basiert auf den folgenden acht Grundsätzen des Qualitätsmanagements.

Grundsatz	Bedeutung
Kunden-orientierung	Da das Unternehmen von seinen Kunden abhängt, muss es die gegenwärtigen und die künftigen Kundenerwartungen verstehen, diese Anforderungen erfüllen und nach Möglichkeit noch übertreffen.
Führung	Es ist Aufgabe des Managements, im Unternehmen die strukturellen Voraussetzungen zu schaffen, damit sich die Mitarbeiter für die Erreichung der Qualitätsziele einsetzen können.
Einbeziehung der Mitarbeiter	Nur die vollständige Einbeziehung der Mitarbeiter schöpft deren Potenziale zum Nutzen der Organisation aus.
Prozessorientierung	Ein erwünschtes Ergebnis lässt sich effizienter erreichen, wenn Tätigkeiten und die dazugehörigen Ressourcen als Prozess geleitet werden.
Lieferantenbeziehungen zum beiderseitigen Nutzen	Das Unternehmen hängt nicht nur von seinen Kunden, sondern auch von seinen Lieferanten ab. Wird die Beziehung so gestaltet, dass eine Win-Win-Situation entsteht, dann können beide Seiten ihre Wertschöpfung erhöhen.
Entscheidungen basierend auf Daten	Entscheidungen werden nicht emotional gefällt, sondern beruhen auf einer vorherigen Analyse von Daten und Informationen.

Grundsatz	Bedeutung
Unternehmens-prozesse an den Zielen orientieren	Das Unternehmen wird seine Ziele wirksam und effizient erreichen, wenn es die im Unternehmen ablaufenden und untereinander in Wechselbeziehung stehenden Prozesse erkennt, versteht, leitet und lenkt.
Kontinuierliche Verbesserung	Die kontinuierliche Verbesserung der gesamten Organisation und der Prozesse im Sinne einer Rückkoppelung stellt ein permanentes Ziel der Unternehmung dar.

(5) Zertifizierung nach DIN EN ISO 9000:2008 ff.

Wer in einem Unternehmen ein Qualitätsmanagementsystem nach den modellhaften Anforderungen der DIN EN ISO 9001:2008 eingeführt hat, kann in einem nächsten Schritt die Überprüfung (auch **Audit** genannt) durch eine Zertifizierungsstelle beantragen.

Merke:

Unter **Zertifizierung** versteht man ein Überprüfungs- und Bestätigungsverfahren durch eine unparteiische Instanz, das zeigt, dass sich ein entsprechend bezeichnetes Erzeugnis, Verfahren oder eine Dienstleistung in Übereinstimmung mit einer bestimmten Norm oder einem bestimmten anderen normativen Dokument befindet.

Zertifizierungsstellen (auch **Auditoren** genannt) für Qualitätsmanagementsysteme sind in Deutschland beispielsweise die TÜV Zertifizierungsgemeinschaft e.V. (TÜV Cert) in Bonn, die Deutsche Gesellschaft zur Zertifizierung von Qualitätsmanagementsystemen mbH (DQS) in Berlin, der DEKRA AG Zertifizierungsdienst in Stuttgart u.a.m.

Zwar ist die Zertifizierung keine Pflicht, jedoch ist es z.B. in der Branche der Automobilindustrie eine Eingangsvoraussetzung für die Zulieferer. Der Nachweis einer Zertifizierung nach ISO 9001 signalisiert einem Kunden, dass die unternehmensinternen Abläufe, Prozesse und Strukturen definiert sind, dass sie funktionieren und der Betrieb sich um eine kontinuierliche Qualitätssteigerung bemüht. Halten sich alle Mitarbeiter an diese definierten Abläufe, dann ist eine qualitativ einwandfreie Leistung zu erwarten.

7.6.4.2 Konzept des Total Quality Managements (TQM)

Merke:

Zerlegt man den Begriff Total Quality Management in seine Bestandteile, dann steht

- **Total** dafür, dass alle Mitarbeiter auf allen Ebenen, insbesondere auch die Kunden und Lieferanten in ein ganzheitliches Denken einbezogen werden.
- **Quality** dafür, dass die fast selbstverständliche Qualität der Produkte und Dienstleistungen eine Folge der Qualität der Arbeit und der Prozesse ist.
- **Management** dafür, dass es primär der Führungsaufgabe und der Führungsqualität des Managements bedarf, um dieses Konzept im gesamten Unternehmen lebendig sein zu lassen.

Einfach ausgedrückt beginnt Total Quality Management dort, wo ISO 9001 endet, es ist die Kür nach der Pflicht. Hinter ISO 9001 verbirgt sich ein **System von Normen, eine Technik des Vorgehens**. Total Quality Management ist hingegen eine **Philosophie**. Man könnte es auch mathematisch ausdrücken:

Qualität (im TQM) = Technik + Geisteshaltung

TQM setzt ein Qualitätsmanagementsystem nach ISO 9001 **nicht** voraus, ist jedoch häufig in ein solches System eingebettet; so kann z. B. der durch das ISO-System definierte Fluss von Dokumenten und Informationen für das TQM genutzt und weiter verbessert werden.

Die beiden Konzepte nach DIN EN ISO 9000:2008ff. und Total Quality Management lassen sich schlaglichtartig einander gegenüberstellen:

Kriterien	DIN EN ISO 9000:2008ff.	Total Quality Management
Grundgedanke	Definition, Verbesserung und Normierung der **Prozesse**.	Einrichtung **überragender Praktiken** („Business Excellence") innerhalb der Organisation, um damit anschließend überragende Ergebnisse („Best in Class") zu erzielen. Die Beherrschung von Prozessen gehört dazu, ist aber nicht alles.
Tragweite	Tendenziell **statischer** Charakter: Ziel ist die **Erlangung eines Zertifikats**, einer Bestätigung dafür, dass bestimmte Qualitätsanforderungen erfüllt sind.	Tendenziell **dynamischer** Charakter: Ziel ist die **Einrichtung eines kontinuierlichen Verbesserungsprozesses**, der seine Dynamik aus den Vergleichen zum Branchenführer („Best in Class") oder aus branchenübergreifenden Vergleichen („Benchmarks") gewinnt.
Fokus auf …	… Erfüllung der Erwartungen der beteiligten Gruppen (z. B. Kunden, Lieferer, Mitarbeiter, Geschäftspartner, Gesellschaft) in der **Gegenwart**.	… Erfüllung der Erwartungen der beteiligten Gruppen (z. B. Kunden, Lieferer, Mitarbeiter, Geschäftspartner, Gesellschaft) in der **Zukunft**.
Verantwortung des Einzelnen	Der Verantwortungs- und Aufgabenbereich des Mitarbeiters ist durch die Definition der Prozesse (Organisationssicht) festgelegt. Die Einrichtung eines Prozessverantwortlichen, Nachschulungen und Audits sichern die Stabilität der Prozesse und damit die der Qualität.	TQM ist ein langfristiges Unternehmenskonzept, das den pro-aktiven Mitarbeiter als wichtigsten Garant zur Erreichung des Qualitätsziels begreift. Pro-aktiv heißt z. B., dass nicht erst eine Beschwerde des Kunden notwendig ist, um eine Verbesserung einzuleiten, sondern dass der Mitarbeiter vorausschauend nach neuen Verbesserungsmöglichkeiten sucht. Die Verantwortung für Qualität liegt bei allen Mitarbeitern und ist unabhängig von Status und Hierarchie.

7.6.4.3 Kontinuierlicher Verbesserungsprozess (KVP) – Kaizen

(1) Begriff

Merke:

- Unter dem Begriff **kontinuierlicher Verbesserungsprozess** (KVP) versteht man ein Bündel von Maßnahmen mit dem Ziel, **Erzeugnisse** und **betriebliche Prozesse** weiterzuentwickeln und zu verbessern.
- Die Weiterentwicklung erfolgt nicht in einem Schritt oder wenigen großen Schritten, sondern in einer Vielzahl von **beständigen (kontinuierlichen) kleinen Verbesserungsschritten,** die erst in ihrer Gesamtheit zum erwünschten Erfolg führen.[1]

(2) Erläuterung des KVP-Konzepts

In westlichen Industrienationen dominiert das Denken in Innovationssprüngen, während in der asiatischen Denkweise die kleinen alltäglichen Verbesserungen im Vordergrund stehen.

Die nachfolgende Tabelle zeigt eine Gegenüberstellung des KVP-Konzepts[2] zum Konzept der Innovation mit seinen sprunghaften Veränderungen durch neue Technologien, neue Produktionstechniken, Organisationsmodelle und Managementkonzepte (westliche Denkweise).

	KVP-Konzept	Innovation
Zeitlicher Rahmen	stetig und ununterbrochen	kurzfristig und sprunghaft
Ziel	Streben nach detaillierter Verbesserung von Produkt und Prozess	Streben nach großen Fortschritten in kurzer Zeit
Basis	auf bestehenden Systemen und Technologien aufbauend	ständige Suche nach Entwicklung von neuen Technologien
Personaleinsatz	jeder Mitarbeiter und jede Führungskraft	Spezialisten, Konstrukteure
Erforderliche Eigenschaften	– Anpassungsfähigkeit – Kollektivgeist – Leistungsbereitschaft	– Kreativität – Individualität – individuelle Leistung
Devise (Leitlinie)	Erhaltung und Verbesserung	Abbruch und Neuaufbau
Investitionsmittel	geringer Kapitalbedarf	hoher Kapitalbedarf
Erfolgschance	gleichbleibend hoch	abrupt und unbeständig
Bewertungskriterien	Produktivitäts- und Qualitätskennzahlen	ergebnisorientierte Kennzahlen (z. B. Umsatz, Kosten, Deckungsbeitrag)
Tendenzieller Einsatz	in langsam wachsenden Branchen	in schnell wachsenden Branchen

---

1 Diese Vorgehensweise geht auf die insbesondere aus Japan stammende Kaizen-Philosophie (Verbesserung in kleinen Schritten [KAIZEN]) zurück.

2 Vgl. „Lean Production", Institut für angewandte Arbeitswissenschaft, Köln 1992.

(3) PDCA-Kreislauf (Deming-Kreislauf)

Für den Prozess der kontinuierlichen Verbesserung und damit für ein wirksames Qualitätsmanagementsystem im Sinne eines „Immer-besser-Modells" ist die Einführung eines Plan-Do-Check-Act-Regelkreises nach W. Edwards Deming von besonderer Bedeutung. Schematisch lässt sich dieser Regelkreis wie folgt darstellen:

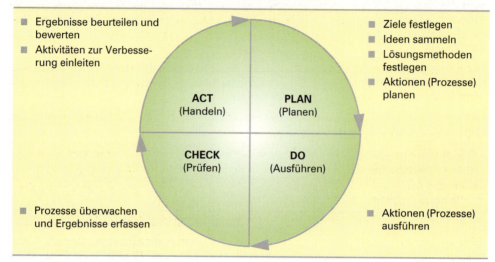

Mit jedem Durchlauf des Zyklus verbessert sich das Qualitätsniveau der Organisation und setzt damit das Ziel der kontinuierlichen Verbesserung in die Realität um.

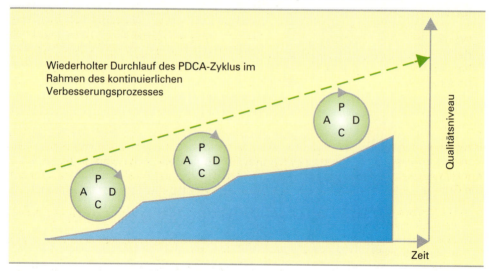

Im Rahmen des kontinuierlichen Verbesserungsprozesses werden die bestehenden Strukturen, Prozesse und Regelungen ständig dahingehend hinterfragt, ob sie nicht qualitativ verbessert werden könnten. Ziel ist also nicht die Umwälzung, die völlige Neuordnung, sondern die beständige Analyse, Bewertung und Verbesserung des eigenen Handelns.

7.6.4.4 Betriebliches Vorschlagswesen

(1) Grundgedanke des betrieblichen Vorschlagswesens

Das betriebliche Vorschlagswesen ist ein zentraler Baustein des kontinuierlichen Verbesserungsprozesses (Kaizen) und damit des Total Quality Managements. Es unterstützt wirksam die ständige Verbesserung in allen Bereichen, also nicht nur die Verbesserung der Produkte, sondern auch aller Abläufe und Prozesse beginnend von der Entwicklung über die Herstellung bis zum Vertrieb der Produkte. Entwickelt wurde dieses System in Japan von Toyota.

Der Erfolg des kontinuierlichen Verbesserungsprozesses liegt begründet im hohen Engagement aller Mitarbeiter, die darauf vertrauen können, mit der ständigen Rationalisierung nicht ihren eigenen Arbeitsplatz zu gefährden.

Das **betriebliche Vorschlagswesen,** das weitestgehend mit Geld motiviert, beruht auf folgenden **Grundgedanken:**

- In der Mitarbeiterschaft steckt eine enorme Kreativitätsreserve („Keiner ist so klug wie alle".).
- Diese Kreativität stellen die Mitarbeiter dem Unternehmen nicht freiwillig zur Verfügung.
- Folglich muss für materielle und/oder immaterielle Anreize gesorgt werden, damit Mitarbeiter Verbesserungsvorschläge machen.
- Eine Institution muss diese Vorschläge beurteilen und je nach Wirkungsgrad belohnen.

Wird für das betriebliche Vorschlagswesen im Unternehmen eine Bewertungsstelle (Kommission) eingerichtet, so steht dem **Betriebsrat** nach § 87 I, Ziff. 12 BEtrVG ein **Mitbestimmungsrecht** zu.

Merke:

Während die Teilnahme an den Qualitätszirkeln im Rahmen des KVP ein verpflichtender Teil der eigentlichen Arbeitsaufgabe ist, handelt es sich beim herkömmlichen betrieblichen Vorschlagswesen um eine freiwillige Zusatzleistung, die auch zusätzlich honoriert wird.

(2) Kritik an dem herkömmlichen betrieblichen Vorschlagswesen

Inzwischen gerät diese Denkweise in die Kritik,[1] vor allem dann, wenn das betriebliche Vorschlagswesen eine isolierte Stellung im Betrieb hat und nicht eingebettet ist in ein Konzept der kontinuierlichen Verbesserung und damit in ein Total Quality Management. Die Gründe hierfür sind nachvollziehbar:

- Die Denkweise beruht auf Misstrauen gegenüber dem Mitarbeiter und unterstellt ihm mangelnde Motivation am qualitativen Fortschritt des gesamten Unternehmens.
- Das Engagement des Mitarbeiters verschiebt sich vom Interesse an der Sache zum Interesse an der Belohnung.
- Beziehen sich die Verbesserungsvorschläge auf den Kollegen und/oder auf den Vorgesetzten, dann können sie zu sozialen Spannungen führen oder unterbleiben völlig.
- Das System lässt sich „melken". Die Mitarbeiter sprechen sich ab und reichen jeweils den Verbesserungsvorschlag für den Arbeitsplatz des Kollegen ein.

---

1 Siehe Reinhard K. Sprenger: „Ideen bringen Geld – bringt Geld auch Ideen?", HARVARD BUSINESS manager 1/1994.

- Wenn Verbesserungsvorschläge unterbleiben, nur weil sie nicht mehr mit Prämien belohnt werden, werden die eigentlichen Schwächen des Betriebs in Bezug auf den Führungsstil, das Verhältnis zwischen Vorgesetzten und Mitarbeitern sowie deren Loyalität, Engagement und Identifikation zum Unternehmen offensichtlich.

Um aus dieser vordergründigen, prämienfixierten Haltung herauszufinden, gilt es, den Nutzen des Total Quality Managements für die einzelnen Mitarbeiter durchschaubar zu machen. Damit werden aus Betroffenen Beteiligte. In derartigen Rahmenbedingungen sind dann Verbesserungsvorschläge nicht die Ausnahme, sondern die Regel. Außerdem bemühen sich nicht Einzelne, sondern alle um Verbesserungen.

Zusammenfassung

- Die **Notwendigkeit** des **Qualitätsmanagements** ergibt sich aus
  - gesetzlichen Vorgaben (z. B. Produkthaftungsgesetz, Produktsicherheitsgesetz),
  - steigenden Ansprüchen der Kunden,
  - verschärftem Wettbewerb und
  - der eigenen Unternehmensphilosophie.

- Maßnahmen eines Qualitätsmanagements sind die Zugrundelegung der **Normenreihe DIN EN ISO 9000:2008ff.**, das **Konzept des Total Quality Managements** (TQM), die Verwendung des **KVP-Konzepts (Kaizen)** sowie das **betriebliche Vorschlagswesen.**
  - Eine wichtige **Normenreihe** für das Qualitätsmanagement ist die **DIN EN ISO 9000:2008ff.**
    Das Regelwerk der DIN EN ISO 9000:2008-Familie umfasst folgende Bestandteile:
    DIN EN ISO 9000:   Grundlagen und Begriffe, Definitionen
    DIN EN ISO 9001:   Qualitätsmanagement: Forderungen
    DIN EN ISO 9004:   Qualitätsmanagement: Anleitung zur Verbesserung der Leistungen
    DIN EN ISO 19011:   Leitfaden für das Auditieren von Qualitätsmanagement- und Umweltmanagementsystemen
  - Das **TQM** ist eine auf der Mitwirkung aller Mitarbeiter beruhende Führungsmethode, die die Qualität in den Mittelpunkt stellt, um durch die Zufriedenheit der Kunden einen langfristigen Geschäftserfolg sowie einen Nutzen für die Mitarbeiter und die Gesellschaft zu erzielen.
  - Beim **kontinuierlichen Verbesserungsprozess (KVP)** erfolgt die Weiterentwicklung der Erzeugnisse und der betrieblichen Prozesse in einer Vielzahl von kleinen Verbesserungsschritten. Diese Schritte werden im Rahmen eines PDCA-Regelkreises verwirklicht.
  - Wird das **betriebliche Vorschlagswesen** in das Konzept eines Total Quality Managements eingebettet, dann verliert es seine negativen Aspekte. Aus Betroffenen werden Beteiligte. Verbesserungsvorschläge werden die Regel und liegen im ständigen Bemühen aller Mitarbeiter.

- Die **Ziele** des **Qualitätsmanagements** bestehen insbesondere darin,
  - die Produktqualität zu sichern und zu verbessern,
  - die Qualität der betrieblichen Prozesse zu steigern und damit
  - die Kundenzufriedenheit zu stärken.

Übungsaufgabe

15   1. Gegen die traditionelle Qualitätskontrolle am Ende der Fertigung wird argumentiert, dass durch dieses Verfahren keine Fehler vermieden und die Fehlerursachen nicht beseitigt werden. Nehmen Sie hierzu und zu weiterer Schwachstellen der sogenannten Endkontrolle Stellung!

2. Nennen Sie mindestens drei umgangssprachliche Qualitätsmerkmale für ein technisches Gebrauchsgut (z.B. Flachbildfernseher, Bohrmaschine, Waschmaschine usw.), das in einem Privathaushalt verwendet werden soll!

3. Welche Vorteile sind mit der Einführung eines Qualitätsmanagements, insbesondere mit dessen Zertifizierung, verbunden?

4. **Textauszug:**

„Wir sind der Partner unserer Kunden in der Dichtungs- und Schwingungstechnologie; die Vorstellungen, Ideen und Ansprüche unserer Kunden prägen unsere Aktivitäten. Ihre Zufriedenheit sichern wir mit einem umfassenden Produktangebot und beispielhaften Serviceleistungen – dabei beziehen wir, wenn sinnvoll, auch Kooperationspartner ein.

Kundenzufriedenheit ist damit die Basis für die erfolgreiche Zukunft der Freudenberg Dichtungs- und Schwingungstechnik.

Wir sind gewohnt, auf höchster Qualitätsstufe zu fertigen und streben das Ziel der Nullfehlerqualität an.

Dadurch tragen wir zu höchster Kundenzufriedenheit bei. Im In- und Ausland arbei-ten wir nach einem einheitlichen, hohen Ansprüchen genügenden Qualitätsmanagementsystem, aufbauend auf der DIN EN ISO 9000:2008. Alle unsere Standorte sind heute nach DIN EN ISO 9000:2008 zertifiziert.

Reaktionsschnelligkeit und engster Kontakt zum Kunden sowie kostengünstige, flexible Fertigung sichern die Versorgung unserer Kunden. Lieferungen von höchster Qualität, Standardgarantien von 20 Jahren nach Erstlieferung sichern unseren Kunden die Ersatzteilversorgung. Das Erreichen höchster Produktivität und hoher Zuverlässigkeit der Produktion für unsere Kunden ist das Maß, das laufend zu verbessern ist."

Quelle: Auszüge aus einem Prospekt der Freudenberg GmbH Dichtungs- und Schwingungstechnik, Weinheim.

Aufgaben:

4.1 Welche Textstellen weisen auf TQM hin?

4.2 Erläutern Sie den Begriff TQM!

4.3 Der Text nennt „DIN EN ISO 9000:2008". Was ist hierunter zu verstehen?

Lernfeld 3: Beschaffungsprozesse planen, steuern und kontrollieren

1 Ziele der Beschaffung (Materialwirtschaft)[1]

(1) Problemstellung

Beispiel:	Vorher (in EUR)	Nachher (in EUR)
Umsatzerlös − Bezugspreis − Handlungskosten = Gewinn	110,00 50,00 50,00 10,00	110,00 48,00 50,00 12,00
Gewinnzuschlag in %	$= \dfrac{10,00 \cdot 100}{100,00} = 10\,\%$	$= \dfrac{12,00 \cdot 100}{98,00} = 12,245\,\%$

Erläuterungen:

Die Minderung des Bezugspreises um 2,00 EUR entspricht einer Preissenkung von 4 %. Eine solche Preissenkung führt zu einer Erhöhung des Gewinnzuschlagssatzes von 10 % auf 12,245 %. Bezogen auf 100,00 EUR Selbstkosten beträgt der Gewinn nachher 12,25 EUR statt 10,00 EUR. Er steigt also um 22,5 %.[2]

(2) Ziele der Beschaffung

Wichtige **Sachziele** der Beschaffung sind:

- die Produktion mit **Sachgütern** (z. B. Roh-, Hilfs- und Betriebsstoffe) und **Dienstleistungen** (z. B. Beratung, Qualitätsprüfung, Instandhaltung, Software) zum benötigten Zeitpunkt, in der erforderlichen Art, Qualität und

  Menge zu versorgen. Die Beschaffung hat sich dabei an der **Produktionsplanung** und diese wiederum an den **Absatzmöglichkeiten** auszurichten.

- das bezogene Material sachgerecht zu **lagern** und zeitgerecht zum **Verbrauchsort** zu befördern.

- **Rückstände, Abfälle** und **Ausschussprodukte,** die im Leistungserstellungsprozess anfallen, zu **verwerten** bzw. **zu entsorgen.**

---

[1] Die Begriffe Beschaffung und Materialwirtschaft werden im Folgenden synonym (gleichartig) verwendet.

[2] Nachher: Gewinn bei 100,00 EUR Selbstkosten 12,25 EUR
Vorher: Gewinn bei 100,00 EUR Selbstkosten 10,00 EUR
Gewinnerhöhung 2,25 EUR
alter Gewinn 10,00 EUR ≙ 100 %
Gewinnsteigerung 2,25 EUR ≙ x % $x = \dfrac{2,25 \cdot 100}{10} = 22,5\,\%.$

Wichtige **Formalziele** der Beschaffung sind:

- Minimierung der **Beschaffungs-, Lager-, Fehlmengen-** sowie **Verwaltungskosten.**
- Minimierung der **Kapitalmittelbindung** durch Kostenminimierung bei der Materialbereitstellung.
- Erhalt einer hohen **Beschaffungsflexibilität,** um die Beschaffung jederzeit an Marktveränderungen anpassen zu können.
- **Verminderung von Abfallbelastungen** durch den Bezug umweltschonender (abfallarmer) Materialien.

Zwischen den einzelnen Zielen der Beschaffung bestehen i.d.R. **Zielkonflikte**. Man sagt auch, dass es sich um **konkurrierende**[1] **Ziele** handelt.

Beispiele:

- Wird der Lagerbestand sehr niedrig gehalten (ist die Kapitalbindung möglichst gering), kann dies zulasten der Lieferbereitschaft gehen.
- Preisgünstige Einkäufe können dem Ziel, eine höchstmögliche Qualität einzukaufen, entgegenstehen.

Zielkonflikte können nur durch Kompromisse[2] gelöst werden. Dabei sollte der Kompromiss eine bestmögliche (optimale) Lösung darstellen.

2 Einbettung der Beschaffungsprozesse in das Gesamtsystem betrieblicher Geschäftsprozesse[3]

Die nebenstehende Abbildung dient der Standortbestimmung des Kapitels „Beschaffungsprozesse planen, steuern und kontrollieren", in dem der Kernprozess Beschaffung besonders hervorgehoben wird. Dieser Kernprozess ist durch ein hohes Maß an Marktnähe gekennzeichnet, weil er die Unternehmensgrenzen auf der Seite des Beschaffungsmarktes überschreitet und Verbindung hat zu den Absatzprozessen des Lieferanten.

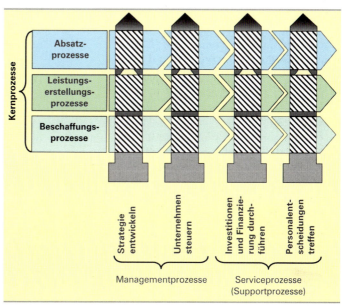

---

1 Konkurrenz (lat.): Wettbewerb. Konkurrierende Ziele sind folglich Ziele, die nicht gleichzeitig erreicht werden können. Die Erreichung eines Ziels geht immer zulasten eines anderen Ziels.
2 Kompromiss (lat.): Übereinkunft auf der Grundlage gegenseitiger Zugeständnisse.
3 Zum Gesamtkonzept betrieblicher Geschäftsprozesse vgl. im Grundband, Lernfeld 2, Kapitel 2.1, S. 30ff.

Betrachtet man den Beschaffungsprozess gesondert (isoliert) und gliedert ihn stufenweise zunächst in **Planungsprozesse, Steuerungsprozesse** und **Controllingprozesse** und diese wiederum in ihre Teilprozesse, dann erhält man die auf S. 79 abgebildete Übersicht, mit deren Hilfe zugleich eine Zuordnung zwischen den einzelnen Teilprozessen und deren betriebswirtschaftlichen Inhalten möglich ist.

3 Beschaffungsmarktforschung (Beschaffungs-Marketing)

3.1 Wertschöpfung mithilfe der Beschaffung

Die Aktivitäten der Beschaffungsmarktforschung zielen darauf ab, Marktchancen auf den Beschaffungsmärkten aufzudecken und zu nutzen, um Marktrisiken zu vermeiden. Dies ist umso bedeutsamer, als sich die Rolle der Beschaffung verändert hat – vom ursprünglichen Dienstleister der Produktion hin zum vermehrt wertschöpfenden[1] Einkauf.

Fortschrittliche Unternehmen berücksichtigen bereits in den Phasen der Produktforschung und Produktentwicklung die Leistungsfähigkeit ihrer Zulieferbetriebe (z. B. Kapazität, Produktqualität, Lieferbereitschaft) und beziehen so deren Wissen frühzeitig und somit kostengünstig in die Produktgestaltung mit ein.[2]

Anstatt einzelne Teile zu beziehen, werden verstärkt komplette Module und Systeme in einem Vorgang beschafft.[3] Die Arbeitsteilung zwischen Abnehmer und Lieferanten erstreckt sich heute in der Regel über den Produktionsbereich hinaus: Der Lieferant übernimmt einen Teil des Wertschöpfungsprozesses. Die Lieferantenpolitik gewinnt somit eine zentrale Rolle.

| **Beispiel:** |
| Einem Lieferer wird die Entwicklung einer Bremsanlage für einen Pkw mit einem Gewicht von 1,5 t, dessen Fahrwerk und Motorisierung auf eine Geschwindigkeit von 210 km/h ausgelegt sein soll, übertragen. |

Die Industrieunternehmen **reduzieren** ihre **Fertigungstiefe** (Leistungstiefe). Sie beschränken sich auf ihre Kerngeschäfte und -prozesse und **erhöhen** die **Beschaffungstiefe**. Da die Anforderungen an die Lieferanten sich dadurch stark erhöhen, versuchen die Geschäftsleitungen, die Anzahl der Lieferantenbeziehungen zu verkleinern und gleichzeitig das Niveau dieser Geschäftsbeziehungen zu erhöhen. Pro Materialart werden daher weniger Lieferanten herangezogen, im Extremfall nur ein Lieferant **(Single Sourcing)**.[4]

Die Abbildung auf S. 80 zeigt grafisch die gewandelte Aufgabenstellung der Lieferanten von Industriebetrieben (Zulieferern).

---

1 Wertschöpfend ist eine Abteilung dann, wenn die dort stattfindenden Arbeitsprozesse für den Betrieb eine Wertsteigerung mit sich bringen. Beispielsweise ist eine Beschaffung dann besonders wertschöpfend, wenn sowohl aufgrund einer effizienten Beschaffungsorganisation als auch durch günstige Einstandspreise für den Betrieb eine hohe Wertsteigerung (Wertschöpfung) erzielt werden kann (siehe auch im Grundband, S. 30.).

2 Siehe im Grundband, S. 112.

3 Der Lieferant wandelt sich vom Teile- zum Systemlieferanten, der nicht mehr Einzelteile liefert, sondern bereits fertig montierte Baugruppen, z. B. komplette Armaturen oder vollständige Sitze für die Automobilindustrie.

4 Single Sourcing (engl.) wörtl.: das Schöpfen aus einer einzigen Quelle.

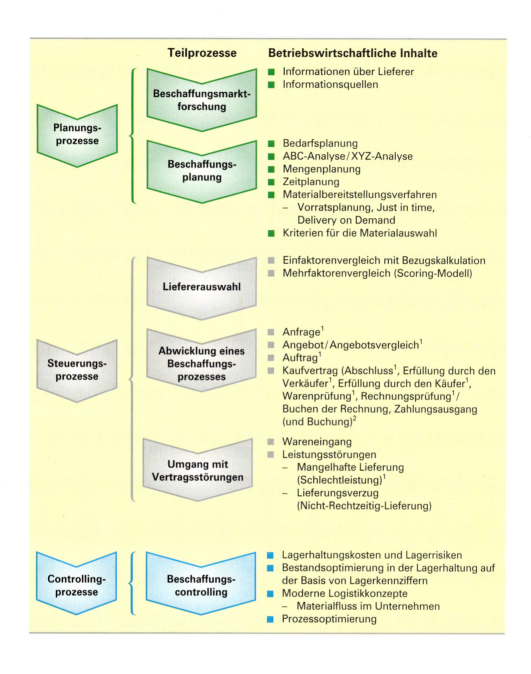

---

[1] Vgl. hierzu die Ausführungen im Grundband, Lernfeld 1, Kapitel 3.3 bis einschließlich Kapitel 3.6.4 sowie das Kapitel 3.7.3.
[2] Diese Themengebiete werden im Grundband, Lernfeld 7 behandelt.

3.2 Begriff Beschaffungsmarktforschung

Sollen neue Materialien bzw. neue Dienstleistungen beschafft werden, muss man sich auf jeden Fall über die möglichen Bezugsquellen (Lieferer) informieren. Aber auch dann, wenn ein Unternehmen schon über längere Zeit hinweg bestimmte Lieferer hat, kann es sich lohnen, andere Lieferer ausfindig zu machen, deren Angebote einzuholen und diese Angebote mit denen der bisherigen Lieferer zu vergleichen. Aus Gewohnheit und/oder Bequemlichkeit immer beim gleichen Lieferer einzukaufen, kann teuer werden.

> **Merke:**
>
> **Beschaffungsmarktforschung** ist die systematische Beschaffung von Informationen über die **Verhältnisse auf den Beschaffungsmärkten** des Unternehmens, die **anbietenden Lieferer**, die **Beschaffungskonkurrenten** und die **angebotenen Materialien**.

Aufgrund des Rahmenlehrplans beschränken wir uns im Folgenden auf die Erhebung von **Informationen über die Lieferer** und die Erfassung von möglichen **Informationsquellen**.

3.3 Informationen über Lieferer

(1) Überblick

Besteht Bedarf nach bestimmten Materialien, muss sich der Einkäufer zunächst darüber klar werden, bei welchen Lieferern (sofern mehrere auf dem Markt sind) er anfragen möchte. Diese **Vorauswahl** trifft der Einkäufer nicht nur danach, welche Lieferer erfahrungsgemäß am **preisgünstigsten** sind. Vielmehr kommt es auch entscheidend darauf an, welche Lieferer bisher die **kürzesten Lieferfristen** und die besten **Qualitäten** anboten. Ein weiteres wichtiges Entscheidungskriterium sind darüber hinaus die Erfahrungen, die mit der **Zuverlässigkeit** der Lieferer gemacht wurden.

Bei der Liefererauswahl können **Checklisten** und **Punktebewertungstabellen** Entscheidungshilfen geben.

(2) Checklisten[1] zur Liefererauswahl

Nachfolgend wird ein Beispiel für eine Checkliste zur Liefererauswahl vorgestellt.

Checkliste	
■ **Alter und Image des Unternehmens**	▪ Seit wann besteht das Unternehmen? ▪ Welchen Ruf genießt das Unternehmen (z. B. Auskünfte der Auskunfteien, Eindrücke und Informationen unserer Außendienstmitarbeiter)? ▪ Seit wann bestehen Geschäftsbeziehungen mit dem Unternehmen?
■ **Konkurrenzverhältnisse**	▪ Wie viel Lieferer haben wir derzeit? ▪ Wie viel zusätzliche Lieferer kommen derzeit in Betracht?
■ **Leistungsfähigkeit und -bereitschaft, Aktualität und Kreativität**	▪ Entsprechen die Produktqualitäten – auch hinsichtlich ihrer Umweltfreundlichkeit – unseren Anforderungen? ▪ Sind ausreichende Lieferkapazitäten vorhanden? ▪ Kann der Lieferer auf Abruf liefern? ▪ Entspricht das Personal unseren Anforderungen (Beratung, Lösungsvorschläge bei bestimmten technischen Problemen)? ▪ In welchem Umfang werden Kundendienstleistungen angeboten? ▪ Werden vorhandene Produkte weiterentwickelt? ▪ Werden neue Produkte entwickelt?
■ **Pünktlichkeit und Zuverlässigkeit**	▪ Werden vereinbarte Lieferfristen eingehalten? ▪ Werden die zugesagten Qualitäten eingehalten? ▪ Welche Qualitätsgarantien werden übernommen?
■ **Preise und Zahlungsziele**	▪ Wie hoch sind die Bezugspreise im Vergleich zu den Bezugspreisen anderer Lieferer? ▪ Wie lange sind die Zahlungsziele? ▪ Können günstigere Konditionen durch Verhandlungen erreicht werden (z. B. Sonderrabatte, Mengenrabatte)? ▪ Werden Sonderangebote unterbreitet?
■ **Einhalten von Sozialstandards**	▪ Dient das Produktangebot der Verbesserung der Situation von Beschäftigten und dem Schutz der Umwelt? ▪ Sind die Produkte, die aus einem Entwicklungsland bezogen werden, mit einem sozialen Gütesiegel ausgestattet?
■ **Sonstige Beurteilungskriterien**	▪ Wo befinden sich Gerichtsstand und Leistungsort? ▪ Gibt es Haftungsausschlüsse?

---

1 To check (engl.): prüfen, abhaken.

(3) Punktebewertungstabellen zur Liefererauswahl

Die mithilfe der Checkliste geprüften Gesichtspunkte (Kriterien) können bewertet werden. Für die Summe aller Kriterien werden z. B. 100 Bewertungspunkte vergeben. Die Gesamtpunkte werden auf die einzelnen Kriterien verteilt. Wie die Punkte zu verteilen sind, hängt von der Bedeutung ab, die das Unternehmen den Bewertungskriterien beimisst.

Wird z. B. auf Leistungsfähigkeit, Leistungsbereitschaft, Kreativität und Aktualität der größte Wert gelegt, wird diesem Gesichtspunkt auch die höchste Punktzahl zugeteilt. Werden in zweiter Linie die Kriterien Pünktlichkeit und Zuverlässigkeit für wichtig gehalten, erhalten diese die zweithöchste Punktzahl.

Beispiel: [1]

Die aufgrund der Checkliste (S. 81) ermittelten Bewertungspunkte werden in einer Punktebewertungstabelle (Entscheidungsbewertungstabelle) festgehalten. Der Lieferer mit der höchsten Punktzahl wird ausgewählt. In diesem Beispiel ist das der Lieferer Nr. 4715.

Punktebewertungstabelle						
Kriterien	Höchst-punkt-zahl	Lieferer-Nummern				
		4713	4714	4715	4716	4717
1. Alter und Image des Unternehmens	5	2	3	1	1	1
2. Konkurrenzverhältnisse	10	5	4	8	2	2
3. Leistungsfähigkeit und -bereitschaft, Aktualität und Kreativität	30	15	20	30	20	28
4. Pünktlichkeit und Zuverlässigkeit	25	25	25	22	15	15
5. Preise und Zahlungsziele	20	20	10	15	10	12
6. Sonstige Beurteilungskriterien	10	10	5	8	5	5
Summen	100	77	67	(84)	53	63

---

1 Ein ausführliches Beispiel finden Sie in Kapitel 5.3, S. 105f.

3.4 Informationsquellen

(1) Externe Informationen

Ist man mit den bisherigen Lieferern nicht mehr zufrieden oder müssen bisher noch nicht bezogene Güter beschafft werden, weil das Fertigerzeugnisprogramm geändert wurde, müssen die Bezugsquellen außerhalb des Betriebs (extern) ermittelt werden.

Bei den **externen Informationsquellen** kann man zwischen **primären** und **sekundären Informationsquellen** unterscheiden.

Informationsquelle	Beispiele
■ **Primäre (direkte, unmittelbare) Informationsquellen** Die zur Beschaffung erforderlichen Informationen werden direkt (unmittelbar) auf den Beschaffungsmärkten eingeholt.	■ schriftliche Informationen, telefonische Anfragen und/oder persönliche Gespräche bei Lieferern und Kunden, ■ Besuche von Messen, Ausstellungen und Warenbörsen (Produktenbörsen), ■ Berichte der Einkaufs- und Verkaufsreisenden sowie der selbstständigen Absatzvermittler,[1] ■ Betriebsbesichtigungen bei Lieferern und Kunden, ■ Testanzeigen (für Kauf und Verkauf), ■ Vertreterbesuche, ■ elektronische Marktplätze.[2]
■ **Sekundäre (indirekte, mittelbare) Informationsquellen** Hier werden keine speziellen Erhebungen durchgeführt, sondern zu anderen Zwecken erfolgte Aufzeichnungen zur Beschaffung ausgewertet.	■ Statistiken (z.B. Umsatz- und Preisstatistiken der Verbände, des Statistischen Bundesamts, der Deutschen Bundesbank und Europäischen Zentralbank, der Ministerien, Statistiken über die Kostenstruktur/Materialanteile), ■ Adressbücher, Branchenhandbücher, Einkaufsführer (z.B. „Wer liefert was?", „Einkaufs-1x1 der deutschen Industrie", „ABC der deutschen Wirtschaft" usw.), „Gelbe Seiten" der Deutschen Telekom Medien GmbH, ■ Fachbücher und Fachzeitschriften, Verkaufskataloge, -prospekte, Markt- und Börsenberichte, Geschäftsberichte, Hauszeitschriften, Messekataloge, Tages- und Wirtschaftszeitungen, ■ Einschaltung ausländischer Handelskammern und deutscher Handelsmissionen im Ausland, ■ Internetseiten (z.B. http://www.gelbeseiten.de; http://www.werliefertwas.de).

Dateien von externen Bezugsquelleninformationen können vom Betrieb selbst angelegt werden. Sie können aber auch in vielen Ausführungen und Größen gekauft werden. Werden diese Informationen in eine Datenbank integriert, dann stehen deren unterstützende Funktionalitäten zur Datenfassung, Datenauswertung und -gruppierung zur Verfügung.

---

1 Selbstständige Absatzvermittler sind z.B. die Handelsvertreter (siehe §§ 84 ff. HGB), die Kommissionäre (siehe §§ 383 ff. HGB) und die Handelsmakler (siehe §§ 93 ff. HGB).
2 Siehe S. 167 f.

(2) Interne Informationen

Wurden die zu beschaffenden Güter bereits früher schon einmal eingekauft, sind die Bezugsquellen bekannt. Die erforderlichen Informationen können im Betrieb selbst (intern) beschafft werden, sofern die organisatorischen Voraussetzungen vorliegen, z.B. die entsprechenden Tabellen in einer Datenbank angelegt wurden.

Dateien (Tabellen), die bei der internen Informationsbeschaffung benutzt werden:

Dateien mit internen Bezugsquelleninformationen	
Materialdatei	Sie enthält für jede Materialposition (Roh-, Hilfs-, Betriebsstoff, Einzelteil, Baugruppe, Enderzeugnis) ■ das identifizierende Element (Primärschlüssel), z.B. Teilenummer, ■ die klassifizierenden Elemente (z.B. Teileart, Beschaffungsart, ABC-Klasse), ■ die beschreibenden Elemente (z.B. Bezeichnung, Preis, Bestand).
Liefererdatei	Sie enthält alle Attribute (identifizierend, klassifizierend, beschreibend) über den Lieferanten, z.B. Lieferernummer, Name, Straße, PLZ, Ort, Bonität.
Konditionen-datei	In ihr werden die Lieferungs- und Zahlungsbedingungen (Konditionen) der Lieferer erfasst.
Bezugsquellen-datei	Sie ist die elektronische Version des „Wer liefert was?", stellt also die Verbindung her zwischen der Materialtabelle und der Lieferertabelle.

Zusammenfassung

■ Wichtige **Sachziele** der Beschaffung sind, die angeforderten **Sachgüter** und **Dienstleistungen** zu beschaffen. Die Sachgüter sind sachgerecht zu lagern und zeitgerecht zum Verbrauchsort zu befördern. Zudem ist für die Entsorgung bzw. Wiederverwertung der **Abfallstoffe** bzw. **Ausschussprodukte** zu sorgen.

■ Wichtige **Formalziele** der Beschaffung sind: Minimierung der Kapitalmittelbindung, Erhaltung der Beschaffungsflexibilität, Kostenminimierung und Verminderung von Abfallbelastungen.

■ Zwischen den einzelnen Zielen der Materialwirtschaft bestehen in der Regel **Zielkonflikte.**

■ Viele Unternehmen berücksichtigen bereits in den Phasen der Produktforschung und -entwicklung die Leistungsfähigkeit ihrer Lieferanten. Sie **reduzieren** die eigene **Fertigungstiefe** und **erhöhen** die **Beschaffungstiefe.**

■ Der Beschaffung sollte eine **Beschaffungsmarktforschung** vorausgehen.

■ **Beschaffungsmarktforschung** ist die systematische Beschaffung von Informationen über die **Verhältnisse auf den Beschaffungsmärkten** des Unternehmens, die **anbietenden Lieferer,** die **Beschaffungskonkurrenten** und die **angebotenen Materialien.**

■ Sollen Materialien beschafft werden, muss man sich auf jeden Fall über die möglichen **Bezugsquellen** informieren.

■ Zu unterscheiden sind **externe** und **interne Informationsmittel** (siehe Tabellen auf S. 83f.).

Übungsaufgaben

16 Die Geschäftsleitung der Elektromotorenfabrik Ehrmann GmbH möchte den Lagerbestand an Werkstoffen möglichst niedrig halten. Die Leiter der Bereiche Produktion und Absatz wollen indessen möglichst weitreichende Lagerbestände.

Aufgaben:
1. Welche Ziele verfolgt die Geschäftsleitung?
2. Welche Ziele verfolgen die Leiter der Bereiche Produktion und Absatz?
3. Zwischen den Zielen der Geschäftsleitung und den Bereichsleitern bestehen weitere Zielkonflikte. Erläutern Sie einen Zielkonflikt!

17 Die Geschäftsleitung der Elektromotorenfabrik Ehrmann GmbH überlegt sich, wie die Liefererauswahl effektiver organisiert werden kann. Im Gespräch sind die Einführung von Checklisten und Punktebewertungstabellen.

Aufgaben:
1. Begründen Sie, warum Checkliste und Punktebewertungstabelle ein wesentliches Hilfsmittel bei der Liefererauswahl sein können!
2. Kritiker sagen, die Punktebewertungstabelle sei ein Instrument, subjektiv begründete Entscheidungen scheinbar objektiv zu untermauern. Was meinen Sie dazu?
3. Man unterscheidet zwischen internen und externen Bezugsquelleninformationen. Erklären Sie diese Begriffe und nennen Sie Beispiele!

4 Beschaffungsplanung

4.1 Aufgaben der Beschaffungsplanung

Zum einen muss die Beschaffungsplanung ermitteln, welcher Bedarf an Werkstoffen, Handelswaren und Dienstleistungen für einen bestimmten Termin und eine bestimmte Periode benötigt wird, um ein festgelegtes Fertigungsprogramm oder bestimmte Aufträge ausführen zu können **(Bedarfsplanung)**.[1] Zum anderen muss die Beschaffungsplanung festlegen, in welcher Form die Bereitstellung der Werkstoffe und Handelswaren erfolgen soll **(Materialbereitstellungsverfahren)**.[2]

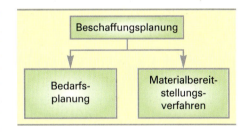

---
[1] Siehe hierzu S. 86 ff.
[2] Siehe hierzu S. 100 ff.

4.2 Bedarfsplanung

4.2.1 Begriff Bedarfsplanung

> **Merke:**
>
> ■ Die **Bedarfsplanung** legt die für einen bestimmten Termin und eine bestimmte Periode zur Fertigung benötigten Materialien nach Art, Qualität, Menge und Zeitraum fest.
>
> ■ Die Bedarfsplanung leitet sich aus der **Produktionsprozessplanung**[1] ab.

Als Erstes hat die Bedarfsplanung die **Kriterien zur Materialauswahl** festzulegen (Kapitel 4.2.2). Es schließt sich die **Mengenplanung** an, die bestimmt, welche Mengen von jedem Material beschafft werden (Kapitel 4.2.4). Die anschließende **Zeitplanung** setzt den Zeitpunkt fest, zu welchem die zu beschaffenden Materialien zur Verfügung stehen müssen (Kapitel 4.2.5). Für die Mengen- und Zeitplanung ist es dabei von Bedeutung, die Bedarfsarten nach ihrem **Wertanteil am Gesamtbeschaffungswert (Einfluss auf das Betriebsergebnis)** zu gliedern. Es werden drei Gruppen von Gütern unterschieden: A-Güter, B-Güter und C-Güter. Dieses Verfahren bezeichnet man als **ABC-Analyse** (Kapitel 4.2.3.1). Sie wird ergänzt durch die **XYZ-Analyse** (Kapitel 4.2.3.2).

4.2.2 Kriterien für die Materialauswahl

> **Merke:**
>
> Wichtige Kriterien, die es bei der Planung der Materialauswahl zu berücksichtigen gilt, sind
> ■ die Qualität,
> ■ die Kosten,
> ■ die Marktentwicklung und
> ■ der Umweltschutz.

(1) Qualität und Kosten

Die Qualität der Endprodukte wird, wenn man von den produktionstechnischen Einflüssen absieht, in hohem Maße von der Qualität der eingesetzten Materialien geprägt. Insoweit hängt die benötigte Qualität der Materialien unmittelbar von den geforderten Gebrauchseigenschaften der Endprodukte ab.

Aus **technischer Sicht** werden häufig die Materialien bevorzugt, die ein Mehrfaches der geforderten Sicherheit bieten. Daneben werden gerne Materialien beschafft, die in vielfältiger Weise eingesetzt werden können, unbegrenzt haltbar sind und zudem eine unproblematische Entsorgung der Abfallstoffe, Ausschussprodukte oder Altprodukte garantieren. Mit der Einbeziehung der Altproduktrücknahme(-verpflichtungen) in die Aufgaben der Abfallbewältigung hat dieses Gebiet große wirtschaftliche Bedeutung erlangt.

---

[1] Vgl. hierzu die Ausführungen im Grundband, Lernfeld 2, Kapitel 4, S. 156ff.

Bezüglich der **Qualität** ist es in der Praxis üblich, für Materiallieferungen tolerable[1] Höchstgrenzen für Fehleranteile zwischen Beziehern und Lieferanten auszuhandeln. Je höher die in Kauf genommenen Fehleranteile liegen, umso stärker steigt die Beschaffungsmenge an, weil ein wachsender Teil des bezogenen Materials als nicht verwendungsfähig ausgesondert werden muss. Allerdings bildet sich bei sehr engen Abnehmer-Zulieferer-Beziehungen (z. B. in der Autoindustrie) die Tendenz zur Nullfehleranforderung und Just-in-time-Anlieferung nach laufendem Mengenbedarf in der Produktion heraus. Die Qualitätssicherung liegt dabei in aller Regel beim Lieferanten.

Die technische Entwicklung hat dazu geführt, bisher verwendete Einsatzstoffe durch entsprechende Einsatzstoffsubstitutionen[2] (z. B. synthetischer Kautschuk anstelle von Naturkautschuk, synthetische Öle statt tierische oder pflanzliche Öle) zu ersetzen. Sobald aber technologisch gesicherte Alternativen bei der Stoffauswahl vorliegen, ist der **Kostengesichtspunkt** für die Beschaffungsentscheidung bestimmend. Der Kostengesichtspunkt ist auch bei der Bestimmung des tolerablen Fehleranteils von Bedeutung. Wird ein höherer Fehleranteil akzeptiert, führt dies zu einer Absenkung des Beschaffungspreises.

(2) Marktentwicklung

Die Marktentwicklung spielt bei der Beschaffungsplanung in zweifacher Weise eine Rolle. Zum einen wird ein Unternehmen seine **(Lager-)Sicherheitsbestände** erhöhen, wenn es **Versorgungsengpässe** (z. B. Naturkatastrophen, Krieg, Handelsbeschränkungen, steigende Nachfrage) erwartet. Die Höhe der Sicherheitsbestände hängt dabei von der Risikobereitschaft der Entscheidungsträger ab. Zum anderen kann es für das Unternehmen wirtschaftliche Vorteile bringen, die Bestände im Hinblick auf zu **erwartende Preissenkungen bzw. -erhöhungen** ab- oder aufzubauen. Beim Auf- bzw. Abbau von sogenannten spekulativen Beständen sind die zu erwartenden Preisänderungen ins Verhältnis zu den Lagerhaltungskosten zu setzen, sofern nicht zusätzliche qualitative Gesichtspunkte (Veralten, technische Überholung) zu berücksichtigen sind.

Kriterien für die Materialauswahl
■ Qualität
■ Kosten
■ Marktentwicklung
■ Umweltschutz

(3) Umweltschutz

Aus ökologischer Sicht ist darauf zu achten, dass zum einen die bezogenen Materialien möglichst **umweltfreundlich** gewonnen werden und zum anderen ist sicherzustellen, dass durch die Kombination der Materialien im Rahmen des Produktionsprozesses **keine gesundheits- und umweltgefährdende Substanzen** entstehen. Bereits bei der Auswahl der zu beschaffenden Materialien kann darauf hingewirkt werden, dass die unvermeidlich anfallenden Abfallstoffe entweder wieder verwertet werden können (z. B. Rücklaufmaterial, Nutzung in einem anderen Produktionsprozess, Verkauf nach einer Bearbeitung) oder aber einer umweltfreundlichen Entsorgung zugeführt werden können.

---

1 Tolerieren: dulden.
2 Substitution (lat.): Stellvertretung.

x wissen für SA

4.2.3 ABC- und XYZ-Analyse

4.2.3.1 ABC-Analyse

(1) Begriff ABC-Analyse

Merke:

Die **ABC-Analyse** ist ein Verfahren zur Erkennung solcher Materialien, die aufgrund ihres **hohen wertmäßigen Anteils** am Gesamtbedarf von **besonderer Bedeutung** sind. Die aus der Analyse gewonnenen Informationen helfen dabei,

- die Transparenz[1] der Materialwirtschaft zu erhöhen,
- sich auf wirtschaftlich bedeutende Materialien zu konzentrieren,
- hohen Arbeitsaufwand bei Materialien untergeordneter Bedeutung (C-Güter) zu vermeiden und damit
- die Effizienz (Wirtschaftlichkeit) der gesamten Materialwirtschaft zu steigern.

In vielen (größeren) Unternehmen wird meistens eine große Anzahl verschiedenartiger Fertigungsmaterialien (Roh-, Hilfs-, Betriebsstoffe, Halbfabrikate) bzw. Handelswaren beschafft, die nur einen **geringen Anteil** (Prozentsatz) **am gesamten Wert (Beschaffungswert) der eingekauften Materialien** haben.

Die ABC-Analyse wurde entwickelt, um festzustellen, bei welchen eingekauften und/oder lagernden Materialien es wirtschaftlich sinnvoll ist, eine intensive Beschaffungsmarktforschung und Einkaufsverhandlungen, eine genaue Mengen- und Zeitdisposition sowie Überwachung der Lagerbestände durchzuführen. Diese Maßnahmen verursachen den Unternehmen viel Zeit und Kosten.

Beispiel:

Ein Industriebetrieb benötigt 10 verschiedene Materialpositionen. Statistisch erfasst wurden die monatlichen Verbrauchszahlen in Stück und die Einstandspreise (Bezugspreise) je Stück.

Ein Beispiel für eine ABC-Analyse finden Sie auf S. 89.

Erläuterungen zu den Arbeitsschritten für eine ABC-Analyse (Tabelle 2):

1. Materialien nach dem Rang ihres Verbrauchswertes ordnen.

2. Prozentanteil jedes Materials an der Gesamtverbrauchsmenge berechnen.

3. Errechnete Prozentanteile schrittweise aufaddieren (kumulieren).

4. Verbrauchswert berechnen.

5. Prozentanteil jedes Materials am Gesamtverbrauchswert berechnen.

6. Errechnete Prozentanteile schrittweise aufaddieren (kumulieren).

7. Nach den kumulierten Prozentanteilen Gruppen bilden.

---

1 Transparenz: Durchscheinen, Durchsichtigkeit.

Tabelle 1:

Material-art	Verbrauchs-menge in Stück	Verbrauchsmenge in % des Gesamt-verbrauchs	Einstandspreis je Stück in EUR	Verbrauchswert in EUR	Verbrauchswerte in % des gesamten Verbrauchswertes	Rang nach Verbrauchs-wert
T_1	4 500	13,24	25,00	112 500,00	15,85	2
T_2	700	2,06	145,00	101 500,00	14,30	3
T_3	2 700	7,94	15,00	40 500,00	5,71	7
T_4	600	1,76	300,00	180 000,00	25,36	1
T_5	450	1,32	150,00	67 500,00	9,51	6
T_6	3 000	8,82	25,00	75 000,00	10,57	5
T_7	8 200	24,12	2,00	16 400,00	2,31	8
T_8	1 000	2,94	95,00	95 000,00	13,38	4
T_9	7 150	21,03	1,00	7 150,00	1,01	10
T_{10}	5 700	16,76	2,50	14 250,00	2,01	9
	34 000	100,00[1]		709 800,00	100,00[1]	

Tabelle 2:

Rang nach Verbrauchswert	Materialart	Verbrauchsmenge in Stück	[2] Verbrauchs-menge in Prozent des Gesamt-verbrauchs	[3] Kumulierte Verbrauchs-menge in Prozent	Einstandspreis je Stück in EUR	[4] Verbrauchs-wert in EUR	[5] Verbrauchs-werte in Pro-zent des gesam-ten Verbrauchs-wertes	[6] Kumulierter Verbrauchs-wert in Prozent	[7] ABC-Klasse
1	T_4	600	1,76	1,76	300,00	180 000,00	25,36	25,36	A
2	T_1	4 500	13,24	15,00	25,00	112 500,00	15,85	41,21	A
3	T_2	700	2,06	17,06	145,00	101 500,00	14,30	55,51	A
4	T_8	1 000	2,94	20,00	95,00	95 000,00	13,38	68,89	A
5	T_6	3 000	8,82	28,82	25,00	75 000,00	10,57	79,46	B
6	T_5	450	1,32	30,15	150,00	67 500,00	9,51	88,97	B
7	T_3	2 700	7,94	38,09	15,00	40 500,00	5,71	94,68	B
8	T_7	8 200	24,12	62,21	2,00	16 400,00	2,31	96,99	C
9	T_{10}	5 700	16,76	78,97	2,50	14 250,00	2,01	98,99	C
10	T_9	7 150	21,03	100,00	1,00	7 150,00	1,01	100,00	C
		34 000	100,00[1]			709 800,00	100,00[1]		

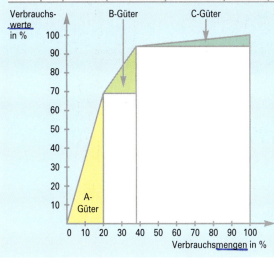

Auswertung:

A-Güter: 20 % des mengenmäßigen Materialverbrauchs haben einen Anteil von fast 70 % (genau: 68,9 %) am gesamten wertmäßigen Materialverbrauch (Beschaffungswert).

B-Güter: 18,1 % des mengenmäßigen Materialverbrauchs entsprechen einem Anteil von 25,8 % am gesamten wertmäßigen Materialverbrauch.

C-Güter: Die meisten Materialien (61,9 %) sind C-Güter. Auf sie entfällt nur ein Verbrauchswertanteil von 5,3 %.

---

[1] Bedingt durch die Beschränkung auf zwei Nachkommastellen können geringe Rundungsdifferenzen in der Summenzeile auftreten.

(2) Bedeutung der ABC-Analyse

Die Auswertung der ABC-Analyse zeigt dem Unternehmen, bei welchen Gütern ein größerer Beschaffungsaufwand wirtschaftlich sinnvoll und größere Kostensenkungen (z.B. durch vereinbarte Rabatte bei größeren Bestellmengen, Einsatz billigerer Substitutionsgüter) erwartet werden können.

Die Festlegung der Schranken, mit deren Hilfe eine **Zuordnung zu den einzelnen Klassen** getroffen wird, liegt im **Ermessen der Unternehmen,** da es hierfür keine objektiv richtigen Maßstäbe gibt. Erfahrungsgemäß liegt die Schranke für A-Güter bei den ersten 75–80 % der kumulierten Verbrauchswerte in Prozent, die C-Güter bei den letzten 5 % der kumulierten Verbrauchswerte in Prozent. Dazwischen liegen die B-Güter.

(3) Schlussfolgerungen aus der ABC-Analyse für die Materialwirtschaft

Die Tätigkeiten (Aktivitäten) in der Materialwirtschaft konzentrieren sich in erster Linie auf die **A-Güter.** Sie bestehen zwar aus wenigen Lagerpositionen, verkörpern aber den überwiegenden Teil des Verbrauchswertes. Daher führen bereits geringe prozentuale Verbesserungen zu Einsparungen in hohen absoluten Euro-Beträgen.

Die Aktivitäten können sich z.B. auf folgende **Maßnahmen** richten:

- Intensive Bemühungen um Preis- und Kostensenkungen.
- Exakte Untersuchungsergebnisse darüber, ob Eigenproduktion oder Fremdbezug günstiger ist.
- Bedarfsgesteuerte (deterministische) Materialdisposition.
- Möglichst geringer Lagerbestand in Verbindung mit Sondervereinbarungen über Lieferzeiten.
- Beschaffung in bedarfsnahen, auftragsspezifischen kleinen Losen (Liefermengen).
- Verzicht auf Wareneingangskontrolle im eigenen Haus und Verlagerung der Qualitätsprüfung zum Lieferanten unter Vorgabe von Qualitätsstandards.
- Überlegungen, ob durch materialtechnische oder konstruktionstechnische Änderungen Kostenvorteile erzielt werden können.
- Strenge Kontrolle der Bestände, des Verbrauchs und gegebenenfalls der Lagerverluste.

Bei den **B-Gütern** darf der Berechnungsaufwand für eine optimale Bestellung nicht so hoch sein. Hier kann es sinnvoll sein, optimale Bestellmengen und Lagermengen für ganze **Materialgruppen** zu berechnen und Fehler in Kauf zu nehmen.

Die **C-Güter** bestehen aus vielen Lagerpositionen, verkörpern aber nur einen geringen Verbrauchswert. Zu hohe Lagerbestände beeinflussen daher die Wirtschaftlichkeit des Materialwesens in geringerem Umfang. Sie können daher großzügiger und mit einfacheren Verfahren disponiert werden durch:

- verbrauchsorientierte Materialdisposition,
- vereinfachtes Beschaffungsprogramm, z.B. Bestellrhythmusverfahren (siehe S. 96ff.),
- großzügigere Lagerhaltung,
- gelockerte Überwachung.

Die ABC-Analyse wird nicht nur in der Beschaffungswirtschaft, sondern (mit gleichen Berechnungsmethoden) auch in allen anderen Unternehmensbereichen zur Einsparung von Kosten angewendet (z.B. ABC-Bewertung der Kunden).

4.2.3.2 XYZ-Analyse

Die XYZ-Analyse unterteilt die Materialien nach der **Vorhersagegenauigkeit (dem Beschaffungsrisiko)** in X-Materialien, die eine im Zeitablauf konstante Bedarfsrate und damit eine hohe Vorhersagegenauigkeit haben, Y-Materialien, die stärkeren, aber regelmäßigen Verbrauchsschwankungen (z.B. saisonale Schwankungen) unterliegen und Z-Materialien, die völlig unregelmäßig verbraucht werden und folglich eine geringe Vorhersagegenauigkeit besitzen.

Die Gliederung der Materialien und ihrer Wertigkeit (ABC-Analyse) kann mit der Gliederung nach der Vorhersagegenauigkeit (XYZ-Analyse) kombiniert werden.

Kombinierte ABC-XYZ-Analyse im Materialbereich[1]				
Vorhersage-genauigkeit		**Verbrauchswert**		
		A	**B**	**C**
		hoch	mittel	niedrig
X	hoch	hoher Wert Hohe Vorhersage-genauigkeit (konstanter Verbrauch)	mittlerer Wert Hohe Vorhersage-genauigkeit (konstanter Verbrauch)	niedriger Wert Hohe Vorhersage-genauigkeit (konstanter Verbrauch)
Y	mittel	hoher Wert Mittlere Vorhersage-genauigkeit (schwankender Verbrauch)	mittlerer Wert Mittlere Vorhersage-genauigkeit (schwankender Verbrauch)	niedriger Wert Mittlere Vorhersage-genauigkeit (schwankender Verbrauch)
Z	niedrig	hoher Wert Niedrige Vorhersage-genauigkeit (unregelmäßiger Verbrauch)	mittlerer Wert Niedrige Vorhersage-genauigkeit (unregelmäßiger Verbrauch)	niedriger Wert Niedrige Vorhersage-genauigkeit (unregelmäßiger Verbrauch)

Bezogen auf die Beschaffungsplanung können aus der Tabelle in der Tendenz folgende Ergebnisse abgeleitet werden:

- Die **AX-AY- und BX-Materialien** besitzen einen hohen Verbrauchswert bei einer hohen bis mittleren Vorhersagegenauigkeit. Diese Materialien müssen ständig beachtet werden und ihre **Beschaffung** sollte möglichst **bedarfssynchron** erfolgen (**Just-in-time-Anlieferung,** vgl. S. 52f. und S. 101f.).

- Die **CX-, BY und AZ-Materialien** besitzen zum einen Teil einen hohen Materialwert bei einem unregelmäßigen Verbrauch und zum anderen Teil ist der Wert einiger Materialien niedrig, der Verbrauch jedoch konstant. Als Materialbereitstellungsverfahren bietet sich hier die **Vorratshaltung** an (vgl. S. 100).

- Die **BZ-, CZ-, CY-Materialien** besitzen entweder einen mittleren oder niedrigen Wert und ihr Verbrauch ist schwankend bzw. unregelmäßig. Die Beschaffung dieser Materialien sollte daher im **Bedarfsfall** vorgenommen werden (**Delivery on demand,** vgl. S. 101).

---

1 Die Tabelle ist in der Portfolio-Darstellung aufgebaut. Zur Portfolio-Darstellung vgl. S. 190ff.

Zusammenfassung

- **Kriterien für die Materialauswahl** sind die **Qualität,** die **Höhe der Kosten,** die voraussichtliche **Marktentwicklung** sowie der **Umweltschutz.**

- Eine wichtige Voraussetzung für die optimale Beschaffung von Werkstoffen, Handelswaren und Dienstleistungen ist die möglichst genaue Ermittlung des voraussichtlichen **Bedarfs (Bedarfsplanung).**

- Die **Bedarfsplanung** legt die für einen bestimmten Termin und eine bestimmte Periode zur Fertigung benötigten Materialien nach Art, Qualität, Menge und Zeitraum fest.

- Die **ABC-Analyse** ermittelt die Fertigungsmaterialien und Handelswaren, welche den höchsten Anteil am Gesamtwert der Erzeugnisse haben.

- Die Materialien mit einem **hohen wertmäßigen Anteil am Gesamtbedarf** sind für die Beschaffung von **hoher Bedeutung.**

- Die ABC-Analyse ist ein **Hilfsmittel** zur Aktivierung der in der Beschaffung liegenden Gewinnreserven.

- Die **XYZ-Analyse** unterteilt die Materialien nach ihrer **Vorhersagegenauigkeit (Beschaffungsrisiko).**

- Durch die **Kombination von ABC-XYZ-Materialien** können wichtige Aussagen für die **Art der Beschaffung** getroffen werden.

Übungsaufgaben

18 1. Beschreiben Sie an einem Beispiel den Zusammenhang zwischen Qualität und Kosten im Rahmen der Materialauswahl!

2. Charakterisieren Sie AX- und CZ-Materialien und erklären Sie jeweils Ihre Bedeutung für die Beschaffung!

19 Ein Industriebetrieb ermittelt zur Durchführung einer ABC-Analyse für seine Artikelgruppen A01 bis A10 folgende Zahlenwerte:

Artikel- gruppe	Jahresbedarf in Stück	Preis je ME in EUR
A01	100	290,00
A02	9 000	1,60
A03	5 000	2,80
A04	5 000	1,50
A05	700	5,50
A06	700	7,10
A07	100	22,00
A08	18 000	0,05
A09	20 000	0,08
A10	32 500	0,07

Aufgaben:

1. Führen Sie – gegebenenfalls mithilfe einer Tabellenkalkulation – eine ABC-Analyse entsprechend der Vorgabe von S. 89 durch!

ABC-Analyse, Tabelle 1

Artikel-gruppe	Jahres-bedarf in Stück	Preis je ME in EUR	Verbrauchs-menge in % des Gesamt-verbrauchs	Verbrauchs-wert in EUR	Verbrauchs-werte in % des gesamten Verbrauchs-wertes	Rang nach Verbrauchs-wert
A01	100	290,00	0,11	29.000,-	35,94	1
A02	9 000	1,60	9,88	14.400,-	17,84	2
A03	5 000	2,80	5,49	14.000,-	17,35	3
A04	5 000	1,50	5,49	7500,-	9,29	4
A05	700	5,50	0,77	3 850,-	4,77	6
A06	700	7,10	0,77	4.970,-	6,16	5
A07	100	22,00	0,11	2.200,-	2,73	8
A08	18 000	0,05	19,76	900,-	1,12	10
A09	20 000	0,08	21,95	1600,-	1,98	9
A10	32 500	0,07	35,68	2.275	2,82	7
Summe	91100	530,70	100 %	80.695,-	100 %	

Dreisatz → nach Ordnen

ABC-Analyse, Tabelle 2

Artikel-gruppe nach Rang	Jahres-bedarf in Stück	Preis je ME in EUR	Verbrauchs-menge in % des Gesamt-verbrauchs	Ver-brauchs-wert in EUR	Verbrauchs-werte in % des gesamten Verbrauchs-wertes	Kumulier-ter Wert-anteil in %	Kumulier-ter Men-genanteil in %
Summe							

2. Legen Sie fest, welche Artikelgruppen jeweils in die Klasse der A-, B- bzw. der C-Güter gehören und begründen Sie Ihre Entscheidung!

3. Setzen Sie die gewonnenen Erkenntnisse in eine aussagefähige Grafik um!

4. Nach Durchführung der ABC-Analyse ergeben sich für den Betrieb zwangsläufig Schlussfolgerungen im Bereich der Materialwirtschaft, die geeignet sind, einen Beitrag zur Kostensenkung zu erbringen. Nennen Sie – getrennt für die A- und die C-Güter – jeweils solche Maßnahmen!

4.2.4 Mengenplanung

(1) Überblick

Die Mengenplanung im Bereich der Beschaffung ist im Grunde identisch mit der Mengenplanung im Rahmen der Produktionsprozessplanung. Die Fachbegriffe und Zusammenhänge der Mengenplanung im Produktionsbereich wurden bereits im Grundband, Lernfeld 2, Kapitel 4.2.3 (S. 163ff.) und Kapitel 4.4 (S. 175ff.) behandelt.

Das Hauptproblem der Mengenplanung im Beschaffungsbereich liegt in der Festlegung der **kostengünstigsten (optimalen) Bestellmenge**. Dabei muss ein Ausgleich zwischen den **Lagerhaltungskosten** und den **auflagefixen Bestellkosten** gefunden werden.[1]

(2) Ermittlung der optimalen Bestellmenge[2]

■ **Bestellkosten**

Sie fallen bei jeder Bestellung an, gleichgültig wie groß die Menge bzw. wie hoch der Wert der bestellten Werkstoffe bzw. Waren ist.

> **Beispiele:**
>
> Kosten der Bearbeitung der Bedarfsmeldung, der Angebotseinholung, der Wareneingangsprüfung und der Rechnungsprüfung.

■ **Lagerhaltungskosten[3]**

Zu den Lagerhaltungskosten zählen z.B. die Personalkosten für die im Lager beschäftigten Personen, die im Wert der gelagerten Güter gebundenen Zinsen und die Kosten des Lagerrisikos.

> **Beispiel für die Ermittlung der optimalen Bestellmenge:**
>
> Die fixen Bestellkosten je Bestellung betragen 50,00 EUR. Der Einstandspreis je Stück beläuft sich auf 30,00 EUR und der Lagerhaltungskostensatz[4] auf 25%. Der Jahresbedarf beträgt 3 600 Stück.
>
> Außer Betracht bleibt, dass mit zunehmender Bestellgröße i.d.R. Mengenrabatte in Anspruch genommen werden können. Außerdem wird nicht berücksichtigt, dass bei größeren Bestellungen häufig Verpackungs- und Transportkosten eingespart werden können.
>
> **Aufgaben:**
>
> 1. Ermitteln Sie rechnerisch die optimale Bestellmenge bei den vorgegebenen Bestellmengen und der vorgegebenen Anzahl der Bestellungen je Periode!
> 2. Stellen Sie die optimale Bestellmenge grafisch dar!

---

1 **Zur Erinnerung:** Im Produktionsbereich muss ein Ausgleich zwischen den Lagerhaltungskosten und den auflagefixen Rüstkosten gefunden werden. Vgl. hierzu im Grundband, S. 152f.

2 Zur Lösung der optimalen Bestellmenge unter Berücksichtigung von Terminen kann man, wie im Rahmen der Produktionsprozessplanung dargestellt, den Wagner-Whitin-Algorithmus heranziehen. Vgl. im Grundband, S. 175.

3 Die fixen (festen) Lagerhaltungskosten bleiben bei den folgenden Überlegungen außer Acht, weil sie unabhängig von der Größe des Lagerbestands anfallen. Hierzu gehören z.B. die Abschreibungskosten für die Lagerräume und Lagereinrichtungen.

4 Der Lagerhaltungskostensatz gibt an, wie groß die Lagerkosten sind gemessen am durchschnittlichen Lagerbestand, ausgedrückt in Prozent.

Lösungen:

Zu 1.: Berechnung der optimalen Bestellmenge

Bestell-menge in Stück	Anzahl der Bestel-lungen	Bestellkosten in EUR	Durchschn. Lagerbestand in Stück	Durchschn. Lagerbestand in EUR	Lagerhaltungs-kosten in EUR	Gesamtkosten in EUR
50	72	3600,00	25	750,00	187,50	3787,50
100	36	1800,00	50	1500,00	375,00	2175,00
150	24	1200,00	75	2250,00	562,50	1762,50
200	**18**	**900,00**	**100**	**3000,00**	**750,00**	**1650,00**
250	14,4	720,00	125	3750,00	937,50	1657,50
300	12	600,00	150	4500,00	1125,00	1725,00
350	10,29	514,29	175	5250,00	1312,50	1826,79
400	9	450,00	200	6000,00	1500,00	1950,00
450	8	400,00	225	6750,00	1687,50	2087,50
500	7,2	360,00	250	7500,00	1875,00	2235,00

Erläuterung:

Werden z. B. 50 Stück bestellt, muss der Bestellvorgang 72-mal wiederholt werden. Die Bestellkosten betragen dann 3600,00 EUR und die Lagerhaltungskosten 187,50 EUR. Mit zunehmender Bestellmenge verringert sich die Anzahl der Bestellungen und damit sinken auch die Bestellkosten, während im Gegenzug die Lagerhaltungskosten steigen. Da der Betrieb **beide Kostenarten** berücksichtigen muss, ist das Optimum erreicht, wenn die **Summe beider Kosten das Minimum erreicht** hat. Dieses Minimum liegt bei den vorgegebenen Mengenintervallen bei 200 Stück und 18 Bestellungen. Eine exakte Berechnung (mithilfe der Andler-Formel)[1] ermittelt eine optimale Bestellmenge von 219 Stück bei Gesamtkosten von 1643,17 EUR.

Zu 2.: Grafische Darstellung der optimalen Bestellmenge

Trägt man an der x-Achse die jeweilige Bestellmenge und an der y-Achse die Kosten ab, erhält man folgendes Bild:

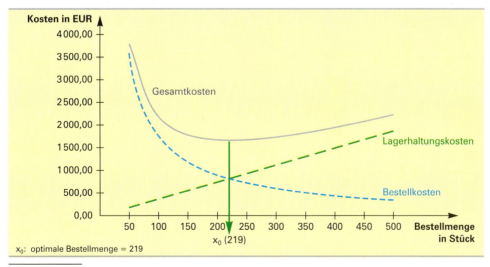

x_0: optimale Bestellmenge = 219

---

1 Siehe S. 99.

Merke:

- Die **optimale Bestellmenge** ist die Beschaffungsmenge, bei der die **Gesamtkosten** (Bestell- **und** Lagerhaltungskosten) am **niedrigsten** sind.

- Bei dieser Menge gleichen sich die bei steigenden Bestellmengen je Bestellung **sinkenden Bestellkosten** und die **steigenden Lagerhaltungskosten** aus.

Werden bei steigender Bestellgröße Liefererrabatte gewährt und/oder Transport- und Verpackungskosten gespart, vergrößert sich die optimale Bestellmenge. An der grundsätzlichen Aussage des Modells ändert sich nichts.

Die Anwendung dieser Modellrechnung in der Praxis ist ungleich komplizierter, weil zahlreiche Bedingungen berücksichtigt werden müssen, die hier vernachlässigt wurden (z.B. unterschiedliche Zahlungs- und Lieferungsbedingungen bei verschiedenen Lieferern). Außerdem ist die Ermittlung der optimalen Bestellmenge teuer, zumal sich verändernde Daten (z.B. Veränderungen der durchschnittlichen täglichen Materialentnahme) zu Neuberechnungen führen müssen. Die Ermittlung der optimalen Bestellmenge wird sich daher nur bei solchen Gütern lohnen, die einen hohen wertmäßigen Jahresverbrauch haben (A-Güter). Voraussetzung zur Berechnung und Verwirklichung (Realisierung) der optimalen Bestellmenge ist außerdem, dass der Lieferer die „optimale" Menge auch tatsächlich liefern kann, was nicht immer der Fall sein muss. Außerdem muss die Lagergröße ausreichen, die optimale Bestellmenge aufzunehmen.

4.2.5 Zeitplanung

(1) Problemstellung

Aufgabe der Zeitplanung ist es, die Bestellzeitpunkte für die Werkstoffe unter Berücksichtigung der Wiederbeschaffungszeit so zu bestimmen, dass einerseits die Kundenwunschtermine nicht gefährdet sind, andererseits aber auch keine unnötigen Lagerzeiten in Kauf genommen werden müssen.

Unterstellt man die typische kundenauftragsbezogene Fertigung der Klein- und Mittelbetriebe, so ergeben sich die Bestelltermine für bedarfsgesteuerte Teile im Rahmen der Produktionsplanung durch die Nettobedarfsrechnung in Verbindung mit der Terminierung.[1]

Für B- und C-Teile (siehe S. 89) genügen einfachere Bestellstrategien. Hierbei unterscheidet man zwischen Bestellpunkt- und Bestellrhythmusverfahren.

(2) Bestellpunkt- und Bestellrhythmusverfahren

■ **Grundlegendes**

Merke:

- Beim **Bestellpunktverfahren** wird mit jeder Entnahme geprüft, ob damit der Meldebestand unterschritten wurde. Ist dies der Fall, wird eine Nachbestellung ausgelöst.

- Beim **Bestellrhythmusverfahren** erfolgt die Nachbestellung in bestimmten Zeitintervallen.

---

1 Siehe im Grundband, Lernfeld 2, Kapitel 4.3, S. 173ff.

Für beide Verfahren gilt, dass entweder mit einer festen Bestellmenge (i.d.R. mit der optimalen Bestellmenge) oder mit einer variablen Menge bis zu einem bestimmten Höchstbestand aufgefüllt wird. Durch die Kombination der beiden Bestellverfahren mit den beiden Möglichkeiten in der Wahl der Bestellmenge ergeben sich insgesamt vier Strategien, die sich in folgender Tabelle darstellen lassen.

	Bestellpunktverfahren	Bestellrhythmusverfahren
Auffüllen mit optimaler Bestellmenge	Bei Erreichen des Meldebestandes wird mit der konstanten optimalen Bestellmenge aufgefüllt.	In einem festen Zeitintervall wird immer mit der konstanten optimalen Bestellmenge aufgefüllt.
Auffüllen bis zum Höchstbestand	Bei Erreichen des Meldebestandes wird die Fehlmenge bis zum Höchstbestand aufgefüllt.	In einem festen Zeitintervall wird bis zum Höchstbestand aufgefüllt.

Exemplarisch sollen zwei der vier Möglichkeiten grafisch dargestellt werden.

■ **Strategie 1**: Bestellpunktverfahren, bei welchem immer bis zu einem bestimmten Höchstbestand aufgefüllt wird

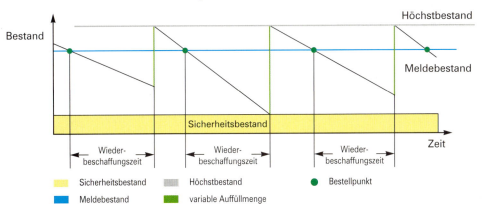

Erläuterungen:

- Sicherheitsbestand: Er dient zur Abdeckung von Bestands-, Bedarfs- und Bestellunsicherheiten. Er steht nur für unvorhergesehene Ereignisse zur Verfügung und darf daher **nicht** zur laufenden Disposition verwendet werden.
- Meldebestand: Erreicht der Lagerbestand diese Bestandshöhe, dann ist eine neue Bestellung auszulösen.
- Höchstbestand: Er gibt an, welcher Warenbestand maximal eingelagert wird. Der Höchstbestand wird immer nach Eintreffen der bestellten Ware erreicht.
- Variable Auffüllmenge: Es handelt sich um die Warenmenge, die bestellt werden muss, um das Lager bis zum Höchstbestand aufzufüllen.
- Bestellpunkt: Zeitpunkt, zu welchem bestellt werden muss, um die Versorgung während der Wiederbeschaffungszeit sicherzustellen.
- Wiederbeschaffungszeit: Zeitbedarf für eigene Überlegungszeit (z.B. Liefererauswahl), Durchführung der Bestellung, Laufzeit der Post, Lieferzeit, Zeit für Wareneingangskontrolle und Einlagerung.

- **Strategie 2:** Bestellrhythmus, bei welchem immer mit der optimalen Bestellmenge aufgefüllt wird.

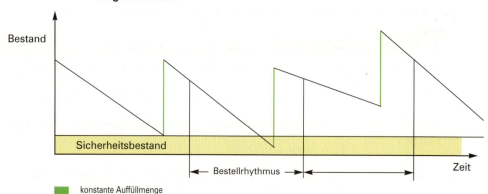

Stellt man die beiden Verfahren einander gegenüber, dann lassen sie sich durch folgende Merkmale kennzeichnen:

Bestellpunktverfahren	Bestellrhythmusverfahren
■ Es handelt sich um eine sehr sichere Strategie. Dadurch, dass mit jeder Entnahme geprüft wird, ob der Meldebestand erreicht ist, ist auch die Gefahr der Unterdeckung sehr gering. ■ Es ist geeignet für Güter, bei denen ein hoher Servicegrad verlangt wird. ■ Wird bis auf die Lagerobergrenze aufgefüllt, dann führt dies tendenziell zu hohen Beständen. ■ Der Kontrollaufwand ist relativ hoch. ■ Durch ständige Bestandskontrolle ist das Verfahren auch geeignet für Güter mit unregelmäßigem Bedarf.	■ Es wird nur in festen Zeitintervallen (Bestellrhythmus) nachbestellt. ■ Muss mit unregelmäßigem Bedarf gerechnet werden, dann besteht hier die große Gefahr der Unterdeckung. ■ Das Verfahren ist daher nur sinnvoll, wenn die Lagerabgangsraten relativ konstant sind. ■ Der Verwaltungsaufwand ist gering.

Zusammenfassung

- Die **Bestellmengenplanung** ist im Grunde identisch mit der Mengenplanung der Produktionsprozessplanung.

- Das **Hauptproblem der Bestellmengenplanung** ist die Festlegung der optimalen Bestellmenge, denn es besteht ein Spannungsverhältnis zwischen den hohen Lagerkosten bei großen Bestellmengen einerseits und hohen Bestellkosten bei niedrigen Bestellmengen (und damit hoher Bestellhäufigkeit) andererseits.

- Die **optimale Bestellmenge** ist die Beschaffungsmenge, bei der die Gesamtkosten (Bestell- und Lagerhaltungskosten) am niedrigsten sind.

- Die **Hauptaufgabe der Zeitplanung** ist es, den **Bestellzeitpunkt** optimal festzulegen, damit Fertigung und/oder Absatz reibungslos durchgeführt werden können.

Übungsaufgaben

20 Das Hauptproblem der Mengenplanung ist die Ermittlung der optimalen Bestellmenge.

Aufgaben:

1. Erläutern Sie, was unter der optimalen Bestellmenge zu verstehen ist!
2. Berechnen Sie mithilfe einer Tabelle (siehe S. 95) die optimale Bestellmenge aufgrund des Zahlenbeispiels von S. 94, wenn
   - 2.1 die Bestellkosten sich auf 100,00 EUR verdoppeln und die übrigen Bedingungen gleich bleiben!
   - 2.2 der Lagerhaltungskostensatz auf 45 % steigt und die übrigen Bedingungen gleich bleiben!
3. Zeichnen Sie die entsprechenden Kostenkurven zu den Aufgaben 2.1 und 2.2!
4. Fassen Sie Ihre Erkenntnisse aus den Aufgaben 2. und 3. in Form von Regeln zusammen!
5. Mithilfe der **Andler-Formel** lässt sich der exakte Wert für die optimale Bestellmenge bestimmen. Die Andler-Formel lautet:

$$Q_{opt} = \sqrt{\frac{200 \cdot F \cdot M}{P \cdot L}}$$

- Q_{opt}: Optimale Bestellmenge
- F: Fixe Bestellkosten
- M: Jahresbedarf
- P: Einstandspreis je Stück
- L: Lagerhaltungskostensatz in Prozent

Überprüfen Sie die Richtigkeit Ihrer Ergebnisse!

21
1. Nennen Sie je drei Beispiele für Bestellkosten und Lagerhaltungskosten!
2. Geben Sie Argumente an, welche die exakte Ermittlung der optimalen Bestellmenge in der Praxis erschweren!

22 Eine Artikeldatei liefert folgende Zahlen:

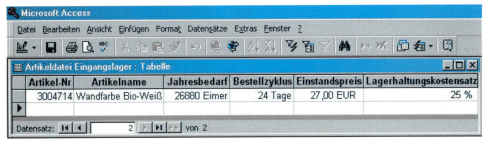

Artikel-Nr	Artikelname	Jahresbedarf	Bestellzyklus	Einstandspreis	Lagerhaltungskostensatz
3004714	Wandfarbe Bio-Weiß	26880 Eimer	24 Tage	27,00 EUR	25 %

Die Bestellkosten je Bestelleinheit belaufen sich auf 80,00 EUR. Die Geschäftsleitung möchte den Bestellzyklus auf 30 Tage erhöhen.

Aufgabe:

Prüfen Sie, ob diese Erhöhung zu einer Kostenersparnis führt!

23 Der Bedarf für das Fremdteil B 312 beträgt 30 Stück je Kalendertag, die Wiederbeschaffungszeit 8 Tage und der eiserne Bestand 80 Stück. Die optimale Bestellmenge beträgt 480 Stück. Am Abend des 4. März beträgt der Lagerbestand 440 Stück.

Aufgaben:

1. Planen Sie die Bestellzeitpunkte (Daten angeben) für den Monat März!
2. Zeichnen Sie die Bestandsentwicklung in ein Diagramm ein (vgl. S. 97)!

4.3 Materialbereitstellungsverfahren

Grundsätzlich gibt es zwei Möglichkeiten, das Problem der Bereitstellung von Werkstoffen und Handelswaren zu lösen, nämlich die **Bedarfsdeckung durch Vorratshaltung** und die **Bedarfsdeckung ohne Vorratshaltung.** Bei der Bedarfsdeckung ohne Vorratshaltung wird unterschieden, ob die Bereitstellung aufgrund eines **Einzelbedarfs** oder aufgrund eines **Periodenbedarfs** erfolgt.

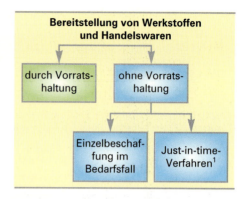

4.3.1 Bedarfsdeckung durch Vorratshaltung

> **Merke:**
>
> Die **Vorratshaltung** ist vor allem dann anzutreffen, wenn **Schwankungen des Beschaffungsmarkts** abgesichert werden müssen. Außerdem kann die Lagerung **geringwertiger Güter** mit relativ hohen Anschaffungsaufwendungen sinnvoll sein.

Die **Vorteile** der Vorratshaltung sind vor allem die günstigeren Beschaffungs- und Frachtkosten beim Bezug größerer Materialmengen sowie die größere Sicherheit der Bedarfsdeckung bei Beschaffungsschwierigkeiten.

Die **Nachteile** der Vorratshaltung sind vor allem die hohen Kapitalbindungskosten und Lagerrisiken. Somit besteht ein ständiger Zielkonflikt zwischen dem Ziel, die Lagerkosten und Lagerrisiken möglichst niedrig zu halten und dem Ziel, den **Servicegrad** zu sichern oder zu verbessern.

> **Beispiel:**
>
> Von einem Lager werden vierteljährlich 2 700 Stück des Teils T 34 abgerufen. Sofort bzw. in einem ausreichenden Zeitraum werden 2 592 Stück ausgeliefert. Der Servicegrad beträgt 96 %.

$$\text{Servicegrad} = \frac{\text{Anzahl der bedienten Lageranforderungen} \cdot 100}{\text{Gesamtzahl der Lageranforderungen}}$$

In der Praxis ist es kaum möglich, einen hundertprozentigen Servicegrad zu erreichen, wenn (zu) teure Sicherheitsbestände vermieden werden sollen. Welcher Servicegrad anzustreben ist, hängt vor allem von der Art der Produktion ab. Ist der Produktionsablauf starr, kann die Fertigung bereits beim Fehlen eines einzelnen Teils nicht weiterlaufen. Ist der Produktionsablauf flexibel, kann bei Fehlen eines oder mehrerer Teile mit der Fertigung anderer Produkte fortgefahren werden, wie dies z.B. bei der Fertigung nach dem **Baukastensystem**[2] der Fall sein kann.

---

[1] Just in time (engl.): gerade rechtzeitig.
[2] Beim Baukastensystem werden einzelne Teile (Baugruppen) wie z.B. Motoren und Karosserien eines Autoherstellers typisiert (vereinheitlicht), um sie dann (z.B. dem Bedarf entsprechend) kombinieren zu können (vgl. S. 47f.).

4.3.2 Bedarfsdeckung ohne Vorratshaltung

(1) Einzelbeschaffung im Bedarfsfall (Delivery on demand)

Merke:

Bei der **Einzelbeschaffung** erfolgt die Materialbeschaffung erst dann, wenn ein Auftrag vorliegt, der einen Bedarf auslöst.

Beispiel:

Ein Warenhaus bestellt bei der Möbelfabrik Rohrer GmbH Gartenmöbel aus Robinienholz.

Die Möbelfabrik Rohrer GmbH bestellt das Holz erst nach Bestätigung des Auftrags.

Die **Vorteile** der Einzelbeschaffung sind, dass die Kapitalbindungs- und Lagerkosten gesenkt werden oder ganz entfallen, weil die Materialien nach der Wareneingangs- und Qualitätsprüfung nur sehr kurze Zeit im Lager bleiben oder sofort in die Fertigung gehen. Außerdem sind Verderb und Veralten ausgeschlossen (geringere Lagerrisiken).

Die **Nachteile** der Einzelbeschaffung sind darin zu sehen, dass mit dem Bezug kleiner Mengen mit höheren Preisen, höheren Verpackungskosten und höheren Transportkosten (Bezugskosten) zu rechnen ist. Je nach Material kann es auch schwierig sein, die benötigten Mengen termingerecht und in der erforderlichen Qualität zu beschaffen.

(2) Lagerlose Sofortverwendung (Just-in-time-Verfahren; fertigungssynchrone Beschaffung)[1]

Merke:

Die **lagerlose Sofortverwendung** ist Bestandteil eines Logistiksystems, bei dem die Materialbereitstellung genau zu dem von der Fertigungsplanung vorher bestimmten Zeitpunkt erfolgt. Man spricht von **fertigungssynchroner Beschaffung** oder von der **Just-in-time-Konzeption.**

Das Prinzip der lagerlosen Sofortverwendung wird vor allem von Industriebetrieben angewendet, die ihren Bedarf an großvolumigen und hochwertigen Teilen genau vorausberechnen können (z.B. Automobilindustrie). Die Kapitalbindungs- und Lagerkosten werden auf die Zulieferbetriebe abgewälzt. Zur Reduzierung des Planungsrisikos für den Lieferanten wird mit ihm häufig ein **Kauf auf Abruf** vereinbart, d.h., die **Bezugsmenge** für den nächsten Planungszeitraum wird fest vereinbart, während der Bezugstermin kurzfristig festgelegt wird.

Die **Vorteile** einer konsequenten Anwendung der fertigungssynchronen Anlieferung sind, dass alle **Lagerkosten und -risiken entfallen,** weil das benötigte Material sofort zum Ort der Weiterverarbeitung bzw. -verwendung gebracht wird.

Die **Nachteile** der lagerlosen Sofortverwendung liegen in der Verwundbarkeit des Unternehmens gegenüber Störungen im Nachschub, z.B. durch Streiks, Zugverspätungen, Staus **(Terminrisiko),** sowie in der Umweltbelastung bei der Belieferung durch

---

1 Wiederholen Sie hierzu S. 52f.

Lastkraftwagen, z. B. durch Versiegelung der Landschaft durch Straßenbau, Belastung der Luft durch Reifenabrieb und Abgase **(Umweltrisiko)**. Außerdem besteht die Gefahr, dass es zu Produktionsstörungen bzw. zu Folgeschäden kommt, da schadhafte Teile nicht durch eine Lagerentnahme ausgewechselt werden können **(Qualitätsrisiko)**. Daneben steigen die Bestell- und Transportkosten wegen häufiger Bestellungen an **(Kostenrisiko)**.

(3) Kanban-Verfahren

Eine andere Form der fertigungssynchronen Beschaffung verfolgt das **KANBAN-Konzept**.[1] Es beruht auf der **Holpflicht (Pull-Prinzip)** und besagt, dass bei Entnahme eines Teils oder bei Unterschreitung der zuvor festgelegten Mindestmenge in einem Lager die entsprechende Differenzmenge von der **vorgelagerten Arbeitsstation** nachzuliefern ist. Hierdurch entstehen selbstgesteuerte Kanban-Regelkreise, wobei die Vorstufe sicherstellen muss, dass das angeforderte Material in der vorgegebenen Zeit und in der vorgeschriebenen Menge beschafft bzw. hergestellt wird. Diese flexible Organisationsform soll vermeiden, dass unnötige Zwischenläger geführt werden.

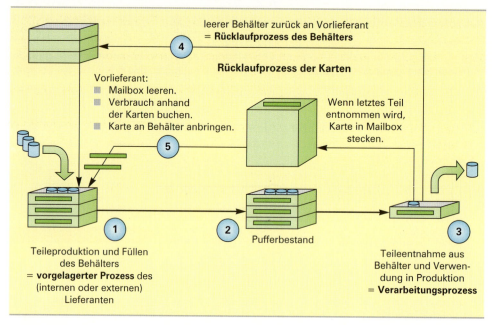

Kanban ist ein sich selbst regulierender Beschaffungskreislauf, der sich sowohl für interne als auch für externe Lieferanten eignet. Der Vorteil liegt darin, dass es ein einfaches, leicht zu durchschauendes Prinzip ist. Die Arbeitskräfte verstehen sehr schnell den Zusammenhang: Werden Karten nicht in die Mailbox gesteckt, fehlt das Material. Aufwendige und intransparente Software-Lösungen sind nicht erforderlich. Im Grunde genügt eine Kiste mit einem Zettel. Erweiterungen um elektronische Medien wie Intranet oder Internet dienen der Beschleunigung des Informationsflusses und zur Überbrückung größerer Entfernungen zum Lieferanten. Das Kanban-System bleibt im Grunde unverändert – im vorgelagerten Prozess wird nicht mehr produziert als im Verarbeitungsprozess benötigt wird.

---

[1] KANBAN bedeutet Karte. Das KANBAN-Konzept stammt ursprünglich aus Japan.

Die Bestellung erfolgt mithilfe der **KANBAN-Karte**. Zwischen der angeforderten Stelle und der vorgelagerten Arbeitsstation besteht eine Art Kunden-Lieferanten-Beziehung. Beim KANBAN-Konzept steuert somit die letzte Stufe der Fertigung den Beschaffungsvorgang. In der Praxis hat es sich gezeigt, dass eine solche rein **dezentrale Beschaffungssteuerung** (Produktionsprozesssteuerung) nur bei bis zu maximal acht Arbeitsgängen möglich ist. Bei einer größeren Anzahl von Arbeitsvorgängen muss das KANBAN-Konzept durch eine zentrale Steuerung ergänzt werden.

Zusammenfassung

- Grundsätzlich gibt es zwei Möglichkeiten, Materialien herzustellen, nämlich die **Bedarfsdeckung durch Vorratshaltung** und die **Bedarfsdeckung ohne Vorratshaltung.**

- Die Bedarfsdeckung ohne Vorratshaltung kann als **Einzelbeschaffung im Bedarfsfall,** nach dem **Just-in-time-Verfahren** oder nach dem **KANBAN-Verfahren** erfolgen.

Übungsaufgabe

24 1. Stellen Sie in einer Tabelle die Vor- und Nachteile der Vorratshaltung und des Just-in-time-Verfahrens einander gegenüber!

2. Beschreiben Sie den Unterschied zwischen dem Just-in-time-Verfahren und dem KANBAN-Verfahren!

3. Beschreiben Sie an einem Beispiel den Zusammenhang zwischen Qualität und Kosten im Rahmen der Materialauswahl!

5 Liefererauswahl

5.1 Grundsätzliches

Die Suche nach neuen Bezugsquellen und die Ermittlung potenzieller Lieferer haben für die Unternehmen einen hohen Stellenwert. Mit dieser Aufgabe beschäftigt sich die **Beschaffungsmarktforschung**.

Hat die Beschaffungsmarktforschung einen möglichen Lieferer ermittelt, schließt sich die **Liefererbewertung** an. Für die Liefererbewertung kann ein einziges Kriterium (z.B. der Preis) oder aber eine Kombination von Kriterien herangezogen werden.

Für die **Liefererbewertung** können

- **quantitative,** d.h. **messbare Kriterien** (z.B. Preis, Zahlungsbedingungen, Lieferbedingungen) und/oder
- **qualitative,** d.h. **nicht messbare Kriterien** (z.B. Qualität, Lieferertreue, Image, technisches Know-how, Unterstützung bei Problemlösungen)

herangezogen werden. Als Instrumentarium zur Analyse der Kriterien kann der **Einfaktorenvergleich** oder der **Mehrfaktorenvergleich (Scoring-Modell)** dienen.

5.2 Einfaktorenvergleich mit Bezugskalkulation

Legt man nur einen einzigen Auswahlgesichtspunkt (ein Kriterium) zugrunde, dann kommt man sehr schnell zu einer Lieferantenauswahl. Solche Einfaktorenvergleiche sind z.B. möglich in Bezug auf den Preis, die Liefer- und Zahlungsbedingungen oder die Produktqualität.

Beispiel für einen Einfaktorenvergleich (Preisvergleich von Angeboten):

Ein Betrieb erhält vier Angebote. Die angebotenen Waren sind qualitätsmäßig vollkommen gleich. Die Lieferzeit beträgt in allen Fällen 14 Tage. Die Angebote lauten:

1. 620,00 EUR ab Werk,[1] Ziel 30 Tage, bei Zahlung innerhalb von 14 Tagen 2% Skonto.
2. 608,00 EUR ab Werk, zahlbar netto Kasse.
3. 680,00 EUR frei Haus,[1] 5% Sonderrabatt, Ziel 2 Monate, 2% Skonto innerhalb von 14 Tagen.
4. 632,50 EUR frei Haus, zahlbar netto Kasse.

Die Frachtkosten betragen 20,00 EUR, die An- und Abfuhr je 3,00 EUR.

Unter der Voraussetzung, dass Skonto ausgenutzt wird, gelten folgende Vergleichsrechnungen:

1. Angebot		
	Listeneinkaufspreis	620,00 EUR
–	2% Skonto	12,40 EUR
	Bareinkaufspreis	607,60 EUR
+	Fracht, An- und Abfuhr	26,00 EUR
	Einstandspreis	633,60 EUR
2. Angebot		
	Listeneinkaufspreis	608,00 EUR
+	Fracht, An- und Abfuhr	26,00 EUR
	Einstandspreis	634,00 EUR

---

1 Vgl. hierzu die Grafik im Grundband auf S. 60.

3. Angebot	Listeneinkaufspreis	680,00 EUR
	− 5 % Sonderrabatt	34,00 EUR
	Zieleinkaufspreis	646,00 EUR
	− 2 % Skonto	12,92 EUR
	Einstandspreis	633,08 EUR
4. Angebot	Listeneinkaufspreis (Einstandspreis)	632,50 EUR

Aufgabe:

Berechnen Sie das günstigste Angebot!

Lösung:

Es scheint, als ob das 4. Angebot das günstigste sei. Berücksichtigt man jedoch die Tatsache, dass der Lieferer beim 3. Angebot eine Skontierungsfrist von 14 Tagen einräumt, so bedeutet das, dass die Verzinsung der 632,50 EUR, die bei vorzeitiger Zahlung finanziert werden müssen, berücksichtigt werden muss. Legt man z. B. einen Zinssatz von 8 % zugrunde, belaufen sich die Zinsen für 632,50 EUR auf 1,97[1] EUR. Das vierte Angebot ist somit mit 632,50 EUR + 1,97 EUR = 634,47 EUR im Angebotsvergleich zu berücksichtigen.

Ergebnis: Das dritte Angebot ist mit 633,08 EUR am günstigsten.

5.3 Mehrfaktorenvergleich (Scoring-Modell)[2]

Ist für die Auswahl des Lieferanten nicht nur ein Kriterium entscheidend, dann entsteht sehr schnell eine komplexe[3] Situation, da die Kriterien unter Umständen einander zuwider laufen, wie z. B. Qualität und Preis. Ein günstiger Preis ist zumeist mit geringerer Qualität verbunden und umgekehrt.

Derart komplexe Situationen sind typisch für langfristige unternehmerische Entscheidungen, sie sind zudem mit Unsicherheiten behaftet und daher schwer durchschaubar. Um dennoch tragfähige Lösungen zu finden, die z. B. gegenüber den Vorgesetzten gerechtfertigt werden können, benötigt man ein Instrumentarium, das die Entscheidung unabhängig macht von Vorurteilen, Sympathien oder Antipathien, sondern sie auf nachvollziehbare, vernünftige Argumente stützt. Damit wird die Entscheidung zugunsten eines bestimmten Lieferanten auch nachträglich begründbar und kontrollierbar.

Eines dieser Instrumentarien ist das **Scoring-Modell** oder auch **Weighted-Point-Method**[4] genannt (siehe S. 106). Dabei werden den Auswahlkriterien zunächst Gewichtungen zugeordnet (Spalte 2), die für alle Lieferanten gleichermaßen gelten. Danach werden die Lieferanten einzeln dahingehend analysiert, inwieweit sie die Auswahlkriterien erfüllen. Hierfür werden Punkte vergeben, z. B. 5: hohe Zielerfüllung, 0: keine Zielerfüllung (z. B. Spalte 3). Durch Multiplikation der Gewichtungen mit den einzelnen Punkten erhält man je Auswahlkriterium die gewichteten Punkte (z. B. Spalte 4). Ausgewählt wird jener Lieferant, dessen Summe der gewichteten Punkte maximal ist.

---

1 Zinsen $= \dfrac{632,50 \cdot 8 \cdot 14}{100 \cdot 360} = \underline{\underline{1,97 \text{ EUR}}}$

2 Scoring-Modell kann übersetzt werden mit Punktebewertungsmodell.

3 Komplex: vielfältig verflochten.

4 Weighted-Point-Method: wörtlich, Methode der gewichteten Punkte.

Beispiel:

Zur Auswahl stehen die drei Lieferanten Abel, Bebel und Krüger. Als Entscheidungsfaktoren spielen die Qualität, der Preis, die Liefertreue, der technische Kundendienst und die Unterstützung bei Problemlösungen eine Rolle. Die Gewichtungen für die Entscheidungsfaktoren sind der Spalte 2 zu entnehmen. Eine Beurteilung der Lieferanten ergab jeweils die in den Spalten 3, 5 und 7 dargestellten Punkte.

Auswahl-Kriterien	Gewich-tung	Abel		Bebel		Krüger	
		Punkte Abel	Gewichtete Punkte Abel	Punkte Bebel	Gewichtete Punkte Bebel	Punkte Krüger	Gewichtete Punkte Krüger
(1)	(2)	(3)	(4) = (2) · (3)	(5)	(6) = (2) · (5)	(7)	(8) = (2) · (7)
Qualität	0,30	5	1,5	4	1,2	3	0,9
Preis	0,30	4	1,2	5	1,5	5	1,5
Liefertreue	0,10	3	0,3	4	0,4	5	0,5
Technischer Kundendienst	0,20	5	1,0	3	0,6	4	0,8
Unterstützung bei Problemlösungen	0,10	2	0,2	2	0,2	3	0,3
Summe der Punkte	**1,00**		**4,2**		**3,9**		**4,0**

Erläuterung (am Beispiel Abel):

Die zeilenweise Multiplikation der Gewichtungen mit den Punkten Abels für die einzelnen Kriterien ergibt jeweils die gewichteten Punkte. Deren Summe beträgt bei Abel 4,2. Bebel und Krüger erhielten je 3,9 bzw. 4,0 Punkte. Somit fällt die Entscheidung zugunsten von Abel.

Die Verwendung des Scoring-Modells, das im Betrieb auch anderweitig verwendet werden kann (z.B. Standortbestimmung für eine neue Filiale, Mitarbeiterbeurteilung usw.), hat den Vorteil, dass neben rein quantifizierbaren Größen (z.B. Preise) auch die Einbeziehung von qualitativen Kriterien (z.B. Qualität, Liefertreue usw.) möglich ist.

Zusammenfassung

- Mit der Aufgabe, potenzielle Lieferer zu ermitteln, beschäftigt sich die **Beschaffungsmarktforschung**.

- Für die **Liefererbewertung** kann **ein einziges Kriterium (quantitative Liefererbewertung)** oder eine **Summe von Kriterien (qualitative Liefererbewertung)** herangezogen werden.

- Ein **Einfaktorenvergleich** berücksichtigt nur ein einzelnes Auswahlkriterium, in der Regel den Einstandspreis. Er wird durch die **Bezugskalkulation** ermittelt.

- Ein **Mehrfaktorenvergleich** erlaubt es, neben quantitativen auch qualitative Faktoren zu berücksichtigen. Eines dieser Verfahren ist das sogenannte **Scoring-Konzept**. Das Scoring-Konzept dient der Entscheidungsfindung zwischen mehreren Alternativen bei mehreren gegebenen Zielen.

- Welche Gründe für die Einkaufsentscheidung maßgebend sind (z.B. der besonders niedrige Angebotspreis, die Lieferzeit oder Qualität der Werkstoffe, Handelswaren oder Betriebsmittel) hängt vor allem von der **Dringlichkeit des Bedarfs** und der **Art der einzukaufenden Güter** (z.B. komplizierte Investitionsgüter oder problemlose, von vielen Verkäufern angebotene Verbrauchsgüter) ab.

Übungsaufgaben

25 1. Erkundigen Sie sich bei Ihrem Ausbildungsbetrieb, ob es eine Checkliste zur Liefereraus-wahl gibt! Falls ja:

Aufgaben:

1.1 Welche Kriterien gibt es?

1.2 Wie werden diese Kriterien gewichtet?

2. Beschreiben Sie die Zielsetzung des Scoring-Konzepts an einem selbst gewählten Beispiel!

26 Vor der Kaufentscheidung ist es sinnvoll, einen Angebotsvergleich durchzuführen.

1. Welche betriebswirtschaftliche Aufgabe erfüllt der Angebotsvergleich?

2. Welche wichtigen Punkte der einzelnen Angebote hat ein Einkäufer zu vergleichen?

3. Welche Gründe könnten vorliegen, dass ein Unternehmen ein Angebot bei sonst gleichen Listeneinkaufspreisen mit 15 % Rabatt und 2 % Skonto einem Angebot mit 25 % Rabatt und 3 % Skonto vorzieht? (Nennen Sie drei Gründe!)

27 Unter qualitativ gleichwertigen Erzeugnissen gleich zuverlässiger Verkäufer soll ein rechneri-scher Angebotsvergleich vorgenommen werden. Folgende Angebote liegen vor:

Lieferer Nr. 3102:   *3500,00 EUR frei Haus, Ziel 2 Monate, 3 % Skonto innerhalb 3 Wochen;*

Lieferer Nr. 3103:   *3360,00 EUR frachtfrei, zahlbar netto Kasse;*

Lieferer Nr. 3108:   *3700,00 EUR ab Bahnhof des Verkäufers, $12^1/_2$ % Rabatt und 2 % Skonto innerhalb 14 Tagen, Ziel vier Wochen.*

Die Fracht beträgt 200,00 EUR, die Kosten für die An- und Zulieferung belaufen sich auf je 30,00 EUR. Es ist – falls notwendig – mit einem Jahreszinssatz von 10 % zu rechnen!

Aufgaben:

1. Ermitteln Sie das günstigste Angebot!

   Es wird beim rechnerisch günstigsten Verkäufer bestellt. Da es sich um Gattungsware han-delt, werden lediglich Vereinbarungen über die zu liefernden Mengen und Preise getroffen.

2. Wer trägt bei fehlenden vertraglichen Vereinbarungen die Verpackungsaufwendungen und wer die Beförderungsaufwendungen? Begründen Sie Ihre Antworten mit dem Gesetz!

3. Binnen welcher Frist ist nach dem BGB bei einem Kaufvertrag zu liefern und zu zahlen?

   Begründen Sie Ihre Antworten mit dem Gesetz!

4. Welche weiteren Vereinbarungen können in einem Kaufvertrag beispielsweise hinsichtlich der Verpackungs- und Beförderungsaufwendungen getroffen werden?

28 **Fallstudie Angebotsvergleich**[1]

Dem Betriebsbüro der Topsound GmbH, Überlingen wird am 10. Januar 20.. der Innenauftrag Nr. C 732 über 1000 Stück unserer neuen Stereoanlage „Crash-micro-line" erteilt. In Zusam-menarbeit mit der Stücklistenabteilung und dem Lager wird ermittelt, dass 300 Stück des Tran-sistors TC 472 am Lager sind, aber insgesamt 5000 Stück benötigt werden.

---

1 Diese Berichte sind einer Fallstudie von Dr. Wolfram Neumaier entnommen.

Die Fertigungsplanung sieht vor, dass in der 12. Woche 20.. 400 Stück zu produzieren sind. In der 13. und 14. Woche 20.. sollen jeweils 300 Stück produziert werden. Die Einzelteile müssen spätestens am Freitag der Vorwoche zur Verfügung stehen.

Liefertermin an unseren Großabnehmer: 15./16. Woche 20..

Dem Einkauf liegen bis heute drei Angebot vor:

(1) Elektronik Werke Freiburg AG, vom 15. Januar 20..

„Wir bieten Ihnen, befristet bis zum 15. Februar 20.. Transistoren TC 472 für 2,87 EUR/ Stück ab Werk an. Bei Abnahme ab 1000 Stück gewähren wir 5 % und ab 5000 Stück 10 % Mengenrabatt. Die Zahlung soll erfolgen innerhalb von 10 Tagen nach Rechnungserhalt unter Abzug von 2 % Skonto oder innerhalb 30 Tagen netto Kasse."

Hinweis: Die Frachtkosten von Freiburg bis Überlingen betragen für 4700 Stück 200,00 EUR.

(2) Elektroteile Überlingen GmbH, vom 27. Januar 20..

Lieferung für 3,10 EUR/Stück, frei Haus, innerhalb vier Wochen nach Bestelleingang; Mengenrabatt ab 500 Stück 10 %, ab 1000 Stück 15 %, ab 5000 Stück 20 %; zahlbar innerhalb 20 Tagen unter Abzug von 2 % Skonto oder innerhalb 60 Tagen rein netto.

(3) Hans Haas e. Kfm., Köln, vom 25. Januar 20..

Sonderangebot bis 10. Februar gültig. Bei Lieferung von 500 oder mehr Transistoren 3,00 EUR/Stück, frei Haus. Bei Abnahme von weniger als 500 Stück werden für Verpackung, Fracht und Bearbeitungsgebühr 50,00 EUR gesondert in Rechnung gestellt. Ab 1000 Stück werden 10 %, ab 5000 Stück 15 % Mengenrabatt gewährt; Rechnungen sind zahlbar innerhalb von 30 Tagen ohne Abzug.

Um die optimale Bezugsquelle zu ermitteln, werden vom Lager, von der Fertigung und vom Einkauf **Berichte über die Geschäftsverbindung mit den Verkäufern** zusammengestellt. Den Qualitätsanforderungen (mindestens vier von acht Punkten) genügen alle Anbieter:

Elektronik Werke Freiburg AG

Die Qualität ist mit acht von zehn Punkten sehr hoch. Geliefert wurde meistens fehlerfrei, nur einmal enthielt eine Lieferung einen beachtlichen Teil falscher Artikel. Die verwaltungstechnische Abwicklung der Einkäufe verlief stets ohne Beanstandungen. Liefertermine wurden allerdings mehrmals nicht eingehalten; einmal mussten sogar drei Mahnungen gesandt werden. Verpackung und Auslieferung hingegen waren makellos. Die technische Beratung seitens der Elektronik Werke AG lässt zu wünschen übrig. Direkte, persönliche Auskünfte sind nicht zu erhalten; der zuständige Fachmann ist „nie zu erreichen". Auch werden Rückfragen nachlässig behandelt. Die Elektronik Werke AG liefern frei Haus ab 150 km Entfernung an.

Elektroteile Überlingen GmbH

Die Elektroteile Überlingen GmbH, praktisch in Sichtweite gelegen, hat die Produktion erst vor etwa 15 Monaten aufgenommen. Die Qualitätsstufe ist 6 von 10 Punkten. Angenehm ist die räumliche Nähe bei Rückfragen und technischer Beratung. Letztere allerdings ist nicht allzu qualifiziert. Auch der Fax- und Telefonverkehr sind billig. Aufgrund der geografischen Nähe legt die Elektroteile Überlingen GmbH keinen Wert auf Verpackung bei Anlieferung. Lieferzusagen werden eingehalten. Bei schriftlichen Unterlagen (Auftragsbestätigung, Rechnung etc.) sind jedoch fast immer Beanstandungen aufgetreten, manchmal sogar sehr ärgerliche. Auf den schriftlichen Informationsverkehr ist wenig Verlass.

Hans Haas e. Kfm.

Köln ist 460 km entfernt. Obwohl die Qualität mit 7 von 10 Punkten hoch ist, reicht die schriftlich angeforderte Beratung nicht aus. Dafür werden Verpackung und Anlieferung stets besonders gelobt. Auch Liefertermine wurden – ausgenommen eine unverschuldete Verzögerung – pünktlich eingehalten. Rückfragen jeder Art werden schnell bearbeitet und beantwortet. In zwei Fällen musste die Auftragsbestätigung angemahnt werden. Sonst waren keine besonderen Beanstandungen festgestellt worden.

Aufgaben:

1. Führen Sie anhand der Entscheidungsbewertungstabelle (Scoring-Modell, vgl. S. 106) einen Angebotsvergleich durch!

Hinweise:

(1) Neben dem Preis und der Qualität sind für den Vergleich anhand des Informationsmaterials weitere Kriterien festzulegen.

(2) Bei der Kriteriengewichtung sind im ersten Schritt aus einer Zehnerstaffel (10, 20, ..) entsprechend der „Wichtigkeit" Punkte zu verteilen. Die Punktsumme ist auf 100 anzupassen.

(3) Im Folgenden wird jede Information kriterienbezogen bewertet und erhält zwischen 1 und 5 Punkte, wobei die als beste angesehene nicht unbedingt volle 5 Punkte und die als schlechteste betrachtete nicht unbedingt 1 Punkt bekommen muss.

(4) Die Informationspunkte werden durch Multiplikation mit den Punkten aus der Kriteriengewichtung relativiert.

(5) Nach Abschluss der Bewertung werden die Summen der gewichteten Punkte gebildet.

Entscheidungsbewertungstabelle (Scoring-Modell): Angebotsvergleich

Kriterien	Gewichtung der Kriterien	Elektronik Werke Freiburg AG		Elektroteile Überlingen GmbH		Hans Haas e. Kfm.	
		Punkte	gew. Punkte	Punkte	gew. Punkte	Punkte	gew. Punkte
1. Listeneinkaufspreis für 4 700 Stück – Rabatt Zieleinkaufspreis – Skonto Bareinkaufspreis + Fracht = Bezugspreis							
2. Qualität							
3.							
4.							
5.							
6.							
7.							
Summe der Punkte	**100**						

Hinweis zur Spalte Punkte: 5 ≙ sehr gut, 4 ≙ gut, 3 ≙ befriedigend, 2 ≙ ausreichend, 1 ≙ schlecht

2. Welcher Verkäufer wird aufgrund der Summe aller relativierten Punkte den Auftrag erhalten?

6 Beschaffungsprozesse durchführen[1]

6.1 Grundsätzliches

Die Abwicklung von Beschaffungsprozessen gehört zu den Kernprozessen eines Industrieunternehmens. Unter der Annahme, dass für die Abwicklung eines Auftrags kein ausreichender Lagerbestand vorhanden ist, verläuft der Beschaffungsprozess in folgenden Schritten:

Die Durchführung eines Beschaffungsprozesses entspricht spiegelbildlich der Abwicklung eines Kundenauftrags. Dieser wurde bereits ausführlich im Grundband, Lernfeld 1 beschrieben, sodass hier auf eine wiederholende Behandlung dieses Stoffgebiets verzichtet werden kann.[2]

> **Hinweis:**
>
> Wiederholen Sie hierzu die Ausführungen im Grundband, Lernfeld 1, Kapitel 3.3 bis einschließlich Kapitel 3.6.4.

6.2 Bestellung

Die Bestellunterlagen werden an den Lieferer geschickt. In einem herkömmlichen Bestellverfahren (ohne IUS-Unterstützung) wird jeweils eine Kopie

- ans Lager weitergeleitet, um im Rahmen der späteren **Wareneingangskontrolle** die gelieferte Ware mit der bestellten zu vergleichen.
- in einem Terminordner abgelegt, um (in einem manuellen Verfahren) die **Terminüberwachung** sicherzustellen.
- in der Einkaufsabteilung aufbewahrt, um die Auftragsbestätigung des Lieferers mit der Bestellung abzugleichen (**Bestellüberwachung**). Stimmen Bestellung und Auftragsbestätigung nicht überein, muss mit dem Lieferer Kontakt aufgenommen werden.

6.3 Kontrolle des Wareneingangs

(1) Warenabnahme und Warenannahme[3]

Vertragsgemäß gelieferte Waren und Werkstoffe muss der Käufer **abnehmen** (körperliche Entgegennahme). Für die Warenabnahme sind meistens die verantwortlichen Lagerverwalter zuständig. In größeren Unternehmen ist hierfür aus Gründen der Kostenersparnis

---

1 Ein Projekt zur Abwicklung eines Beschaffungsprozesses auf der Basis eines Kundenauftrags mit einer integrierten Unternehmenssoftware finden Sie im Teil 2, Kapitel 2.2, S. 495ff.
2 Die im Zusammenhang mit einem gegenseitigen Vertrag bedeutsamen Rechtsvorgänge (Angebot, Bestellung, Kaufvertrag) wurden bereits am Beispiel des **Kaufvertrags** ausführlich behandelt. Siehe im Grundband, Lernfeld 1, Kapitel 3.6, S. 66ff.
3 Die Abnahme und Annahme des Kaufgegenstandes ist rechtlich scharf zu trennen.
 Die **Abnahme** ist die tatsächliche Entgegennahme der Ware, wodurch der Käufer unmittelbar Besitz erlangt.
 Die **Annahme** des Kaufgegenstandes ist hingegen eine Willenserklärung und bedeutet die Erklärung der vertragsmäßigen Erfüllung des Kaufvertrags. Auf die Annahme der Leistung durch den Käufer hat der Verkäufer keinen Anspruch.

(Rationalisierungsgründen) in der Regel eine besondere **Warenabnahmestelle** (sie wird häufig als Warenannahmestelle bezeichnet) eingerichtet. Von dieser werden dann alle angelieferten Waren in Empfang genommen und nach deren Prüfung an das Lager oder – bei dezentraler Lagerung – an die Lager weitergeleitet.

Die erfolgte oder die geplante Versendung der Ware teilen die Verkäufer dem Käufer meist durch eine **Lieferanzeige** mit. Dadurch kann der Käufer rechtzeitig die zur Warenabnahme erforderlichen Vorkehrungen treffen (z.B. Anmieten eines Kranes bei schweren Gütern, Räumen des Lagers für die neuen Waren).

Merke:

Bereits bei der Übergabe der Ware muss die Abnahmestelle die Unversehrtheit der Verpackung, die Übereinstimmung der gelieferten Stückzahlen, Gewichte und/oder Volumeneinheiten mit den auf den Warenbegleitpapieren (Lieferscheine, Frachtbriefe) angegebenen Zahlen und, soweit möglich, die unverpackten Waren selbst prüfen.

Zur ordnungsgemäßen Warenabnahme gehört auch das **Ausfüllen eines Wareneingangsscheins** mit einem Durchschlag.

Ist von vornherein erkennbar, dass die Ware beschädigt oder unvollständig ist, ist die Abnahme zu verweigern. In diesem Fall wird vom Überbringer eine Bescheinigung über den festgestellten Mangel verlangt (Tatbestandsaufnahme).

(2) Warenprüfung

Alle übergebenen Waren müssen vor ihrer endgültigen Einlagerung (z.B. Einsortieren in die Lagerregale) **unverzüglich** einer genauen Prüfung unterzogen werden. Nur dadurch kann vermieden werden, dass mangelhafte Waren auf Lager genommen werden.

- Die **Warenprüfung** erstreckt sich z.B. auf die Liefermenge, die Art, Güte, Beschaffenheit und Funktionsfähigkeit der Ware.
- **Unterlagen für die Warenprüfung** sind Warenbegleitpapiere (z.B. Packzettel, Lieferscheine, Versandanzeigen, Frachtbriefe), Bestelldurchschriften und Auftragsbestätigungen, Rechnungen, Muster und Proben, besondere Prüfvorschriften, die vor allem bei den sogenannten „Stichproben" oft mit dem Verkäufer abgestimmt sind.

Da die Warenprüfung meistens während der Übergabe der Ware zeitlich nicht abgeschlossen werden kann, ist es angebracht, eine Empfangsbestätigung stets mit einem Vermerk zu versehen, der darauf hinweist, dass mit dieser Bestätigung nicht die vertragsgemäße (ordnungsgemäße) Lieferung bescheinigt wird (übliche Klausel z.B. „Vorbehaltlich der noch nicht abgeschlossenen Warenprüfung ...").

6.4 Zahlung des Kaufpreises

Der Käufer ist verpflichtet, dem Verkäufer den vereinbarten Kaufpreis zu zahlen. Geldschulden sind gesetzlich im Zweifel Schickschulden, d.h., der Käufer übernimmt im Zweifel die Gefahr und die Kosten der Geldübertragung. Die Zahlungsart ist in der Regel dem Käufer überlassen.

Zusammenfassung

- Vertragsgemäß gelieferte **Ware** muss der Käufer **abnehmen**. Sofern er Kaufmann ist, muss der Käufer die erhaltenen Waren unverzüglich untersuchen und die festgestellten Mängel unverzüglich rügen.

- Der Käufer ist verpflichtet, dem Verkäufer den vereinbarten **Kaufpreis** zu **zahlen** und die gekaufte mängelfreie Sache abzunehmen.

- Ein **störungsfreier Einkaufsprozess** lässt sich vereinfacht als folgende **Funktionskette** darstellen:

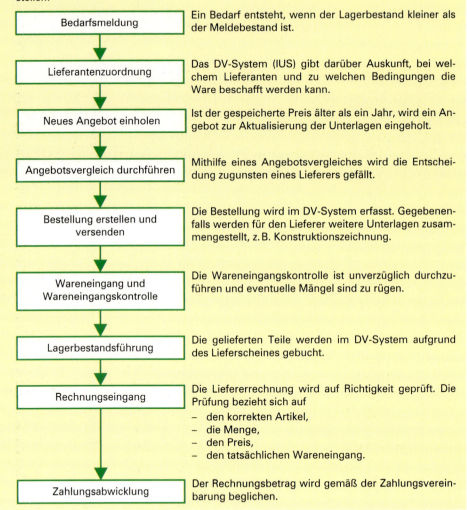

Bedarfsmeldung	Ein Bedarf entsteht, wenn der Lagerbestand kleiner als der Meldebestand ist.
Lieferantenzuordnung	Das DV-System (IUS) gibt darüber Auskunft, bei welchem Lieferanten und zu welchen Bedingungen die Ware beschafft werden kann.
Neues Angebot einholen	Ist der gespeicherte Preis älter als ein Jahr, wird ein Angebot zur Aktualisierung der Unterlagen eingeholt.
Angebotsvergleich durchführen	Mithilfe eines Angebotsvergleiches wird die Entscheidung zugunsten eines Lieferers gefällt.
Bestellung erstellen und versenden	Die Bestellung wird im DV-System erfasst. Gegebenenfalls werden für den Lieferer weitere Unterlagen zusammengestellt, z. B. Konstruktionszeichnung.
Wareneingang und Wareneingangskontrolle	Die Wareneingangskontrolle ist unverzüglich durchzuführen und eventuelle Mängel sind zu rügen.
Lagerbestandsführung	Die gelieferten Teile werden im DV-System aufgrund des Lieferscheines gebucht.
Rechnungseingang	Die Liefererrechnung wird auf Richtigkeit geprüft. Die Prüfung bezieht sich auf – den korrekten Artikel, – die Menge, – den Preis, – den tatsächlichen Wareneingang.
Zahlungsabwicklung	Der Rechnungsbetrag wird gemäß der Zahlungsvereinbarung beglichen.

Übungsaufgabe

29
1. Beschreiben Sie kurz die Tätigkeiten, die im Rahmen der Warenabnahme und Warenprüfung erforderlich sind!

2. Geben Sie die Funktionsschritte an, die von der Entstehung des Bedarfs bis zur Zahlungsabwicklung im Rahmen des Beschaffungsprozesses durchlaufen werden!

6.5 Unternehmenstypische Formen des Zahlungsverkehrs

6.5.1 Überblick über die Geld- und Zahlungsarten

(1) Geldarten

Im Zahlungsverkehr unterscheidet man drei Geldarten: das Bargeld, das Buchgeld und das elektronische Geld.

■ **Bargeld**

Zum Bargeld zählen Banknoten und Münzen.

Banknoten	Das alleinige Recht zur Ausgabe von Banknoten besitzt die Europäische Zentralbank[1] **(Notenprivileg)**. Die Banknoten sind die gesetzlichen Zahlungsmittel der Bundesrepublik Deutschland. Für sie besteht Annahmezwang, d.h., ein Gläubiger muss sie mit schuldenbefreiender Wirkung grundsätzlich in unbegrenzter Höhe entgegennehmen.
Münzen	Die in der Bundesrepublik Deutschland umlaufenden Euro-Münzen sind durchweg **Scheidemünzen,** weil ihr Materialwert geringer als ihr Nennwert ist (unterwertig ausgeprägte Münzen). Eurocent-Münzen müssen bis zu fünfzig Münzen im Gesamtbetrag von höchstens 100,00 EUR in Zahlung genommen werden. Die deutschen Euro-Münzen werden im Auftrag der Bundesregierung von den staatlichen Prägeanstalten geprägt **(Münzenregal)** und von der Deutschen Bundesbank in Umlauf gebracht.

■ **Buchgeld (Giralgeld)**

Das Buchgeld (Giralgeld) entsteht durch Bareinzahlung der Kunden auf Girokonten[2] und durch Kreditgewährung der Kreditinstitute. Vernichtet wird es durch Barabhebung und Kredittilgung durch die Bankkunden. Man spricht daher auch von Kreditgeld, Bankgeld oder Schreibgeld.

---

1 Die Europäische Zentralbank (EZB) mit Sitz in Frankfurt (Main) ist verantwortlich für die Geldpolitik (Steuerung der Geldmenge und der Zinssätze) in den Mitgliedstaaten der Wirtschafts- und Währungsunion (WWU).

2 Das Wort „Giro" kommt von „Kreis", „Ring". Gelder, die auf Girokonten liegen, kann man nämlich von Konto zu Konto überweisen, weil die Kreditinstitute gewissermaßen „ringförmig" miteinander in Verbindung stehen.

8 Speth u.a. - ISBN 978-3-8120-0558-6

Wesentliches Merkmal des Buchgelds ist, dass es **jederzeit verfügbar** ist. Soweit es sich dabei um verfügbare **Guthaben der Kunden** bei den Kreditinstituten handelt, spricht man von **Sichteinlagen.** Das Buchgeld ist somit „echtes" Geld, das alle Aufgaben (Funktionen) des Papiergelds erfüllen kann.

■ **Elektronisches Geld**

Elektronische Geld (E-Geld) sind Werteinheiten in Form einer **Forderung gegen die ausgebende Stelle,** die

- auf **elektronischen Datenträgern** gespeichert sind,
- gegen **Entgegennahme eines Geldbetrags** ausgegeben werden (wobei der Eintauschpreis nicht geringer sein darf als der Wert des ausgegebenen E-Geld-Betrags) und
- von **Dritten als Zahlungsmittel angenommen** werden, ohne gesetzliches Zahlungsmittel zu sein [§ 1 XIV KWG].

Der Inhaber von elektronischem Geld kann von der ausgebenden Stelle (i.d.R. eine Bank) den Rücktausch zum Nennwert in Münzen und Banknoten oder in Form einer Überweisung auf sein Konto verlangen [§ 22a KWG]. Die zur Durchführung des Rücktausches anfallenden Kosten dürfen in Rechnung gestellt werden. Ein Beispiel für elektronisches Geld ist die Geldkarte.[1]

Kein elektronisches Geld liegt vor, wenn die Werteinheiten lediglich Vorauszahlungen für bestimmte Sach- und Dienstleistungen darstellen (z.B. Telefonkarten).

(2) Zahlungsarten

Je nachdem, ob der **Zahler** (z.B. Schuldner) mit **Bargeld** oder mit **Buchgeld** zahlt und der **Zahlungsempfänger** (z.B. ein Gläubiger) **Bargeld** oder **Buchgeld** erhält, unterscheidet man folgende Zahlungsarten (Zahlungsformen):

Barzahlung	Die Zahlung erfolgt mit Banknoten und/oder Münzen. Sie ist erforderlich, wenn weder der Zahler noch der Zahlungsempfänger ein Girokonto haben. Die Barzahlung sollte nur gegen Ausstellung einer Quittung erfolgen.[2]
Halbbare Zahlung	Die Zahlung erfolgt mit Bargeld und mit Buchgeld. Diese Zahlungsart ist beispielsweise dann erforderlich, wenn **nur** der **Zahler oder nur** der **Zahlungsempfänger** ein Girokonto hat.
Bargeldlose (unbare) Zahlung	Die Zahlung erfolgt **ausschließlich** mit **Buchgeld.** Sie ist möglich, wenn sowohl der Zahler als auch der Zahlungsempfänger ein Konto haben.

---

1 Die Geldkarte wird auf S. 122f. behandelt.

2 Auf die Behandlung der Barzahlung und der halbbaren Zahlung wird im Folgenden nicht eingegangen. Sie ist keine unternehmenstypische Zahlungsart.

Eine **Quittung** sollte folgende Bestandteile enthalten: Name des Zahlers, Zahlungsgrund, Zahlungsbetrag, Empfangsbestätigung, Ort, Datum und Unterschrift des Zahlungsempfängers. Beim Kauf in einem Ladengeschäft dient der Kassenzettel (der Kassenbon) als Quittung [§ 368 BGB].

6.5.2 Bargeldlose (unbare) Zahlung

6.5.2.1 Eröffnung eines Girokontos

(1) Begriff Girokonto

Voraussetzung für die Teilnahme am bargeldlosen Zahlungsverkehr ist die Eröffnung eines Kontos bei einer Bank. Hauptaufgabe dieser Konten – man nennt sie **Girokonten** – ist es, Geldzahlungen allein durch Umbuchungen abzuwickeln.

Auf dem **Girokonto** der Banken werden die Forderungen und Verbindlichkeiten der Banken gegenüber dem Kunden einander gegenübergestellt.

- Forderungen der Bank (Schulden des Kunden) werden im Soll, Verbindlichkeiten der Bank (Guthaben des Kunden) werden im Haben gebucht.[1]

- Der Kontoinhaber kann über die auf dem Girokonto gebuchten Gelder bzw. über einen eingeräumten Kredit täglich und uneingeschränkt verfügen.

(2) Kontovertrag

■ **Begriff**

Mit der Eröffnung eines Kontos wird ein Vertrag abgeschlossen, der die rechtlichen Pflichten und Ansprüche (Rechte) für die Bank und ihre Kunden regelt. Es handelt sich um ein Dauervertragsverhältnis, das durch Zusatzverträge (z. B. Kreditverträge, Dienstleistungsverträge) ergänzt werden kann.

■ **Kriterien zum Leistungsvergleich zwischen den Banken**

Bevor sich der Antragsteller zur Eröffnung eines Girokontos entscheidet, gilt es, einen Leistungsvergleich zwischen den infrage kommenden Banken vorzunehmen. Hierzu sollten insbesondere folgende Kriterien herangezogen werden:

■ Die Höhe der anfallenden **Kosten.**

Die Höhe der anfallenden Entgelte für Bankleistungen divergiert (divergieren: auseinandergehen) bei den einzelnen Banken teilweise sehr stark, sodass es sich sehr wohl lohnen kann, vor der Eröffnung eines Girokontos einen Kostenvergleich anzustellen.

■ Wie viel **Kreditspielraum** gewährt die Bank dem Inhaber eines Girokontos?

Die Höhe des Kreditspielraums muss in jedem Einzelfall mit der Bank vereinbart werden. Bei Gehaltskonten gewähren die Banken in der Regel einen Kreditspielraum in Höhe von 2 bis 3 Monatsgehältern, ohne dass Kreditsicherheiten gestellt werden müssen.

■ Welchen **Service** bietet die Bank?

> **Beispiele:**
>
> Werden alle modernen Zahlungssysteme angeboten (z. B. Homebanking, Point-of-Sale-System; Geldautomaten, Geräte zum Ausdrucken der Kontoauszüge; Datenträgeraustausch, Softwareprogramm für Vereine)? Stehen kompetente Kundenberater zur Verfügung (z. B. für Wertpapiergeschäfte, Vermögensanlage, Immobilien, Versicherungen)? Wird eine Kreditfinanzierung aus einer Hand angeboten? Können alle Auslandsgeschäfte abgewickelt werden u. Ä.?

■ Wie dicht ist das **Filialnetz** am Ort, in der Region und überregional?

---

1 Auf dem Kontoauszug weist die Bank statt des Begriffs „Soll" häufig nur ein Minuszeichen und statt des Begriffs „Haben" ein Pluszeichen aus.

6.5.2.2 Überweisung

(1) Überweisung innerhalb Deutschlands

Beim bargeldlosen Zahlungsverkehr wird mit Buchgeld gezahlt, indem der entsprechende Geldbetrag vom Konto des Zahlungspflichtigen abgebucht und dem Konto des Empfängers gutgeschrieben wird. Diesen Vorgang nennen wir Überweisung.

Merke:

Bei einer **Überweisung** wird ein Geldbetrag vom Girokonto des Zahlers auf das Konto (z. B. Girokonto, Sparkonto) des Zahlungsempfängers umgebucht.[1]

Beispiel:

Die Buchhandlung Karl Müller e.Kfm., Marktstr. 3, 88212 Ravensburg, bezahlt eine Rechnung über 87,15 EUR für vom Krammer-Verlag GmbH, Kaiserstr. 12, 90403 Nürnberg, erhaltene Bücher durch einen Überweisungsauftrag an die Kreissparkasse Ravensburg.

Der **Zahlungsvorgang** ist folgender:

- Der Zahler (Karl Müller e. Kfm.) füllt den Überweisungsvordruck aus und unterschreibt diesen.

- Der Zahler gibt den Überweisungsvordruck mit oder ohne Durchschlag am Bankschalter ab oder wirft ihn in den Briefkasten der Bank ein.[2]

- Das mit der Unterschrift des Zahlers versehene Original verbleibt bei der Bank des Zahlers als Buchungsbeleg.

- Die Bank des Zahlers (die Kreissparkasse Ravensburg) erteilt über die zuständigen Zentralen der Bank des Zahlungsempfängers (der Commerzbank AG in Nürnberg) den Auftrag, dem Zahlungsempfänger (dem Krammer-Verlag GmbH) den Überweisungsbetrag gutzuschreiben.

- Dem Zahler wird der überwiesene Betrag belastet (Sollbuchung). Der Zahlungsempfänger erhält den Kontoauszug mit der Gutschrift über 87,15 EUR. Ein Vermerk im Kontoauszug informiert ihn über die Person des Überweisenden (den Zahler) und den Zweck der Zahlung.

- Bei allen Zahlungen mittels Überweisung werden Zahler und Zahlungsempfänger durch entsprechende Angaben in den Kontoauszügen über die Herkunft und über den Zweck der Zahlung informiert.

---

1 Formulare, die bei unbarer (bzw. halbbarer) Zahlung verwendet werden, bezeichnet man als **Zahlungsträger**. Zahlungsträger stellen Anweisungen auf Buchung, Umbuchung oder Auszahlung von Geldbeträgen an eine Bank dar.

2 Die Banken führen die Überweisungen allein anhand der angegebenen Kontonummer und Bankleitzahl aus. Ein Abgleich von Kontonummer und Empfängername wird von der Bank nicht vorgenommen. Ein Widerruf der Überweisung ist nicht möglich. Der Bankkunde kann das Geld nur noch beim falschen Empfänger zurückfordern.

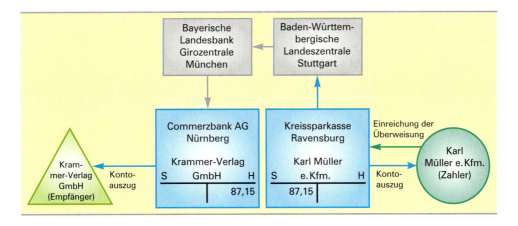

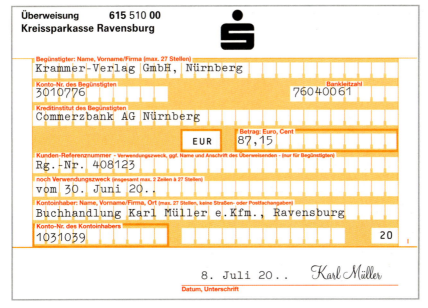

(2) SEPA-Überweisung

Die SEPA-Überweisung[1] (Euro-Überweisung) ist eine Überweisung innerhalb Deutschlands in einen anderen EU-/EWR-Staat oder in die Schweiz. Für SEPA-Überweisung gilt:

- IBAN/BIC sind Leitwegkriterien,
- Entgeltregelung: der Zahlungspflichtige trägt die Entgelte und Auslagen bei seinem Kreditinstitut, der Zahlungsempfänger trägt die übrigen Entgelte und Auslagen,
- Ausführungsfrist maximal drei Arbeitstage (D+3) bis 2012, danach nur noch einen Arbeitstag (beleghaft eingereichte Aufträge einen Tag mehr),
- Ausstellung in Euro.

---

1 SEPA: Single Euro Payments Area.

Erläuterungen:

- **BIC (Bank Identifier Code):** Er wird im grenzüberschreitenden Zahlungsverkehr als **Bankleitzahl** verwendet. Er ermöglicht eine weltweit eindeutige **Identifikation eines Kreditinstituts.** Der BIC ist acht oder elf Stellen lang.

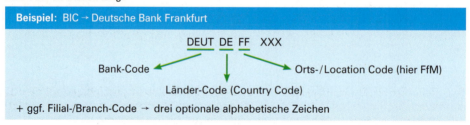

- **IBAN-Code (International Bank Account Number):** Es handelt sich hier um eine international standardisierte **Bank- und Kundenkontonummer.** Sie dient der **Identifikation des Kontos des Zahlungsempfängers.**

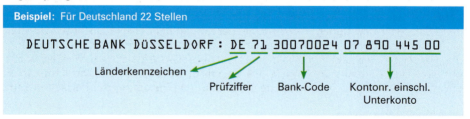

(3) Dauerauftrag

Hier erteilt der Zahlungspflichtige seiner Bank einen **einmaligen** Überweisungsauftrag (Dauerauftrag), bis auf Widerruf regelmäßig von seinem Konto einen **feststehenden Betrag** zu **bestimmten Terminen** (z. B. jeweils zum 1. jeden Monats) auf das angegebene Konto des Zahlungsempfängers zu überweisen.

> **Beispiel:**
>
> Die Werkzeugfabrik Erika Plauel GmbH überweist die Miete für die Büroräume von dem Geschäftskonto monatlich per Dauerauftrag auf das Konto des Vermieters.

6.5.2.3   Lastschriftverfahren

(1) Begriff Lastschriftverfahren

Im Gegensatz zur Überweisung bzw. zum Dauerauftrag geht hier die **Initiative** nicht vom Zahlungspflichtigen, sondern vom **Zahlungsempfänger** aus. Der Zahlungsempfänger füllt die Lastschriftbelege aus und reicht diese seiner Hausbank ein.

Diese schreibt die Beträge gut und zieht sie bei den Banken der Zahlungspflichtigen ein. Das Lastschriftverfahren wird angewandt, wenn Beträge abgebucht werden sollen, die im Zeitablauf in **wechselnder Höhe** und/oder zu **verschiedenen Zeitpunkten** anfallen.

> **Beispiele:**
>
> Gas-, Wasser-, Fernsprechentgelte, Feuerversicherungsumlagen.

> **Merke:**
>
> Beim **Lastschriftverfahren** ist ein Kontoinhaber damit einverstanden, dass von seinem Konto wiederkehrende, jedoch unterschiedlich hohe Zahlungen zu verschiedenen Zeitpunkten vom Zahlungsempfänger (Gläubiger) abgerufen werden.

(2) Arten von Lastschriftverfahren

Der Zahlungsempfänger hat dafür zu sorgen, dass der Zahlungspflichtige mit dem Lastschriftverfahren einverstanden ist. Dafür gibt es zwei Auftragsformen, die schriftlich zu erteilen sind: die Einzugsermächtigung und den Abbuchungsauftrag.

■ Einzugsermächtigung

Durch die Einzugsermächtigung hat der **Zahlungspflichtige den Zahlungsempfänger dazu ermächtigt,** bestimmte Beträge durch Lastschriften einzuziehen.

Beim Einzugsermächtigungsverfahren hat der Kontoinhaber die Möglichkeit, Belastungen binnen sechs Wochen ohne Angabe von Gründen zu **widersprechen.** Die Zahlstelle (z. B. die „Hausbank" des Zahlungspflichtigen) zieht bei einem Widerspruch den Geldbetrag bei der Bank des Zahlungsempfängers (Inkassostelle) ein und schreibt ihn dem Zahlungspflichtigen wieder gut. Die Inkassostelle haftet für die Erstattung des belasteten Betrags.

■ Abbuchungsauftrag

Durch den Abbuchungsauftrag teilt der Zahlungspflichtige seiner Bank mit, dass Lastschriften eines bestimmten Zahlungsempfängers ohne vorherige Rückfrage abgebucht werden können. Gleichzeitig unterrichtet der Zahlungspflichtige den betreffenden Zahlungsempfänger über den erteilten Abbuchungsauftrag. Beim Abbuchungsauftragsverfahren ist ein Widerspruch ausgeschlossen. Dieses Verfahren hat in der Praxis nur eine relativ geringe Bedeutung.

6.5.2.4 Zahlungen mit der Bankkarte

(1) Bankkarte (BankCard)[1]

In Deutschland sind die von den Banken ausgegebenen Bankkarten (BankCards) am meisten verbreitet. Bankkarten sind mit einer Geheimzahl (**P**ersonal **I**dentification **N**umber; **PIN**) ausgestattet. Sie können zur Zahlung an elektronischen Kassen genutzt werden. Jeder Karte ist ein Girokonto zugeordnet, das bei einer Zahlung sofort belastet wird. Für Bankkarten gilt somit der Grundsatz „Zahle gleich".

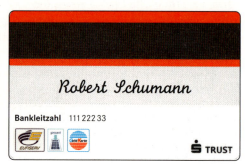

(2) Girocard (bargeldloses Zahlen an automatisierten Kassen)

■ Girocard[2]

> **Merke:**
>
> **Girocard-Zahlung** ist eine bargeld- und beleglose Zahlungsart, bei der die Zahlung an einer automatisierten Ladenkasse unter Verwendung einer Bankkarte, Kreditkarte oder Kundenkarte direkt am Verkaufsort (**P**oint **o**f **S**ale; **POS**)[3] vorgenommen wird.

Die elektronischen Zahlungen mithilfe der maschinell lesbaren Karten sind möglich, weil die Einzelhandelsgeschäfte, Kaufhäuser und Tankstellen in Verbindung mit den Banken elektronische Kassen (Girocard-Terminals) eingerichtet haben. Werden die Karten bei der Zahlung vertragsgemäß verwendet, garantieren die Banken die Einlösung der Kartenzahlung. Die Girocard-Zahlung kann online oder offline abgewickelt werden.

---

[1] Die Bankkarte bezeichnet man auch als Debitkarte. Debit (engl.): Schulden, Belastung (des Kontos). Wenn eine Bankkarte gestohlen wird und die Kriminellen damit Geld abheben, können die Banken den Kunden mit bis zu 150,00 EUR an dem Schaden beteiligen, selbst wenn dieser nicht grob fahrlässig gehandelt hat.

[2] Mit der Einführung der SEPA-Überweisung wurde gleichzeitig die **„Electronic-Cash-Zahlung"** umbenannt in **„Girocard-Zahlung"**. Das Electronic-Cash-Logo wurde damit ersetzt durch das **Girocard-Logo**.

[3] Point of Sale (POS): „Punkt des Verkaufs"; Verkaufsort.

- **Arten von Girocard-Zahlungen**

- **Girocard-Zahlung online**

Ist die Kaufsumme vom Verkäufer in die Kasse eingegeben und vom Kunden kontrolliert, gibt der Kunde seine BankCard (Girocard/MaestroCard) und die Geheimnummer (PIN) in einen Kartenleser ein, der mit dem Rechenzentrum des betreffenden Netzbetreibers verbunden ist. Das Rechenzentrum überprüft bei der Bank, die die Karte ausgestellt hat, in Sekundenschnelle die Geheimnummer, die Echtheit der Karte, eine mögliche Sperre sowie das Guthaben bzw. das Kreditlimit (**Autorisierungsprüfung**).[1] Wird die Zahlung genehmigt (autorisiert), erhält der Kunde den quittierten Kassenbeleg ausgehändigt. Die Summe wird zunächst im Kassenterminal gespeichert und in der Regel täglich an die Bank weitergeleitet. Der Verkäufer erhält automatisch von seiner Bank die Gutschrift (abzüglich Gebühren). Der Käufer erhält automatisch die Lastschrift von seiner Bank.

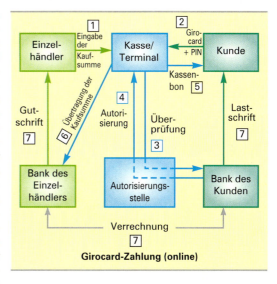
Girocard-Zahlung (online)

- **Girocard-Zahlung mit Chip (offline)**

Bei diesem Verfahren wird der Microchip mit einem Verfügungsrahmen (z. B. 500,00 EUR) geladen. Beim Bezahlvorgang prüft das Terminal nach Eingabe der Geheimzahl (PIN) im Chip den noch zur Verfügung stehenden Rahmen und bucht den Kaufbetrag ab. Die Prüfung des Verfügungsrahmens erfolgt im Regelfall offline, d. h. ohne Onlineverbindung. Ist bei dieser Prüfung der Verfügungsrahmen überschritten oder der Bereitstellungszeitraum verstrichen, baut das Terminal automatisch eine Onlineverbindung auf und autorisiert den Umsatz. In beiden Fällen erhält der Verkäufer eine garantierte Zahlung.

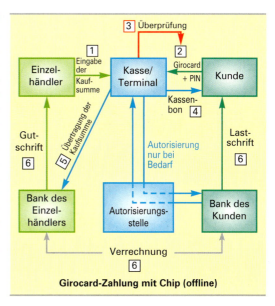
Girocard-Zahlung mit Chip (offline)

---

1 Autorisieren: ermächtigen.

■ **Kosten**

Die Kosten für den Händler (ohne Geräte-, Netzbetreiber-, Verbindungsentgelte) betragen in der Regel 0,3 % der Kaufsumme, mindestens jedoch 0,08 EUR je Zahlungsvorgang. Die Electronic-cash-Zahlung mit Chip ist für den Händler vorteilhaft, da eine Autorisierung nur in Einzelfällen erforderlich ist und somit weniger Kosten anfallen.

■ **Vorteile für die Unternehmen**

- Elektronische Zahlungssysteme **verkürzen** die **Durchlaufzeiten an den Kassen.** Zeitaufwendige Arbeiten wie die Herausgabe des Wechselgeldes oder die Erstellung von Einzahlungsformularen entfallen bzw. werden vermindert.
- Die Unabhängigkeit von Bargeld fördert die Bereitschaft der Kunden zu Spontankäufen und **erhöht** dadurch die **Umsatzzahlen.**[1]
- Durch die Entlastung an der Kasse kommt es zu einer **Steigerung der Servicequalität,** da die Mitarbeiter mehr Zeit für das eigentliche Verkaufen und die Kundenberatung haben. Dadurch entfällt das Risiko des fehlerhaften „Herausgebens" (zu viel oder zu wenig), was in beiden Fällen dem Händler Nachteile bringt (materieller Verlust und/oder Verlust des Rufes).
- Es kommt zu einer **Kosteneinsparung,** da die Kosten für die Abwicklung elektronischer Zahlungen deutlich niedriger sind als für die Bargeldabwicklung.
- Die elektronische Zahlungsabwicklung gibt **Sicherheit,** da Probleme mit Falschgeld, Diebstahl, Überfall oder Unterschlagung durch sinkende Bargeldsummen in der Kasse reduziert werden.
- Bei automatisierten Girocard-Zahlungen besteht kein Ausfallrisiko, d.h., die **Zahlung** ist **garantiert.**

(3) Elektronisches Lastschrift-Verfahren (ELV)

Bei diesem Verfahren werden die Kontodaten elektronisch von der Girocard gelesen und auf einer Lastschrift mit Einzugsermächtigung ausgedruckt. Diese wird dann vom Kunden unterschrieben. Der Zahlungsempfänger (z. B. Einzelhändler) zieht die Lastschrift in der Regel über seine Hausbank ein. Diese Zahlungsform ist für den Händler zwar kostengünstig, aber auch risikoreich, da weder eine Autorisierungs- noch eine Sperrprüfung der Girocard vorgenommen wird. Für den Händler besteht kein Anspruch auf Adressenangabe bei Nichtbezahlung der Lastschrift.

(4) Geldkarte

■ **Bargeldlose Zahlung mit der Geldkarte**

Der in der BankCard/Girocard integrierte Chip kann an speziellen Ladegeräten (Ladeterminals), die sich in den Banken befinden, bis zu einem Betrag von 200,00 EUR aufgeladen werden. Mit dem gespeicherten Bargeld („elektronische Geldbörse") können die Kunden ohne Eingabe einer PIN und ohne Unterschrift bezahlen. Beim Zahlungsvorgang wird der Kaufbetrag vom Chip abgebucht. Der Zahler kann mithilfe eines Lesegeräts (als Schlüsselanhänger) stets kontrollieren, wie viel Geld noch im Speicherchip ist.

Das Händlerterminal protokolliert die Umsätze. Bei Kassenabschluss werden die gespeicherten Umsätze online an die Hausbank übertragen. Diese veranlasst die Zahlung

---

[1] Spontankäufe können aber auch dazu führen, dass es zu Verbraucherüberschuldungen kommt.

des Karten ausgebenden Kreditinstituts an den Händler (Einzug per Lastschrift). Dem Händler ist die Zahlung garantiert. Die Kosten, die der Händler zu tragen hat, betragen in der Regel 0,3 % der Kaufsumme, mindestens jedoch 0,01 EUR je Vorgang.[1]

■ **Aufladen und Entladen der Geldkarte**

Ist der auf dem Chip geladene Betrag verbraucht, kann der Karteninhaber seine Geldkarte an einem Ladeterminal bzw. am Geldautomaten unter Eingabe seiner persönlichen Geheimzahl (PIN) zulasten des auf der Karte angegebenen Kontos **aufladen.**

Aufgeladene Geldbeträge, die z. B. nach Ablauf der Gültigkeit einer BankCard (Geldkarte) noch in der Geldkarte gespeichert sind oder über die der Karteninhaber nicht mehr mittels Geldkarte verfügen möchte, können vom Karteninhaber bei der Karten ausgebenden Bank auf sein Konto **entladen** werden. Eine Entladung von Teilbeträgen ist jedoch nicht möglich.

Die **Gültigkeit der Geldkartenfunktion** richtet sich nach der Gültigkeit der BankCard.

■ **Haftung bei Verlust der Geldkarte**

Bei einer Funktionsuntüchtigkeit der Geldkarte – die nicht bewusst vom Karteninhaber verursacht wurde – wird der nicht verbrauchte Betrag von der Karten ausgebenden Bank erstattet. Bei **Verlust der Geldkarte** hat der Karteninhaber hingegen keinen Anspruch auf die Erstattung des noch in der Geldkarte gespeicherten Geldbetrags. Jeder, der im Besitz der Geldkarte bzw. BankCard ist, kann nämlich den in der Geldkarte gespeicherten Betrag ohne Einsatz der PIN verbrauchen. Die aus der Vorbezahlung entstehenden Risiken beim Verlust einer Geldkarte entsprechen den Risiken bei Bargeldverlusten.

6.5.2.5 Kreditkarte

(1) Ablauf eines Einkaufs mit Kreditkarte

Wer eine Kreditkarte erwerben will, schließt sich einem bestimmten Kreditkartensystem (z. B. Diners Club, VISA, American Express, MasterCard) an. Von der gewählten Kreditkartengesellschaft erhält der Kunde gegen Zahlung einer **jährlichen Gebühr**[2] eine Kreditkarte (Ausweiskarte), mit der er bei allen Unternehmen und Institutionen, die **Vertragspartner** der betreffenden Kreditkartengesellschaft sind, Rechnungen bargeldlos bis zu einem bestimmten Verfügungsrahmen begleichen kann. Die Kreditkarte besitzt eine Nummer, die der Vertragsunternehmer (der Zahlungsempfänger) zusammen mit der vom Karteninhaber unterschriebenen Rechnung zur Bezahlung an die betreffende Gesellschaft einreicht.

Die Gesellschaft überweist den Rechnungsbetrag an den Zahlungsempfänger unter Abzug eines Disagios (Abschlags) in Höhe von i. d. R. 2–4 % und belastet den Karteninhaber im Normalfall monatlich. Gleichzeitig wird dem Karteninhaber eine **Zusammenstellung** über die in dem Abrechnungszeitraum angefallenen Beträge zugestellt.

---

1 Ohne Geräte-, Netzbetreiber-, Verbindungsentgelte.
2 Bei vielen Banken entfällt die Jahresgebühr bei einem bestimmten Jahresumsatz.

(2) Vorteile der Kreditkarte

Vorteile der Kreditkarte sind:

- **begrenzte Haftung** des Kreditkarteninhabers bei Verlust oder Diebstahl der Karte (z.B. bis zu 50,00 EUR),
- **Mietwagenservice** (der Mieter muss z.B. keine Kaution leisten),
- zusätzliche **Unfallversicherung** bei Reisen, die mit der Kreditkarte bezahlt wurden,
- **weltweite Hilfe** in Notfällen.

Die Kreditkarten sind nicht übertragbar. Sie sind nur für den auf der Kreditkarte angegebenen Zeitraum gültig.

(3) Haftung bei Verlust der Kreditkarte

Bei einem Verlust der Kreditkarte oder bei einer missbräuchlichen Verfügung mit einer Kreditkarte muss der Karteninhaber dies **unverzüglich** seiner Bank (möglichst der kontoführenden Stelle) oder dem **Sperrannahmedienst** (24-Stunden-Service) mitteilen, damit die Kreditkarte gesperrt werden kann. Eine missbräuchliche Nutzung der Kreditkarte hat der Karteninhaber außerdem **unverzüglich** bei der **Polizei** anzuzeigen. Nach dem Eingang der Verlustanzeige haftet der Karteninhaber nicht für Schäden, die nach diesem Zeitpunkt durch eine missbräuchliche Verfügung mit seiner abhandengekommenen Kreditkarte entstanden sind. Die Haftung für die vor dem Eingang der Verlustanzeige durch den Kontoinhaber schuldhaft verursachten Schäden ist auf einen bankindividuell festgelegten Höchstbetrag beschränkt.

6.5.2.6 Onlinebanking (Homebanking)

Homebanking[1] kann über Onlinedienste wie z.B. AOL, 1und1 oder T-Online durchgeführt werden. Den Zugang zum Rechner der Bank bekommt der Kunde mithilfe eines Internetanschlusses unter Verwendung einer speziellen Software oder direkt über die Internetseiten der entsprechenden Bank.

So können von der Wohnung aus rund um die Uhr **Bankgeschäfte getätigt werden,** z.B.

- Überweisungsaufträge erteilen,
- Kontostände der eigenen Konten abfragen,
- Daueraufträge erteilen, ändern oder widerrufen,
- Bankformulare bestellen,
- Wertpapiere kaufen und verkaufen.

Damit die durch Onlinebanking getätigten Geschäfte vor dem Zugriff Unberechtigter geschützt bleiben, bekommt jeder Teilnehmer von seiner Bank

- eine PIN (persönliche Identifikationsnummer) und
- eine Liste mit TAN (Transaktionsnummern).[2]

---

1 Home (engl.): Heim, Wohnung. Banking (engl.): Bankgeschäfte betreiben. Homebanking ist somit die Durchführung von Bankgeschäften von zu Hause aus.

2 Aus Sicherheitsgründen versenden immer mehr Banken keine TAN-Listen mehr. Die TAN wird stattdessen mithilfe eines elektronischen TAN-Generators erzeugt.

Um Zugang zum Bankrechner zu bekommen, gibt der Kunde seine Kontonummer und seine persönliche Identifikationsnummer ein. Damit ist z. B. die Kontostandsabfrage möglich. Bei jeder Aktion, wie etwa eine Überweisung, das Einrichten eines Dauerauftrags oder das Bestellen von Überweisungsformularen, muss der Kunde eine TAN (Transaktionsnummer) aus der ihm zur Verfügung gestellten TAN-Liste eingeben, zu der er aufgefordert wird (z. B. 65. TAN). Jede TAN wird nur einmal verwendet. Die TAN bekommt der Kunde von seiner Bank versiegelt mitgeteilt. Die TAN ist gewissermaßen die „elektronische Unterschrift" des Kontoinhabers.

6.5.2.7 Zahlungsformen beim E-Commerce

Zunehmend werden Waren und Dienstleistungen über das Internet angeboten, gekauft und bezahlt. Man spricht vom **E-Commerce**.[1] Business-to-Business, kurz B2B, liegt vor, wenn der Geschäftsverkehr zwischen Unternehmen gemeint ist. Vom Business-to-Consumer, kurz B2C, ist die Rede, wenn es um die Geschäfte zwischen Unternehmen und Konsumenten (Verbrauchern) geht. Wegen der besonderen Sicherheitsprobleme im Onlinehandel entstanden und entstehen im Bereich des elektronischen Handels immer wieder neue Zahlungsarten, von denen einige beispielhaft genannt werden:

Zahlungsformen	Erläuterungen
Vorauskasse	Nach Eingang des Überweisungsbetrags versendet der Anbieter die vom Kunden im Internet oder per E-Mail bestellte Ware bzw. erbringt die Dienstleistung. Für den Anbieter ist die Vorauszahlung die sicherste Zahlungsweise. Die Vorauskasse wird bei den meisten Internet-Auktionen (z. B. eBay, Preiswalze) verlangt.
Nachnahme	Diese traditionelle Zahlungsart hat durch den E-Commerce wieder an Bedeutung gewonnen. Die vom Anbieter als Nachnahmesendung z. B. mit der Post versandte Ware wird erst dann ausgehändigt, wenn die Barzahlung an die Zustellkraft erfolgt ist.
Lastschrift	Hier übermittelt der Kunde bei seiner Bestellung dem Anbieter elektronisch eine einmalige Ermächtigung zum Einzug des Kaufpreises.
Kauf mit Kreditkarte	Hier gibt der Zahler dem Anbieter seinen Namen, seine Kreditkartennummer und das Verfalldatum der Kreditkarte an. Die Unterschrift des Zahlers ist nicht erforderlich. Für den Käufer besteht das Risiko, dass der Anbieter z. B. unberechtigte Zahlungen veranlasst. Außerdem können Kreditkartendaten von „Hackern" ausgespäht (entziffert) und anschließend missbräuchlich verwendet werden. Um Internetzahlungen sicherer zu machen, können sich Anbieter, Nachfrager und Kreditkartengesellschaften ihre Identität und Bonität von einem Trust Center (einer Zertifizierungsstelle) bestätigen lassen. Das in einer Datei als Verschlüsselungscode gespeicherte Zertifikat ist praktisch ein elektronischer Personalausweis, der eine gesicherte elektronische Unterschrift (Signatur) ermöglicht. Eine weitere Möglichkeit, Zahlungen im Internet sicherer zu machen, stellt das **Sicherheitsverfahren (Secure Socket Layer [SSL])** dar. Es **verschlüsselt die Kreditkartendaten** bei dem Transport durch das Internet und stellt einen sicheren Übertragungsweg zwischen Zahlungspflichtigem (Sender) und Zahlungsempfänger dar. Das SSL-Verfahren wird heute von den meisten Online-Shops angeboten.

---

1 E-Commerce (electronic commerce, engl.): elektronischer Handel.

Giropay	Die Kunden, die bei einem Unternehmen kaufen, das dem Internetbezahlsystem „Giropay" angeschlossen ist, werden nach dem Kaufabschluss mit einem Klick auf die **Online-Banking-Seite ihrer Hausbank** geleitet. Dort steht eine ausgefüllte Überweisung zur Genehmigung (Autorisierung) durch eine Transaktionsnummer (TAN) bereit. Der Händler erteilt die Bestätigung, dass die Überweisung vorgenommen wurde. Das Internet-Bezahlsystem „Giropay" wird von den Sparkassen, Volks- und Raiffeisenbanken sowie der Postbank angeboten.
PayPal	PayPal ist das Internetbezahlverfahren von eBay. Bei Pay-Pal-Zahlungen z.B. per Banküberweisung überweist der Käufer von seinem Bankkonto den entsprechenden Betrag auf das PayPal-Konto. Nach Eingang des Betrags auf dem PayPal-Konto wird dieses sofort automatisch dem PayPal-Konto des Verkäufers gutgeschrieben. PayPal-Zahlungen können auch per Kreditkarte vorgenommen werden, sofern dies der Verkäufer akzeptiert. Vorteil des PayPal-Systems ist, die Bank- oder Kreditkartendaten der Kunden werden nicht an den Verkäufer weitergegeben. Damit soll das Kaufen und Verkaufen bei eBay sicherer gemacht und die Zahlungsabsicherung erleichtert werden.
Karten mit Geld-kartenfunktion	Für die Zahlung von Kleinstbeträgen (Micropayments) sind Karten mit einer Geldkartenfunktion (z.B. Bankkarten und andere SmartCards, die mit einem Geldbetrag aufgeladen werden können) besonders geeignet. Um diese Karten im Internet nutzen, d.h. Geldbeträge im Internet übertragen zu können, brauchen die Kunden einen speziellen Chipkartenleser mit Anschlussmöglichkeit an den PC. Mit der aufgeladenen Geldkarte kann dann mithilfe des Chipkartenlesers bezahlt werden. Der Zahlungsempfänger erfährt lediglich die Nummer der Geldkarte.

6.5.2.8   Vorteile der bargeldlosen Zahlung

Der bargeldlose Zahlungsverkehr ist aus unserer hoch spezialisierten Wirtschaft, in der täglich Milliardenbeträge gezahlt werden, nicht mehr wegzudenken. Undenkbar, dass solche Beträge täglich bar gezahlt und über weite Entfernungen in Briefen oder Päckchen mit der Post versandt werden. Die Diebstahlgefahr wäre viel zu groß. Es ist daher leicht verständlich, dass der Umfang des bargeldlosen Zahlungsverkehrs im Laufe der Zeit die Bargeldzahlung um ein Vielfaches überstiegen hat.

Die bargeldlose Zahlung bringt für die Kunden und für die Banken Vorteile.

Vorteile für den Kunden	Vorteile für die Banken
■ Erleichterung der Zahlung: Zahlung ohne großen Aufwand mit einem Formular; ■ Zahlung kann terminiert werden, Terminüberwachung übernimmt die Bank; ■ billiger als Barzahlung; ■ keine Aufbewahrung und Sicherung von Bargeld.	■ Kreditquelle: Da die Einlagen der Kunden nicht alle zur gleichen Zeit abgehoben werden, kann ein Teil der Giroeinlagen für Kredite verwendet werden; ■ Ertragsquelle (Zinsen, Gebühren); ■ Informationsquelle über Zahlungsverhalten (Seriösität) des Bankkunden.

Zusammenfassung

■ Bei der **bargeldlosen Zahlung** erfolgt die Zahlung **ausschließlich** mit **Buchgeld**.

■ Voraussetzung für den bargeldlosen Zahlungsverkehr ist das Vorhandensein eines **Girokontos** bei einer Bank.

■ Ein wichtiges Zahlungsinstrument des bargeldlosen Zahlungsverkehrs ist die **Überweisung**. Bei der Überweisung wird der Zahlende belastet, der Empfänger erhält eine Gutschrift.

  Bei Überweisungen in einen anderen EU-/EWR-Staat oder in die Schweiz ist die **SEPA-Überweisung** zu verwenden.

■ Beim **Dauerauftrag** führen Banken wiederkehrende Zahlungen in fester Höhe zu bestimmten Terminen aufgrund einer einmaligen Auftragserteilung an bestimmte Empfänger aus.

■ Eine wichtige Art des Einzugsauftrags ist das **Lastschriftverfahren**. Der Zahlungspflichtige erteilt beim Lastschriftverfahren gegenüber seiner Bank **(Abbuchungsauftrag)** oder gegenüber dem Zahlungsempfänger **(Einzugsermächtigung)** die Genehmigung, fällige Beträge auf seinem Konto zu belasten. Dem Zahlungsempfänger wird der Betrag unter „Eingang vorbehalten" gutgeschrieben.

  ■ Beim **Einzugsermächtigungsverfahren** steht dem Zahlungspflichtigen innerhalb von 6 Wochen ein Widerspruchsrecht zu (Rückbuchung des eingezogenen Betrags).

  ■ Beim **Abbuchungsauftragsverfahren** steht dem Zahlungspflichtigen kein Widerspruchsrecht zu.

■ Zu den Vorteilen des bargeldlosen Zahlungsverkehrs für den Kunden bzw. den Banken siehe Tabelle S. 126.

■ Die **elektronische Zahlung** mit BankCard und Kreditkarte ist durch folgende Eigenschaften gekennzeichnet:

Verfahren\\Eigenschaften	Girocard online	Girocard mit Chip	Elektronische Geldbörse (Geldkarte)	Elektronisches Lastschrift-Verfahren (ELV)	Kreditkarte
Karte	BankCard	BankCard	BankCard	BankCard	je nach Händlerwunsch
Unterschrift	nein	nein	nein	ja	ja
Geheimzahl	ja	ja	nein	nein	nein
Online ■ Sperrabfrage ■ Autorisierungsprüfung	ja ja	bei Bedarf bei Bedarf	nein nein	nein nein	ja ja
Zahlungsgarantie	ja	ja	ja	nein	ja
Händler-Risiko	nein	nein	nein	hoch	nein

Übungsaufgaben

30 1. Beschreiben Sie den Weg, den eine Überweisung von einer Sparkasse in Stuttgart zu einer Volksbank in Hamburg nehmen kann!

2. Unterscheiden Sie den Dauerauftrag vom Lastschriftverfahren und bilden Sie zu jeder Überweisungsart drei Beispiele!

3. Beantworten Sie in Stichworten folgende Fragen:

   3.1 Lohnt sich ein Girokonto auch für einen Schüler, der nicht viel Geld zur Verfügung hat?

   3.2 Welche Möglichkeiten bietet das Girokonto neben der Geldaufbewahrung noch?

4. 4.1 Sie sind Kassierer eines Fußballvereins und möchten die Mitglieder dazu auffordern, dem Verein eine Einzugsermächtigung für die Entrichtung des Vereinsbeitrags zu erteilen. Schreiben Sie diesen Brief!

   4.2 Entwerfen Sie das Formular für die Einzugsermächtigung!

5. Welchen gemeinsamen Vorteil haben die Zahlungen mit Dauerauftrag und Lastschriftverfahren für den Zahlenden?

31 1. Geben Sie für die nachfolgenden Fälle die günstigste Zahlungsmöglichkeit an. Gehen Sie davon aus, dass der Zahler ein Girokonto eröffnet hat. Begründen Sie Ihre Entscheidung!

   1.1 Die Miete in Höhe von 600,00 EUR ist monatlich auf das Konto des Vermieters zu zahlen.

   1.2 Die vierteljährlich fällige Stromrechnung ist zu begleichen.

2. Welchem Zweck dient die Kreditkarte?

3. Erläutern Sie die Zahlung mit der Geldkarte (elektronische Geldbörse)!

4. Erläutern Sie folgende Zahlungsarten:

   4.1 Girocard-/Point-of-Sale-Zahlungen,

   4.2 Bezahlung von Internetkäufen,

   4.3 Homebanking.

5. Erklären Sie die Unterrichtungs- und Anzeigepflichten des Karteninhabers (Kontoinhabers) beim Verlust oder bei einer missbräuchlichen Verfügung mit seiner BankCard!

32 1. Herr Häfner entschließt sich, die bargeldlose Zahlungsmöglichkeit mittels BankCard (EC-/Maestro-Service) in seinem Fachgeschäft einzuführen. Lediglich über die Art des Verfahrens hat Herr Häfner noch keine Entscheidung getroffen.

   Aufgabe:

   Stellen Sie die Abläufe bei der Zahlung mit Girocard-online- bzw. Girocard-offline-Verfahren und dem Elektronischen Lastschrift-Verfahren (ELV) dar und nennen Sie je einen Vor- und Nachteil für jedes der beiden Zahlungssysteme!

2. Weitere Möglichkeiten der Kartenzahlung sind die Kreditkarte und die Geldkarte.

   Aufgabe:

   Nennen Sie je zwei Vor- und Nachteile zu diesen beiden Karten aus Sicht des Einzelhändlers!

3. Frau Sarah Bach macht die Buchhaltung für den Autozubehörgroßhandel Daniel Ziegler e. K. Frau Bach überlegt sich, wie sich die nachfolgenden monatlichen Zahlungen rationeller und einfacher durchführen lassen:

   3.1 Mitarbeitergehälter,

   3.2 Rechnung der Tankstelle,

   3.3 Pacht für die angemieteten Parkplätze,

   3.4 Pauschale für den Sicherheitsdienst.

   Aufgabe:

   Erläutern Sie, welche Zahlungsweisen sich für die jeweiligen Fälle anbieten!

6.6 Besondere Buchungen bei der Beschaffung von Werkstoffen und Handelswaren

6.6.1 Buchungsmethoden und die Grundbuchungen bei der Beschaffung von Werkstoffen und Handelswaren

(1) Buchungen bei der Beschaffung von Werkstoffen und Handelswaren nach dem verbrauchsorientierten Verfahren (Just-in-time-Verfahren)[1]

Beim verbrauchsorientierten Verfahren werden die eingekauften Werkstoffe und Handelswaren direkt auf dem entsprechenden Aufwandskonto der Klasse 6 erfasst. Die Folge der unmittelbaren Erfassung der eingekauften Handelswaren und Werkstoffe als Aufwand besteht darin, dass das Konto Handelswaren und die Konten für Roh-, Hilfs- und Betriebsstoffe als **reine Bestandskonten** geführt werden. Auf diesen Konten können daher nur noch der jeweilige **Anfangsbestand** und der **Schlussbestand** erscheinen, die Zugänge werden direkt auf den entsprechenden Aufwandskonten erfasst.

Im bisherigen Buchführungslehrgang wurde die Beschaffung von Werkstoffen und Handelswaren nach dem verbrauchsorientierten Verfahren gebucht.

Beispiele:			
Geschäftsvorfälle	**Konten**	**Soll**	**Haben**
1. Wir kaufen Rohstoffe bar netto 10 000,00 EUR + 19 % USt 1 900,00 EUR 11 900,00 EUR	6000 Aufw. f. Rohstoffe und Fremdbauteile[2] 2600 Vorsteuer an 2820 Kasse	10 000,00 1 900,00	 11 900,00
2. Wir kaufen Handelswaren auf Ziel, netto 5 550,00 EUR + 19 % USt 1 054,50 EUR 6 604,50 EUR	6080 Aufw. f. Handelswaren 2600 Vorsteuer an 4400 Verb. a. L. u. L.	5 550,00 1 054,50	 6 604,50

(2) Buchungen bei der Beschaffung von Werkstoffen und Handelswaren nach dem bestandsorientierten Verfahren

Die Buchung nach dem verbrauchsorientierten Verfahren hat eine Reihe von Nachteilen. Bei eingekauften Werkstoffen und Handelswaren wird zum Zeitpunkt der Aufwandsbuchung unterstellt, dass diese bereits verarbeitet bzw. verkauft sind, was in der Regel jedoch nicht der Fall ist. Eine mengen- und wertmäßige Lagerbestandsführung während des Jahres sowie eine Artikelverwaltung finden nicht statt.

Auch eine mengen- und wertmäßige Anpassung des Lagerbestandes nach einem Verkaufsvorgang wird nicht vorgenommen. Erst am Ende der Geschäftsperiode werden für die Erfolgsermittlung durch Inventur die Lagerbestandsveränderungen gegenüber dem Beginn der Geschäftsperiode festgestellt und über Bestandsmehrungen oder Bestandsminderungen buchhalterisch berücksichtigt.

---

1 Man spricht auch von aufwandsrechnerischem Verfahren.

2 Sofern es sich um den Einkauf von Rohstoffen handelt, wird im Folgenden dieses Konto in der verkürzten Form mit „Aufwendungen für Rohstoffe" bezeichnet.

Im Rahmen der Abwicklung von Ein- und Verkaufsprozessen sind in der Praxis jedoch warenwirtschaftliche Informationen von entscheidender Bedeutung. Informationen darüber, welche Artikel in welchen Mengen, zu welchen Preisen, bei welchem Lieferanten ein- oder an welchen Kunden verkauft bzw. im Lager zu- und abgegangen und welche Lagerbestände noch vorhanden sind, müssen im Geschäftsverkehr mit Kunden und Lieferanten jederzeit abrufbar sein.

Solche warenwirtschaftlichen Informationen werden jedoch nicht in der Finanzbuchhaltung, sondern parallel dazu in einer Lagerbuchhaltung (Warenwirtschaftssystem) erfasst. In modernen ERP-Softwaresystemen ist das Warenwirtschaftssystem deshalb über die Bestandskonten (2000 Rohstoffe, 2020 Hilfsstoffe, 2030 Betriebsstoffe, 2210 Handelswaren) in die Finanzbuchhaltung integriert (verzahnt und gegenseitig gekoppelt). Für die Buchungen bei der Beschaffung von Werkstoffen und Handelswaren bedeutet dies, dass nach dem bestandsorientierten Verfahren gebucht werden muss.

Bei dem **bestandsorientierten Verfahren** wird die Beschaffung der Werkstoffe bzw. Handelswaren auf dem entsprechenden Bestandskonto (2000 Rohstoffe, 2020 Hilfsstoffe, 2030 Betriebsstoffe, 2210 Handelswaren) gebucht, auf dem auch der Anfangsbestand erscheint.

Beispiele:

Geschäftsvorfälle		Konten	Soll	Haben

1. Wir kaufen Rohstoffe bar
  netto 10 000,00 EUR
  + 19 % USt 1 900,00 EUR
  11 900,00 EUR
		2000 Rohstoffe
		2600 Vorsteuer
		an 2820 Kasse
			10 000,00
			1 900,00
				
				11 900,00

2. Wir kaufen Handelswaren
  auf Ziel, netto 5 550,00 EUR
  + 19 % USt 1 054,50 EUR
  6 604,50 EUR
		2210 Handelswaren
		2600 Vorsteuer
		an 4400 Verb. a. L. u. L.
			5 550,00
			1 054,50
				
				6 604,50

Übungsaufgabe

33 Bilden Sie zu folgenden Geschäftsvorfällen die Buchungssätze nach dem bestandsorientierten Verfahren und nach dem verbrauchsorientierten Verfahren!

1.	Wir kaufen Betriebsstoffe auf Ziel + 19 % USt	7 100,00 EUR 1 349,00 EUR	 8 449,00 EUR
2.	Wir kaufen Handelswaren bar + 19 % USt	1 950,00 EUR 370,50 EUR	 2 320,50 EUR
3.	Kauf von Hilfsstoffen gegen Bankscheck + 19 % USt	14 200,00 EUR 2 698,00 EUR	 16 898,00 EUR
4.	Kauf von Rohstoffen auf Ziel + 19 % USt	3 720,00 EUR 706,80 EUR	 4 426,80 EUR

6.6.2 Besondere Geschäftsvorfälle bei der Beschaffung von Werkstoffen und Handelswaren

6.6.2.1 Buchhalterische Behandlung von Sofortnachlässen

Nachlässe, die der Lieferer sofort bei Rechnungsstellung gewährt, vermindern den Anschaffungspreis. Sie erscheinen in der Buchführung nicht. Gebucht wird der verminderte Anschaffungspreis.

(1) Buchung nach dem bestandsorientierten Verfahren

Beispiele:

Geschäftsvorfall		Konten	Soll	Haben
Kauf von Rohstoffen auf Ziel	1 400,00 EUR	2000 Rohstoffe	1 120,00	
		2600 Vorsteuer	212,80	
– 20 % Sonderrabatt	280,00 EUR	an 4400 Verb. a. L. u. L.		1 332,80
	1 120,00 EUR			
+ 19 % USt	212,80 EUR			
	1 332,80 EUR			

(2) Buchung nach dem verbrauchsorientierten Verfahren

Beispiel:

Geschäftsvorfall		Konten	Soll	Haben
Kauf von Rohstoffen auf Ziel	1 400,00 EUR	6000 Aufw. f. Rohstoffe	1 120,00	
		2600 Vorsteuer	212,80	
– 20 % Sonderrabatt	280,00 EUR	an 4400 Verb. a. L. u. L.		1 332,80
	1 120,00 EUR			
+ 19 % USt	212,80 EUR			
	1 332,80 EUR			

Merke:

Sofortnachlässe, die der Lieferer gewährt, werden **nicht gebucht**. Sie sind nicht Bestandteil der zu buchenden **Anschaffungskosten.**

6.6.2.2 Buchung der Bezugskosten

Die Bezugskosten, die dem Käufer zusätzlich in Rechnung gestellt werden, zählen zu den **Anschaffungskosten**. Sie können direkt auf dem jeweiligen Werkstoffkonto bzw. Handelswarenkonto gebucht werden. Um die Bezugskosten für die Kalkulation leichter erfassen zu können, werden sie jedoch zunächst auf einem gesonderten Konto erfasst. Man will wissen, wie hoch der reine Warenwert und wie hoch die Nebenkosten sind.

Je nachdem, nach welchem Verfahren gebucht werden soll, ergibt sich für die Buchung der Bezugskosten folgende Eingliederung in den Kontenrahmen:

Bestandsorientiertes Verfahren	Verbrauchsorientiertes Verfahren
■ 2001 Bezugskosten (für Rohstoffe)	■ 6001 Bezugskosten (für Rohstoffe)
■ 2021 Bezugskosten (für Hilfsstoffe)	■ 6021 Bezugskosten (für Hilfsstoffe)
■ 2031 Bezugskosten (für Betriebsstoffe)	■ 6031 Bezugskosten (für Betriebsstoffe)
■ 2211 Bezugskosten (für Handelswaren)	■ 6081 Bezugskosten (für Handelswaren)

(1) Buchung nach dem bestandsorientierten Verfahren

Geschäftsvorfälle		Konten	Soll	Haben
Rohstoffeinkauf auf Ziel,				
netto	1 500,00 EUR	2000 Rohstoffe	1 500,00	
+ Verpackung	50,00 EUR	2001 Bezugskosten	200,00	
+ Fracht	150,00 EUR	2600 Vorsteuer	323,00	
	1 700,00 EUR	an 4400 Verb. a. L. u. L.		2 023,00
+ 19 % USt	323,00 EUR			
	2 023,00 EUR			
Abschluss des Bezugskostenkontos 2001 über das Hauptkonto 2000 Rohstoffe		2000 Rohstoffe an 2001 Bezugskosten	200,00	200,00

(2) Buchung nach dem verbrauchsorientierten Verfahren

Geschäftsvorfälle		Konten	Soll	Haben
Rohstoffeinkauf auf Ziel,				
netto	1 500,00 EUR	6000 Aufw. f. Rohstoffe	1 500,00	
+ Verpackung	50,00 EUR	6001 Bezugskosten	200,00	
+ Fracht	150,00 EUR	2600 Vorsteuer	323,00	
	1 700,00 EUR	an 4400 Verb. a. L. u. L.		2 023,00
+ 19 % USt	323,00 EUR			
	2 023,00 EUR			
Abschluss des Bezugskostenkontos 6001 über das Hauptkonto 6000 Aufw. f. Rohstoffe		6000 Aufw. f. Rohstoffe an 6001 Bezugskosten	200,00	200,00

Erläuterungen:

Wie man aus der Gegenüberstellung beider Buchungsverfahren erkennen kann, besteht der Unterschied zwischen den beiden Verfahren lediglich darin, dass das jeweilige Unterkonto „Bezugskosten" beim **bestandsorientierten** Verfahren dem entsprechenden **Bestandskonto** in der Kontenklasse 2

und beim **verbrauchsorientierten** Verfahren dem entsprechenden **Aufwandskonto** in der Kontenklasse 6 zugeordnet wird. Für die übrigen Unterkonten ergibt sich der gleiche Unterschied.

Die Frage nach dem Buchungsverfahren ist nur im **Beschaffungsbereich** von Bedeutung.

Übungsaufgaben

Buchen Sie die Aufgaben 34 bis einschließlich 36 (1.) nach dem bestandsorientierten und (2.) nach
dem verbrauchsorientierten Verfahren!

34 Einer Möbelfabrik liegt folgende Eingangsrechnung für Handelswaren vor:

5 Bürotische zu je 950,00 EUR	4 750,00 EUR
– 20 % Händlerrabatt	950,00 EUR
	3 800,00 EUR
+ Fracht	320,00 EUR
+ Verpackung	90,00 EUR
+ Transportversicherung	47,50 EUR
	4 257,50 EUR
+ 19 % USt	808,93 EUR
Rechnungsbetrag	5 066,43 EUR

Aufgabe:

Bilden Sie den Buchungssatz für die vorliegende Eingangsrechnung!

35 Eine Maschinenfabrik erhält von ihrem Lieferer eine Rechnung für die Lieferung von 4500 Stück
Kleinmotoren (Fremdbauteile) zum Preis von 150,00 EUR je Stück zzgl. 19 % USt. Der Warenwert der Rechnung wird um 20 % Mengenrabatt gekürzt. Für Fracht und Verpackung werden
1 870,00 EUR zzgl. 19 % USt in Rechnung gestellt.

Aufgaben:

1. Erstellen Sie die Rechnung!
2. Berechnen Sie die Anschaffungskosten für die Lieferung der Fremdbauteile!
3. Bilden Sie den Buchungssatz für die Eingangsrechnung aus Sicht der Maschinenfabrik!

36 Für den Bezug von Betriebsstoffen liegt folgende Eingangsrechnung vor: Warenwert 645,00
EUR, Frachtpauschale 90,50 EUR. Die Umsatzsteuer beträgt jeweils 19 %.

Die Kosten für die Anfuhr in Höhe von 35,80 EUR zzgl. 19 % USt wurden von uns bar bezahlt.

Aufgaben:

1. Bilden Sie die Buchungssätze für die beiden Geschäftsvorfälle!
2. Richten Sie die Konten 2030 Betriebsstoffe / 6030 Aufwendungen für Betriebsstoffe und
    2031 Bezugskosten / 6031 Bezugskosten ein! Tragen Sie die Beträge von Geschäftsvorfall 1
    und 2 in diese Konten ein! Schließen Sie das Konto 2031 Bezugskosten / 6031 Bezugskosten
    ab und ermitteln Sie die Anschaffungskosten der Betriebsstoffe!

6.6.2.3 Rücksendungen an den Lieferer

Rücksendungen an den Lieferer könnten direkt auf dem betreffenden Werkstoff- bzw. Handelswarenkonto gebucht werden. Um die Rücksendungen jedoch später feststellen zu können, werden sie zunächst auf einem **entsprechenden Unterkonto** erfasst, das beim Abschluss der Konten über das betreffende Hauptkonto abzuschließen ist.

Je nachdem, nach welchem Verfahren gebucht werden soll, ergibt sich für die Buchung der Warenrücksendungen folgende Eingliederung in den Kontenrahmen:

Bestandsorientiertes Verfahren	Verbrauchsorientiertes Verfahren
■ **2002 Preisnachlässe und Rücksendungen** (für Rohstoffe)	■ **6002 Preisnachlässe und Rücksendungen** (für Rohstoffe)
■ **2022 Preisnachlässe und Rücksendungen** (für Hilfsstoffe)	■ **6022 Preisnachlässe und Rücksendungen** (für Hilfsstoffe)
■ **2032 Preisnachlässe und Rücksendungen** (für Betriebsstoffe)	■ **6032 Preisnachlässe und Rücksendungen** (für Betriebsstoffe)
■ **2212 Preisnachlässe und Rücksendungen** (für Handelswaren)	■ **6082 Preisnachlässe und Rücksendungen** (für Handelswaren)

(1) Buchung nach dem bestandsorientierten Verfahren

Beispiel:

Ausgangssituation: Folgende Eingangsrechnung für einen Einkauf von Rohstoffen auf Ziel wurde bereits bei uns gebucht. Rohstoffwert 15 000,00 EUR zuzüglich 19 % USt.

Problemfall: Von der bereits bei uns gebuchten Rohstofflieferung senden wir Rohstoffe an den Lieferer zurück (Falschlieferung). Rohstoffwert 500,00 EUR zuzüglich 19 % USt.

Aufgaben:
1. Buchen Sie den Problemfall auf den Konten des Hauptbuches!
2. Schließen Sie das Unterkonto über das betreffende Hauptkonto ab!
3. Bilden Sie die Buchungssätze
   3.1 zu dem Problemfall,
   3.2 für den Abschluss des Unterkontos 2002 Preisnachlässe und Rücksendungen!

Lösungen:

Zu 1. und 2. Buchung auf den Konten des Hauptbuches:

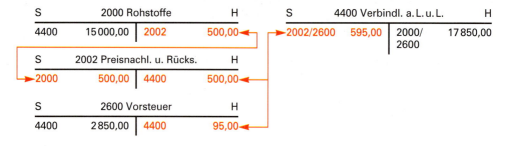

Zu 3.1 und 3.2 Buchungssätze:

Vorgänge	Konten	Soll	Haben
3.1 Von der bereits gebuchten Rohstoff-lieferung schicken wir Rohstoffe zurück: Nettowert 500,00 EUR + 19 % USt 95,00 EUR Bruttowert 595,00 EUR	4400 Verb. a. L. u. L. an 2002 Preisnachl. u. Rücksend. an 2600 Vorsteuer	595,00	500,00 95,00
3.2 Abschluss des Unterkontos 2002 über das Hauptkonto 2000.	2002 Preisn. u. Rücksend. an 2000 Rohstoffe	500,00	500,00

Erklärungen zum Problemfall:

- Durch die Warenrücksendung nimmt der ursprünglich gebuchte Nettowert der Eingangsrechnung um den Bruttowert der Rücksendung ab. Daher erfolgt eine **Sollbuchung auf dem Konto 4400 Verbindlichkeiten aus Lieferungen und Leistungen** in Höhe von 595,00 EUR.

- Auch der ursprünglich gebuchte Warenwert für die Rohstoffe nimmt ab, und zwar um den Nettowert der Rücksendung in Höhe von 500,00 EUR. Deshalb erfolgt eine entsprechende **Habenbuchung auf dem Unterkonto 2002 Preisnachlässe und Rücksendungen**.

- Da sich durch die Rücksendung die ursprüngliche Berechnungsgrundlage für die Umsatzsteuer um 500,00 EUR gemindert hat, muss auch die ursprünglich ausgewiesene Vorsteuer um den darauf entfallenden Anteil von 95,00 EUR korrigiert werden. Daher erfolgt eine **Habenbuchung auf dem Konto 2600 Vorsteuer**.

Bei anderen Rücksendungen liegen die gleichen Überlegungen zugrunde.

(2) Buchung nach dem verbrauchsorientierten Verfahren

Beispiel:

Ausgangs-situation: Folgende Eingangsrechnung für einen Einkauf von Handelswaren auf Ziel wurde bereits bei uns gebucht. Warenwert 15 000,00 EUR zuzüglich 19 % USt.

Problemfall: Von der Warenlieferung senden wir Ware an den Lieferer zurück (Falschlieferung). Warenwert 500,00 EUR zuzüglich 19 % USt.

Aufgaben:
1. Buchen Sie den Problemfall auf den Konten!
2. Schließen Sie das Unterkonto über das betreffende Hauptkonto ab!
3. Bilden Sie die Buchungssätze
   3.1 zu dem Problemfall,
   3.2 für den Abschluss des Unterkontos 6082 Preisnachlässe und Rücksendungen!

Lösungen:

Zu 1. und 2.: Buchung auf den Konten

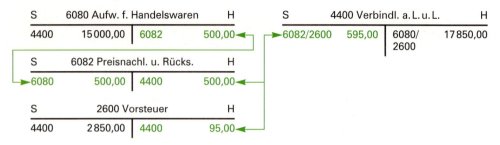

Zu 3.: Buchungssatz

Vorgänge	Konten	Soll	Haben
3.1 Von der bereits gebuchten Warenlieferung schicken wir Waren zurück: Nettowert 500,00 EUR + 19% USt 95,00 EUR Bruttowert 595,00 EUR	4400 Verb. a. L. u. L. an 6082 Preisnachl. u. Rücksend. an 2600 Vorsteuer	595,00	500,00 95,00
3.2 Abschluss des Unterkontos 6082 über das Hauptkonto 6000.	6082 Preisn. u. Rücksend. an 6080 Aufw. f. H.-Waren	500,00	500,00

Erklärungen zum Problemfall:

■ Durch die Warenrücksendung nimmt der ursprünglich gebuchte Bruttowert der Eingangsrechnung um den Bruttowert der Rücksendung ab. Daher erfolgt eine **Sollbuchung auf dem Konto 4400 Verbindlichkeiten aus Lieferungen und Leistungen** in Höhe von 595,00 EUR.

■ Auch der ursprünglich gebuchte Warenwert für die Handelswaren nimmt ab, und zwar um den Nettowert der Rücksendung in Höhe von 500,00 EUR. Deshalb erfolgt eine entsprechende **Habenbuchung auf dem Konto 6082 Preisnachlässe und Rücksendungen**.

■ Da sich durch die Rücksendung die ursprüngliche Berechnungsgrundlage für die Umsatzsteuer um 500,00 EUR gemindert hat, muss auch die ursprünglich ausgewiesene Vorsteuer um den darauf entfallenden Anteil von 95,00 EUR korrigiert werden. Daher erfolgt eine **Habenbuchung auf dem Konto 2600 Vorsteuer**.

Übungsaufgaben

37 Bilden Sie zu den nachfolgenden vier Geschäftsvorfällen die Buchungssätze (1.) nach dem bestandsorientierten und (2.) nach dem verbrauchsorientierten Verfahren!

1. Wir kaufen Betriebsstoffe im Gesamtwert von 2 150,00 EUR zuzüglich 19 % USt gegen Rechnung.
2. Nach Buchung und Überprüfung der Sendung wird ein Teil der Betriebsstoffe wegen Qualitätsmängeln zurückgesandt, netto 430,00 EUR.
3. Wir kaufen Hilfsstoffe auf Ziel lt. ER 689 im Warenwert von 2 900,00 EUR zuzüglich 19 % USt.
4. Einen Teil der bereits gebuchten Hilfsstoffe senden wir wegen Beschädigung zurück. Warenwert 480,00 EUR zuzüglich 19 % USt.

38 **METALLWERKE BEYER OHG**   85221 DACHAU, ISARSTRASSE 15 – 18

Fahrradfabrik
Fritz Schnell KG
Kantstraße 25
70193 Stuttgart

*Eingegangen am
9. Juli 20..
Fritz Schnell*

Sehr geehrter Herr Schnell,

wir bestätigen die Rücksendung von Stahlblechen wegen Qualitätsmangel

Warenwert	995,80 EUR
19 % USt	189,20 EUR
Gesamtwert	1 185,00 EUR

Bitte nehmen Sie eine entsprechende Verrechnung in Ihrer Buchführung vor.

Mit freundlichen Grüßen

ppa. *Dreher*

Sitz der Gesellschaft: Dachau   Registergericht Dachau, HRB 51   Steuer-Nr.: 220/3456

Bilden Sie den Buchungssatz für die Warenrücksendung aus der Sicht der Fahrradfabrik Fritz Schnell KG!

6.6.2.4   Gutschriften und Preisnachlässe von Lieferern

(1) Grundlegendes

Neben den Preisänderungen, die sofort bei Rechnungserteilung berücksichtigt werden, gibt es im Einkaufsbereich auch Preisänderungen, die **nach** der Buchung einer Eingangsrechnung auftreten. Als nachträglich gewährte Preisnachlässe kommen infrage:

- Preisnachlass des Lieferers aufgrund unserer Reklamationen **(Mängelrüge)**,
- Gewährung eines Umsatzbonus durch den Lieferer **(Liefererboni)**,
- Inanspruchnahme von Skonto bei der Zahlung **(Liefererskonti)**.

Für Preisnachlässe aufgrund unserer Mängelrüge sieht der Schulkontenrahmen dasselbe Konto wie für Rücksendungen vor. Lediglich für Liefererboni und Liefererskonti sind jeweils besondere Unterkonten vorgesehen.

Am Beispiel der **Preisnachlässe für Rohstoffe** dargestellt, ergeben sich bei dem bestandsorientierten bzw. verbrauchsorientierten Verfahren folgende Unterkonten:

Bestandsorientiertes Verfahren	Verbrauchsorientiertes Verfahren
Mängelrüge:	
■ **2002 Preisnachl. und Rücksendungen**	■ **6002 Preisnachl. und Rücksendungen**
Liefererskonti:	
■ **2003 Liefererskonti**	■ **6003 Liefererskonti**
Liefererboni:	
■ **2004 Liefererboni**	■ **6004 Liefererboni**

Für Preisnachlässe bei den übrigen Werkstoffkonten und bei den Handelswaren ist eine entsprechende Unterteilung vorzunehmen.

137

(2) Buchung einer Lieferergutschrift wegen Mängelrüge

■ Buchung nach dem bestandsorientierten Verfahren

Beispiel:

Aufgrund unserer Reklamation an den gelieferten Hilfsstoffen erhalten wir vom Lieferer eine Gutschrift über folgenden Preisnachlass:

Nettowert	300,00 EUR
+ 19 % USt	57,00 EUR
Bruttowert	357,00 EUR

Aufgaben:

Bilden Sie die Buchungssätze:

1. für den Geschäftsvorfall,
2. für den Abschluss des Unterkontos 2022 Preisnachlässe und Rücksendungen!

Lösungen:

Vorgänge	Konten	Soll	Haben
1. Buchung einer Lieferergutschrift wegen Mängel an der Hilfsstofflieferung.	4400 Verb. a. L. u. L. an 2022 Preisn. u. Rücks. an 2600 Vorsteuer	357,00	300,00 57,00
2. Abschluss des Unterkontos 2022 über das Hauptkonto 2020.	2022 Preisn. u. Rücks. an 2020 Hilfsstoffe	300,00	300,00

■ Buchung nach dem verbrauchsorientierten Verfahren

Beispiel:

Ausgangssituation: Folgende Eingangsrechnung für einen Einkauf von Handelswaren wurde bereits bei uns gebucht. Warenwert 1 200,00 EUR zuzüglich 19 % USt!

Problemfall: Aufgrund unserer Reklamation erhalten wir vom Lieferer eine Gutschrift über 300,00 EUR zuzüglich 19 % USt.

Aufgaben:

1. Buchen Sie den Problemfall auf Konten und schließen Sie das Konto 6082 ab!
2. Bilden Sie die Buchungssätze!

Lösungen:

Zu 1.: Buchung auf den Konten und Abschluss des Kontos 6082

S	6080 Aufwend. f. Handelswaren	H		S	6082 Preisnachlässe u. Rücksend.	H
4400	1 200,00	6082	300,00 ◄──► 6080	300,00	4400	300,00 ◄

S	2600 Vorsteuer	H		S	4400 Verbindl. a. Lief. u. Leist.	H
4400	228,00	4400	57,00	6082/2600	357,00	6080/2600 1 428,00

138

Zu 2.: Buchungssätze

Geschäftsvorfall	Konten	Soll	Haben
2.1 Wir erhalten eine Gutschrift aufgrund unserer Reklamation in Höhe von 300,00 EUR zuzüglich 19 % USt.	4400 Verbindl. a. L. u. L. an 6082 Preisnachlässe u. Rücksend. an 2600 Vorsteuer	357,00	300,00 57,00
2.2 Abschluss des Unterkontos 6082 Preisnachlässe u. Rücksendungen	6082 Preisnachlässe u. Rücksend. an 6080 Aufwend. f. Handelswaren	300,00	300,00

Merke:

Warenrücksendungen an den Lieferer und **Gutschriften des Lieferers aufgrund einer Mängelrüge** werden auf dem **Unterkonto Preisnachlässe und Rücksendungen** des betreffenden Hauptkontos gebucht. Beide Fälle führen zum gleichen Buchungssatz.

(3) Buchung von Liefererboni

Um treue Kunden zu belohnen, gewähren Lieferer bei Erreichung einer bestimmten Umsatzhöhe häufig eine Umsatzrückvergütung. Dieser nachträgliche Preisnachlass wird Umsatzbonus (kurz: Bonus) genannt. Der Bonus ist somit ein Mengen- oder Treuerabatt. Die uns von Lieferern gewährten Boni werden auf dem Konto **Liefererboni** gebucht. Um feststellen zu können, auf welchem Unterkonto der Liefererbonus zu buchen ist, muss aus der Aufgabenstellung hervorgehen, auf welches Hauptkonto sich der betreffende Liefererbonus bezieht.

■ **Buchung nach dem bestandsorientierten Verfahren**

Geschäftsvorfall	Konten	Soll	Haben
Ein Hilfsstofflieferer gewährt uns einen Umsatzbonus in Form folgender Gutschrift: Halbjahresbonus 2 % von 35 000,00 EUR = 700,00 EUR + 19 % USt 133,00 EUR 833,00 EUR	4400 Verb. a. L. u. L. an 2024 Liefererboni an 2600 Vorsteuer	833,00	700,00 133,00

■ **Buchung nach dem verbrauchsorientierten Verfahren**

Geschäftsvorfall	Konten	Soll	Haben
Ein Hilfsstofflieferer gewährt uns einen Umsatzbonus in Form folgender Gutschrift: Halbjahresbonus 2 % von 35 000,00 EUR = 700,00 EUR + 19 % USt 133,00 EUR 833,00 EUR	4400 Verb. a. L. u. L. an 6024 Liefererboni an 2600 Vorsteuer	833,00	700,00 133,00

> **Merke:**
>
> **Umsatzboni** des Lieferers werden auf dem **Unterkonto Liefererboni** des betreffenden Hauptkontos gebucht.

(4) Buchung von Liefererskonti

■ **Buchung nach dem bestandsorientierten Verfahren**

> **Beispiel:**
>
> | Wir bezahlen eine Lieferer- rechnung für Rohstoffe über unter Abzug von 2 % Skonto durch Banküberweisung Bankbelastung | 5 950,00 EUR 119,00 EUR 5 831,00 EUR |
> |---|---|
>
> **Aufgaben:**
> 1. Buchen Sie den Geschäftsvorfall auf Konten und schließen Sie das Unterkonto Liefererskonti ab!
> 2. Bilden Sie dazu die Buchungssätze:
>   2.1 für die Bezahlung der Eingangsrechnung unter Skontoabzug,
>   2.2 für den Abschluss des Unterkontos 2003 Liefererskonti!

Lösungen:

Zu 1. Buchungen auf den Konten und Abschluss des Kontos 2003:

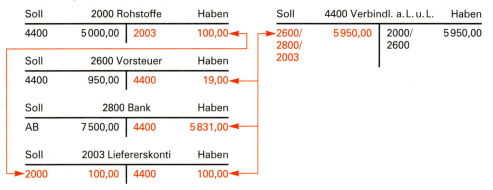

Zu 2. Buchungssätze:

Geschäftsvorfälle	Konten	Soll	Haben
2.1 Zahlung der Eingangsrechnung mit Skontoabzug: Wir bezahlen eine Lieferrechnung für Rohstoffe über 5 950,00 EUR unter Abzug von 2 % Skonto 119,00 EUR durch Banküberweisung 5 831,00 EUR	4400 Verb. a.L.u.L. an 2800 Bank an 2600 Vorsteuer an 2003 Liefererskonti	5 950,00	5 831,00 19,00 100,00
2.2 Abschluss des Unterkontos 2003 über das Hauptkonto 2000:	2003 Liefererskonti an 2000 Rohstoffe	100,00	100,00

140

Erläuterungen zur Berechnung der Steuerberichtigung:

Der Skontoabzug in Höhe von 119,00 EUR stellt eine nachträgliche Preisminderung dar, die eine Korrektur der ursprünglich gebuchten Vorsteuer nach sich ziehen muss. Da der Skontobetrag vom Bruttowert der Eingangsrechnung berechnet wird, ist der Korrekturbetrag in diesem Skontobetrag enthalten. Er kann wie folgt berechnet werden:

$$119\,\% \;\hat{=}\; 119{,}00 \text{ EUR}$$
$$19\,\% \;\hat{=}\; x \text{ EUR} \qquad x = \frac{119 \cdot 19}{119} = 19{,}00 \text{ EUR}$$

■ Buchung nach dem verbrauchsorientierten Verfahren

Beispiel:

Wir bezahlen eine bereits gebuchte Liefererrechnung für Rohstoffe über	5 950,00 EUR
unter Abzug von 2 % Skonto	− 119,00 EUR
Banküberweisung	5 831,00 EUR

Aufgaben:
1. Buchen Sie den Geschäftsvorfall auf Konten und schließen Sie das Konto 6003 Liefererskonti ab!
2. Bilden Sie die Buchungssätze:
   2.1 für die Bezahlung der Eingangsrechnung unter Skontoabzug,
   2.2 für den Abschluss des Unterkontos 6003 Liefererskonti!

Lösungen:

Zu 1.: Buchung auf den Konten und Abschluss des Kontos 6003

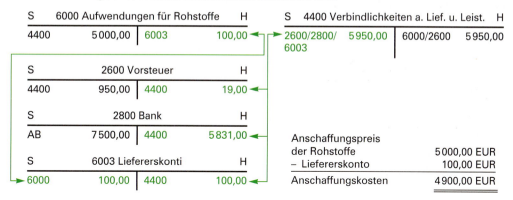

Zu 2.: Buchungssätze

Geschäftsvorfälle	Konten	Soll	Haben
2.1 Zahlung der Eingangsrechnung mit Skontoabzug: Wir bezahlen eine bereits gebuchte Liefererrechnung für Rohstoffe über 5 950,00 EUR unter Abzug von 2 % Skonto 119,00 EUR durch Banküberweisung 5 831,00 EUR	4400 Verbindl. a. L. u. L. an 2800 Bank an 6003 Liefererskonti an 2600 Vorsteuer	5 950,00	5 831,00 100,00 19,00
2.2 Abschluss des Unterkontos 6003 Liefererskonti:	6003 Liefererskonti an 6000 Aufw. f. Rohstoffe	100,00	100,00

Übungsaufgaben

39 Bilden Sie die Buchungssätze für die folgenden Geschäftsvorfälle nach dem bestandsorientierten Verfahren!

1. Der Lieferer sendet uns eine Gutschrift für zurückgesandte Hilfsstoffe zu:

Warenwert	350,00 EUR
+ 19 % USt	66,50 EUR
Gutschrift	416,50 EUR

2. Unser Betriebsstoffe-Lieferer gewährt uns am Jahresende einen Bonus in Höhe von 820,00 EUR zuzüglich 19 % USt.

3. Formulieren Sie zu dem folgenden Buchungssatz die beiden möglichen Geschäftsvorfälle!

   4400 Verbindlichkeiten aus Lieferungen und Leistungen   178,50 EUR
   an 2022 Preisnachlässe und Rücksendungen   150,00 EUR
   an 2600 Vorsteuer   28,50 EUR

4. Wir senden Leihverpackung für Rohstoffe zurück und erhalten eine Gutschrift von 85,00 EUR zuzüglich 19 % USt.

40 Bilden Sie die Buchungssätze für die folgenden Geschäftsvorfälle für eine Maschinenfabrik nach dem verbrauchsorientierten Verfahren!

1. Der Lieferer sendet uns für zurückgesandte Schrauben eine Gutschrift in Höhe des Bruttowertes von 386,75 EUR.

2. Unser Lieferer für Schmieröl gewährt uns am Jahresende einen Bonus in Höhe von 1 863,00 EUR zuzüglich 19 % Umsatzsteuer.

3. Wir senden Leihverpackungen für Stahlbleche zurück und erhalten eine Gutschrift in Höhe des Bruttowertes von 856,80 EUR.

4. Wir senden einen Elektromotor wegen Beschädigung zurück und erhalten vom Lieferer eine Gutschrift in Höhe des Bruttowertes von 1 483,93 EUR.

5. Auf eine Lieferung Pflegemittel (Handelswaren) gewährt uns der Lieferer nachträglich einen Rabatt in Form einer Gutschrift in Höhe des Bruttowertes von 452,20 EUR.

6. Vom Lieferer für die Computer-Steuerung der Maschinen erhalten wir am Jahresende einen Bonus in Höhe von 2 160,00 EUR zuzüglich 19 % Umsatzsteuer.

7. Wir kaufen Maschinenöl auf Ziel. Rechnungsbetrag einschließlich 19 % Umsatzsteuer 9 686,60 EUR.

8. Für Verpackungs- und Versandkosten stellt der Lieferer für Schweißmaterial eine gesonderte Rechnung aus, die wie folgt lautet:

Verpackungskosten	115,00 EUR
Transportkosten	90,00 EUR
	205,00 EUR
+ 19 % Umsatzsteuer	38,95 EUR
Rechnungsbetrag	243,95 EUR

41 Bilden Sie die Buchungssätze zu den nachfolgenden Geschäftsvorfällen nach dem bestandsorientierten Verfahren!

1. 1.1 Wir erhalten von einem Lieferer eine Rechnung über bezogene Betriebsstoffe in Höhe von 1 760,00 EUR zuzüglich 19 % USt.

    1.2 Wir begleichen die Rechnung innerhalb der Skontofrist unter Abzug von 2 % Skonto mit Bankscheck.

142

2. 2.1 Wir erhalten von einem Lieferer eine Rechnung über bezogene Handelswaren in Höhe von 4 150,00 EUR zuzüglich 19 % USt.

2.2 Wir begleichen die Rechnung innerhalb der Skontofrist unter Abzug von 3 % Skonto mit Bankscheck.

42 Bilden Sie die Buchungssätze aus der Sicht der Franz Bäumler GmbH nach dem verbrauchsorientierten Verfahren!

1. Für die Eingangsrechnung!
2. Für die Zahlung innerhalb von 8 Tagen unter Abzug von 2 % Skonto per Bankscheck!

43 Bilden Sie die Buchungssätze zu den nachfolgenden Geschäftsvorfällen nach dem verbrauchsorientierten Verfahren!

1. Für den Bezug von Hilfsstoffen liegen folgende Rechnungsdaten vor: Warenwert 1760,00 EUR, Frachtpauschale 172,50 EUR, Transportversicherung 20,40 EUR jeweils zuzüglich 19 % USt.

2. Aufgrund eines Qualitätsmangels senden wir Hilfsstoffe im Wert von netto 105,00 EUR zuzüglich 19 % USt an den Lieferer zurück.

3. Für die verspätete Lieferung der Hilfsstoffe gewährt uns der Lieferer eine Gutschrift in Höhe von 80,00 EUR zuzüglich 19 % USt.

4. Am Fälligkeitstag der Rechnung bezahlen wir den Restbetrag durch Banküberweisung an den Lieferer unter Abzug von 2 % Skonto.

5. Richten Sie die Konten 6020 Aufwendungen für Hilfsstoffe, 6021 Bezugskosten, 6022 Preisnachlässe und Rücksendungen und 6023 Liefererskonti ein.

Tragen Sie die Beträge der vier Geschäftsvorfälle in diese Konten ein (die Gegenkonten sind anzugeben, aber nicht zu führen). Schließen Sie die Konten ab!

44 Bilden Sie für die folgenden Geschäftsvorfälle die Buchungssätze nach dem bestandsorientierten Verfahren!

1. Wir senden Leihverpackung für Rohstoffe zurück und erhalten eine Gutschrift von 272,80 EUR zuzüglich 19 % USt.

2. Wir senden Fertigteile wegen Beschädigung zurück:

Warenwert	4 120,00 EUR	
+ 19 % USt	782,80 EUR	4 902,80 EUR

3. Auf eine Lieferung Handelswaren gewährt uns der Lieferer nachträglich einen Rabatt.

Warenwert	380,00 EUR	
+ 19 % USt	72,20 EUR	452,20 EUR

4. Vom Rohstofflieferer erhalten wir am Jahresende einen Bonus in Höhe von 1 460,00 EUR zuzüglich 19 % USt.

5. Der Lieferer sendet uns eine Gutschrift für zurückgesandte Hilfsstoffe zu:

Nettowert	350,00 EUR
+ 19 % USt	66,50 EUR
Gutschrift	416,50 EUR

6. Unser Betriebsstoffe-Lieferer gewährt uns am Jahresende einen Bonus in Höhe von 820,00 EUR zuzüglich 19 % USt.

7. Wir senden Leihverpackung für Rohstoffe zurück und erhalten eine Gutschrift von 85,00 EUR zuzüglich 19 % USt.

8. Wir senden Hilfsstoffe wegen Beschädigung zurück:

Warenwert	1 710,00 EUR	
+ 19 % USt	324,90 EUR	2 034,90 EUR

45 Buchen Sie im Grundbuch den nachfolgenden Beleg für die Bernhard Widmann KG nach dem verbrauchsorientierten Verfahren!

Kontonummer 9400649	KREISSPARKASSE RAVENSBURG		Bankleitzahl 650 501 10
Buchungs-tag / Tag der Wertstellung	Verwendungszweck/Buchungstext	Buchungs-nummer	alter Kontostand 4 791,20 +
12.05. 10.05.	RECHNUNG (Rohstoffe) WIPPER GmbH Urbanstr. 2 33106 Paderborn Rechnung-Nr. 2007 ./. 2 % Skonto	9224	2 588,96 –
	Bernhard Widmann KG Mozartstr. 17–19 88214 Ravensburg		2 202,24 + neuer Kontostand
		12.05.20.. Kontoauszug vom	1 Auszug / 0 Blatt

144

6.7 Lieferungsverzug (Nicht-Rechtzeitig-Lieferung) als Leistungsstörung im Rahmen des Beschaffungsprozesses[1]

6.7.1 Begriff und Voraussetzungen des Lieferungsverzugs

(1) Begriff

> **Merke:**
>
> Wenn der Schuldner seine geschuldete Leistung (z. B. der Verkäufer die rechtzeitige und mängelfreie Übergabe der Kaufsache, § 433 I BGB) nicht oder nicht rechtzeitig erfüllt und er diese Nichtleistung oder zu späte Leistung zu vertreten (verschuldet) hat, dann kommt er in Verzug. Ist der Schuldner ein Verkäufer (Lieferant), dann bezeichnet man diesen **Schuldnerverzug** auch als **Lieferungsverzug.**[2]

Ein Lieferungsverzug liegt jedoch nur vor, wenn die geschuldete Leistung – trotz ihrer nicht rechtzeitigen Bewirkung – noch möglich ist (Nachholbarkeit der unterbliebenen rechtzeitigen Leistung). Ist dies nicht der Fall, dann liegt kein Lieferungsverzug, sondern eine **Unmöglichkeit der Leistung** vor, für die andere gesetzliche Vorschriften des BGB gelten (siehe z. B. §§ 275, 283, 285, 311 a, 326 BGB).[3]

> **Beispiel für Unmöglichkeit:**
>
> Durch die Unachtsamkeit eines Verkäufers zerbricht eine verkaufte wertvolle alte chinesische Vase vor deren Übergabe an den Käufer. Weil dem Verkäufer und auch anderen Personen die Leistung objektiv nicht mehr möglich ist, wird der Verkäufer nach § 275 I BGB von seiner Leistungspflicht befreit. Der Verkäufer verliert jedoch, weil den Käufer kein Verschulden an der Unmöglichkeit der Leistung trifft, seinen Anspruch auf die Gegenleistung. Der Käufer muss somit den Kaufpreis nicht zahlen [§ 326 I BGB].

(2) Voraussetzungen

■ **Fälligkeit der Leistung (Lieferung)**

Unter Fälligkeit einer Leistung versteht man den Zeitpunkt, von dem ab der Gläubiger eine Leistung (z. B. der Käufer die Übergabe und Übereignung der Kaufsache) verlangen kann. Soweit im Kaufvertrag über die Leistungszeit keine Vereinbarung getroffen wurde und diese nicht gesetzlich oder durch die Umstände des Kaufvertrags bestimmt ist, hat der Käufer das Recht, die Lieferung sofort zu verlangen [§ 271 BGB]. Dies bedeutet, dass die Leistung so schnell erbracht werden muss, wie dies den Umständen nach möglich ist.

■ **Mahnung des Verkäufers (Lieferers) durch den Käufer**

Ist der **Kalendertag,** an dem der Verkäufer die Übergabe und Übereignung der Kaufsache zu leisten hat, **kalendermäßig** weder direkt noch indirekt genau bestimmt (z. B. eine Bestellung zur „sofortigen Lieferung", „sobald wie möglich", „ab 20. Juli 20..."), so muss der Verkäufer durch eine **Mahnung** in **Verzug** gesetzt werden [§ 286 I, S. 1 BGB]. Durch die Mahnung wird der Warenschuldner (Verkäufer) unmissverständlich zur Leistung aufgefordert. Die Form der Mahnung bestimmt der Käufer. Die Mahnung muss nach Fälligkeit der Leistung erfolgen.

---

1 Die Schlechtleistung als mögliche Leistungsstörung im Beschaffungsbereich wurde lt. Lehrplan im Lernfeld 1, „Kundenaufträge bearbeiten" behandelt. Vgl. Grundband, Lernfeld 1, Kapitel 3.7.2, S. 86ff.

2 Der **Zahlungsverzug** als weitere Möglichkeit des **Schuldnerverzugs** wurde im Lernfeld 1, „Kundenaufträge bearbeiten" behandelt. Vgl. Grundband, Lernfeld 1, Kapitel 3.7.3, S. 96ff.

3 Auf die Rechtsfolgen der Unmöglichkeit der Leistung wird im Folgenden nicht eingegangen.

Ausnahmen: In folgenden Fällen ist nach § 286 II BGB z.B. **keine Mahnung** erforderlich

- **Kalendermäßige Bestimmtheit der Leistungszeit.** In diesem Fall ist die Leistungszeit gesetzlich oder vertraglich kalendermäßig so (genau) bestimmt, dass hierdurch als Leistungszeit (Leistungstermin) ein **bestimmter Kalendertag** festgelegt ist (z.B. Warenlieferung am 24. April 20.., Lieferung Ende Mai 20..).

- **Bloße kalendermäßige Bestimmbarkeit der Leistungszeit.** Eine kalendermäßige Bestimmbarkeit der Leistungszeit ist gegeben, wenn der Leistung ein (beliebiges) Ereignis vorausgegangen ist und eine angemessene Zeit für die Leistung in der Weise bestimmt ist, dass sich die Leistungszeit von dem Ereignis an nach dem **Kalender berechnen lässt.**

  Beispiel:

  Die Lieferung der Kaufsache erfolgt innerhalb von vierzehn Kalendertagen nach Auftragsbestätigung. Der Kaufpreis ist sechs Kalendertage nach dem Eingang der Rechnung zu zahlen. Spätestens 30 Kalendertage, nachdem der Notar die Beurkundung des Grundstückskaufvertrags mitgeteilt hat, ist der Kaufpreis auf das vom Verkäufer angegebene Konto zu überweisen.

- **Ernsthafte und endgültige Verweigerung** der **geschuldeten Leistung** durch den Verkäufer (Schuldner).

- **Verschulden des Verkäufers**

Der Schuldner (z.B. Verkäufer) kommt nicht in Verzug, solange die Leistung infolge eines Umstands unterbleibt, den er nicht zu vertreten (verschuldet) hat [§ 286 IV BGB]. Der Verzug setzt somit voraus, dass der Verkäufer die Nichtleistung zu vertreten hat. Der Verkäufer hat die unterbliebene Leistung zu **vertreten,** wenn die Lieferungsverzögerung durch **fahrlässiges** oder **vorsätzliches Handeln des Verkäufers** selbst, seines gesetzlichen Vertreters oder seines Erfüllungsgehilfen eingetreten ist [§§ 276 – 278 BGB].

Fahrlässig handelt, wer die verkehrsübliche Sorgfaltspflicht außer Acht lässt [§ 276 II BGB]. Bei einer besonders schweren Verletzung der im Geschäftsverkehr erforderlichen Sorgfaltspflicht liegt **grobe Fahrlässigkeit**[1] **vor.**

Beispiel:

Der Verkäufer kann deshalb nicht termingerecht liefern, weil er sich nicht rechtzeitig bei seinem Lieferer mit den Waren, die er verkauft, eingedeckt hat.

Der Verkäufer hat solche Lieferungsverzögerungen **nicht zu vertreten,** die z.B. auf höhere Gewalt zurückzuführen sind (z.B. Unwetter, Hochwasser, Streik).

(3) Erweiterte Haftung (Verantwortlichkeit) des Schuldners (Verkäufers) während des Verzugs

Nach dem Eintritt des Lieferungsverzugs haftet der Verkäufer nicht nur für Vorsatz und jede (auch leichte) Fahrlässigkeit. Er haftet während des Verzugs auch für Zufall (z.B. für die durch Zufall eingetretene Unmöglichkeit der Leistung), es sei denn, dass der Schaden auch bei rechtzeitiger Leistung eingetreten sein würde [§ 287 BGB]. Die Beweislast dafür, dass der Schaden auch bei rechtzeitiger Leistung eingetreten wäre, trägt der Verkäufer.

---

1 Wer fahrlässig handelt, der handelt schuldhaft. **Fahrlässigkeit** liegt vor, wenn die im Verkehr (z.B. Straßenverkehr) erforderliche Sorgfalt nicht beachtet wird.

Die Haftung ist verschuldensunabhängig und bezieht sich nur auf die eigentlichen Leistungspflichten.

6.7.2 Rechte des Käufers

(1) Überblick

Gemeinsamer Anknüpfungspunkt für die Rechte des Käufers beim Lieferungsverzug ist – wie für alle Leistungsstörungen – die **Pflichtverletzung** im Sinne von § 280 I BGB. Die Ansprüche aus § 280 I BGB gelten daher grundsätzlich auch für den Lieferungsverzug. Die erfolglose Bestimmung einer angemessenen Frist zur Nacherfüllung wird dabei immer als eine Mahnung im Sinne des § 286 BGB verstanden.

Neben den Rechten aus der Pflichtverletzung nach § 280 I BGB legt der Gesetzgeber im § 280 II BGB in Verbindung mit § 286 BGB noch einen besonderen Anspruch fest, der sich allein aus der Verspätung der geschuldeten Leistung ableitet: den **Ersatz von Verzögerungsschäden** [§ 280 II BGB].

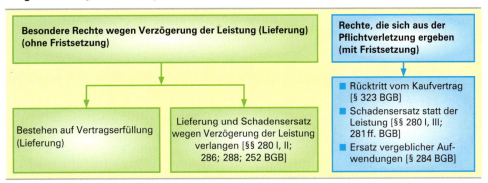

(2) Rechte, die der Käufer ohne Fristsetzung geltend machen kann

■ **Bestehen auf Vertragserfüllung (Lieferung)**

Da der Verkäufer seiner Leistungspflicht aus dem Kaufvertrag [§ 433 I BGB] noch nicht nachgekommen ist, hat der Käufer das Recht, weiterhin auf **Vertragserfüllung** zu bestehen.

Gründe des Käufers, **keine weitergehenden Rechte** geltend zu machen, sind z. B.

- langjährige gute Geschäftsbeziehungen mit dem Verkäufer,
- die Lieferungsverzögerung ist für den Käufer von untergeordneter Bedeutung,
- bei anderen Verkäufern bestehen längere Lieferfristen, höhere Preise und/oder ungünstigere Zahlungsbedingungen als beim säumigen Verkäufer.

■ **Bestehen auf Vertragserfüllung (Lieferung) und Schadensersatz wegen Verzögerung der Leistung (Lieferung)**

Besteht der Käufer auf Erfüllung der Leistung und möchte er gleichzeitig den durch die Verzögerung der Leistung verursachten Schaden ersetzt haben, so kann er zusätzlich noch **Schadensersatz wegen Verzögerung der Leistung** (Verzugsschaden, Verspätungsschaden) nach §§ 280 I, II; 286 BGB verlangen.

Gefordert werden können insbesondere der Einsatz aller Mehraufwendungen, die durch die Verzögerung angefallen sind, wie die Kosten einer Ersatzbeschaffung für die Dauer des Verzugs (z.B. Miete einer Ersatzmaschine) sowie ein entgangener Gewinn wegen Produktionsausfalls (z.B. infolge der verspäteten Lieferung einer Maschine, von Ersatzteilen oder Rohstoffen).

Beispiel:

Erwin Schröder betreibt einen Kiosk im Freibad von Bad Homburg. Rechtzeitig zum Beginn der Badesaison an Pfingsten bestellte er eine Softeismaschine bei der Firma Gastro-Bedarf Hessen GmbH. Die Firma Gastro-Bedarf Hessen GmbH lieferte die Eismaschine allerdings verspätet erst eine Woche nach den Pfingstferien. Abzüglich aller Kosten entging Erwin Schröder ein Gewinn von 350,00 EUR. Gemäß § 252 BGB kann er daher diesen Betrag als Verzugsschaden geltend machen.

---

(3) Rechte, die der Käufer nach erfolglosem Ablauf einer dem Verkäufer gesetzten angemessenen Frist[1] zur Leistung oder Nacherfüllung geltend machen kann

■ Rücktritt vom Kaufvertrag

Der Käufer kann vom Kaufvertrag zurücktreten, wenn die dem Verkäufer vorher gesetzte angemessene Frist zur Leistung oder Nacherfüllung (siehe § 439 BGB) erfolglos abgelaufen ist. Diese Fristsetzung ist z.B. entbehrlich, wenn der Verkäufer die Leistung ernsthaft und endgültig verweigert, beim Fixkauf oder wenn vorliegende Umstände unter Abwägung der beiderseitigen Interessen den sofortigen Rücktritt recht-

Beispiel:

Der Vertragspartner liefert nach Ablauf der angemessenen Frist nicht. Der Käufer tritt vom Kaufvertrag zurück, weil er die bestellte Sache inzwischen anderweitig zu einem günstigeren Preis kaufen kann. Trotz des nicht mehr bestehenden Vertrags wird der Warenschuldner (Verkäufer) mit den bereits entstandenen Verzugskosten belastet.

fertigen (Näheres siehe § 323 II, III BGB). Der Käufer ist trotz Wahrnehmung des Rücktrittsrechts berechtigt, für die verzugsbedingten Schäden Ersatz zu verlangen [§ 325 BGB].

Wenn offensichtlich ist, dass der Verkäufer in Verzug geraten wird, dann kann der Käufer auch vor dem Eintritt der Fälligkeit der Leistung vom Kaufvertrag zurücktreten [§ 323 IV BGB].

■ Schadensersatz statt der Leistung

Ist die Leistung oder Nacherfüllung nach Ablauf der gesetzten angemessenen Frist nicht erfolgt, so kann der Käufer nach §§ 280 I, III; 281 ff. BGB **Schadensersatz statt der Leistung** verlangen. Ersatzfähig sind in diesem Fall insbesondere die Mehrkosten eines **Deckungsgeschäfts**. Daneben kann der Käufer auch Ersatz für solche Schäden verlangen, die dadurch entstanden sind, dass er Aufträge nicht ausführen kann und es daraufhin zu Gewinneinbußen kommt (entgangener Gewinn, [§ 252 BGB]). Verlangt der Käufer Schadensersatz statt der Leistung, hat er keinen Anspruch mehr auf die Leistung [§ 281 IV BGB].

Bei der **Schadensberechnung** sind drei Vorgehensweisen zu unterscheiden: die konkrete Schadensberechnung, die abstrakte Schadensberechnung und die Konventionalstrafe.

---

1 **Angemessen** ist eine Frist, wenn der Verkäufer die Leistung innerhalb der gesetzten Frist erbringen kann, ohne jedoch die geschuldete Kaufsache erst selbst anfertigen oder bei einem anderen Lieferanten kaufen zu müssen.

Konkrete Schadensberechnung	Musste sich der Käufer die Waren anderweitig zu einem höheren Preis beschaffen, kann er von dem säumigen Verkäufer anhand der quittierten Rechnung den Preisunterschied zwischen dem Vertragspreis und dem Preis des **Deckungskaufs** verlangen.
Abstrakte Schadensberechnung	Falls der Käufer keinen Deckungskauf getätigt hat, kann er Schadensersatz für den ihm durch den Lieferungsverzug wahrscheinlich „entgangenen" Gewinn geltend machen.
Konventionalstrafe	Um den Verkäufer zum pünktlichen Einhalt der Lieferfrist anzuhalten und um Schäden nicht nachweisen zu müssen, wird manchmal eine Vertragsstrafe vereinbart. Der Geldbetrag wird dann im Allgemeinen vom Verkäufer bei einer Bank hinterlegt. Die Auszahlung an den Käufer wird fällig, sobald der Verkäufer in Verzug gerät.

■ **Ersatz notwendiger vergeblicher Aufwendungen**

Der Käufer kann unter den Voraussetzungen des § 284 BGB anstelle des Schadensersatzes statt der Leistung auch Ersatz vergeblicher Aufwendungen verlangen. Die Aufwendungen müssen aber angemessen sein und nachgewiesen werden.

Zusammenfassung

- Ein **Lieferungsverzug** liegt vor, wenn ein Verkäufer seine geschuldete Leistung nicht oder nicht rechtzeitig erfüllt und er diese Nichtleistung oder zu späte Leistung verschuldet hat.

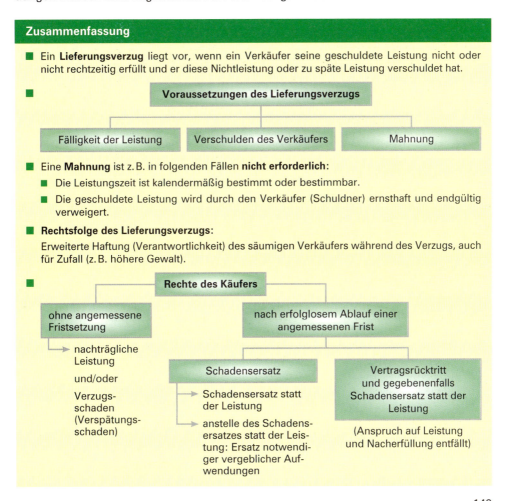

- Eine **Mahnung** ist z. B. in folgenden Fällen **nicht erforderlich**:
  - Die Leistungszeit ist kalendermäßig bestimmt oder bestimmbar.
  - Die geschuldete Leistung wird durch den Verkäufer (Schuldner) ernsthaft und endgültig verweigert.
- **Rechtsfolge des Lieferungsverzugs:**
  Erweiterte Haftung (Verantwortlichkeit) des säumigen Verkäufers während des Verzugs, auch für Zufall (z. B. höhere Gewalt).

Übungsaufgaben

46 1. Die Holzhandlung Hubert Spieß e.Kfm. bestellte am 15. März aufgrund eines verbindlichen Angebots vom 13. März bei der Holzgroßhandlung Spallek GmbH 60 m³ Eichenschnittholz. Lieferung: sofort. Nach 14 Tagen ist die Lieferung noch nicht erfolgt. Es liegt ein Versehen der Versandabteilung vor.

Aufgaben:

1.1 Prüfen Sie, ob die Holzgroßhandlung Spallek GmbH in Verzug ist! Begründen Sie Ihre Entscheidung!

1.2 Ändert sich die Rechtslage, wenn die Holzgroßhandlung Spallek GmbH die Lieferung bis 25. März fix zugesagt hat?[1]

1.3 Wir gehen davon aus, dass die Lieferung bis zum 25. März hätte erfolgen müssen (Fall 1.2), die Lieferung aber noch nicht bei der Holzhandlung Hubert Spieß e.Kfm. eingetroffen ist. Welche Rechte stehen der Holzhandlung Hubert Spieß e.Kfm. mit und ohne Fristsetzung zu, falls die Holzgroßhandlung Spallek GmbH in Verzug ist?

1.4 Von welchem Recht wird die Holzhandlung Hubert Spieß e.Kfm. Gebrauch machen, wenn – ausgehend von Fall 1.3 – der Preis für Eichenschnittholz inzwischen gefallen ist?

2. Kann der Käufer beim Lieferungsverzug vom Kaufvertrag zurücktreten und zusätzlich noch Schadensersatz verlangen?

3. Unter welchen wirtschaftlichen Bedingungen wird der Käufer beim Lieferungsverzug:

3.1 nur auf Erfüllung der vertraglichen Verpflichtungen bestehen,

3.2 Erfüllung und Verzugsschaden fordern,

3.3 vom Kaufvertrag zurücktreten und

3.4 Schadensersatz statt der Leistung verlangen?

4. Entscheiden Sie bei folgenden Angaben der Leistungszeit, ob der Verkäufer vom Käufer durch eine Mahnung in Verzug gesetzt werden muss:

4.1 Heute in drei Monaten,	4.5 14 Tage nach Weihnachten 20..,
4.2 im Juli 20..,	4.6 8 Tage nach Abruf,
4.3 im Laufe des März 20..,	4.7 sofort,
4.4 am 28. Juli 20..,	4.8 20 Tage nach Erhalt der Bestellung.

5. Das Sägewerk Gnädinger e.Kfm. hat am 29. Juni 20.. 60 m³ Eichenschnittholz zu liefern. Weil er den Termin vergessen hat, liefert er nicht vereinbarungsgemäß. Am 4. Juli 20.. verbrennt sein Holzlager durch Brandstiftung.

Aufgabe:

Ist Gnädinger hierdurch von seiner Leistungspflicht befreit?

6. Die Thorsten Stiefenhofer KG (Verkäufer) und Maria Kieble e.Kfr. (Käuferin) vereinbaren im Kaufvertrag den 20. April 20.. als Liefertermin.

Maria Kieble e. Kfr. schreibt der Thorsten Stiefenhofer KG am 10. April 20.., sie würde sich in Lieferungsverzug befinden, da die Lieferung bis jetzt noch nicht bei ihr eingegangen sei.

Aufgaben:

6.1 Was würden Sie der Thorsten Stiefenhofer KG raten, Maria Kieble e.Kfr. zu schreiben?

6.2 Die Thorsten Stiefenhofer KG hat bis 20. April 20.. (vereinbarter Liefertermin) nicht geliefert. Befindet sich die Thorsten Stiefenhofer KG in Lieferungsverzug, wenn sie die Kaufsache wegen eines mehrwöchigen Streiks nicht produzieren kann?

---

1 Ein **Fixkauf** liegt dann vor, wenn mit der genauen Einhaltung bzw. Nichteinhaltung des vereinbarten Liefertermins das Geschäft steht oder fällt. Die Einhaltung der vereinbarten Lieferzeit muss ein so wesentlicher Bestandteil des Kaufvertrags sein, dass eine nachträgliche Leistung nicht mehr als Erfüllung des Vertrags angesehen werden kann.

47

„Ich weiß auch nicht, warum unser Verkäufer ...“

Über den Versuch eines Kunden, bestellte Möbel auch geliefert zu bekommen.

Der Kunde, der an einem schönen Mittwochmorgen am 23. August ein Möbelhaus betritt, wendet sich an einen Verkäufer: „Guten Tag, ich hätte gerne die 4 Regalteile dort, diesen Schreibtisch, beides in Kirschbaum, und dazu noch einen solchen Bürostuhl." Zunächst irritiert über die Entschlussfreudigkeit des Kunden, greift der Verkäufer sofort zum Auftragsbuch, nimmt die Wünsche entgegen, rechnet den Gesamtpreis aus und weist den Kunden auf die übliche Anzahlung von 20% hin. „Kein Thema", sagt der Kunde. Bis zu diesem Zeitpunkt also nahezu ein Bilderbuchfall. Dann versteigt sich der Verkäufer zu einer Äußerung, die sich im nachhinein als fatal[1] erweisen sollte: „Dieser Hersteller liefert nach meinen Erfahrungen sehr zügig, die Möbel sind in ungefähr drei Wochen da."

Am 19. September mahnt der Kunde das Möbelhaus an, um sich nach dem Verbleib seiner Möbel zu erkundigen, auf die er bereits seit einer Woche wartet. Die Antwort: „Der Hersteller hat uns die Lieferung der Möbel bis zum Ende dieser Woche, also bis zum 24. September versprochen. Wir liefern Ihnen dann unverzüglich am 27. September."

Nächster Anruf des Kunden am 28. September. Eine Schreckensnachricht: Die Möbel sollen jetzt erst in der 41. Woche ankommen, also Mitte Oktober, glatte 4 Wochen nach dem vorgesehenen Termin. Als der Kunde seinen Unmut darüber äußert, entgegnet ihm seine Gesprächspartnerin, sie „könne ja nichts dafür", wenn der Hersteller nicht pünktlich liefere. „Ich vermittle doch nur zwischen Ihnen und dem Hersteller." Der Käufer stellt klar: „Ich will die Möbel bis zum 5. Oktober haben!"

Am 5. Oktober sind die Möbel endlich beim Kunden eingetroffen. Beim Auspacken stellt der Kunde fest, dass die Möbel bis in das kleinste Teil nach Lego-Art zerlegt sind, kein Teil ist montiert. Zum Zusammenbau der Regale benötigt der Kunde vier Stunden.

Den Höhepunkt bildet jedoch der Schreibtisch: In den Holzplatten sind nicht einmal Löcher gebohrt! „Wie soll ich denn die Schrauben hineindrehen ohne Löcher?", stöhnt der Kunde. Entnervt wendet er sich seiner letzten Neuerwerbung zu. Endlich klappt alles. Der Bürostuhl ist äußerst bequem. Am nächsten Tag sitzt der Käufer auf seinem Stuhl und ruft wieder beim Möbelhaus an, um seinen Schreibtisch zu reklamieren. Plötzlich bricht die Rückenlehne ab und er stürzt schwer zu Boden und bricht sich beide Arme.

In Anlehnung an Martin T. Roth, FAZ 28.11.2000.

Aufgaben:

1. Beschreiben Sie verbal oder mithilfe einer Skizze, wie in vorliegendem Fall ein Kaufvertrag zustande kommt!

2. Der Kunde wartet auf seine Möbel.
   2.1 Ab wann ist das Möbelhaus in Verzug? Begründen Sie Ihre Antwort!
   2.2 Welche Rechte hat der Kunde zu diesem Zeitpunkt?
   2.3 Was erreicht der Käufer mit seiner Fristsetzung am 28. September?

3. Beurteilen Sie die Aussage: „Ich vermittle doch nur zwischen Ihnen und dem Hersteller" aus rechtlicher Sicht!

4. Begründen Sie, ob der Kunde die Zeit zum Aufbau der Regale dem Möbelhaus in Rechnung stellen kann!

5. Um welchen Sachmangel handelt es sich beim Fehlen von Montagebohrungen?

---

1 Fatal: verhängnisvoll.

7 Beschaffungs-Controlling

7.1 Lagerhaltungskosten und Lagerrisiken

7.1.1 Funktionen und Arten des Lagers

7.1.1.1 Funktionen des Lagers

Merke:

Unter einem **Lager** versteht man einen Raum oder eine Fläche zum Aufbewahren von Sachgütern. Die Sachgüter werden mengen- und/oder wertmäßig erfasst.

Die Sachgüter werden im Wesentlichen aus vier Gründen gelagert:

Funktionen[1] des Lagers	Erläuterungen
Sicherungsfunktion	Die einzelnen Verbrauchsstellen eines Industriebetriebs müssen jederzeit über die notwendigen Werkstoffe verfügen, wenn die Produktion störungsfrei ablaufen soll. Aus diesem Grund wird in den Industriebetrieben meistens ein Sicherheitsbestand (eiserner Bestand) gehalten.
Zeitüberbrückungsfunktion/ Mengenausgleichsfunktion	■ Witterungseinflüsse (z.B. verspätete Ernten), Liefererausfälle, Transportschwierigkeiten, politische Entscheidungen (z.B. Ausfuhrstopps) können die Produktion zum Erliegen bringen. Ein Roh-, Hilfs- und Betriebsstofflager sichert die Funktionsfähigkeit des Betriebs. ■ Ein plötzlicher Nachfrageanstieg kann die Lieferbereitschaft beeinträchtigen. Das Lager an Fertigerzeugnissen gleicht die Marktschwankungen aus. Bei steigender Nachfrage werden die Lager abgebaut, bei sinkender Nachfrage aufgestockt.
Umformungsfunktion	Bei bestimmten Gütern hat die Lagerhaltung auch die Aufgabe, die Eigenschaften der Güter an die Anforderungen der Produktion und/oder des Absatzes anzupassen. Hierzu gehört z.B. das Austrocknen von Holz, das Aushärten von Autoreifen oder das Reifen alkoholischer Getränke (z.B. Bier, Wein).
Spekulationsfunktion	Durch Großeinkäufe (z.B. durch das Ausnutzen von Mengenrabatten, Transportkostenvergünstigungen und Verbilligungen bei den Verpackungskosten) sowie durch Gelegenheitskäufe werden die Betriebe in die Lage versetzt, die Preise auch bei steigender Nachfrage stabil zu halten.

7.1.1.2 Arten des Lagers

(1) Lagerarten nach der räumlichen Gestaltung

Offene Lager. Wirtschaftliche Güter, die in ihrer Qualität durch Witterungseinflüsse nicht leiden, werden in kostengünstigen offenen, d.h. nicht überdachten Lagern untergebracht (z.B. Kohle, Sand, Steine, Röhren, Ziegel usw.).

---

1 Funktionen: hier Aufgaben.

Geschlossene Lager. Die weitaus meisten Güter müssen in geschlossenen (umbauten) Lagern eingelagert werden, um sie vor Witterungseinflüssen (Kälte, Wärme, Feuchtigkeit) sowie Diebstahl zu schützen. Bei vielen Gütern sind **Speziallagerräume** (z. B. Kühlräume, Öltanks, Silos) erforderlich. **Getrennte Lagerräume** können aus Zweckmäßigkeitsgründen (leichterer Zugriff) oder aus Gründen, die in der Natur der Güter liegen, notwendig sein (z. B. Trennung von Lebensmitteln mit Geruchsbildung wie Käse von sonstigen Lebensmitteln, Trennung von Chemikalien von Lebensmitteln).

(2) Lagerarten nach dem Bearbeitungszustand der Erzeugnisse

- **Roh-, Hilfs- und Betriebsstofflager (kurz Stofflager).** Diese Lager haben die Aufgabe, die Zeitspanne zwischen Beschaffung und Produktion (Verbrauch der Roh-, Hilfs- und Betriebsstoffe) zu überbrücken.

- **Zwischenlager.** Sie nehmen unfertige, noch weiter zu bearbeitende Erzeugnisse auf. Zwischenlager sind häufig deshalb erforderlich, weil die Fertigungsstufen innerhalb des Produktionsprozesses – besonders in Mehrproduktunternehmen – selten so genau aufeinander abgestimmt werden können, dass in jeder Produktionsstufe die erforderlichen Teile in der benötigten Menge zur Verfügung stehen. Außerdem würde ohne Zwischenlager bei der geringsten Betriebsstörung in einer Vorstufe (z. B. aufgrund eines Maschinenschadens) der gesamte Produktionsprozess zum Stillstand kommen.

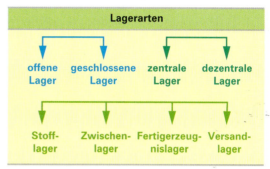

- **Fertigerzeugnislager.**[1] In diesen Lagern werden die fertiggestellten Erzeugnisse gelagert, um sie für den Absatz bereitzuhalten.

- **Versandlager.** Hierbei handelt es sich um die kurzfristige Lagerung von Gütern, die versandfertig gemacht (z. B. seemäßig verpackt) werden. Versandlager sind Durchgangslager bereits bestellter Erzeugnisse.

(3) Lagerarten nach dem Lagerort (Lagerstandort)

Zentrale Lager sind solche, bei denen alle im Betrieb benötigten Güter in einem Gesamtlager untergebracht sind. Zentrale Lager haben den Vorteil, dass sie verhältnismäßig wenig Raumkosten verursachen.

Eine Minimierung auch der Transportkosten setzt voraus, dass die Verbrauchsstätten entsprechend dem Produktionsfluss um das Lager angeordnet sind. Da die meisten Betriebe jedoch historisch gewachsen sind, liegen die Produktionsstätten (z. B. Werkstätten, Werkhallen) häufig hinter-, über- und/oder nebeneinander, sodass die Raumkostenersparnis eines zentralen Lagers durch die Transportkostenverteuerung aufgehoben oder übertroffen wird. Lediglich bei Umbauten, Betriebserweiterungen und Neugründungen lassen sich die günstigsten Bedingungen für eine zentrale Lagerung schaffen.

---

[1] Industriebetriebe, die neben ihren Erzeugnissen auch Handelswaren anbieten, führen auch ein Handelswarenlager.

Dezentrale Lager sind erforderlich, wenn die Vorteile der geringen Raumkosten bei zentraler Lagerung durch erhöhte Transportkosten aufgezehrt werden. Jede Verbrauchsstätte enthält dann ein eigenständiges Lager für die Roh-, Hilfs-, Betriebsstoffe und Fertigteile, die sie benötigt (Nebenlager). Dies schließt nicht aus, dass dennoch ein zentrales Lager (Hauptlager) geführt wird, von dem aus die Nebenlager bei Bedarf beliefert werden. Der Vorteil ist, dass Transportkosten eingespart werden. Von Nachteil ist, dass die Raumkosten und die Verwaltungskosten steigen.

7.1.2 Bestandsoptimierung in der Lagerhaltung auf der Basis von Lagerkennzahlen

7.1.2.1 Arten der Lagerhaltungskosten

(1) Personalkosten

Für das im Lager arbeitende Personal entstehen Personalkosten. Diese setzen sich aus den Löhnen und Gehältern, den gesetzlichen Sozialkosten (Arbeitgeberanteil an der Sozialversicherung) und den freiwilligen Sozialleistungen des Arbeitgebers (z.B. Essenskostenzuschüsse, Fahrtkostenzuschüsse, betriebliche Altersversicherung) zusammen.

(2) Sachkosten

■ **Raumkosten**

Während für die Benutzung fremder Lagerräume Miete zu bezahlen ist, entstehen durch die Lagerung in eigenen Räumen eine ganze Reihe von sachlichen Kosten. Zunächst müssen **Abschreibungen** für den Wertverlust, dem die Gebäude im Zeitablauf und durch Nutzung unterliegen, berücksichtigt werden. Hinzu treten die Kosten für die **Verzinsung** des in den Räumlichkeiten investierten Kapitals. Zur Erhaltung der Lagerräume fallen **Reparaturkosten** an. Schließlich sind noch die anteiligen **Steuerkosten** (Grundsteuer) und **Versicherungskosten** zu berücksichtigen.

■ **Kosten der Lagereinrichtung**

Ebenso wie für die Baulichkeiten fallen auch bei den Lagereinrichtungen (z.B. Regale, Fördereinrichtungen, Büroausstattung) **Abschreibungskosten, Zinskosten, Reparaturkosten, Steuerkosten** und **Versicherungskosten** an. Hinzu kommen die **Energiekosten** (z.B. für Belüftung, Heizung, Kühlung, Beleuchtung).

■ **Risiko- und Versicherungskosten**

Die Lagerung von Waren, Hilfs-, Betriebs- und Rohstoffen, Fertigteilen usw. ist risikobehaftet. Abgesehen vom Schwund, Verderb, Diebstahl oder Veralten besteht das Hauptrisiko im Spannungsverhältnis von unsicherer Absatzerwartung einerseits und dem

Zwang andererseits, eine Entscheidung über die Art und Höhe der Lagerbestände treffen zu müssen. Auch die Preisrisiken gehören zu diesem Bereich.

Versicherbare Risiken	Einige Risiken wie Diebstahl, Einbruchdiebstahl, Veruntreuung sowie Wasser- und Feuerschäden lassen sich versichern **(spezielle Risiken)**.
Nicht versicherbare Risiken	Mengenverluste durch Schwund, Verderb (Fäulnis) und Qualitätseinbußen (z.B. Geschmacks- und Geruchseinbußen) sind nicht versicherbar. Auch Preisrisiken sowie Risiken, die durch Änderung der Verbrauchergewohnheiten entstehen (z.B. Modewechsel), können nicht versichert werden **(allgemeines Unternehmerrisiko)**.

Für Lagerrisiko und Lagerdauer gilt: Je kürzer die Lagerdauer ist, desto niedriger sind die Wagniskosten für die Lagerbestände. Auch aus dieser Sicht wird die Wirtschaftlichkeit des Lagers durch eine Verkürzung der Lagerdauer erhöht. Aus dieser Tatsache leitet sich auch die zunehmende Bedeutung für das sogenannte Just-in-time-Verfahren ab.

7.1.2.2   Festlegung von Mindest- und Meldebeständen

(1) Mindestbestand

In den meisten Industrieunternehmen werden für produktionswichtige Rohstoffe, Fabrikationsmaterialien, Ersatzteile, Handelswaren usw. Mindestbestände festgelegt, die ohne Genehmigung des Leiters der Materialwirtschaft, oft sogar ohne Zustimmung der Unternehmensleitung, nicht unterschritten werden dürfen.

Merke:

Die **Mindestbestände,** auch **eiserne Bestände** genannt, sind so hoch zu bemessen, dass sie auch bei vorübergehenden Beschaffungsschwierigkeiten eine reibungslose Betriebsfortführung garantieren.

Die Mindestbestände sollten umso größer sein, je größer das Risiko von Beschaffungsstockungen für die Produktion ist. Sie müssen für jede Stoffart (jedes Sachgut) gesondert festgestellt werden. Ändern sich die Beschaffungskonditionen (insbesondere der Lieferfristen) und die Bedarfsmengen, ist auch die Höhe der Mindestbestände an die neuen Bedingungen anzupassen.

(2) Meldebestand

Merke:

Der **Meldebestand** ist jene Lagermenge, bei deren Erreichung beim „Bestellpunktverfahren" dem Einkauf Meldung (Bedarfsmeldung) zur Neuanschaffung (Auffüllung der Läger) zu machen ist. Der Meldebestand bestimmt somit den Zeitpunkt der Bestellung.

Der Meldebestand muss so hoch sein, dass das Auffüllen des Lagers vor Erreichung des Mindestbestands möglich ist. Der Meldebestand liegt um die Bedarfsmenge während der Wiederbeschaffungszeit über dem Mindestbestand.

Der Meldebestand wird wie folgt berechnet:

Meldebestand = Tagesverbrauch · Wiederbeschaffungszeit + Mindestbestand

Bei der Bestimmung der Wiederbeschaffungszeit sind unbedingt die Lieferfrist, die Transportzeit, aber auch die gesamte Bearbeitungszeit der Bedarfsmeldung, vor allem im Einkauf (Angebotseinholung, Angebotsprüfung, Verhandlungen, Schreiben der Bestellungen), und die Laufzeit der Bestellungen zum Lieferer zu berücksichtigen (zu addieren).

Beispiel:

100 Stück Verbrauch täglich, 6 Tage Wiederbeschaffungszeit insgesamt,
600 Stück Mindestbestand

Meldebestand: $100 \cdot 6 + 600 = 1\,200$ Stück

7.1.2.3 Berechnung von Lagerkennzahlen

(1) Durchschnittlicher Lagerbestand

Der durchschnittliche Lagerbestand bildet die Grundlage für die Bestimmung der Lagerumschlagshäufigkeit und der durchschnittlichen Lagerdauer. Der durchschnittliche Lagerbestand kann z.B. als arithmetisches Mittel (Durchschnitt) aus dem **Jahresanfangsbestand** und dem **Jahresschlussbestand** berechnet werden.

Beispiel:

Der Jahresanfangsbestand in einem Lager beträgt 72000,00 EUR, der Schlussbestand 68000,00 EUR.

$$\text{Durchschnittlicher Lagerbestand} = \frac{72\,000 + 68\,000}{2} = 70\,000{,}00 \text{ EUR}$$

Außerdem gibt es z.B. folgende Berechnungsmöglichkeiten:

$$\frac{\text{Durchschnittlicher}}{\text{Lagerbestand}} = \frac{\text{Jahresanfangsbestand} + 12\,\text{Monatsendbestände}}{13}$$

Merke:

Der **durchschnittliche Lagerbestand** sagt aus, welcher Werkstoffwert (oder Handelswarenwert) zu Einstandspreisen durchschnittlich auf Lager ist. In dieser Höhe ist ständig Kapital des Unternehmens gebunden.

(2) Lagerumschlagshäufigkeit

Sie gibt an, wie oft die Menge oder der Wert des durchschnittlichen Lagerbestands in einer Zeitperiode, z.B. in einem Jahr, „abgegangen", d.h. Werkstoffe verbraucht bzw. Handelswaren verkauft worden sind. Die Lagerumschlagshäufigkeit schwankt je nach Branche, Warenart und Organisationsstandard der Lagerwirtschaft eines Unternehmens.

$$\text{Lagerumschlags-häufigkeit}^{1} = \frac{\text{Lagerabgang (z.\,B. Verbrauch von Werkstoffen) zu Einstandspreisen}}{\text{durchschnittlicher Lagerbestand zu Einstandspreisen}}$$

Beispiel:

Beträgt der Lagerabgang zu Einstandspreisen z.\,B. 840 000,00 EUR und der durchschnittliche Lagerbestand 70 000,00 EUR (siehe Beispiel auf S. 156), so ergibt sich die Lagerumschlagshäufigkeit wie folgt:

$$\text{Lagerumschlagshäufigkeit} = \frac{840\,000}{70\,000} = \underline{\underline{12}}$$

Ergebnis: Die Zahl 12 besagt, dass der durchschnittliche Lagerbestand in der Rechnungsperiode zwölfmal umgeschlagen wurde.

Merke:

Durch die **Lagerumschlagshäufigkeit** erfährt der Unternehmer, wie oft sich der durchschnittliche Lagerbestand in einer Rechnungsperiode umgeschlagen hat.

(3) Durchschnittliche Lagerdauer

Sie ist die Zeit (z.\,B. in Tagen ausgedrückt) zwischen dem Eingang der Werkstoffe (oder Handelswaren) im Lager und deren Abgabe an die Produktion (bzw. den Verkauf), und zwar im Durchschnitt gerechnet. Die Lagerdauer soll so kurz wie möglich sein, um z.\,B. die Lagerzinsen zu senken sowie Schwund, Diebstahl und technische und wirtschaftliche Überholung zu vermeiden.

$$\text{Durchschnittliche Lagerdauer in Tagen} = \frac{\text{z.\,B. 360 Tage}}{\text{Lagerumschlagshäufigkeit}}$$

Beispiel:

Bei einer im vorherigen Beispiel ermittelten Lagerumschlagshäufigkeit von 12 errechnet sich die durchschnittliche Lagerdauer wie folgt:

$$\text{Durchschnittliche Lagerdauer} = \frac{360 \text{ Tage}}{12} = \underline{\underline{30 \text{ Tage}}}$$

Ergebnis: Das Lagergut liegt durchschnittlich 30 Tage im Lager.

Merke:

Aus der **durchschnittlichen Lagerdauer** sieht der Unternehmer, wie lange die Werkstoffe (oder Handelswaren) im Durchschnitt im Lager waren.

Wichtig: Je höher die Lagerumschlagshäufigkeit, desto kürzer ist die durchschnittliche Lagerdauer und umgekehrt.

---

1 Außerdem gibt es folgende Berechnungsmöglichkeiten:

$$\text{Lagerumschlagshäufigkeit} = \frac{\text{Verbrauch pro Jahr}}{\text{durchschnittlicher Lagerbestand}} \quad \text{oder} \quad \frac{360}{\text{durchschnittliche Lagerdauer}}$$

(4) Lagerzinsfuß

Der Lagerzinsfuß gibt an, wie viel Prozent Zinsen für das in den Lagervorräten investierte Kapital z. B. in die Verkaufspreise einkalkuliert werden müssen.

$$\text{Lagerzinsfuß}[1] = \frac{\text{Marktzinssatz} \cdot \text{durchschnittliche Lagerdauer}}{360 \text{ Tage}}$$

Je kürzer die durchschnittliche Lagerdauer ist, desto niedriger sind die auf den Werkstoffeinsatz (oder Handelswareneinsatz) entfallenden Zinskosten der Lagerhaltung, d.h. desto niedriger ist der Lagerzinsfuß.

Beispiel:

Bei einer im vorherigen Beispiel ermittelten Lagerdauer von 30 Tagen und einem angenommenen Jahreszinsfuß von 9 % beträgt der Lagerzinsfuß:

$$\text{Lagerzinsfuß} = \frac{9 \cdot 30}{360} = \underline{\underline{0,75 \,\%}}$$

---

(5) Sinkender Lagerhaltungskostenanteil mit steigender Lagerumschlagshäufigkeit

Mit zunehmender Lagerumschlagshäufigkeit (abnehmender durchschnittlicher Lagerdauer) verringert sich die durchschnittliche Lagerkostenbelastung des Materialeinsatzes (z. B. des Einsatzes von Roh-, Hilfs- und Betriebsstoffen) bzw. des Handelswareneinsatzes. Außerdem verringert sich die Kostenbelastung für das im Lager gebundene Kapital.

Beispiel:

Der Lagerabgang beträgt konstant 600 000,00 EUR. Der Jahreszinsfuß beträgt 9 %.

Lagerabgang in EUR	600 000,00	600 000,00	600 000,00	600 000,00	600 000,00
Umschlagshäufigkeit	2	4	6	8	10
Durchschnittliche Lagerdauer	180	90	60	45	36
Durchschnittlicher Lagerbestand	300 000,00	150 000,00	100 000,00	75 000,00	60 000,00
Lagerzinsen/Umschlag	13 500,00	3 375,00	1 500,00	843,75	540,00
Lagerzinsen/Jahr	27 000,00	13 500,00	9 000,00	6 750,00	5 400,00

Da der Lagerabgang eine Größe ist, die vom Unternehmen nicht ohne Weiteres vergrößert werden kann, liegen die beeinflussbaren Kostenpotenziale darin, dasselbe Absatzziel mit höherer Umschlagshäufigkeit und damit kürzerer Lagerdauer zu erreichen.

Es ist nachvollziehbar, dass die damit verbundene Senkung des durchschnittlichen Lagerbestands auch einhergeht mit einer Senkung der übrigen Lagerkosten. Zwar verläuft die

---

1 Außerdem gibt es folgende Berechnungsmöglichkeit:

$$\text{Lagerzinsfuß} = \frac{\text{Marktzinssatz}}{\text{Umschlagshäufigkeit}}$$

Senkung dieser Lagerkosten nicht direkt proportional zur Verringerung des Lagerbestands (z. B. bleiben die Raumkosten weitestgehend fix). Dennoch gewinnt das Unternehmen dadurch einen Kostenvorteil, der genutzt werden kann zur Verbesserung der Gewinnsituation oder zur Senkung der Preise und damit zur Verbesserung der eigenen Marktposition.

7.1.3 Risiken einer fehlerhaften Lagerplanung

Zu **hohe Lagerbestände** binden Kapital und verursachen Kosten. Ein zu großes Lager bringt außerdem die Gefahr mit sich, dass infolge technischer Änderungen und/oder infolge Geschmackswandels das Lagergut veraltet.

Zu **niedrige Lagerbestände** können zu Produktions- und Absatzstockungen führen.

Beispiele:

Muss die Produktion z. B. wegen zu geringer Rohstoffvorräte eingeschränkt werden, dann sind die im Unternehmen anfallenden Kosten (z. B. Löhne, die für die weiterhin benötigten Facharbeiter bezahlt werden müssen; Zinsen für die aufgenommenen Kredite; Abschreibungskosten für das im Unternehmen investierte Sachkapital der Gebäude, Maschinen, Lagereinrichtungen usw.) nicht mehr voll durch den möglichen Verkauf der Fertigerzeugnisse gedeckt.

Besonders nachteilig wirken sich zu niedrige Lagervorräte aus, wenn hierdurch fest zugesagte Liefertermine nicht eingehalten werden können und deshalb Kunden nicht mehr bei dem Unternehmen kaufen. Absatzstockungen führen mittel- bis langfristig auch zu Zahlungsschwierigkeiten. Während die Aufwendungen im Wesentlichen in unveränderter Höhe weiterlaufen, stagnieren oder sinken die Erträge bei Absatzstockungen.

Zusammenfassung

- Das Lager erfüllt vier **Aufgaben (Funktionen):** Sicherungs-, Zeitüberbrückungs-/Mengenausgleichs-, Umformungs- und Spekulationsfunktion.

- Das Lager kann nach verschiedenen Gesichtspunkten unterteilt werden **(Lagerarten):**

Gliederungsgesichtspunkt	Lagerart
Nach der räumlichen Gestaltung	offene Lager geschlossene Lager
Nach dem Bearbeitungszustand der Erzeugnisse	Stofflager Zwischenlager Fertigerzeugnislager Versandlager
Nach dem Lagerort	Zentrale Lager Dezentrale Lager

- Für produktionswichtige Rohstoffe, Halbfabrikate, Ersatzteile und Handelswaren werden **Mindest-** und **Meldebestände** festgelegt.

- Bei Erreichen des Meldebestands muss das Lager dem Einkauf eine **Bedarfsmeldung** zwecks Auffüllung des Lagers (Neuanschaffung) machen. Beim **Bestellpunktverfahren** bestimmt der Meldebestand die „Bestellzeitpunkte" der im Lager geführten Materialien.

- Die wichtigsten **Lagermesszahlen** sind der **durchschnittliche Lagerbestand,** die **Lagerumschlagshäufigkeit,** die **durchschnittliche Lagerdauer** und der **Lagerzinsfuß.**

- Je **höher** die **Lagerumschlagshäufigkeit** ist, desto **niedriger** sind die **durchschnittliche Lagerdauer** und der **Lagerkostenanteil** (und umgekehrt).

Übungsaufgaben

48 1. Eine Erweiterung des Produktprogramms bedeutet häufig gleichzeitig eine Erweiterung des Lagerraums.

Aufgaben:

1.1 Welche zusätzlichen Kosten treten dabei auf? (Drei Beispiele!)

1.2 Für die Lagerkosten gilt stets: „Je kürzer die Lagerdauer, desto geringer die Kosten." Nennen Sie zwei Maßnahmen, durch die eine Verkürzung der durchschnittlichen Lagerdauer erreicht werden kann!

1.3 Berechnen Sie den durchschnittlichen Lagerbestand, die Lagerumschlagshäufigkeit, die durchschnittliche Lagerdauer, den Lagerzinssatz (landesüblicher Zinsfuß 9 %) nach den folgenden Angaben:

Anfangsbestand an Handelswaren am 1. Januar 20..	150 000,00 EUR
Zugänge an Handelswaren	700 000,00 EUR
Schlussbestand an Handelswaren am 31. Dezember 20..	250 000,00 EUR

1.4 Begründen Sie, wie sich eine Erhöhung der Lagerumschlagshäufigkeit auf die Lagerkosten und das Lagerrisiko auswirkt!

2. Der Jahresanfangsbestand eines Rohstoffs beträgt 590 000,00 EUR, der Jahresschlussbestand 670 000,00 EUR und der Verbrauch an Rohstoffen (Lagerabgang) zu Einstandspreisen 6 300 000,00 EUR.

Aufgaben:

2.1 Berechnen Sie

2.1.1 den durchschnittlichen Lagerbestand,

2.1.2 die Lagerumschlagshäufigkeit und

2.1.3 die durchschnittliche Lagerdauer!

2.2 Machen Sie Vorschläge, wie die durchschnittliche Lagerdauer verkürzt werden kann!

3. Die Lagerzinsen sind von der Lagerdauer des eingelagerten Guts abhängig.

Aufgabe:

Beweisen Sie diese Aussage anhand folgender Zahlen, indem Sie die Lagerzinsen bei einer Lagerdauer von 14, 16, 18 und 20 Tagen berechnen! Zugrunde gelegter Zinsfuß 10 %; Wert des durchschnittlichen Lagerbestands 400 000,00 EUR.

49 Die Düsseldorfer Polstermöbelwerke AG haben in letzter Zeit dank neuer und besonders ansprechender Modelle Produktion und Absatz wesentlich steigern können. Immer wieder gab es aber empfindliche Engpässe, besonders bei der Versorgung der Polsterabteilung mit Bezugsleder. Die Einhaltung von Lieferfristen gegenüber Kunden bereitete deshalb oft Schwierigkeiten. Folglich sollen Lagerhaltung und Beschaffung neu überdacht werden. Die Bestandskarte für Bezugsleder weist aus: Mindestlagerbestand 1 000 m^2; Meldebestand 4 000 m^2.

Aufgaben:

1. Zunächst soll geprüft werden, ob die bisher üblichen Mindestlagerbestände an Fertigungsmaterial ausreichen:

1.1 Nennen Sie vier Gründe, weshalb es notwendig ist, einen Mindestlagerbestand zu halten!

1.2 Unter welchen Voraussetzungen darf der Mindestlagerbestand angegriffen werden?

2. Der Lagerverwalter soll künftig Neubestellungen rechtzeitig bei der Einkaufsabteilung veranlassen.

2.1 Bei welchem Lagerbestand muss er die Einkaufsabteilung informieren?

2.2 Berechnen Sie die Wiederbeschaffungszeit bei einem durchschnittlichen Tagesbedarf von 100 m^2!

2.3 Nennen Sie zwei Gründe, die dazu führen können, dass der Meldebestand erhöht werden muss!

3. Im Hinblick auf die Wettbewerbssituation sollen die Kosten und die Risiken der Lagerhaltung untersucht werden.

3.1 Nennen Sie fünf Kostenarten, die durch die Lagerhaltung verursacht werden!

3.2 Erläutern Sie drei Risiken, die mit der Lagerhaltung verbunden sind!

4. Lagerkosten und Lagerrisiko stehen in engem Zusammenhang mit den Lagermesszahlen. Die Lagerbuchhaltung liefert für das Holzlager folgende Informationen:

Anfangsbestand am 1. Januar 120 000,00 EUR

12 Monatsschlussbestände insgesamt 1 180 000,00 EUR

Berechnen Sie den durchschnittlichen Lagerbestand!

5. Begründen Sie, wie sich eine Erhöhung der Lagerumschlagshäufigkeit auf die Lagerkosten und das Lagerrisiko auswirkt!

50 1. Eine Lageranalyse bei der Kleiner OHG ergab folgende Situation:

Lagerabgang zu Einstandspreisen: 600 000,00 EUR

Der Lagerkostensatz[1] beträgt 30 %

Aufgabe:

Stellen Sie tabellarisch dar, wie sich die Lagerkosten ändern, wenn es dem Betrieb gelingt, die Umschlagshäufigkeit schrittweise zu steigern von 3, über 4, 6, 8 bis 10!

2. Ein Betrieb hat folgende Lagerkosten und folgenden Lagerbestand:

Konstante durchschnittliche jährliche Lagerkosten (einschließlich Zinskosten für das in den Lagervorräten investierte Kapital): 120 000,00 EUR.

Durchschnittlicher (jährlicher) Lagerbestand: 200 000,00 EUR.

Der Kalkulationsfaktor für die Einstandspreise (Bezugspreise) beträgt 1,6 und der Gewinn 4 % der Verkaufspreise.

Hinweis: Der Kalkulationsfaktor ist die Zahl, mit welcher der Einstandspreis (Bezugspreis) multipliziert wird, um den Auszeichnungspreis (Verkaufspreis) zu erhalten.

Aufgabe:

Stellen Sie tabellarisch den Zusammenhang zwischen der Lagerumschlagshäufigkeit und dem Gesamtgewinn dar, wenn der Betrieb bei konstanten Verkaufspreisen und gleich bleibenden sonstigen Kosten (z.B. Materialpreise, Löhne) die Lagerumschlagshäufigkeit wie folgt steigert: 3, 4, 6, 8, 10!

Verwenden Sie zur Lösung das nachfolgende Schema:

Lager-umschlags-häufigkeit	Durch-schnittlicher (jährlicher) Lager-bestand in EUR Kapital-einsatz	Durch-schnittliche Lagerdauer (Tage)	Umsatz zu Einstands-preisen in EUR	Umsatz zu Verkaufs-preisen in EUR	Lager-kosten in %, bezogen auf den Gesamt-umsatz zu Einstands-preisen	Gewinn (4 % der Verkaufs-preise) in EUR

---

1 **Hinweis:** Der Lagerkostensatz ist ein %-Satz, der angibt, wie hoch die Lagerkosten, gemessen am durchschnittlichen Lagerbestand, sind.

7.2 Moderne Logistikkonzepte

7.2.1 Begriff und Aufgaben der Logistik

> **Merke:**
>
> Unter **Logistik**[1] versteht man die **Planung, Steuerung, Durchführung** und **Kontrolle** von unternehmensinternen und unternehmensübergreifenden **Material-** und **Warenflüssen** sowie der dazugehörigen **Informationsflüsse**.

Zu den **Aufgaben** der Logistik zählen also zum einen **Informationsverarbeitungsprozesse** und zum anderen **physische Transport-, Umschlags- und Lagerprozesse**. Hauptaufgabe der Logistik ist es, den internen Materialfluss zwischen Beschaffung, Produktion und Absatz sowie den externen Materialfluss mit Lieferanten und Kunden abzustimmen (**strategische Aufgabe**) und durchzuführen (**operative Aufgabe**).

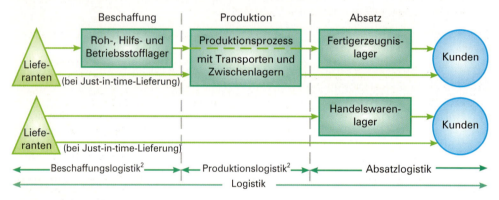

Erläuterungen zum Materialfluss:

- Auf der **Beschaffungsseite** finden wir im Besonderen den Zufluss an Roh-, Hilfs- und Betriebsstoffen, während wir auf der **Absatzseite** den Abfluss der Fertigerzeugnisse beobachten können.
- Im Bereich der **Produktion** hängt die Intensität (Umfang) des Materialflusses von der Art der Fertigungsorganisation ab.
  - Bei der **Werkstättenfertigung** handelt es sich um eine **Verrichtungszentralisation** mit der Folge, dass das innerbetriebliche Transportsystem in besonderem Maße belastet ist, da die zu bearbeitenden Werkstücke von einer Werkstatt in die andere transportiert werden müssen.
  - **Gruppenfertigung** oder **Fließfertigung** sind Beispiele einer **Objektzentralisation**. Das heißt, im unmittelbaren Umfeld des zu bearbeitenden Werkstückes sind alle Maschinen, Vorrichtungen usw. angeordnet, um einen größeren, zusammenhängenden Fertigungsabschnitt oder Montagevorgang zu bewältigen.
- Obwohl bei der **Lagerhaltung** das Material ruht, wird auch die Lagerung als ein Teil des Materialflusses und damit als Teil der Logistik verstanden.

---

1 **Logistik** (lat.): mathematisches System. Das Wort Logistik wurde seit dem 9. Jahrhundert im militärischen Bereich verwendet und bedeutete dort die Lehre von der Planung der Bereitstellung und vom Einsatz der für militärische Zwecke erforderlichen Mittel und Dienstleistungen zur Unterstützung der Streitkräfte.

2 Aufgrund des Lehrplans wird die Beschaffungs- und Produktionslogistik nicht behandelt. Zur Absatzlogistik siehe S. 246f.

Von den **Informationsflüssen** sind für die Logistik nur jene von Bedeutung, die mit den Waren- und Materialflüssen in engem Zusammenhang stehen, also vorwiegend jene Informationen aus dem Bereich der Auftragsbearbeitung und des Bestellwesens. Von zunehmender Bedeutung im Rahmen der Just-in-time-Versorgung sind Informationen über den derzeitigen (aktuellen) **Aufenthaltsort** und den **zurückgelegten Weg** des Materials.

7.2.2 Materialfluss im Unternehmen

Zur Durchführung des Materialflusses im Unternehmen werden unterschiedliche Transportsysteme eingesetzt. Die Wahl des Transportsystems hängt ab von

- der Art des zu transportierenden Materials (flüssig, fest, Schüttgut),
- der Stetigkeit des Materialflusses,
- der Größe und dem Gewicht des Materials,
- der erforderlichen Transportflexibilität.[1]

Die nachfolgende Tabelle zeigt einen Überblick über typische innerbetriebliche Transportsysteme und deren Eigenschaften.

Art des Transport-systems	Materialart	Stetigkeit des Materialflusses	Flexibilität
Gabelstapler	Bei Verwendung entsprechender Behälter für alle Materialien geeignet.	unstetig	■ Hohes Maß an Flexibilität, da frei fahrbar. ■ Geeignet zum Heben und zum Transportieren auch über längere Strecken.
Laufkran	fest	unstetig	■ Nur innerhalb des Laufbereiches, daher zumeist kürzere Strecken. ■ Aufnahme und Absetzen nur senkrecht.
Rollenbahn	fest	stetig	■ Gering, da ortsfest. ■ Hohes Risiko bei Ausfall des Systems.
Flurförder-systeme	Bei Verwendung entsprechender Behälter für alle Materialien geeignet.	unstetig	Beschränkt, da durch Induktionsschleifen im Boden geführt.

7.2.3 Strategien der Lagerbewirtschaftung (Lagerorganisation)

Die Lagerbewirtschaftungsstrategien beschäftigen sich damit, nach welchem Verfahren ein Lagerplatz vergeben wird **(Lagerplatzvergabe)** und wie die Ein- bzw. Auslagerung geregelt wird **(Ein- und Auslagerungsstrategien)**.

---

1 Flexibilität: hier: Anpassungsfähigkeit des Transportsystems in Bezug auf räumliche Beweglichkeit.

(1) Lagerplatzvergabe

■ Systematische Lagerplatzordnung

Die systematische Lagerplatzordnung ist dadurch gekennzeichnet, dass das Lagergut nach einem bestimmten Lagerplatzsystem gelagert wird.

Das Lagergut muss entsprechend seiner jeweiligen Eigenschaft so aufbewahrt werden, dass es **jederzeit griffbereit** ist und **keine Schäden** entstehen. Zu diesem Zweck wird für größere Räume ein **Lagerplan** erstellt, mit dessen Hilfe die benötigten Güter schnell gefunden werden können. Jeder einzelne Raum (bzw. jede Abteilung) erhält eine Nummer (oder einen Buchstaben), jede Unterabteilung und jeder Platz (z.B. Regal, Schrank) eine Unternummer.

> **Beispiel:**
>
> Der Auszubildende Neu erhält den Auftrag, aus dem Lager fünf Schraubzwingen zu holen. Er weiß weder was das ist, noch kann er die Schraubzwingen finden. Die Auszubildende Frisch sagt ihm, er solle im Lagerplan nachschauen. Dort findet er unter dem Begriff „Schraubzwingen" den Vermerk 4/15/8. Frisch erklärt: „Die Schraubzwingen befinden sich im Lagerraum 4, Regal 15, Fach 8." Jetzt kann wirklich nichts mehr schiefgehen.

Solange bei der systematischen Lagerung keine organisatorischen Veränderungen vorgenommen werden, befindet sich ein bestimmtes Lagergut stets am gleichen Lagerort. Ziel der systematischen Lagerplatzordnung ist die **Optimierung**[1] **der Beschickungs- und Entnahmewege.**

■ Chaotische Lagerplatzordnung

Die chaotische Lagerplatzordnung kennt **keinen Lagerplan.** Eingehende Güter werden mittels EDV den jeweils gerade frei gewordenen Lagerplätzen zugewiesen, sodass es keine festen Lagerplätze für bestimmte Güterarten gibt. Der Lagerort wird von der elektronischen Führungseinrichtung gespeichert. Ziel der chaotischen Lagerplatzordnung ist die **Optimierung der Lagerkapazität.**

Voraussetzung für die Funktionsfähigkeit jeder Lagerplatzordnung ist, dass die jeweils erforderlichen **Verlade-** und **Beförderungsmittel** vorhanden sind. Hierzu gehören z.B. Förderbänder, Rutschen, Hand- und Elektrokarren sowie Gabelstapler. Hochregallager (10 bis 30 Meter Höhe) haben Kapazitäten (Fassungsvermögen) von 1000 bis 20000 und mehr Palettenplätzen. Hier führt ein automatisch gesteuerter Stapelkran das Ein- und Ausräumen der Paletten mit Kisten, Schachteln, Bündeln usw. durch.

■ Freie Lagerplatzvergabe innerhalb fester Bereiche

Die Strategie der freien Lagerplatzvergabe innerhalb fester Bereiche trägt dazu bei, dass Wege und Zeiten bei der Ein- und Auslagerung verringert werden können. Hierbei werden innerhalb des Lagers Zonen nach Umschlagshäufigkeit (Langsamdreher, Schnelldreher) gebildet. Die Schnelldreher lagern nahe am Ein- und Auslagerungspunkt, während die Langsamdreher fern von diesem Punkt gelagert werden.

---

1 Optimieren (lat.): die günstigste Lösung für eine bestimmte Zielsetzung ermitteln.

(2) Ein- und Auslagerungsstrategien

Fifo-Strategie	Bei der Fifo-Strategie (First in – first out) werden jene Artikel zuerst entnommen, die schon am längsten auf Lager liegen. Dadurch wird das Risiko einer Überalterung des Lagerbestands und damit ein möglicher Verderb verringert.
Lifo-Strategie	Die Lifo-Strategie (Last in – first out) folgt dem genau umgekehrten Prinzip. Diese Strategie verringert Ein-/Auslagerungszeiten und vermeidet unter Umständen eine erforderliche Umlagerung, da der zuletzt eingelagerte Artikel auch am ehesten zu greifen ist.
Wegeoptimierte Ein-/Auslagerung	Die wegeoptimierte Ein-/Auslagerung strebt danach, eine notwendige Einlagerung mit einer Auslagerung zu verbinden, um zeitaufwendige Leerfahrten des Transportsystems (z.B. im Hochregallager) zu minimieren.

7.2.4 Bedeutung der Logistik

Die Wandlung vom Verkäufer- zum Käufermarkt zwingt die Unternehmen, den Konsumenten durch ein zunehmend variantenreicheres Angebot zu gewinnen. Diese Angebotsvielfalt führt zu einer Vermehrung der Komponentenzahl auf der Ebene der Zukaufteile, der Halbfabrikate und der Baugruppen. Dadurch hat sich die Beschaffung vom reinen Zulieferer zur Produktion zum **wertschöpfenden Kernprozess** verändert.

In vielen Industriebetrieben wird Produktion mehr und mehr durch **Zulieferung** oder durch **Fremdvergabe (Outsourcing)** ersetzt. Einkauf bedeutet jedoch Transport und Logistik. Eine weitere Ursache für die Zunahme der Logistikprobleme liegt in der **Globalisierung der Märkte,** denn sowohl die Beschaffung der Werkstoffe, Handelswaren und Betriebsmittel als auch der Verkauf der Erzeugnisse erfolgt weltweit.

> **Beispiel:**
>
> Die Automobilindustrie schafft im Rahmen ihrer Produktion nur noch eine Wertschöpfung von unter 30%, d.h., es wird wertmäßig immer mehr eingekauft und dabei auf eine hohe Wertsteigerung durch die Produktion verzichtet.

Logistik wandelt sich also in der Bedeutung – vom notwendigen Übel zu einem wesentlichen **Bestandteil der Wertschöpfung**. Mit innovativen Logistiklösungen lassen sich heute **Wettbewerbsvorteile** erzielen, die den entscheidenden Vorteil haben, dass sie schlecht kopiert werden können, weil sie kaum sichtbar sind.

7.2.5 Möglichkeiten der Prozessoptimierung

(1) Supply Chain Management[1]

Die traditionelle Betrachtungsweise betrieblicher Wertschöpfung stellt den Materialfluss vom Lieferanten über die innerbetrieblichen Stationen bis zum Kunden in den Mittelpunkt. Das Denken in „Materialflüssen" wird von der Existenz eines Verkäufermarkts geprägt: kaufen, be- oder verarbeiten und so gut wie möglich verkaufen.

Die gegenwärtigen Rahmenbedingungen – extreme Nachfrageschwankungen, kurze Produktlebenszyklen, rasche Änderung der Kundenwünsche, Kostendruck – führen jedoch dazu, dass das Risiko für das im Lager gebundene Kapital zu groß ist. Die Zusammen-

---

1 Supply Chain: Versorgungskette.

arbeit zwischen Kunden und Lieferanten, die bisher den Gesetzen von Angebot und Nachfrage gehorchte, wurde in eine Zusammenarbeit nach den Prinzipien des Supply Chain Managements **(SCM)** weiterentwickelt.

> **Merke:**
>
> **Supply Chain Management** hat das Ziel,
> - mit einer **geringeren Anzahl** von Lieferanten
> - **langfristig strategisch zusammenzuarbeiten,** um dadurch eine
> - **schnelle und reibungslose Auftragsabwicklung** bis zur Bezahlung
>
> zu erreichen.

Die nachfolgende Grafik veranschaulicht diese Denkweise:

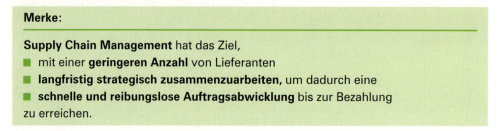

Diese Denkweise lässt sich fortsetzen, indem man die vor- und nachgelagerten Produktionsstufen vernetzt und koordiniert, angefangen vom Lieferanten des Lieferanten bis zum Kunden des Kunden. Es geht nicht mehr um die isolierte Optimierung einer einzelnen Partnerschaft Lieferant – Kunde, sondern um die Optimierung einer ganzen Kette. Die nachfolgende Abbildung soll im Ausschnitt diese Verflechtung darstellen:

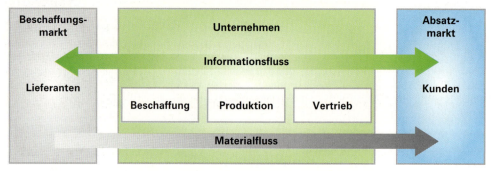

Supply Chain Management beschränkt sich inzwischen nicht mehr auf die Zusammenarbeit in der Beschaffung, sondern beinhaltet auch eine Kooperation auf dem Gebiet der Produktforschung und -entwicklung wie auch der Produktion. Dies setzt eine offene und vertrauensvolle Beziehung zwischen den Unternehmen voraus, da die Geschäftspartner zwangsläufig gegenseitig Einblick in sensible Datenbestände gewinnen. Man spricht daher auch von **C-Commerce,** wobei sich hinter „C" das Wort „collaborative"[1] verbirgt. Eine solche Zusammenarbeit ist möglich, wenn beide Partner ihre Beziehung als „Gewinner-Gewinner"-Situation erleben. Zu den vertrauensbildenden Maßnahmen gehört z.B., dass besondere Stärken von einem Unternehmen in der Verhandlungsposition nicht zulasten des anderen ausgenutzt werden.

---

1 To collaborate: zusammenarbeiten.

Die traditionellen **ERP-Systeme**[1] haben das Ziel, die **unternehmensinternen Prozesse** zu optimieren. Sie sind jedoch in der Regel nicht in der Lage, die höheren Anforderungen eines zwischenbetrieblichen Datenaustausches zu bewältigen. Zur Unterstützung des Supply Chain Managements wurden daher spezielle Softwaretools entwickelt, wie sie in elektronischen Marktplätzen oder Portalen eingesetzt werden.

(2) Elektronische Marktplätze

Auf elektronischen Marktplätzen treffen sich mehrere Anbieter und Nachfrager. Diese Marktplätze haben sich inzwischen zu einem wichtigen distributions- und beschaffungspolitischen Instrument besonders im B2B-Bereich entwickelt.[2]

Diese Situation lässt sich grafisch wie folgt darstellen:

Der Teilprozess einer **Angebotsbearbeitung**[3] kann z. B. in folgenden Schritten ablaufen:

Erläuterungen:

[1] Der Kunde hinterlegt eine Anfrage um ein Angebot am „Schwarzen Brett" des Marktplatzes. Dieser Anfrage kann er Konstruktionszeichnungen beifügen und sie um die Vorgabe bestimmter Qualitätsstandards ergänzen, die vom Lieferanten einzuhalten sind.

[2] Alle Lieferanten können die Anfrage und die zugehörigen Dokumente öffnen und herunterladen.

[3] Der Lieferant sichtet die Anfrage und die Dokumente, kalkuliert das Angebot und stellt dieses wieder in den Marktplatz ein.

[4] Konkurrierende Lieferanten können die anonymisierten Angebote der Mitbewerber einsehen und gegebenenfalls ihr Angebot weiter verbessern.

[5] Der Kunde vergleicht die Angebote und wählt einen Lieferanten aus.

---

1 ERP: Enterprise Resource Planning: Integrierte Unternehmenssoftware.
2 Neben den elektronischen Marktplätzen gibt es noch die Online-Shops. Online-Shops werden in der Regel von **einem** Anbieter betrieben.
3 Im Rahmen des **E-Procurement** werden die internen Netzwerke des beschaffenden Unternehmens und des Beschaffungsdienstleisters verbunden. Dies ermöglicht die Einsparung von Prozesskosten z.B. auf folgende Weise:
 – Daten werden nicht mehr gedruckt, in Papierform verschickt und erneut eingetippt (Medienbruch). Dies spart Kosten und Zeit und vermeidet Tippfehler.
 – Durch die Onlineverbindung und direkten Zugriff auf die Datenbestände stehen Informationen unmittelbar zur Verfügung. Entscheidungen können sofort gefällt werden (z.B. Wahl eines alternativen Lieferers oder Produktes).
 – Statistische Auswertungen in vielfältiger Richtung sind möglich (ABC-Analyse der Lieferer) und schaffen die Basis für Vertragsverhandlungen.

Aus dieser äußerst offenen Marktplatzsituation ergeben sich sowohl für den Kunden als auch für den Lieferanten deutliche Vorteile.

Vorteile für den Kunden	Vorteile für den Lieferanten
■ Rasche Preisfindung	■ Er sieht seine Verhandlungsposition, da er die anonymisierten Angebote der Mitbewerber lesen kann.

■ Verringerung der Papierflut,

■ weniger manuelle Eingaben und damit weniger Übertragungsfehler,

■ keine Systembrüche (unterschiedliche Software beim Anbieter und Nachfrager),

■ Wegfall der Postlaufzeiten,

■ erhebliche Verkürzung der Prozesse auf beiden Seiten.

Zusammenfassung

■ **Logistik** ist die **Planung, Steuerung und Kontrolle** von unternehmensinternen und unternehmensübergreifenden **Material- und Warenflüssen** sowie der dazugehörigen **Informationsflüsse.**

■ Die Wahl des Transportsystems für die Durchführung des innerbetrieblichen Materialflusses wird bestimmt durch die **Art des Materials,** die **Stetigkeit des Materialflusses,** die **Größe und das Gewicht des Materials** und der notwendigen Flexibilität des Transportes.

■ Die Lagerplatzordnung kann systematisch oder chaotisch aufgebaut sein.

■ Bei der **freien Lagerplatzvergabe innerhalb fester Bereiche** werden getrennte Zonen für Langsam- und Schnelldreher gebildet.

■ **Supply Chain Management** vernetzt und koordiniert die Wertschöpfungsaktivitäten vor- und nachgelagerter Produktionsstufen. Es wird nicht mehr eine einzelne Partnerbeziehung optimiert, sondern eine ganze Beziehungskette.

■ Auf **elektronischen Marktplätzen** treffen mehrere Anbieter und Nachfrager zusammen. Die Transparenz unterstützt den Lieferanten darin, jederzeit seine Verhandlungsposition erkennen zu können, während der Kunde den günstigsten Preis erhält. Beide Partner verkürzen und beschleunigen in erheblichem Maß ihre Geschäftsprozesse.

Übungsaufgabe

51
1. Klären Sie den Begriff Logistik!

2. Begründen Sie, weshalb der Logistik in den letzten Jahren eine erheblich gewachsene Bedeutung zugemessen wird!

3. Unterscheiden Sie systematische Lagerplatzordnung, chaotische Lagerplatzordnung und freie Lagerplatzvergabe innerhalb fester Bereiche!

4. Beschreiben Sie das Ziel des Supply Chain Managements!

5. 5.1 Wodurch unterscheidet sich ein elektronischer Marktplatz von traditionellen E-Commerce-Systemen?

   5.2 Welche Vorteile sind damit für die Marktteilnehmer verbunden?

Lernfeld 4: Absatzprozesse planen, steuern und kontrollieren

1 Einbettung der Absatzprozesse in das Gesamtsystem betrieblicher Geschäftsprozesse[1]

Die nachfolgende Abbildung dient der Standortbestimmung des Kapitels **Absatzprozesse planen, steuern und kontrollieren,** indem es dessen Einordnung in das Schaubild als einer der drei Kernprozesse besonders hervorhebt. Dieser Kernprozess ist gekennzeichnet durch ein hohes Maß an Kundennähe.

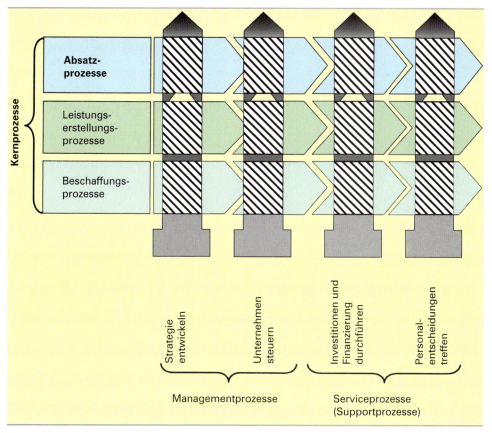

Isoliert man den Kernprozess **Absatz** aus obigem Schaubild heraus und gliedert ihn stufenweise zunächst in **Planungsprozesse, Steuerungsprozesse** und **Controllingprozesse** und diese wiederum in ihre einzelnen Teilprozesse (Subprozesse), dann erhält man die auf S. 170 abgebildete Übersicht, mit deren Hilfe zugleich eine Zuordnung zwischen den einzelnen Teilprozessen und deren betriebswirtschaftlichen Inhalten möglich ist.

---
[1] Zum Gesamtkonzept betrieblicher Geschäftsprozesse vgl. im Grundband, Lernfeld 1, Kapitel 2, S. 30ff.

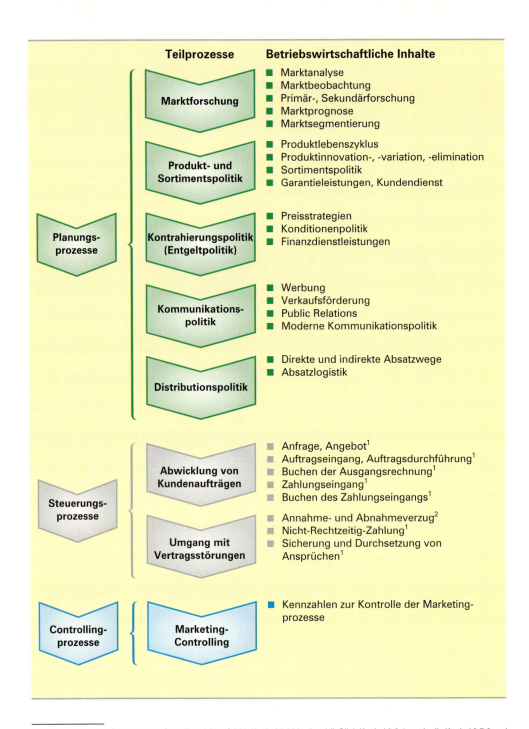

1 Vgl. hierzu die Ausführungen im Grundband, Lernfeld 1, Kapitel 3.3 bis einschließlich Kapitel 3.6.4 sowie die Kapitel 3.7.3 und 3.8.
2 Der Annahme- und Abnahmeverzug wird aufgrund des Lehrplans nicht dargestellt.

2 Marketing[1]

2.1 Grundlagen, Ziele und Aufgaben des Marketings

2.1.1 Grundlagen des Marketings

(1) Wurzeln des Marketings

Durch die zunehmende Sättigung der Bedürfnisse, den technischen Fortschritt und die Liberalisierung der Märkte kommt es zu einem Überhang des Leistungsangebots. Die Märkte entwickeln sich vom **Verkäufermarkt** zum **Käufermarkt.**

> **Merke:**
>
> ■ Der **Verkäufermarkt** ist ein Markt, in dem die Nachfrage nach Gütern größer ist als das Güterangebot. Es besteht ein **Nachfrageüberhang**. Die **Marktmacht** hat der **Verkäufer.**
>
> ■ Der **Käufermarkt** ist ein Markt, in dem das Angebot an Gütern größer ist als die Nachfrage nach Gütern. Es besteht ein **Angebotsüberhang**. Die **Marktmacht** hat der **Käufer.**

Der Wandel vom Verkäufer- zum Käufermarkt führt dazu, dass weniger die Produktion und ihre Gestaltung, sondern der Absatz der erzeugten Produkte zur Hauptaufgabe der Unternehmen wird. Diese Veränderungen bleiben nicht ohne nachhaltige Auswirkungen auf die Durchführung des Absatzes. Während zu Zeiten des Verkäufermarktes vorrangig die Verteilung der Erzeugnisse das Problem war, kommt es nun darauf an, den Absatzmarkt systematisch zu erschließen. Dies erfordert für das Erreichen der Unternehmensziele zunehmend die Ausrichtung aller Unternehmensfunktionen auf die tatsächlichen und die zu erwartenden Bedürfnisse der Abnehmer. Für diese Führungskonzeption wird das aus dem Amerikanischen übernommene Wort **Marketing**[2] verwendet.

(2) Begriff Marketing

> **Merke:**
>
> **Marketing** ist eine Konzeption des Planens und Handelns, bei der – ausgehend von systematisch gewonnenen Informationen – alle Aktivitäten eines Unternehmens konsequent auf die gegenwärtigen und künftigen Erfordernisse der Märkte und der weiteren Umwelt ausgerichtet werden.[3]

Marketing ist als eine **marktorientierte Führungskonzeption (Denkhaltung)** zu verstehen, mit deren Hilfe die Beziehungen zwischen dem **Unternehmen,** dessen **marktlichem Umfeld** (neben den Kunden sind dies vor allem die Konkurrenten und die Absatzmittler/

---

1 Die Ausführungen dieses Kapitels lehnen sich an die folgende Literatur an:
   Nieschlag, R./Dichtl, E./Hörschgen, H.: Marketing, 19. Aufl., Berlin 2002.
   Meffert, H.: Marketing, Grundlagen marktorientierter Unternehmensführung, 9. Aufl., Wiesbaden 2005.
   Weis, H. Ch.: Marketing, 9. Aufl., Ludwigshafen (Rhein) 1995.
2 Marketing (engl.): Markt machen, d.h. einen Markt für seine eigenen Produkte schaffen bzw. ausschöpfen.
3 Vgl. Weis, H. Ch.: Marketing, S. 19.

Absatzhelfer) und dem **weiteren Umfeld** (z. B. der ökonomischen Situation, den politisch-rechtlichen Gegebenheiten, der gesellschaftspolitischen Lage, dem technologischen Fortschritt, den Umweltvorschriften) erfasst, analysiert und systematisch in Entscheidungen umgesetzt werden.

2.1.2 Marketingziele

(1) Begriff Marketingziele

Merke:

Marketingziele formulieren eine angestrebte künftige **Marktposition,** die vor allem durch den **Einsatz der absatzpolitischen Instrumente** erreicht werden soll.

(2) Kriterien zur Festlegung von Marketingzielen

Bei der Festlegung eines Marketingziels gilt es, Folgendes zu beachten:

- Inhalt, Ausmaß und zeitlicher Bezug sind möglichst genau zu bestimmen, um die Wirksamkeit der in Betracht gezogenen Strategien und Maßnahmen beurteilen zu können **(Grundsatz der Operationalisierung).**[1]

  Beispiel:

  Der Umsatz für das Erzeugnis Füllhalter ist durch die Erschließung der Discounter als neuer Absatzweg innerhalb von einem Jahr um 4 % zu steigern.

- Marketingziele dürfen nicht isoliert voneinander definiert werden, vielmehr ist stets das Zielsystem als Ganzes zu berücksichtigen. Grundsätzlich können drei Arten von Zielbeziehungen auftreten:

Komplementäre[2] Zielbeziehung (Zielharmonie)	Die Umsetzung des Ziels Z_1 fördert die Verwirklichung des Ziels Z_2 (z. B. ein positives Firmenimage steigert den Umsatz und fördert zugleich das Ziel der Gewinnmaximierung).
Konfliktäre[3] Zielbeziehung (Zielkonflikt)	In dem Maß, in dem Ziel Z_1 erreicht wird, geht dies zulasten des Ziels Z_2 (z. B. das Streben nach technischer Perfektion geht in aller Regel zulasten der Rentabilität; das Ziel, die Werbekosten zu senken, ist konfliktär zum Ziel, den Marktanteil für ein Produkt auszudehnen).
Indifferente[4] Zielbeziehung (Zielindifferenz)	Das Ziel Z_1 wird völlig unabhängig von Z_2 erreicht (z. B. Produktanpassung an die Bedürfnisse des Marktes und der Ausbau des Management-Trainee-Programms).

---

1 Operationalisiert besagt, dass die Zielbeschreibung aus einem Inhalts- und einem Verhaltensteil bestehen muss. Beispiel: Die Umsatzsteigerung von 10 % **(Inhaltsteil)** soll durch die Einstellung von zwei neuen Mitarbeitern im Außendienst **(Verhaltensteil)** erreicht werden.

2 Komplementär: sich ergänzen.

3 Konflikt: Zusammenstoß, Widerstreit.

4 Indifferent: gleichgültig, wirkungslos.

(3) Gliederung der Marketingziele nach der Messbarkeit

Je nachdem, ob die Marketingziele rechnerisch bestimmbar sind, untergliedert man in ökonomische (quantitative) und in psychografische (qualitative) Marketingziele.

■ Ökonomische (quantitative) Marketingziele

Ökonomische Marketingziele zielen darauf ab, die wirtschaftliche Situation eines Unternehmens zu verbessern. Ökonomische Marketingziele sind quantitative Ziele, d.h., sie sind rechnerisch bestimmbar.

> **Beispiele:**
>
> Umsatzziele, Gewinnziele, Wachstumsziele, Marktanteilsziele, Kostenziele, Marktführerschaft.

■ Psychografische[1] (qualitative) Marketingziele

Die Verfolgung psychografischer Ziele soll beim Nachfrager eine Präferenz[2] für das Unternehmen und/oder seine Produkte erzeugen. Psychografische Marketingziele sind qualitative Ziele, d.h., sie sind rechnerisch nicht bestimmbar.

> **Beispiele:**
>
> Bekanntheitsgrad, Image,[3] Vertrauen, Qualität der Erzeugnisse, Zuverlässigkeit, Corporate Identity.[4]

(4) Beispiel für die Festlegung von Marketingzielen

Auf der Grundlage des folgenden Beispiels soll in einer Abbildung (siehe S. 174) gezeigt werden, wie eine Ableitung von Marketingzielen aus Unternehmenszielen erfolgen kann.

> **Beispiel:**
>
> Eine Möbelhauskette hat im Produktprogramm Wohnzimmermöbel, Schlafzimmermöbel sowie Küchenmöbel. Die Möbelhauskette ist nur im Inland tätig. Für den Inlandsmarkt setzt sich die Möbelhauskette als Unternehmensziele:
>
> (1) Ausschöpfung des Absatzpotenzials innerhalb der nächsten 5 Jahre, (2) Erwirtschaftung eines Jahresumsatzes von 800 Mio. EUR.
>
> Als Marketingziele strebt die Möbelhauskette (1) für das Gesamtproduktprogramm einen Marktanteil von 20 % in 2 Jahren an. (2) Der Marktanteil von 40 % soll im Segment der Selbstbedienungsmöbelhäuser erhalten bleiben. Im Produktprogramm Wohnzimmermöbel wird (1) eine Umsatzsteigerung von 15 % innerhalb von 2 Jahren angestrebt. (2) Schließlich soll ein Jahresgewinn von 1,5 Mio. EUR erwirtschaftet werden. Für die Produktprogramme Küchen- und Schlafzimmermöbel werden die bisherigen Marketingziele beibehalten.
>
> **Aufgabe:**
>
> Formulieren Sie unter Berücksichtigung der Unternehmens- und Marketingziele für das Produktprogramm Wohnzimmermöbel preispolitische, produktpolitische, distributionspolitische und werbepolitische Teilziele!

---

1 Psychologie: Seelenlehre, Seelenkunde.
2 Präferenz: Bevorzugung (z.B. eines Verkäufers oder eines Produktes).
3 Image: Ansehen.
4 Corporate Identity ist das Erscheinungsbild eines Unternehmens in der Öffentlichkeit und bei seinem Personal.

Lösung:

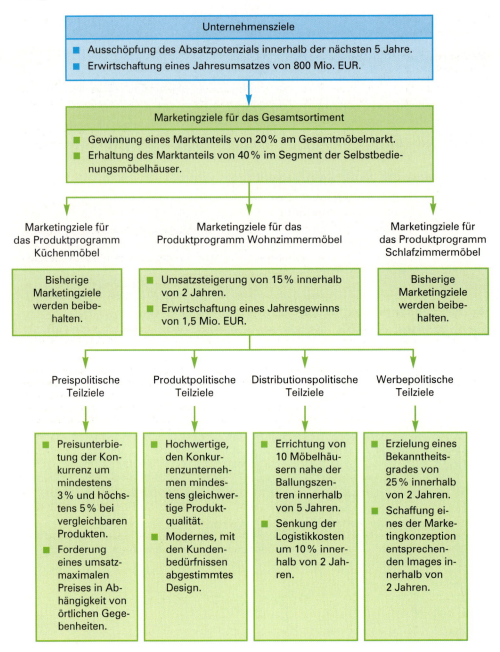

2.1.3 Aufgaben des Marketings

Die konkrete Bewältigung der Marketingaufgaben ist als ein Prozess zu verstehen, der sich in folgende (idealtypische) Phasen untergliedern lässt:

Phasen des Marketingprozesses	Erläuterungen
Marktforschung (Situationsanalyse)	In dieser Phase gilt es, die gegenwärtige und zukünftige Situation des Unternehmens, des Marktes und des Umfeldes planmäßig und systematisch zu erforschen.
Planung der Marketingstrategie	Im Allgemeinen werden vier Marketing-Instrumentenbündel unterschieden, die es je nach Marktgegebenheiten zu kombinieren gilt **(Marketing-Mix)**: ■ Produktpolitik ■ Kontrahierungspolitik (Entgeltpolitik) ■ Kommunikationspolitik ■ Distributionspolitik Der Einsatz einer bestimmten Marketingstrategie (Marketingmaßnahme) hängt insbesondere von zwei Faktoren ab: ■ von dem „Lebensalter" der Produkte **(Konzept des Produkt-Lebenszyklus)** und ■ vom Marktanteil des Produkts und den damit verbundenen Wachstumsaussichten **(Marktwachstums-Marktanteil-Portfolio).**
Entwicklung eines Marketingkonzepts (Marketing-Mix)	Im Rahmen des Marketingkonzepts wird die Art und Weise festgelegt, wie das Unternehmen das absatzpolitische Instrumentarium einsetzt. Die jeweilige Kombination der Marketinginstrumente bezeichnet man als **Marketing-Mix.**
Marketing-Controlling	Diese Phase liefert der Unternehmensleitung zum einen Informationen über den Grad der Zielverwirklichung **(ergebnisorientiertes Controlling)** und zum anderen über die Effizienz[1] der verschiedenen Phasen des Produkt-Lebenszyklus **(Marketing-Audit).**[2] Darüber hinaus gibt das Marketing-Controlling Auskunft über weiteren Planungs- und Handlungsbedarf.

Die Erfüllung des Marketingkonzepts von der Situationsanalyse bis zum Marketing-Controlling soll sicherstellen, dass die Veränderungen auf den Märkten und im Umfeld und die hieraus resultierenden Chancen und Risiken für das Unternehmen rechtzeitig erkannt werden können. Auf diese Weise werden die Voraussetzungen für die Bewältigung neu auftretender bzw. veränderter Markt- bzw. Umfeldsituationen geschaffen. Marketingziele, Marketingstrategien und Marketingmaßnahmen müssen dabei immer so gestaltet werden, dass Spannungen zwischen dem Unternehmen und den unterschiedlichen Markt- und Umfeldsituationen vermieden bzw. reduziert werden.

Zusammenfassung

■ Unter **Marketing** versteht man eine Konzeption des Planens und Handelns, bei der alle Aktivitäten eines Unternehmens konsequent auf die gegenwärtigen und künftigen Erfordernisse der Märkte und der weiteren Umwelt ausgerichtet werden.

---

1 Effizienz: Wirtschaftlichkeit.
2 Audit (lat.-engl.): Prüfung betrieblicher Qualitätsmerkmale.

- **Marketingaufgaben** sind als ein Prozess zu verstehen, der idealtypisch in folgenden Phasen abläuft: (1) **Marktforschung**, (2) **Planung der Marketingstrategien** (Produktpolitik, Kontrahierungspolitik, Kommunikationspolitik, Distributionspolitik), (3) **Entwicklung eines Marketingkonzepts (Marketing-Mix)** und (4) **Marketing-Controlling.**

Übungsaufgabe

52
1. Welche Gründe waren für das Entstehen des Marketings maßgebend?
2. Charakterisieren Sie den Begriff Marketing mit eigenen Worten!
3. Die Bewältigung der Marketingaufgaben vollzieht sich in idealtypischen Phasen.

   Aufgabe:

   Nennen Sie diese Phasen in ihrer chronologischen Abfolge und skizzieren Sie jeweils ihre grundlegenden Aufgaben!
4. Die Ziele, die im Marketing angestrebt werden, leiten sich aus den Unternehmenszielen ab.

   Aufgabe:

   Erläutern Sie diesen Sachverhalt anhand von zwei selbst gewählten Beispielen!
5. In welchen Zielbeziehungen zueinander können Marketingziele stehen?
6. Warum ist es unverzichtbar, Marketingziele operationalisiert zu formulieren? Formulieren Sie je zwei operationalisierte ökonomische und psychografische Marketingziele!
7. In der Abbildung auf S. 174 ist eine Zielaufgliederung und -ableitung für das Produktprogramm Wohnzimmermöbel einer Möbelhauskette dargestellt.

   Aufgabe:

   Bestimmen Sie in Gruppenarbeit ein neues Unternehmensziel und leiten Sie hieraus Marketingziele für das Produktprogramm Küchenmöbel ab!

2.2 Marktforschung

2.2.1 Begriff Marktforschung, Gebiete der Marktforschung und die Träger der Marktforschung

(1) Begriff Marktforschung

Merke:

- **Marktforschung** ist die systematische Erforschung, Beschaffung und Aufbereitung von Marktinformationen.
- Marktforschung geschieht durch **Marktanalyse** und **Marktbeobachtung.**

■ **Marktanalyse**

Merke:

Die **Marktanalyse** untersucht die Marktgegebenheiten zu einem **bestimmten Zeitpunkt.**

Eine Marktanalyse wird z. B. vorgenommen, wenn **neue Produkte** oder **weiterentwickelte Produkte** auf den Markt gebracht werden sollen. Untersuchungsgegenstände sind z. B.:

- Anzahl der Personen, Unternehmen und Verwaltungen, die als Käufer infrage kommen;
- Einkommens- und Vermögensverhältnisse der mutmaßlichen Käufer;
- persönliche Meinung der (möglichen) Käufer zum angebotenen Produkt;
- Beschaffung von Daten über die Konkurrenzunternehmen, die den zu untersuchenden Markt bereits beliefern (z. B. deren Preise, Lieferungs- und Zahlungsbedingungen, Qualitäten der angebotenen Erzeugnisse, Werbung).

- **Marktbeobachtung**

> **Merke:**
>
> Die **Marktbeobachtung** hat die Aufgabe, Veränderungen auf den Märkten **laufend** zu erfassen und auszuwerten. Die Marktbeobachtung befasst sich daher einmal mit den vorhandenen bzw. neu zu gewinnenden Kunden, zum anderen aber vor allem mit dem Verhalten der Konkurrenz.

Die **Fragestellungen** lauten z. B.:

- Wie entwickelt sich die Zahl der Nachfrager, wie die mengen- und wertmäßige Nachfrage nach einem bestimmten Produkt?
- Wie entwickeln sich die Einkommen, wie die Vermögensverhältnisse der Abnehmer?
- Wie verändert sich die Einstellung der Käufer zum angebotenen Produkt?
- Wie reagieren die Konkurrenzunternehmen auf absatzpolitische Maßnahmen (z. B. Preisänderungen, Werbemaßnahmen)?

Ziel ist die Ermittlung von Tendenzen, Veränderungen sowie Trends innerhalb eines bestimmten Zeitraums.

(2) Gebiete der Marktforschung

Die wichtigsten Gebiete der Marktforschung sind in der nachfolgenden Tabelle zusammengefasst.

Bedarfsforschung	Sie sammelt Informationen über tatsächliche und mögliche Nachfrager. Ziel ist es, die Absatzchancen für die Erzeugnisse, Handelswaren oder Dienstleistungen herauszufinden.
Konkurrenz-forschung	Sie sammelt Informationen über die wichtigsten Konkurrenten sowie zur Branchenentwicklung. Wichtig sind z. B. Informationen über die Konkurrenzprodukte; die Größe des Marktanteils; die Angebotspalette, Kapitalstärke, Absatzorganisation der Konkurrenzanbieter; Marketingverhalten der Konkurrenten.
Volkswirtschaftliche Entwicklung	Erfasst werden vor allem die Konjunkturentwicklung, wirtschafts- und umweltpolitische Maßnahmen der Regierung, Saisonschwankungen, Entwicklung des Arbeitsmarktes u. A.

Absatzforschung	Sie dient der Überprüfung absatzpolitischer Maßnahmen. Überprüft werden z. B. Auswirkungen von Produktveränderungen, von Änderungen der Preise, der Kundenrabatte oder der Lieferbedingungen, die Effektivität von Werbemaßnahmen, der Erfolg der eingesetzten Absatzorgane wie Reisende, Handelsvertreter, Filialen oder der Absatzwege etwa über den Groß- und Einzelhandel.

(3) Marktprognose

Marktanalyse und Marktbeobachtung haben letztlich den Zweck, das **Marktrisiko zu vermindern**. Dies ist nur möglich, wenn die Gegenwartsentscheidungen der Geschäftsleitung auf Daten beruhen, die die zukünftige Entwicklung auf den Märkten mit einiger Sicherheit aufzeigen können.

Merke:

Marktprognosen sind Vorhersagen über künftige Entwicklungen am Absatzmarkt, z. B. über den Absatz bestimmter Produkte oder Leistungen.

(4) Träger der Marktforschung

Die Träger der Marktforschung sind die Großbetriebe mit ihren wissenschaftlichen Stäben, wissenschaftliche Institute und vor allem Marktforschungsinstitute.

Marktforschungsinstitute sind gewerbliche Einrichtungen und Unternehmen, die sich im Auftrag von Industrie und Handel der Meinungsforschung und der Marktforschung widmen.

Beispiele:

EMNID-Institut GmbH & Co. KG, Bielefeld; Institut für Demoskopie Allensbach GmbH, Allensbach (Bodensee); INFRA-TEST-Marktforschung, Wirtschaftsforschung, Motivforschung, Sozialforschung GmbH & Co. KG, München.

2.2.2 Methoden der Marktforschung

Merke:

Die Marktforschung kann auf zweierlei Weisen betrieben werden.

■ **Primärforschung (Feldforschung)** liegt vor, wenn unmittelbar am Markt Informationen gezielt zu einer bestimmten Fragestellung gewonnen und anschließend ausgewertet werden.

■ Von **Sekundärforschung (Schreibtischforschung)** spricht man, wenn aus bereits vorhandenen Zahlenmaterialien (Daten) Erkenntnisse für die Marktanalyse, Marktbeobachtung und Marktprognose gewonnen werden.

(1) Primärforschung (Feldforschung)

Angenommen, ein Schokoladenhersteller möchte wissen, welche Verpackungsfarbe die Kunden auf dem deutschen Markt mehr anspricht: Rot, Blau oder Grün. Man sollte nun glauben, dass der Schokoladenhersteller jeden einzelnen Verbraucher darüber befragen müsste, welche Farbe er bevorzuge bzw. nach welcher Farbe er beim Kauf gegriffen hätte. Praktisch ist diese Methode jedoch deswegen unmöglich, weil sie zu zeitraubend und zu kostspielig ist. Deswegen kann in solchen Fällen immer nur ein Teil der zu untersuchenden Personen bzw. Personengruppen befragt werden, also nicht die Gesamtmasse, sondern nur eine Teilmasse.

Mit der Befragung einer Teilmasse können sehr genaue Informationen über das Verhalten der Gesamtmasse gewonnen werden, denn die Befragung einiger tausend – manchmal sogar erheblich weniger – Personen reicht aus, um zu einigermaßen zuverlässigen Ergebnissen zu kommen. Bedingung ist, dass die Teilmasse die gleichen Wesensmerkmale in Bezug auf ihre Zusammensetzung (Struktur) wie die Gesamtmasse aufweist (z. B. Einkommen, Alter, Beruf, Geschlecht, Religionszugehörigkeit, politische Einstellung). Wird die Teilmasse nach diesem Kriterium (Maßstab) ausgewählt, sprechen die Marktforscher von einer **repräsentativen Teilmasse.**

Die Befragung kann mithilfe von **Fragebögen** vorgenommen werden. Dabei können die Fragebögen zugesandt werden (schriftliche Befragung), durch einen Beauftragten des Marktforschungsinstituts bei einem Hausbesuch (mündliche Befragung) oder im Verlauf eines Telefongesprächs ausgefüllt werden (telefonische Befragung).

Eine andere Möglichkeit besteht darin, dass die ausgewählten Personen durch einen **Interviewer (Befrager)** besucht werden. Der Interviewer hat dann die Aufgabe, in einem freien Gespräch die Meinung des **Interviewten (Befragten)** herauszufinden. Dabei ist klar, dass die statistische Auswertung freier Interviews erheblich schwieriger ist als die von standardisierten Fragebögen.

(2) Sekundärforschung (Schreibtischforschung)

Für die Schreibtischforschung stehen dem Marktforscher die unterschiedlichsten Zahlenmaterialien zur Verfügung. Auswertbar sind z. B. Vertreterberichte, die Finanzbuchhaltung einschließlich Kundenbuchhaltung, Absatz- und Umsatzstatistiken, veröffentlichte Statistiken des Statistischen Bundesamtes, der Bundesregierung (z. B. des Finanzministeriums), der Konjunkturforschungsinstitute, der Wirtschaftsverbände und der Meinungsforschungsinstitute. Sehr intensiv wird in diesem Zusammenhang das Internet genutzt (z. B. Analyse der Internetauftritte von Konkurrenten, Kunden und Lieferanten sowie die Nutzung der Suchmaschinen für Recherchen[1] aller Art).

2.2.3 Marktgrößen

(1) Grundlegendes

Die reine Verkaufsleistung eines Unternehmens gibt noch keinen hinreichenden Aufschluss über seine Position am Markt. Die Tatsache, dass der Umsatz des Unternehmens steigt, lässt sich einerseits auf einen allgemeinen Wirtschaftsaufschwung zurückführen,

---

1 Recherche (lat., frz.): Nachforschung, Ermittlung.

andererseits kann dies auch darauf zurückzuführen sein, dass das eigene Unternehmen denen der Konkurrenz Marktanteile abgerungen hat. Um die Marktsituation als Ganzes oder auch die Positionierung des eigenen Unternehmens am Markt besser beurteilen zu können, liefert die quantitative Marktforschung Marktkennzahlen. Hierzu gehören die Kennzahlen **Marktpotenzial,**[1] **Marktvolumen, Absatzpotenzial** und **Absatzvolumen.** Die ersten der beiden Kennzahlen charakterisieren den Markt, die beiden anderen die Situation des eigenen Unternehmens. Weitere wichtige Erkenntnisse lassen sich dadurch gewinnen, indem man die oben bezeichneten Kennzahlen zueinander in Beziehung setzt.

(2) Marktpotenzial, Marktvolumen, Absatzpotenzial, Absatzvolumen

Marktgröße	Kurzbeschreibung	Erläuterungen
Marktpotenzial	Als Marktpotenzial bezeichnet man die Menge der Erzeugnisse (Sach- oder Dienstleistungen) für eine bestimmte Produktgattung, die langfristig abgesetzt werden kann, bis der Markt gesättigt ist.	Es handelt sich um eine theoretische Zielgröße, welche die absolute Aufnahmefähigkeit des Marktes zeigt, wenn alle potenziellen Kunden über die erforderliche Kaufkraft verfügen und ein Kaufbedürfnis besteht. Das Marktpotenzial wird in erster Linie durch folgende Faktoren bestimmt: ■ die Zahl möglicher Nachfrager ■ die Bedarfsintensität ■ die Markttransparenz[2] ■ die Marktsättigung ■ die Marketingaktivitäten der Anbieter
Marktvolumen	Das Marktvolumen kennzeichnet die gegenwärtige realisierte Absatzmenge einer ganzen Branche für eine bestimmte Produktgattung.	Es handelt sich um den Teil des Marktpotenzials, den alle Wettbewerber dieser Branche zusammen tatsächlich erzielt haben.
Absatzpotenzial	Das Absatzpotenzial ist diejenige Menge, welche ein Unternehmer für sich als realistisch betrachtet.	Es handelt sich ebenfalls – wie beim Marktpotenzial – um eine theoretische Zielgröße, allerdings beschränkt auf die Möglichkeit eines Unternehmens. Die Höhe des Absatzpotenzials wird beeinflusst durch ■ das bisherige Absatzvolumen, ■ die gegebene Produktionskapazität, ■ die vorhandene Kaufkraft ■ das Verhalten der Konkurrenten auf dem Markt und ■ den Preis und die Produktqualität im Vergleich zu Konkurrenzprodukten.

---

1 Potenzial: möglich; die bloße Möglichkeit bezeichnend.

2 Transparent: durchsichtig, Markttransparenz: Marktübersicht (z.B. der Käufer und Verkäufer).

| Absatzvolumen | Das Absatzvolumen kennzeichnet die gegenwärtige realisierte Absatzmenge eines Unternehmens für eine bestimmte Produktgattung. | 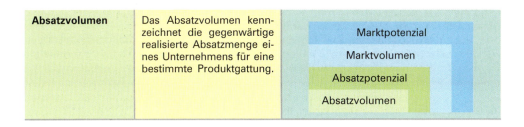 |

(3) Zusammenhang zwischen Marktpotenzial, Marktvolumen, Absatzpotenzial und Absatzvolumen

Gliedert man die bisher angesprochenen Begriffe danach auf, ob sie den **Gesamtmarkt** betreffen oder ob sie sich auf das Unternehmen beziehen, so können folgende Zusammenhänge festgestellt werden:

Marktpotenzial	**Marktvolumen**	
Möglicher Gesamtabsatz bis zur Sättigung des Marktes	Tatsächlicher Gesamtabsatz auf dem Markt	Bezugsgröße: gesamter Markt
Absatzpotenzial	**Absatzvolumen**	
Möglicher Absatz eines Unternehmens	Tatsächlicher Absatz eines Unternehmens	Bezugsgröße: einzelnes Unternehmen
Theoretische Zielgröße	Realisierte Größe	

Weitere Erkenntnisse lassen sich dadurch gewinnen, indem diese Größen zueinander in Beziehung gesetzt werden, z. B.

$$\text{Sättigungsgrad des Marktes} = \frac{\text{Marktvolumen} \cdot 100}{\text{Marktpotenzial}}$$

$$\text{Marktanteil} = \frac{\text{Absatzvolumen} \cdot 100}{\text{Marktvolumen}}$$

(4) Marktsegmentierung[1]

■ **Grundlegendes**

In der Regel setzt sich ein Gesamtmarkt aus einer Vielzahl von tatsächlichen und potenziellen Kunden zusammen, die – bezogen auf das Produktprogramm eines Unternehmens – unterschiedliche Bedürfnisse haben. Es ist daher sinnvoll, wenn ein Unternehmen intern die Kunden hinsichtlich ihres Kaufverhaltens in Gruppen **(Segmente, Cluster)** aufteilt **(segmentiert)**, die weitgehend homogen[2] sind, sich von anderen Gruppen aber deutlich unterscheiden. Durch die Marktsegmentierung kann das Unternehmen differenzierte, auf die Kunden abgestimmte Marktleistungen erbringen.

---
[1] Segment: Teilstück, Abschnitt.
[2] Homogen (lat.): gleichartig.

Merke:

- **Marktsegmentierung** bedeutet die Aufteilung des Gesamtmarktes in Teilmärkte. Die Marktteilnehmer innerhalb eines Teilmarktes bilden in Bezug auf mindestens ein Kriterium eine **homogene** Gemeinschaft. Die Teilnehmer eines Teilmarktes unterscheiden sich wiederum deutlich von denen eines anderen Teilmarktes. Aufgrund dieser Eigenschaft lassen sich die einzelnen Teilmärkte mit spezifischen Marketingprogrammen zielgerichteter bearbeiten.

- Die Marktsegmentierung ist eine **Konzeption zur Markterfassung und Marktbearbeitung.**

■ Kriterien zur Marktsegmentierung

Bei der Segmentierung des Marktes kann nach verschiedenen Kriterien vorgegangen werden. In der betriebswirtschaftlichen Literatur wird die Marktsegmentierung üblicherweise nach geografischen, soziodemografischen und psychografischen Kriterien sowie nach Kriterien des beobachtbaren Kaufverhaltens vorgenommen.

Bereich	Beispiele
■ Geografische Marktsegmentierung Der Markt wird nach räumlichen Gesichtspunkten aufgegliedert.	Aufteilung nach Bundesländern, Großstädten, Regierungsbezirken, Wohngebietstypen (gekennzeichnet durch homogene Lebensstile und Kaufverhaltensmuster) u.Ä. Ein Beispiel für eine geografische Segmentierung finden Sie auf S. 183.
■ Psychografische Marktsegmentierung Der Markt wird nach gleichartigen Käuferschichten aufgegliedert. Erfasst wird die gleichartige Käuferschicht, indem übereinstimmende Persönlichkeitsmerkmale ermittelt werden.	Persönlichkeitsmerkmale sind etwa die allgemeine grundsätzliche Einstellung der Verbraucher, die Persönlichkeitsstruktur der Konsumenten, ihre Wertvorstellungen, ihre Interessen, ihre soziale Orientierung, ihre Risikobereitschaft, Lebensstil, Nutzenerwartungen u.Ä.
■ Soziodemografische Marktsegmentierung Der Markt wird nach demografischen und sozioökonomischen Kriterien aufgedeckt.	■ **Demografische Kriterien,** wie Geschlecht, Alter, Familienstand, soziale Schicht, Haushaltsgröße, Zahl der Kinder usw. ■ **Sozioökonomische Kriterien,** wie Ausbildung, Beruf, Einkommen usw.
■ Marktsegmentierung nach dem beobachtbaren Kaufverhalten	■ **Produktbezogene Verhaltensmerkmale,** wie Markentreue, Kaufrhythmus, bevorzugte Packungsgröße, Kauf bestimmter Preisklassen, Reaktion auf Sonderangebote usw. ■ **Einkaufsstättenwahl,** wie Einkauf im Fachgeschäft, beim Discounter, Supermarkt; Geschäftstreue u.Ä.

Merke:

Hauptziel der Marktsegmentierung ist es, einen hohen Übereinstimmungsgrad zwischen den Bedürfnissen der Zielgruppen und den angebotenen Marktleistungen zu erreichen.

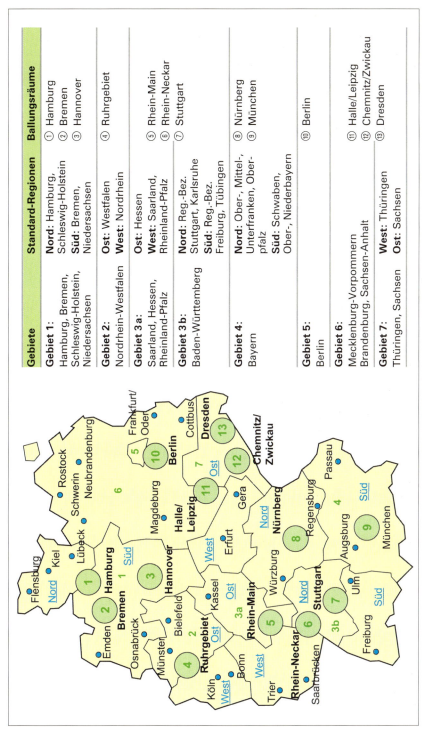

Geografische Marktsegmentierung[1]

Quelle: Meffert, H.: Marketing, Grundlagen marktorientierter Unternehmensführung, 9. Aufl., Wiesbaden 2005, S. 190.

[1] Diese Marktsegmentierung geht auf das Marktforschungsinstitut A.C. Nielsen GmbH zurück.

Zusammenfassung

- Die **Marktforschung** bedient sich wissenschaftlicher Methoden, um die Gegebenheiten und die Entwicklungen auf den Absatzmärkten zu erforschen. Dies geschieht durch **Marktanalyse** und **Marktbeobachtung.**

- Eine wichtige **Aufgabe der Marktforschung** ist die **Kunden- und Konkurrenzstruktur** zu ermitteln.

- Die Marktforschung kann auf zweierlei Weisen betrieben werden.

  - **Primärforschung** liegt vor, wenn unmittelbar am Markt Informationen gewonnen und anschließend ausgewertet werden.

  - Von **Sekundärforschung** spricht man, wenn aus bereits vorhandenen Daten Erkenntnisse für die Marktanalyse, Marktbeobachtung und Marktprognose gewonnen werden.

- Die **Marktsituation** wird durch folgende Marktgrößen gekennzeichnet: das **Marktpotenzial,** das **Marktvolumen,** den **Marktanteil,** das **Absatzpotenzial,** das **Absatzvolumen** sowie die **Marktsegmentierung.**

Übungsaufgaben

53 **Textauszug:**

„Kundenorientierung" ist das neue Zauberwort im Kampf um Märkte und Absatz

Der Chef der Berliner Software AG ist auf seine Mitarbeiter nicht gut zu sprechen. „Zufriedene Aktionäre setzen zufriedene Kunden voraus", sagt er. Aber die Service-Qualität sei ein Schwachpunkt seines Unternehmens, bemängelte er gestern im Frankfurter Presse-Club. Schon auf der CeBit hatte er wissen lassen, die Mitarbeiter der Berliner Software AG müssten jetzt beharrlich und notfalls mit Härte darauf hinwirken, dass konsequente Kundenorientierung gelebte Praxis wird.

„Kundenorientierung" ist aber nicht nur bei der Berliner Software AG die Losung. Es ist für viele Unternehmen das neue Zauberwort im schärfer werdenden Konkurrenzkampf um Märkte und Kunden. Porsche hat eine Aktion „Liebe deinen Kunden" gestartet, selbst der Infodienst für Landwirtschaft verteilt eine Broschüre „Kommunikation mit Urlaubsgästen auf Bauernhöfen". In den Wirtschaftsmagazinen häufen sich Seminarangebote. Der Kontakt zum Kunden wird nicht mehr der Willkür von Charakter oder Laune der Mitarbeiter überlassen ...

Weil so (wenig freundliche) Appelle wie die des Chefs der Berliner Software AG den Mitarbeitern keine Service-Mentalität vermitteln, lernen sie in Seminaren, freundlich und verbindlich zu sein ...

Wie viele Mitarbeiter die Berliner Software AG jährlich schult, bleibt Betriebsgeheimnis vor der Konkurrenz. Die Berliner Software AG macht sozusagen im Kleinen durch, was die allgemeine wirtschaftliche Entwicklung ist: Den Wandel zur Dienstleistungsgesellschaft ...

Folgende Grundmotive hat die Verkaufspsychologie beim Kunden festgestellt: Geltungsbedürfnis und Gewinnstreben, Sicherheitsbedürfnis und Selbsterhaltung, Bequemlichkeit, Wissensdrang und Kontakt.

Aufgaben:

1. Welcher Zusammenhang besteht zwischen „zufriedenen Kunden" einerseits und „zufriedenen Aktionären" andererseits?

2. Erklären Sie mit eigenen Worten, was Sie unter Kundenorientierung verstehen!

54 1. 1.1 Aus welchen Gründen sollten, bevor Primärerhebungen durchgeführt werden, Sekundärerhebungen vorgenommen werden?

    1.2 Grenzen Sie die Begriffe Marktpotenzial und Absatzpotenzial sowie Markt- und Absatzvolumen ab!

1.3 Was versteht man unter dem Begriff Marktanteil eines Unternehmens? Verdeutlichen Sie Ihre Ausführungen mit einem selbst gewählten Beispiel!

1.4 Welche Vorteile ergeben sich für ein Unternehmen aus einer Marktsegmentierungsstrategie?

2. Der französische Käsehersteller Dubois S.A. möchte die neue Käsesorte „Tête de Chèvre" auf den deutschen Markt bringen. Um die Absatzchancen zu untersuchen, wird intensive Marktforschung betrieben.

Aufgaben:

2.1 Erläutern Sie, warum die Marktforschung die Grundlage für Entscheidungen im Marketing liefert!

2.2 Nennen und erläutern Sie kurz zwei Methoden der Marktforschung!

2.3 Nennen Sie vier Merkmale der neuen Käsesorte, die den Verkaufserfolg fördern könnten!

2.4. Warum muss der Käsehersteller vor allem Primärforschung betreiben?

2.5 Begründen Sie, warum die Dubois S.A. zunächst vor allem Marktanalyse (und nicht Marktbeobachtung) betreiben muss!

2.3 Produktpolitik[1]

2.3.1 Überblick

Auf der Grundlage der formulierten Marketingziele sind zur Erreichung der Zielsetzungen alternative Planungsstrategien[2] zu erstellen.

Merke:

Strategien sind mittel- und langfristig wirkende Grundsatzentscheidungen. Damit die Grundsatzentscheidungen umgesetzt werden können, sind mit der Strategie gleichzeitig auch die zur Zielerreichung erforderlichen Marketinginstrumente festzulegen.

Konkret bedeutet die **Festlegung einer Planungsstrategie,** dass man zu entscheiden hat:

- **welche Produkte** man besonders fördern will,
- auf **welchen Märkten** man agieren möchte und
- in welchem **Umfang** man **Marketinginstrumente** einsetzen will.

Die Lösung dieser Fragestellungen hängt insbesondere von zwei Faktoren ab:

- vom „Lebensalter" der Produkte **(Konzept des Produkt-Lebenszyklus)** und
- vom Marktanteil des Produkts sowie den damit verbundenen Wachstumsaussichten **(Marktwachstum-Marktanteil-Portfolio).**

---

1 Produktionsbetriebe beziehen häufig auch **Handelswaren** als Ergänzung zu ihrem Produktprogramm. Alle Überlegungen und Maßnahmen, die den Ein- und Verkauf von Handelswaren betreffen, bezeichnet man als **Sortimentspolitik.**

2 **Strategie** (gr.-lat.): genauer Plan des eigenen Vorgehens, um ein militärisches, politisches, wirtschaftliches oder ein anderes Ziel zu erreichen, indem man diejenigen Faktoren, die in die eigene Aktion hineinspielen könnten, von vornherein einzuplanen versucht. **Strategische Ziele** sind **langfristig** zu erreichende Ziele. Dementsprechend versteht man unter **strategischer Planung** eine langfristige Planung, die durch eine **taktische Planung** (mittelfristige Planung) und eine **operative Planung** (kurzfristige Planung) ergänzt werden muss. Unter **Operation** (gr.-lat.) versteht man eine Handlung, ein Verfahren oder einen Denkvorgang (operativ: als konkrete Maßnahme unmittelbar wirkend).

2.3.2 Konzept des Produkt-Lebenszyklus

(1) Begriff Produkt

Das **Produkt** stellt die Leistung (Sachgüter und/oder Dienstleistungen) eines Anbieters dar, die dieser erbringt, um die Bedürfnisse und Ansprüche der Abnehmer (Problemlösungsanspruch) zu befriedigen. Die Gesamtheit der Leistungen eines Unternehmens bildet dessen **Angebotspalette**. In der Industrie spricht man, soweit sich die Angebotspalette auf das Erzeugnis bezieht, vorzugsweise von **Produktprogramm,** während der Begriff **Sortiment** Handelsbetrieben vorbehalten ist. Der ökonomische Erfolg eines Anbieters ist dabei umso größer, je besser die von ihm angebotene Leistung das Bedürfnis- und Anspruchsbündel der Nachfrager befriedigt.

Inwieweit das Produkt dem Bedürfnis- und Anspruchsbündel entspricht, ist immer auch eine subjektive Entscheidung der Nachfrager. Insoweit umfasst das Produkt einen **Grundnutzen (objektiven Nutzen),** z. B. ein T-Shirt dient der Bekleidung, und einen **Zusatznutzen (subjektiven Nutzen),** z. B. das T-Shirt einer bestimmten Marke befriedigt das Modebewusstsein bzw. das Geltungsstreben des Trägers.

Merke:

Aus der **Sicht des Marketings** stellt ein **Produkt** (Sachgüter und/oder Dienstleistungen) eine Summe von nutzenstiftenden Eigenschaften dar.

(2) Grundlegendes zum Konzept des Produkt-Lebenszyklus

Auf den Absatzerfolgen eines Erzeugnisses kann ein Unternehmen sich nicht ausruhen, denn kein Produkt kann ewig „leben". Es muss daher jeweils überlegt werden, ob die Lebensdauer des Produkts verlängert und damit Gewinne erwirtschaftet werden können.

Merke:

Das **Modell des Lebenszyklus von Produkten** möchte den „Lebensweg" eines Produktes, gemessen an Umsatz und Gewinnhöhe, zwischen der Markteinführung des Produktes und dem Ausscheiden aus dem Markt darstellen.

Die Theorie unterteilt die Lebensdauer eines Produkts in verschiedene charakteristische Phasen und ermöglicht somit Hinweise dafür, wie sich der Absatz der einzelnen Produkte voraussichtlich entwickeln wird, falls **keine besonderen Marketinganstrengungen** erfolgen. Kann man ermitteln, in welcher Phase sich ein Produkt gerade befindet, lassen sich die marketingpolitischen Instrumente gezielter planen und einsetzen. Es stellen sich daher zwei Fragen:

- Was versteht man unter einem Produkt-Lebenszyklus?
- Welche Marketingstrategien sind für die einzelnen Stufen des Produkt-Lebenszyklus geeignet?

(3) Phasen des Produkt-Lebenszyklus

Der **Lebenszyklus eines Produkts** lässt sich in **vier unterscheidbare Phasen** gliedern.

■ Einführungsphase

Die Einführungsphase beginnt mit dem Eintritt des Produktes in den Markt. In dieser Phase dauert es einige Zeit bis die Kunden ihr bisheriges Konsumverhalten geändert haben und das Produkt am Markt eingeführt ist. In diesem Stadium werden zunächst Verluste oder nur geringe Gewinne erwirtschaftet, da das Absatzvolumen niedrig und die Aufwendungen für die Markteroberung hoch sind. Handelt es sich um ein wirklich neues Produkt, gibt es zunächst noch keine Wettbewerber.

Um dem Produkt den Durchbruch auf dem Markt zu ermöglichen, ist die Werbung das wirksamste Instrument. Daneben gilt es, das Distributionsnetz auszubauen. Allgemeine Aussagen zur Preispolitik sind schwierig. In der Regel wird so verfahren, dass Massenkonsumartikel für eine befristete Einführungszeit zu einem niedrigen Preis angeboten werden und bei höherwertigen Gebrauchsgütern eine „Abschöpfungsstrategie" betrieben wird, bei der man später dann die Preise langsam senkt. Das neue Produkt wird meist nur in der Grundausführung hergestellt.

> **Merke:**
>
> **Marketingziel** ist es, das Produkt bekannt zu machen und Erstkäufe herbeizuführen.

■ Wachstumsphase

Die Wachstumsphase tritt ein, wenn die Absatzmenge rasch ansteigt. Die Mehrheit der infrage kommenden Kunden beginnt zu kaufen. Die Chance auf hohe Gewinne lockt neue Konkurrenten auf den Markt. Die Preise bleiben aufgrund der regen Nachfrage stabil oder fallen nur geringfügig. Da sich die Kosten der Absatzförderung auf ein größeres Absatzvolumen verteilen und zudem die Fertigungskosten aufgrund der größeren Produktionszahlen sinken, steigen die Gewinne in dieser Phase.

Die Werbung wird in dieser Phase noch nicht nennenswert herabgesetzt. Die Preise werden erhöht, sofern bei Markteintritt eine Niedrigpreispolitik betrieben wurde bzw. abgesenkt, wenn zunächst eine Hochpreispolitik vorgenommen wurde. In der Produktpolitik wird in der Regel so verfahren, dass die Produktqualität verbessert, neue Ausstattungsmerkmale entwickelt und das Design aktualisiert wird.

> **Merke:**
>
> **Marketingziel** ist es, einen größtmöglichen Marktanteil zu erreichen.

■ Reife- und Sättigungsphase

Die Reife- und Sättigungsphase lässt sich in drei Abschnitte untergliedern. Im ersten Abschnitt verlangsamt sich das Absatzwachstum, im zweiten Abschnitt kommt es zur Marktsättigung, sodass der Umsatz in etwa konstant bleibt. Im dritten Reifeabschnitt wird der Prozess des Absatzrückgangs eingeleitet. Die Kunden fangen an, sich anderen Produkten zuzuwenden. Dies führt in der Branche zu Überkapazitäten und löst einen verschärften Wettbewerb aus. Die Gewinne gehen zurück. Die schwächeren Wettbewerber scheiden aus dem Markt aus.

Die Wettbewerber versuchen in der Reife- und Sättigungsphase insbesondere durch Produktmodifikationen[1] wie Qualitätsverbesserungen (z.B. bessere Haltbarkeit, Zuverlässigkeit, Geschmack, Geschwindigkeit), Verbesserung der Produktausstattung (z.B. Schiebedach, heizbare Sitze, Klimaanlage) und/oder Differenzierung des Produktprogramms (z.B. Schokolade mit unterschiedlichem Geschmack, Formen, Verpackungen) neue Nachfrager zu gewinnen. Daneben werden preispolitische Maßnahmen (z.B. Sonderverkauf, hohe Rabatte, Hausmarken zu verbilligten Preisen) und servicepolitische Maßnahmen (z.B. Einrichtung von Beratungszentren, kürzere Lieferzeiten, großzügigere Lieferungs- und Zahlungsbedingungen) ergriffen. Außerdem werden spezielle Werbemaßnahmen eingesetzt, um bestehende Präferenzen[2] zu erhalten bzw. neue aufzubauen.

> **Merke:**
>
> **Marketingziel** ist es, einen größtmöglichen Gewinn zu erzielen, indem die Umsatzkurve „gestreckt" wird, bei gleichzeitiger Sicherung des Marktanteils. Da die hohen Kosten der Markteinführung und des Wachstums weitestgehend entfallen, verspricht diese Phase eine hohe Rentabilität.

■ Rückgangsphase (Degenerationsphase)

In der Rückgangsphase sinkt die Absatzmenge stark ab und Gewinne lassen sich nur noch in geringerem Umfang bzw. gar nicht mehr erwirtschaften. Die Anzahl der Wettbewerber sinkt. Die übrig gebliebenen Anbieter verringern systematisch ihr Produktprogramm, die Werbung wird zunehmend eingeschränkt, die Distributionsorganisation wird ausgedünnt und die Preise werden oft angehoben. Auch starke Preissenkungen können sinnvoll sein.

Als Ursachen für einen Rückgang der Absatzzahlen können der technische Fortschritt, ein veränderter Verbrauchergeschmack oder Änderungen in der Einkommensverteilung, die ihrerseits zu Verschiebungen der Bedarfsstrukturen führt, angesehen werden.

> **Merke:**
>
> **Marketingziel** ist es, die Kosten zu senken und gleichzeitig den möglichen Gewinn noch „mitzunehmen".

(4) Gesamtdarstellung

Den Beginn und das Ende der einzelnen Abschnitte festzulegen ist Ermessenssache. Je nach Produkttyp ist die Dauer der einzelnen Phasen und der Verlauf der Umsatz- und Gewinnkurven unterschiedlich. Der abgebildete S-förmige und „eingipflige" Kurvenverlauf ist daher als ein Spezialfall unter verschiedenen möglichen Verläufen anzusehen. In der Praxis kommt es zu einer Vielzahl davon abweichender Kurvenverläufe (z.B. kann der Verlauf auch steil bzw. flach ansteigend oder steil bzw. flach abfallend sein). Außerdem kann der Kurvenverlauf auch „mehrgipflig" sein.

---

1 Modifikation: Abwandlung, Veränderung. Vgl. hierzu auch die Ausführungen auf S. 198.

2 Präferenz: Bevorzugung (z.B. bestimmte Produkte und/oder Verkäufer).

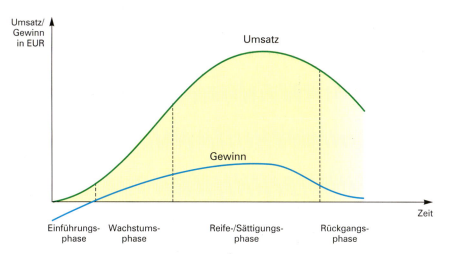

Umsatz- und Gewinnverlauf[1] im Produkt-Lebenszyklus

Die beschriebenen Merkmale, Marketingziele und Marketingstrategien in den Phasen des Produkt-Lebenszyklus sind in der nachfolgenden Übersicht zusammengestellt.[2]

	Phasen des Produkt-Lebenszyklus			
	Einführungs-phase	**Wachstums-phase**	**Reife- und Sättigungsphase**	**Rückgangs-phase**
Merkmale				
Absatzvolumen	gering	schnell ansteigend	Spitzenabsatz	rückläufig
Kosten	hohe Kosten pro Kunde	durchschnittliche Kosten pro Kunde	niedrige Kosten pro Kunde	niedrige Kosten pro Kunde
Gewinne	negativ	steigend	hoch	fallend
Konkurrenten	nur einige	Zahl der Konkurrenten nimmt zu	gleichbleibend, Tendenz nach unten setzt ein	Zahl der Konkurrenten nimmt ab
Marketing-ziele	Produkt bekannt machen, Erstkäufe herbeiführen	größtmöglicher Marktanteil	größtmöglicher Gewinn bei gleichzeitiger Sicherung des Marktanteils	Kostensenkung und „Gewinnmitnahme"
Marketing-investitionen	sehr hoch	hoch (degressiv ansteigend)	mittel (sinkend)	gering
Kernbotschaft der Werbung	neu, innovativ	Bestätigung des Verhaltens	verlässlich, bewährt	Schnäppchen

---
1 Der **reale** Gewinn errechnet sich als Differenz zwischen dem Umsatz zu konstanten Preisen und den Kosten zu konstanten Preisen.
2 Die Tabelle ist angelehnt an Kotler, P., Bliemel, F.: Marketing-Management, 8. Aufl., Stuttgart 1995, S. 586.

2.3.3 Portfolio-Analyse

2.3.3.1 Konzept der Portfolio-Analyse und -Planung

Die Portfolio-Analyse[1] sieht das Unternehmen als eine Gesamtheit von strategischen Geschäftseinheiten (SGE).

> **Merke:**
>
> - Eine **strategische Geschäftseinheit (SGE)** umfasst eine genau abgrenzbare Gruppe von Produkten, für die es einen eigenen Markt und spezifische Konkurrenten gibt.
> - Die strategische Geschäftseinheit bildet eine in sich **homogene Planungseinheit**.

Um die Position der strategischen Geschäftseinheit im Unternehmen bzw. am Markt zu erfassen, wird üblicherweise eine **unternehmensexterne Erfolgsgröße** (z.B. Marktvolumen, Marktwachstum) auf der Ordinate und ein **unternehmensinterner Faktor** (z.B. Marktanteil, relative Wettbewerbsvorteile) auf der Abszisse eingetragen. Durch eine Untergliederung der beiden Komponenten (z.B. hoch, mittel, niedrig) ergeben sich in der Darstellung verschiedene Felder-Matrizen (z.B. bei drei Untergliederungspunkten 9 Felder-Matrizen).

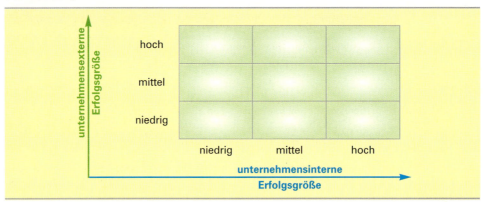

Sind die Erfolgsgrößen bestimmt und die notwendigen Daten erfasst, werden die verschiedenen Geschäftseinheiten beurteilt und in der Matrix positioniert. Ist die Position einer strategischen Geschäftseinheit bestimmt, lassen sich hieraus Marketingstrategien entwickeln, mit deren Hilfe das Management die strategische Geschäftseinheit plant und steuert. Die langfristige, auf eine Geschäftseinheit (auf ein Produkt bzw. eine Produktgruppe) bezogene Planung, bezeichnet man als **Strategieplanung**.

> **Merke:**
>
> - Die **Portfolio-Methode** ist ein **Analyse-Instrument**, mit dem die gegenwärtige Marktsituation einer strategischen Geschäftseinheit sowie deren Entwicklungsmöglichkeiten untersucht und visualisiert[2] werden.

---

1 **Portfolio (hier):** schematische Abbildung zusammenhängender Faktoren im Bereich der strategischen Unternehmensplanung.
2 Visuell: das Sehen betreffend.

- Mithilfe der Portfolio-Methode lassen sich **Strategien** entwickeln, mit deren Hilfe das Management eines Unternehmens entscheidet, welche **strategischen Geschäftseinheiten (SGE)** gefördert, welche erhalten und welche abgebaut werden.

2.3.3.2 Marktwachstum-Marktanteil-Portfolio[1]

(1) Aufbau

Die **Vier-Felder-Portfolio-Matrix**, die dem Marktwachstum-Marktanteil-Portfolio zugrunde liegt, gliedert die SGE nach den Kriterien **Marktanteil** und **Marktwachstum** in eine Matrix ein. In der Matrix können die einzelnen SGE vier grundlegend unterschiedliche Positionen einnehmen, die in der Portfolio-Terminologie mit den Bezeichnungen **Questionmarks, Stars, Cashcows** und **Poor Dogs** belegt werden.

- Die **horizontale Achse** zeigt den (relativen) **Marktanteil der strategischen Geschäftseinheit** auf, d. h. den eigenen Marktanteil im Verhältnis zu dem größten Konkurrenten. Der Marktanteil dient als Maßstab für die Stärke des Unternehmens im Markt.
- Die **vertikale Achse** zeigt den **Grad der Wachstumsphase** der Produkte an.

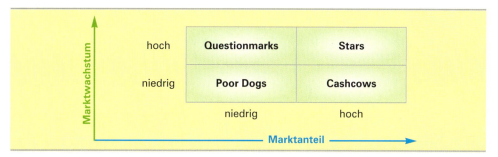

Jeder dieser vier Typen von SGE, die durch diese Art der Matrix gebildet werden, ist eindeutig charakterisiert und mit Strategieempfehlungen als grobe Verhaltensregeln **(Normstrategien)** versehen.

(2) Darstellung des Modells im Einzelnen

■ Questionmarks (Fragezeichen)

Hierunter versteht man Nachwuchsprodukte, die neu auf dem Markt sind. Diese Produkte befinden sich in der **Einführungs- bzw. frühen Wachstumsphase** des Produkt-Lebenszyklus. Der relative Marktanteil ist (noch) gering. Man verspricht sich bei ihnen gute Wachstumschancen. Sie sollen daher besonders stark (jedoch selektiv) gefördert werden, was bedeutet, dass die Questionmarks einen hohen Finanzmittelbedarf haben. Der Begriff „Fragezeichen" ist äußerst treffend, denn die Unternehmensleitung muss sich nach einer gewissen Zeit fragen, ob sie weiterhin viel Geld in diese SGE stecken oder den fraglichen Markt verlassen soll **(Offensivstrategie)**.

---

1 Dieser Portfolio-Ansatz wurde von dem amerikanischen Beratungsunternehmen „Boston-Consulting-Group" entwickelt.

- **Stars (Sterne)**

Das sind Produkte, die sich noch in der **Wachstumsphase** befinden. Aus dem anfänglichen „Fragezeichen", das Erfolg hat, wird ein „Star". Ein „Star" ist der Marktführer in einem Wachstumsmarkt. Er erfordert umfangreiche Finanzmittel, um mit dem Marktwachstum Schritt halten zu können. Im Allgemeinen bringen „Stars" schon Gewinne. Die generelle Strategie heißt, den Marktanteil leicht zu erhöhen bzw. zu halten (**Investitionsstrategie**).

- **Cashcows (Kühe, die bares Geld bringen)**

Diese Produkte befinden sich in der **Reifephase.** Da der Markt kaum wächst, kommt es darauf an, durch gezielte Erhaltungsinvestitionen die erreichte Marktposition zu halten. Dadurch lassen sich Finanzmittel erwirtschaften. Cashcows stellen deshalb die Finanzquelle eines Unternehmens dar. Man lässt sie so lange „laufen", wie sie noch Gewinn bringen (**Abschöpfungsstrategie**).

- **Poor Dogs (arme Hunde)**

Sie weisen nur noch einen geringen Marktanteil und eine geringe Wachstumsrate auf. Es bestehen keine Wachstumschancen mehr. Die Produkte befinden sich in der späten **Reife- bzw. Degenerationsphase**. Die Produktion der Poor Dogs sollte eingestellt werden (**Desinvestitionsstrategie**).

(3) Beziehungen zwischen der Portfolio-Analyse und dem Konzept des Produkt-Lebenszyklus

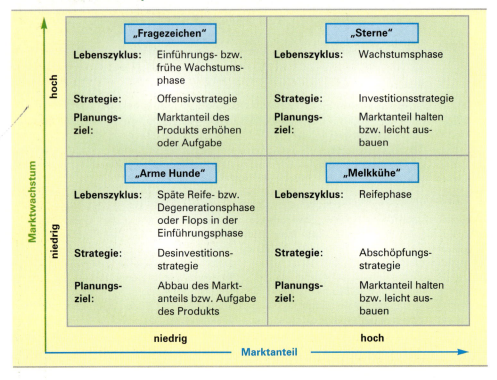

Die Darstellung auf S. 192 zeigt, dass durch die Portfolio-Analyse das Konzept des Produkt-Lebenszyklus ergänzt wird. Die Matrix zeigt den Zusammenhang zwischen den beiden Konzeptionen sowie die inhaltliche Aussage des Marktwachstum-Marktanteil-Portfolios auf.

(4) Generelle Zielsetzung des Modells

Nachdem das Unternehmen alle seine strategischen Geschäftseinheiten in die Marktwachstum-Marktanteil-Matrix eingeordnet hat, gilt es festzustellen, ob das Portfolio ausgeglichen ist.

Das Portfolio ist dann **ausgeglichen,** wenn das Wachstum eines Unternehmens gesichert ist und ein Risikoausgleich zwischen den verschiedenen SGE besteht. Ein Portfolio wäre dann **nicht ausgeglichen,** wenn in der Matrix zu viele „arme Hunde" oder „Fragezeichen" bzw. zu wenig „Sterne" und „Melkkühe" existieren.

Ziel eines Unternehmens muss es daher sein, die einzelnen SGE so zu positionieren, dass es zu einer möglichst optimalen Kombination von „kapitalliefernden" SGE in zurückgehenden Märkten und „kapitalverbrauchenden" SGE in Wachstumsmärkten kommt. Nur in diesem Fall kann der Unternehmenserfolg langfristig als gesichert angesehen werden.

(5) Vorteile und Nachteile des Marktwachstum-Marktanteil-Portfolios

Vorteile	Der Unternehmensleitung wird z.B. dazu verholfen,
	▪ zukunfts- und strategieorientiert zu denken,
	▪ die aktuelle Geschäftssituation zu erfahren,
	▪ Chancen und Risiken zu erkennen,
	▪ die Planungsqualität zu steigern,
	▪ die Kommunikation zwischen der Unternehmensleitung und den einzelnen strategischen Geschäftseinheiten zu verbessern,
	▪ die anstehenden Probleme schneller auszumachen,
	▪ die schwachen Geschäftseinheiten zu eliminieren und die vielversprechenden durch gezielte Investitionen zu fördern.
Nachteile	▪ Eine Eingliederung der SGE in die Matrix hängt von der Gewichtung der einzelnen Faktoren ab und diese ist teilweise subjektiv. Man kann also eine SGE in eine gewünschte Position hineinmanipulieren.
	▪ Es kann geschehen, dass sich die Unternehmensleitung zu stark auf die Wachstumsmärkte konzentriert und dabei andere Geschäftseinheiten vernachlässigt.
	▪ Die (synergetischen)[1] Verflechtungen zwischen den einzelnen SGE bleiben völlig unberücksichtigt. Es kann somit riskant sein, für eine SGE unabhängige, von den übrigen Bereichen „losgelöste" Entscheidungen zu treffen. Eine solche Entscheidung kann nämlich für eine SGE eine positive und für eine andere SGE eine negative Wirkung haben.

---

1 **Synergie:** Ein Synergieeffekt liegt vor, wenn sich Maßnahmen, die in die gleiche Richtung wirken, in der Kombination verstärken. **Beispiel:** Durch die Kombination der Vertriebsmannschaften zweier Geschäftseinheiten wird der Absatz größer, als wenn beide Geschäftseinheiten getrennt vorgehen würden.

Zusammenfassung

- Aus Sicht des Marketings stellt ein **Produkt** eine Summe von **nutzenstiftenden Eigenschaften** dar.

- In Zeiten gesättigter Märkte rücken bei der **Gestaltung des Produktprogramms** absatzwirtschaftliche Überlegungen in den Vordergrund, wie z.B. Kaufmotive, Zusatznutzen, Marktnischen.

- Produktpolitische Entscheidungen orientieren sich am **Lebenszyklus eines Erzeugnisses**. Das Nachfolgeprodukt muss am Markt eingeführt werden, solange sich das aktuelle Erzeugnis noch in der Reifephase befindet.

- Die **Portfolio-Analyse** ist ein Instrument der strategischen Planung. Sie ergänzt die Erkenntnisse aus der Lebenszyklusanalyse und unterstützt die Unternehmensleitung bei programmpolitischen Entscheidungen.

Übungsaufgaben

55
1. Beschreiben Sie die Grundidee der Portfolio-Methode!

2. Skizzieren Sie die Grundaussage der vier strategischen Geschäftseinheiten des Marktwachstum-Marktanteil-Portfolios!

3. Beschreiben Sie die generelle Strategie, die in den einzelnen Matrix-Feldern jeweils angemessen ist!

4. Die acht Kreise in dem vorgegebenen Marktwachstum-Marktanteil-Portfolio symbolisieren die acht Geschäftseinheiten der Chemie Chemnitz AG.

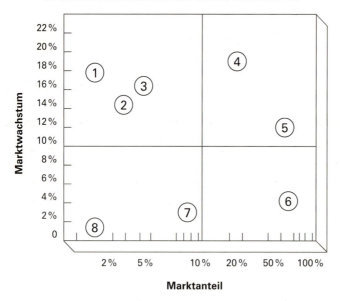

Hinweis:
- Die **vertikale Achse** zeigt das jährliche Marktwachstum der einzelnen Märkte.
- Die **horizontale Achse** zeigt den Marktanteil im Verhältnis zu dem des größten Marktführers.

(Nachweis: Kotler/Bliemel: Marketing-Management, S. 99)

Aufgabe:
Bewerten Sie die langfristigen Erfolgsaussichten der Chemie Chemnitz AG!

5. Übertragen Sie das Portfolio von Aufgabe 4 (ohne Kreise) in Ihr Hausheft. Tragen Sie anschließend die folgenden Daten der Limonadenwerke Leberer GmbH in das Portfolio ein:

Nr.	Produkt	Marktanteil	Marktwachstum
1	Zitronengetränk	40 %	16 %
2	Orangengetränk	5 %	14 %
3	Multivitaminsaft	2 %	12 %
4	Grapefruitsaft	8 %	5 %
5	Apfelsaft	20 %	6 %

Aufgaben:

5.1 Beurteilen Sie das Produktprogramm der Limonadenwerke Leberer GmbH!

5.2 Formulieren Sie Empfehlungen für die zukünftig anzuwendenden Marketingstrategien!

56 1. Welche Zielsetzung verfolgt das Konzept des Produkt-Lebenszyklus?

2. Worin unterscheidet sich das Marktwachstum- und Marktanteil-Portfolio von der Theorie der Lebenszyklen der Produkte?

3. Wie kann der Lebenszyklus eines Produkts verlängert werden? Beantworten Sie diese Frage, indem Sie ein Beispiel bilden!

4. Die Hamburger Lebensmittel AG hat einen neuen Vollmilch-Schoko-Riegel auf den Markt gebracht. Der Schoko-Riegel hat die Einführungsphase glänzend überstanden und befindet sich jetzt am Beginn der Wachstumsphase.

   Aufgabe:

   Formulieren Sie mindestens drei Marketingstrategien, die in der Wachstumsphase von Bedeutung sind!

2.3.4 Entscheidungen zum Produktprogramm

2.3.4.1 Überblick

Bei der Erstellung eines Produktprogramms sind insbesondere folgende zentrale Fragestellungen zu lösen:

- Mit welchen neuen Produkten kann die Position des Unternehmens am Markt gefestigt werden **(Produktinnovation)?**
- Mit welchen Anpassungen kann die Produktlebenskurve verlängert werden **(Produktmodifikation, Produktvariation)?**
- Welches Erzeugnis soll aus dem Produktprogramm entfernt werden **(Produkteliminierung)?**

2.3.4.2 Produktinnovation

(1) Begriff Produktinnovation

Merke:

Unter **Produktinnovation** versteht man die Änderung des Produktprogramms durch Aufnahme neuer Produkte.

Die Motivation hierzu liegt darin, dass einerseits dem technischen Fortschritt Rechnung getragen werden muss, andererseits muss auf veränderte Kundenwünsche reagiert werden, weil sich sonst Nachfrageverschiebungen zugunsten der Mitbewerber ergeben. Die Produktinnovation begegnet uns in Form der **Produktdiversifikation** und der **Produktdifferenzierung.**

(2) Produktdiversifikation[1]

> **Merke:**
>
> Unter **Produktdiversifikation** versteht man die Erweiterung des Produktprogramms durch Aufnahme weiterer Produkte.

Um die Wirkung der produktpolitischen Maßnahmen zu veranschaulichen, wird angenommen, dass ein Hersteller die beiden Erzeugnisgruppen A und B produziert mit den jeweiligen Varianten A_1 und A_2 bzw. B_1, B_2 und B_3.

Grafisch lässt sich damit die Produktdiversifikation gegenüber der Ausgangssituation wie folgt darstellen:

Das Erzeugnisangebot erhält eine Ausweitung in der Breite, hier die Erzeugnisgruppe C mit den Varianten C_1 und C_2. Die Angebotspalette wird gezielt ausgedehnt durch neue Produkte auf neuen Märkten. Damit erhält das Unternehmen ein weiteres „Standbein" auf dem Markt. Diese Handlungsstrategie beruht auf der Erkenntnis, dass eine Risikostreuung notwendig ist und dadurch erreicht wird, dass der Umsatz aus mehreren voneinander unabhängigen Quellen geschöpft wird. Die Produktdiversifikation ist das wirksamste und nachhaltigste Mittel zur Wachstumssicherung der Unternehmung.

Es ist üblich zwischen horizontaler, vertikaler und lateraler Diversifikation zu unterscheiden.

■ **Horizontale Diversifikation**

Hierbei wird die Angebotspalette um Produkte der gleichen Fertigungsstufe erweitert. Die Vorteile liegen darin, dass

- häufig dieselben Absatzkanäle genutzt werden können,
- die Markenbezeichnung sich problemlos und glaubwürdig auf das neue Produkt übertragen lässt, und dass

> **Beispiele:**
>
> Ein Hersteller von Skiern bietet nunmehr auch Tennisschläger an. Ein Hersteller von klassischer Hautcreme führt in seinem Angebot auch Parfüms, Shampoos, Seifen. Der Hersteller von Backpulver erweitert sein Produktprogramm um Trockenhefe, Fertigteige, Backzubehör.

- die Kunden dem Hersteller die Kompetenz auch für das zusätzliche Produktfeld quasi von vornherein schon zutrauen.

---
1 Diversifikation: Veränderung, Vielfalt.

■ **Vertikale Diversifikation**

In das Angebot werden Leistungen einer vor- und/oder nachgelagerten Fertigungsstufe aufgenommen.

> **Beispiele:**
>
> Eine Kleiderfabrik gründet eigene Modefachgeschäfte. Eine Handelskette für Öko-Produkte erwirbt zur Sicherung des Qualitätsstandards auch eigene landwirtschaftliche Betriebe.

■ **Laterale[1] Diversifikation**

Zwischen dem bisherigen und dem neuen Produkt besteht kein sachlicher Zusammenhang. Es handelt sich somit um eine Form der Quasi-Innovation. Besonders durch diese Form der Diversifikation wird das Ziel der Risikostreuung und der Erschließung neuer Wachstumsfelder verwirklicht.

> **Beispiele:**
>
> Ein Hersteller von Backpulver erwirbt Brauereien. Ein Autohersteller bietet auch die Finanzierung an.

(3) Produktdifferenzierung

■ **Begriff Produktdifferenzierung**

> **Merke:**
>
> Bei der **Produktdifferenzierung** wird das **Grundprodukt** technisch, im Erscheinungsbild oder im Statuswert (Image) **verändert**. Es wird eine Mehrzahl von Produkten mit variierenden Merkmalen auf den Markt gebracht, um eine **zusätzliche** Nachfrage zu schaffen, wobei die Hauptcharakteristika der Produkte **gleichartig** bleiben.

Die Produktdifferenzierung lässt sich grafisch im Vergleich zur Ausgangssituation wie folgt darstellen:

Die Motivation für die Produktdifferenzierung liegt darin, dass bisher noch nicht erreichte Käuferschichten durch die verschiedenen Produktvarianten eines bereits auf dem Markt vorhandenen Produkts angesprochen werden können, welches in der Regel auf derselben Fertigungsapparatur hergestellt werden kann. Es handelt sich um eine Ausweitung des Erzeugnisangebots in die Tiefe, da das bisherige Erzeugnis nicht ersetzt, sondern durch weitere ergänzt wird. Das Basisprodukt wird in seinem wesentlichen Zweck nicht verändert. Wenn die Möglichkeiten der sachlichen Differenzierung begrenzt sind, erfolgt häufig eine Differenzierung des Produkts über Dienstleistungen, um sich von den Erzeugnissen der Konkurrenz abzuheben und Präferenzen zu schaffen, z.B. über besondere Leistungen des Kundendienstes, über Finanzdienstleistungen, kürzere Lieferzeiten.

■ **Arten der Produktdifferenzierung**

Vertikale Produktdifferenzierung. Das Produkt unterscheidet sich **qualitätsmäßig** von den anderen Varianten. Auf diese Weise schöpfen z.B. Automobilhersteller durch Differenzierung in unterschiedliche Ausstattungsvarianten die Kaufkraft zahlungskräftiger

---
1 Lateral: seitlich.

Käufer ab. Insbesondere diese Art der Produktdifferenzierung lässt sich vorteilhaft mit der Preisdifferenzierung verknüpfen, wenn die Mehrkosten für das qualitativ bessere und prestigeträchtigere Erzeugnis (Premium-Version) mit deutlichen Mehrerlösen verbunden werden können.

Horizontale Produktdifferenzierung. Hier erfolgt die Differenzierung **innerhalb eines Qualitätsniveaus** durch unterschiedliche Farben, Formen, Materialien (z. B. Eis, Schokolade, Stoffe).

2.3.4.3 Produktmodifikation (Produktvariation)

> **Merke:**
>
> Bei der **Produktmodifikation (Produktvariation)** wird das Produkt verändert (modifiziert), um es in den Augen der Verbraucher weiterhin attraktiv erscheinen zu lassen.

Grafisch lässt sich die Produktmodifikation gegenüber der Ausgangssituation folgendermaßen darstellen:

Das Produkt B_3 hat neue Eigenschaften.

Die Motivation für die Produktmodifikation ergibt sich durch die Änderung des Nachfrageverhaltens in einem Marktsegment. Geänderte rechtliche Rahmenbedingungen, technischer Fortschritt, verbesserte Produkte der Konkurrenz, Änderung des Geschmacks, neue Formensprache machen eine Anpassung der Produkte notwendig („Facelifting", „Relaunch"). Ziel ist es, die Lebensdauer (den „Lebenszyklus") für ein Erzeugnis möglichst zu verlängern. Die mühsam aufgebauten positiven Einstellungen der Käufer zu einem Produkt lassen sich mit relativ geringem Aufwand auch auf das Nachfolgemodell übertragen.

2.3.4.4 Produkteliminierung

> **Merke:**
>
> Unter **Produkteliminierung** versteht man die Herausnahme von Erzeugnissen und/oder Dienstleistungen aus dem Produktprogramm.

Grafisch ergibt sich bei der Eliminierung einer Variante folgende Situation:

Der Eliminierung unterliegen insbesondere Produkte in der Endphase des „Lebenszyklus" oder jene, die sich nach der Markteinführung als Flops erwiesen haben. Die gezielte Aufgabe eines Erzeugnisses, insbesondere die Bestimmung des richtigen Zeitpunktes, ist eine produktpolitische Entscheidung, die in ihrer Schwierigkeit im Vergleich zu den anderen Maßnahmen leicht unterschätzt wird. Ohne bewusste Eliminierung auf der Basis einer systematischen Programmüberwachung würde die Angebotspalette eines Unternehmens immer größer werden mit verheerenden Folgen für die Kostenstruktur. Wenige „Stammabnehmer" für ein bestehendes Produkt, der Glaube, durch ein umfangreiches Programm „Kompetenz" beweisen zu müssen, sind emotionale Gründe für eine Verschiebung der Eliminierung. Verspätete Korrekturen sind schwieriger, teurer (Bevorratung von Ersatzteilen), bedeuten Imageverluste und belasten die Zukunftsperspektiven des Unternehmens.

2.3.5 Produktmix

(1) Breite des Produktangebots

Produkte, die in ihrer Grundstruktur zusammengehören, bezeichnet man als **Produktgruppen** oder auch als **Produktlinien** (in einer Möbelfabrik z.B. Küchen, Schlafzimmer, Wohnzimmer, Arbeitszimmer, Büromöbel und der Dienstleistungsbereich Montage und Kundendienst). Welche Produkte zu Produktgruppen bzw. Produktlinien zusammengefasst werden, hängt davon ab, welche betrieblichen (z.B. planerischen) Zwecke mit der Zuordnung verfolgt werden. Allgemein kann man sagen: Je **größer** die Zahl der Produktlinien ist, desto **breiter** ist das Produktangebot.

(2) Länge des Produktangebots

Produktlinien können in **Untergruppen** eingeteilt werden (in einer Möbelfabrik z.B. die Hauptproduktlinie Wohnzimmer in die Untergruppen Wandschränke, Einbauschränke, Vitrinen und Regale). Die Untergruppen werden als **Produkttypen** bezeichnet. Je **größer** die Anzahl aller angebotenen Produkttypen ist, desto **länger** ist das Produktangebot. (Im Handel spricht man statt von Produkttypen von **Artikeln**.)

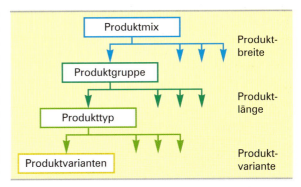

(3) Tiefe des Produktangebots

Je nach Wirtschaftszweig können die einzelnen Produkttypen in weiteren **Produktvarianten** hergestellt und angeboten werden. (Eine Möbelfabrik kann z.B. die Vitrinen in verschiedenen Holzarten und in verschiedenen Größen anbieten.) Vor allem im Handel bezeichnet man die einzelnen Varianten einer Handelsware als **Sorten**. (Die Sorte ist die kleinste Einheit einer Handelsware.) Je **größer** die Anzahl der Produktvarianten ist, desto **tiefer** ist das Produktangebot.

> **Merke:**
>
> Die Gesamtheit aller Produktlinien (Erzeugnisse und Dienstleistungen) bezeichnet man als **Produktmix**.

2.3.6 Anbieten von Sekundärdienstleistungen

(1) Überblick

Mit dem Anbieten von Dienstleistungen als Sekundärleistung[1] – entgeltlich oder unentgeltlich – wird versucht, gegenüber den Konkurrenten einen Wettbewerbsvorteil zu erringen.

> **Beispiel:**
>
> Die Apotheker verkaufen den Patienten nach der Verordnung der Ärzte verschreibungspflichtige Medikamente. Apotheken können sich bei diesen Medikamenten über die Qualität oder den Preis nicht voneinander abgrenzen, denn beide Kriterien sind bei allen Apotheken gleich. Eine Abgrenzung ist aber möglich über zusätzliche Dienstleistungen, z.B. höherer Beratungsaufwand, Lieferung der Medikamente frei Haus, Bereitstellung von Impfplänen für Auslandsreisen der Kunden.

In der Regel zählen zu den angebotenen **Sekundärdienstleistungen** die **Beratung,** der **Kundendienst** und die **Garantien**.

(2) Beratung

Die Zielrichtung der Beratung besteht zunächst darin, dass der Anbieter einem potenziellen Abnehmer hilft zu erkennen, dass und woran er genau Bedarf hat. In der Nutzungsphase muss dem Käufer dann die Sicherheit gegeben werden, dass ihm im Störungsfall geholfen wird. Am Ende der Nutzungszeit schließlich zielt die Beratung darauf ab, dem Kunden beim Kauf eines neuen Produkts bzw. bei der Entsorgung des alten Produkts zu helfen.

(3) Kundendienst

■ **Technischer Kundendienst**

Der technische Kundendienst umfasst z.B. die **Einpassung** (z.B. von Büromöbeln) und die **Installation** (z.B. von Maschinen und maschinellen Anlagen), die **Wartung** und **Pflege** (z.B. bei Heizungsanlagen, EDV-Anlagen) sowie die **Reparatur**. Wichtig dabei ist, dass die Reparaturleistungen (unter Umständen unter Einschaltung des Reparaturhandwerks) schnell erfolgen. Dies gilt vor allem für Investitionsgüter, denn Produktionsunterbrechungen sind teuer.

Als eine weitere wichtige Leistung des technischen Kundendienstes schiebt sich derzeit verstärkt die Rücknahme und umweltgerechte sowie preisgünstige **Entsorgung des alten Produkts** in den Vordergrund. Oftmals verwandelt sich ein solcher Service in den Kern der Leistung, d.h., der Käufer erwirbt das Produkt nur dann, wenn er sicher sein kann, dass später die Entsorgung des Produktes sichergestellt ist.

> **Beispiel:**
>
> Der Computerhersteller A wirbt u.a. damit, dass seine Geräte zu 90% wiederverwertbar seien. Er verpflichtet sich darüber hinaus, die Geräte nach Ablauf der Nutzungsdauer wieder zurückzunehmen. Falls der Hersteller B diese Zusicherungen nicht geben kann, hat A einen Wettbewerbsvorteil bei umweltbewussten Abnehmern. Er kann möglicherweise einen höheren Preis verlangen als B, ohne dass seine Kunden „abspringen".

---

1 Sekundär: an zweiter Stelle stehend, zweitrangig; in zweiter Linie in Betracht kommend.

Die Ausweitung des technischen Kundendienstes ist auch unter ökologischen Gesichtspunkten von Bedeutung, weil sie einen Schritt „weg von der Wegwerfgesellschaft" bedeutet.

■ Kaufmännischer Kundendienst

Der kaufmännische Kundendienst hat das Ziel, dem Käufer den Kauf vor, während und nach dem Erwerb des Produktes zu erleichtern. Zu diesen Kundendienstleistungen werden im Allgemeinen gezählt: der **Zustelldienst,** die **Inzahlungnahme** eines alten Produktes, die Bereitstellung **zusätzlicher Informationen.**

Die Grenzen zwischen technischem und kaufmännischem Kundendienst sowie der Beratung sind fließend.

(4) Garantien

Im Falle der **Garantie** übernimmt der Verkäufer oder ein Dritter (z. B. der Hersteller) unabhängig vom Bestehen oder Nichtbestehen eines Mangels bei Gefahrübergang die Gewähr für die Beschaffenheit **(Beschaffenheitsgarantie)** oder dafür, dass die Sache für eine bestimmte Dauer eine bestimmte Beschaffenheit behält **(Haltbarkeitsgarantie)** [§ 443 I BGB].

Nach § 443 II BGB wird bei Übernahme einer **Haltbarkeitsgarantie** vermutet, dass ein während ihrer Geltungsdauer auftretender

> **Beispiele:**
>
> Der Hersteller bezeichnet das von ihm produzierte wertvolle Essgeschirr als „garantiert spülmaschinenfest" **(Beschaffenheitsgarantie).**
>
> Der Hersteller eines Pkw gibt eine Garantie, dass seine Produkte innerhalb von sechs Jahren nicht durchrosten **(Haltbarkeitsgarantie).**

Sachmangel die Rechte aus der Garantie begründet. Insoweit braucht der Käufer nur den Abschluss des Kaufvertrages, das Bestehen einer Haltbarkeitsgarantiezusage und das Auftreten eines Mangels entsprechend der Garantiezusage in der von der Garantieerklärung erfassten Frist darzulegen und zu beweisen. Sache des Verkäufers ist es dann, das Vorliegen eines Garantiefalles zu entkräften, z. B. durch Nachweis einer sachwidrigen Behandlung des Kaufgegenstandes durch den Käufer.

> **Beispiel:**
>
> Der Hersteller einer Uhr garantiert ab Kaufdatum für die Wasserdichtigkeit der Uhr bis zu einer Tiefe von 30 m. Wird die Uhr in diesem Rahmen benutzt und dringt gleichwohl während der Garantiezeit Wasser ein, wird ein Garantiefall vermutet. Der Gegenbeweis, etwa einer unsachgemäßen Handhabung, obliegt dann dem Hersteller/Garantiegeber.

Eine großzügige Garantiepolitik trägt dazu bei, ein positives Unternehmens- und Produktimage aufzubauen. Freiwillige Leistungen nach Ablauf der Garantiezeit **(Kulanzleistungen)**[1] stärken ebenfalls den guten Ruf eines Unternehmens.

---

1 Kulanz: Entgegenkommen, Zuvorkommenheit.

Zusammenfassung

- Die Änderung des Produktprogramms durch Aufnahme neuer Produkte bezeichnet man als **Produktinnovation**.
- Bei der Erstellung des Produktprogramms sind insbesondere folgende zentrale Fragestellungen zu lösen:
  - Mit welchen weiteren Produkten (**Produktdiversifikation**) bzw. mit welchen Produktveränderungen (**Produktdifferenzierung**) kann die Position des Unternehmens am Markt gefestigt werden?
  - Mit welchen Anpassungen kann die Produktlebenskurve verlängert werden (**Produktmodifikation, -variation**)?
  - Welches Erzeugnis soll aus dem Produktprogramm entfernt werden (**Produkteliminierung**)?
- Als **Produktmix** bezeichnet man die Gesamtheit aller Produktlinien.
- Das Erbringen von **Sekundärdienstleistungen** neben der eigentlichen Hauptleistung bringt dem Anbieter einige Vorteile:
  - Er erringt gegenüber seinen Konkurrenten einen **Wettbewerbsvorteil** aufgrund einer **kundennäheren Position**.
  - Der **Kundendienst** dient besonders als „Frühwarnsystem" zur Aufdeckung von „Kinderkrankheiten" neu eingeführter Produkte.
  - Die Gewährung großzügiger **Garantie- und Kulanzleistungen** signalisieren dem Konsumenten, dass der Hersteller Vertrauen in seine Erzeugnisse hat und verringern damit die Hemmschwelle beim Kauf.

Übungsaufgaben

57
1. Erläutern Sie die folgenden Maßnahmen der Produktpolitik: Produktdifferenzierung, Produktinnovation, Produkteliminierung!
2. Was versteht man unter horizontaler, vertikaler und lateraler Diversifikation? Bilden Sie jeweils ein Beispiel!
3. Der Produktmix eines Büromaterialherstellers hat eine bestimmte Länge, Breite und Tiefe.

   Aufgabe:
   Erläutern Sie diese Kennzeichnungen anhand folgender Darstellung:

4. Ein Unternehmer erzeugt als einziges Produkt ein Vitamingetränk, das in Portionsfläschchen zu drei Stück pro Packung über Fitnesscenter vertrieben wird.

   Aufgabe:

   Geben Sie jeweils ein konkretes Beispiel dafür an, wie das Unternehmen Produktdifferenzierung, Mehrmarkenpolitik und Produktdiversifikation durchführen könnte!

5. Ein Unternehmen produziert Futter für Haustiere. In der letzten Rechnungsperiode wurde das Vogelfutter „Schrill" eliminiert.

   Aufgabe:

   Nennen Sie Gründe, die zu dieser Maßnahme geführt haben könnten!

6. 6.1 Erläutern Sie, warum Unternehmen durch eine umweltverträgliche Produktpolitik einen Wettbewerbsvorteil erlangen können!

   6.2 Nennen Sie drei Beispiele für eine umweltverträgliche Produktpolitik! Geben Sie auch an, welchen Zweck die genannten Maßnahmen verfolgen!

7. Viele Hersteller verpflichten sich gegenüber ihren Kunden zu Garantieleistungen.

   Aufgaben:

   7.1 Wie kommt eine Garantie rechtlich zustande?

   7.2 Welche Rechtswirkungen können mit einer Garantieleistung verbunden sein?

   7.3 Aus welchen Motiven heraus übernimmt ein Hersteller Garantieleistungen?

8. Erläutern Sie, was unter dem Begriff Sekundärdienstleistungen zu verstehen ist!

58 Die Angebotspalette der Flügge GmbH setzt sich aus eigenen Erzeugnissen (Dübel) und Handelswaren (Bohrmaschinen) zusammen. In einer Abteilungsleiterkonferenz wird über eine Verbesserung des Produktprogramms gesprochen. Unter anderem fallen folgende Fachbegriffe: Produktpflege, Produktfortschreibung, Produkterweiterung.

Aufgaben:

1. Erklären Sie diese Begriffe und bilden Sie je ein eigenes Beispiel!

2. In der Konferenz wird weiterhin über die Vor- und Nachteile eines breiten oder tiefen Produktprogramms gesprochen.

   2.1 Erläutern Sie die Vor- und Nachteile!

   2.2 Nach welchem Gestaltungsprinzip setzt sich das Angebotsprogramm der Flügge GmbH zusammen?

3. Die Leiterin der Vertriebsabteilung, Frau Lanz, möchte das Angebotsprogramm erweitern. Sie schlägt vor, nicht nur Plastikdübel herzustellen, sondern auch Gips- und Metalldübel. Die Kapazität des Unternehmens müsse allerdings erweitert werden.

   3.1 Wie kann man diese Erweiterung der Angebotspalette bezeichnen?

   3.2 Welchen Zweck bzw. welche Zwecke verfolgt Frau Lanz mit ihrem Vorschlag?

   3.3 Nennen Sie weitere Arten der Produktvielfalt!

4. In der oben genannten Konferenz sagt Frau Lanz, dass das Angebotsprogramm keine feststehende Größe sein dürfe. Es müsse vielmehr immer wieder infrage gestellt und verändert werden.

   Warum muss sich die Unternehmensleitung ständig überlegen, ob das Angebotsprogramm bereinigt und durch die Aufnahme neuer Produkte ergänzt werden soll?

5. Der Leiter des Fertigungsbereichs, Herr Moll, meint, dass die Aufgabe eines Erzeugnisses leichter sei als die Aufnahme neuer Erzeugnisse in das Produktprogramm.

   Begründen Sie diese Aussage!

6. Die Flügge GmbH möchte auch ihre Kundendienstpolitik verbessern.

Beschreiben Sie die Aufgaben der Kundendienstpolitik!

7. In der im Sachverhalt beschriebenen Konferenz sagt Frau Lanz: „Je umfangreicher unser Service-Angebot ist, desto größer wird unser preispolitischer Spielraum."

7.1 Prüfen Sie diese Aussage auf ihre Richtigkeit!

7.2 Machen Sie Vorschläge, wie der Kunden-Service der Flügge GmbH gestaltet werden könnte!

2.4 Kontrahierungspolitik (Entgeltpolitik)

Merke:

- Unter **Kontrahierungspolitik** werden im Folgenden alle marketingpolitischen Instrumente zusammengefasst, die der Preispolitik und der Gestaltung der Lieferbedingungen zugerechnet werden.
- Im Rahmen der Kontrahierungspolitik werden die **monetären** (in Geld ausgedrückten) **Vereinbarungen** getroffen, die für den Kaufvertrag gelten sollen.

2.4.1 Begriffe Preispolitik und Preisstrategien

Ein zentrales Problem der Preispolitik besteht in der Frage, welche Kriterien (z.B. Kosten, Wettbewerber, Verhalten der Kunden) ein Verkäufer bei der Bestimmung des Angebotspreises berücksichtigen soll. Diese Frage stellt sich einem Investitionsgüterhersteller, der z.B. eine Mobilfunkanlage im Wert von 300 Mio. EUR verkauft, ebenso wie einem kleinen Einzelhändler, der den Preis für eine Zahnbürste festlegen muss und sich für 1,20 EUR entscheidet.

Merke:

Preispolitik ist das Bestimmen der Absatzpreise unter Berücksichtigung der Unternehmensziele.

Zur Preispolitik gehören auch die **Gestaltung der Preisnachlässe** (Rabatte, Boni und Skonti) und die **Einräumung von Kundenzielen** (Zahlungsbedingungen). Die Erhöhung der Preisnachlässe kommt einer Senkung der Absatzpreise gleich und umgekehrt. Die Verlängerung der Kundenziele (Kundenkredit) entspricht einer Preissenkung. Besonders im internationalen Handel spielt die Kreditgewährung als absatzpolitisches Mittel oft eine größere Rolle als die Höhe der Angebotspreise.

Preisstrategien gehören zu den langfristigen Unternehmensentscheidungen. Sie orientieren sich nicht an einem bestimmten Anhaltspunkt, sondern verfolgen eine generelle Preiszielsetzung, z.B. grundsätzlich mit einem hohen bzw. niedrigen Preis auf den Markt zu gehen.

Merke:

Unter **Preisstrategien** versteht man ein planvolles Vorgehen zur Durchsetzung eines bestimmten Preisniveaus auf dem Markt.

2.4.2 Preisstrategien

(1) Hochpreisstrategie

Bei der **Hochpreisstrategie** versucht der Anbieter langfristig einen hohen Preis für seine Produkte zu erzielen, indem er die Produkte mit einer „Prämie" ausstattet, z.B. gleichbleibend hoher Qualitätsstandard, hohes Image, Distribution in Exklusivläden bzw. Beratungszentren, langfristige Garantiezeiten für Ersatzteile, Reparaturservice innerhalb 24 Stunden u.Ä. Diese Art der Hochpreisstrategie bezeichnet man als **Prämienpreisstrategie**. Voraussetzung für diese Preisstrategie ist, dass das Produkt eine Alleinstellung hat und die Preiselastizität der Nachfrage zumindest sehr gering ist.

> **Beispiele:**
>
> Champagner, Hummer, Kaviar, Tafelsilber, Rolls-Royce, Porsche, Rolex-Uhren, Cartier-Schmuck, Bogner-Kleidung usw.

Eine Sonderart der Hochpreisstrategie stellt die **Skimming-Strategie**[1] dar. Diese Preisstrategie setzt, insbesondere bei Innovationsgütern, den Einführungspreis hoch an, um die Forschungs- und Entwicklungskosten schnell abzudecken. Das Unternehmen senkt den Preis aber jedesmal, wenn der Absatz zurückgeht, um jeweils die nächste Schicht preisbewusster Kunden für sich zu gewinnen. Ziel dieser Preisstrategie ist das Abschöpfen des Marktes.

Die Skimming-Strategie ist unter folgenden Bedingungen sinnvoll: (1) Es besteht eine ausreichend große Kundenzahl, die bereit ist, das Produkt zu einem hohen Preis zu erwerben. (2) Die kleine Absatzmenge bringt trotz hoher Stückkosten eine höhere Gewinnspanne. (3) Der hohe Einführungspreis lockt keine weiteren Konkurrenten auf den Markt. (4) Der hohe Preis unterstützt den Anspruch, dass die Ausstattungselemente des Produktes eine Alleinstellung einnehmen.

(2) Niedrigpreisstrategie

Bei der **Niedrigpreisstrategie** strebt der Anbieter an, dass der geforderte Preis dauerhaft unter dem Preis vergleichbarer Produkte liegt. Ziele einer Niedrigpreisstrategie können sein: Verdrängung von Wettbewerbern, Verhinderung des Markteintritts neuer Anbieter, Auslastung der Kapazität, Aufbau eines Niedrigpreisimages. Die Niedrigpreisstrategie wird vor allem zur Verkaufsförderung (Promotion) von Massenwaren, die keinen hohen Serviceanspruch haben, herangezogen. Diese Art von Preisstrategie bezeichnet man als **Promotionspreispolitik**.[2]

> **Beispiele für Unternehmen, die eine Niedrigpreisstrategie betreiben, sind:**
>
> Aldi, Norma, OBI, H & M, Ratiopharm (Herstellung von Generika).[3]

Die **Penetrationspreispolitik**,[4] als eine Sonderart der Niedrigpreisstrategie, versucht mit kurzfristig niedrigen Preisen für neue Produkte schnell einen hohen Marktanteil zu erreichen. Nach der Markteinführung werden die Preise dann angehoben.

---

1 To skim: abschöpfen, absahnen.

2 Promotion: Förderung.

3 Werden Medikamente, deren Schutzrechte abgelaufen sind, in der gleichen Zusammensetzung wie das Original hergestellt, so spricht man von Generikapräparaten.

4 Penetration (lat.): Durchdringung, Durchsetzung.

Die Festsetzung eines niedrigen Preises ist zweckmäßig,

- wenn die Preissensibilität[1] des Marktes hoch ist,
- niedrige Preise ein Marktwachstum stimulieren und
- ein niedriger Preis den Markteintritt von Konkurrenten verhindert.

2.4.3 Preispolitik

2.4.3.1 Ziele der Preispolitik

Im Folgenden werden **fünf wesentliche Unternehmensziele** vorgestellt, denen die Preispolitik dienen kann.

Unternehmensziele	Erläuterungen
Fortbestand des Unternehmens	Um die Produktion fortführen zu können, werden häufig die Preise gesenkt. Dann ist das „nackte Überleben" wichtiger als Gewinne. Der bloße Fortbestand des Unternehmens kann jedoch nur ein kurzfristiges Ziel sein.
Kurzfristige Gewinnmaximierung	In diesem Fall werden die voraussichtliche Nachfrage und die voraussichtlichen Kosten für jede Preisalternative abgeschätzt. Man entscheidet sich dann für den Preis, der den größtmöglichen kurzfristigen Gewinn verspricht.
Maximales Absatzwachstum	Hier wird unterstellt, dass eine Erhöhung des Absatzvolumens niedrigere Stückkosten und später höhere Gewinne zur Folge hat. Die Preise werden bei dieser Zielsetzung so niedrig wie möglich angesetzt **(Preispolitik der Marktpenetration).**
Maximale Marktabschöpfung	Hierbei werden für eine (echte) Produktinnovation hohe Preise festgesetzt, um den Markt abzuschöpfen (Skimming-Strategie). Jedes Mal, wenn der Absatz rückläufig ist, senkt das Unternehmen den Preis, um die nächste Schicht preisbewusster Kunden zu gewinnen.
Qualitätsführerschaft	Das Unternehmen nimmt bei dieser Zielsetzung einen höheren Preis, um die Kosten für die hohe Produktqualität und den hohen Forschungs- und Entwicklungsaufwand zu decken.

2.4.3.2 Arten der Preispolitik

Für die Preisfindung haben sich insbesondere **vier Entscheidungskriterien** als nützlich erwiesen:

- die **kostenorientierte** Preisfindung,
- die **abnehmerorientierte** (nachfrageorientierte) Preisfindung,
- die **wettbewerbsorientierte** (konkurrenzorientierte) Preisfindung und
- die **marktorientierte** Preisfindung.

2.4.3.2.1 Kostenorientierte Preispolitik

Sollen im Unternehmen **alle anfallenden Kosten** auf die Erzeugnisse (Kostenträger) verteilt werden, so spricht man von einer **Vollkostenrechnung.** Werden hingegen zunächst nur solche Kosten berücksichtigt, die in einem direkten Verursachungszusammenhang

---

1 Sensibilität: Empfindlichkeit; sensibel: empfindsam, feinfühlig.

mit den Kostenträgern stehen **(variable Kosten),** handelt es sich um eine **Teilkostenrechnung.**[1]

Das nachfolgende Beispiel stellt eine Kalkulation auf Vollkostenbasis dar.

Beispiel:

Bei der Maschinenfabrik Nieder GmbH geht eine Anfrage nach einer Spezialmaschine (Sonderanfertigung) ein. Es soll ein verbindliches Preisangebot gemacht werden.

Der Auftrag für die Maschine erfordert 50000,00 EUR Fertigungsmaterial und 60000,00 EUR Fertigungslöhne.

Die Gemeinkostenzuschlagsätze betragen:

Materialgemeinkostenzuschlag	5 %	Der Gewinnzuschlag beträgt 7,5 %
Fertigungsgemeinkostenzuschlag	150 %	der Kundenskonto 2 %
Verwaltungsgemeinkostenzuschlag	7 %	und der Kundenrabatt 10 %.
Vertriebsgemeinkostenzuschlag	8 %	

Aufgabe:
Berechnen Sie den Listenverkaufspreis!

Lösung:

	100 %		Materialeinzelkosten	50000,00 EUR
	5 %	+	Materialgemeinkosten	2500,00 EUR
	105 %	=	**Materialkosten**	52500,00 EUR
100 %			Fertigungslöhne	60000,00 EUR
150 %		+	Fertigungsgemeinkosten	90000,00 EUR
250 %		=	**Fertigungskosten**	150000,00 EUR
	100 %		**Herstellkosten**	202500,00 EUR
	15 %	+	Verwaltungs- und Vertriebsgemeinkosten	30375,00 EUR
100 %	115 %	=	**Selbstkosten**	232875,00 EUR
7,5 %		+	Gewinn	17465,63 EUR
107,5 %	98 %	=	**Barverkaufspreis**	250340,63 EUR
	2 %	+	Kundenskonto	5108,99 EUR
90 %	100 %	=	**Zielverkaufspreis**	255449,62 EUR
10 %		+	Kundenrabatt	28383,29 EUR
100 %		=	**Listenverkaufspreis**	283832,91 EUR

2.4.3.2.2 Abnehmerorientierte (nachfrageorientierte) Preispolitik

(1) Überblick

Um eine abnehmerorientierte Preispolitik betreiben zu können, bedarf es zuverlässiger Informationen über die Wechselwirkung zwischen der Höhe des Preises und der zu erwartenden Nachfrage. Mithilfe einer **Preis-Absatz-Funktion** wird die Veränderung der Nachfragemenge nach einem Gut bei variierenden Preisen erfasst.

---

1 Auf die Teilkostenrechnung wird hier nicht eingegangen. Sie wird im Band „Steuerung und Kontrolle" dargestellt.

In den nachfolgenden Beispielen werden die Daten der Preis-Mengenentwicklung jeweils vorgegeben. Es werden zwei abnehmerorientierte preispolitische Maßnahmen (Entscheidungen) vorgestellt:

■ die Festlegung der **preispolitischen Obergrenze** und
■ die **Preisdifferenzierung.**

(2) Festlegung der preispolitischen Obergrenze

Bei Preisänderungen ist im Normalfall mit folgenden Nachfragerreaktionen zu rechnen: Bei Preiserhöhungen springen die Kunden ab, bei Preissenkungen werden neue Kunden gewonnen (preisreagible Nachfrage).

Beispiel:

Ein Unternehmen bietet nur ein Produkt an. Aufgrund exakter Marktforschung kennt es die Reaktionen seiner Kunden auf Preisänderungen. Es stellt fest, dass es sich einer normalen Nachfrage gegenübersieht, d.h., bei Preiserhöhungen nimmt die mengenmäßige Nachfrage ab, bei Preissenkungen nimmt sie zu.

Die fixen Kosten belaufen sich auf 10 000,00 EUR je Periode, die variablen Kosten auf 6,00 EUR je Stück. Der Verkaufserlös beträgt 10,00 EUR je Stück. Die Preis-Mengenentwicklung (Nachfragefunktion) ist der nachfolgenden Tabelle (Spalte 1 und 2) zu entnehmen.

Aufgabe:
Ermitteln Sie die preispolitische Obergrenze!

Lösung:

Erlös/St. in EUR	Absetzbare Menge	Umsatz in EUR	Kosten fK: 10 000,00 EUR vK: 6,00 EUR/St.	Gewinn/ Verlust in EUR
13,00	2 000	26 000,00	22 000,00	4 000,00
12,50	2 500	31 250,00	25 000,00	6 250,00
12,00	3 000	36 000,00	28 000,00	8 000,00
11,50	3 500	40 250,00	31 000,00	9 250,00
11,00	4 000	44 000,00	34 000,00	10 000,00
10,50	4 500	47 250,00	37 000,00	10 250,00
10,00	5 000	50 000,00	40 000,00	10 000,00
9,50	5 500	52 250,00	43 000,00	9 250,00
9,00	6 000	54 000,00	46 000,00	8 000,00
8,50	6 500	55 250,00	49 000,00	6 250,00

Ergebnis:
Den maximalen Gewinn in Höhe von 10 250,00 EUR erzielt das Unternehmen bei einem Preis von 10,50 EUR pro Stück.

Die nebenstehende Grafik veranschaulicht die Situation des anbietenden Unternehmens. Dabei kennzeichnet das grün ausgedruckte Rechteck das Umsatzvolumen, das von dem Unternehmen bei Anwendung der preispolitischen Obergrenze erreicht wird. Hierbei geht dem Unternehmen jedoch ein erheblicher Umsatz verloren. Es ist aus der Grafik ersichtlich, dass es eine ganze Reihe von Konsumenten gibt, die bereit wären, einen höheren Preis als die einheitlich verlangten 10,50 EUR zu bezahlen. So wären z. B. zu einem Preis von 12,00 EUR 3000 Stück abzusetzen gewesen. Die Differenz zwischen dem höheren Preis, den einige Konsumenten bereit wären zu zahlen, und dem verlangten Preis bezeichnet man als **Konsumentenrente**. Diese Kunden haben keine Veranlassung, diesen höheren Preis zu bezahlen, solange sie zu dem günstigeren Preis einkaufen können. Die Konsumentenrente geht dem anbietenden Unternehmen verloren.

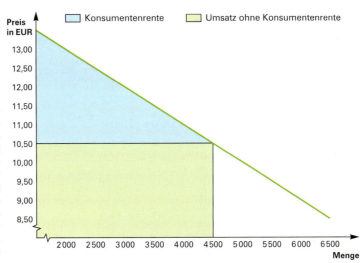

(3) Preisdifferenzierung

■ **Begriff Preisdifferenzierung und die Auswirkungen von Preisdifferenzierungen**

Merke:

Die **Preisdifferenzierung** hat das Ziel, die Konsumentenrente abzuschöpfen, indem das anbietende Unternehmen Teilmärkte bildet, auf welchen unterschiedliche Preise verlangt werden.

Die Bildung der **Teilmärkte (Marktsegmente)** setzt voraus, dass es gelingt, jene Kunden, die bereit sind, den höheren Preis zu bezahlen, am Übergang zum günstigeren Marktsegment zu hindern. Die Abgrenzung der Teilmärkte wird in erheblichem Maße dadurch erleichtert, dass sich die Konsumenten nicht konsequent rational verhalten, sondern sich relativ freiwillig in teurere Marktsegmente einordnen (z. B. bei Preisdifferenzierung in Verbindung mit Produktdifferenzierung).

Beispiel 1:

Angenommen, es gelingt, aus dem Gesamtmarkt (vgl. S. 208) zwei Teilmärkte zu bilden, auf welchen ein Preis von 12,00 EUR (Teilmarkt I) und ein Preis von 10,50 EUR (Teilmarkt II) verlangt werden kann.

Aufgaben:
1. Ermitteln Sie, ob durch die Bildung von zwei Teilmärkten eine Gewinnsteigerung eintritt!
2. Stellen Sie den Sachverhalt grafisch dar!

Lösungen:

Zu 1.:

	Erlöse ohne Preisdifferenzierung in EUR	Erlöse mit 2 Teilmärkten und differenzierten Preisen in EUR
Umsatzerlös	47 250,00	TM I (3 000 · 12,00) 36 000,00 TM II (1 500 · 10,50) 15 750,00 51 750,00
Kosten	37 000,00	37 000,00
Gewinn	10 250,00	14 750,00
Gewinnsteigerung		4 500,00

Zu 2.:

Erläuterung:

Zumindest ein Teil der Konsumentenrente kann nunmehr abgeschöpft werden. Ein Vergleich der alten mit der neuen Situation lässt sich durch nebenstehende Grafik veranschaulichen.

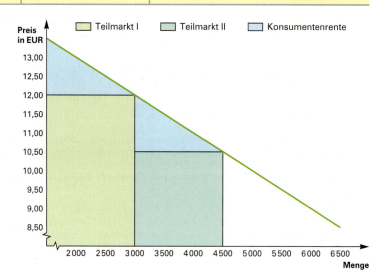

Beispiel 2:

Die zweifache Preisdifferenzierung (siehe S. 209) wird noch durch ein Billigsegment erweitert. In diesem Segment wird ein Erlös von 9,00 EUR erzielt. Lt. Nachfragefunktion werden damit zusätzlich 1 500 Erzeugnisse an Kunden verkauft, die nicht bereit waren, 10,50 EUR zu bezahlen.

Aufgabe:
Ermitteln Sie die Gewinnsteigerung!

	Erlöse ohne Preisdifferenzierung in EUR	Erlöse mit 2 Teilmärkten in EUR		Erlöse mit 3 Teilmärkten in EUR	
Umsatzerlös	47 250,00	TM I TM II	36 000,00 15 750,00 51 750,00	TM I TM II TM III	36 000,00 15 750,00 13 500,00 65 250,00
Kosten	37 000,00		37 000,00		46 000,00
Gewinn	10 250,00		14 750,00		19 250,00
Gewinnsteigerung			4 500,00		9 000,00

Anmerkung:

Die Gewinnsteigerung wird gegebenenfalls noch geschmälert durch den unternehmerischen Aufwand, die beiden Teilmärkte gegeneinander abzugrenzen.

■ Arten der Preisdifferenzierung

Begriffe	Beispiele
Preisdifferenzierung in Verbindung mit Produktdifferenzierung	Relativ geringfügige Produktunterschiede mit erheblich unterschiedlichem Prestigewert, z. B. Ausstattung, Lackierung, PS-Zahl eines Pkw
Preisdifferenzierung nach Abnehmergruppen oder nach Verwendungszweck	Strom für private Haushalte – Strom für gewerbliche Verbraucher; normale Fahrkarten – Schülerfahrkarten; Alkohol – Spiritus; Dieselkraftstoff – Heizöl
Räumliche Preisdifferenzierung	Pkw-Preise im Ausland günstiger als im Inland Benzin an Autobahntankstellen
Zeitliche Preisdifferenzierung	Tarifstruktur der Deutschen Telekom AG Tag-/Nachtstrom
Zeitlich gestaffelte Preisdifferenzierung	Ein erfolgreiches Buch wird zunächst als Leinenband, dann in Halbleinen und anschließend als Taschenbuch verkauft
Preisdifferenzierung durch Bildung von Herstellerpräferenzen	Schaffung eines Markennamens, Bildung von Erst- und Zweitmarken, Herstellermarke, Händlermarke
Preisdifferenzierung nach Abnahmemenge	Großabnehmer erhalten Sonderpreise im Vergleich zu Kleinabnehmern, insbesondere im Energiesektor (Aluminiumherstellung)

2.4.3.2.3 Wettbewerbsorientierte (konkurrenzorientierte) Preispolitik

Merke:

Unter **konkurrenzorientierter Preispolitik** versteht man das Ausrichten des eigenen Preises an den Preisstellungen der Konkurrenten, wobei vor allem der Leitpreis (Preis des Preisführers, Branchenpreis) sowie die oberen und unteren Preisgrenzen der Wettbewerber von Bedeutung sind.

Grundsätzlich eröffnen sich einem Unternehmen, das seine Preispolitik an den Konkurrenten ausrichtet, drei Verhaltenswege: (1) **Anpassung an den Leitpreis,** (2) **Unterbietung des Leitpreises** und (3) **Überbietung des Leitpreises.**

(1) Orientierung am Leitpreis

Sich auf einen Preiswettbewerb einzulassen, stellt keine sinnvolle Maßnahme dar, wenn die Wettbewerber stark und willens sind, ihre Preispositionen auf Biegen und Brechen zu verteidigen. In solchen Fällen ist es sinnvoll, sich den Preisvorgaben des Preisführers[1]

---

1 Als **Preisführer** bezeichnet man einen Anbieter, dem sich bei Preisänderungen die übrigen Anbieter anschließen. Preisführer treten insbesondere in oligopolistischen Marktstellungen wie bei Öl, Stahl, Papier oder Kunstdünger auf.

bzw. dem Branchenpreis[1] unterzuordnen und sich durch andere Leistungsmerkmale (z.B. andere Qualitätsabstufungen, Sondermodelle, besondere Vertriebswege) von der Konkurrenz abzuheben. Wird der Branchenpreis bzw. der Preis des Preisführers für die eigene Preisfindung herangezogen, dann ändert das Unternehmen immer dann seine Preise, wenn der Preisführer dies tut bzw. der Branchenpreis sich ändert. Eine Preisänderung erfolgt dagegen nicht, wenn sich lediglich seine eigene Nachfrage- oder Kostensituation ändert.

Die Preisbildung nach Leitpreisen ist relativ beliebt. Wenn ein Unternehmen seine eigenen Kosten nur schwer ermitteln kann oder wenn Wettbewerbsreaktionen Ungewissheit auslösen, dann sieht es die Ausrichtung des eigenen Preises an den Konkurrenzpreisen als zweckmäßige Lösung an.

(2) Unter- und Überbietung des Leitpreises

Unterbietung des Leitpreises	■ Die Unterbietung des Leitpreises ist für ein Unternehmen nur bis zur **kurzfristigen (absoluten) Preisuntergrenze** des Produkts sinnvoll. Sie liegt dort, wo die Summe der dem Produkt direkt zurechenbaren Kosten **(variable Kosten)** noch gedeckt ist. Kurzfristig kann das Unternehmen nämlich die fixen Kosten außer Acht lassen, denn diese fallen an, ob ein Verkauf getätigt wird oder nicht. ■ Langfristig hingegen kann ein Unternehmen nicht mit Verlusten produzieren, es muss zumindest (gesamt-)kostendeckend arbeiten. Die **langfristige Preisuntergrenze** wird daher durch die Selbstkosten je Produkteinheit bestimmt.
Überbietung des Leitpreises	■ Die Überbietung des Leitpreises ist prinzipiell nur möglich, wenn das Produkt hinsichtlich seiner **Innovation** oder seiner **Alleinstellung** aufgrund seiner Ausstattungselemente im Markt eine Sonderstellung einnimmt. ■ Gleiches gilt, wenn sich das Unternehmen wegen seines **Images** oder seiner **Trendstellung** von den anderen Unternehmen abhebt. Da es sich hier um Einzelfälle handelt, wird hierauf nicht weiter eingegangen.

2.4.3.2.4 Marktorientierte Preisbildung am Beispiel Target Costing

(1) Grundüberlegung des Target Costing[2]

Bei der **kostenorientierten Preisfindung** werden die Produktpreise **„cost-plus"** kalkuliert, d.h. zu den unternehmungsspezifischen Selbstkosten wird ein Gewinnaufschlag addiert, zu dem die Produkte am Markt abzusetzen sind. Für das **Target Costing** dagegen stellt der **Markt** den **Ausgangspunkt der Kalkulation** dar. Im Mittelpunkt steht die Frage: Wie viel darf das Produkt kosten und wie kann das Unternehmen diesen Preis im Hinblick auf seine Kostenstruktur erreichen?

---

1 Von einem **Branchenpreis** spricht man dann, wenn mehrere Unternehmen den Preis mit ihrer Marktmacht bestimmen. Diese Preisfindung herrscht vor allem auf oligopolistischen und polypolistischen Märkten mit homogenen Gütern vor.

2 Beim Target Costing handelt es sich um einen Ansatz des Kostenmanagements, der 1965 von der Toyota Motor Company entwickelt wurde und seit den 70er-Jahren in Japan weite Verbreitung fand. In der englischsprachigen Literatur wurde das Target Costing erst in den 80er-Jahren von japanischen Autoren beschrieben, bevor dieses Konzept Anfang der 90er-Jahre auch in Deutschland Eingang in die wissenschaftliche Literatur fand.

Der Markt – das sind Kunden und Mitbewerber – bestimmt somit über die Kundenwünsche und den Marktpreis, den betrieblichen Kombinationsprozess, d.h. die Produkte, die Technologie und die Ressourcen.

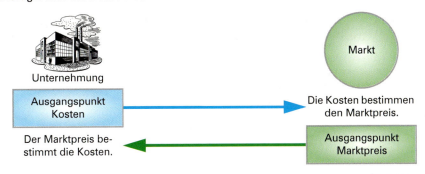

> **Merke:**
>
> **Target Costing** bedeutet, eine marktpreisorientierte Kostenpolitik zu betreiben.

(2) Vorgehensweise

Die Vorgehensweise im Rahmen des Target Costing umfasst folgende Schritte:

- **Beschaffung von Marktinformationen hinsichtlich der Kundenanforderungen an ein neues Produkt**

Auf dieser Stufe gilt es, die einzelnen Funktionen des geplanten Produktes festzulegen und zu bewerten, welche Bedeutung die Kunden den einzelnen Funktionen beimessen. Funktionen, die der Kunde nur in geringem Umfang fordert und damit für diese kein Geld ausgibt, sind zurückzunehmen; Funktionen, die der Kunde besonders schätzt und daher bereit ist, dafür Geld auszugeben, sind verstärkt zu berücksichtigen.

Die von den Kunden gewünschten Funktionen werden über Marktforschung ermittelt.

- **Ermittlung des Target Price**

Neben den Kundenwünschen ermittelt die Marktforschung gleichzeitig den Preis, den die potenziellen (möglichen) Kunden für einzelne Produktfunktionen bereit sind zu zahlen. Aus diesen Daten wird anschließend – unter Berücksichtigung der Wettbewerberprodukte – der voraussichtliche **Target Price (Absatzpreis, Zielpreis)** bestimmt. Der Target Price wird in der Regel über das gesamte Produktleben angesetzt.

> **Merke:**
>
> Der **Target Price** ist der für das Produkt am Markt zu erzielende Preis.

- **Errechnung der Target Costs (Zielkosten)**

Zunächst wird vom Zielverkaufspreis der geplante Gewinn[1] **(Target Profit)** abgezogen. Auf diese Weise werden die Kosten ermittelt, die der Markt erlaubt **(Allowable Costs)**.[2]

---
[1] Der geplante Gewinn bezieht sich in der Regel auf das gesamte Produktleben.
[2] Die Allowable Costs werden **retrograd** (rückläufig) von dem erzielbaren Marktpreis aus berechnet.

Diesen Allowable Costs stellt man dann die im Unternehmen voraussichtlich anfallenden Kosten (**Drifting Costs**[1] oder **Standard Costs** genannt) gegenüber. Die Drifting Costs sind jene Kosten, die für ein Produkt auf der Grundlage der im Unternehmen zurzeit gegebenen und für die Zukunft angenommenen Bedingungen erwartet werden.

Sind die Allowable Costs niedriger als die Drifting Costs, kann der **Kostenreduktionsbedarf** ermittelt werden. Die Differenz zwischen Drifting Costs und Allowable Costs bezeichnet man als **Target Gap (Ziellücke)**. Wird von den Drifting Costs der Target Gap abgezogen, erhält man rechnerisch die Kosten, die einzuhalten sind, um wettbewerbsfähig zu sein.[2] Die einzuhaltenden Kosten bezeichnet man als **Target Costs (Zielkosten)**. Welche Target Costs letztlich vom Unternehmen angesetzt werden, hängt von der eigenen Kostenstruktur, von den Wettbewerbern und von der angestrebten Position des Unternehmens im Markt ab.

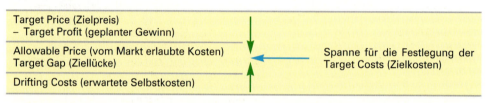

Merke:

- Der **Target Profit** ist die geplante Gewinnvorgabe.
- **Allowable Costs** (marktseitig erlaubte Kosten) sind die auf der Basis der Kundenanforderungen und Wettbewerberprodukte höchstens zulässigen Kosten.
- Die im Unternehmen errechneten Selbstkosten (Prognosekosten) bezeichnet man als **Drifting Costs (Standard Costs)**.
- Die Differenz zwischen den Drifting Costs und Allowable Costs ergibt den **Target Gap** (Ziellücke).
- Die **Target Costs (Zielkosten)** sind die geplanten Gesamtkosten, die bei der Produktion des Produktes höchstens anfallen dürfen.

■ **Kostenvorgaben für die Produktfunktionen**

Hat die Beurteilung der Produktvorschläge gezeigt, dass die Target Costs erreichbar sind, werden die auf das Gesamtprodukt bezogenen Target Costs aufgespalten. Dadurch können Kostenvorgaben für einzelne Produktionsfunktionen, Produktionskomponenten und Produktionsteile abgeleitet werden **(Zielkostenaufspaltung)**. Ziel dieser Maßnahme ist es, zu weiteren Kostenreduktionen zu gelangen. Kosteneinsparungen können z. B. dadurch erreicht werden, dass mithilfe einer Wertanalyse die Produktentwicklung und die Produktionsabwicklung (z. B. Eigenfertigung und/oder Fremdbezug von Vorprodukten) variiert werden bzw. ein Produktredesign vorgenommen wird, um wenig gefragte, aber kostenintensive Leistungen zu reduzieren.

---

1 Die Drifting Costs werden **progressiv** aus dem geplanten Leistungsprozess abgeleitet. Es handelt sich dabei um eine Vollkostenrechnung.
2 Werden die Target Costs genau in Höhe der Allowable Costs festgelegt, bedeutet dies, dass die vom Absatzmarkt ausgehenden Kostenvorgaben 1 : 1 in das Unternehmen als Kostenziele übernommen werden.

Merke:

Das **Target Costing** ist ein **Kostenmanagementsystem,** das auf die Kosten der Produktentwicklung, der Produktion und des Absatzes strategisch Einfluss nimmt.

Den Grundaufbau des Target Costing verdeutlicht das nachfolgende Schaubild.

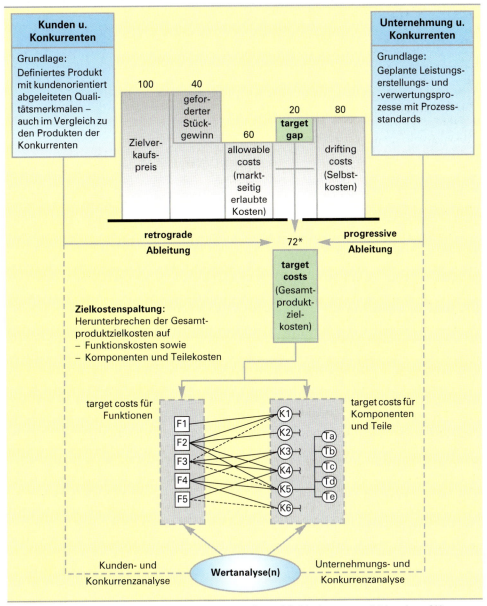

* Die Geschäftsleitung entscheidet, die Kosten betragen 72. In diesem Fall sinkt der erwartete Stückgewinn auf 28.
Quelle: Hahn, D., Laßmann, G.: Produktionswirtschaft – Controlling industrieller Produktion, 3. Aufl., Heidelberg, S. 272.

■ **Kostenkontrolle**

Nach Ablauf jeder Rechnungsperiode sind die Ist-Target-Costs den geplanten (Soll-)-Target-Costs gegenüberzustellen. Weichen Soll- und Istkosten voneinander ab, sind die Abweichungsursachen zu ermitteln. Gleichzeitig gilt es, Maßnahmen zu ergreifen, um die geplante Gesamtzielerreichung noch sicherzustellen.

2.4.4 Lieferbedingungen[1]

Die unterschiedliche Gestaltung der Lieferbedingungen hat – wie der Einsatz eines jeden absatzpolitischen Instruments – die Aufgabe, bisherige Kunden zu halten und neue Kunden hinzuzugewinnen, d.h. Kaufanreize zu schaffen. Kaufanreize können z.B. darin liegen, dass das Erzeugnis frei Haus, frei Keller, frei Lager oder frei Werk **zugestellt** wird. In der Zustellung wird eine besondere Leistung gesehen, die auch bezahlt werden muss. Andererseits kann eine werbende Wirkung auch in der **Selbstabholung** liegen, z.B. dann, wenn damit ein begehrtes Ereignis verbunden ist (z.B. Werksbesichtigung bei Selbstabholung eines Neuwagens beim Hersteller). Eine Selbstabholung kann auch dann gegeben sein, wenn der Abnehmer über eigene Transportmittel verfügt. Er kommt dann in den Genuss niedrigerer Beschaffungspreise und kann außerdem Bezugskosten einsparen.

Kaufentscheidungen werden auch beeinflusst durch die Festlegung von Leistungsorten und Gerichtsständen, der Lieferzeiten und der Qualitäten.

2.4.5 Finanzdienstleistungen

Die Gewährung von Finanzdienstleistungen hat insbesondere die Aufgabe, die Finanzierung eines Auftrags zu erleichtern bzw. erst zu ermöglichen. Die Finanzbelastung eines Kunden wird z.B. beeinflusst durch:

■ Maßnahmen der **unmittelbaren Preisgestaltung** wie z.B. der Gewährung verschiedener Rabatte, z.B. für Menge, Treue, Wiederverkäufer.

■ Gestaltung der **Zahlungsbedingungen.** Diese drücken sich aus

> ▪ in der **Höhe** des Skontos,
>
> ▪ in der **Dauer des Zeitraumes,** innerhalb dessen Skonto abgezogen werden kann,
>
> ▪ in der **Dauer des Zahlungsziels,** also des Zeitraumes, in welchem die Rechnung ohne Abzug von Skonto bezahlt werden kann,
>
> ▪ in der **Zahlungsweise** (Vorauszahlung, Barzahlung, Ratenzahlung, Höhe der Raten),
>
> ▪ in der **Zahlungssicherung** (z.B. Eigentumsvorbehalt).

■ Gewährung von **Absatzkrediten.** Durch die Gewährung von Absatzkrediten wird der Käufer darin unterstützt,

> ▪ sich das Produkt durch Gewährung eines Darlehens **überhaupt zu beschaffen,** falls seine Bonität für ein Bankdarlehen nicht ausreicht oder
>
> ▪ das Produkt zu **günstigen Darlehenskonditionen** (Zins, Ratenhöhe) zu bekommen, was letztlich einer Reduzierung des Kaufpreises entspricht.

---

1 **Lieferbedingungen** sind neben den Zahlungsbedingungen Teil der Allgemeinen Geschäftsbedingungen. Die sogenannten Allgemeinen Geschäftsbedingungen werden vor allem von den Wirtschaftsverbänden der Industrie, des Handels, der Banken, der Versicherungen, der Spediteure usw. normiert (vereinheitlicht) und den Verbandsmitgliedern zur Verwendung empfohlen (z.B. „Allgemeine Lieferbedingungen für Erzeugnisse und Leistungen der Elektroindustrie", „Allgemeine Deutsche Spediteurbedingungen").

Zusammenfassung

- Unter **Preisstrategien** versteht man ein planvolles Vorgehen zur Durchsetzung eines bestimmten Preisniveaus auf dem Markt.

- Als grundsätzliche Preisstrategien können gewählt werden:
  - **Hochpreisstrategie (Prämienstrategie).** Sie versucht langfristig einen hohen Preis für die Produkte zu erzielen, indem die Produkte mit einer „Prämie" ausgestattet werden. Eine besondere Art der Hochpreisstrategie ist die **Skimming-Strategie.**
  - **Niedrigpreisstrategie (Promotionspreispolitik).** Hier versucht der Unternehmer, dass der Preis für sein Produkt dauerhaft unter dem Preis vergleichbarer Produkte liegt. Eine besondere Art der Niedrigpreisstrategie ist die **Penetrationspreispolitik.**

- Unter der **Preispolitik** versteht man das Herab- oder Heraufsetzen der Absatzpreise mit der Absicht, den Absatz und/oder Gewinn zu beeinflussen.

- Die **Preispolitik** kann **kostenorientiert, abnehmerorientiert** oder **wettbewerbsorientiert** ausgerichtet sein.
  - Die **kostenorientierte Preispolitik** richtet sich an den betrieblichen Daten aus, d.h., die angefallenen Kosten bestimmen den Verkaufspreis. Es sind insbesondere zwei Berechnungsmethoden zu unterscheiden: die **Vollkostenrechnung** und die **Teilkostenrechnung.**
  - Die **abnehmerorientierte Preispolitik** bestimmt den Preis mithilfe der Preis-Absatz-Funktion eines Produkts, d.h., es wird die Veränderung der Nachfragemenge nach dem Produkt bei variierenden Preisen erfasst. Abnehmerorientierte preispolitische Maßnahmen (Entscheidungen) sind z.B.: (1) die Festlegung der preispolitischen Obergrenze und (2) die Preisdifferenzierung.
  - Die **wettbewerbsorientierte Preispolitik** richtet die Preisgestaltung an den Preisstellungen der Konkurrenten aus, wobei vor allem der **Leitpreis** sowie die **oberen** und **unteren Preisgrenzen** der Wettbewerber von Bedeutung sind.
  - Bei der **marktorientierten Preispolitik** wird zunächst der Bedarf für das geplante Produkt sowie der erzielbare Marktpreis ermittelt und erst danach werden die anfallenden Kosten kalkuliert. Die Markt- und Kundenorientierung erfolgt somit vor der Produktentwicklung. Ein Instrument für eine marktorientierte Preispolitik ist das **Target Costing.**
  - Das Target Costing ist ein **Kostenmanagementsystem,** das auf die Kosten der Produktentwicklung, der Produktion und des Absatzes strategisch Einfluss nimmt.

- Die **Lieferbedingungen (Konditionen)** ergänzen die Preispolitik.

- Der endgültige Preis wird nicht nur durch die **unmittelbare Preisgestaltung** beeinflusst, sondern auch durch
  - die **Gestaltung der Zahlungsbedingungen** (Skonto, Zahlungsziel, Zahlungsweise, Zahlungssicherung) und durch
  - die **Ausgestaltung weiterer Finanzdienstleistungen,** z.B. Absatzkredite.

Übungsaufgaben

59

1. Ein Unternehmen steht vor der Entscheidung, eine Zahncreme unter neuer Marke einzuführen.

   Aufgaben:

   1.1 Nach welchen Kriterien könnte der Einführungspreis bestimmt werden?

   1.2 Für welchen Weg der Preisbestimmung würden Sie sich einsetzen? Begründen Sie Ihre Meinung!

2. Die Unternehmen können nicht in jedem Fall eine eigenständige Preispolitik betreiben.

   Aufgabe:

   Nennen Sie preispolitische Zielsetzungen, die ein Unternehmen mit seiner Preispolitik verfolgen kann!

3. Erläutern Sie, was unter einer räumlichen, zeitlichen und einer Preisdifferenzierung in Verbindung mit einer Produktdifferenzierung zu verstehen ist!

   Aufgabe:

   Bilden Sie jeweils ein Beispiel!

60 Die Kalle OHG stellt Spielzeugautos her. Sie produziert und verkauft jährlich 12000 Spielzeugautos. Die Autos werden zu einem Einheitspreis angeboten, der wie folgt kalkuliert wird:
Materialeinzelkosten 10,06 EUR, Fertigungseinzelkosten 7,00 EUR, Materialgemeinkosten 5 %, Fertigungsgemeinkosten 180 %, Verwaltungs- und Vertriebsgemeinkosten 20 %. Der Gewinnzuschlag beträgt 5 %.

Aufgaben:

1. Welche Art Preispolitik betreibt die Kalle OHG?

2. Berechnen Sie den Barverkaufspreis je Spielzeugauto!

3. Herr Kalle möchte den Verkaufspreis (Barverkaufspreis) auf 41,80 EUR anheben. Die Abteilung „Marktforschung" warnt: Der (mengenmäßige) jährliche Absatz wird von bisher 12000 Stück auf 11000 Stück zurückgehen. (Die fixen Kosten betragen 175000,00 EUR monatlich, die variablen Kosten 20,00 EUR je Stück.)

   3.1 Nennen Sie Beispiele für fixe und variable Kosten!

   3.2 Wie entscheidet Herr Kalle, wenn er vorrangig das Ziel vor Augen hat, einen möglichst großen Marktanteil zu erobern?

   3.3 Wie entscheidet Herr Kalle, wenn er nach dem kurzfristigen Gewinnmaximierungsprinzip handelt? (Belegen Sie Ihre Antwort mit Zahlen!)

   3.4 Fiele die Entscheidung zu 3.3. anders aus, wenn aufgrund der Preiserhöhung der Absatz
       3.4.1 um 2000 Stück,
       3.4.2 um 3000 Stück zurückgeht?

   3.5 Besteht im Fall 3.3 zwischen den Zielen „Gewinnmaximierung" und „Vergrößerung des Marktanteils" Zielkonflikt oder Zielharmonie? Begründen Sie (auch mit Zahlen) Ihre Aussage!

4. Welche Art Preispolitik betreibt die Kalle OHG, wenn sie ihre Entscheidungen von den Reaktionen ihrer Abnehmer abhängig macht?

61 Ein Hersteller von Skibindungen beabsichtigt, eine neuartige elektronische Skibindung auf den Markt zu bringen.

Aufgaben:

1. 1.1 In der Einführungsphase plant das Unternehmen, eine Abschöpfungsstrategie anzuwenden. Was versteht man unter diesem Begriff?
   1.2 Welche Gründe könnten das Unternehmen zur Wahl dieser preispolitischen Strategie veranlasst haben?
2. Wodurch unterscheidet sich die Skimming-Strategie von der Prämienpreisstrategie?
3. Wäre es Ihrer Meinung nach im vorliegenden Fall sinnvoll, dem Unternehmen zu raten, eine Penetrationspreispolitik zu betreiben? Begründen Sie Ihre Meinung!
4. Nennen Sie die Ziele, die mit einer Niedrigpreisstrategie verbunden sind!
5. Bei der Preisfestsetzung kann es für das Unternehmen vorübergehend sinnvoll sein, die Preise unter die allgemein angekündigte und geforderte Preisfestsetzung abzusenken. Begründen Sie die Richtigkeit dieser Aussage anhand von zwei selbst gewählten Beispielen!

62
1. Erläutern Sie anhand des Schaubilds von S. 215 den Aufbau des Target Costing!
2. Nennen Sie zwei zentrale Vorteile des Target Costing!
3. Erläutern Sie die nachstehende Abbildung!

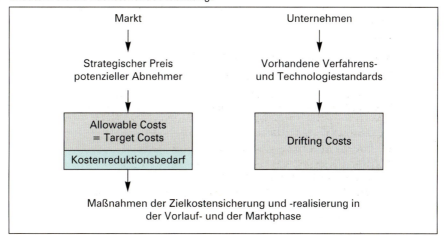

Quelle: Burger, A.: Kostenmanagement, 3. Aufl., München/Wien, S. 72.

4. Welche Möglichkeiten hat ein Unternehmen, wenn die Allowable Costs durch die Drifting Costs deutlich überschritten werden?
5. Nennen Sie zwei Gründe, warum die Target Costs von den Allowable Costs abweichen können!
6. Worin sehen Sie den Hauptzweck des Target Costing?

2.5 Kommunikationspolitik

Merke:

- Unter **Kommunikationspolitik**[1] werden im Folgenden alle marketingpolitischen Maßnahmen zusammengefasst, die das Unternehmen und seine Produkte in der Öffentlichkeit darstellen und bekannt machen.
- Die **Kommunikationspolitik** setzt sich aus
  - der **Werbung,**
  - der **Verkaufsförderung,**
  - der **Öffentlichkeitsarbeit** und
  - neueren Formen der Kommunikationspolitik (**Sponsoring, Produkt-Placement, Direktmarketing** und **Eventmarketing**) zusammen, wobei die Grenzen mitunter fließend sind.

2.5.1 Werbung

2.5.1.1 Begriff Werbung und die Grundsätze der Werbung

(1) Begriff Werbung

Merke:

Unter **Werbung** versteht man alle Maßnahmen mit dem Ziel, bestimmte Botschaften für Auge, Ohr, Geschmacks- oder Tastsinn an Personen heranzutragen, um auf ein Erzeugnis und/oder eine Dienstleistung aufmerksam zu machen und Kaufwünsche zu erzeugen.

(2) Grundsätze der Werbung

Klarheit und Wahrheit	Die Werbung muss für den Kunden klar und leicht verständlich sein. Sie sollte sachlich unterrichten, die Vorzüge eines Artikels eindeutig herausstellen, keine Unwahrheiten enthalten und nicht täuschen. Falsche Informationen (Versprechungen) führen zu Enttäuschungen und langfristig zu Absatzverlusten. Eine irreführende Werbung ist verboten [§ 5 UWG].
Wirksamkeit	Die Werbung muss die Motive der Umworbenen ansprechen, Kaufwünsche verstärken und letztlich zum Kauf führen. Eine wichtige Voraussetzung für eine wirksame Werbung ist eine genaue Bestimmung der Zielgruppe.
Einheitlichkeit, Stetigkeit, Einprägsamkeit	Die Werbung sollte stets einen gleichartigen Stil aufweisen (bestimmte Farben, Symbole, Figuren, Slogans), um beim Kunden einen Wiedererkennungseffekt zu erzielen. Durch die regelmäßige Wiederholung der Werbebotschaft wird deren Einprägsamkeit erhöht.

---

1 Unter Kommunikation versteht man die Übermittlung von Informationen von einem Sender zu einem Empfänger.

Wirtschaftlichkeit	Die Aufwendungen der Werbung finden ihre Grenzen in ihrer Wirtschaftlichkeit. Die Werbung ist dann unwirtschaftlich, wenn der auf die Werbung zurückzuführende zusätzliche Ertrag niedriger ist als der Aufwand.
Soziale Verantwortung	Die Werbung darf keine Aussagen oder Darstellungen enthalten, die gegen die guten Sitten verstoßen oder ästhetische, moralische oder religiöse Empfindungen verletzen.

2.5.1.2 Werbeplanung

(1) Überblick

Die Werbeplanung umfasst insbesondere folgende Fragen:

- Welche **Art der Werbung** soll durchgeführt werden?
- Welche **Werbemittel** und **Werbeträger** sind einzusetzen?
- Welche Beträge können für die Werbung eingesetzt werden **(Werbeetat)?**
- Welche **Streuzeit** wird festgesetzt?
- Welche **Streugebiete** und **Streukreise** sind auszuwählen?

(2) Arten der Werbung

■ **Arten der Werbung nach der Anzahl der Umworbenen**

Direkt-werbung	Es werden einzelne Personen, Unternehmen, Behörden usw. unmittelbar (z. B. durch Handelsvertreter und Handlungsreisende) oder durch Werbebriefe angesprochen.
Massen-werbung	Es soll ein mehr oder weniger großer Kreis von Umworbenen erreicht werden. Die **gezielte Massenwerbung** möchte eine bestimmte Gruppe durch die Werbung ansprechen (z. B. eine Berufs- oder Altersgruppe, die Nichtraucher, die Autofahrer). Die **gestreute Massenwerbung** wird mithilfe von Massenmedien (Rundfunk, Fernsehen, Zeitungen) betrieben.

■ **Arten der Werbung nach der Anzahl der Werbenden**

Alleinwerbung (Einzelwerbung)	Sie geht von einem einzelnen Unternehmen aus. Sie kann von einer eigenen Werbeabteilung, einem Werbeunternehmen oder von einem Marketingberater durchgeführt werden.
Verbundwerbung (Sammelwerbung)	Sie liegt vor, wenn mehrere Unternehmen (z. B. Hersteller, Handelsunternehmen) gemeinsam eine Werbeaktion durchführen (z. B. gemeinsame Messestände, gemeinsame Plakate). Die Namen der beteiligten Unternehmen werden bekannt gemacht.
Gemeinschafts-werbung	Hier tritt ein ganzer Wirtschaftszweig (z. B. die deutsche Milchwirtschaft) als Werber auf. Die Namen der beteiligten Unternehmen bleiben unbekannt.

(3) Werbemittel und Werbeträger

■ **Werbemittel**

> **Merke:**
>
> **Werbemittel** sind Kommunikationsmittel (z.B. Wort, Bild, Ton, Symbol), mit denen eine Werbebotschaft dargestellt wird (z.B. Anzeige, Rundfunkspot, Plakate usw.).

Je nachdem, **welche Sinne angesprochen** werden sollen, gliedert man die Werbemittel in:

optische Werbemittel	Sie wirken auf das Sehen des Umworbenen (z.B. Plakate, Anzeigen, Schaufensterdekorationen, E-Mails und Short Message Service [SMS]).
akustische Werbemittel	Sie sprechen das Gehör an (z.B. Verkaufsgespräch, Werbevorführungen, Werbespots im Radio).
geschmackliche Werbemittel	Hier soll der Kunde durch eine Kostprobe von der Güte der Ware überzeugt werden. Die Kostproben sprechen den Geschmackssinn an.
geruchliche Werbemittel	Sie wirken auf den Geruchssinn der Kunden (z.B. Parfümproben).

Werden die verschiedenen Werbemittel kombiniert (z.B. Lebensmittelproben können gesehen und gekostet werden, Stoffproben können gesehen und gefühlt werden), so spricht man von **gemischten Werbemitteln.** Sie sind besonders werbewirksam, weil sie verschiedene Sinne des Menschen ansprechen.

■ **Werbeträger**

> **Merke:**
>
> Der **Werbeträger** ist das Medium, durch das ein Werbemittel an den Umworbenen herangetragen werden kann.

Wichtige Werbeträger (Streumedien) sind:

222

(4) Werbeetat

Da die Werbung in manchen Wirtschaftszweigen erhebliche Mittel verschlingt – der Prozentsatz der Werbekosten am Umsatz liegt in der deutschen Wirtschaft zwischen 1% und 20% –, ist ein genauer Haushaltsplan (Etat, Budget) für die Werbung aufzustellen. Die Höhe des Werbeetats kann sich nach der jeweiligen Finanzlage des Unternehmens, nach dem Werbeaufwand der Konkurrenz oder nach dem erwarteten Werbeerfolg richten.

Richtet sich der Werbeetat nach der jeweiligen Finanzlage des Unternehmens, die wiederum eng mit dem Umsatz zusammenhängt, spricht man von **zyklischer**[1] **Werbung**. Das bedeutet, dass bei steigenden Umsätzen mehr, bei fallenden Umsätzen weniger geworben wird. Diese zyklische Werbung ist jedoch im Allgemeinen wenig sinnvoll, weil gerade dann geworben wird, wenn der Umsatz ohnedies steigt, die Werbung jedoch unterlassen wird, wenn der Umsatz fällt.

Aus diesem Grund wird die **antizyklische Werbung** empfohlen. Sinkt der Umsatz, werden die Werbeanstrengungen verstärkt, steigt der Umsatz, werden sie verringert. Die antizyklische Werbung erfüllt den Zweck, einen gleichbleibenden Absatz und Gewinn zu sichern.

(5) Streuzeit

> **Merke:**
>
> Das Festlegen der **Streuzeit** besagt, dass in der Werbeplanung Beginn und Dauer der Werbung sowie der zeitliche Einsatz der Werbemittel und Werbeträger bestimmt werden.

Grundsätzlich hat ein Unternehmen drei Möglichkeiten für die zeitliche Planung von Werbeaktionen:

- **einmalig** bzw. **zeitlich begrenzt** und intensiv zu werben,
- **regelmäßig** zu werben (pro Tag, pro Woche, pro Monat),
- in **unregelmäßigen Abständen** kurz, aber intensiv zu werben.

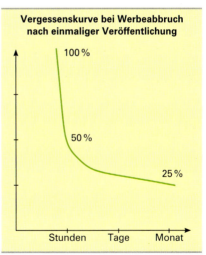

Vergleicht man die Wirkung von kurzzeitigen Werbeaktionen mit Werbeaktionen, die über einen längerfristigen Zeitraum angelegt sind, so gilt: Je länger und je häufiger geworben wird, desto schneller treten wirtschaftliche Werbewirkungen ein.

Die **Vergessenskurve** aus der Lernforschung zeigt, dass binnen weniger Stunden 50% der empfangenen Informationen bereits wieder vergessen sind.

---
1 Zyklus: regelmäßig wiederkehrende Erscheinung.

(6) Streukreis und Streugebiet

> **Merke:**
>
> - Der **Streukreis** beschreibt den Personenkreis, der umworben werden soll. Der Personenkreis wird häufig noch nach **Zielgruppen** (z. B. Berufs-, Alters-, Kaufkraftgruppen, Geschlecht) untergliedert.
> - Das **Streugebiet** (Werbeverbreitungsgebiet) ist das Gebiet, in welchem die Werbemaßnahmen durchgeführt werden sollen.

Streugebiete sind deswegen festzulegen, weil Art und Umfang des Bedarfs in den einzelnen Gebieten (beispielsweise sei auf die andersartigen Bedürfnisse von Stadt- und Landgemeinden hingewiesen) unterschiedlich sein können.

2.5.1.3 Werbeerfolgskontrolle

(1) Begriff Werbeerfolgskontrolle

> **Merke:**
>
> Die **Werbeerfolgskontrolle** überprüft,
>
> - in welchem Umfang die gesetzten Werbeziele durch die eingesetzten Werbemittel und Werbeträger erreicht wurden und
> - ob sich die Werbemaßnahmen gelohnt haben.

Gegenstand der Werbeerfolgskontrolle kann der **wirtschaftliche Werbeerfolg** oder der **nicht wirtschaftliche Werbeerfolg** sein.

Die wirtschaftliche Werbeerfolgskontrolle möchte den mithilfe der Werbung erzielten Gewinn feststellen. Die nicht wirtschaftliche Werbeerfolgskontrolle fragt danach, wie die Werbung bei den Umworbenen „angekommen" ist.

(2) Wirtschaftliche Werbeerfolgskontrolle

Die Feststellung des Werbegewinns ist in der Praxis sehr schwierig. Die Gründe liegen darin, dass es einerseits nicht immer möglich ist, die Werbeaufwendungen für eine Periode genau abzugrenzen, und dass andererseits Umsatzsteigerungen nicht unbedingt auf die Werbung zurückzuführen sind.

Neuerdings zeigt allerdings die moderne **Marktforschung** Mittel und Wege auf, mit deren Hilfe eine brauchbare Werbeerfolgskontrolle durchgeführt werden kann. Dazu muss man wissen, dass die Befragung einiger 1 000, manchmal sogar weniger Personen ausreicht, um zu zuverlässigen Ergebnissen zu kommen (siehe S. 178ff.).

> **Beispiel:**
>
> Mithilfe der Marktforschung soll die Wirkung einer Plakataktion („Trinkt mehr Milch!") festgestellt werden. Es werden eine Versuchsgruppe und eine Kontrollgruppe gebildet. Die Versuchsgruppe wird von der Werbung berührt, die Kontrollgruppe erhält von der Werbung keine Kenntnis.

Nach Abschluss der Werbekampagne ergeben sich folgende Zahlen:

Zeitpunkt	Milchverbrauch pro Kopf	
	Versuchsgruppe	Kontrollgruppe
Vor Beginn der Werbekampagne	0,32 Liter	0,32 Liter
Nach Beendigung der Werbekampagne	0,40 Liter	0,35 Liter
Verbrauchsänderung	0,08 Liter	0,03 Liter

Die Versuchsgruppe hat ihren Verbrauch um 0,08 Liter je Person erhöht. Daraus kann nicht der Schluss gezogen werden, dass die gesamte Veränderung auf die Werbung zurückzuführen ist. Das Ergebnis der Kontrollgruppe zeigt, dass der Pro-Kopf-Verbrauch auch ohne Werbung um 0,03 Liter gestiegen wäre. Die durch die Werbung hervorgerufene Verbrauchsänderung beträgt also lediglich 0,05 Liter.

Betrug nun bei dem werbenden Unternehmen der **zusätzliche** Milchabsatz im untersuchten Zeitraum 160 000 Liter, so sind davon nur 100 000 Liter auf die Absatzwerbung zurückzuführen. Wenn die Kosten der Werbeaktion 2 100,00 EUR und der Reingewinn je Liter 0,05 EUR betragen, lässt sich der wirtschaftliche Werbeerfolg, also der Werbegewinn, folgendermaßen errechnen:

Auf die Werbekampagne zurückzuführender Ertrag (100 000 · 0,05 EUR)	5 000,00 EUR
– Werbeaufwand	2 100,00 EUR
Werbegewinn	2 900,00 EUR

Der Werbegewinn erhöht sich, wenn der Milchverbrauch in Zukunft auf dem einmal erreichten Niveau verharrt.

(3) Nicht wirtschaftliche Werbeerfolgskontrolle

Während die wirtschaftliche Werbeerfolgskontrolle im eigenen Unternehmen in Geld, Stückzahlen oder Prozentsätzen (z. B. Umsatz, Absatz, Marktanteil) gemessen werden kann, lässt sich der nicht wirtschaftliche Werbeerfolg nur am Umworbenen selbst messen, z. B. in der Änderung seiner Haltung gegenüber dem Produkt oder dem Hersteller. Um diese verborgenen Daten zu gewinnen, werden spezielle Verfahren eingesetzt, wie z. B. Wortassoziationstests oder Satzergänzungstests. Auf indirekte Art und Weise erhält man dadurch Informationen über folgende Personengruppen:

Werbegemeinte (Adressaten)	Es handelt sich dabei um die Umworbenen, die durch die Werbung angesprochen werden sollen. Ihre Zahl ist die **Adressatenzahl.**
Werbeberührte	Darunter versteht man die Umworbenen, bei denen eine Sinneswirkung erzielt wird. Ihre Zahl ist die **Perzeptionszahl** (lat. perceptio: Wahrnehmung).
Werbe-beeindruckte	Damit sind diejenigen Umworbenen gemeint, die nicht nur von der Werbung „berührt" worden sind, sondern bei denen die Werbung eine Aufmerksamkeitswirkung erzielt hat. Die Zahl der Werbebeeindruckten ist die **Aperzeptionszahl** (lat. aperceptio: Verarbeitung von Eindrücken).
Werbeerfüller	Hier handelt es sich um die Umworbenen, die den Werbezweck erfüllen, die z. B. das Produkt kaufen, für das geworben worden ist. Ihre Zahl ist die **Akquisitionszahl** (lat.: die Hinzugeworbenen).

Beispiel:

Ein Industrieunternehmen möchte seinen Kunden (Händlern) ein neues Produkt vorführen. Dabei soll ein Werbefilm gezeigt werden. Darüber hinaus werden Prospekte ausgelegt. Die Einladung ergeht an 80 Händler.

Von den eingeladenen Händlern (also den Werbegemeinten) erscheinen 60 Personen (Werbeberührte). Daraus lässt sich eine Kennzahl (Streuzahl) ermitteln, nämlich der **Berührungserfolg**.

Er errechnet sich wie folgt:

$$\text{Berührungserfolg} = \frac{\text{Zahl der Werbeberührten}}{\text{Zahl der Werbegemeinten}}$$

In unserem Beispiel ergibt sich:

$$\text{Berührungserfolg} = \frac{60}{80} = \underline{\underline{0{,}75}}$$

Das bedeutet, dass $^3/_4$ der Werbegemeinten von der Werbung berührt worden sind.

Haben von den 60 erschienenen Personen 48 einen Prospekt mitgenommen, zeigt das, dass diese Personen zumindest von der Werbung beeindruckt worden sind. Der **Beeindruckungserfolg** kann daher folgendermaßen berechnet werden:

$$\text{Beeindruckungserfolg} = \frac{\text{Zahl der Werbebeeindruckten}}{\text{Zahl der Werbegemeinten}}$$

In diesem Beispiel beträgt der Beeindruckungserfolg $\frac{48}{80} = \underline{\underline{0{,}60}}$

Die Zahl bedeutet, dass 60 % der Werbegemeinten von der Werbung beeindruckt waren.

Angenommen, 20 der erschienenen Personen haben das neue Erzeugnis nach der Veranstaltung gekauft. Der **Erfüllungserfolg** (Akquisitionserfolg) kann dann wie folgt ermittelt werden:

$$\text{Erfüllungserfolg} = \frac{\text{Zahl der Werbeerfüller}}{\text{Zahl der Werbegemeinten}}$$

In diesem Fall lautet das Ergebnis:

$$\text{Erfüllungserfolg} = \frac{20}{80} = \underline{\underline{0{,}25}}$$

Die Kennzahl sagt aus, dass $^1/_4$ der Werbegemeinten den Werbezweck erfüllt haben.

Allgemein lässt sich also sagen, dass der (nicht wirtschaftliche) Werbeerfolg umso größer ist, je höher die ermittelte Kennzahl ist.

2.5.1.4 Bedeutung der Werbung

Die wichtigsten Argumente für und gegen die Werbung werden im Folgenden einander gegenübergestellt.

Argumente für die Werbung	Argumente gegen die Werbung
Die Werbung hilft, den Absatz zu sichern und zu steigern. Sie trägt damit zur Erhaltung bzw. Wiedergewinnung der Vollbeschäftigung bei.	Die Werbung verbraucht Milliardenbeträge, die für dringendere volkswirtschaftliche Aufgaben ausgegeben werden könnten.

Argumente für die Werbung	Argumente gegen die Werbung
Die Werbung informiert den Kunden über neue Entwicklungen.	Die Werbung suggeriert und manipuliert den Verbraucher. Sie verführt ihn zu Kaufentschlüssen.
Die Werbung kann ihren Zweck, nämlich den Kunden zum Kaufentschluss zu bringen, nur durch massierten[1] mengenmäßigen Einsatz der Werbemittel erreichen.	Die Werbung ist selten kreativ (schöpferisch), häufig einfallslos und primitiv.
Die Werbung trägt dazu bei, den Absatz zu steigern. Aufgrund des Gesetzes der Massenproduktion sinken die Stückkosten und damit die Preise.	Die Überfülle an Werbebotschaften führt dazu, dass sie bei den Umworbenen überhaupt nicht mehr ankommen. Die Wirkung der Werbung ist gering. Es ist daher besser, die Preise zu senken und auf die Werbung zu verzichten.
Die Werbung fördert die Konkurrenz, weil sie die Markttransparenz erhöht.	Die Werbung gefährdet den Wettbewerb, weil es sich nur finanzstarke Unternehmen leisten können, ständig riesige Summen für die Werbung auszugeben.

2.5.2 Verkaufsförderung

(1) Begriff

Einig ist man sich darin, dass Werbung dazu dient, den Käufer näher an das Produkt heranzubringen, während Verkaufsförderung das Ziel hat, durch Maßnahmen am Ort des Verkaufes **(Point of Sale)** den Umsatz anzukurbeln. Im Gegensatz zur Werbung sind derartige Aktionen eher kurzfristig, haben den Charakter einer Aktion und verfolgen nicht nur umsatzbezogene Ziele, sondern dienen auch der Profilierung des Unternehmens. Unter dem Oberbegriff der Verkaufsförderung findet sich eine Reihe von Aktionsmöglichkeiten, die das Handelsunternehmen alleine oder in Zusammenarbeit mit Herstellern durchführen kann, wie z. B. Salespromotion oder Merchandising.

(2) Salespromotion[2]

Sie beinhaltet in der Regel eine enge Zusammenarbeit zwischen Händler und Hersteller – zu beiderseitigem Vorteil. Während der Hersteller durch die persönliche Ansprache der Zielgruppe (in der Regel Stammkunden des Händlers) wenig Streuverlust erleidet, profitiert der Händler vom Image einer großen Herstellermarke. Der Spielraum möglicher Salespromotion-Aktionen ist dabei sehr vielfältig. In der Regel lassen sich jedoch umsatz-, produkt- und imagebezogene Zielvorstellungen harmonisch miteinander verbinden

Beispiele:

Eine Parfümerie lädt zu einer Typ- und Hautberatung ein und hat als Berater einen Visagisten eines Kosmetikherstellers im Haus.

In einem Haushaltswarengeschäft demonstriert ein bekannter Koch im Rahmen einer Kochvorführung die Verwendung von Küchengerätschaften eines bestimmten Herstellers.

Zugleich werden Bücher dieses Kochs verkauft und zudem führt das Haushaltswarengeschäft eine Umtauschaktion „Alt gegen Neu" für Kochtöpfe dieses Herstellers durch. Jeder Kochtopf – gleich welcher Marke – wird beim Kauf eines neuen Kochtopfs dieses einen Herstellers mit 8,00 EUR vergütet.

---

1 Massieren (frz.): Truppen zusammenziehen, massierter, d.h. verstärkter Einsatz.

2 Salespromotion (engl.): Verkaufsförderung; to promote: fördern, befördern, vorantreiben.

(3) Merchandising

Der englische Begriff „merchandise" bedeutet Warenvertrieb, Verkauf, Vertriebsstrategie. Häufig wird der Begriff inzwischen mit dem gleichgesetzt, was man international als „Licensing" bezeichnet. Dies ist ein Marketingkonzept, bei welchem rund um ein Hauptprodukt Ableger desselben (Storys, Figuren, CDs, Trikots, Schlüsselanhänger, Fahnen usw.) vertrieben werden. Vorreiter dieses Konzeptes war der Walt Disney-Konzern. Heute handelt es sich bei dem Hauptprodukt in der Regel um einen Kinofilm. Dies ist der klassische Bereich des Merchandising. Inzwischen sind auch andere Bereiche wie der Sport (Formel 1, Bundesliga), Autohersteller oder auch der Kulturbereich (Musicals) angesichts der Kürzung öffentlicher Mittel davon betroffen.

Der Kerngedanke besteht darin, durch Merchandising zusätzlich Produkte zu vermarkten, indem von beliebten bzw. bekannten Charakteren oder Produkten deren besondere Qualitätsvorstellung und Image auf die Ablegerprodukte übertragen werden. Ein positives Image wird also von einem Medium auf ein anderes übertragen.

Indem auf die Nebenprodukte die Imagevorstellungen des Hauptproduktes übertra-

Beispiele:
So trägt der Fan eines Bundesligaclubs einen Schal „seines" Vereins, der Besucher des Musicals ein T-Shirt, das es nur dort zu kaufen gibt und das Kind schläft in der Bettwäsche mit Motiven von Harry Potter. Und auch die Lebensmittelindustrie verwendet Packungsaufdrucke oder beigefügte Plastikfiguren, um ihre Produkte attraktiver zu machen.

gen werden, kann dessen Hersteller von der Popularität des Hauptproduktes profitieren. Die äußert sich in einer rascheren Akzeptanz, einem größeren Umsatz und ermöglicht damit preispolitische Spielräume nach oben.

2.5.3 Public Relations (Öffentlichkeitsarbeit)

(1) Begriff

Merke:

Die **Public Relation**s wirbt für den guten Ruf, das Ansehen eines Unternehmens oder einer Unternehmensgruppe in der Öffentlichkeit (Verbraucher, Lieferer, Kunden, Gläubiger, Aktionäre, Massenmedien, Behörden usw.).

Mithilfe der Öffentlichkeitsarbeit soll z.B. gezeigt werden, dass ein Unternehmen z.B. besonders fortschrittlich, sozial oder ein guter Steuerzahler ist oder dass es die Belange des Umweltschutzes in besonderem Maße berücksichtigt.

Wie sich das Erscheinungsbild (das Image) eines Unternehmens in der Öffentlichkeit und bei der Belegschaft darstellt, hängt auch von dem vom Management geschaffenen **Unternehmensleitbild** ab. Hierunter versteht man die Einmaligkeit („Persönlichkeit") eines Unternehmens, die dieses in seiner Umwelt (z.B. bei seinen Kunden, Lieferern, Kapitalgebern, bei den Bürgern, den politischen Parteien usw.) und bei seinen Mitarbeitern unverwechselbar macht. Aus dem Unternehmensleitbild leitet sich die Corporate Identity ab.[1]

(2) Mittel

Mittel der Public-Relations-Politik sind u.a. die Abhaltung von Pressekonferenzen, Tage der offenen Tür, Einrichtung von Sportstätten und Erholungsheimen, Spenden, Zeitungs-

---

1 **Corporate Identity** ist das Erscheinungsbild eines Unternehmens in der Öffentlichkeit und bei seinem Personal. Je höher der Grad der Corporate Identity ist, desto mehr können sich die Belegschaftsmitglieder mit dem Unternehmen identifizieren.

anzeigen („Unsere Branche weist die Zukunft") oder Rundfunk- und Fernsehspots („Es gibt viel zu tun, packen wir's an!"). Eine gute Öffentlichkeitsarbeit bereitet den Boden für andere absatzpolitische Maßnahmen vor. So „kommt" z.B. die Werbung besser „an". Mögliche Preiserhöhungen werden akzeptiert, wenn die Gründe hierfür bekannt sind.

2.5.4 Neuere Formen der Kommunikationspolitik

(1) Sponsoring

Sponsoring basiert auf dem Prinzip des gegenseitigen Leistungsaustauschs. So stellt ein Unternehmen Fördermittel nur dann zur Verfügung, wenn es hierfür eine Gegenleistung vom Gesponserten (z.B. die Duldung von Werbemaßnahmen) erhält.

Merke:

Beim **Sponsoring** stellt der Sponsor dem Gesponserten Geld oder Sachmittel zur Verfügung. Dafür erhält er Gegenleistungen, die zur Erreichung der Marketingziele beitragen sollen.

Die wichtigsten **Sponsoringarten** sind:

Sportsponsoring	Der Sport bietet ein positiv besetztes Erlebnisumfeld mit Eigenschaften wie dynamisch, sympatisch und modern. Dieses Imageprofil möchte der Sponsor auf sein Unternehmen übertragen.
Kultur- und Kunstsponsoring	Es umfasst die Förderung von Bildender Kunst, Theater, Musik, Film und Literatur. Arten der Förderung können die Unterstützung einzelner Künstler, einer Ausstellung oder eines Konzerts bis hin zur Errichtung eines eigenen Museums sein.
Sozialsponsoring	Hier wird vor allem die gesellschaftliche Verantwortung eines Unternehmens in den Vordergrund gestellt. Ein Unternehmen kann z.B. direkte Zahlungen an Sozialorganisationen oder Ausbildungsstätten leisten, eine eigene Stiftung gründen oder eine Kampagne zur Unterstützung eines sozialen Projekts starten.
Ökosponsoring	Es konzentriert sich vor allem auf die Unterstützung von Umweltschutzorganisationen, die Ausschreibung von Umweltpreisen oder das Starten von Natur- und Artenschutzaktionen.

(2) Product-Placement

Merke:

Beim **Product-Placement** werden Produkte werbewirksam in die Handlung eines Kino- oder Fernsehfilms, eines Videos oder eines Rundfunkprogramms integriert, wobei das Marketing verschleiert wird, der Auftraggeber dafür aber bezahlen muss.

Das platzierte Produkt wird dabei als notwendige Requisite[1] in die Handlung z.B. eines Spielfilms eingebunden. Das Produkt wird im Gebrauch oder beim Verzehr von bekannten Schauspielern gezeigt, wobei die Marke für den Zuschauer deutlich erkennbar ist. Als Beispiel ist hier die Platzierung des BMW Z3 im James Bond Film „Golden Eye" zu nennen.

---

1 Requisit: Zubehör für eine Bühnenaufführung oder Filmszene.

229

Ziel des Product-Placements ist es, über das positive Image des ausgewählten Programms und der darin auftretenden Schauspieler einen Imagetransfer auf das Werbeobjekt zu erreichen. Der Bekanntheitsgrad von bereits eingeführten Marken soll dabei erhöht und neu eingeführte Produkte sollen vorgestellt werden.

Im besten Fall soll das Product-Placement z. B. durch Auslösen eines neuen Modetrends direkt den Absatz eines Produktes fördern.

(3) Direktmarketing

■ **Begriff Direktmarketing**

> **Merke:**
>
> **Direktmarketing** umfasst alle Maßnahmen, die ein Unternehmen einsetzt, um mit dem Empfänger einen Kontakt herzustellen.

Wird mit dem Kunden direkt Kontakt aufgenommen, so spricht man von **Direktwerbung**. Zu den Formen der Direktwerbung zählen **Direct Mailing** (z. B. Zusendung einer Nachricht per Post, per Fax oder per E-Mail), das **Telefonmarketing** (z. B. der Kunde wird von einem Callcenter angerufen) oder die Zusendung einer **Kundenzeitschrift**.

Wird der Kunde beispielsweise über Anzeigen in Zeitschriften mit Rückantwortcoupons[1] oder durch die Angabe einer Telefonnummer oder E-Mail-Adresse in einem Werbespot zur Kontaktaufnahme mit dem Unternehmen aufgefordert, so spricht man von einer **Direct-Response-Werbung**.

In beiden Fällen ist es das **Ziel des Unternehmens,** mit den Kunden in einen Dialog einzutreten, um eine **individuelle Beziehung** herzustellen.

(4) Eventmarketing

> **Merke:**
>
> Das **Eventmarketing** modelliert Veranstaltungen (Events) zur erlebnisorientierten Darstellung des Unternehmens und seiner Produkte.

Eine zielgruppenspezifische Mixtur aus Show-, Musik-, Mode- und/oder Sportaktionen, dekoriert mit populären Persönlichkeiten als Publikumsmagnet, entfaltet eine aufnahmewillige Kommunikationsbasis. Das Ereignis soll aus dem üblichen Rahmen herausstechen. Die Reizüberflutung und Informationsüberlastung der Zielgruppe durch klassische Werbeformen wird spielerisch umgangen und in eine das Image fördernde Meinungsbildung gelenkt.

Wenn es darum geht, gefühlsbetonte und nachhaltige Eindrücke zu erzielen, ist das Marketing-Event mit seiner Konzeption aus Information, Emotion, Aktion und Motivation das Erfolgsmodell erlebnisorientierter Begegnungskommunikation. Eine mediale Berichterstattung, häufig in Anzeigeblättern, erhöht die Wirkung solcher Veranstaltungen.

---

[1] Coupon: abtrennbarer Zettel.

Merke:

Eventmarketing ist eine erlebnisorientierte Darstellung des Unternehmens und seiner Produkte in einer Mixtur aus Showaktionen, die den Erwartungshorizont der Zielgruppe treffen.

(5) Co-Branding[1]

Merke:

- **Co-Branding** ist eine **langfristige Markenpolitik zweier oder mehrerer Markenartikler** zur Vermarktung einer **gemeinsamen Leistung** oder eines **gemeinsamen Produkts.**
- Außerhalb des Co-Branding bleiben die beteiligten Markenartikler **eigenständige isolierte Marken.**

Mit dem Co-Branding versuchen die großen Markenartikler, sich gegen die Konkurrenz der No-Name-Hersteller zu behaupten. Außerdem wird mit dem Co-Branding ein doppelter Qualitätsanspruch geschaffen und es werden Kosten eingespart durch die Aufteilung der Werbekosten für das gemeinsame Produkte.

Beispiele:

Fruity Smarties. In den bunten Linsen steckt statt üblicher Schokolade Goldbärchengummi. Es handelt sich um eine Markenverbindung von Nestlé und Haribo.

Für Jogger haben Nike und Philips gemeinsam ein „Portable Sport Audio" entwickelt, in dem die CD nicht mehr „hüpft".

Zusammenfassung

- Die **Werbung** hat zum Ziel, bisherige und mögliche (potenzielle) Abnehmer auf die eigene Betriebsleistung (Waren, Erzeugnisse, Dienstleistungen) aufmerksam zu machen und Kaufwünsche zu erhalten bzw. zu erzeugen.

- Die **Public Relations** werben für den guten Ruf (das „Image") eines Unternehmens.

- Unter **Salespromotion** versteht man verkaufsfördernde Maßnahmen, bei denen in der Regel Händler und Hersteller zusammenarbeiten. Zielgruppe können daher der Handel sein (Verkäuferschulung, Beratung, Schaufensterdekoration, Displaymaterial) oder auch der Endkunde (Beratung, Produktproben, Preisausschreiben).

- **Merchandising** bedeutet, dass ein Nebenprodukt (Figur, CD, Bettwäsche, Schlüsselanhänger, Bekleidung usw.) rund um ein Hauptprodukt (Sportler, Roman- oder Filmfigur) vertrieben wird.

- Werden die Kommunikationsinstrumente kombiniert eingesetzt, liegt ein **Kommunikationsmix** vor.

- Zu den modernen Kommunikationsmitteln gehören z. B. das **Sponsoring**, das **Product-Placement**, das **Direktmarketing**, das **Eventmarketing** und das **Co-Branding**.

---

1 Vom Produkt-Placement unterscheidet sich das Co-Branding dadurch, dass eine längerfristige Kooperation zwischen den Markenartiklern besteht.

Übungsaufgabe

63 Die Lorenz OHG in Weinheim stellt Haushaltsgeräte her. Weil der Absatz an Geschirrspülmaschinen stagniert, soll die Produktpalette erweitert werden.

Aufgaben:

1. Um eine Entscheidung treffen zu können, soll Marktforschung betrieben werden. Informationen können mithilfe der Primärforschung oder mithilfe der Sekundärforschung beschafft werden.

   1.1 Erläutern Sie die Begriffe Primärforschung und Sekundärforschung!

   1.2 Begründen Sie, welche der beiden oben genannten Methoden der Marktforschung kostengünstiger ist!

2. Die Geschäftsleitung der Lorenz OHG beschließt, einen neuen, energiesparenden „Ökospüler" auf den Markt zu bringen.

   2.1 Schlagen Sie der Geschäftsleitung begründet drei Werbemittel bzw. -medien vor, die geeignet sind, das neue Produkt erfolgreich auf den Markt zu bringen!

   2.2 Die Werbung sollte bestimmten Grundsätzen genügen. Nennen Sie drei wichtige Werbegrundsätze!

   2.3 In der Diskussion über die durchzuführenden Werbemaßnahmen fallen auch die Begriffe Streukreis und Streugebiet. Was ist hierunter zu verstehen?

   2.4 Nach Meinung der Geschäftsleitung soll vor allem Massenwerbung und Alleinwerbung betrieben werden. Nennen Sie noch weitere Arten der Werbung a) nach der Zahl der Umworbenen und b) nach der Anzahl der Werbenden!

   2.5 Begründen Sie, warum die Lorenz OHG die unter 2.4 genannten Werbearten bevorzugt!

3. Die Lorenz OHG möchte den Erfolg ihrer geplanten Werbung kontrollieren. Machen Sie einen Vorschlag, wie eine Werbeerfolgskontrolle durchgeführt werden könnte!

4. Die Geschäftsleitung der Lorenz OHG prüft, ob auch Maßnahmen der Verkaufsförderung ergriffen werden sollen.

   4.1 Erläutern Sie, welche Maßnahmen zur Verkaufsförderung gehören!

   4.2 Schlagen Sie der Geschäftsleitung der Lorenz OHG Maßnahmen aus dem Bereich Salespromotion vor, um den Absatz des „Ökospülers" zu fördern!

5. Zur Absatzförderung trägt auch die Öffentlichkeitsarbeit – also Maßnahmen der Public Relations – bei.

   Begründen Sie diese Aussage!

6. Die Kommunikationspolitik kann dazu beitragen, das umweltbewusste Marktsegment zu vergrößern.

   6.1 Erklären Sie, was unter Marktsegment zu verstehen ist!

   6.2 Begründen Sie, warum die Kommunikationspolitik das umweltbewusste Marktsegment vergrößern kann!

   6.3 Erklären Sie, welche Bedeutung die Vergrößerung des umweltbewussten Marktsegments für das Unternehmen haben kann!

7. Ein Autohändler plant eine Werbeaktion zur Vorstellung des „Autos des Jahres".

   7.1 Stellen Sie ein Veranstaltungsprogramm auf für ein Marketing-Event in der Ausstellungshalle und auf dem Freigelände des Automobilhändlers!

   7.2 Beschreiben Sie wie Ihr Veranstaltungsprogramm die Aspekte Information, Emotion, Aktion und Motivation an die Zielgruppe vermitteln will!

2.6 Distributionspolitik

2.6.1 Begriff und Aufgabe der Distributionspolitik

Merke:

■ **Distribution** heißt Verteilung der Produkte. Die Distributionspolitik befasst sich mit der Frage, auf welchem Weg das Produkt an den Käufer herangetragen werden kann.

■ **Aufgabe der Distributionspolitik** ist es, die **Absatzorgane** festzulegen, die **Absatzorganisation** aufzubauen und die **Durchführung des Gütertransports (Absatzlogistik)** zu planen und abzuwickeln.

2.6.2 Absatzorgane

Merke:

Die Festlegung der **Absatzorgane** zeigt, welche Personen/Institutionen den Vertrieb der Leistungen vornehmen.

2.6.2.1 Werkseigener Absatz

(1) Zentraler und dezentraler Absatz

Der werkseigene Absatz erfolgt durch die Geschäftsleitung oder durch Mitarbeiter und kann zentral oder dezentral aufgebaut sein.

■ **Zentraler Absatz**	Ein zentraler Absatz liegt vor, wenn ein Unternehmen nur **eine Verkaufseinrichtung** besitzt.
	Beim zentralen Absatz sind die Vertriebskosten verhältnismäßig niedrig. Die fehlende Kundennähe bewirkt jedoch häufig, dass nicht alle Absatzchancen wahrgenommen werden können.
■ **Dezentraler Absatz**	Ein dezentraler Absatz ist gegeben, wenn ein Unternehmen **mehrere Verkaufsniederlassungen** an Orten mit hohem Bedarf unterhält.
	Der **Vorteil** ist, dass die Verkaufschancen voll ausgenutzt werden können und Transportwege verkürzt werden; andererseits entstehen hohe (vor allem fixe) Vertriebskosten.

(2) Handlungsreisender

Bei Mitarbeitern, die im Außendienst tätig sind, handelt es sich in der Regel um Handlungsreisende.

Begriff Handlungsreisender

> **Merke:**
>
> **Handlungsreisende**[1] sind **kaufmännische Angestellte,** die damit betraut sind, außerhalb des Betriebs Geschäfte **im Namen** und **für Rechnung des Arbeitgebers** zu vermitteln oder abzuschließen (vgl. § 55 I HGB).

Reisende sind weisungsgebundene Angestellte des Arbeitgebers. Sie schließen also **in fremdem Namen** und für **fremde Rechnung** Geschäfte (z. B. Kaufverträge) ab. Ist nichts anderes vereinbart, sind die Reisenden nur ermächtigt zum **Abschluss von Kaufverträgen** und zur **Entgegennahme von Mängelrügen.** In diesem Fall spricht man von **„Abschlussreisenden".**

Zur **Einziehung des Kaufpreises** (zum sog. „Inkasso") sind Handlungsreisende nur befugt, wenn hierzu vom Arbeitgeber ausdrückliche Vollmacht erteilt wurde **(„Inkassoreisende")** [§ 55 III HGB].

Beispiel: Geschäftsablauf bei einem Handlungsreisenden mit Abschluss- und Inkassovollmacht

Beispielhaft für den Geschäftsablauf beim Einsatz eines Handlungsreisenden wird nachfolgend der Geschäftsablauf bei einem Handlungsreisenden mit Abschluss- und Inkassovollmacht dargestellt:

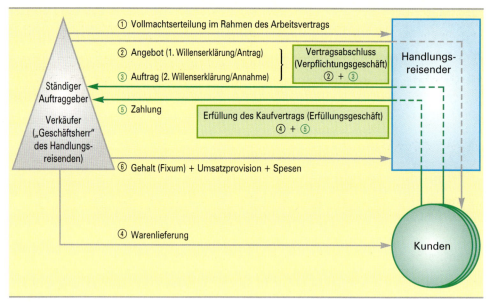

---

1 Das HGB spricht vom Handlungsgehilfen.

■ **Rechte und Pflichten des Handlungsreisenden**

Auf die Handlungsreisenden treffen somit alle Merkmale der kaufmännischen Angestellten zu. Wie alle Angestellten erhalten die Reisenden in aller Regel ein **festes Gehalt (Fixum)**.[1] Darüber hinaus steht den Handlungsreisenden als zusätzlicher Leistungsanreiz eine **Umsatzprovision** zu. Daneben werden ihnen die **Spesen** (Auslagen) erstattet.

Handlungsreisende (kurz „Reisende" genannt) haben folgende **Aufgaben**:

■ Erhaltung des bisherigen Kundenstamms,

■ Werbung neuer Kunden (Erweiterung des Kundenstamms),

■ Information der Kunden (z.B. über Neuentwicklungen, neue Produkte, Preisentwicklung),

■ Information des Geschäftsherrn (Arbeitgebers) über die Marktlage (z.B. Berichte über Kundenwünsche),

■ Entgegennahme von Mängelrügen.

■ **Bedeutung**

Der **Vorteil** der Handlungsreisenden als eigene „Absatzorgane" ist vor allem darin zu sehen, dass bei guter Geschäftslage die Provisionskosten je Verkaufseinheit (z.B. Stück, kg, Dutzend) verhältnismäßig niedrig sind. Als weisungsgebundene Angestellte stehen die Handlungsreisenden außerdem dem Betrieb ständig zur Verfügung. Von **Nachteil** ist, dass bei zurückgehendem Absatz der Arbeitgeber hohe fixe Kosten zu tragen hat, da die Gehälter nicht ohne Weiteres gekürzt werden können.

(3) Sonstige Absatzformen mit eigenen Organen

Verkaufs-niederlassungen	Großunternehmen können eigene Verkaufsniederlassungen einrichten. Diese stellen „Verkaufsfilialen" dar. Preis- und verkaufspolitische Anweisungen erteilt die Zentrale.
Vertriebs-gesellschaften	Es können auch eigene Vertriebsgesellschaften (meist in der Rechtsform der GmbH) gegründet werden. Sie sind zwar rechtlich selbstständig, wirtschaftlich jedoch vom Gesamtunternehmen abhängig.

(4) Electronic Commerce

■ **Begriff E-Commerce**

Merke:

Electronic Commerce bezeichnet Geschäftsvorgänge, bei denen die Beteiligten auf elektronischem Wege, insbesondere auf dem Weg über das Internet, ihre Geschäfte anbahnen und abwickeln.

Man unterscheidet dabei verschiedene **Partner-Transaktionen**:

B2C	Business to Consumer. Die Geschäftsbeziehung berührt auf der Verkäuferseite ein Unternehmen, auf der Käuferseite eine Privatperson.
B2B	Business to Business. Beide Partner sind Unternehmen.
B2A/B2G	Business to Administration/Business to Government, z.B. Steuererklärungen, Steuervoranmeldungen über das Programm **Elster** (**El**ektronische **St**euer**er**klärungen), Anträge auf Erlass eines Mahnbescheides, Ausschreibungen für Handwerksleistungen.

---

1 Das Fixum (das feste Gehalt); Mz.: die Fixa.

■ **Arten des E-Commerce**

Der elektronische Commerce kann in verschiedenen Ausbaustufen betrieben werden. Die verschiedenen Ausbaustufen werden im Folgenden kurz dargestellt.

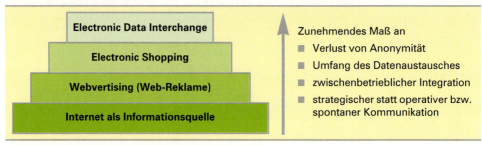

■ **Internet als Informationsquelle**
- **Spezialisierte Informationsanbieter.** Beispiele hierfür sind die Fahrplanauskünfte der Deutschen Bahn AG, Telefonnummern, Wetterdienste, Börsen- und Wirtschaftsinformationen.
- **Portale** sind Eingangspforten ins Internet, die z.B. von Providern erstellt werden (z.B. T-Online) oder auch von Suchmaschinen (z.B. Google).

■ **Webvertising**

Dies setzt sich zusammen aus Web-Advertising (Web-Reklame). Hierbei wird das Internet genutzt als Instrument zur Information der Kunden und zur Kommunikation mit ihnen als systematisch geplanter Teil der betrieblichen Kommunikationspolitik. Das Unternehmen stellt seine Produkte im Internet dar, bietet E-Mail- und Kontaktadressen, Gästebücher und ein Forum zum Austausch von Meinungen und Fragen an.

■ **Electronic Shopping**

Hierbei werden Produkte über das Internet an private Endkunden (B2C) oder an Unternehmen verkauft (B2B). Der Vertrieb erfolgt dabei über den traditionellen Weg via Post bzw. die Paketdienste oder ebenfalls über das Internet, z.B. bei Software.

■ **Electronic Data Interchange**

Dies ist ein Verfahren des zwischenbetrieblichen Datenaustausches. Erkennt z.B. das Warenwirtschaftssystem des Kunden die Notwendigkeit einer Nachbestellung, dann werden die Bestelldaten direkt in das Warenwirtschaftssystem des Verkäufers eingeschleust. Eingriffe von Hand entfallen auf beiden Seiten. Dies führt zu einer Verringerung der Personalkosten und der Vermeidung von Übertragungsfehlern. Bisher allerdings werden solche Transaktionen vorwiegend innerhalb geschlossener Netze durchgeführt. Offene Netze, wie das Internet, verfügen noch nicht über die erforderlichen Sicherheitsstandards.

■ **Vorteile / Nachteile des Electronic Shopping**

	für Käufer	für Verkäufer
Vorteile	■ permanente Öffnungszeiten ■ rasche Suche nach Produkten durch Shop-eigene Suchmaschinen ■ umfangreiches Angebot ■ bequem von zu Hause aus erreichbar, keine Fahrten notwendig, keine Parkplatzsuche, Ware wird ins Haus gebracht ■ einfache Preisvergleiche	■ weltweites Absatzgebiet ■ Kundeninformationen als Basis für „one-to-one"-Marketing fallen quasi als Abfallprodukt an. ■ aufwendige Warenpräsentation und Ladeneinrichtung entfällt
Nachteile	■ in Deutschland noch weitgehend Befangenheit bezüglich der Sicherheit beim Zahlungsvorgang ■ Einkaufserlebnis entfällt ■ kein Berühren des Produkts möglich ■ keine persönliche Produktberatung durch qualifiziertes Verkaufspersonal	■ hohe Unsicherheit ■ hohe Anfangsinvestitionen

2.6.2.2 Werksgebundener Absatz

(1) Grundlegendes

Zur Vermeidung der hohen Kosten durch ein werkseigenes Vertriebssystem wird der Vertrieb häufig selbstständigen Kaufleuten übertragen, die als Werksvertretungen,[1] Vertragshändler oder Franchisenehmer tätig werden. Diese Vertriebsorgane werden durch Verträge an den Hersteller gebunden, in denen z.B. der Umfang des Produktprogramms, der Kunden- und Reparaturdienst, die Größe des Lagers oder die Lieferungs- und Zahlungsbedingungen geregelt werden. Die Verkaufsorgane tragen als selbstständige Kaufleute ihre Geschäftskosten selbst und erhalten vom Hersteller entweder eine Umsatzprovision oder eine Gewinnspanne von ihrem Warenverkauf.

(2) Vertragshändler

> **Merke:**
>
> Der **Vertragshändler** ist ein **rechtlich selbstständiger Händler,** der sich vertraglich dazu verpflichtet, die Ware für einen Hersteller in **eigenem Namen** und auf **eigene Rechnung** zu verkaufen.

In der Regel wird dem Vertragshändler vom Hersteller das Recht eingeräumt, dass er die Waren innerhalb eines bestimmten Gebiets allein verkaufen kann. Der Vertragshändler er-

---

1 Da der Hersteller einem selbstständigen Händler nicht seine Verkaufspreise vorschreiben darf (Verbot der vertikalen Preisbindung [§ 14 GWB]), werden **Werksvertretungen** in der Regel **Handelsvertretern** übertragen (siehe hierzu S. 240 ff.).

hält dadurch einen Gebietsschutz (Exklusivvertrieb) und kann den bekannten Namen des Herstellers für die Werbung nutzen. Im Gegenzug verzichtet dann der Vertragshändler häufig darauf, Konkurrenzprodukte zu verkaufen.

> **Beispiel:**
>
> Eine Bäckerei wird Vertragshändler für Jakobs-Kaffee und verzichtet gleichzeitig darauf, Kaffee von anderen Herstellern zu verkaufen. Der Kaffeehersteller stellt die Kaffeemaschinen und das Kaffeegeschirr.

Als rechtlich selbstständiger Händler erzielt der Vertragshändler durch den Warenverkauf eine Gewinnspanne. Er erhält keine Provision vom Hersteller.

(3) Franchising

■ **Wesen des Franchisings**

> **Merke:**
>
> Beim **Franchising** handelt es sich um vertraglich geregelte Kooperationen zwischen rechtlich selbstständigen Unternehmen. Es ist ein besonderes Vertriebsbindungssystem, das in der Praxis zahlreiche (mehrere hundert) Ausprägungsformen besitzt.

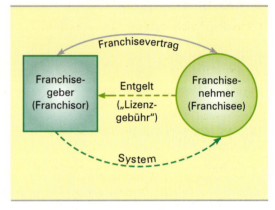

Der Franchisevertrag (im Grunde ein ganzes Bündel vereinbarter Rechte und Pflichten) wird zwischen dem **Franchisegeber** (meist ein Hersteller) und dem **Franchisenehmer** (z. B. ein Handels- oder ein sonstiger Dienstleistungsbetrieb) abgeschlossen.

■ **Merkmale des Franchisings**

Das Franchising geht über das reine Alleinvertriebssystem hinaus. Folgende Merkmale, die nicht vollständig auf jedes System zutreffen müssen, sind zu nennen:

- die Franchisenehmer bleiben **rechtlich selbstständig** und handeln in **eigenem Namen** und auf **eigene Rechnung**;
- der Franchisegeber erteilt dem Franchisenehmer das Recht, gegen Entgelt (beim Handel meist in die Warenpreise einkalkuliert) seine **Marke** und seine **Symbole**, seine **Marktkenntnisse** und seine **Waren** absatzpolitisch zu verwerten;
- der Franchisenehmer verpflichtet sich, die **Absatz- und Betriebsorganisationsrichtlinien** des Franchisegebers zu befolgen;
- der Franchisegeber hat **Kontroll- und Weisungsrechte**; er verpflichtet sich andererseits, den Franchisenehmer zu beraten und zu unterstützen;
- alle Franchisenehmer treten auf dem Markt einheitlich (z. B. Aufmachung der Ladengeschäfte) auf, sodass der **Eindruck eines Filialsystems** erweckt wird.

Die individuelle Art der Ausgestaltung der genannten (und auch anderer) Merkmale des Franchisings bezeichnet man als **Franchising-System** oder kurz als **„System"**. Ein Unternehmen, das ein Franchising-System entwickelt, weiterentwickelt und vergibt, bezeichnet man deshalb als **Systemanbieter**.

■ **Leistungen aus dem Franchisevertrag**

Der **Franchisegeber** entwickelt die Produkt-, Sortiments-, Verpackungs- und Servicekonzeption (z.B. Garantieleistungen, Kundendienst) und stellt sie dem Franchisenehmer zur Verfügung. Er führt Marktforschungsmaßnahmen durch, schult die Inhaber und Mitarbeiter der Franchisenehmerbetriebe, entwickelt Verkaufsförderungsaktionen und führt diese durch, gibt Richtlinien für das Rechnungswesen oder übernimmt die Aufgaben des Rechnungswesens (Buchführung, Statistik, Kalkulation).

Der **Franchisenehmer** setzt sein eigenes Kapital ein, entrichtet seine Franchisegebühren, beteiligt sich an den allgemeinen Kosten (z.B. Kosten der Werbung), setzt seine Arbeitskraft allein für den Franchisegeber ein und pflegt die Beziehungen zu den Kunden.

■ **Arten des Franchisings**

Nach dem **Leistungsangebot** wird unterteilt in:

Dienstleistungsbezogenes Franchising	Sachleistungsbezogenes Franchising	
Hier ruht das Schwergewicht des Franchisings auf den vom Franchisenehmer zu erbringenden Dienstleistungen.	**Produkt-Franchising**	**Betriebs-Franchising**
Beispiele:	Das Produkt-Franchising deckt sich teilweise mit dem Vertragshändlersystem. Der Vertrieb der Ware steht im Vordergrund. Es fehlt jedoch ein umfassendes „System".	Die Franchisenehmer treten nach außen wie ein Filialsystem auf. Es besteht ein umfassendes Organisationskonzept („System").
Wäschereigewerbe, Gebäudereinigungen, Autowäschereien, Betriebs- und Steuerberatungen, Finanzierungsgesellschaften, Privatschulen, Reisebüros, Reparaturwerkstätten, Gaststätten.		

■ **Vor- und Nachteile des Franchisings**

Vorteile	Nachteile
■ Absatzwirksames, weil einheitliches und werbewirksames Absatzkonzept; ■ Stärkung von Kleinunternehmen zu marktstarken Gruppen; ■ rationelle (kostensparende) Nutzung einer zentralen EDV-Organisation; ■ umfassende Beratung und Unterstützung der Franchisenehmer durch den Franchisegeber; ■ rasche Durchdringung des Marktes, weil Franchising Aufbaukapital spart; ■ erleichtert Möglichkeit, sich selbstständig zu machen, da ausgereiftes Systemwissen vollständig zur Verfügung gestellt wird.	■ Gefahr der Marktsättigung durch immer gleichbleibendes und als uniform empfundenes Angebot; ■ beim Franchising zwischen Hersteller und Einzelhandel wird der Großhandel ausgeschaltet; ■ starke Abhängigkeit des Franchisenehmers; deswegen Gefahr, dass Waren auch von anderen Lieferern bezogen werden; Gründung von verbundunabhängigen Unternehmen durch die Franchisenehmer, um sich aus der Vertriebsbindung teilweise zu lösen; ■ verstärkte Tendenz zur Monotonie der Märkte, damit geringer Wettbewerb.

2.6.2.3 Ausgegliederter Absatz

Zur Durchführung des Absatzes kann sich ein Unternehmen **fremder Organe** bedienen, die man als **Absatzvermittler** bezeichnet. Dazu gehören insbesondere die **Handelsvertreter** und die **Kommissionäre**. Im Gegensatz zu den Handlungsreisenden sind sie **selbstständige Kaufleute**.

2.6.2.3.1 Handelsvertreter

(1) Begriff Handelsvertreter

> **Merke:**
>
> - **Handelsvertreter** sind **selbstständige Gewerbetreibende**, die ständig damit betraut sind, **im Namen** und **für Rechnung eines anderen Unternehmers** Geschäfte zu vermitteln oder abzuschließen (vgl. § 84 I, S. 1 HGB).
> - Der Handelsvertreter wird aufgrund eines **Vertretungsvertrags (Agenturvertrag)** tätig. Der Vertretungsvertrag ist auf **Dauer** ausgerichtet.

Je nachdem, ob eine Vermittlungs- oder Abschlussvertretung vereinbart ist, unterscheidet man **Abschlussvertreter** und **Vermittlungsvertreter**. Zahlungen dürfen die Vertreter nur dann entgegennehmen, wenn sie die **Inkassovollmacht (Einzugsvollmacht)** besitzen. Für den Einzug von Forderungen erhalten die Vertreter i. d. R. eine **Inkassoprovision**. Verpflichten sich die Vertreter dazu, für die Verbindlichkeiten ihrer Kunden einzustehen, erhalten sie hierfür eine **Delkredereprovision**[1] [§ 86 b HGB].

(2) Beispiel: Geschäftsablauf bei einem Abschlussvertreter ohne Inkassovollmacht

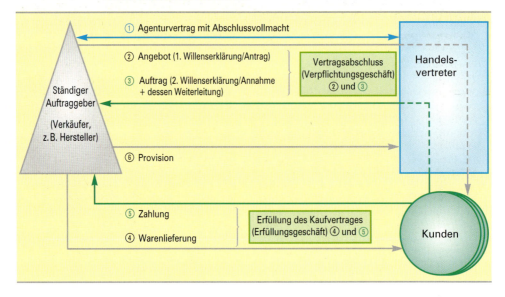

---

1 Delkredere (lat., it.): (wörtl.) vom guten Glauben; hier: Haftung für die Bezahlung einer Forderung.

(3) Rechte und Pflichten

Rechte der Handelsvertreter	Pflichten der Handelsvertreter
■ Recht auf Bereitstellung von Unterlagen [§ 86a HGB]. ■ Recht auf Provision [§§ 86b ff. HGB]. ■ Ausgleichsanspruch nach Beendigung des Vertragsverhältnisses [§ 89b HGB]. ■ Anspruch auf Ersatz von Aufwendungen [§ 87d HGB]. ■ Gesetzliches Zurückbehaltungsrecht [§ 88a HGB].	■ Sorgfaltspflicht [§§ 86 III, 347 HGB]. ■ Bemühungspflicht [§ 86 I HGB]. ■ Benachrichtigungspflicht über Geschäftsvermittlungen bzw. -abschlüsse [§ 86 II HGB]. ■ Interessenwahrungspflicht [§ 86 I HGB]. ■ Schweigepflicht über Geschäfts- und Betriebsgeheimnisse [§ 90 HGB]. ■ Einhaltung der Wettbewerbsabrede [§ 90a HGB].

(4) Bedeutung

Der **Vorteil** des **Einsatzes von Handelsvertretern** ist, dass sie – im Gegensatz zu den Handlungsreisenden – in der Regel in ihren Absatzgebieten ansässig sind. Sie haben somit einen engen Kontakt zur Kundschaft. Von Vorteil ist ferner, dass bei möglichen Absatzrückgängen die Vermittlungskosten (Provisionen) je Verkaufseinheit konstant bleiben, weil die Handelsvertreter in aller Regel lediglich Provisionen, aber keine Fixa erhalten. Von **Nachteil** kann für den Auftraggeber sein, dass bei starken Umsatzerhöhungen die Provisionskosten höher sind als beim Einsatz von Handlungsreisenden.

(5) Kostenvergleich von Handlungsreisendem und Handelsvertreter

Beispiel:

Ein Unternehmen steht vor der Wahl, entweder Handlungsreisende oder Handelsvertreter einzusetzen. Die Handlungsreisenden erhalten ein Fixum von insgesamt 12 000,00 EUR im Monat und 4 % Provision, die Handelsvertreter lediglich 8 % Umsatzprovision. Es stellt sich die Frage, von welchem Umsatz an sich der Einsatz von Reisenden lohnt.

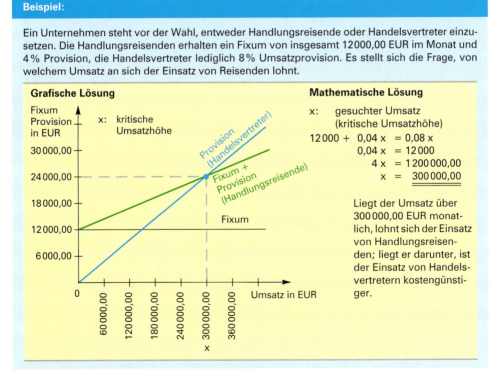

Die Entscheidung, ob Handelsvertreter oder Handlungsreisende eingesetzt werden sollen, hängt – neben anderen Faktoren – auch davon ab, wie hoch der erwartete bzw. geplante Umsatz ist.

2.6.2.3.2 Kommissionär

(1) Begriff Kommissionär

> **Merke:**
>
> **Kommissionäre** sind – soweit sie nach Art oder Umfang über einen in kaufmännischer Weise eingerichteten Geschäftsbetrieb verfügen – als **selbstständige Kaufleute** damit betraut, gewerbsmäßig Waren oder Wertpapiere in **eigenem Namen** und auf **Rechnung eines anderen** (des Kommittenten)[1] zu kaufen **(Einkaufskommissionär)** oder zu verkaufen **(Verkaufskommissionär)** [§ 383 HGB].

Kommissionäre können nach dem Kommissionsvertrag in einem Dauervertragsverhältnis zum Kommittenten stehen. Sie können aber auch von Fall zu Fall Aufträge annehmen.

(2) Beispiel: Geschäftsablauf bei einem Verkaufskommissionär mit Auslieferungslager

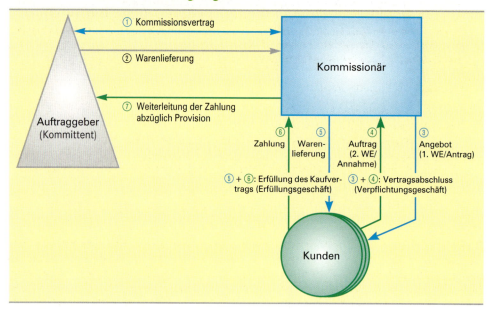

---

1 Kommittent: Auftraggeber (lat. committere: beauftragen). Kommission: Geschäftsbesorgung.

(3) Arten der Kommissionäre

Nach der Art der Aufgabe, die ein Kommissionär übernimmt, unterscheidet man in Einkaufskommissionär und in Verkaufskommissionär.

Einkaufskommissionäre	Sie sind beauftragt, in **eigenem Namen** und für **fremde Rechnung** Waren oder Wertpapiere zu **kaufen**. Die Einkaufskommissionäre erwerben zunächst grundsätzlich das Eigentum an der Ware bzw. an den Wertpapieren. Sie müssen dann das Eigentum durch ein besonderes Rechtsgeschäft auf den Kommittenten übertragen.
Verkaufskommissionäre	Sie sind beauftragt, in **eigenem Namen** und für **fremde Rechnung** Waren oder Wertpapiere zu **verkaufen**. Die Verkaufskommissionäre sind **nicht** Eigentümer der Ware bzw. der Wertpapiere, dürfen aber das Eigentum auf Dritte übertragen. Die Forderung aus dem Verkauf der Kommissionsware bzw. der Wertpapiere müssen die Kommissionäre an den Kommittenten **abtreten.**[1] Im Außenhandel unterhalten orts- und branchenkundige Kommissionäre für die zu verkaufenden Güter besondere **Kommissionslager,** die auch als **Konsignationslager** bezeichnet werden.

(4) Rechte und Pflichten

■ Rechte der Kommissionäre

- **Recht auf Provision** [§§ 394, 396 I HGB].
- Anspruch auf **Ersatz von Aufwendungen** [§ 396 II HGB; §§ 670, 675 BGB].
- **Selbsteintrittsrecht,** d.h., die Kommissionäre können Waren oder Wertpapiere, die sie einkaufen sollen, aus eigenen Beständen liefern. Waren und Wertpapiere, die sie verkaufen sollen, dürfen sie selbst übernehmen (kaufen) [§§ 400 ff. HGB].
- **Gesetzliches Pfandrecht** [§§ 397, 404 HGB].

■ Pflichten der Kommissionäre

- **Sorgfalts- und Haftpflicht** [§§ 347, 384 HGB].
- **Befolgungspflicht** [§§ 384, 387 HGB].
- **Benachrichtigungspflicht** über den vollzogenen Ein- oder Verkauf [§ 384 II HGB].
- **Abrechnungspflicht** [§ 384 II HGB]. Die Verkaufskommissionäre müssen den Rechnungsbetrag abzüglich ihrer Provision abführen. Den Einkaufskommissionären steht der Einkaufspreis zuzüglich Provision zu.

(5) Bedeutung

Kommissionäre als Absatzmittler haben nach wie vor im Binnen- und Außenhandel große Bedeutung. Im Binnenhandel liefern Industriebetriebe häufig Waren „in Kommission" an ihre Händler. Die Händler haben den Vorteil, dass sie den Wareneingang nicht sofort bezahlen müssen und dennoch ihren Kunden ein breites oder tiefes Sortiment anbieten können. Der Nachteil für die Kommissionäre ist, dass die Provision in der Regel nicht so hoch wie der Gewinn ist, der bei einem „Eigengeschäft" erzielt werden könnte.

---

1 Die grundlegenden Rechtsvorschriften zur rechtsgeschäftlichen Abtretung (Zession) von Forderungen finden Sie in den §§ 398 ff. BGB.

Der Kommittent zieht aus dem Kommissionsgeschäft ebenfalls Vorteile. Der wichtigste ist, dass er Lagerkosten spart und dennoch seine Erzeugnisse bzw. Waren in Kundennähe bringen kann. Ferner tritt er nach außen nicht in Erscheinung, was aus Wettbewerbsgründen vor allem im Außenhandel von Bedeutung sein kann. Andererseits trägt der Kommittent das Absatzrisiko, denn nicht verkaufte Kommissionsware muss wieder zurückgenommen werden.

2.6.3 Absatzorganisation

Merke:

Die **Absatzorganisation** regelt zum einen die Gestaltung der **Absatzwege (äußere Absatzorganisation)** und zum anderen die Gestaltung der **Zuständigkeiten** für den **Absatz im Betrieb (innere Absatzorganisation).**

2.6.3.1 Äußere Organisation des Absatzes (Absatzwege)

Merke:

Mit der Entscheidung über den **Absatzweg** legt die Unternehmung fest, ob die Ware ohne Einschaltung des Handels oder unter Einschaltung des Handels zum Verbraucher gelangen soll.

(1) Direkter Absatz

Wenden sich Herstellungsbetriebe (Industriebetriebe) bei der marktlichen Verwertung (Absatz) **unmittelbar** an die Verbraucher, Gebraucher und Weiterverarbeiter, liegt **direkter Absatz** vor. Beim direkten Absatz werden also **keine Zwischenhändler** eingeschaltet.

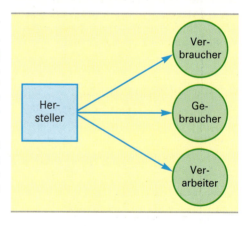

Der **Vorteil** des direkten Absatzes ist, dass Gewinnanteile, die fremden Unternehmen zufließen würden, dem Hersteller selbst zugute kommen. Der **Nachteil** ist, dass hohe Vertriebskosten entstehen.

(2) Indirekter Absatz

Verkaufen Herstellungsbetriebe an solche Personen oder Betriebe, die die Erzeugnisse nicht für ihren eigenen Verbrauch oder Gebrauch verwenden, sondern diese mehr oder weniger unverändert weiterverkaufen, spricht man von **indirektem Absatz**. Der Absatzweg ist also länger, weil andere Unternehmen eingeschaltet werden.

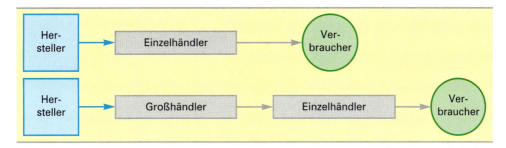

Vorteile für den Hersteller sind, dass Vertriebskosten eingespart werden können, der Handel (meist) kurz- und mittelfristig das Absatzrisiko übernimmt[1] und die Kunden die Erzeugnisse in den Lagern besichtigen können. Der **Nachteil** ist, dass der Handel Gewinnanteile beansprucht, die andernfalls (beim direkten Absatz) dem Hersteller zufließen würden. Der direkte und indirekte Absatz kann zentralisiert oder dezentralisiert sein.

2.6.3.2 Innere Organisation des Absatzes

Die **innere Absatzorganisation** befasst sich mit der Verteilung der **Zuständigkeiten** für den **Absatz im Betrieb**.

■ **Produktorientierung**

Bei der produktorientierten Absatzorganisation unterstehen dem Verkaufsleiter (Marketingleiter) verschiedene Abteilungen, die für den Absatz der Produktgruppen zuständig sind.

■ **Kundenorientierung**

Hier wird die Absatzorganisation auf verschiedene Abnehmergruppen ausgerichtet.

Beispiele:
Inländische Kunden – ausländische Kunden; Klein-, Mittel- und Großabnehmer; Einzelhandelsbetriebe – Großhandelsbetriebe; Endverbraucher – Wiederverkäufer.

---

[1] Langfristig trägt der Hersteller das Absatzrisiko, da der Handel beim Hersteller auf Dauer keine Waren kaufen wird, die sich nicht verkaufen lassen.

■ **Gebietsorientierung**

Die gebietsorientierte Absatzorganisation richtet Vertriebsabteilungen ein, die auf bestimmte Absatzgebiete (Regionen) spezialisiert sind.

Beispiel:

Bundesländer, Nord- und Süddeutschland, europäische Länder usw.

Welche Art der inneren Absatzorganisation ein Betrieb bevorzugt, hängt in erster Linie davon ab, in welchem der drei Merkmale die größten Unterschiede festgestellt werden. Ein Hersteller von sehr unterschiedlichen Produkten (z. B. Wohnzimmer, Schlafzimmer, Büromöbel) wird eher eine produktorientierte Organisation bevorzugen, während ein Hersteller von Baumaschinen, die er in Europa, in Nordamerika und im asiatischen Raum absetzt, eher eine gebietsorientierte Organisation wählt.

2.6.4 Absatzlogistik

2.6.4.1 Begriff und Aufgaben der Logistik

Merke:

Unter **Logistik** versteht man die **Planung, Steuerung, Durchführung** und **Kontrolle** von unternehmensinternen und unternehmensübergreifenden **Material-** und **Warenflüssen** sowie der dazugehörigen **Informationsflüsse**.

Zu den **Aufgaben** der Logistik zählen also zum einen Informationsverarbeitungsprozesse und zum anderen **physische Transport-, Umschlags- und Lagerprozesse.** Hauptaufgabe der Logistik ist es, den internen Materialfluss zwischen Beschaffung, Produktion und Absatz sowie den externen Materialfluss mit Lieferanten und Kunden abzustimmen (strategische Aufgabe) und durchzuführen (operative Aufgabe).

2.6.4.2 Grundlegendes zur Absatzlogistik

(1) Begriff Absatzlogistik

Die Absatzlogistik beschäftigt sich damit, mit welchen technischen Mitteln das Produkt zum Endkunden gelangt. Dabei müssen insbesondere Fragen geklärt werden in Bezug auf Lagerhaltung und Standortwahl, Wahl der Transportmittel und Verpackung.

Merke:

Die **Absatzlogistik** hat die Aufgabe, den Güterfluss zum Kunden zu optimieren.

(2) Lagerhaltung und Standortwahl

Dabei ist zu überlegen, ob eigene Lagerkapazitäten – zentral oder dezentral – aufgebaut werden, oder ob diese Aufgabe an spezielle Logistikunternehmen, wie z.B. einer Spedition, übertragen werden. Zentrallager, die bevorzugt an strategisch günstigen Verkehrsknoten im Umfeld von Autobahnkreuzungen angesiedelt sind, haben den Vorteil eines geringeren Personal- und Flächenbedarfs. Kleinere und dezentral verteilte Lager bieten den Vorteil kürzerer Transportwege zu den Kunden. Verlangt der Kunde eine Lieferung just in time, dann gehört es zur Serviceleistung des Verkäufers, Zeitpuffer aufzubauen, um Transportverzögerungen ausgleichen zu können. Dies geschieht häufig dadurch, dass die zeitkritische Ware auf Lkws zwischengelagert wird („rollendes Lager").

(3) Wahl der Transportmittel

Auch hier muss das Unternehmen entscheiden – baut es durch Investitionen in einen Fuhrpark eigene Transportkapazitäten auf oder soll diese Leistung einer Spedition übertragen werden. Der Vorteil einer Übertragung auf eine Spedition liegt darin, dass diese Dienstleister neben der eigentlichen Transportleistung auch noch Nebenleistungen (Abwicklung von Formalitäten, Lagerung) übernehmen.

Weitere Faktoren, die die Wahl der Transportmittel beeinflussen:

- Beschaffung der Räume und/oder der Flächen zum Aufbau eines Fuhrparks,
- Kosten der Kapitalbindung, Abschreibung, Personalkosten,
- Größe/Handlichkeit der zu versendenden Güter,
- Sicherheit, Schnelligkeit, Zuverlässigkeit des Transportmittels,
- die zeitliche Regelmäßigkeit in denen Transporte durchzuführen sind (kontinuierlich, sporadisch).

(4) Verpackung

Neben der kundenbezogenen Funktion der Verpackung (Werbung, Information, Aufmerksamkeit) hat die Verpackung auch die Aufgabe, die Distribution zu unterstützen, indem sie die Ware gegen Beschädigungen schützt. Zeit- und kostenintensive Umverpackungsvorgänge lassen sich verringern, wenn das Ziel angestrebt wird, dass Versandeinheit (primäres Ziel: Schutz der Ware), Lagereinheit (primäres Ziel: ökonomische Raumausnutzung, Stapelbarkeit) und Verkaufseinheit (primäres Ziel: Werbung, Information) möglichst identisch sind. So ist z. B. Tetrapack eine intelligente Lösung, der gleichzeitigen Verwirklichung aller drei Ziele nahezukommen.

2.6.4.3   Outsourcing von Logistikleistungen

Die Absatzlogistik hat die Aufgabe, die Lagerhaltung, Verpackung sowie den Transport so zu gestalten, dass die nachgefragte Leistung optimal zum Kunden gelangt. Dabei kann es sinnvoll sein, die logistischen Aufgaben einem spezialisierten Dienstleister zu übertragen **(Outsourcing von Logistikleistungen)**. Den so gewonnenen Freiraum kann das Unternehmen dazu nutzen, sich auf die industriellen Kernfelder Produktentwicklung, Produktion, Beschaffung und Marketing zu konzentrieren.

Zusammenfassung

- Beim **direkten Absatz** beliefert der Hersteller unmittelbar die Verbraucher, Weiterverarbeiter.

- Beim **indirekten Absatz** werden zwischen Hersteller und Verbraucher/Weiterverarbeiter Handelsbetriebe oder selbstständige Absatzmittler eingeschaltet.

- Nach den **Absatzorganen,** die den Vertrieb übernehmen, unterscheidet man zwischen werkseigenem Absatz, werksgebundenem Absatz und ausgegliedertem Vertrieb.

  - Der **werkseigene Absatz** erfolgt durch die Geschäftsleitung und Mitarbeiter (z.B. Handlungsreisende). Zum werkseigenen Absatz zählt auch der E-Commerce.

  - Wichtige Vertriebsformen beim **werksgebundenen Absatz** sind Werksvertretungen, Vertragshändler und das Franchising.

  - Beim **ausgegliederten Vertrieb** erfolgt der Absatz der Leistungen insbesondere über Handelsvertreter und Kommissionäre. Wichtige Merkmale des Handlungsreisenden, Handelsvertreters und Kommissionärs zeigt die nachfolgende tabellarische Übersicht.

Merkmale	Handlungsreisende	Handelsvertreter	Kommissionäre
1. Begriff	Fest angestellte Mitarbeiter eines Unternehmens; streng weisungsgebunden; vermitteln oder schließen Geschäfte in fremdem Namen und für fremde Rechnung ab.	Selbstständige Gewerbetreibende, die ständig damit betraut sind, für ihre Auftraggeber Geschäfte zu vermitteln oder in fremdem Namen und für fremde Rechnung abzuschließen.	Selbstständige Gewerbetreibende, die gewerbsmäßig ständig oder fallweise für ihre Auftraggeber Waren oder Wertpapiere verkaufen und/oder einkaufen, und zwar in eigenem Namen, aber für fremde Rechnung.
2. Rechtsstellung	Keine Kaufleute, keine Firma, keine Handelsbücher.	Kaufleute, sofern die Art ihres Geschäftsbetriebs oder ihr Geschäftsumfang eine kaufmännische Einrichtung erfordert. Ist dies der Fall, müssen sie sich ins Handelsregister eintragen lassen.	
3. Arten	■ Vermittlungsreisende ■ Abschlussreisende	■ Vermittlungsvertreter ■ Abschlussvertreter	■ Einkaufskommissionäre ■ Verkaufskommissionäre
4. Art des Vertrags	Arbeitsvertrag (Dienstvertrag)	Vertretungsvertrag (Agenturvertrag)	Kommissionsvertrag
5. Rechte	Alle Rechte der kaufmännischen Angestellten	■ Recht auf Vergütung ■ Ausgleichsanspruch ■ Recht auf Bereitstellung von Unterlagen ■ Ersatz von Aufwendungen ■ gesetzliches Zurückbehaltungsrecht	■ Recht auf Vergütung ■ Selbsteintrittsrecht ■ gesetzliches Pfandrecht ■ Ersatz von Aufwendungen

Merkmale	Handlungsreisende	Handelsvertreter	Kommissionäre
6. Pflichten	■ alle Pflichten der kfm. Angestellten ■ Mängelrügen entgegennehmen ■ Reisebericht erstellen ■ bei Inkassovollmacht – einkassieren – abrechnen	■ Sorgfalts- und Haftpflicht ■ Bemühungspflicht ■ Benachrichtigungspflicht ■ Interessenwahrungspflicht ■ Schweigepflicht ■ Einhaltung der Wettbewerbsabrede	■ Sorgfalts- und Haftpflicht ■ Befolgungspflicht ■ Benachrichtigungspflicht ■ Abrechnungspflicht
7. Vergütung	■ Gehalt (Fixum) ■ Umsatzprovision ■ Spesenersatz	■ Umsatzprovision ■ Inkassoprovision ■ Delkredereprovision	■ Umsatzprovision ■ Delkredereprovision

■ Die **Absatzorganisation** gliedert sich in eine **innere** und in eine **äußere Organisation** auf.

■ Die **Absatzlogistik** beschäftigt sich mit der Frage, mit welchen **technischen Mitteln** (Lagerhaltung/Transport/Verpackung) das Produkt optimal zum Endkunden gelangt.

Übungsaufgaben

64 Die Geschäftsleitung der Kolb & Co. KG steht vor der Entscheidung, entweder Handelsvertreter oder Handlungsreisende einzusetzen. Für die Handlungsreisenden muss sie monatlich insgesamt 20 000,00 EUR Fixum zahlen. Die Handlungsreisenden erhalten 4 % Umsatzprovision, die Handelsvertreter 9 %. Der erwartete Monatsumsatz beträgt durchschnittlich 500 000,00 EUR.

Aufgaben:

1. Weisen Sie rechnerisch nach, ob der Einsatz von Handlungsreisenden oder von Handelsvertretern kostengünstiger ist!

2. Ermitteln Sie zeichnerisch den kritischen Umsatz!

3. Nennen Sie Gründe, die – unabhängig von Kostenüberlegungen –

   3.1 für die Einstellung von Handlungsreisenden,

   3.2 für den Einsatz von Handelsvertretern sprechen!

4. Herr Schnell ist als Handlungsreisender bei der Kolb & Co. KG beschäftigt. Über das Gesetz hinausgehende Vollmachten wurden Schnell nicht erteilt. Der Kunde Knetz reklamiert bei Schnell frist- und formgerecht eine Lieferung. Schnell sagt einen Preisnachlass von 20 % zu. Beim Kunden Knurr kassierte er eine Rechnung der Kolb & Co. KG in Höhe von 850,00 EUR.

   4.1 Begründen Sie, ob Schnell berechtigt war, die Mängelrüge entgegenzunehmen und einen Preisnachlass zu gewähren!

   4.2 Begründen Sie weiterhin, ob Schnell die 850,00 EUR einkassieren durfte!

65 Die Pralinen-Auer KG in Kurstadt setzt Handelsvertreter ein. Unter anderen ist Frau Helga Braun Handelsvertreterin der Pralinen-Auer KG. Sie schließt ohne Wissen ihres Auftraggebers einen weiteren Agenturvertrag mit der Schoko-Kern OHG ab.

Aufgaben:

1. Erläutern Sie, was unter einem Agenturvertrag zu verstehen ist!

2. Begründen Sie, ob Frau Braun einen Agenturvertrag mit der Schoko-Kern OHG abschließen durfte!

3. Frau Brauns Geschäfte gehen so gut, dass sie zwei Untervertreterinnen und einen Untervertreter „einstellte", denen sie Umsatzprovision und Delkredereprovision bezahlt.

   3.1 Was versteht man unter Delkredereprovision?

   3.2 Begründen Sie, ob der Einsatz von Untervertreterinnen und -vertretern durch Frau Braun rechtlich zulässig ist!

4. Herr Knigge ist Bezirksvertreter im Raum Thüringen. Anfangs hat er sehr viel gearbeitet und für seinen Auftraggeber einen großen Kundenstamm aufgebaut. Nun ist er nicht mehr so fleißig, aber die von ihm einst geworbenen Kunden bestellen immer noch direkt bei der Pralinen-Auer KG.

   4.1 Die Geschäftsleitung der Pralinen-Auer KG verweigert die Provisionszahlung. Ist sie im Recht?

   4.2 Die Geschäftsleitung der Pralinen-Auer KG kündigt den mit Herrn Knigge abgeschlossenen Agenturvertrag. Welche Ansprüche hat Herr Knigge?

5. Bei der Pralinen-Auer KG überlegt man sich auch, Kommissionäre statt Handelsvertreter einzusetzen.

   5.1 Definieren Sie den Begriff Kommissionär!

   5.2 Welche Vor- und Nachteile hat es aus Sicht der Pralinen-Auer KG, wenn statt Handelsvertreter Verkaufskommissionäre eingesetzt werden?

6. Die Pralinen-Auer KG entschließt sich dazu, mit einigen Kommissionären zusammenzuarbeiten. Dem Kommissionär Bergmann wird für eine Großhandelspackung Pralinen ein Preislimit von 120,00 EUR gesetzt. Da die Pralinen reißenden Absatz finden, verlangt Bergmann von seinen Abnehmern 128,00 EUR je Verkaufspackung, führt jedoch an die Pralinen-Auer KG nur 120,00 EUR abzüglich Provision und bare Auslagen ab.

   Die Pralinen-Auer KG erfährt von dem höheren Verkaufspreis und verlangt von Bergmann, dass er seiner Abrechnung die 128,00 EUR je Verkaufspackung zugrunde legt. Bergmann hingegen sagt, dass er von seinem Selbsteintrittsrecht Gebrauch gemacht habe und daher nur verpflichtet sei, die 120,00 EUR je Verkaufspackung abzurechnen.

   6.1 Erläutern Sie, was unter dem Selbsteintrittsrecht zu verstehen ist!

   6.2 Prüfen Sie, ob Herr Bergmann im Recht ist!

66 Die Möbelfabrik Schreiner GmbH besitzt eine zentrale Verkaufsniederlassung in Neustadt.

Aufgaben:

1. Wie bezeichnet man diese Art der (äußeren) Absatzorganisation?

2. Welche Vorteile hat diese Organisationsform?

3. Die Geschäftsleitung der Schreiner GmbH diskutiert die Frage, ob nicht noch zwei weitere Verkaufsniederlassungen in anderen Landesteilen errichtet werden sollen.

   3.1 Wie heißt diese Art der (äußeren) Absatzorganisation?

   3.2 Welchen Vorteil hätte die Schreiner GmbH, wenn sie weitere Verkaufsniederlassungen unterhielte?

4. Die Geschäftsleitung der Möbelfabrik Schreiner GmbH unterhält sich auch über Fragen der inneren Absatzorganisation.

   Wie kann die innere Absatzorganisation gestaltet werden, wenn die Möbelfabrik Schreiner GmbH Kunden in Baden-Württemberg, Bayern und Sachsen mit Wohn- und Schlafzimmern, Hoteleinrichtungen und Büromöbeln beliefert?

5. Die Möbelfabrik Schreiner GmbH verkauft ihre Produkte sowohl an Großhändler, Einzelhändler und Hotels als auch an Privatleute.

   5.1 Erläutern Sie, welche Absatzwege beschritten werden!

   5.2 Welche Vor- und Nachteile haben die von Ihnen genannten Absatzwege?

67 1. Welche Absatzorganisation liegt jeweils vor? Begründen Sie Ihre Antwort!
- ● Produktions- und Vertriebsstelle ● Vertriebsstellen (Verkaufsstellen)
- → Lieferungen

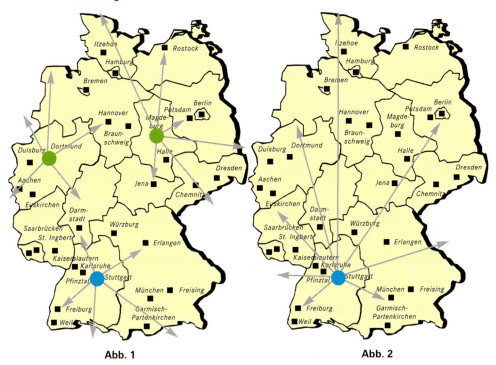

Abb. 1   Abb. 2

2. 2.1 Welche Aufgaben hat die Distributionspolitik zu lösen?

 2.2 Zeigen Sie in einer schematischen Darstellung auf, welche Absatzwege grundsätzlich möglich sind!

 2.3 Sie sind Distributionsmanager eines Textilunternehmens. Ihnen wird der Auftrag übertragen, für das spezielle Produkt „Jagdbekleidung" einen Distributionsplan zu erstellen.
 Aufgabe:
 Entwerfen Sie unter Verwendung der verschiedenen distributionspolitischen Instrumente eine Distributionsvariante!

68 Die Lux-GmbH rechnet aufgrund der erstellten Marktprognose mit einer beträchtlichen Umsatzsteigerung. Aus diesem Grund soll der bisherige Absatzweg, Verkauf der Geschirrspülmaschinen durch Handelsvertreter, überdacht werden. Es soll untersucht werden, ob der Einsatz von Handlungsreisenden sinnvoll ist.
- Kosten für Handelsvertreter: 9 % Umsatzprovision.
- Kosten für Handlungsreisende: monatliche fixe Kosten (Fixum und Spesen) 3 500,00 EUR und 3 % Umsatzprovision.

Aufgaben:

1. Berechnen Sie den kritischen Umsatz!

251

2. Wie viel Euro betragen die Kosten der beiden Absatzmittler bei einem geschätzten Jahresumsatz von 1,0 Mio. EUR? Begründen Sie Ihre Entscheidung rechnerisch!

3. Erläutern Sie vier Gesichtspunkte, die außer den Kosten bei der Entscheidung für den günstigsten Absatzmittler zu berücksichtigen sind!

4. Schlagen Sie der Geschäftsleitung den nach Ihrer Meinung für den Verkauf der neuen Geschirrspülmaschinen geeignetsten Absatzmittler vor. Berücksichtigen Sie dabei Ihre Lösungen zu den Aufgaben 2 und 3!

69 **Textauszug:**

Electronic Commerce gehört längst auch zum deutschen Grundwortschatz. Weniger bekannt sind dagegen die verschiedenen Varianten der Geschäfte im Netz. Insider reden von

– Business-to-Business, kurz B2B, wenn sie den Geschäftsverkehr zwischen den Unternehmen meinen,

– Business-to-Consumer, kurz B2C, wenn es um die Geschäfte zwischen Unternehmen und Konsumenten geht, und

– Business-to-Public Authorities/Administration, wenn über die elektronischen Beziehungen zwischen Unternehmen und öffentlichen Verwaltungen oder Institutionen gesprochen wird. [...]

Auch für Deutschland sehen die Prognosen gut aus. Selbst die vorsichtige Schätzung der Lufthansa AirPlus rechnet damit, dass im Jahr 2000 rund 3,5 Milliarden EUR mit dem Internet-Verkauf von Waren und Dienstleistungen umgesetzt werden. [...]

Der überwiegende Teil der Umsätze im Netz entfällt heute übrigens schon auf die Geschäfte der Unternehmen untereinander (B2B). Doch auch der Verkauf an Privathaushalte (B2C) blüht, vor allem, weil die Produktpalette immer bunter wird. Längst ordern die Verbraucher nicht mehr nur Hard- und Software per Mausklick, sondern auch Eintrittskarten, Mode, Haushaltsgeräte und sogar Nahrungsmittel und Getränke.

Ob B2B oder B2C – für beides gibt es inzwischen viele Erfolgsbeispiele. [...]

Quelle: iwd vom 23. September 1999.

Aufgaben:

1. 1.1 Erläutern Sie den Begriff E-Commerce!

    1.2 Erklären Sie die im Textauszug beschriebenen Arten des E-Commerce!

    1.3 Was bedeutet z. B. die 2 im B2B?

    1.4 Welche Vorteile bietet der Einkauf im Internet?

    1.5 Nennen Sie zwei Vorteile und zwei Nachteile, die dem Verkäufer aus dem Angebot seiner Produkte und Dienstleistungen im Internet entstehen können!

2. 2.1 Nennen und beschreiben Sie mindestens fünf wesentliche Merkmale des Franchisings!

    2.2 Nennen Sie Ihnen bekannte Franchising-Systeme!

    2.3 Unterscheiden Sie die Franchising-Systeme nach dem Leistungsangebot!

    2.4 Arbeiten Sie – eventuell in Gruppen – wesentliche Vor- und Nachteile des Franchisings heraus, und zwar

    2.4.1   für den Franchisegeber,

    2.4.2   für den Franchisenehmer,

    2.4.3   für die Kunden des Franchisenehmers!

2.7 Entwicklung eines Marketingkonzepts (Marketing-Mix)

(1) Begriff

Merke:

Unter einem **Marketingkonzept** versteht man die individuelle Art und Weise, wie ein Unternehmen das Marketinginstrumentarium einsetzt. Die jeweilige Kombination der Marketinginstrumente bezeichnet man als Marketing-Mix.

(2) Produktidee, -planung und -einführung

Beispiel:

Die Seifenfabrik Gabriele Schwarz e. Kfr. hat bereits von mehreren Großhändlern – die ihrerseits die Erfahrungen der Einzelhändler wiedergaben – gehört, dass die Seife „Omega" deswegen nicht den gewünschten Erfolg gehabt hätte, weil sie a) zu teuer, b) ohne spezifischen Duft und c) in einer wenig ansprechenden Verpackung angeboten würde.

Die Marketingleitung der Seifenfabrik Gabriele Schwarz e. Kfr. plant daher, eine „neue" Seife gleichen Namens zu entwickeln, zu testen und – bei entsprechendem Erfolg – baldmöglichst auf den Markt zu bringen. Dies sollte nicht allzu schwer sein, denn „in der Schublade" befinden sich genügend Vorschläge zur Gestaltung von Seifen (Produktideen), die von der eigenen Entwicklungsabteilung erarbeitet wurden.

Im Rahmen der Produktentwicklung wird zunächst eine Auswahl aus den verschiedenen Produktvorschlägen (Produktideen) getroffen (Ideenselektion). Man entscheidet sich für den Vorschlag D, d. h. für eine Seife, die vor allem Männer ansprechen soll. Die Wirtschaftlichkeitsanalyse ergibt, dass der zu erwartende Umsatzzuwachs höher als der Kostenzuwachs sein wird, wenn statt der „alten" Seife das „neue" Erzeugnis auf den Markt kommt.

Marktuntersuchungen haben ergeben, dass Kosmetikprodukte für Männer häufig von Frauen gekauft und danach verschenkt werden. Die Werbebotschaft und die Produktgestaltung muss sich also an beide Käufergruppen wenden. Im Rahmen der Produktgestaltung sollen daher sowohl die Verpackung als auch die Seife selbst eine eckige, kantige Form erhalten. Die Farbgebung soll kräftig, die Duftnote männlich-herb sein. Bei der Werbung will man sich besonders an die weiblichen Kundinnen als die

Von der Produktidee zum Markt

Träger der Kaufentscheidung wenden mit der Aussage: *„Kaufen Sie ihm Omega – bevor es eine andere tut!"*

Dabei soll die Verpackung jedoch nicht zu teuer (zu luxuriös) aussehen. Vielmehr soll der Eindruck erweckt werden, dass es sich um eine täglich zu verwendende Seife handelt.

Nach Abschluss der Produktentwicklung geht die Seife – zunächst in einer kleinen Serie (Stückzahl) – in Produktion. Da man kein Risiko eingehen will, möchte man das Produkt auf zweifache Weise testen. Zunächst soll untersucht werden, ob das Produkt tatsächlich den gesetzten Normen (z. B. Duftnote, Farbe) entspricht **(Produkttest)**. Zum anderen soll in Erfahrung gebracht werden, wie die neue Omega-Seife bei den Kunden „ankommt". Zu diesem Zweck beliefert die Seifenfabrik Gabriele Schwarz e. Kfr. einen Großhändler, der seinerseits einige wenige Einzelhandelsgeschäfte an bestimmten Orten beliefert **(Testmärkte).**

Da die Omega-Seife den gesetzten Normen entspricht und auf den Testmärkten ein Umsatzplus von 30 % gegenüber dem Umsatz der „alten" Seife zu verzeichnen ist (das Ergebnis der **Erfolgskontrolle** also positiv ist), entschließt sich die Geschäftsleitung, die neue Seife allgemein einzuführen.

(3) Marketing-Mix

Die Seifenfabrik Gabriele Schwarz e. Kfr. unterscheidet sich nicht nur durch das von ihr hergestellte Produkt von ihren Konkurrenzunternehmen, sondern auch durch den ergänzenden individuellen Einsatz weiterer Marketinginstrumente wie z. B. Preispolitik, Distributionspolitik und Kommunikationspolitik.

Beispiel:

Marketing-Mix zweier Seifenfabriken (Ausschnitt)

Marketinginstrumente	Marketing-Mix der Seifenfabrik Schwarz e. Kfr.	Marketing-Mix der Seifenfabrik Weiß GmbH
Produktpolitik (einschließlich Gestaltung der Verpackung)	Form: kantig; Farbe: kräftig; Duft: herb; Verpackung: Karton.	Form: weich, gerundet; Farbe: pastell; Duft: zart; Verpackung: Plastikdose.
Preispolitik	Durchschnittspreis	Preis überdurchschnittlich
Distributionspolitik	Einschaltung des Großhandels	Direktbelieferung des Einzelhandels
Kommunikationspolitik	Großhandel stellt Display-Material zur Verfügung; nur Zeitschriftenwerbung; Hinweise auf die männliche Note der Seife.	Rundfunk-, Fernseh- und Zeitschriftenwerbung; Hinweise auf Eignung der Seife für die Schönheitspflege.

(4) Marktwachstum-Marktanteil-Portfolio und Marketing-Mix

Überträgt man die zunächst allgemein gehaltenen Handlungsstrategien der Portfolio-Analyse (siehe S. 190 ff.) auf den einzusetzenden Produkt-, Distributions-, Entgelt- und Kommunikationsmix, so ergeben sich nunmehr deutlich konkretere Handlungsstrategien, und es können folgende Aussagen getroffen werden:

Strategie-Elemente	Portfolio-Kategorien			
	Fragezeichen	Sterne	Melkkühe	Arme Hunde
Produktmix	Produkt-spezialisierung	Produktions-programm ausbauen, diversifizieren	Unterschiedliche Marken und Modelle anbieten	Programm-begrenzung (keine neuen Produkte, Aufgeben ganzer Linien)
Distributionsmix	Distributions-netz aufbauen	Distributions-netz ausbauen, z.B. Tankstellen	Distributions-netz weiter verstärken	Distributions-netz selektiv abbauen
Kontrahierungs-mix	Tendenzielle Niedrigpreise	Anstreben von Preisführerschaft	Preisstabilisierung	Tendenziell fallende Preise
Kommunikations-mix	Stark forcieren, auf allen Ebenen Einführungs-werbung mit ' dem Ziel, „Neukunden" zu gewinnen	Aktiver Einsatz von – Werbemitteln, – Zweitmarken	Werbung, die auf Bestätigung des Verhaltens abzielt, Verbesserung des Kundendienstes	Zurückgehender Einsatz des kommunikationspolitischen Instrumentariums

Übungsaufgabe

70 Das Beispiel auf S. 253 f. zeigt auf vereinfachende Weise das Marketingkonzept eines Industriebetriebs.

Aufgaben:

1. Erläutern Sie, was unter einem Marketingkonzept zu verstehen ist!

2. Erklären Sie, warum eine eigenständige Produktgestaltung dazu beitragen kann, den preispolitischen Spielraum eines Unternehmens zu vergrößern!

3 Marketing-Controlling

3.1 Aufgaben und Gegenstand des Marketing-Controllings

Beim Marketing-Controlling geht es um zweierlei: zum einen geht es um **Überwachung** und **Beaufsichtigung** und zum anderen um **Planung** und **Steuerung**.

(1) Überwachung und Beaufsichtigung

Um wettbewerbsfähig zu bleiben, ist es für jedes Unternehmen von grundsätzlicher Bedeutung zu erfahren, ob das **erreicht wurde,** was man sich im Rahmen der **(Marketing-)Planung vorgenommen hatte.** So ist z. B. zu überprüfen, ob sich Umsatz, Gewinn, Marktanteil, Bekanntheitsgrad der Produkte der Planung entsprechend entwickelt haben. Da sich zwischen Planung und den tatsächlich erzielten Ergebnissen immer Abweichungen ergeben, muss analysiert werden, worauf die erfassten Abweichungen zurückzuführen sind.

Völlig unabhängig davon, ob die gesetzten Ziele erreicht wurden oder nicht, ist zu prüfen, mit welchem Aufwand versucht wurde, die Marketingziele zu erreichen, d. h., das Marketing-Controlling hat die **Wirtschaftlichkeit der Marketingaktivitäten** zu überprüfen. Dabei zeigen sich in aller Regel automatisch Schwachstellen im Konzept oder bei dessen Umsetzung.

Die Überwachungs- und Kontrollaufgaben des Marketing-Controllings sind überwiegend kurz- und mittelfristig angelegt. Man spricht daher auch von **operativem Marketing-Controlling.**[1]

(2) Planung und Steuerung

Ergebnisse, die sich aus der Überwachung der Marketingaktivitäten ergeben, sind anschließend mit dem Prozess der Planung zu verknüpfen. Es gilt zu überprüfen – insbesondere dann, wenn das erwartete Ergebnis nicht eingetreten ist –, ob der **gewählte Weg** untauglich ist, ob ein **falsches Ziel** gesetzt wurde, oder ob die vorhandene **Datenbasis unzureichend** war. Der Schwerpunkt des Marketing-Controllings liegt somit in der **Koordination von Kontrolle, Planungsprozess und Versorgung mit marketingausgerichteten Informationen.**

Die Maßnahmen des Marketing-Controllings, die die Planung und Steuerung betreffen, sind überwiegend langfristig angelegt. Man spricht daher auch vom **strategischen Marketing-Controlling.**[2]

Merke:

Marketing-Controlling ist die Zusammenführung von Planungsprozessen, Kontrolle und Marketinginformationen mit dem Ziel, die Unternehmensprodukte optimal zu verwerten.

---

1 Beim operativen Marketing-Controlling gibt es messbare und überprüfbare Zahlen, d.h., alle Soll-Größen sind zahlenmäßig in der EDV festgehalten und können mit den Ist-Werten verglichen werden.

2 Beim strategischen Marketing-Controlling gibt es in der Regel keine messbaren und überprüfbaren Zahlen, sondern nur Potenziale (Leistungsfähigkeiten), Stärken, Schwächen, Chancen, Risiken, Pläne. Es kann daher nur überprüft werden, ob die Tatbestände plausibel und logisch sind. Im Folgenden wird – aufgrund des Lehrplans – nicht näher auf das strategische Marketing eingegangen.

3.2 Instrumente des Marketing-Controllings

3.2.1 Überblick

Beim Marketing-Controlling werden geplante Standards, Normen oder sonstige Vorgaben zur Aufdeckung von Problemen und Chancen im Marketing überprüft. Im Kern bedeutet das Marketing-Controlling damit eine ständige **Abfolge von Soll-Ist-Vergleichen,** die alle in einem Unternehmen getroffenen strategischen und operativen Maßnahmen überprüfen und bewerten.

> **Beispiel:**
>
> Der erzielte Gewinn im laufenden Geschäftsjahr wird mit dem geplanten Gewinn verglichen. Steigt der Gewinn wie geplant um 5% an, während sich die Konkurrenten mit einem Minus abfinden müssen, dann waren die Marketingaktivitäten offensichtlich erfolgreich.

Bei Über- oder Unterschreiten der Planungswerte werden neue Steuerungsmaßnahmen erforderlich und es müssen die Entscheidungsprämissen, wie z.B. vorausgesetztes wirtschaftliches Umfeld, geprüft werden. In der Praxis gibt es eine Vielzahl von Instrumenten des Marketing-Controllings. Im Folgenden beschränken wir uns auf die Soll-Ist-Vergleiche und die Kennzahlenanalyse.

3.2.2 Soll-Ist-Vergleiche

(1) Aufbau von Soll-Ist-Vergleichen

Soll-Ist-Vergleiche umfassen **fünf Schritte**:

- Zunächst sind **Kontrollgrößen (Soll-Werte)** festzulegen, an denen die verschiedenen Leistungen (z.B. Umsatz, Gewinn, Marktanteil, Budget)[1] gemessen werden sollen.
- Nach Erbringung der Leistungen müssen die **Leistungsergebnisse (Ist-Werte)** bestimmt werden.
- Die Kontrollgrößen werden jetzt mit den Leistungsergebnissen verglichen **(Soll-Ist-Vergleich).**
- Bestehen zwischen Soll-Werten und Ist-Werten Abweichungen, die über einer zuvor festgelegten Toleranzgrenze liegen, müssen die Abweichungen analysiert werden **(Abweichungsanalyse).**
- Als Folge aus der Abweichungsanalyse werden **Maßnahmen** getroffen und – sofern erforderlich – **neue Soll-Werte** (z.B. Plankorrekturen, Ausweichpläne, Neuplanung) formuliert.

(2) Beispiele für Soll-Ist-Vergleiche im Marketing-Controlling

Aus der Budgetplanung eines Industriebetriebs werden die nachfolgenden zwei Einzelpläne entnommen.

---

1 Budget: (Staats-)Haushaltsplan, Voranschlag.

Beispiel 1:

Wir greifen aus dem Umsatzplan den Artikel 141721 „Bürotisch Standard-Eiche" heraus und stellen diesen Teilplan vor:

Kunden	Artikel 141721			Bürotisch Standard-Eiche			Planwerte Februar
	Jahres-Planwerte			Planwerte Januar			
	Stück	∅ Preis je Stück in EUR	Umsatz insgesamt in EUR	Stück	∅ Preis je Stück in EUR	Umsatz insgesamt in EUR	
Export	1400	800,00	1120000,00	80	780,00	62400,00	
Möbelhäuser	2100	840,00	1764000,00	90	860,00	77400,00	
Direktverkauf Großunternehmen	510	780,00	397800,00	30	770,00	23100,00	

Aus dem Beispiel ist zu entnehmen, das z.B. im Januar die Verkaufsabteilung bestrebt sein muss, 80 Bürotische Standard-Eiche im Wert von 62400,00 EUR zu exportieren.

Beispiel 2:

Wir greifen aus dem Personalplan die Abteilung Marketing-Controlling heraus und stellen diesen Teilplan vor.

Abteilung Marketing-Controlling						
Stellen- bezeichnung	Bestand am Jahres- anfang	Geplanter Zugang	Bestand am Jahresende	Jahres- bruttolohn vergange- nes Jahr in EUR	Geschätzte Tarif- erhöhung in %	Geplanter Jahres- bruttolohn in EUR
Abteilungsleiter	1	0	1	160000,00	2,5 %	164000,00
Assistenten	2	1	3	150000,00	2,5 %	230625,00
Sachbearbeiter	6	– 2	4	510000,00	2,5 %	348500,00
Auszubildende	4	3	7	50400,00	50,00 EUR pro Monat	92400,00

Aus dem Beispiel ist zu entnehmen, dass der Abteilung Marketing-Controlling zugestanden wird, drei neue Auszubildende einzustellen.

Nach Vollzug des Plans erfolgt eine Kontrolle, die zeigen soll, ob die Soll-Werte (Planwerte) mit den Ist-Werten übereinstimmen oder ob Abweichungen eingetreten sind. Aus den Ist-Werten der ausgewählten Beispiele ist zu entnehmen (siehe S. 259), dass

■ nur 78 Bürotische Standard-Eiche exportiert wurden, zwei weniger als geplant. Dies führte in diesem Marktsegment zu einer Mindereinnahme von 3120,00 EUR (Planwert 62400,00 EUR – Ist-Wert 59280,00 EUR).

■ wie geplant 3 Auszubildende eingestellt wurden und damit der Planbestand am Jahresende von 7 Auszubildenden erreicht wurde. Allerdings wurde der geplante Jahresbruttolohn für Auszubildende um 1680,00 EUR (Planwert 92400,00 EUR – Ist-Wert 94080,00 EUR) überschritten.

Artikel 141721 — Bürotisch Standard-Eiche

Tabelle 1

Kunden	Jahreswerte Planwerte			Januar Istwerte			Januar Abweichungen in %			Febr., März	Jahreswerte Jahres-Istwerte			Jahreswerte Abweichungen in %		
	Stück	Ø Preis je Stück in EUR	Umsatz insgesamt in EUR	Stück	Ø Preis je Stück in EUR	Umsatz in EUR	Stück	Ø Preis je Stück	Umsatz		Stück	Ø Preis je Stück in EUR	Umsatz insgesamt in EUR	Stück	Ø Preis je Stück	Umsatz
Export	1400	800,00	1120000,00	78	760,00	59280,00	−2,5	−2,56	−5,00		1449	808,00	1170792,00	+3,5	+1,0	+4,54
Möbelhäuser	2100	840,00	1764000,00	94	860,00	80840,00	+4,4	0	+4,44		2040	850,00	1734000,00	−2,86	+1,19	−1,7
Direktverkauf Großunternehmen	510	780,00	397800,00	40	775,00	31000,00	$+33\frac{1}{3}$	+0,65	+34,2		560	775,00	434000,00	+9,8	−0,64	+9,1

Abteilung Marketing-Controlling

Tabelle 2

Stellenbezeichnung	Jahreswerte Planwerte						Istwerte				Abweichungen in %		
	Bestand am Jahres-anfang	Geplanter Zugang	Bestand am Jahres-ende	Jahresbrutto-lohn vergangenes Jahr in EUR	Geschätzte Tarif-erhöhung in %	Geplanter Jahres-bruttolohn in EUR	Zugang	Bestand am Jahres-ende	Tarif-erhöhung	Jahresbrutto-lohn in EUR	Bestand am Jahres-ende	Tarif-erhöhung	Jahres-brutto-lohn
Abteilungsleiter	1	0	1	160000,00	2,5 %	164000,00	0	1	3 %	164800,00	0	+0,5	+0,49
Assistenten	2	1	3	150000,00	2,5 %	230625,00	0	2	3 %	154500,00	$-33\frac{1}{3}$	+0,5	−33,01
Sachbearbeiter	6	−2	4	510000,00	2,5 %	348500,00	−1	5	3 %	437750,00	+25	+0,5	+25,61
Auszubildende	4	3	7	50400,00	50,00 EUR pro Monat	92400,00	3	7	70,00 EUR pro Monat	94080,00	0	+20,00 EUR	+1,82

3.2.3 Kennzahlenanalyse

3.2.3.1 Aufgaben der Kennzahlenanalyse

Kennzahlen sind ein wichtiges Instrument, diese beiden Bereiche zu kontrollieren.

> **Merke:**
>
> **Kennzahlen** sind Verhältniszahlen oder absolute Zahlen, die in verdichteter Form einen Überblick über die Leistung des gesamten Unternehmens oder einzelner Teilbereiche geben.

Durch die Verwendung von Kennzahlen im Marketing-Controlling soll die Vielzahl der Daten, die im Rahmen des Rechnungswesens sowie bei der Erhebung von Marktinformationen anfallen, zu wenigen zentralen Größen zusammengefasst werden. Die Auswahl der Kennzahlen hat dabei so zu erfolgen, dass diese die Entwicklung des Unternehmens in zentralen Bereichen aufzeigen.

Die Auswahl geeigneter Kennzahlen stellt eines der Zentralprobleme des Marketing-Controllings dar. Grundsätzlich lassen sich nach der **Erfassbarkeit der Kennzahlen** zwei Gruppen unterscheiden:

Ökonomische (quantitative) Kennzahlen	Ökonomische Kennzahlen geben messbare Sachverhalte aus Unternehmens- oder Marktdaten wider. Beispiele hierfür bilden die Umsatzentwicklung, der Marktanteil, die Marketingkosten oder die erzielten Deckungsbeiträge.
Psychografische (qualitative) Kennzahlen	Psychografische Kennzahlen möchten nicht quantifizierbare Marktentwicklungen erfassen. Hierzu zählen beispielsweise die Einstellung der Kunden, die Kundenzufriedenheit, die wahrgenommene Produktqualität, das festgestellte Beschwerdeverhalten gegenüber dem Unternehmen oder Dritten (z.B. Medien, Verbraucherschutzeinrichtungen), die Markentreue oder die Wiederkaufsrate.

3.2.3.2 Erfolgskennzahlen als Beispiel für Kennzahlen des Marketing-Controllings

Es handelt sich um Kennzahlen, die die Erfolgsfaktoren eines Unternehmens aufzeigen und kontrollieren sollen. Diese Kennzahlen sind breit gestreut. Sie erstrecken sich über alle Unternehmensbereiche und erfassen auch die für das Unternehmen bedeutsamen Marktdaten. Die Auswahl der Erfolgskennzahlen ist betriebsindividuell.

(1) Kennzahlen im Entscheidungsfeld Preispolitik

Der Vorteil preispolitischer Maßnahmen liegt darin, dass sie sich zumeist ohne zeitliche Verzögerung einsetzen lassen und auch die Reaktionszeit der Marktteilnehmer sehr zeitnah erfolgt. Aus diesem Grund ist die Preispolitik das zentrale und wirkungsvollste Instrument zur Steuerung von Umsatz, Gewinn und/oder Marktanteil.

Beispiele:

Kurzfristige Preisuntergrenze:

$$\text{Stückerlös (e)} = \text{variable Kosten je Einheit } (k_v)$$

Langfristige Preisuntergrenze:

$$\text{Stückerlös (e)} = \frac{\text{Gesamtfixkosten } (K_{fix})}{\text{erzeugte Menge}} + \text{variable Kosten je Einheit } (k_v)$$

$$\text{Produktdeckungsbeitragssatz} = \frac{\text{Deckungsbeitrag (DB)} \cdot 100}{\text{Umsatz des Produkts}}$$

(2) Kennzahlen im Entscheidungsfeld Produktpolitik

Der Controllingbereich unterstützt hier unternehmerische Entscheidungen, indem er z. B. Auskunft gibt über Auftragseingang, Auftragsreichweite, Marktanteil, relativer Marktanteil.

Beispiele:

$$\text{Auftragseingangsquote} = \frac{\text{Auftragseingang Ist} \cdot 100}{\text{Auftragseingang Plan}}$$

$$\text{Auftragsreichweite} = \frac{\text{Auftragsbestand} \cdot 100}{\text{Jahresumsatz}}$$

$$\text{Marktanteil} = \frac{\text{Absatzvolumen} \cdot 100}{\text{Marktvolumen}}$$

$$\text{Relativer Marktanteil (Wettbewerbsposition)} = \frac{\text{Marktanteil des Unternehmens} \cdot 100}{\text{Marktanteil des stärksten Konkurrentren}}$$

(3) Kennzahlen im Entscheidungsfeld Kommunikationspolitik

Problematisch in diesem Entscheidungsfeld ist, dass sich z. B. das Ergebnis einer Werbekampagne einer ausschließlich quantitativen Messung entzieht. Der Zusatzumsatz ist zwar im Betrieb messbar, nicht jedoch die Bewusstseinsänderung im Kopf des Umworbenen. Daher muss sich das Controlling in diesem Entscheidungsfeld darauf beschränken, kommunikationspolitische Entscheidungen anhand von Kennzahlen zu beurteilen.

Beispiele:

$$\text{Werbeaufwandsatz vom Umsatz} = \frac{\text{Werbeaufwand je Periode} \cdot 100}{\text{Umsatz je Periode}}$$

$$\text{Markterschließungsgrad} = \frac{\text{Umsatz} \cdot 100}{\text{potenzieller Umsatz}}$$

$$\text{Neukundenanteil} = \frac{\text{Neukunden} \cdot 100}{\text{Gesamtkunden}}$$

$$\text{Umsatz je Außendienstmitarbeiter} = \frac{\text{Umsatz}}{\text{Anzahl der Außendienstmitarbeiter}}$$

Diese **funktionsbezogenen Kennzahlen** lassen sich ergänzen durch **prozessbezogene Kennzahlen,** wie z. B.:

$$\text{Angebotsgrad} = \frac{\text{Anzahl der ausgeführten Aufträge} \cdot 100}{\text{Anzahl der abgegebenen Angebote}}$$

$$\text{Servicegrad} = \frac{\text{Anzahl der termingerecht ausgeführten Aufträge} \cdot 100}{\text{Anzahl aller zu erfüllenden Aufträge}}$$

(4) Kennzahlen im Entscheidungsfeld Distributionspolitik

Im Vordergrund der Betrachtung stehen hier Informationen darüber, wie wirtschaftlich die Vertriebswege sind. Die Datenbasis hierfür entstammt der betrieblichen Kosten- und Leistungsrechnung.

Beispiele:

$$\text{Vertriebskostenquote} = \frac{\text{Vertriebskosten} \cdot 100}{\text{Umsatz}}$$

$$\text{Aufwand Außendienst} = \frac{\text{Aufwand Außendienst} \cdot 100}{\text{Umsatz}}$$

$$\text{Umsatzmarktanteil} = \frac{\text{Umsatz des Unternehmens} \cdot 100}{\text{Branchenumsatz}}$$

$$\text{E-Commerceanteil} = \frac{\text{Umsatz E-Commerce} \cdot 100}{\text{Umsatz}}$$

Zusammenfassung

- Beim **Soll-Ist-Vergleich** werden Plandaten (Soll-Werte) mit den tatsächlich erzielten Ergebnissen (Ist-Werte) verglichen. Soll-Ist-Vergleiche können für alle Unternehmensbereiche, aber auch für einzelne Kunden, Produkte u. Ä. durchgeführt werden.

- Durch die Analyse der **Soll-Ist-Abweichungen** sollen **Fehlentwicklungen erkannt** und **Plandaten** nötigenfalls **korrigiert werden.**

- **Kennzahlen** fassen Daten so zusammen, dass sie einen Überblick über die Leistung des gesamten Unternehmens oder einzelner Teilbereiche geben.

- **Kennzahlen im Marketing-Controlling** überprüfen insbesondere die **Erfolgsfaktoren** eines Unternehmens.

Übungsaufgaben

71 1. Welche Zielsetzungen werden mit einem Soll-Ist-Vergleich verfolgt?

2. Zeigen Sie an einem selbst gebildeten Beispiel auf, welche Möglichkeiten sich aus dem Soll-Ist-Vergleich für die Unternehmensleitung zur Steuerung des Unternehmens ergeben!

3. Der Controller eines Industrieunternehmens stellt folgende Daten zur Auswertung zusammen:

	Soll-Werte	Ist-Werte
Anzahl der Mitarbeiter	128	140
Anzahl der Arbeitsstunden	245 760	254 800
Umsatz in EUR	13 395 200,00	14 518 000,00

Aufgaben:

3.1 Ermitteln Sie
- 3.1.1 die Arbeitsstunden je Mitarbeiter für die Soll- und Ist-Werte,
- 3.1.2 den Umsatz je Mitarbeiter für die Soll- und Ist-Werte,
- 3.1.3 den Umsatz je Arbeitsstunde für die Soll- und Ist-Werte!

3.2 Beurteilen Sie die Umsatzentwicklung im Vergleich zur geleisteten Arbeitszeit!

72 1. Welche Aufgaben übernehmen Kennzahlen im Marketing-Controlling?

2. Wodurch unterscheiden sich die ökonomischen Kennzahlen von den psychografischen?

3. Welche Zielsetzung verfolgen die Kennzahlen des Marketing-Controllings?

4. Dem Controller eines Industrieunternehmens liegen folgende Daten zur Auswertung vor:

Jahresumsatz des Unternehmens:	8 670 000,00 EUR
Potenzieller Jahresumsatz des Unternehmens:	11 560 000,00 EUR
Gesamtmarktumsatz pro Jahr:	42 500 000,00 EUR
Jahresumsatz des Produkts Werkbänke:	1 040 000,00 EUR
Auftragsbestand:	1 257 150,00 EUR
Auftragseingang Plan:	940 800,00 EUR
Auftragseingang Ist:	777 456,00 EUR
Deckungsbeitrag des Produkts Werkbänke pro Jahr:	270 540,00 EUR
Marktanteil des Marktführers:	54,5 %

Aufgaben:

4.1 Berechnen Sie folgende Kennzahlen:
- 4.1.1 Marktanteil,
- 4.1.2 Relativer Marktanteil,
- 4.1.3 Auftragseingangsquote,
- 4.1.4 Auftragsreichweite,
- 4.1.5 Produktdeckungsbeitragssatz Werkbänke,
- 4.1.6 Markterschließungsgrad.

4.2 Nennen Sie Maßnahmen, die dazu geeignet sind, den Marktanteil, den Markterschließungsgrad sowie die Auftragseingangsquote zu verbessern!

Lernfeld 5: Personalwirtschaftliche Aufgaben wahrnehmen

1 Einbettung der Personalwirtschaft in das Gesamtsystem betrieblicher Geschäftsprozesse[1]

Die nachfolgende Abbildung dient der Standortbestimmung des Kapitels **„Personalwirtschaftliche Aufgaben wahrnehmen"**, indem der Serviceprozess „Personalentscheidungen treffen" hervorgehoben wird. Dieser Serviceprozess ist dadurch gekennzeichnet, dass er die Kernprozesse unterstützt.

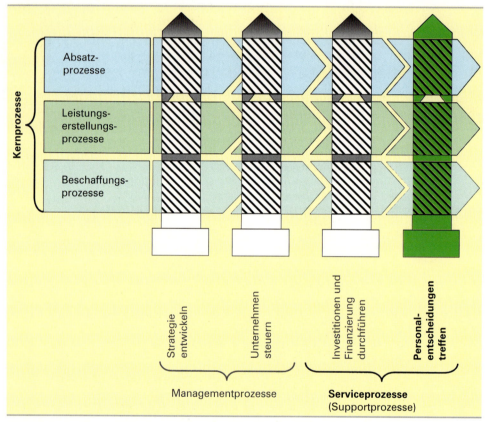

Betrachtet man den Serviceprozess „Personalentscheidungen treffen" gesondert und gliedert ihn stufenweise zunächst in **Planungsprozesse, Steuerungsprozesse** und **Controllingprozesse** und diese wiederum in ihre einzelnen Teilprozesse (Subprozesse), dann erhält man die auf S. 265 abgebildete Übersicht, mit deren Hilfe zugleich eine Zuordnung zwischen den einzelnen Teilprozessen und deren betriebswirtschaftlichen Inhalten möglich ist.

---
[1] Zum Gesamtkonzept betrieblicher Geschäftsprozesse vgl. Grundband, Lernfeld 1, Kapitel 2, S. 30ff.

Teilprozesse	Betriebswirtschaftliche Inhalte

Planungs-prozesse

Personalbedarfs-planung
- Ziele und Aufgaben
- Quantitative Personalbedarfsplanung
- Qualitative Personalbedarfsplanung

Personal-beschaffungs-planung
- Planung der Personalbeschaffung
- Personalbeschaffungswege

Steuerungs-prozesse

Personal-beschaffung
- Personalauswahl und -einstellung
- Arbeitsvertrag
- Gesetzlich geregelte Vollmachten (Handlungsvollmacht, Prokura)
- Gesetzlich nicht geregelte Vollmachten

Personaleinsatz-planung/ Personaleinsatz
- Quantitative, qualitative, zeitliche Personalein-satzplanung
- Arbeitszeitmodelle

Personalführung und Personal-entwicklung
- Personalführung
- Personalentwicklung

Personal-beurteilung
- Summarische Beurteilung
- Analytische Beurteilung
- Datenschutz

Personal-entlohnung
- Arbeitszeitstudien
- Arbeitswertstudien
- Entlohnungssysteme
- Lohnabrechnung/Lohnbuchungen

Personal-freisetzung
- Arten der Personalfreisetzung
- Beendigung von Arbeitsverhältnissen
- Kündigungsschutz
- Arbeitsgerichtsbarkeit

Bewältigung von Konflikten der Arbeitnehmer
- Mitbestimmung nach dem BetrVG
  - Betriebsrat
  - Unmittelbare Rechte der Belegschafts-mitglieder
  - Betriebsvereinbarung

Controlling-prozesse

Personal-Controlling
- Operatives Personal-Controlling
- Strategisches Personal-Controlling
- Personalinformationssystem
- Personalstatistik

2 Begriff, Ziele und Aufgaben der Personalwirtschaft[1]

Seit etwa 1960 hat sich das betriebliche Personalwesen als Teilgebiet der Betriebswirtschaftslehre entwickelt, weil sich mit steigendem Bildungsniveau und zunehmendem Lebensstandard die Einstellung der arbeitenden Bevölkerung zur Arbeit geändert hat, an die sich die Betriebe anpassen müssen. Zum anderen sind die Personalkosten so hoch, dass das Personal möglichst rationell eingesetzt werden muss. Schließlich hat man in den Unternehmen erkannt, dass die Mitarbeiter umso mehr bereit sind, ihre Fähigkeiten und Fertigkeiten einzusetzen, je mehr sie am Arbeitsplatz als Persönlichkeiten geachtet und in ihrer persönlichen und beruflichen Entwicklung gefördert werden.

Merke:

Personalwirtschaft ist die Gesamtheit aller Gestaltungs- und Verwaltungsaufgaben, die sich mit den Beschäftigten in einem Unternehmen befassen.

2.1 Ziele der Personalwirtschaft

Es gibt zwei Hauptziele der Personalwirtschaft: ein ökonomisches (wirtschaftliches) und ein soziales Ziel.

Hauptziele der Personalwirtschaft	
Ökonomisches Ziel	Das ökonomische Ziel besteht darin, das Personal so einzustellen, zu entwickeln und einzusetzen, dass das Unternehmen seine wirtschaftlichen Ziele (z.B. Gewinnerzielung) erreichen kann. Erreicht ein Unternehmen seine wirtschaftlichen Ziele längerfristig nicht, hat es seine Existenzberechtigung verloren.
Soziales Ziel	Das soziale Ziel der Personalwirtschaft besteht darin, den Ansprüchen der Mitarbeiter hinsichtlich ihrer individuellen (wirtschaftlichen und sozialen) Bedürfnisse und Erwartungen (z.B. Sicherheit, Zufriedenheit, berufliche Aufstiegsmöglichkeiten) gerecht zu werden. Lässt ein Unternehmen diese sozial-psychologischen Gesichtspunkte (Aspekte) außer Acht, gefährdet es seine Existenz wegen nachlassender Produktivität, als Folge erhöhter Fluktuation[2] beim Personal und großer Probleme bei der Personalbeschaffung.

Die Hauptziele der Personalpolitik sind nicht immer konfliktfrei. So kommen hohe Arbeitsentgelte und umfassende Sozialleistungen sicher den Erwartungen der Belegschaftsmitglieder entgegen, beeinträchtigen aber unter Umständen das ökonomische Ziel der Gewinnerreichung.

2.2 Aufgaben der Personalwirtschaft

Die **Hauptaufgabe der Personalwirtschaft** besteht darin, das zur Erreichung der Unternehmensziele erforderliche Personal in quantitativer und qualitativer Hinsicht (z.B. nach Leistungsfähigkeit und -bereitschaft) zur rechten Zeit und am rechten Ort bereitzustellen.

---

1 Die Ausführungen des Kapitels Personalwirtschaft lehnen sich an die folgende Literatur an:
  Bröckermann, Reiner: Personalwirtschaft, Lehr- und Übungsbuch für Human Resource Management, 4. Aufl., Stuttgart 2007.
  Stopp, Udo: Betriebliche Personalwirtschaft, Zeitgemäße Personalwirtschaft – Notwendigkeit für jedes Unternehmen, 27. Aufl., Renningen 2006.
2 Fluktuation (lat.): Schwanken, Wechseln; hier: Personalwechsel.

In der folgenden Übersicht werden die wichtigsten **Teilaufgaben** der Personalwirtschaft dargestellt.

Entscheidungshilfen der Personalwirtschaft

Personalstatistik Personalinformationssystem

Personalbedarfsplanung

Sie stellt den gegenwärtigen und den künftigen Personalbedarf nach Quantität und Qualität der Arbeitskräfte fest.

Personal-Controlling

Das Personal-Controlling hat die Aufgabe, den Entscheidungs- und Steuerungsprozess von Führungskräften durch die Bereitstellung entsprechender Informationen aus der Personalwirtschaft zu unterstützen.

Bewältigung von Arbeitskonflikten

Konflikte im Arbeitsleben können auf der persönlichen Ebene oder zwischen den Organisationsebenen eines Unternehmens entstehen. Können die Konflikte nicht innerhalb des Unternehmens gelöst werden, entscheiden die Arbeitsgerichte.

Personalfreistellung

Sie hat zur Aufgabe, eine durch die Personalplanung festgestellte Personalüberdeckung abzubauen. Die Geschäftsleitung wird zunächst versuchen, die Mitarbeiterzahl ohne Kündigung abzubauen. Gelingt dies nicht, sind Kündigungen erforderlich.

Personalentlohnung

Sie hat einerseits einen großen Einfluss auf die Personal- und damit die Gesamtkosten eines Unternehmens. Andererseits hat sie einen erheblichen Einfluss auf das Leistungsverhalten der Mitarbeiter.

Personalbeschaffungsplanung

Hier werden alle Maßnahmen geplant, die notwendig sind, um den tatsächlichen Personalbestand dem Sollbestand anzupassen. Weiterhin geht es darum, die Personalbeschaffungswege (interne Personalbeschaffung und/oder externe Personalbeschaffung) festzulegen.

Personalbeschaffung

Die Personalwirtschaft hat die Aufgabe, die geeigneten Bewerber auszuwählen und unter Beachtung der gesetzlichen Vorschriften einzustellen.

Personaleinsatzplanung

Die Personaleinsatzplanung hat zum Ziel, den bestmöglichen Einsatz der vorhandenen Arbeitskräfte unter Beachtung der Arbeitsschutzvorschriften sicherzustellen.

Personalführung

Hierunter versteht man das planmäßige Leiten von einzelnen Personen oder Personengruppen in einem Unternehmen. Die Personalführung hat u.a. die Aufgabe, Führungsgrundsätze zu entwickeln und zu beachten und die angemessenen Führungsstile und -techniken einzusetzen.

Personalentwicklung / Personalbeurteilung

Aufgabe der Personalentwicklung ist, durch geeignete Maßnahmen die Qualifikationen und Kompetenzen der Mitarbeiter zu fördern.

Durch die Beurteilung wird die Entwicklung der Qualifikationen und Kompetenzen der Mitarbeiter überprüft.

3 Personalbedarfsplanung

3.1 Begriffe Personalbedarfsplanung, Personalbedarf und die Arten des Personalbedarfs

(1) Begriffe Personalbedarf und Personalbedarfsplanung

Um die gegenwärtigen und zukünftigen betrieblichen Aufgaben erfüllen zu können, muss der Personalbedarf ermittelt werden.

Merke:

- Unter **Personalbedarf** versteht man die Anzahl der Personen, die zur Erfüllung der gegenwärtigen oder zukünftigen Aufgaben eines Unternehmens notwendig sind.

- Die **Personalbedarfsplanung** hat die Aufgabe, den mittel- und langfristigen Personalbedarf eines Unternehmens zu ermitteln.

Der Personalbedarf muss geplant werden:

nach der **Quantität** (quantitative Personalbedarfsplanung)	Wie viel Mitarbeiter werden benötigt?
nach der **Qualität** (qualitative Personalbedarfsplanung)	Welche Qualifikationen[1] müssen die benötigten Mitarbeiter besitzen?
nach der **Zeit**[2] (zeitliche Personalbedarfsplanung)	Zu welchem Zeitpunkt werden die Mitarbeiter benötigt?
nach dem **Ort**[2] (örtliche Personalbedarfsplanung)	An welchen Arbeitsplätzen werden die Mitarbeiter benötigt?

(2) Arten des Personalbedarfs

Nach dem **Grund für die Einstellung neuer Mitarbeiter** unterscheidet man folgende Arten des Personalbedarfs:

Ersatzbedarf	Überbrückungsbedarf	Neubedarf
Hier werden **bereits vorhandene Stellen,** die durch Personalabgänge frei werden, wiederbesetzt.	Er entsteht bei: - **Spitzenbelastungen** (z. B. Abwicklung eines eiligen Großauftrags, Einführung einer neuen Herstellermarke, Events) - **befristeten Personalausfällen** (z. B. Mutterschutzfrist, Elternzeit, Urlaub, Fortbildung, Wehr-/Zividienst)	Hier werden **zusätzliche Stellen** geschaffen (z. B. Gründung eines neuen Zweigwerks, Ausweitung des Produktprogramms).

---

1 In diesem Zusammenhang ist unter Qualifikation die Eignung eines Mitarbeiters für eine bestimmte Tätigkeit bzw. Stelle zu verstehen. Man unterscheidet zwischen formaler und faktischer Qualifikation. Die formale Qualifikation wird einem Mitarbeiter z. B. durch Schul- und/oder Studienabschlüsse (z. B. Zeugnisse, Diplome) zugesprochen. Die faktische Qualifikation entspricht dem tatsächlichen gegenwärtig vorhandenen Können und Wollen.

2 Auf die Behandlung der zeitlichen und örtlichen Personalbedarfsplanung wird im Folgenden nicht eingegangen.

Nach dem Betriebsverfassungsgesetz ist der Betriebsrat[1] über die Personalplanung, insbesondere über den Personalbedarf, rechtzeitig und umfassend zu unterrichten [§ 92 I BetrVG]. Der Betriebsrat kann dem Arbeitgeber Vorschläge für die Einführung einer Personalplanung und ihre Durchführung machen [§ 92 II BetrVG].

3.2 Quantitative Personalbedarfsplanung

(1) Ermittlung des Personalbedarfs

Zur **Ermittlung des Personalbedarfs** für eine zukünftige Periode wird in der betrieblichen Praxis folgendes **Schema** angewandt:[2]

Gegenwärtiger Personalbestand	
– **Abgänge**	Pensionierungen, Entlassungen, Kündigungen durch Arbeitnehmer, Versetzungen, Invalidität, Abstellung zur Fortbildung, Todesfälle u. Ä.
+ **Zugänge**	bereits feststehende Neueinstellungen, Übernahmen aus dem Ausbildungsverhältnis in das ordentliche Arbeitsverhältnis, Rückkehr von Fortbildungsmaßnahmen u. Ä.
Erwarteter Personalbestand + **zu planende Neueinstellungen**	Ersatzbedarf und Zusatzbedarf
Geplanter Personalbestand	

Für eine wirksame Ermittlung des Personalbedarfs ist es erforderlich, **betriebsinterne** sowie **externe Daten** zu berücksichtigen.

- **Betriebsintern** wird die Personalbedarfsplanung insbesondere beeinflusst von der Höhe der geplanten Investitionen, dem angestrebten Produktionsvolumen und von geplanten Rationalisierungsmaßnahmen. Ergänzend gilt es, die Altersstruktur der Belegschaft (Lebensalter und Dienstalter) sowie die Fehlzeiten und Fluktuation der Mitarbeiter zu berücksichtigen.

- **Externe Daten,** die die Personalbedarfsplanung beeinflussen, sind insbesondere die Arbeitsmarktentwicklung, die gesetzlichen und tariflichen Regelungen zur Arbeitszeit, die Sozialgesetzgebung, die Lohnentwicklung und die volkswirtschaftliche Entwicklung.

---

1 Vgl. Kapitel 12.2, S. 355 ff.

2 Die zu erwartenden Veränderungen im Personalbestand sind nur zu einem geringen Teil relativ genau erfassbar (z. B. Pensionierungen, Versetzungen), zum weit größeren Teil jedoch sind die Veränderungen nur anhand von Erfahrungswerten abzuschätzen (z. B. Kündigungen, Entlassungen, Todesfälle, Invalidität).

(2) Berechnung des geplanten Personalbestands

Grundlage für die Berechnung des Personalbestands ist die Summe der zu verrichtenden Tätigkeiten. So kann z.B. der Personalbestand für einen Arbeitsprozess wie folgt berechnet werden:

$$\text{Personalbedarf eines Arbeitsprozesses} = \frac{\text{Ø Arbeitsmenge} \cdot \text{Ø Bearbeitungszeit/Stück}}{\text{Ø Arbeitsstunden}} \cdot \text{Verteilzeitfaktor*}$$

* Der **Verteilzeitfaktor** ist ein Erfahrungswert, der sich aus im Arbeitsprozess unregelmäßig anfallenden Zeiten zusammensetzt, z.B. Wartezeiten, Nebenarbeiten, persönlich bedingte Pausen. Ein Verteilzeitzuschlag von z.B. 10 % entspricht einem Verteilzeitfaktor von 1,1.

Beispiel:

Durchschnittliche Arbeitsmenge je Arbeitsprozess 6500 Stück, Bearbeitungszeit je Stück 20 Minuten, Verteilzeitfaktor 1,2, Gesamtarbeitszeit 175 Stunden (entspricht 10500 Minuten).

Aufgabe:

Berechnen Sie den Personalbedarf des Arbeitsprozesses für die Gesamtarbeitszeit!

Lösung:

$$\text{Personalbedarf des Arbeitsprozesses für die Gesamtarbeitszeit} = \frac{6500 \cdot 20 \cdot 1,2}{10500} = \underline{\underline{14,86}}$$

Ergebnis:

Der Personalbedarf des Arbeitsprozesses beträgt für die Gesamtarbeitszeit 14,8 Vollzeitstellen.

Soll der gesamte Personalbedarf des Unternehmens ermittelt werden, so müssen die Vollzeitstellen aller Arbeitsprozesse addiert werden.

3.3 Qualitative Personalbedarfsplanung

(1) Stellenbeschreibung

Jede Stelle erfordert bestimmte Qualifikationen vom Stelleninhaber. Die verlangten Qualifikationen können aus den jeweiligen **Stellenbeschreibungen**[1] bzw. **Anforderungsprofilen** entnommen werden. Die Stellenbeschreibung hat die Einordnung einer Stelle in die Verwaltungsstruktur eines Betriebs sowie die Aufgaben einer Stelle deutlich zu machen.

Merke:

- Der **qualitative Personalbedarf** kann aufgrund von Stellenbeschreibungen bzw. **Anforderungsprofilen** geplant werden.
- Stellenbeschreibungen ermöglichen es der Personalabteilung, bei der Stellenbesetzung die **Qualifikation des Mitarbeiters** und die **Anforderungen der Stelle** optimal aufeinander **abzustimmen**.

---

1 Eine Stellenbeschreibung ist im Grundband dargestellt. Vgl. Grundband S. 19f.

(2) Formen der Arbeit

Nach den **Anforderungen an die Qualifikation der Mitarbeiter** lassen sich im Unternehmen folgende **Formen der Arbeit** unterscheiden:

Formen der Arbeit	Beispiele
■ **Ungelernte Arbeit** Ungelernte Arbeit erfordert keine Ausbildung, sondern nur eine Einweisung. Es handelt sich hierbei überwiegend um schematische und mechanische Tätigkeiten.	Fertigmachen bzw. Abheften der Post, Stanzen von Teilen nach einfachen, vorbereiteten Unterlagen.
■ **Angelernte Arbeit** Angelernte Arbeit erfordert spezielle Kenntnisse und Fertigkeiten, die in der Regel durch eine Sonderausbildung (Anlernvertrag) erworben werden. Es handelt sich hierbei um einfache kaufmännische Tätigkeiten in einem genau abgegrenzten Arbeitsgebiet.	Bestellen von Werkstoffen nach Unterlagen, Prüfen auf Einhaltung der Qualitätsbedingungen, Buchen von Belegen nach vorbereiteten Unterlagen.
■ **Gelernte Arbeit** Sie setzt eine Ausbildung in einem staatlich anerkannten Ausbildungsberuf (Berufsausbildungsvertrag) voraus (z. B. Industriekaufmann/Industriekauffrau). Es handelt sich um Tätigkeiten, die selbstständig im Rahmen allgemeiner Anweisungen ausgeübt werden.	Aufstellen und Berechnen von Schichtplänen, Ausarbeiten von Fertigungs- und Verfahrensplänen; Büroangestellte, die den Schriftverkehr nach Angaben vorwiegend selbstständig erledigen.
■ **Gelernte Arbeit mit Zusatzqualifikation** Zusätzlich zu der Ausbildung in einem staatlich anerkannten Ausbildungsberuf hat der Mitarbeiter noch eine weitere Qualifikation (z. B. staatlich geprüfter Betriebswirt, Bilanzbuchhalter) erworben. Es handelt sich um Tätigkeiten, die selbstständig mit entsprechender Verantwortung für den Tätigkeitsbereich ausgeübt werden.	Substituten, selbstständiger Lagerverwalter, der für die Lagerhaltung verantwortlich ist. Kontrolleur des Warenein- und -ausgangs, Tätigkeit als Abnahme- oder Prüfingenieur in der Qualitätskontrolle.
■ **Hoch qualifizierte Arbeit** Sie setzt eine Hochschulausbildung voraus. Es handelt sich um leitende Tätigkeiten und Führungsaufgaben mit Anweisungsbefugnis für Abteilungen bzw. Unternehmen.	Geschäftsführer, Vorstandsmitglieder, Leiter des Zentraleinkaufs, Leiter der Versandabteilung, Betriebsleiter eines Zweigwerks.

4 Personalbeschaffungsplanung

4.1 Aufgaben der Personalbeschaffungsplanung

> **Merke:**
>
> Die **Planung** der **Personalbeschaffung** hat die Aufgabe, alle Maßnahmen festzulegen, die notwendig sind, um freie Stellen zeitlich unbefristet oder doch zumindest für einige Zeit neu zu besetzen.

Hauptproblem der Personalbeschaffungsplanung ist die Frage, ob die offenen Stellen **betriebsintern** besetzt werden sollen (Versetzung bzw. Beförderung von bisherigen Mitarbeitern) oder ob die benötigten Mitarbeiter **extern,** d.h. über den Arbeitsmarkt, zu beschaffen sind.

Um den Personalbedarf quantitativ und qualitativ präzise planen zu können, ist es sinnvoll, die zu besetzende Stelle hinsichtlich der Arbeitsgegebenheiten, den Leistungsanforderungen und der Instanzenzuordnung zu beschreiben. Mit einer **Stellenbeschreibung** bzw. einem Anforderungsprofil für die Stellen wird die Grundlage dafür geschaffen, die Ausschreibung zu formulieren und den geeignetsten Bewerber auszuwählen.

4.2 Personalbeschaffungswege

(1) Interne Personalbeschaffung

Die interne Personalbeschaffung geschieht durch eine innerbetriebliche **Stellenausschreibung.**[1] Der Vorteil für das Unternehmen besteht darin, dass der Geschäftsleitung die Fähigkeiten und Fertigkeiten des Mitarbeiters bereits bekannt sind. Außerdem kennen die Mitarbeiter, die sich um eine betriebsintern ausgeschriebene Stelle bewerben, bereits den Betrieb, sodass die Einarbeitungszeit kürzer ist als bei einem Mitarbeiter, für den der Betrieb fremd ist. Der Nachteil ist, dass die abgelehnten Bewerber die Absage als ungerecht und/oder als Niederlage empfinden können und deshalb ihre Motivation abnimmt.

Innerbetriebliche Stellenausschreibung
In der Abteilung … ist ab … folgende Stelle zu besetzen:
Stellenbezeichnung . . . .
Stellennummer . . . .
Aufgaben . . . .
Entgelt . . . .
Qualifikationen . . . .
Kompetenz . . . .
Bewerbungsunterlagen bis . . . .
Datum . . . .   Unterschrift . . . .

(2) Externe Personalbeschaffung

Ist eine innerbetriebliche Personalbeschaffung nicht möglich (weil z.B. kein Bewerber den geforderten Qualifikationen entspricht) oder nicht gewollt (weil z.B. „frischer Wind" in das Unternehmen kommen soll), so erfolgt eine externe Personalbeschaffung.

---

1 Nach § 93 BetrVG hat der Betriebsrat das Recht zu verlangen, dass Arbeitsplätze, die besetzt werden sollen, vor ihrer Besetzung innerhalb des Betriebs ausgeschrieben werden.

Es gibt folgende externe Beschaffungswege:

- **Agenturen für Arbeit** als Einrichtungen der Bundesagentur für Arbeit. Sie haben u.a. die Aufgabe, berufliche Ausbildungsstellen und Arbeitsplätze zu vermitteln. Außer der Agentur für Arbeit kann **jedermann gewerbliche Arbeitsvermittlung** betreiben. Für die Aufnahme einer solchen Tätigkeit ist bei der Agentur für Arbeit eine Erlaubnis einzuholen.
- Private Arbeitsvermittlungen.
- **Arbeitsverleihunternehmen.** Hier wird ein kurz- oder mittelfristiger Personalbedarf durch das Leasen[1] von Arbeitskräften gedeckt. Beim Personalleasing überlässt das Verleihunternehmen einem Auftraggeber (dem Entleiher) gegen Entgelt Arbeitskräfte (die Leih- oder Zeitarbeitnehmer). Zwischen dem Verleihunternehmen und dem Auftraggeber wird zu diesem Zweck ein **Arbeitnehmerüberlassungsvertrag** abgeschlossen. **Arbeitgeber** ist das **Verleihunternehmen.** Es bezahlt demnach auch die Leiharbeitskräfte. Während der Laufzeit des Arbeitnehmerüberlassungsvertrags ist der Auftraggeber gegenüber der Leiharbeitskraft weisungsbefugt.
- **Stellenanzeigen** in Zeitungen und Zeitschriften.
- **Personalberater.** Sie sind externe Berater, die im Auftrag des Betriebs vor allem hoch qualifiziertes Personal vermitteln und i.d.R. bereits eine Vorauswahl unter den Bewerbern treffen.

Vorteile der externen Personalbeschaffung sind, dass die Arbeitskräfte aus fremden Betrieben Erfahrungen und neue Ideen mitbringen. Ein möglicher Nachteil ist die längere Einarbeitungszeit.

Zusammenfassung

- Die **Personalwirtschaft** verfolgt **ökonomische Ziele** (z.B. Gewinnerzielung) und **soziale Ziele** (z.B. Sicherheit, Zufriedenheit, beruflicher Aufstieg der Arbeitnehmer).
- Aufgabe der **Personalbedarfsplanung** ist, den gegenwärtigen und künftigen Bedarf an Arbeitskräften nach Qualität und Quantität zu ermitteln.
- Die **quantitative Personalbedarfsplanung** legt fest, wie viele Mitarbeiter benötigt werden.
- Die **qualitative Personalbedarfsplanung** legt fest, welche Qualifikationen die Mitarbeiter benötigen.
- Die **Personalbeschaffungsplanung** umfasst alle erforderlichen Maßnahmen, um den Neu- und Ersatzbedarf zu decken.
- Die **Personalbeschaffung** kann auf einem **internen** oder **externen Weg** vorgenommen werden.
  - **Interner Weg** durch **Stellenausschreibung.** Die Rechte des Betriebsrates sind zu beachten.
    Vorteile: Motivationssteigerung, Qualifikation des Bewerbers ist bekannt, geringeres Risiko einer Fehlbesetzung, kürzere Einarbeitungszeit, niedrigere Kosten.
    Nachteile: Unter Umständen verhindern gefestigte informelle Beziehungen die Anwendung notwendiger, aber unliebsamer Maßnahmen, „Betriebsblindheit" verhindert Weiterentwicklung, unter Umständen Mehrkosten durch Nachrückverfahren, möglicherweise „Karriereneid" der Kollegen.
  - **Externer Weg** über Agenturen für Arbeit, private Arbeitsvermittlungen, Arbeitsverleihunternehmen, Stellenanzeigen, Personalberater.

---

1 To lease (engl.): leihen.

Übungsaufgaben

73 Die moderne Personalwirtschaft hat sowohl ökonomische als auch soziale Zielsetzungen.

Aufgaben:

1. Erläutern Sie diese beiden Zielsetzungen!

2. Begründen Sie anhand eigener Beispiele mögliche Zielkonflikte bei der Verfolgung der von Ihnen genannten Ziele!

3. Auf welchen Faktoren beruht die steigende Bedeutung betrieblicher Personalwirtschaft?

4. Welches Ziel verfolgt die betriebliche Personalplanung?

5. Beschreiben Sie die Hauptaufgaben betrieblicher Personalplanung!

6. In der Einkaufsabteilung der Martin Müller Metallbau KG sind durchschnittlich 4100 Rechnungen pro Monat zu bearbeiten. Die durchschnittliche Bearbeitungszeit pro Rechnung beträgt 15 Minuten. Als Verteilzeitfaktor gilt der Erfahrungswert von 1,2. Die durchschnittliche Arbeitszeit pro Monat beträgt 160 Stunden.

   Berechnen Sie den Personalbedarf für die Einkaufsabteilung!

74 Die VBM Vereinigte Büromöbel AG, Bruchsal (im folgenden Text kurz „VBM AG" genannt), hat infolge der günstigen Branchenkonjunktur stark expandiert. Mit dem Aufbau von Produktionsstätten und einem flächendeckenden Vertriebsnetz in den neuen Bundesländern hat sich das Unternehmen konsequent zukunftsorientierte Marktanteile gesichert. Die starke Expansion hat sich auch in der Belegschaftsstatistik niedergeschlagen.

Aufgaben:

1. Am 31. Dezember des ersten Geschäftsjahres wurden 600 Angestellte und 1400 gewerbliche Mitarbeiter beschäftigt. Im 2. Geschäftsjahr stieg die Gesamtbelegschaft um 25 %; die Zahl der Angestellten erhöhte sich um 37,5 %.

   Erstellen Sie eine Personalstatistik für das 1. und 2. Geschäftsjahr nach folgendem Schema:

Jahr	Gesamt-belegschaft	Angestellte		gewerbl. Mitarbeiter	
		absolut	%	absolut	%

2. Wie erklären Sie sich die Veränderung der Belegschaftsstruktur? (Zwei Gesichtspunkte!)

3. Eine Hauptaufgabe der Personalabteilung besteht darin, den gegenwärtigen und zukünftigen Bedarf an Arbeitskräften zu ermitteln.

   Erläutern Sie anhand von drei Einflussfaktoren, warum es sehr schwierig ist, die mittel- und langfristige Entwicklung des Personalbedarfs quantitativ und qualitativ genau festzulegen!

4. Die VBM AG sucht zum 1. Juli des 3. Geschäftsjahres weitere Arbeitskräfte.

   Welche Personalbeschaffungswege kommen infrage?

5. Nennen Sie je einen Vor- und einen Nachteil der von Ihnen genannten Beschaffungswege!

5 Personalbeschaffung

5.1 Personalauswahl und Personaleinstellung

(1) Ziel der Personalauswahl

Die Personalauswahl hat zum Ziel, die für die zu besetzende Position am besten geeignete Person zu ermitteln. Dazu muss man die Eignung aller Bewerber für die freie Position feststellen.

Geordnet nach ihrer Bedeutung in der Praxis gibt es bei der Neueinstellung von Mitarbeitern folgende Einstellungskriterien: die Ergebnisse des Einstellungsgesprächs (Interviews), Praxiszeugnisse, Ausbildungszeugnisse, Auswertung des Lebenslaufs, Schulzeugnisse, Ergebnisse von Arbeitstests bzw. -proben, Gutachten und Referenzen[1] und die Analyse psychologischer Tests bzw. Eignungsuntersuchungen.

(2) Ablauf des Personalauswahlverfahrens

Das **Personalauswahlverfahren** geht in der Regel in folgenden **Stufen** vor sich:

(3) Rechtliche Bedingungen der Personalauswahl

- **Sorgfaltspflicht des Arbeitgebers bei Bewerbungsunterlagen**

Dem Arbeitgeber obliegt hinsichtlich der eingereichten Bewerbungsunterlagen eine besondere Sorgfaltspflicht. Insbesondere muss der Arbeitgeber die Bewerbungsunterlagen sicher aufbewahren, er darf die Unterlagen nicht beliebigen Betriebsangehörigen und schon gar nicht betriebsfremden Personen zugänglich machen. Außerdem darf er die Bewerbungsunterlagen an kein anderes Unternehmen weiterleiten. Nach Ablehnung der Bewerbung hat der Arbeitgeber die Bewerbungsunterlagen unverzüglich zurückzusenden. Verletzt der Arbeitgeber eine der angeführten Pflichten, so ist er dem Bewerber zum Schadensersatz verpflichtet.

- **Erstattung von Vorstellungskosten**

Grundsätzlich besteht **keine Rechtspflicht** zur Erstattung der Kosten, die beim Bewerber für seine Bewerbung anfallen.

---

[1] Referenzen: Empfehlungen, Auskünfte von Personen. Referenz: Jemand, der eine Auskunft oder eine Empfehlung geben kann.

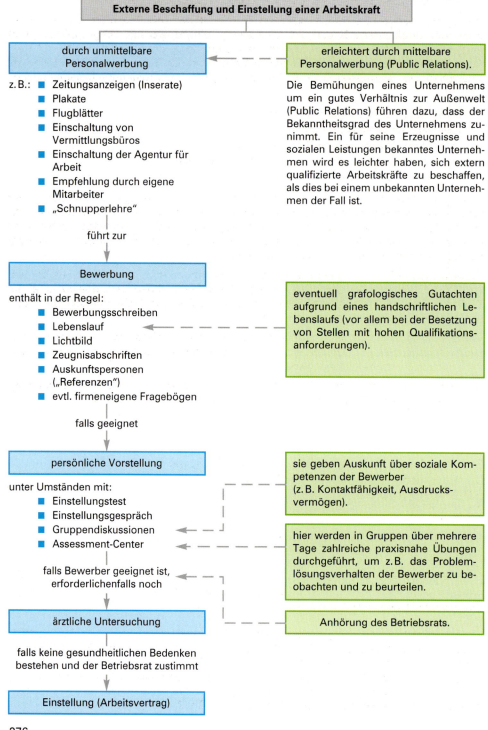

■ **Mitwirkung des Betriebsrats bei Einstellungen** [§§ 99–101 BetrVG]

In Betrieben mit i. d. R. mehr als zwanzig wahlberechtigten Arbeitnehmern hat der Arbeitgeber den Betriebsrat z. B. vor jeder Einstellung, Eingruppierung, Umgruppierung und Versetzung zu unterrichten, ihm die erforderlichen Bewerbungsunterlagen vorzulegen, Auskunft über die Person der Beteiligten zu geben und die Zustimmung des Betriebsrats einzuholen. Der Betriebsrat kann die Zustimmung z. B. unter folgenden Umständen verweigern:

- Verstoß gegen eine rechtliche Vorschrift,
- Verstoß gegen eine Auswahlrichtlinie,
- Befürchtung einer Störung des Betriebsfriedens,
- Unterlaufen einer innerbetrieblichen Stellenausschreibung oder
- Nachteile für betroffene Arbeitskräfte.

Schweigt der Betriebsrat, gilt dies als Zustimmung. Die Ablehnung muss innerhalb einer Woche nach der Unterrichtung durch den Arbeitgeber unter Angabe von Gründen schriftlich erfolgen. Der Arbeitgeber hat dann die Möglichkeit, sich die fehlende Zustimmung durch das Arbeitsgericht ersetzen zu lassen. Das Arbeitsgericht muss prüfen, ob die vom Betriebsrat angegebenen Tatbestände zutreffen.

Der Arbeitgeber kann, wenn dies aus sachlichen Gründen dringend erforderlich ist, eine vorläufige Einstellung vornehmen bevor sich der Betriebsrat geäußert, oder wenn er die Zustimmung verweigert hat. Der Arbeitnehmer muss über die Sach- und Rechtslage dieser Einstellung informiert werden [§ 100 I BetrVG].

Vor ihrer Einstellung müssen sich Bewerber erforderlichenfalls einer ärztlichen Untersuchung unterziehen. Ergeben sich keine gesundheitlichen Bedenken, können die Arbeitsverträge abgeschlossen werden.

Die Übersicht auf S. 276 fasst die einzelnen Schritte zusammen, die bei der Beschaffung und Einstellung eines Mitarbeiters erforderlich sind.

5.2 Rechtsrahmen des Arbeitsverhältnisses

5.2.1 Arbeitsvertrag

(1) Begriff des Arbeitsvertrags

Merke:

Ein **Arbeitsvertrag** liegt vor, wenn Arbeitnehmer (z. B. Arbeiter) mit Weisungsbefugnissen und Fürsorgepflichten ihres Dienstherrn (Arbeitgebers) zur Leistung von Diensten (Arbeit) in ein Unternehmen eingeordnet sind.

Ein Arbeitsvertrag ist eine **besondere Form des Dienstvertrags** nach § 611 BGB. Das **HGB** enthält weitere Bestimmungen für kaufmännische Angestellte [§§ 59 ff. HGB], die **Gewerbeordnung** für die gewerblichen Angestellten [§§ 105 ff. GewO]. Weitere wichtige Bestimmungen enthält das **Nachweisgesetz**, das **Arbeitsschutzrecht** (z. B. Arbeitszeitgesetz, Arbeitsschutzgesetz), das **Kündigungsschutzgesetz**, das **Sozialrecht** (z. B. die Sozialgesetzbücher) sowie das **Betriebsverfassungs- und Tarifvertragsrecht**.

277

(2) Abschluss von Arbeitsverträgen

Für den Abschluss eines **Einzelarbeitsvertrags**[1] **(Individualarbeitsvertrags)** bestehen grundsätzlich keine gesetzlichen Formvorschriften. Aus Gründen der Rechtssicherheit und zum Schutz der Arbeitnehmer ist es jedoch allgemein üblich, den Arbeitsvertrag **schriftlich** abzuschließen.

Nach dem Gesetz über den Nachweis der für ein Arbeitsverhältnis geltenden wesentlichen Bedingungen (Nachweisgesetz [NachwG]) ist der Arbeitgeber verpflichtet, spätestens einen Monat nach dem vereinbarten Beginn des Arbeitsverhältnisses die wesentlichsten Vertragsbedingungen **schriftlich** (nicht elektronisch) niederzulegen. Diese Niederschrift muss vom Arbeitgeber unterzeichnet und dem Mitarbeiter ausgehändigt werden. Bestimmte Mindestinhalte des Arbeitsverhältnisses sind schriftlich niederzulegen (Näheres siehe § 2 NachwG). Dies gilt grundsätzlich auch bei Änderungen wesentlicher Vertragsbedingungen (Näheres siehe § 3 NachwG).

(3) Inhalt des Arbeitsvertrags

Ein typischer Arbeitsvertrag zwischen einem Arbeitgeber und einem Arbeitnehmer umfasst folgende Vertragsinhalte:

Vertragsinhalte	Erläuterungen
Bezeichnung der Vertragsparteien	■ Arbeitgeber: Firma, Rechtsform, Sitz des Unternehmens. ■ Arbeitnehmer: Vor- und Zuname, Anschrift.
Vertragsbeginn	Angabe des Datums für den Beginn des Arbeitsverhältnisses.
Dauer	Die Laufzeit des Arbeitsvertrags kann befristet[2] oder unbefristet sein.
Arbeitsort	In Unternehmen mit mehreren Standorten ist eine Vereinbarung über den Arbeitsort von großer Bedeutung.
Probezeit	Allgemein wird eine Probezeit vereinbart. Sie beträgt für Angestellte drei bis sechs Monate. Vorsichtige Unternehmen vereinbaren keine Probezeit, sondern ein Probearbeitsverhältnis, also ein befristetes Arbeitsverhältnis.
Arbeitsentgelt/ Sozialleistungen	Hier wird die Entgeltform, die Höhe, die Fälligkeit und die Auszahlungsweise vereinbart. Sozialleistungen wie Vermögensbildung, Altersversorgung, Geschäftswagen u. Ä. sind im Arbeitsvertrag festzuhalten.
Arbeitszeit/ Urlaub	Entweder wird auf den Tarifvertrag Bezug genommen oder es werden individuelle Vereinbarungen getroffen.
Arbeits- versäumnisse	Hier werden die Folgen einer unverschuldeten Arbeitsverhinderung und die Nachweispflicht bei Erkrankungen geregelt.
Kündigung	Die Kündigungsfrist wird regelmäßig in den Arbeitsvertrag aufgenommen. Erfolgt keine individuelle Regelung, so gilt der Tarifvertrag oder die Kündigungsfristen des § 622 BGB.

---

1 Man spricht vom **Einzelarbeitsvertrag (Individualarbeitsvertrag),** weil er individuell (einzeln) zwischen Arbeitgeber und Arbeitnehmer abgeschlossen wird. Ein **Kollektivarbeitsvertrag** wird hingegen von Gewerkschaften einerseits und Arbeitgeberverbänden (Regel) andererseits für eine Gruppe (ein „Kollektiv") von Arbeitnehmern abgeschlossen.

Der Einzelarbeitsvertrag darf die Regelungen des Tarifvertrags **nicht unterschreiten.** Gleiches gilt für **Betriebsvereinbarungen,** die Fragen der Arbeitsbedingungen für ein Unternehmen zwingend regeln. Betriebsvereinbarungen sind Verträge zwischen Arbeitgeber und Betriebsrat. Zu Einzelheiten siehe S. 282.

2 Vgl. auch die Ausführungen auf S. 296f.

Beispiel für einen unbefristeten Arbeitsvertrag

Zwischen der Firma *Werkzeugfabrik Franz Klein GmbH,* Steubenstr. 11–14, 51065 Köln   im Folgenden (Firma)
und Frau/Herrn *Doris Walcher*   im Folgenden (Arbeitnehmer)

wird nachfolgender – **unbefristeter Arbeitsvertrag** – vereinbart:

§ 1   Beginn des Arbeitsverhältnisses/Tätigkeit

Der Arbeitnehmer wird ab *15. 01. 20…* als *Assistentin des Geschäftsführers im Werk Köln, Steubenstr. 11–14* eingestellt.

§ 2   Befristung/Beendigung des Arbeitsverhältnisses

Das Arbeitsverhältnis ist unbefristet.

Als Probezeit werden 3 Monate vereinbart. Während dieser Zeit kann das Arbeitsverhältnis unter Einhaltung einer Frist von zwei Wochen gekündigt werden.

§ 3   Arbeitszeit

Die regelmäßige Arbeitszeit richtet sich nach der betriebsüblichen Zeit. Sie beträgt derzeit 40 Stunden in der Woche ohne die Berücksichtigung von Pausen.

Regelmäßiger Arbeitsbeginn ist um *8:00 Uhr,* Arbeitsende ist um *17:00 Uhr.*

Die Frühstückspause dauert von *10:00 Uhr* bis *10:15 Uhr,* die Mittagspause von *12:30 Uhr* bis *13:15 Uhr.*

Der Arbeitnehmer erklärt sich bereit, im Falle betrieblicher Notwendigkeit bis zu 2 Überstunden pro Woche zu leisten.

§ 4   Vergütung

Der Arbeitnehmer erhält eine monatliche Bruttovergütung von EUR *3 178,00.* Die Vergütung ist jeweils am Monatsende fällig und wird auf das Konto des Arbeitnehmers bei der *Stadtsparkasse Köln, Konto Nr. 1052 17311, BLZ 370 501 98,* angewiesen.

Etwa angeordnete Überstunden werden mit einem Zuschlag von *20 %* vergütet.

§ 5   Urlaub

Der Arbeitnehmer hat Anspruch auf 24 Werktage Urlaub. Die Lage des Urlaubs ist mit der Firma abzustimmen.

§ 6   Arbeitsverhinderung

Im Falle einer krankheitsbedingten oder aus sonstigen Gründen veranlassten Arbeitsverhinderung hat der Arbeitnehmer die Firma unverzüglich zu informieren. Bei Arbeitsunfähigkeit infolge Erkrankung ist der Firma innerhalb von drei Tagen ab Beginn der Arbeitsunfähigkeit eine ärztliche Bescheinigung über die Dauer der voraussichtlichen Arbeitsunfähigkeit vorzulegen.

§ 7   Verschwiegenheitspflicht

Der Arbeitnehmer wird über alle betrieblichen Angelegenheiten, die ihm im Rahmen oder aus Anlass seiner Tätigkeit in der Firma bekannt geworden sind, auch nach seinem Ausscheiden Stillschweigen bewahren.

§ 8   Nebenbeschäftigung

Während der Dauer der Beschäftigung ist jede entgeltliche oder unentgeltliche Tätigkeit, die die Arbeitsleistung des Arbeitnehmers beeinträchtigen könnte, untersagt. Der Arbeitnehmer verpflichtet sich, vor jeder Aufnahme einer Nebenbeschäftigung die Firma zu informieren.

§ 9   Ausschlussklausel/Zeugnis

Ansprüche aus dem Arbeitsverhältnis müssen von beiden Vertragsteilen spätestens innerhalb eines Monats nach Beendigung schriftlich geltend gemacht werden. Andernfalls sind sie verwirkt.

Bei Beendigung des Arbeitsverhältnisses erhält der Arbeitnehmer ein Zeugnis, aus dem sich Art und Dauer der Beschäftigung sowie, falls gewünscht, eine Beurteilung von Führung und Leistung ergeben.

Köln, den 10. Januar 20..   *Köln, den 10. Januar 20..*
_____   _____
(Ort, Datum)   (Ort, Datum)

i. A. Mayer   *Doris Walcher*
_____   _____
(Firma)   (Arbeitnehmer)

5.2.2 Tarifvertragliche Regelungen

(1) Tarifautonomie – Tarifvertragsparteien – Tarifvertrag

Das Recht der Tarifpartner, selbstständig und ohne staatliche Einmischung Arbeitsbedingungen (z.B. Löhne, Urlaubszeit, Arbeitszeit) vereinbaren zu können, nennt man **Tarifautonomie.**[1] Tarifpartner – auch **Tarifparteien** oder **Sozialpartner** genannt – sind die **Gewerkschaften** und die **Arbeitgeberverbände.** Sie haben die Tariffähigkeit [§ 2 TVG]. Die Vereinbarungen werden im **Tarifvertrag** festgeschrieben.

> **Merke:**
>
> Der **Tarifvertrag** ist ein Kollektivvertrag zwischen den Tarifparteien, in dem die Arbeitsbedingungen für die Berufsgruppen eines Wirtschaftszweigs einheitlich für eine bestimmte Dauer festgelegt werden. Er bedarf der **Schriftform** [§ 1 TVG].

Der Tarifvertrag regelt neben dem Einzelarbeitsvertrag die Arbeitsverhältnisse. Er enthält **Mindestbedingungen,** die der Arbeitgeber **nicht unterschreiten** darf, von denen er aber **zugunsten der Arbeitnehmer** abweichen kann.

(2) Gliederung der Tarifverträge nach dem Inhalt

Lohn- und Gehaltstarifverträge	In ihnen sind die getroffenen Vereinbarungen über Lohn- bzw. Gehaltshöhe enthalten. Dabei werden die Arbeitnehmer nach ihrer Tätigkeit in bestimmte Lohn- bzw. Gehaltsgruppen eingeteilt.[2] Jeder Lohn- bzw. Gehaltsgruppe wird ein bestimmter Lohnsatz bzw. ein bestimmtes Gehalt zugeordnet. Löhne und Gehälter sind in der Regel weiterhin nach Alter und Ortsklassen differenziert.[3] Ferner können Zuschläge, z.B. nach Betriebszugehörigkeit oder nach dem Schwierigkeitsgrad der Arbeit, vereinbart sein.
Manteltarifverträge	Sie enthalten solche Arbeitsbedingungen, die sich über längere Zeit nicht ändern, z.B. Kündigungsfristen, Urlaubsregelungen, Arbeitszeitvereinbarungen, Nachtarbeit, Sonn- und Feiertagsarbeit, Lohn- und Gehaltsgruppen. Sie werden auch Rahmentarifverträge genannt.

(3) Geltungsbereich des Tarifvertrags

■ **Flächentarifverträge**

> **Merke:**
>
> Tarifverträge, die für mehrere Orte, Bezirke, ein oder mehrere Bundesländer oder für das gesamte Bundesgebiet verbindlich sind, werden auch als **Flächentarifverträge** bezeichnet.

---

1 Autonomie: Unabhängigkeit, Selbstständigkeit.

2 Die Festlegung der Gehaltsgruppen sowie deren Tätigkeitsmerkmale sind im Manteltarifvertrag (Rahmentarifvertrag) enthalten.

3 Differenzieren: unterscheiden, untergliedern.

Angesichts der hohen Arbeitslosigkeit werden die Flächentarifverträge zunehmend flexibler (beweglicher) gestaltet. Sogenannte **Tariföffnungsklauseln** sollen es den Betrieben, denen es wirtschaftlich nicht besonders gut geht, ermöglichen, ihre Belegschaft für eine bestimmte Zeit (z. B. für ein Jahr) bis zu einem vereinbarten Prozentsatz **unter Tarif** zu bezahlen **(Entgeltkorridor)**. Die konkreten Vereinbarungen werden dann zwischen Betriebsrat und Arbeitgeber ausgehandelt.

Tariföffnungsklauseln können auch eine Flexibilisierung der Arbeitszeit zum Ziel haben, weil dadurch längere Betriebszeiten ermöglicht werden. Die **Arbeitszeitkorridore** (z. B. 30 bis 40 Wochenstunden bei jährlich festgelegter Gesamtarbeitszeit) ermöglichen es den Betrieben, die Arbeitszeit flexibel (beweglich) zu gestalten und dadurch Arbeitskosten zu sparen.

■ **Allgemeinverbindlichkeit**

Grundsätzlich gilt der Tarifvertrag nur für organisierte Arbeitnehmer und Arbeitgeber, die Mitglied der Gewerkschaft bzw. im Arbeitgeberverband sind.

Das Bundesministerium für Arbeit und Soziales kann einen Tarifvertrag im Einvernehmen mit einem aus je drei Vertretern der Spitzenorganisationen der Arbeitgeber und Arbeitnehmer bestehenden Ausschuss auf Antrag einer Tarifvertragspartei für **allgemein verbindlich** erklären. Mit der **Allgemeinverbindlichkeitserklärung** gelten die Bestimmungen des Tarifvertrags auch für die nicht tarifgebundenen Arbeitnehmer und Arbeitgeber [§ 5 TVG]. In der Regel werden jedoch auch ohne Allgemeinverbindlichkeitserklärung die nicht organisierten Arbeitnehmer[1] nach den Rechtsnormen der Tarifverträge behandelt (Grundsatz der Gleichbehandlung).

(4) Wirkungen des Tarifvertrags

Tarifbindung	Die Mitglieder der Tarifvertragsparteien sind an die Vereinbarungen des Tarifvertrags gebunden [§ 3 I TVG]. Dies bedeutet, dass die Inhalte des Tarifvertrags für die Betroffenen insofern unabdingbar sind, als sie **Mindestbedingungen** für die Arbeitsverhältnisse darstellen (z. B. Mindestlöhne, Mindesturlaubstage). Grundsätzlich unbeschränkt zulässig ist hingegen die Vereinbarung günstigerer Arbeitsbedingungen (z. B. übertarifliche Löhne), als sie der Tarifvertrag vorschreibt [§ 4 III TVG].
Friedenspflicht	Während der Gültigkeitsdauer eines Tarifvertrags dürfen keine Arbeitskampfmaßnahmen (Streiks, Aussperrungen) ergriffen werden [§ 3 III TVG].
Grundsatz der Nachwirkung	Nach Ablauf des Tarifvertrags (nach Kündigung oder nach Ablauf der vereinbarten Dauer) gelten seine Rechtsnormen weiter, bis sie durch einen neuen Tarifvertrag ersetzt werden [§ 4 V TVG].

---

1 Nach dem Grundgesetz [Art. 9 III] besteht zwar das Recht, Mitglied bei einer Arbeitnehmer- oder Arbeitgebervereinigung zu werden (Koalitionsfreiheit; Vereinigungsfreiheit), nicht aber die Pflicht (negative Koalitionsfreiheit). Nicht organisierte Arbeitnehmer sind demnach solche, die keiner Gewerkschaft angehören. Da sie i. d. R. in den Genuss der Vorteile kommen, die die Gewerkschaft erkämpft hat, werden sie von den Gewerkschaften als „Trittbrettfahrer" bezeichnet.

5.2.3 Betriebsvereinbarung

Merke:

Betriebsvereinbarungen sind Absprachen zwischen Arbeitgeber und Betriebsrat. Die **schriftlich** niedergelegte und von beiden Seiten unterzeichnete Betriebsvereinbarung wird auch **Betriebsordnung** genannt [§ 77 II BetrVG].

In den Betriebsvereinbarungen werden den Arbeitnehmern meistens unmittelbare und zwingende Rechte gegenüber dem Arbeitgeber eingeräumt, auf die nur mit Zustimmung des Betriebsrats verzichtet werden kann [§ 77 IV BetrVG]. Arbeitsentgelte und sonstige Arbeitsbedingungen, die durch Tarifvertrag geregelt sind oder üblicherweise geregelt werden, können nicht Gegenstand einer Betriebsvereinbarung sein, es sei denn, dass ein Tarifvertrag den Abschluss ergänzender Betriebsvereinbarungen ausdrücklich zulässt [§ 77 III BetrVG]. Durch Betriebsvereinbarungen können insbesondere zusätzliche Maßnahmen zur Verhütung von Arbeitsunfällen und Gesundheitsschädigungen, die Errichtung von Sozialeinrichtungen und Maßnahmen zur Förderung der Vermögensbildung beschlossen werden [§ 88 BetrVG].

Ein Sonderfall der Betriebsvereinbarung ist der **Sozialplan**. Er stellt eine vertragliche Abmachung zwischen Arbeitgeber und Betriebsrat über den Ausgleich oder die Milderung wirtschaftlicher Nachteile dar, die der Belegschaft als Folge geplanter Betriebsänderungen entstehen (z.B. Lohnminderungen, Versetzungen, Entlassungen).

Beispiele:

Betriebsänderungen sind z.B. Einschränkungen oder Stilllegung des ganzen Betriebs oder von Betriebsteilen, Änderung des Betriebszwecks, Betriebsverlegung, Zusammenschluss mit anderen Betrieben, grundlegende Änderung der Betriebsorganisation oder der Betriebsanlagen (vgl. hierzu §§ 111 – 113 BetrVG).

Der Sozialplan enthält z.B. Regelungen über Ausgleichszahlungen an entlassene Arbeitnehmer, Umzugsbeihilfen bei Versetzungen an andere Orte, Umschulungsmaßnahmen oder Zuschüsse bei vorzeitiger Pensionierung älterer Mitarbeiter.

Zusammenfassung

- Das **Personalauswahlverfahren** geht in der Regel in folgenden Stufen vor sich:
  - Vorauswahl anhand der Bewerbungsunterlagen und der Referenzen, gegebenenfalls Eignungstests, Arbeitsproben, Bewerbergespräche,
  - **Auswahlentscheidung** aufgrund von zuvor festgelegten Einstellungskriterien,
  - endgültige Einstellung nach Anhörung des Betriebsrates und Ablauf der Probezeit.
- Ein **Arbeitsvertrag** liegt vor, wenn Arbeitnehmer mit Weisungsbefugnissen und Fürsorgepflichten ihres Dienstherrn (Arbeitgeber) in einem Unternehmen mitarbeiten.
- Partner des **Arbeitsvertrags** sind ein einzelner Arbeitnehmer und ein bestimmter Arbeitgeber. Rahmenvorgaben aus einer Betriebsvereinbarung und einem Tarifvertrag sind zu beachten. Eine Schlechterstellung des Arbeitnehmers ist grundsätzlich nicht möglich.
- In der Praxis wird der **Arbeitsvertrag** regelmäßig schriftlich abgeschlossen.
- Lohnerhöhungen und Arbeitsbedingungen werden zwischen den Tarifpartnern (Gewerkschaften und Arbeitgeberverbänden) ausgehandelt und im **Tarifvertrag** festgelegt.

- **Tarifautonomie** ist das Recht der Tarifpartner, selbstständig und ohne staatliche Eingriffe Löhne und Arbeitsbedingungen vereinbaren zu können.

- **Tarifverträge** bedürfen der **Schriftform.** Sie sind hinsichtlich der Mindestarbeitsbedingungen (z. B. Mindestlöhne, Mindesturlaubstage) unabdingbar und können vom Bundesministerium für Arbeit und Soziales für allgemein verbindlich erklärt werden.

- Nach dem **Inhalt des Tarifvertrags** unterscheidet man in **Lohn- und Gehaltstarifvertrag** und in **Manteltarifvertrag.**

Übungsaufgaben

75
1. Aufgrund des starken Unternehmenswachstums muss die Franz Schlick GmbH die meisten freien Stellen mit externen Bewerbern besetzen.

    Aufgabe:

    Beschreiben Sie den möglichen Personalbeschaffungsvorgang!

2. Erläutern Sie die Bestimmungen des Betriebsverfassungsgesetzes zur innerbetrieblichen Stellenausschreibung!

3. Beschreiben Sie die Sorgfaltspflicht des Arbeitgebers bei Bewerbungsunterlagen!

4. Welches grundsätzliche Recht steht dem Betriebsrat bei Personaleinstellungen zu?

5. Beschreiben Sie die Widerspruchsgründe, die der Betriebsrat gegen eine beabsichtigte Personaleinstellung anführen kann!

6. Ist es dem Arbeitgeber erlaubt, eine vorläufige Personaleinstellung ohne Einschaltung des Betriebsrats vorzunehmen?

76
1. Erklären Sie den Begriff Sozialpartnerschaft!

2. Beschreiben Sie kurz die Lohnbildung in der Bundesrepublik Deutschland!

3. Erläutern Sie kurz folgende Begriffe:

    3.1 Tarifvertrag,   3.4 Unabdingbarkeit,

    3.2 Tarifautonomie,   3.5 Manteltarif,

    3.3 Allgemeinverbindlichkeit,   3.6 Lohn- bzw. Gehaltstarif.

4. Welche Vorteile bringen die Tarifverträge für Arbeitnehmer und Arbeitgeber?

5. 5.1 Wer sind die Vertragspartner beim

         5.1.1 Arbeitsvertrag,

         5.1.2 Tarifvertrag?

    5.2 Welche Bedeutung hat die Entscheidung, Tarifverträge für allgemein verbindlich zu erklären, für die Arbeitnehmer?

    5.3 Was ist im Manteltarifvertrag geregelt? Nennen Sie vier Beispiele!

6. Der Elektrogerätehersteller Klar e. K. zahlt seinen Angestellten grundsätzlich 10 % mehr als der Tarifvertrag vorsieht. Lediglich dem Neuling Lahm will er zunächst das Tarifgehalt zahlen. Sind diese beiden Maßnahmen zulässig?

7. Erklären Sie den Begriff Kollektivarbeitsvertrag!

8. Schlagzeile einer Zeitung: „Der Verteilungskampf beginnt wieder!" Was ist hier gemeint?

9. Grenzen Sie die Begriffe Tarifvertrag und Betriebsvereinbarung voneinander ab!

77 **Fallstudie:** Geschäftsprozess zum Einstellungsverfahren bei der Weber Metallbau GmbH

Die Weber Metallbau GmbH ist ein mittelständisches Unternehmen mit 250 Mitarbeitern und hat sich auf den Bereich der Bautechnik spezialisiert, insbesondere auf die Herstellung von Brandschutztüren, Fassaden-, Geländer- und Treppenbau. Aufgrund der hohen fachlichen Anforderungen wird ein aufwendiges Bewerbungsverfahren durchgeführt.

Im Rahmen des Zertifizierungsverfahrens sollen die Ist-Abläufe der Mitarbeitergewinnung analysiert und dokumentiert werden.

Im Gespräch mit Herrn Weber, einem der geschäftsführenden Gesellschafter, wird die Aufbauorganisation analysiert. Diese ergibt sich aus der nachfolgenden Darstellung.

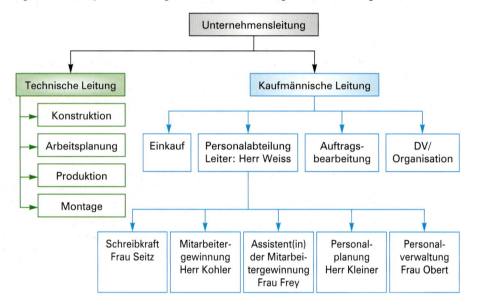

Mit dem Leiter der Personalabteilung, Herrn Weiss, werden die Geschäftsprozesse, insbesondere jene im Personalbereich, besprochen. Aus den Gesprächsnotizen lässt sich Folgendes entnehmen:

Die Weber Metallbau GmbH trennt zwischen Kerngeschäftsprozessen und Serviceprozessen. Zu den Letzteren gehören:

- Entwicklung von Unternehmensstrategien
- Steuerung des Unternehmens
- Beschaffung der Finanzmittel
- Personalbetreuung mit folgenden Teilprozessen:
  - Personalbedarf planen
  - Personal beschaffen
  - Personal entlohnen
  - Personal beurteilen
  - Arbeitsverhältnis beenden
- Beschaffung von Ressourcen

Der Teilprozess „Personal beschaffen" enthält folgende Teilschritte:

■ Auswertung der schriftlichen Bewerbung

Ist die Bewerbungsfrist abgelaufen, werden die gesammelten Bewerbungsunterlagen ausgewertet. Dies ist Aufgabe von Herrn Kohler, Inhaber der Stelle „Mitarbeitergewinnung". Dabei vergleicht er die Unterlagen der Bewerber mit den Angaben der Stellenbeschreibung und den Vorgaben aus dem hausinternen Kriterienkatalog. Seine Erkenntnisse notiert er in einem Beurteilungsbogen für die schriftlichen Bewerbungen. Aufgrund dieser Aufzeichnungen wird eine Auswahlentscheidung gefällt. Ungeeignete Bewerber erhalten eine standardisierte Absage zusammen mit ihren Bewerbungsunterlagen. Die übrigen Bewerber werden schriftlich zu einem Bewerbungstest eingeladen.

■ Bewerbungstest durchführen

Sagt der Bewerber der Einladung zu, dann wird mit ihm ein Bewerbertest durchgeführt. Aufgrund der Auswertung wird die zweite Stufe der Auswahlentscheidung getroffen. Bewerber, die den Test nicht bestanden haben, erhalten – wie jene in der ersten Auswahlstufe – zusammen mit ihren Bewerbungsunterlagen eine Absage. Erfolgreiche Absolventen des Tests werden zu einem persönlichen Bewerbungsgespräch eingeladen.

■ Bewerbungsgespräch durchführen

Nimmt der Bewerber die Einladung an, folgt ein strukturiertes Bewerbungsgespräch, dessen Ergebnisse von Frau Frey, der Assistentin von Herrn Kohler, protokolliert werden. Nach Abschluss der Bewerbergespräche werden die Protokolle analysiert und bewertet. Danach trifft Herr Kohler seine Entscheidung über die Bewerberauswahl. Dabei berücksichtigt er die Bewerbungsunterlagen, die Ergebnisse des Tests und das Protokoll des Bewerbungsgesprächs. Hieraus erstellt er eine Rankingliste der Bewerber. Jene, denen nunmehr eine Absage erteilt werden muss, erhalten diese zusammen mit den Bewerbungsunterlagen. Die Übrigen erhalten zusammen mit einem Arbeitsvertrag eine Zusage.

■ Arbeitsvertrag abschließen

Nimmt der Bewerber die Zusage an, unterschreibt er den Arbeitsvertrag und sendet ihn an Herrn Kohler zurück. Damit ist auch für diesen Bewerber das Einstellungsverfahren beendet.

Aufgaben:

1. Modellieren Sie stufenweise
   1.1 die Serviceprozesse der Weber Metallbau GmbH,
   1.2 die Teilprozesse des Serviceprozesses „Personal betreuen",
   1.3 die Feingliederung des Subprozesses „Personal beschaffen"!
2. Modellieren Sie die Geschäftsprozesse für den Subprozess „Personal beschaffen" mit der Organisations-, Ereignis-, Funktions- und Datensicht!

5.3 Betriebliche Vollmachten

5.3.1 Begriffe Delegation und Vollmacht

Obwohl der Geschäftsleitung das Recht zusteht, alle Entscheidungen, die in einem Unternehmen anfallen, selbst zu treffen, delegiert sie aus Gründen der Arbeitsüberlastung und/oder aus Gründen der Zweckmäßigkeit Aufgaben und Zuständigkeiten an Mitarbeiter.

> **Merke:**
>
> Unter **Delegation** versteht man das Abgeben von Aufgaben und Zuständigkeiten an nachgeordnete Abteilungen und Stellen.

Damit der Mitarbeiter berechtigt ist, die ihm übertragene Aufgabe für das Unternehmen erfüllen zu können, benötigt er eine Vollmacht.

> **Merke:**
>
> Unter **betrieblicher Vollmacht (Vertretungsmacht)** versteht man das Recht, im **Namen und für Rechnung des Betriebs** (Arbeitgebers) **verbindlich Willenserklärungen** abzugeben, z. B. Rechtsgeschäfte abschließen, ändern und auflösen zu können.[1]

Handelt der Vertreter im Rahmen seiner Vertretungsmacht, ergeben sich direkte Rechtsfolgen für das vertretene Unternehmen [§ 164 I BGB]. Handelt der Vertreter jedoch beim Vertragsabschluss, ohne Vertretungsmacht zu haben, oder überschreitet er seine Vertretungsmacht, dann ist er dem anderen Vertragspartner (der auf die Vollmacht vertraut hat) nach dessen Wahl zur Vertragserfüllung oder zum Schadensersatz verpflichtet, wenn der (angeblich) Vertretene die Genehmigung des Vertrags verweigert [§ 179 I BGB].

5.3.2 Gesetzlich geregelte Vollmachten

5.3.2.1 Handlungsvollmacht

(1) Allgemeine Handlungsvollmacht

■ **Begriff**

> **Merke:**
>
> Die **allgemeine Handlungsvollmacht** erstreckt sich auf alle Geschäfte und Rechtshandlungen, die der Betrieb eines **bestimmten Handelsgewerbes gewöhnlich** mit sich bringt [§ 54 HGB].

Die Erteilung der allgemeinen Handlungsvollmacht ist an keine bestimmte gesetzliche Form gebunden, kann also auch stillschweigend erfolgen. Die Handlungsvollmacht wird nicht in das Handelsregister eingetragen.

> **Beispiel:**
>
> Der Inhaber eines Unternehmens duldet stillschweigend, dass sein Hauptbuchhalter während seiner Krankheit alle notwendigen gewöhnlichen Rechtsgeschäfte tätigt.

---

1 Die grundlegenden Rechtsvorschriften zur Vertretung und Vollmacht stehen in den §§ 164 ff. BGB.

■ **Einschränkungen der allgemeinen Handlungsvollmacht**

Personen mit allgemeiner Handlungsvollmacht sind alle Rechtsgeschäfte verboten, die auch den Prokuristen verboten sind.[1] Verbotene Rechtsgeschäfte sind weiterhin: Grundstücke kaufen, Prozesse für das Unternehmen führen, Wechselverbindlichkeiten eingehen, Darlehen aufnehmen, allgemeine Handlungsvollmacht erteilen und übertragen sowie Bürgschaften eingehen, es sei denn, der Handlungsbevollmächtigte erhält für die Vornahme derartiger Rechtsgeschäfte eine **besondere Vollmacht (Spezialvollmacht)**.[2] Mit besonderer Vollmacht dürfen auch Handlungsbevollmächtigte Grundstücke veräußern und belasten.

■ **Erlöschen der allgemeinen Handlungsvollmacht**

Die allgemeine Handlungsvollmacht erlischt durch Widerruf, der jederzeit möglich ist, durch Ausscheiden des Handlungsbevollmächtigten aus dem Arbeitsverhältnis, durch Auflösung des Unternehmens (z.B. durch Auflösung des Unternehmens im Rahmen eines Insolvenzverfahrens oder Liquidation) und durch Veräußerung des Unternehmens.

Ist die allgemeine Handlungsvollmacht wesentlicher Bestandteil des Arbeitsvertrags, erlischt sie nicht beim Tod des Inhabers eines Einzelunternehmens.

■ **Unterschrift bei allgemeiner Handlungsvollmacht**

Unterschriften, die Personen mit allgemeiner Handlungsvollmacht abgeben, müssen neben der Firma einen die allgemeine Handlungsvollmacht andeutenden Zusatz enthalten.[3]

(2) Einzel- und Artvollmacht

■ **Einzelvollmacht**

Die Einzelvollmacht (Sondervollmacht, Spezialvollmacht) liegt vor, wenn eine Person zur Vornahme eines **einzelnen (einmaligen) Rechtsgeschäfts** bevollmächtigt wird. Die Einzelvollmacht erlischt unmittelbar nach der Vornahme des einzelnen Rechtsgeschäfts.

> **Beispiele:**
>
> Eine Angestellte erhält die Vollmacht, ein Grundstück zu veräußern. – Eine Auszubildende erhält den Auftrag, Briefmarken zu kaufen.

■ **Artvollmacht**

Die Artvollmacht berechtigt zur Vornahme einer bestimmten immer **wiederkehrenden Art von Rechtsgeschäften**. Artbevollmächtigte können somit Rechtsgeschäfte gleicher Art (Gattung) im Namen und für Rechnung des Kaufmanns rechtswirksam abschließen. Die Artvollmacht erlischt aus den gleichen Gründen wie die allgemeine Handlungsvollmacht.

> **Beispiele:**
>
> Zu den Artbevollmächtigten gehören Einkäufer, Verkäufer, Kassierer, Buchhalter (Unterschreiben von Überweisungen, Zahlscheinen usw.) und Reisende.

---

1 Vgl. hierzu die Ausführungen auf S. 289.

2 Über die gesetzlichen Einschränkungen hinausgehende Einschränkungen der Handlungsvollmacht sind Dritten (z.B. Geschäftspartnern) gegenüber nur dann rechtswirksam, wenn diese die Beschränkungen kannten oder kennen mussten [§ 54 III HGB].

3 In der Praxis ist der Zusatz „i.V." bzw. „i.Vm." (in Vollmacht) oder „i.A." (im Auftrag) üblich.

(3) Gemischte Vertretung

Die Vertretung eines Unternehmens kann auch derart geregelt sein, dass beispielsweise ein Geschäftsführer **und** ein Prokurist oder ein Prokurist **und** ein Handlungsbevollmächtigter zeichnen müssen. Diese sogenannte „gemischte Vertretung" muss im Handelsregister eingetragen sein.

5.3.2.2 Prokura

Die Prokura ist eine besonders weitgehende im Handelsgesetzbuch geregelte Vollmacht [§§ 48 – 53 HGB].

(1) Begriff Prokurist

Merke:

Der **Prokurist** ist zu allen gerichtlichen und außergerichtlichen Geschäften und Rechtshandlungen ermächtigt, die der Betrieb **irgendeines Handelsgewerbes** mit sich bringt [§ 49 I HGB].

Die Prokura kann nur von einem **Kaufmann** (Inhaber eines Handelsgeschäfts, dem unbeschränkt haftenden Gesellschafter einer Personengesellschaft) oder dem gesetzlichen Vertreter eines Kaufmanns, z. B. vom Vorstand einer Aktiengesellschaft, **ausdrücklich** erteilt werden [§ 48 I HGB].[1] Die Prokura ist nicht übertragbar [§ 52 II HGB].

(2) Arten der Prokura

Nach den Voraussetzungen, an die die Prokura geknüpft ist, unterscheidet man:

Einzelprokura	Gesamtprokura	Filialprokura
Der Prokurist ist ermächtigt, den Arbeitgeber (z. B. den Einzelunternehmer, die KG, die GmbH) **alleine** zu vertreten [§ 48 I HGB].	Die Vertretungsmacht ist mehreren Prokuristen gemeinschaftlich übertragen (Kollektivprokura). In der Regel wird die Gesamtprokura **zwei Personen,** die gemeinsam zeichnen, erteilt[2] [§ 48 I HGB].	Die Prokura wird auf die **Vertretung einer Zweigniederlassung,** die im HR unter einer eigenen Firma eingetragen ist, beschränkt [§ 50 III HGB].

Die Erteilung der Prokura ist zur Eintragung in das Handelsregister anzumelden [§ 53 I HGB]. Die Wirkung der Handelsregistereintragung ist **deklaratorisch.** Eine Person kann somit Prokurist sein, bevor die Prokura in das Handelsregister eingetragen ist.

In der Regel wird die Prokuraerteilung den Geschäftsfreunden durch Rundschreiben bekannt gemacht.

---

1 Bei der GmbH erfolgt die Bestellung von Prokuristen und von Handlungsbevollmächtigten zum gesamten Geschäftsbetrieb durch die Gesellschafter der GmbH [§ 46, Nr. 7 GmbHG].

2 Kann ein Prokurist nur zusammen mit einem Geschäftsführer bzw. Vorstandsmitglied zeichnen, spricht man von „gemischter Prokura".

(3) Einschränkung der Prokura

Prokuristen sind z. B. folgende gesetzliche Einschränkungen auferlegt: Sie dürfen für den Kaufmann (für den Vollmachtgeber) keine Grundstücke belasten, keine Grundstücke verkaufen,[1] keine Prokura erteilen, keine Gesellschafter aufnehmen, keine Bilanz und keine Steuererklärungen unterschreiben, keinen Eid für das Unternehmen leisten, die Firma nicht ändern oder löschen lassen, keine Eintragungen ins Handelsregister anmelden sowie keine Geschäfte vornehmen, die darauf abgestellt sind, den Betrieb einzustellen (z. B. Verkauf des Unternehmens, Insolvenzantrag stellen). Eine vertragliche Einschränkung außer der Gesamt- und der Filialprokura ist Dritten gegenüber nicht rechtswirksam. Werden noch andere Einschränkungen der Prokura zwischen dem Arbeitgeber und dem Prokuristen vereinbart, so gelten sie nur im Innenverhältnis, nicht nach außen (vgl. §§ 48 II, 49 II und 50 HGB).

(4) Erlöschen der Prokura

Die Prokura erlischt z. B. durch einen jederzeit möglichen **Widerruf,** durch **Auflösung des Handelsgewerbes, nicht aber beim Tod des Inhabers** eines Handelsgeschäfts. Der Grund: Beim Ableben des Inhabers eines Einzelunternehmens muss das Geschäft durch einen weitgehend Bevollmächtigten weitergeführt werden können.

Der Widerruf wird Dritten gegenüber erst dann rechtswirksam, wenn er im Handelsregister eingetragen und öffentlich bekannt gemacht worden ist oder dem Dritten bekannt war (z. B. durch Rundschreiben). Das Erlöschen der Prokura muss ins Handelsregister eingetragen werden [§§ 52, 53 III HGB].

(5) Unterschrift des Prokuristen

Unterschriften, die ein Prokurist im Namen und für Rechnung des von ihm vertretenen Handelsgewerbes abgibt, müssen neben der Firma einen die Prokura andeutenden Zusatz enthalten [§ 51 HGB].[2] Die Unterschrift des Prokuristen ist unter Angabe der Firma mit einem die Prokura andeutenden Zusatz zur Aufbewahrung bei dem Gericht zu zeichnen [§ 53 II HGB].

5.3.3 Gesetzlich nicht geregelte Vollmachten

Große Unternehmen besitzen häufig **„Generalbevollmächtigte".** Ihre Rechte sind gesetzlich nicht geregelt. Die konkrete Ausgestaltung dieser Vollmachten hängt vom Einzelfall ab. Die Vollmachten können unter Umständen weiter als die der Prokuristen sein.

---

1 Grundstücke können Prokuristen im Rahmen ihrer Vollmacht ohne Weiteres kaufen. Zur Veräußerung und Belastung von Grundstücken sind sie jedoch nur ermächtigt, wenn ihnen diese Befugnis vom Geschäftsinhaber besonders erteilt ist [§ 49 II HGB].

2 Der Zusatz zur Unterschrift lautet i. d. R. „ppa.": per procura.

Zusammenfassung

- Unter **Delegation** versteht man das Abgeben von Aufgaben und Zuständigkeiten an nachgeordnete Abteilungen und Stellen.

- Unter **betrieblicher Vollmacht (Vertretungsmacht)** versteht man das Recht, im Namen und für Rechnung des Arbeitgebers rechtsverbindliche Willenserklärungen abzugeben.

- Wichtige gesetzliche Vollmachten sind die Handlungsvollmacht und die Prokura.

Kriterien	Handlungsvollmacht			Prokura		
Umfang der Vollmacht	Allgemeine Handlungsvollmacht ermächtigt: zu **allen gewöhnlichen** Geschäften, die der Betrieb des **betreffenden Handelsgewerbes gewöhnlich** mit sich bringt. Einschränkungen im Außenverhältnis sind **möglich.**			Einzelprokura ermächtigt: zu **allen Arten von gerichtlichen und außergerichtlichen Geschäften und Rechtshandlungen,** die der Betrieb **irgendeines Handelsgewerbes** mit sich bringt. Einschränkungen im Außenverhältnis sind **nicht möglich.**		
Erteilung der Vollmacht	– persönlich durch den Kaufmann oder einen gesetzlichen Vertreter (z. B. Gesellschafter einer GmbH) – durch einen Prokuristen – oder den jeweils weitergehenden Bevollmächtigten. Keine Eintragung ins Handelsregister.			– persönlich und ausdrücklich durch den Kaufmann, seinen gesetzlichen Vertreter (z. B. Vorstand einer AG) oder durch Gesellschafter einer GmbH. Eintragung ins Handelsregister.		
Nicht gestattet	1. Alle Geschäfte und Rechtshandlungen, die auch dem Prokuristen verboten sind. 2. Branchenfremde Rechtsgeschäfte. 3. Branchenübliche Rechtsgeschäfte, die aber außergewöhnlich sind. 4. Rechtsgeschäfte, die den Bestand des Unternehmens verändern.			1. Bilanzen und Steuererklärungen unterschreiben. 2. Prokura erteilen, entziehen, übertragen. 3. Neue Gesellschafter aufnehmen. 4. Für den Geschäftsinhaber einen Eid leisten. 5. Geschäfte vornehmen, die darauf abgestellt sind, den Betrieb einzustellen (z. B. Verkauf des Unternehmens, Insolvenzantrag). 6. Grundstücke verkaufen und belasten. 7. Eintragungen in das Handelsregister beantragen (z. B. Firma ändern).		
Arten der Vollmacht	Allgemeine Handlungsvollmacht	Einzelvollmacht	Artvollmacht	Einzelprokura	Gesamtprokura	Filialprokura
Unterschrift	Zusatz i. V. und Unterschrift Zusatz i. A. und Unterschrift			Zusatz ppa. und Unterschrift		
Widerruf der Vollmacht	jederzeitiger Widerruf möglich					

Übungsaufgabe

78 1. 1.1 Erklären Sie den Begriff Prokura!

1.2 Wie wird die Prokura erteilt?

2. Welche der nachstehenden Handlungen sind einem Prokuristen (ohne jede spezielle Vollmacht) nicht erlaubt?

2.1 Gesellschafter aufnehmen,	2.6 Kontokorrentkredit aufnehmen,
2.2 Darlehen aufnehmen,	2.7 einen Ausbildungsvertrag abschließen,
2.3 Grundstück kaufen,	2.8 Waren und Rohstoffe kaufen,
2.4 Grundstück verkaufen,	2.9 Firmenänderung vornehmen,
2.5 Bilanz unterschreiben,	2.10 einer Arbeitskraft kündigen.

3. Erklären Sie den Begriff „allgemeine Handlungsvollmacht"!

4. 4.1 Wie lässt sich die Prokura so gestalten, dass das Unternehmen vor etwaigen voreiligen Entschlüssen des Prokuristen gesichert ist?

4.2 Nennen Sie zwei Handelsgeschäfte, die der Handlungsbevollmächtigte im Gegensatz zum Prokuristen nicht abschließen darf!

5. Welche der nachstehenden Handlungen sind den Inhabern der allgemeinen Handlungsvollmacht nicht erlaubt?

5.1 Allgemeine Handlungsvollmacht erteilen,	5.6 einen Arbeitsvertrag abschließen,
5.2 Darlehen aufnehmen,	5.7 Waren und Rohstoffe kaufen,
5.3 Grundstück kaufen,	5.8 Geld einkassieren,
5.4 Grundstück verkaufen,	5.9 einer Arbeitskraft kündigen.
5.5 Angebot abgeben,	

6. Der Inhaber des Kaufhauses Fritz Krause e. Kfm. will seiner Angestellten Monika Heuer und seinem Angestellten Franz Schmitt Prokura erteilen.

Aufgaben:

6.1 Für welche zwei Arten der Prokura könnte sich Herr Krause grundsätzlich entscheiden?

6.2 Angenommen, Herr Krause entschließt sich, lediglich Frau Heuer Prokura zu erteilen. Nennen Sie zwei Rechtshandlungen, die Frau Heuer aufgrund gesetzlicher Regelungen nicht vornehmen darf!

6.3 Der Angestellte Fritz Ehrler unterschreibt mit dem Zusatz „i. A.", die Angestellte Rosi Berg mit dem Zusatz „i. V.".

Auf welche unterschiedlichen Arten von Vollmachten könnten die Zusätze hinweisen?

7. 7.1 Bei der Erteilung der Prokura vereinbart der Unternehmer mit dem neuen Prokuristen, dass er zum Abschluss von Geschäften über 30 000,00 EUR nicht berechtigt ist.

Aufgabe:

Welche Bedeutung hat eine solche Vereinbarung im Innenverhältnis sowie im Außenverhältnis?

7.2 Welche andere Art von Prokura hätte der Unternehmer erteilen können, wenn ihm die Bevollmächtigung des neuen Prokuristen mit Einzelprokura zu riskant gewesen wäre?

7.3 Wodurch erlischt die Prokura im Innenverhältnis und wodurch im Außenverhältnis?

6 Personaleinsatzplanung

6.1 Aufgaben der Personaleinsatzplanung

Merke:

Aufgabe der **Personaleinsatzplanung** ist, Mitarbeiter in der **erforderlichen Anzahl**, mit der **erforderlichen Qualifikation** zu dem für die Erstellung der betrieblichen Leistungen **notwendigen Zeitpunkt** an der **jeweiligen Arbeitsstelle** bereitzustellen.

Da die Personaleinsatzplanung nur mit dem **vorhandenen Personal** planen kann, geht es letztlich darum, festzulegen, welche Mitarbeiter an welchem Arbeitsplatz zu welchem Zeitpunkt eingesetzt werden sollen.

6.2 Quantitative und qualitative Personaleinsatzplanung

(1) Quantitative Personaleinsatzplanung

Merke:

Die **quantitative Personaleinsatzplanung** soll sicherstellen, dass die benötigte Anzahl von Mitarbeitern zum richtigen Zeitpunkt am Arbeitsplatz verfügbar ist.

Zum einen ist sicherzustellen, dass die **Betriebsbereitschaft** (der Leistungserstellungsprozess) gewährleistet ist, und zum anderen muss die **Sicherheit für den Ablauf des Leistungserstellungsprozesses** (z.B. durch erforderliche Wartungs- und Kontrollarbeiten) gegeben sein. Um diese Ziele zu erreichen, werden (mit einer entsprechenden Software) **Personaleinsatzpläne** erstellt. Der Personaleinsatzplan enthält z.B. die Namen der Mitarbeiter, die Wochentage, den geplanten Einsatz, die vorhersehbaren Fehlzeiten wie Urlaub, Freizeitausgleich, die Freigabe von Personen (Springer) für andere Stellen, Angaben zur Rufbereitschaft von Mitarbeitern.

(2) Qualitative Personaleinsatzplanung

Die qualitative Personaleinsatzplanung hat zwei Ansatzpunkte: zum einen die Anforderungen, die die zu besetzende Stelle verlangt, und zum anderen die Qualifikation der Mitarbeiter.

- Zunächst gilt es, die **Anforderungen der Stelle** in einem **Anforderungsprofil** zu präzisieren, um sie später mit den Qualifikationen der Betroffenen vergleichen zu können.

- Anschließend ist das **Eignungsprofil** der betroffenen Mitarbeiter zu ermitteln. Da sich das Eignungsprofil eines Mitarbeiters im Laufe der Betriebszugehörigkeit ändern kann (z. B. durch Arbeits- und Betriebserfahrungen, Teilnahme an Fortbildungsmaßnahmen, Änderung des Gesundheitszustandes), muss es ständig ergänzt und aktualisiert werden.

  Außerdem müssen im Rahmen der qualitativen Personaleinsatzplanung die **Motivation,** die **Interessen** und **Neigungen** der Mitarbeiter ermittelt werden. Es ist nicht sinnvoll, Mitarbeiter an Arbeitsplätzen einzusetzen, an denen sie auf keinen Fall arbeiten wollen, oder zu Zeiten, die sie ablehnen. Der wirtschaftliche Erfolg eines Unternehmens hängt in erheblichem Maße davon ab, dass die Motivation der einzelnen Mitarbeiter berücksichtigt und die Gleichbehandlung aller Mitarbeiter sichergestellt wird.

Steht die Besetzung einer Stelle an, so ist es Aufgabe der qualitativen Personaleinsatzplanung, einen **Profilabgleich** vorzunehmen.

Merke:

Die **qualitative Personaleinsatzplanung** muss sicherstellen, dass das **Anforderungsprofil der Stelle** und das **Eignungsprofil des Mitarbeiters** übereinstimmen.

6.3 Zeitliche Personaleinsatzplanung

6.3.1 Aufgaben der zeitlichen Personaleinsatzplanung

Aufgabe der zeitlichen Personaleinsatzplanung ist es, einen Zeitplan für die Zuordnung der Beschäftigten zu den Anlagen und Arbeitsabläufen zu erstellen. Dabei hat sie streng darauf zu achten, dass der Leistungserstellungsprozess jederzeit auf die Nachfrage nach den Erzeugnissen reagieren kann. Dies erfordert – neben einer entsprechenden Anlagenausstattung – die **Flexibilisierung**[1] **der Arbeitszeit.**

6.3.2 Flexible Arbeitsgestaltung (Arbeitszeitmodelle)

6.3.2.1 Begriff und Ziele der Arbeitszeitflexibilisierung

(1) Begriff Flexibilisierung der Arbeitszeit

Merke:

Die **Flexibilisierung der Arbeitszeit** ist eine Entkopplung der Arbeitszeiten der Mitarbeiter von den Betriebszeiten der Arbeitsplätze und der Betriebsmittel (Maschinen).

Beispiel:

Die Freiburger Plastikteile GmbH arbeitet 24 Stunden am Tag. Das Personal arbeitet in 3 Schichten von 06:00 Uhr bis 14:00 Uhr, von 14:00 Uhr bis 22:00 Uhr und von 22:00 Uhr bis 06:00 Uhr.

---

1 Flexibel: beweglich, anpassungsfähig.

(2) Ziele der Arbeitszeitflexibilisierung

Die Ziele der Arbeitszeitflexibilisierung können unter drei Aspekten (Gesichtspunkten) betrachtet werden:

■ Individuelle Zielebene

Auf der individuellen Zielebene geht es z.B. um die Anpassung der Arbeitszeit an die individuellen Bedürfnisse eines Mitarbeiters. Die Arbeitsmotivation nimmt zu, weil der Mitarbeiter seine Arbeitszeit freier gestalten kann.

> **Beispiel:**
>
> Herr Lohr arbeitet in der Forschungsabteilung eines Chemiewerkes. Er hat Gleitzeitarbeit, d.h., er kann seine tägliche Arbeitszeit innerhalb bestimmter Bandbreiten (Arbeitsbeginn 07:00 Uhr bis 09:30 Uhr, Arbeitsende 15:00 Uhr bis 17:30 Uhr) selbst bestimmen. Herr Lohr beginnt regelmäßig um 07:00 Uhr, damit er am Nachmittag noch seinen Hobbys nachgehen kann.

■ Betriebliche Zielebene

Auf der betrieblichen Zielebene wird z.B. die Anpassung der Personalkapazität an einen möglicherweise schwankenden Bedarf, eine bessere Ausnutzung der Maschinen durch Ausdehnung der Laufzeiten sowie eine Reduzierung der Überstunden angestrebt.

> **Beispiel:**
>
> Die Geschäftsleitung der Maschinenfabrik Moosmann GmbH will die Maschinen besser ausnutzen. Sie möchte deswegen den Samstag als Regelarbeitstag einführen, für die Mitarbeiter jedoch die Fünftagewoche beibehalten. Es soll also ein rollierendes[1] Arbeitszeitsystem eingeführt werden, wobei die Mitarbeiter jeweils einen Arbeitstag in der Woche frei haben. Der freie Tag kann sich jeweils kontinuierlich vorwärts oder rückwärts weiterschieben.

■ Volkswirtschaftliche Zielebene

Auf der volkswirtschaftlichen Ebene wird von der Flexibilisierung der Arbeitszeit ein Abbau der Arbeitslosigkeit erhofft, weil durch frei gewählte verkürzte Arbeitszeiten das gegebene Gesamtvolumen an Arbeit auf eine größere Zahl von Erwerbspersonen verteilt wird.

> **Beispiel:**
>
> Die Werkzeugfabrik Kessel GmbH beschäftigt mehrere Mitarbeiterinnen in Halbtagsarbeit, weil diese ihren familiären Verpflichtungen nachkommen wollen.

---

1 Rollieren: nach bestimmten Zeitabständen regelmäßig wiederkehren.

6.3.2.2 Überblick über Arbeitszeitmodelle

(1) Flexibilisierungsmodelle

Flexibilisierung der Tagesarbeitszeit (Zeitspanne in Stunden, die die Mitarbeiter innerhalb eines Tages für die Arbeit im Betrieb zur Verfügung stehen.)	■ **Gleitzeitarbeit** mit festen Kernstunden. ■ **Staffelarbeitszeit.** Den Mitarbeitern werden mehrere festgelegte Normalarbeitszeiten zur Wahl angeboten, z.B. entweder 08:30 Uhr bis 16:30 Uhr oder 09:30 Uhr bis 17:30 Uhr. ■ **Schichtarbeit.** Die Betriebszeiten betragen i.d.R. entweder 16 oder 24 Stunden, sodass in 2 bzw. 3 Schichten gearbeitet wird. Daneben gibt es auch Kurz- und Langschichten (z.B. bis 12 Stunden). ■ **Teilzeitarbeit** gibt es in verschiedenen Arten, z.B. als Halbtagsarbeit. ■ **Jobsharing[1]** ist ein Arbeitszeitmodell, bei dem sich Mitarbeiter innerhalb einer vorgegebenen Arbeitszeit ihre individuelle Arbeitszeit in vom Arbeitgeber vorgegebenen Grenzen selbst einteilen. ■ **Individuelle Arbeitszeitverkürzung** oder **-verlängerung** mit oder ohne Lohnausgleich.
Flexibilisierung der Wochenarbeitszeit (Zeitspanne in Stunden, die die Mitarbeiter innerhalb einer Woche für die Arbeit im Betrieb zur Verfügung stehen.)	■ **Teilzeitarbeit** (z.B. 3 oder 4 Tage je Woche) ■ **Jobsharing** ■ **Rollierendes Arbeitszeitsystem.** Das rollierende Arbeitszeitsystem wird vor allem im Einzelhandel angewendet. ■ **Sonntags- und Feiertagsarbeit** mit Ruhetagen. Dieses Arbeitszeitmodell kommt z.B. in Krankenhäusern, Kurhäusern, in der Gastronomie und in Verkehrsbetrieben vor.
Flexibilisierung der Monatsarbeitszeit (Zeitspanne in Stunden, die die Mitarbeiter für die Arbeit im Betrieb innerhalb eines Monats zur Verfügung stehen.)	■ **Anpassung der Arbeitszeit an den Arbeitsanfall** (Einführung der kapazitätsorientierten variablen Arbeitszeit [KAPOVAZ]). Betragen z.B. die Monatssollstunden im Februar 150 Stunden, so kann es sein, dass der Mitarbeiter in den ersten beiden Wochen je 50 Stunden und in den nächsten beiden Wochen je 25 Stunden arbeitet. (Das Arbeitszeitgesetz ist zu beachten.) ■ **Anpassung der monatlichen Arbeitszeit an Saisonschwankungen.** ■ **Monatlicher Ausgleich von Mehrarbeitsstunden durch Freizeit.**
Flexibilisierung der Jahresarbeitszeit (Zeitspanne in Stunden, die die Mitarbeiter für die Arbeiten im Betrieb jährlich zur Verfügung stehen.)	■ **Sonderurlaub für Wochen oder Monate.** Diese sogenannten Sabbaticals[2] sind i.d.R. unbezahlte Urlaube. ■ **Saisonarbeit.** Diese kommt vor allem in der Landwirtschaft und in Gärtnereien vor. ■ **Festlegung einer Gesamtjahresarbeitszeit mit variabler Verteilung auf Tage, Wochen und Monate.** Der Mitarbeiter hat ein „Arbeitszeitkonto", das nach Bedarf des Betriebs oder nach den Bedürfnissen des Mitarbeiters mit wechselnden Tages-, Wochen- und/oder Monatsstunden „abgearbeitet" werden kann. ■ **Jährlicher Ausgleich der Mehrarbeit durch Verlängerung des Erholungsurlaubs.**
Flexibilisierung der Lebensarbeitszeit (Gesamtdauer der Erwerbstätigkeit eines Mitarbeiters.)	■ **Frühverrentung.** ■ **Gleitender Übergang in den Ruhestand** durch eine ein- oder mehrstufige Verkürzung der Arbeitszeit (Teilzeitarbeit).

---

1 Job (engl.): Arbeit, to share (engl.): teilen. Jobsharing: Arbeitsteilung.
2 Sabbaticals (engl.) kommt von Sabbat (hebr., gr., lat.) dem jüdischen Ruhetag (Samstag).

(2) Teilzeit- und Befristungsgesetz (TzBfG)

■ **Teilzeitbeschäftigung**

> **Merke:**
>
> **Teilzeitbeschäftigt** ist ein Arbeitnehmer, dessen regelmäßige Wochenarbeitszeit kürzer ist als die eines vergleichbaren vollzeitbeschäftigten Arbeitnehmers [§ 2 TzBfG].

Jeder Arbeitnehmer kann verlangen, dass seine vertragliche Arbeitszeit verringert wird, sofern sein Arbeitsverhältnis länger als 6 Monate bestanden hat. Der Arbeitnehmer hat dabei zunächst die freie Wahl, um wie viel er seine Arbeitszeit verringern und wie er die verbleibende Arbeitszeit verteilen will. Dieser **Anspruch auf Teilzeitarbeit** besteht jedoch nur, **soweit betriebliche Gründe nicht entgegenstehen** (z.B. wesentliche Beeinträchtigung der Organisation, der Arbeitsabläufe oder der Sicherheit des Unternehmens sowie bei Verursachung unverhältnismäßiger Kosten). **Gänzlich ausgeschlossen** bleiben Betriebe, die in der Regel **nicht mehr als 15 Arbeitnehmer** beschäftigen.

Teilzeitbeschäftigte dürfen nicht schlechter gestellt werden als Vollzeitbeschäftigte. Dies betrifft vor allem die Bezahlung, die Zusatzleistungen und die Weiterbildung (**Diskriminierungsverbot** [§ 4 TzBfG]).

Den Entschluss eines Arbeitnehmers, seine Arbeitszeit zu verringern, unterstützt das TzBfG mit einer erleichterten Rückkehr zur verlängerten Arbeitszeit. Der Arbeitgeber muss dem Teilzeitbeschäftigten, der eine Verlängerung seiner vertraglich vereinbarten Arbeitszeit beantragt hat, bevorzugt berücksichtigen, es sei denn, dass **dringende betriebliche Gründe oder Arbeitszeitwünsche anderer teilzeitbeschäftigter Arbeitnehmer** entgegenstehen [§ 9 TzBfG].

■ **Befristete Arbeitsverträge**

> **Merke:**
>
> Befristet ist ein Arbeitsvertrag dann, wenn seine Dauer kalendermäßig bestimmt ist **(Zeitbefristung)** oder sich aus Art, Zweck oder Beschaffenheit der Arbeitsleistung ergibt **(Zweckbefristung)** [§ 3 TzBfG].

Für befristet beschäftigte Arbeitnehmer gilt ebenfalls das **Diskriminierungsverbot,** d.h., sie dürfen nicht ohne sachlichen Grund schlechter gestellt werden als ihre unbefristet beschäftigten Kollegen [§ 4 II TzBfG]. Alle Befristungen eines Arbeitsvertrags bedürfen zu ihrer Wirksamkeit der **Schriftform** [§ 14 IV TzBfG].

Liegt **kein sachlicher Grund** für die kalendermäßige Befristung eines Arbeitsvertrags vor, so ist die Befristung **bis zur Dauer von 2 Jahren** zulässig[1] [§ 14 II, S. 1 TzBfG]und darf, wenn die Vertragsdauer insgesamt unter dieser Höchstgrenze bleibt, höchstens **3-mal verlängert** werden [§ 14 II TzBfG]. Ohne sachlichen Grund ist eine Befristung des Arbeitsvertrags bis zu einer Dauer von 5 Jahren möglich, wenn der Arbeitnehmer bei Beginn des befristeten Arbeitsverhältnisses das 52. Lebensjahr vollendet hat [§ 14 III TzBfG]. Höchstdauer und Zahl der möglichen Verlängerungen können durch tarifliche Vereinbarung abgeändert werden.

---

1 Das gilt nach § 14 II, S. 2 TzBfG **nicht,** wenn mit demselben Arbeitgeber **bereits zuvor** ein befristetes oder unbefristetes Arbeitsverhältnis bestanden hat. Allerdings ist die Befristung möglich, wenn das **vorherige Arbeitsverhältnis länger als drei Jahre zurückliegt** (BAG Urteil v. 06.04.2011, 7 AZR 716/09).

In allen anderen Fällen sind Befristungen nur wirksam, wenn dafür ein **sachlicher Grund** vorliegt. In § 14 I, S. 1, Nr. 1–8 TzBfG sind einige Sachgründe aufgeführt.

Ein kalendermäßig befristeter Arbeitsvertrag endet mit Ablauf der vereinbarten Zeit, ein zweckbefristeter mit Erreichen des Zwecks, frühestens jedoch 2 Wochen nach Zugang der schriftlichen Unterrichtung des Arbeitnehmers durch den Arbeitgeber über den Zeitpunkt der Zweckerreichung [§ 15 I, S. 2 TzBfG].

Zusammenfassung

- Die **Personaleinsatzplanung** hat die Aufgabe, zu ermitteln, welche Beschäftigte zu einem bestimmten Zeitpunkt an einem Arbeitsplatz eingesetzt werden sollen.

- Die Personaleinsatzplanung umfasst **drei Aufgabenbereiche:**

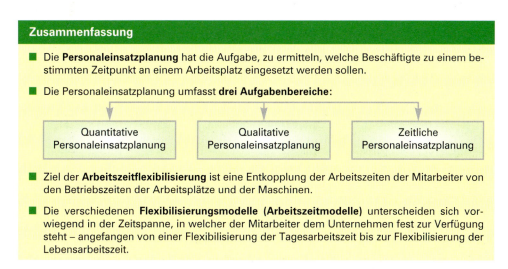

- Ziel der **Arbeitszeitflexibilisierung** ist eine Entkopplung der Arbeitszeiten der Mitarbeiter von den Betriebszeiten der Arbeitsplätze und der Maschinen.

- Die verschiedenen **Flexibilisierungsmodelle (Arbeitszeitmodelle)** unterscheiden sich vorwiegend in der Zeitspanne, in welcher der Mitarbeiter dem Unternehmen fest zur Verfügung steht – angefangen von einer Flexibilisierung der Tagesarbeitszeit bis zur Flexibilisierung der Lebensarbeitszeit.

Übungsaufgaben

79 1. Grenzen Sie die Begriffe Personalbeschaffung und Personaleinsatzplanung voneinander ab!

2. Erläutern Sie die Begriffe quantitative und qualitative Personaleinsatzplanung!

3. Nennen Sie die beiden Aufgabenbereiche, die die quantitative Personaleinsatzplanung zu bewältigen hat!

4. Unterscheiden Sie die Begriffe Anforderungsprofil und Eignungsprofil!

80 1. **Arbeitsauftrag:** Erkundigen Sie sich in Ihrem Ausbildungsbetrieb über die bestehenden Arbeitszeitmodelle und berichten Sie nach Zustimmung Ihres Vorgesetzten in Ihrer Klasse darüber!

2. Untersuchen Sie die auf S. 295f. genannten Arbeitszeitmodelle im Hinblick auf ihre Eignung, zusätzliche Arbeitsplätze zu schaffen!

3. Beschreiben Sie anhand der Flexibilisierung der Jahresarbeitszeit jeweils zwei Vor- und Nachteile der Arbeitszeitflexibilisierung!

7 Personalführung

7.1 Begriffe Leitung und Führung sowie die Grundlagen der Personalführung

(1) Leitung und Führung

Führungsfragen im Unternehmen sind auf zwei Ebenen angesiedelt. Die erste Ebene ist der Bereich der **Unternehmensführung.** In diesem Fall steht die Steuerung der Organisation im Blickpunkt (Focus) der Betrachtung. Die zweite Ebene ist der Bereich der **Personalführung,** der sich auf die Steuerung des Verhaltens von Mitarbeitern bezieht. Eine Verbindung zwischen den beiden Ebenen besteht darin, dass sich Personalführung immer in einem von Entscheidungen der Unternehmensleitung verantworteten Rahmen vollzieht. Im Folgenden beschränken wir uns auf die Darstellung der Personalführung.

Bei der **Personalführung** ist zwischen den Begriffen Leitung und Führung zu unterscheiden.

Leitung	Leitung (headship) beruht auf der höheren Stellung innerhalb der Unternehmensorganisation und drückt ein Auftraggeber- und Auftragnehmerverhältnis aus. Die Personen stehen dabei in einem Über- bzw. Unterordnungsverhältnis. Der Übergeordnete gibt eine Anweisung, der Untergeordnete hat diese auszuführen. Es handelt sich um eine Arbeitsbeziehung, bei der der Führende seine Interessen wahrnimmt.
Führung	Führung (leadership) bedeutet, dass der Führende von anderen (den potenziell Geführten) anerkannt wird. Er überzeugt, schafft Einsicht und freiwillige Gefolgschaft. Zwang, Überredung, Befehl oder Gehorsam haben mit Führung nichts zu tun.

Merke:

- **Führung (leadership)** heißt, andere durch **eigenes sozial akzeptiertes Verhalten zielgerichtet** zu **aktivieren,** zu **steuern** und zu **kontrollieren** und hierbei deren Interessen zu wahren.
- Die Führung erfolgt über **persönliche Kontakte** oder über **vorgegebene generelle (organisatorische) Regelungen.**

Da mit Personalführung jede Führungskraft betraut ist, verbleibt der **Personalabteilung** nur eine unterstützende und beratende Aufgabe, indem sie z.B. personalpolitische Grundsätze zur Personalorganisation (z.B. Einstellung, Entlohnung, Versetzung, Beförderung, Entlassung), zur Personalführung und zur Personalbetreuung erlässt.

(2) Menschenbilder

Ausschlaggebend für die Art der Personalführung – besonders was den Führungsstil und die Führungstechniken betrifft – ist das Bild vom Menschen, das Unternehmer und Mitarbeiter voneinander haben.

Wie in allen Bereichen eines demokratischen Rechtsstaats haben auch die in einem wirtschaftlichen Unternehmen tätigen Menschen Rechte und Pflichten. Ihre Rechte sind im System der „sozialen Marktwirtschaft" letztlich durch die in unserer Verfassung verankerten Grundrechte gesichert. Sie finden ihren Niederschlag in Gesetzen zum Schutz des

Arbeitnehmers, aber auch in den Tarifverträgen. Eine Ausbeutung der arbeitenden Menschen wie im 19. Jahrhundert im System der schrankenlos freien Marktwirtschaft (des sogenannten Manchesterkapitalismus) wird so verhindert. Andererseits hat der Arbeitnehmer im Bereich seiner Berufsarbeit Pflichten gegenüber dem Arbeitgeber, die in Gesetzen, im Arbeitsvertrag, in Tarifverträgen und Betriebsordnungen festgelegt sind.

7.2 Motivierung der Mitarbeiter

7.2.1 Begriffe Motivation und Motivationstheorie

(1) Begriff Motivation

Motivation[1] kann als zielgerichtetes Verhalten verstanden werden. Jemand ist motiviert, wenn er als Ergebnis seines Handelns die Erreichung eines bestimmten Ziels erwartet.

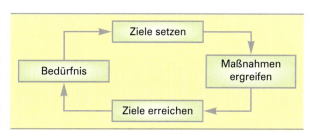

Die Motivation setzt sich aus den drei Komponenten Richtung (Ziel), Aufwand und Ausdauer zusammen.

- **Richtung:** was jemand erreichen will.
- **Aufwand:** wie hart jemand an der Erreichung seines Ziels arbeitet.
- **Ausdauer:** wie lange jemand dieses Bemühen aufrechterhält.

Merke:

Motivation bestimmt **Richtung, Stärke** und **Dauer** des menschlichen Handelns. Sie ist die **Energie,** die ein Individuum für eine bestimmte Handlung aufbringt.

Welche Beweggründe das Handeln und Verhalten eines Menschen beeinflussen, versuchen **Motivationstheorien** herauszufinden.

(2) Motivationstheorien

Merke:

Motivationstheorien versuchen, den Aufbau, die Aufrechterhaltung und den Abbau von menschlichem Verhalten sowie dessen Richtung, Stärke und Dauerhaftigkeit zu beschreiben und zu erklären.

Als Beispiel für eine Motivationstheorie wird im Folgenden die Zwei-Faktoren-Theorie von Herzberg[2] dargestellt.

---
1 Motivation: Summe der Beweggründe, die jemandes Entscheidungen, Handlungen beeinflussen.
2 Frederick Herzberg (1923–2000), US-amerikanischer Professor für Arbeitswissenschaft und Psychologie.

7.2.2 Zwei-Faktoren-Theorie von Herzberg

Herzberg geht davon aus, dass eine ganz bestimmte Klasse arbeitsbezogener Faktoren Zufriedenheit hervorruft, während davon ganz unterschiedliche Faktoren Unzufriedenheit verursachen.

- **Unzufriedenheit** wird durch **extrinsische**[1] **Faktoren** der Arbeitswelt („dissatisfiers"[2], „Hygiene-Faktoren") hervorgerufen. Man spricht auch von **extrinsischer Motivation.**

Darunter versteht man die von „außen" zugeführte Motivation. Die extrinsische Motivation entsteht durch **„externe" Anreizfunktionen** von Vorgesetzten und der Unternehmensleitung.

Beispiele:
Personalpolitik, fachliche Kompetenz des Vorgesetzten, Gehaltserhöhungen, Belobigungen, Bestrafung wie Gehaltsreduzierung, Überwachung, Kontrolle, disziplinarische Maßnahmen.

Eine ausreichende Berücksichtigung der extrinsischen Faktoren führt nur zu einem Fortfall der Unzufriedenheit, nicht aber zur Zufriedenheit.

- **Zufriedenheit** kann nur über **intrinsische**[3] **Faktoren** („satisfiers"[4], „Motivatoren") erreicht werden. Man spricht auch von **intrinsischer Motivation.** Intrinsische Motivation ist die Motivation, die **aus der Arbeit selbst** entsteht.

Beispiele:
Leistungs- und Erfolgserlebnisse, Anerkennung für geleistete Arbeit, Verantwortung, Aufstieg, Möglichkeit zur Persönlichkeitsentfaltung, Entscheidungsfreiheiten, interessante Arbeitsinhalte.

Eine dauerhafte Arbeitsmotivation („Jemand tut etwas, weil er selbst es tun will") kann immer nur aus der Arbeit selbst entstehen. Wichtige Mitarbeitereigenschaften wie etwa Kreativität, Engagement, Eigenverantwortung und Zuverlässigkeit sind immer intrinsisch motiviert – sie beruhen auf Neugier und Freude am Tun.

Intrinsische Motivationsfaktoren lassen sich nur ändern, wenn man die Arbeitsaufgabe selbst verändert.

Herzberg hat aus diesen Erkenntnissen den Schluss gezogen, dass nur solche Faktoren eine wirkliche Motivationskraft freisetzen können, die sich auf den **Arbeitsinhalt** und auf die **Befriedigung persönlicher Motive** beziehen. Seine Theorie hatte wesentlichen Einfluss auf die Entwicklung des Trends zum **Jobenrichment (Arbeitsbereicherung)**,[5] nach dem Jobs so gestaltet werden, dass ein Höchstmaß an intrinsischer Arbeitszufriedenheit erreicht wird.

Merke:

Eine **hohe Motivation** der Mitarbeiter kann allein über **intrinsische Faktoren** (Motivatoren) erzielt werden.

---

1 Extrinsisch: von außen her (angeregt), nicht aus eigenem inneren Anlass erfolgend.
2 Dissatisfy: unbefriedigend.
3 Intrinsisch: von innen her, aus eigenem Antrieb durch Interesse an der Sache erfolgend.
4 Satisfy: befriedigend, zufriedenstellen.
5 Vgl. hierzu die Ausführungen auf S. 309.

7.2.3 Grundsätze der Personalführung

Aus der Bedeutung der Motivatoren lassen sich bestimmte Grundsätze der Personalführung ableiten. Beispiele sind:

- Leistung, insbesondere Mehrleistung und/oder umsichtiges Verhalten sollen die Vorgesetzten ruhig auch einmal anerkennen und nicht immer als selbstverständlich hinnehmen. (In der Praxis stehen Lob und Tadel im Verhältnis 1 : 40!)

- Destruktive Kritik, vor allem in Gegenwart von Fremden, Kolleginnen und Kollegen, ist unbedingt zu vermeiden. Laufende Kritik, Tadel und Rügen vor anderen ist der Hauptgrund der Kündigungen seitens der Arbeitnehmer und Arbeitnehmerinnen! Aufbauende Kritik hingegen motiviert und verstärkt die Leistungsbereitschaft des Personals.

- Es ist besser, ein Belegschaftsmitglied zu ermutigen, wenn es einmal einen Fehler macht, als es zu tadeln.

- Die Vorgesetzten müssen auch ihren unterstellten Arbeitskräften etwas zutrauen, ihnen Entscheidungsspielräume lassen und sie ausreichend über Sinn und Zweck der Arbeitsaufgabe informieren.

- Begründete abweichende Meinungen der Belegschaftsmitglieder sollten angehört werden! Die Vorgesetzten können im Übrigen nicht immer alles wissen. Sie sollten deswegen auch nicht alles besser wissen wollen.

- Vorgesetzte sollten ein gewisses Verständnis für die beruflichen und privaten Belange ihrer Mitarbeiter und Mitarbeiterinnen aufbringen, Beschwerden anhören und auf jeden Fall eine ungleiche und ungerechte Behandlung vermeiden.

7.3 Führungsstile

Die Führungsstile kann man nach den **Zielen der Vorgesetzten** und nach der **Art der Willensbildung** unterscheiden.

(1) Führungsstile nach den Zielen der Vorgesetzten

Aufgaben-orientierter Führungsstil	Ziel der Vorgesetzten ist, dass die Mitarbeiter ihre Arbeitskraft maximal einsetzen. Den Vorgesetzten kommt es auf eine möglichst hohe quantitative und qualitative Arbeitsleistung an.
Personen-orientierter Führungsstil	Die Vorgesetzten gehen auf die Bedürfnisse und Erwartungen der Mitarbeiter ein. Sie unterstützen sie bei der Aufgabenerfüllung und beachten die Grundsätze der Personalführung.

(2) Führungsstile nach der Art der Willensbildung

Autoritärer Führungsstil	Die Vorgesetzten treffen ihre Entscheidungen allein, ohne Begründung und häufig willkürlich. Sie erwarten von ihren Untergebenen Gehorsam.
Bürokratischer Führungsstil	Er ist eine Fortentwicklung des autoritären Führungsstils. Die Entscheidungen der Vorgesetzten sind jedoch nicht willkürlich, sondern beruhen auf Vorschriften. Entscheidungen und Anordnungen werden i.d.R. schriftlich und auf vorgeschriebenen Wegen mitgeteilt.

Patriarchalischer (matriarchalischer) Führungsstil	Die Mitarbeiter werden von den Vorgesetzten als „Kinder" angesehen, für die sie eine Fürsorgepflicht haben. Informationen fließen wohlwollend von „oben nach unten". Da der „Patriarch" (väterlicher Herrscher) bzw. die „Matriarchin" (mütterliche Herrscherin) einen absoluten Führungsanspruch erhebt, ist auch der patriarchalische bzw. matriarchalische Führungsstil eine Spielart des autoritären Führungsstils.
Kooperativer Führungsstil	Die Vorgesetzten beziehen ihre Mitarbeiter in den Entscheidungsprozess mit ein. Sie erwarten sachliche Unterstützung bei der Verwirklichung der gemeinsam gesetzten Ziele.
Laissez-faire-Stil[1]	Bei diesem Stil werden die Mitarbeiter als isolierte Individuen betrachtet. Ihnen wird ein hohes Maß an Entscheidungsfreiheit zugebilligt. Die Informationen fließen zufällig und bei individuellem Bedarf.

Unterscheidet man die Führungsstile in die beiden extremen Merkmalausprägungen **autoritär** und **nicht autoritär,** so kann das Verhalten eines Vorgesetzten dann im Rahmen einer Skala als mehr oder weniger autoritär oder nicht autoritär beschrieben werden.[2]

Entscheidungsspielraum des Vorgesetzten
(Individuelle Willensbildung)

nicht autoritär

autoritär

Entscheidungsspielraum der Gruppe
(Kollegiale Willensbildung)

Der Vorgesetzte entscheidet alleine und ohne jede Konsultation.	Der Vorgesetzte entscheidet, ist jedoch bestrebt, seine Untergebenen von seinen Entscheidungen zu überzeugen.	Der Vorgesetzte entscheidet, erlaubt jedoch Fragen, um durch Erläuterungen die Akzeptanz zu erhöhen.	Vorgesetzter informiert die Mitarbeiter, die Möglichkeiten zu Stellungnahmen haben, bevor der Vorgesetzte entscheidet.	Die Gruppe entwickelt Vorschläge, aus denen sich der Vorgesetzte nach seinen Präferenzen entscheidet.	Die Gruppe entscheidet autonom innerhalb der vom Vorgesetzten vorgegebenen Grenzen.	Die Gruppe entscheidet; Vorgesetzter ist nur Koordinator nach innen und außen.

7.4 Führungsmethoden

Bei den Führungsmethoden (auch Führungsprinzipien oder Führungstechniken genannt) geht es darum, wie das Delegationsproblem gelöst werden kann. Unter **Delegation** ist das Abgeben von Aufgaben und Zuständigkeiten an nachgeordnete Abteilungen und Stellen zu verstehen.

Führen nach dem Ausnahmeprinzip (Management by Exception)	Hier beschränkt die Geschäftsleitung ihre Entscheidungen auf **außergewöhnliche Fälle,** d. h., sie greift in den Kompetenzbereich (Zuständigkeitsbereich) eines Mitarbeiters nur dann ein, wenn Abweichungen von den angestrebten Zielen eintreten und/oder in besonderen Situationen wichtige Entscheidungen getroffen werden müssen.

---

1 Laissez faire (frz.): lasst machen.

2 Zingel, Harry: Führung und Management, BWL-CD 2006, S. 8.

Delegation von Verantwortung (Management by Delegation)	Dieses Prinzip besagt, dass **klar abgegrenzte Aufgabenbereiche** mit entsprechender Verantwortung und Kompetenz auf **nachgeordnete Mitarbeiter** übertragen werden, damit die übergeordneten Führungsstellen von Routinearbeiten (immer wiederkehrende Arbeiten) entlastet werden und andererseits schnelle Entscheidungen getroffen werden können.
Führen durch Zielvereinbarung (Management by Objectives)	Hier erarbeiten die Geschäftsleitung und die ihr nachgeordneten Führungskräfte gemeinsam bestimmte Ziele, die der jeweilige Mitarbeiter in seinem Arbeitsbereich realisieren soll. Der Aufgaben- und Verantwortungsbereich des Mitarbeiters wird somit nach dem **erwarteten Ergebnis** festgelegt. Der **Grad der Zielerfüllung** ist Grundlage der Leistungsbewertung des Mitarbeiters.

7.5 Mitarbeitergespräche

Mitarbeitergespräche finden zwischen Vorgesetzten und Mitarbeitern statt. Sie haben z. B. die Aufgabe, Mitarbeiter zu motivieren, Unterlagen für Personalbeurteilungen bereitzustellen, Maßnahmen zur Personalentwicklung vorzubereiten oder zur Lösung betrieblicher Probleme beizutragen.

Überblick über die Formen der Personalgespräche[1]	
Führungsgespräch	Dieses Gespräch ist Teil des kooperativen Führungsstils. Es wird regelmäßig geführt, um die Zusammenarbeit zwischen der vorgesetzten Person und dem Mitarbeiter zu fördern.
Beurteilungsgespräch	Es ist Bestandteil der Personalbeurteilung und kann auf zweierlei Weise durchgeführt werden: ■ Dem Mitarbeiter wird das Ergebnis der Beurteilung eröffnet. ■ In einem Gespräch wird die Selbsteinschätzung des zu beurteilenden Mitarbeiters mit den Ansichten der beurteilenden Person verglichen, bevor eine (u. U. gemeinsame) Festlegung des Ergebnisses erfolgt.
Beratungs- und Fördergespräch	Es kann auf Veranlassung der Mitarbeiter oder auf Veranlassung der vorgesetzten Personen durchgeführt werden. Im ersten Fall geht es i. d. R. um die Beratung der Mitarbeiter. Im zweiten Fall steht die Förderung der Qualifikationen und der beruflichen Karriere (Laufbahn) des Mitarbeiters im Vordergrund (mitarbeiterorientierte Karriereplanung).
Zielsetzungsgespräch	Dieses Gespräch ist Teil des Management by Objectives. Zum einen besteht es aus der Vorgabe oder Vereinbarung von überprüfbaren Zielen für eine bestimmte Arbeitsaufgabe. Zum anderen werden nach Erfüllung der Aufgabe der Grad der Zielerfüllung und die möglichen Abweichungen besprochen.
Problemlösungsgespräch	Ein Problemlösungsgespräch zwischen leitenden und ausführenden Personen dient der Behandlung eines betrieblichen Problems, das die ausführende Person nicht allein lösen will oder kann (z. B. Kulanzregelungen, Hinausschieben oder Vorziehen von Aufträgen).
Entgeltgespräch	Entgeltgespräche können von der vorgesetzten Person oder vom Mitarbeiter ausgehen. Im ersten Fall wird mit dem Mitarbeiter z. B. eine außertarifliche Lohn- bzw. Gehaltsänderung vereinbart. Im zweiten Fall ersucht der Mitarbeiter um eine aus seiner Sicht begründete Entgelterhöhung.

---

1 In der betrieblichen Wirklichkeit überschneiden sich die einzelnen Formen des Mitarbeitergesprächs.

Zusammenfassung

- Die Art der **Personalführung** wird mitbestimmt vom Menschenbild, das Unternehmer und Mitarbeiter voneinander haben.

- Der **Erfolg eines Unternehmens** hängt insbesondere von der **Motivation seiner Mitarbeiter** ab.

- **Motivationstheorien** versuchen herauszufinden, welche Beweggründe das Handeln und Verhalten eines Menschen beeinflussen.

- Die **Zwei-Faktoren-Theorie** von Herzberg untersucht, welche Faktoren Zufriedenheit hervorrufen und welche Faktoren zur Unzufriedenheit der Mitarbeiter führen.
  - **Unzufriedenheit** wird durch **extrinsische Faktoren** der Arbeitsumwelt („dissatisfier", „Hygiene-Faktoren") hervorgerufen.
  - **Zufriedenheit** kann nur über **intrinsische Faktoren** („satisfier", „Motivatoren") erreicht werden.

- Ein Aspekt der Mitarbeitermotivation ist insbesondere der **Führungsstil** und die **Führungsmethoden.**
  - **Führungsstile** sind typische Verhaltensmuster, nach denen sich das Verhalten von Vorgesetzten gliedern und beurteilen lässt.
  - Bei den **Führungsmethoden** geht es darum, wie das Delegationsproblem (Abgaben von Vollmachten an nachgeordnete Abteilungen und Stellen) gelöst werden kann.

- **Mitarbeitergespräche** haben insbesondere die Aufgabe, Mitarbeiter zu motivieren, Maßnahmen zur Personalentwicklung vorzubereiten, Unterlagen für Personalbeurteilungen bereitzustellen oder zur Lösung betrieblicher Probleme beizutragen.

Übungsaufgaben

81
1. Erklären Sie mit eigenen Worten, was unter Personalführung zu verstehen ist!
2. Worin besteht die Hauptaufgabe der betrieblichen Personalführung?
3. Beschreiben Sie die beiden Hauptfaktoren der betrieblichen Personalführung, die von der Führungskraft beachtet werden sollen!
4. Warum ist in einem wirtschaftlichen Betrieb Führung notwendig?
5. Nennen Sie vier Grundsätze der Menschenführung und beurteilen Sie aus Ihrer Sicht, wie sich ihre Einhaltung bzw. Nichteinhaltung auf das Arbeitsverhalten der Arbeitskräfte auswirkt!

82
1. Erläutern Sie, was man unter extrinsischen und intrinsischen Anreizen versteht und bilden Sie jeweils hierzu ein Beispiel!
2. Beschreiben Sie die Zielsetzung eines extrinsischen und eines intrinsischen Anreizsystems!
3. Nennen Sie vier Bestimmungsgründe für eine intrinsische Motivation!
4. Erläutern Sie die Schlussfolgerung, die Herzberg aus seiner Zwei-Faktoren-Theorie ableitet!

83 Frau Erna Stark, die Personalleiterin der Vereinigten Büromöbel AG in Bruchsal, verlangt von den Führungskräften aller Ebenen, die Mitarbeiter besser zu motivieren. Führungsstil und Führungstechnik seien zu überprüfen und gegebenenfalls zu ändern. Der Krankenstand sei immer noch hoch und die Fehlerquote müsse gesenkt werden. Außerdem lasse das Betriebsklima in einigen Abteilungen und Werkstätten zu wünschen übrig. Das bestehende und schriftlich niedergelegte Unternehmensleitbild solle allen Arbeitskräften vor allem in Personalgesprächen nähergebracht werden. Die betriebliche Personalentwicklung müsse ausgebaut werden, um die Qualifikationen der Arbeitskräfte zu verbessern und den künftigen qualitativen Personalbedarf möglichst betriebsintern decken zu können.

Aufgaben:

1. Welcher Führungsstil sollte Ihrer Ansicht nach vorwiegend angestrebt werden? Begründen Sie Ihre Antwort!

2. Nennen und beschreiben Sie zwei weitere Führungsstile! Nennen Sie je einen Vor- und einen Nachteil dieser Führungsstile!

3. Erläutern Sie zwei Formen des Personalgesprächs!

8 Personalentwicklung

8.1 Begriff Personalentwicklung und Überblick über Maßnahmen zur Personalentwicklung

(1) Begriff Personalentwicklung

Ein wichtiges Schlagwort unserer Zeit lautet „lebenslanges Lernen". Untersuchungen haben gezeigt, dass das Wissen, das man sich in der Berufsausbildung angeeignet hat, nach circa fünf Jahren nur noch zur Hälfte aktuell ist **(Halbwertzeit der beruflichen Bildung)**. Die Beschäftigten und die Arbeitgeber sind deshalb gezwungen, durch Maßnahmen der Personalentwicklung den Erfordernissen des Marktes Rechnung zu tragen.

Merke:

Alle Maßnahmen, die das Ziel haben, die Qualifikationen und Kompetenzen der Mitarbeiter zu verbessern, bezeichnet man als **Personalentwicklung.**

(2) Überblick über Maßnahmen zur Personalentwicklung

Die einzelnen Maßnahmen zur Personalentwicklung kann man in Personalbildung, Personalförderung und Arbeitsstrukturierung gliedern.

- Die Maßnahmen zur **Personalbildung** umfassen die Aus- und Fortbildung der Mitarbeiter.

- Die **Personalförderung** befasst sich mit beruflichen Fragen, etwa des Aufstiegs, aber auch mit persönlichen und sozialen Fragen, etwa persönlichen Interessen, Neigungen, privaten Problemen.

20 Speth u.a. - ISBN 978-3-8120-0558-6

- Im Rahmen der **Arbeitsstrukturierung** wird versucht, die Arbeitsinhalte und das Ausmaß der Arbeitsteilung so zu gestalten, dass die Stellen optimiert und der Arbeitsablauf produktiver werden.

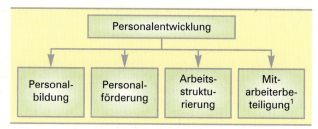

- Mit einer Beteiligung der Mitarbeiter am Unternehmenserfolg verfolgt der Arbeitgeber sowohl Ziele des Mitarbeiters (z. B. Motivationssteigerung, Stärkung der Identifikation) als auch Unternehmensziele (z. B. Produktivitätssteigerung, Image).

8.2 Maßnahmen zur Personalentwicklung

8.2.1 Personalbildung

Merke:

Personalbildung ist die Aus- und Fortbildung von Beschäftigten.
- **Ausbildung** ist das systematische Erlernen eines Berufes.
- **Fortbildung** ist die Vertiefung und Erweiterung der Qualifikationen und Kompetenzen in einem erlernten Beruf.

In der nachfolgenden Tabelle werden Beispiele zur Personalbildung angeführt.

Auswahl von Maßnahmen zur Personalbildung	Erläuterungen
Berufsausbildung	In Deutschland erfolgt die Berufsausbildung im sogenannten dualen System (Unternehmen und Berufsschule). Mit der Berufsausbildung sichern sich die Unternehmen den Zukunftsbedarf an qualifizierten, kompetenten Fachkräften.[2]
Anlernausbildung	Anlernen ist eine Maßnahme, durch die jene Qualifikationen vermittelt werden, die für die Ausübung einer praktischen Tätigkeit im Unternehmen notwendig sind. Anlernen ist häufig auf einen kurzen Zeitraum beschränkt und wird in der Regel für relativ anspruchslose Aufgabengebiete angeboten.
Training on the Job	Es handelt sich um Personalentwicklungsmaßnahmen am Arbeitsplatz. Ein Mitarbeiter erweitert seine Qualifikationen bezüglich seiner Arbeitsaufgabe mithilfe eines „Trainers". Der Mitarbeiter vollzieht gleichzeitig eine Lern- und eine Arbeitsleistung. Die Umsetzung der Lernleistung erfolgt in der täglichen Arbeit.
Training off the Job	Die Vermittlung der Qualifikation erfolgt außerhalb des Arbeitsplatzes, z.B. durch einen Lehrgang, ein Zusatzstudium.

---

[1] Der Lehrplan sieht die Behandlung der Mitarbeiterbeteiligung nicht vor.
[2] Auf die Berufsausbildung wird im Lerngebiet 1 eingegangen. Vgl. hierzu: Hartmann: Gesamtwirtschaftliche Aspekte – Industrie, Merkur Verlag Rinteln, ISBN 978-3-8120-0522-7.

Auswahl von Maßnahmen zur Personalbildung	Erläuterungen
E-Learning	Das E-Learning oder Computer-Based-Training setzt auf Software. Dies eröffnet individuelle Lernmöglichkeiten, unterstützt durch mediale Anreize. E-Learning kann offline (Lehrgänge auf CD-ROM oder DVD) oder online (über das Intranet durch Zugriff auf den Server des Tutors) erfolgen. Das Lernprogramm wertet in der Regel das Lernverhalten des Lernenden aus, hält während der Stofferarbeitung alle Daten fest und schlägt jeweils Möglichkeiten zur Fortsetzung des Lernweges vor.
Umschulung	Die berufliche Umschulung soll nach dem Berufsbildungsgesetz zu einer anderen beruflichen Tätigkeit befähigen. Umschulung kommt z.B. infrage nach einer Rehabilitation aufgrund einer Krankheit oder wenn Berufe aus technischen oder ökonomischen Gründen nicht mehr gefragt sind. Umschulungen werden auch bei Beschäftigungsabbau angeboten. Für diesen Zweck gründen die Unternehmen Auffang-, Beschäftigungs- oder Transfergesellschaften, die von der Bundesagentur für Arbeit finanziell unterstützt werden.

8.2.2 Personalförderung

Merke:

Maßnahmen der **Personalförderung** sind auf die **beruflichen, persönlichen** und **sozialen Interessen,** Neigungen und Erfordernissen von Beschäftigten ausgerichtet.

In der nachfolgendenTabelle werden Beispiele zur Personalförderung angeführt.

Auswahl von Maßnahmen zur Personalförderung	Erläuterungen
Praktikum	In den letzten Klassen der schulischen Ausbildung oder im Rahmen eines Studiengangs sind häufig Praktika vorgesehen. Durch ein Praktikum sollen praktische Erfahrungen zur Vorbereitung auf einen späteren Beruf erworben werden. Ein Praktikum ist nur sinnvoll, wenn es den Vorgaben der Schule bzw. der Studienordnung entspricht und das Unternehmen das Praktikum aktiv begleitet.
Traineeprogramm	Durch das Traineeprogramm sollen vor allem Hochschulabsolventen systematisch mit dem gesamtbetrieblichen Geschehen, der Organisationsstruktur und den konkreten Arbeitsanforderungen im Betrieb vertraut gemacht werden. Die Trainees durchlaufen dabei planmäßig mehrere Ausbildungsstationen (Lernorte), in denen sie teilweise auch praktisch mitarbeiten.
Coaching	Darunter versteht man ein Gesprächs-, Betreuungs-, Beratungs- und Entwicklungsangebot in beruflichen und persönlichen Fragen für Mitarbeiter. Dadurch will man dem Mitarbeiter (Coachee) helfen, sein individuelles Potenzial zu entwickeln. Coaching wird z.B. eingesetzt als Laufbahnplanung, bei veränderten Arbeitsaufgaben, bei Versetzungen, zur Behebung von Leistungsdefiziten, privaten Problemen. Coaching kann extern vergeben oder von einer innerbetrieblichen Führungskraft (einem Coach) durchgeführt werden.

Auswahl von Maßnahmen zur Personalförderung	Erläuterungen
Outdoor Training	Hier erleben die Mitarbeiter sich und andere in einem ungewohnten Umfeld, in der freien Natur, bei ungewohnten Aufgaben (z.B. Seilschaft zum Bergsteigen bilden, Floß bauen und eine Floßfahrt unternehmen) und gewinnen so neue Einsichten über die eigene Person, das eigene Verhalten und über die Zusammenarbeit mit Kollegen.
Mentoring	Eine Führungskraft (Mentor) übernimmt die „Patenschaft" für einen am Anfang des Berufslebens stehenden Mitarbeiter und begleitet diesen beim Erwerb von Qualifikationen und bei der Integration in die Belegschaft.

8.2.3 Arbeitsstrukturierung

Merke:

Durch die **Arbeitsstrukturierung** werden **Arbeitsinhalte gestaltet** und das **Ausmaß der Arbeitsteilung** festgelegt, um die Stellen zu optimieren und damit den Arbeitsprozess produktiver zu machen.

Beispielhaft werden im Folgenden einige Maßnahmen zur Arbeitsstrukturierung vorgestellt.

(1) Jobenlargement (Arbeitserweiterung)[1]

Mithilfe der Arbeitserweiterung wird eine zu weitgehende Arbeitsteilung (Spezialisierung, Arbeitszersplitterung) wieder aufgehoben, indem dem Mitarbeiter zusätzliche gleichartige (nicht die gleichen!) oder ähnlich strukturierte Aufgaben zugewiesen werden. Die **zusätzlichen Aufgaben** liegen auf der **gleichen Stufe** und besitzen den **gleichen Schwierigkeitsgrad** wie die bisherigen.

Wie der Arbeitsplatzwechsel auch, hat die Arbeitserweiterung die Aufgabe, die Arbeit abwechslungsreicher zu machen (die Monotonie zu bekämpfen) und dadurch die Arbeitszufriedenheit zu erhöhen.

Beispiel:

Bisher hat die Sachbearbeiterin A die Bestellungen für die Produktgruppe A, die Sachbearbeiterin B die Bestellungen für die Produktgruppe B und die Sachbearbeiterin C die Bestellungen für die Produktgruppe C vorgenommen. Nunmehr wird die gegebene Arbeitsmenge anders aufgeteilt: Jede Sachbearbeiterin übernimmt die Bearbeitung eines Teils der Bestellungen für die Produktgruppen A, B und C.

---

1 Nicht zu verwechseln mit der sogenannten „horizontalen" Arbeitserweiterung (Arbeitsergänzung), bei der eine unterbeschäftigte Arbeitskraft lediglich zusätzliche Arbeiten mit gleichem Inhalt erhält.

(2) Jobenrichment (Arbeitsbereicherung)

Arbeitsbereicherung liegt vor, wenn Arbeitsvorgänge an einem Arbeitsplatz **qualitativ angereichert** werden. Das Jobenrichment zählt zur Humanisierung der Arbeit, weil z.B. reine Durchführungsaufgaben mit Planungs- und Kontrollaufgaben an einem bestimmten Arbeitsplatz ausgebaut und so verantwortungsvoller werden.

> **Beispiel:**
>
> Die Handlungsreisende A erhält die Vollmacht, Verträge abzuschließen, die Zahlungseingänge ihrer Kunden zu kontrollieren, Sonderkonditionen zu gewähren und Mängelrügen im vorgegebenen Rahmen selbst zu bearbeiten.

(3) Autonome Arbeitsgruppen (Gruppenarbeit)

Der autonomen[1] Arbeitsgruppe (zum Beispiel bei der Inselfertigung)[2] wird ein in sich mehr oder weniger **abgeschlossener Arbeitsprozess** (z.B. Montage eines Motors, einer Fabrikhalle) **übertragen.** Dabei kann der Gruppenleiter („Kontaktperson" für einen bestimmten Zeitabschnitt) von den Mitgliedern der Gruppe gewählt werden.[3]

> **Beispiel:**
>
> Am bekanntesten ist der 1974 begonnene Versuch des schwedischen Automobilkonzerns Volvo in seinem Zweigwerk in Kalmar, in dem das Fließband vollständig durch mehrere Montageplattformen ersetzt wurde. Die Mitarbeiter arbeiten nicht im Akkord, sondern in (teil-)autonomen Arbeitsgruppen mit bestimmten Arbeitsaufgaben (z.B. Montage der elektrischen Anlagen, der Inneneinrichtungen der Automobile). Für die Materialbeschaffung, Verteilung der Arbeit auf die Gruppenmitglieder und die Qualitätskontrolle ist die Gruppe selbst verantwortlich.

(4) Projektgruppeneinsatz

Hier werden Mitarbeiter mit unterschiedlicher Vorbildung und Erfahrung und aus unterschiedlichen Hierarchieebenen für eine bestimmte Zeit mit einer fest umschriebenen Arbeitsaufgabe, dem **Projekt,**[4] betraut. Das Projekt betrifft meistens mehrere Unternehmensbereiche, ist sehr komplex und verhältnismäßig neuartig.

> **Beispiele:**
>
> Bau eines Staudamms, Einführung eines neuen Produkts, Gründung eines Zweigwerks im Ausland, Durchführung einer Werbekampagne für eine neu zu importierende Südfrucht.

Die Aufgabe des Projektgruppeneinsatzes besteht darin, die am Projekt teilnehmenden Personen zu befähigen, komplexe Probleme zu lösen und ihre Teamfähigkeit zu steigern.

(5) Jobrotation (Arbeitsplatzwechsel)

Die Jobrotation wird durchgeführt, damit die Mitarbeiter durch neue Aufgabengebiete im Zeitablauf ihren **Kenntnisstand** und ihre **Erfahrungsbasis erweitern,** ihre **Qualifikationen erhöhen** und somit ihre **Einsatzmöglichkeiten erleichtern** (flexibilisieren).

---

1 Autonom: selbstständig, selbstverantwortlich.

2 Siehe Grundband S. 150f.

3 Wird die Kontaktperson nur für eine bestimmte Zeit gewählt und danach durch ein anderes Mitglied der Gruppe ersetzt, liegt eine Form der „Jobrotation" vor.

4 Projekt (lat.): Plan, Unternehmung, Entwurf, Vorhaben.

9 Personalbeurteilung

9.1 Ziele und Kriterien der Personalbeurteilung

(1) Ziele der Personalbeurteilung

Das Problem ist uralt. Es beginnt bereits in der Schule: Wie oft sind Schüler mit ihrer Note nicht zufrieden. Sie sehen sich und ihre Leistung anders als der beurteilende Lehrer.

Merke:

Die **Personalbeurteilung** hat das Ziel, Personen einzuschätzen hinsichtlich
- der **Leistung,**
- des **Verhaltens** beim **Erbringen der Leistung** und
- der **Einstellung** gegenüber etwaigen Mitarbeitern, Kollegen und Vorgesetzten.

(2) Beurteilungskriterien

Wichtige Beurteilungskriterien sind in der nachfolgenden Tabelle zusammengestellt.

Beurteilungskriterien	Beispiele
■ Fachkönnen	Fachkenntnisse, Fertigkeiten.
■ Geistige Fähig-keiten	Auffassungsgabe, Ausdrucksvermögen, Kreativität,[1] Organisationsvermögen, Improvisationsvermögen, Selbstständigkeit, Verhandlungsgeschick.
■ Arbeitsstil	Arbeitsgüte, Arbeitstempo, Ausdauer, Belastbarkeit, Einsatzbereitschaft, Initiative, Kostenbewusstsein, Materialbehandlung, Pünktlichkeit.
■ Zusammenarbeit	Auftreten, Gruppeneinordnung, Kontaktvermögen, Umgangsformen, Verhalten gegenüber Kollegen und Vorgesetzten.

Für Mitarbeiter mit überwiegender Vorgesetztenfunktion gilt noch folgendes Beurteilungskriterium:

■ Führungs-qualitäten	Delegationsvermögen, Durchsetzungsvermögen, Entscheidungsfähigkeit, Gerechtigkeitssinn, Vertrauenswürdigkeit, Förderung und Entwicklung von Mitarbeitern, Verantwortungsbewusstsein.

9.2 Beurteilungsformen

(1) Summarische Beurteilung

In Klein- und Mittelbetrieben wird meist eine summarische Beurteilung vorgenommen. Diese stützt sich auf einen **Gesamteindruck,** der unter Umständen recht **subjektiv**[2] sein kann.

---

1 Kreativität: Fähigkeit zum schöpferischen Handeln.

2 Subjektiv: auf die eigene Person bezogen; durch persönliche Eindrücke, Gefühle und Gedanken mitbestimmt.

(2) Analytische Beurteilung

In Großbetrieben wird meist die analytische Personalbeurteilung vorgenommen. Hier werden zur Beurteilung einzelne vorher genau festgelegte Beurteilungskriterien herangezogen, um anschließend zu einem Gesamturteil zu kommen.

Beispiel für eine analytische Beurteilung:

Tarifliche Leistungsbeurteilung — Original für Personalabteilung

Zuname, Vorname		Personal-Nr.	Lohn-/Gehaltsgr.	Stichtag für LZ
Kleidermann, Franz		*197*	*5/2*	

Personalabteilung	Org.-Einheit/Kostenstelle/Abteilung
Werk Albstadt	*Forschung und Entwicklung*

Beurteilungs-merkmale	Zu beurteilen zum Beispiel anhand von	A — Die Leistung ist für eine Leistungszulage nicht ausreichend	B — Die Leistung entspricht im Allgemeinen den Anforderungen	C — Die Leistung entspricht in vollem Umfang den Anforderungen	D — Die Leistung übertrifft die Anforderungen erheblich	E — Die Leistung übertrifft die Anforderungen in hohem Maße	Bemerkungen
I Arbeits-quantität	– Umfang des Arbeits-ergebnisses – Arbeits-intensität – Zeitnutzung	0	7	14	*x* 21	28	
II Arbeits-qualität	– Fehlerquote – Güte	0	7	*x* 14	21	28	
III Arbeits-einsatz	– Initiative – Belastbarkeit – Vielseitigkeit	0	4	8	*x* 12	16	
IV Arbeits-sorgfalt	– Verbrauch und Behandlung von Arbeitsmit-teln aller Art – Zuverl., ratio-nell, kosten-bewusstem Verhalten	0	*x* 4	8	12	16	
V Betrieb-liches Zu-sammen-wirken	– Gemeinsame Erledigung von Arbeits-aufgaben – Informations-austausch	0	3	*x* 6	9	12	

Datum:	*07. 05. 20 . .*		Gesamt-punktzahl:	*61*
Unterschrift d. Beurteilenden:	*Mayer*			

9.3 Zweck, Häufigkeit und Träger der Personalbeurteilung

Zweck der Personalbeurteilung	Die Personalbeurteilung (Mitarbeiterbeurteilung) dient als Entscheidungsgrundlage bei der Festlegung der Lohnhöhe der einzelnen Mitarbeiter, bei Versetzungen, Beförderungen und Entlassungen. Eine von den Mitarbeitern als fair empfundene Beurteilung kann diese dazu motivieren, ihre Leistungen zu steigern, insbesondere dann, wenn in der Beurteilung Fortschritte bei ihren Kenntnissen und Fertigkeiten gewürdigt werden.
Häufigkeit der Beurteilung	■ Die Personalbeurteilung kann von Fall zu Fall durchgeführt werden, z. B. dann, wenn es um Beförderungen und/oder Gehaltserhöhungen geht. In diesem Fall liegt der Personalbeurteilung ein einseitiger Zweck zugrunde, der Form und Inhalt mitbestimmt. ■ Um zu umfassenderen Beurteilungen zu kommen, gehen heute größere Unternehmen dazu über, die Beurteilungen regelmäßig vorzunehmen (bei Auszubildenden vierteljährlich, bei Angestellten und Arbeitern jährlich).
Träger der Personalbeurteilung	In der Praxis wird die Beurteilung von den Vorgesetzten vorgenommen. Dies ist insofern problematisch, weil das Ergebnis u.a. auch vom **Verhalten** der zu beurteilenden Personen gegenüber ihren Vorgesetzten mitbeeinflusst wird.

9.4 Datenschutz

Merke:

Personenbezogene Daten (Einzelangaben über persönliche oder sachliche Verhältnisse einer natürlichen Person wie z. B. betriebliche Beurteilungen) dürfen nicht unbefugt erhoben, verarbeitet oder weitergegeben werden [§ 5 BDSG] **(Datengeheimnis).**

Der beurteilten Person ist auf Antrag **Auskunft zu erteilen** über

■ die zu ihrer Person **gespeicherten Daten,** auch soweit sie sich auf Herkunft oder Empfänger beziehen,

■ den **Zweck der Speicherung** und

■ **Personen** und **Stellen,** an die ihre Daten regelmäßig übermittelt werden [§ 34 I BDSG].

Das **Speichern, Verändern** und **Übermitteln** personenbezogener Daten oder ihre Nutzung für eigene Geschäftszwecke ist z. B. im Rahmen der Zweckbestimmung eines Vertragsverhältnisses oder vertragsähnlichen Vertrauensverhältnisses mit der betroffenen Person erlaubt [§ 28 I, 1 BDSG].

Um die Daten vor **unberechtigtem Zugriff** zu schützen, ist bei Einführung der EDV festzulegen, welche Personen Zugang zu welchen Daten haben (Zugriffskontrolle). Die **zugriffsberechtigten Personen** erhalten ein Kennwort. Der Computer liefert die Daten erst dann, wenn dieses Kennwort der berechtigten Person freigegeben wird.

In Betrieben, die personenbezogene Daten automatisch verarbeiten und damit in der Regel mindestens zehn Arbeitnehmer ständig beschäftigen, müssen **Datenschutzbeauftragte** bestellt werden [§ 4f BDSG]. Das Gleiche gilt, wenn personenbezogene Daten auf andere Weise verarbeitet werden und damit i. d. R. mindestens zwanzig Arbeitskräfte ständig beschäftigt sind. Die Datenschutzbeauftragten haben die Aufgabe, die Ausführung der Vorschriften des Bundesdatenschutzgesetzes sowie anderer Vorschriften über den Datenschutz sicherzustellen [§ 4 g BDSG].

Zusammenfassung

- Die **Personalentwicklung** umfasst alle Maßnahmen, die das Ziel haben, die **Qualifikationen** und die **Kompetenzen** der Mitarbeiter zu verbessern.

- **Maßnahmen** der Personalentwicklung:

Personalbildung	Personalförderung	Arbeitsstrukturierung
d. h. Ausbildung und Weiterbildung	in beruflichen, persönlichen und sozialen Fragen	Gestaltung der Arbeitsinhalte und des Ausmaßes der Arbeitsteilung

Ziele der Personalentwicklung	
aus der Sicht des Betriebs	**aus der Sicht des Mitarbeiters**
▪ Weiterentwicklung der Qualifikationen der Mitarbeiter, um den erforderlichen Personalbestand zu sichern.	▪ Weiterentwicklung der eigenen Fertigkeiten und Fähigkeiten (des Qualifikationspotenzials).
▪ Entwicklung von Nachwuchskräften.	▪ Verbesserung der Chancen zur Selbstverwirklichung am Arbeitsplatz.
▪ Entwicklung von Spezialisten.	
▪ Unabhängigkeit von externen (außerbetrieblichen) Arbeitsmärkten.	▪ Schaffung von Voraussetzungen zum beruflichen Aufstieg.
▪ Erhöhung der Arbeitszufriedenheit und damit höhere Arbeitsleistung.	▪ Minderung des Risikos des Arbeitsplatzverlusts oder der Entgeltminderung.
▪ Erhaltung und Verbesserung der Wettbewerbsfähigkeit.	▪ Erhöhung der eigenen Mobilität[1] (fachlich, örtlich und im Betrieb).
	▪ Erhöhung des Ansehens (Prestiges) und des Entgelts.

- Die **Personalbeurteilung** dient als Entscheidungsgrundlage bei der Festlegung der Lohnhöhe der einzelnen Mitarbeiter, bei Versetzungen, Beförderungen und Entlassungen.

- Wichtige **Beurteilungsformen** sind die
  - analytische Beurteilung und die
  - summarische Beurteilung.

- Beurteilungen müssen **vergleichbar** sein, d. h. nach gleichen Beurteilungskriterien erfolgen.

- In der Praxis wird die Beurteilung von den **Vorgesetzten** vorgenommen.

---

1 Mobilität: Beweglichkeit.

Übungsaufgaben

84
1. 1.1 Definieren Sie den Begriff Personalentwicklung!

1.2 Welche generelle Zielsetzung wird über die Maßnahmen der Personalentwicklung verfolgt?

2. 2.1 Grenzen Sie die Begriffe Personalbildung, Personalförderung und Arbeitsstrukturierung voneinander ab!

2.2 Welche Gemeinsamkeit haben die Begriffe?

3. Erläutern Sie die Begriffe Jobrotation, Jobenlargement, Jobenrichment und autonome Arbeitsgruppen. Nennen Sie je ein eigenes Beispiel und begründen Sie, warum diese Arten der Arbeitsstrukturierung zur Mitarbeitermotivation beitragen können!

85 Ein Personalleiter schlägt der Unternehmensleitung vor, die Personalbeurteilung zu modernisieren, da eine als gerecht empfundene Personalbeurteilung zur Mitarbeitermotivation beitrage. Das Gleiche gelte für die Mitarbeitergespräche.

Aufgaben:
1. Welchen Vorteil verspricht sich der Personalleiter von einer Verbesserung der Personalbeurteilung?

2. Welche grundsätzlichen Beurteilungsformen gibt es?

3. Welche Beurteilungsform ist Ihrer Ansicht nach vorzuziehen? Begründen Sie Ihre Antwort!

10 Personalentlohnung

10.1 Arbeitsstudien

10.1.1 Begriff und Notwendigkeit der Arbeitsstudien

Aufgabe der Arbeitsstudien ist es,

■ Arbeitsvorgänge aller Art systematisch zu untersuchen und Verbesserungen einzuführen **(Arbeitsablaufstudien)**,[1]

■ durchschnittlich erforderliche Arbeitszeiten zu ermitteln **(Arbeitszeitstudien)**,

■ die Schwierigkeitsgrade von Arbeitsaufgaben festzustellen **(Arbeitswertstudien)**.

Hauptträger der Arbeitsstudien in der Bundesrepublik Deutschland ist der „Verband für Arbeitsstudien – REFA – e. V.".[2] Die Arbeitsstudien stützen sich auf die Erkenntnisse der Arbeitswissenschaften und deren Teilgebiete wie z. B. Arbeitsphysiologie, Arbeitspsychologie, Betriebssoziologie und Arbeitspädagogik.

Die **Notwendigkeit der Arbeitsstudien** ergibt sich aus zweierlei Sicht:

■ Der **Mitarbeiter** hat Anspruch auf einen Arbeitsplatz, der unfallsicher ist, der ihm angepasst ist (z. B. griffgerechte Ausführung von Geräten und Hebeln, körpergerechte Höhenlage des Arbeitstischs usw.) und der schwere körperliche Arbeit und/oder eine

---

1 Auf die Arbeitsablaufstudien wird im Folgenden nicht eingegangen.
2 REFA: frühere Bezeichnung für Reichsausschuss für Arbeitszeitermittlung.

Überlastung der Sinnesorgane auf ein Mindestmaß beschränkt. Außerdem führt eine objektive Bewertung der Ansprüche, die der jeweilige Arbeitsplatz an den Mitarbeiter stellt, zu einer gerechteren Entlohnung.

■ Der **Betrieb** in einer marktwirtschaftlichen Ordnung muss ständig rationalisieren, d.h. Kosten sparen und/oder die Leistung erhöhen, um konkurrenzfähig zu bleiben. Die menschengerechte Gestaltung von Arbeitsplätzen und die leistungsgerechte Entlohnung tragen zur Leistungssteigerung bei.

10.1.2 Arbeitszeitstudien

10.1.2.1 Begriff Normalleistung

Angenommen, zwei Mitarbeiter führen an gleichartigen Maschinen dieselbe Arbeit aus, sie sind also aufgrund identischer Arbeitsbewertung derselben Lohngruppe zugeordnet. Dennoch ist es möglich, dass sie am Ende des Monats nicht den gleichen Bruttolohn erhalten. Das liegt daran, dass nicht nur die Arbeitsanforderung über die Höhe des Bruttolohnes entscheidet, sondern auch die persönliche Leistungsfähigkeit des Mitarbeiters. Um diese messen zu können, bedarf es zunächst der Festlegung einer Normalleistung.

Merke:

Die **Normalleistung** ist dasjenige Pensum, das

■ ein geeigneter Mitarbeiter

■ nach Einarbeitung

■ auf Dauer

■ ohne gesundheitliche Beeinträchtigung

leisten kann.

Normalleistung und Normalzeit gehören untrennbar zueinander. Es handelt sich nur um eine andere Betrachtungsweise. Beträgt die Normalleistung pro Stunde zehn Stück, dann entspricht dies einer Normalzeit von sechs Minuten pro Stück.

Die Normalzeit für einen Arbeitsgang wird im Rahmen von Arbeitszeitstudien ermittelt. Hierfür gibt es mehrere Verfahren. Wir beschränken uns im Folgenden auf die Ermittlung der Normalzeit mithilfe einer REFA-Zeitaufnahme.

10.1.2.2 Ermittlung der Normalzeit mithilfe einer REFA-Zeitaufnahme

(1) Ablauf der Zeitaufnahme

Dieses Verfahren findet Anwendung, wenn es sich um einen **neuen Arbeitsvorgang** handelt, für den es **keine standardmäßigen Zeittabellen** gibt und dessen **Zeitbedarf** auch nicht mithilfe von mathematischen Verfahren (Prozesszeitermittlung) berechnet werden kann.

Die **Zeitaufnahme** läuft in mehreren Schritten ab.

1. Die zu messende **Arbeitsaufgabe wird sorgfältig beschrieben.** Hierzu gehören eine zeichnerische Darstellung des Werkstücks, die Beschreibung des Arbeitsverfahrens und der Arbeitsmethode, der verwendete Werkstoff mit Materialart, Maße und Gewichte, die Namen der Mitarbeiter, mit denen die Zeitaufnahme durchgeführt wird, die verwendeten Betriebsmittel und die vorherrschenden Umgebungseinflüsse.
2. Die Arbeitsaufgabe wird in **Ablaufschritte,** deren Ende jeweils durch einen **markanten (beobachtbaren) Messpunkt** charakterisiert ist, zerlegt und stichwortartig beschrieben.
3. Die **Zeitmessung** wird über mehrere Wiederholungszyklen durchgeführt. Dabei wird die **Fortschrittszeit für die Messpunkte** notiert und fortlaufend der beobachtete **Leistungsgrad des Mitarbeiters** beurteilt (nicht geschätzt!).
4. Die ermittelten Daten werden zur **Berechnung der Vorgabezeit** verwendet.
5. Durch eine Sensitivitätsanalyse[1] wird die **Seriosität**[2] **der Zeitaufnahme** überprüft. Liegen die gemessenen Zeitwerte relativ dicht beieinander, dann sind für eine verlässliche Zeitaufnahme weniger Wiederholungszyklen erforderlich als wenn die Zeitwerte einer stärkeren Streuung unterliegen.

Beispiel (stark vereinfacht):

Die Metallwarenfabrik Messerschmidt GmbH stellt Edelstahlbehälter für die Lebensmittelindustrie her. Für einen neu entwickelten Fettbehälter soll im Rahmen einer Arbeitszeitstudie die Normalzeit ermittelt werden, die dafür benötigt wird, um aus einer Blechtafel in den Ausgangsmaßen 2500 mm x 1250 mm den Behältermantel in den Endmaßen 2424 mm x 817 mm zu schneiden.

1. Mit zwei Personen Blechtafel aufnehmen und an der Maschine ablegen. Handschuhe ausziehen und mit Rollmaßband und Rotstift Länge 2424 anreißen. Handschuhe anziehen. Blechtafel in Kurbeltafelschere schieben, nach Anriss ausrichten und abschneiden. Blech drehen und ablegen. Handschuhe ausziehen. Breite 817 mit Rollmaßband und Rotstift anreißen. Handschuhe anziehen. Blech einschieben, ausrichten und abschneiden. Blechmantel auf Wagen ablegen. Mantel und Bodenstreifen auf getrennte Wagen ablegen, Abfallstreifen wegräumen.

---

1 Sensitivität: Feinfühligkeit.
2 Seriös: glaubwürdig, vertrauenswürdig.

2. Daraus ergeben sich folgende Ablaufschritte und ihre Messpunkte. (Zur Vereinfachung werden nur 5 Messzyklen dargestellt.)

Nr.	Arbeitsablaufschritt und Messpunkt		1	2	3	4	5	$\sum L/n$ $\sum t_i/n$	$\bar{L}$ $\bar{t_i}$	$t = \dfrac{L}{100} \cdot \bar{t_i}$
1	Blech aufnehmen und able-gen							$\dfrac{525}{5}$	105	
		L	100	110	120	95	100			33,6
		t_i	33	30	28	35	34	$\dfrac{160}{5}$	32	
	Blech loslassen	F	33	186	339	499	672			
2	Länge für Mantel messen und anreißen							$\dfrac{530}{5}$	106	
		L	125	110	100	95	100			56,6
		t_i	47	50	55	59	56	$\dfrac{267}{5}$	53,4	
	Blech anreißen	F	80	236	394	558	728			
3	Länge abschneiden							$\dfrac{540}{5}$	108	
		L	90	125	115	115	95			14,7
		t_i	16	11	13	13	15	$\dfrac{68}{5}$	13,6	
	Blech greifen	F	96	247	407	571	743			
4	Blech drehen und Breite anreißen							$\dfrac{590}{5}$	118	
		L	120	120	130	110	110			56,1
		t_i	48	47	43	50	51	$\dfrac{239}{5}$	47,5	
	Blech greifen	F	144	294	450	621	791			
5	Breite abschneiden							$\dfrac{560}{5}$	112	
		L	130	100	110	100	120			16,6
		t_i	12	17	14	17	14	$\dfrac{74}{5}$	14,8	
	Blech greifen	F	156	311	464	638	808			
									$\sum t =$	177,6

fett: Daten, die im Rahmen der Zeitaufnahme erfasst werden.
nicht fett: anschließend berechnete Werte (siehe Schritt 4)

Die Zeitmessung im Rahmen der Aufnahme geschieht in sogenannten Centiminuten. Dies bedeutet: Jede Minute hat 100 Sekunden, eine Stunde hat 60 Minuten. 156 Sekunden bedeuten daher 1 Minute + 56/100 Minuten. Dies erleichtert die fortlaufende Berechnung der Zeiten.

Überträgt man die auf S. 316 dargestellten Schritte 3 und 4 (Durchführung der Zeitaufnahme und Berechnung der Vorgabezeit) auf die Daten des vorliegenden Zeitaufnahmebogens, so ergeben sich die folgenden Bearbeitungsschritte:

3. – Mithilfe der Stoppuhr und des Zeitaufnahmebogens wird der Arbeitsablauf beobachtet und die Fortschrittszeit **(F)** an den jeweiligen Messpunkten (vergleichbar einer Zwischenzeit im Rahmen einer Sportveranstaltung) in Centiminuten notiert, hier also: 33 – 80 – 96 – 144 – 156 (nächster Zyklus) 186 – 236 usw.

– Zusätzlich wird bei jedem einzelnen Arbeitsablaufschritt der beobachtete Leistungsgrad des Mitarbeiters beurteilt und notiert **(L)**, also 100 – 125 – 90.

Der Leistungsgrad ist ein %-Satz, der angibt, wie groß die Leistung dieses Mitarbeiters im Vergleich zur Normalleistung ist. Um eine verlässliche Zeitaufnahme zu gewinnen, muss also der Leistungsgrad des beobachteten Mitarbeiters beurteilbar sein. Dies verlangt vom Zeitaufnehmer sehr große Erfahrung und den Einsatz eines Mitarbeiters, dessen Leistungsgrad verlässlich beurteilt werden kann.

– Nach Abschluss der Zeitaufnahme müssen die Einzelzeiten für die Ablaufschritte durch Bildung der Differenz zwischen den Fortschrittszeiten ermittelt werden:

1. Einzelzeit   33 – 0 = 33   4. Einzelzeit   144 – 96 = 48
2. Einzelzeit   80 – 33 = 47   5. Einzelzeit   156 – 144 = 12
3. Einzelzeit   96 – 80 = 16
Nächster Zyklus
1. Einzelzeit usw.   186 – 156 = 30

4. Danach erfolgt stufenweise die Berechnung der Vorgabezeit (Normalzeit).
   – Bildung der Summe aus den beurteilten Leistungsgraden ($\sum L$).
   – Bildung der Summe aus den errechneten Einzelzeiten ($\sum t_i$).
   [Anmerkung: Es kann im Rahmen der Zeitaufnahme durchaus passieren, dass dem Zeitaufnehmer ein Messpunkt „durch die Lappen" geht und er hierfür keine Fortschrittszeit oder keinen Leistungsgrad notiert hat. In diesem Fall steht im Divisor (n) eine Beobachtungshäufigkeit weniger.]
   – Ermittlung des durchschnittlichen Leistungsgrades ($\bar{L}$) und der durchschnittlichen Einzelzeit ($\bar{t_i}$).
   – Daraus wird dann in der letzten Spalte die endgültige Normalzeit berechnet.
   – Die Summe der Normalzeiten aus den Ablaufschritten ergibt die Vorgabezeit (Normalzeit) für den vollständigen Arbeitsgang (Ausführungsgrundzeit).
5. Sensitivitätsanalyse[1]

(2) Berechnung der Auftragszeit

■ **Struktur der Auftragszeit**

Die Auftragszeit (Vorgabezeit für die Durchführung eines vollständigen Auftrags) wird unterteilt in mehrere Zeitkomponenten.

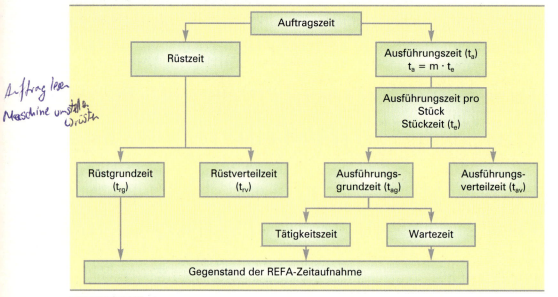

[1] Auf die Durchführung der Sensitivitätsanalyse wird im Folgenden verzichtet.

Erläuterungen:

- Die **Auftragszeit** wird zunächst unterteilt in eine **Rüstzeit** und in eine **Ausführungszeit**. Der Unterschied liegt in der **Art der Tätigkeit**. Die Rüstzeit fällt in der Regel pro Auftrag einmal an, hat vorbereitenden Charakter und dient z. B. zum Lesen der Zeichnung, zum Herrichten der Maschine, Einspannen des Werkzeugs usw.

- Die **Ausführungszeit** ist die **Bearbeitungszeit am Werkstück** (t_e für ein einzelnes Stück). Sie wiederholt sich mit der Anzahl der herzustellenden Teile (t_a für den gesamten Auftrag).

- Sowohl die Rüstzeit als auch die Ausführungszeit werden weiter zerlegt in **Grundzeit** und **Verteilzeit**. Der Unterschied liegt in der **Messbarkeit** im Rahmen der Zeitaufnahme.

- Die **Grundzeit** ist der beobachtbare und damit **messbare Teil** und bestimmt den Zeitbedarf für die **planmäßige Ausführung** des Ablaufs.

- Die **Verteilzeit** kommt **zusätzlich** vor, ist **unvermeidbar** und kann persönlich (kurzfristige Unterbrechung oder Ablenkung) oder sachlich (Beseitigung eines Hindernisses o. Ä.) bedingt sein. Sie tritt während des Ablaufs mit unterschiedlicher Dauer und Häufigkeit auf. Ihr Zeitanteil kann z. B durch Multimomentaufnahmen ermittelt werden. In der Regel wird ein Erfahrungswert als %-Satz den Grundzeiten zugeschlagen.

- Die **Wartezeit** ist eine **ablaufbedingte Unterbrechung** innerhalb der Ausführungsgrundzeit. In der Regel beobachtet der Mensch den Ablauf, ohne sich muskelmäßig zu betätigen.

- **Tätigkeitszeit** ist die Arbeitszeit des Mitarbeiters im Rahmen der Ausführungsgrundzeit.

- **Beispiele für die Berechnung der Auftragszeit**

Nachdem mit der REFA-Zeitaufnahme die Ausgangswerte für Rüst- und Ausführungsgrundzeit ermittelt wurden, kann die Vorgabezeit für einen Auftrag beliebiger Größe ermittelt werden (siehe Beispiel 1 und 2).

Beispiel 1:

Für den Arbeitsgang „Kanten entgraten" wurden aufgrund der REFA-Zeitaufnahme folgende Daten ermittelt:

Rüstgrundzeit	20	Minuten
Ausführungsgrundzeit	5	Minuten

Zur Berechnung der Auftragszeit sind weiterhin zu berücksichtigen:

Rüstverteilzeit	12	%
Ausführungsverteilzeit	15	%
Hergestellte Menge	10	Stück

Berechnung der Auftragszeit:

Rüstgrundzeit	20	Minuten		
+ Rüstverteilzeit 12 %	2,4	Minuten		
= Rüstzeit			22,4	Minuten
Ausführungsgrundzeit	5,0	Minuten		
+ Ausführungsverteilzeit 15 %	0,75	Minuten		
= Stückzeit	5,75	Minuten		
Ausführungszeit (Stückzeit · Menge)			57,5	Minuten
= Auftragszeit			**79,9**	**Minuten**

Beispiel 2:

Daten der Zeitaufnahme:

Tätigkeitszeit	3,75	Minuten
Wartezeit	1,25	Minuten
Rüstgrundzeit	20	Minuten

Daten der Vorgabekalkulation:

Ausführungsverteilzeit	10	%
Rüstverteilzeit	10	%
Herzustellende Menge	10	Stück

Berechnung der Auftragszeit:

Rüstgrundzeit	20	Minuten		
+ Rüstverteilzeit 10 %	2	Minuten		
= Rüstzeit			22,0	Minuten
Tätigkeitszeit	3,75	Minuten		
+ Wartezeit	1,25	Minuten		
Ausführungsgrundzeit	5,0	Minuten		
+ Ausführungsverteilzeit 10 %	0,5	Minuten		
= Stückzeit	5,5	Minuten		
Ausführungszeit (Stückzeit · Menge)			55,0	Minuten
= Auftragszeit			**77,0**	**Minuten**

10.1.3 Arbeitswertstudien

10.1.3.1 Begriff Arbeitswertstudien

Merke:

■ **Arbeitswertstudien** sind Verfahren, die den **Schwierigkeitsgrad einer Arbeit** innerhalb eines Betriebs oder eines Industriezweigs ermitteln, vergleichen und bewerten.

■ Der ermittelte „Arbeitswert" dient als Grundlage einer **anforderungsabhängigen Lohndifferenzierung.**

10.1.3.2 Methoden der Arbeitsbewertung

(1) Summarische Arbeitsbewertung

Kennzeichen der summarischen Arbeitsbewertung ist, dass der Arbeitsplatz als **geschlossene Einheit,** also summarisch, erfasst und mit anderen Arbeitsplätzen im Unternehmen hinsichtlich der Schwierigkeiten und Belastungen verglichen wird. Man unterscheidet zwei Verfahren zur summarischen Arbeitsbewertung: das **Rangfolgeverfahren** und das **Katalogverfahren.**

■ **Rangfolgeverfahren**

Hierbei handelt es sich um eine **globale Bewertung** der einzelnen im Betrieb anfallenden Arbeiten von den leichtesten bis zu den schwierigsten Arbeiten. So legt z.B. eine Kommission, die aus Mitgliedern der Geschäftsleitung und des Betriebsrats bestehen kann, fest, in welcher Reihenfolge die Arbeitsplätze etwa des Portiers, eines Lohnbuchhalters, einer Sekretärin, eines Lagerbuchhalters oder eines Disponenten eingestuft werden. Das Rangfolgeverfahren ist damit eine einfache, dafür aber sehr subjektive Methode, den Arbeitsplatz zu bewerten (siehe Beispiel 1).

Beispiel 1:

Arbeit A ist schwieriger als B } Folge → 1. Arbeit A
Arbeit A ist schwieriger als C }   2. Arbeit B
Arbeit B ist schwieriger als C }   3. Arbeit C

Beispiel 2:

Gruppe	Lohngruppen-Definition	Lohnschlüssel
1	Arbeiten einfacher Art, die ohne vorherige Arbeitskenntnisse nach kurzer Anweisung ausgeführt werden können und mit geringen körperlichen Belastungen verbunden sind.	75 %
2	Arbeiten, die ein Anlernen von 4 Wochen erfordern und mit geringen körperlichen Belastungen verbunden sind.	80 %
3	Arbeiten einfacher Art, die ohne vorherige Arbeitskenntnisse nach kurzer Einweisung ausgeführt werden können.	85 %
4	Arbeiten, die ein Anlernen von 4 Wochen erfordern.	90 %
5	Arbeiten, die ein Anlernen von 3 Monaten erfordern.	95 %
6	Arbeiten, die eine abgeschlossene Anlernausbildung in einem anerkannten Anlernberuf oder eine gleichzuwertende Ausbildung erfordern.	100 %
7	Arbeiten, deren Ausführung ein Können voraussetzt, das erreicht wird durch eine entsprechende ordnungsgemäße Berufslehre (Facharbeiten); Arbeiten, deren Ausführung Fertigkeiten und Kenntnisse erfordert, die Facharbeiten gleichzusetzen sind.	108 %
8	Arbeiten schwieriger Art, deren Ausführung Fertigkeiten und Kenntnisse erfordert, die über jene der Gruppe 7 wegen der notwendigen mehrjährigen Erfahrung hinausgehen.	118 %
9	Arbeiten hochwertiger Art, deren Ausführung an das Können, die Selbstständigkeit und die Verantwortung im Rahmen des gegebenen Arbeitsauftrags hohe Anforderungen stellt, die über die der Gruppe 8 hinausgehen.	125 %
10	Arbeiten höchstwertiger Art, die hervorragendes Können mit zusätzlichen theoretischen Kenntnissen, selbstständige Arbeitsausführung und Dispositionsbefugnis im Rahmen des gegebenen Arbeitsauftrags bei besonders hoher Verantwortung erfordern.	130 %

Quelle: Bröckermann, Reiner: Personalwirtschaft, 4. Aufl., S. 265.

■ **Katalogverfahren**

Diese Methode legt aufgrund von katalogisierten Beispielen (z.B. Lohngruppen-Definition) den Arbeitswert fest. Die Katalogbeispiele müssen eindeutig und klar beschrieben sein. Für jedes Beispiel wird ein bestimmter Arbeitswert ermittelt. Der Nachteil des Katalogverfahrens ist, dass die betriebliche Arbeitssituation aufgrund der unaufhörlichen technisch-wirtschaftlichen Weiterentwicklung sehr bald von den einmal fixierten Richtbeispielen abweicht. Hinzu kommt, dass die mannigfaltige Wirklichkeit kaum in einer begrenzten Zahl von Richtbeispielen einzufangen ist (siehe Beispiel 2, S. 321).

(2) Analytisches Verfahren

■ **Aufbau des Genfer Schemas**

Das **analytische Arbeitsbewertungsverfahren** zerlegt zunächst die verschiedenen Tätigkeiten in ihre unterschiedlichen Anforderungen und Belastungen. Anschließend werden die aufgelisteten Anforderungen und Belastungen einer Tätigkeit jeweils für sich bewertet und die Teilwerte in Zahlen oder Punkten ausgedrückt. Die Addition der Bewertungspunkte stellt den **Arbeitswert** der Tätigkeit dar.

Auf der internationalen Tagung über Arbeitsbewertung wurde in Genf im Jahr 1950 ein allgemeines Schema für Merkmalsgruppen festgelegt **(Genfer Schema)**. Danach wird die zu bewertende Arbeit nach **vier Hauptmerkmalen** unterteilt: **Fachkönnen, Belastung, Verantwortung** und **Umwelteinflüsse.** Jedem Merkmal wird eine Höchstpunktzahl zugeteilt. So können für Fachkenntnisse höchstens 7, für Geschicklichkeit 4, für Belastung 11, für Verantwortung 10 und für Umwelteinflüsse 13 Punkte gewährt werden.

Jeweilige Punktzahl	I Fachkönnen		II Belastung		III Verantwortung			IV Umwelteinflüsse				
	Erforderliche Fachkenntnisse (Berufsausbildung, Berufserfahrung)	Geschicklichkeit (Handfertigkeit)	geistige Beanspruchung	körperliche Beanspruchung	für Werkstücke u. Betriebsmittel	für die Gesundheit anderer	für die Arbeitsgüte	Temperaturbeeinflussung	Öl, Fett, Schmutz und Staub	Gase, Dämpfe, Erschütterung	Unfallgefährdung	Lärm, Blendung, Lichtmangel, Erkältungsgefahr
1	Anweisung bis 6 Wochen	gering	gering	zeitweise mittel	mittel	mittel	mittel	mittel	gering	mittel	mittel	mittel
2	Anlernen bis 6 Monate	mittel	zeitweise mittel	dauernd mittel	hoch	hoch	hoch	hoch	mittel	hoch	hoch	hoch
3	Anlernen mindestens 6 Monate und zusätzliche Berufserfahrung	hoch	dauernd mtitel	dauernd hoch	sehr hoch	sehr hoch	sehr hoch		hoch			sehr hoch
4	abgeschlossene Anlernausbildung und zusätzliche Berufserfahrung	höchste	dauernd hoch	dauernd sehr hoch		ganz außergewöhnlich			sehr hoch			
5	abgeschlossene Facharbeiterausbildung		dauernd sehr hoch	dauernd ganz außergewöhnlich								
6	abgeschlossene Facharbeiterausbildung mit besonderer Berufserfahrung		dauernd außergewöhnlich									
7	abgeschlossene Facharbeiterausbildung und höchstes fachliches Können											

Genfer Schema

Die Vorgehensweise bei der analytischen Arbeitsbewertung wird am Beispiel der Arbeit eines Reparaturschlossers gezeigt. Grundlage ist die **Arbeitsplatzbeschreibung,** die die Ansprüche eines Arbeitsplatzes an die geistigen und körperlichen Fertigkeiten und Fähigkeiten des Mitarbeiters darlegt.

Beispiel für eine Arbeitsplatzbeschreibung nach dem Genfer Schema:

Auszug aus der **Arbeitsplatzbeschreibung für einen Reparaturschlosser:** „Bei den erforderlichen Fachkenntnissen werden eine dreijährige Handwerkerlehre und eine zwei- bis fünfjährige zusätzliche Berufserfahrung vorausgesetzt. Zur Durchführung von Reparaturen an den Produktions- und Ausrüstungsmaschinen wird eine mittlere Geschicklichkeit verlangt. Die geistige Beanspruchung ist sehr hoch, da häufige Denktätigkeit erforderlich ist. Die Arbeiten sind z. T. nur mithilfe eigener Überlegungen durchführbar (z. B. Lesen von Zeichnungen). Die Anforderungen an Muskeln sind hoch, weil Arbeiten mit anstrengender Körperhaltung anfallen. So sind z. B. schwere Werkstücke handzuhaben, Treppen und Leitern zu begehen und Arbeiten mit statischer Belastung durchzuführen.

Die Verantwortung für die Betriebsmittel ist durchschnittlich, da die Möglichkeit der Verursachung von Schäden gering ist. Jedoch besteht bei fehlerhafter Durchführung der Reparaturarbeiten eine hohe Möglichkeit zur Schädigung der Gesundheit anderer. Der Reparaturschlosser hat einen sehr großen Einfluss auf den Arbeitsablauf, da eine schnelle Durchführung von Reparaturen Stillstände und Ausschuss vermeidet.

Die Tätigkeit des Reparaturschlossers unterliegt verschiedenen negativen Umwelteinflüssen. In der Regel arbeitet er zwar nicht unter extremen Temperaturverhältnissen. Jedoch sind die Arbeiten abwechselnd in geschlossenen Räumen und im Freien durchzuführen, sodass die Erkältungsgefahr groß ist. Hinzu kommt die Blendung beim Schweißen.

Die Verschmutzung durch Öle, Fette und Rost ist hoch. Außerdem sind erhebliche Belästigungen durch Lärm und Erschütterungen bei Arbeiten an den Maschinen und in der Werkstatt gegeben …"

Mithilfe des Genfer Schemas lässt sich der Arbeitsplatz des Reparaturschlossers folgendermaßen bewerten:

Arbeitsplatzbewertungsbogen		Arbeitsplatz-Nr. 62	
		Bewertung	
Anforderungen		Höchst-punktzahl	Ist-punktzahl
I. Erforderliches Fachkönnen			
Berufsausbildung und Berufserfahrung		7	7
Geschicklichkeit		4	2
II. Anstrengung			
– geistige Beanspruchung		6	4
– körperliche Beanspruchung		5	4
III. Verantwortung			
– für Werkstücke und Betriebsmittel		3	2
– für die Gesundheit anderer		4	3
– für die Arbeitsgüte		3	2
IV. Umwelteinflüsse			
– Temperaturbeeinflussung		2	1
– Öl, Fett, Schmutz und Staub		4	3
– Gase, Dämpfe, Erschütterung		2	2
– Unfallgefährdung		2	2
– Lärm, Blendung, Lichtmangel, Erkältungsgefahr		3	3
Summe der Punkte (Arbeitswert)		**45**	**35**

nicht im Lehrplan

■ **Berechnung des Lohnsatzes nach dem analytischen Verfahren**

Lohn = Lohnsatz beim Arbeitswert 0 + Arbeitswert · Steigerungsfaktor

Für die **Berechnung des Lohnsatzes** werden folgende Abkürzungen verwendet:

Lohnsatz: L

Lohnsatz beim Arbeitswert 0: L_0

Arbeitswert: A

Steigerungsfaktor: f

$$L = L_0 + A \cdot f$$

Der **Steigerungsfaktor (f)** ergibt sich, indem die Differenz zwischen minimalem Lohnsatz (L_{min}) und maximalem Lohnsatz (L_{max}) durch die Arbeitswertspanne des Betriebs dividiert wird. Die **Arbeitswertspanne** ist der Unterschied zwischen dem höchsten Arbeitswert (A_{max}) und dem niedrigsten Arbeitswert (A_{min}). Es gilt also:

$$f = \frac{L_{max} - L_{min}}{A_{max} - A_{min}}$$

Der **Lohnsatz beim Arbeitswert 0** kann wie folgt errechnet werden:

$$L_0 = L_{min} - A_{min} \cdot f$$

Beispiel:

Wir greifen auf das Beispiel der Arbeitsplatzbeschreibung für einen Reparaturschlosser zurück (S. 323). Für die Lohnberechnung liegen folgende Daten vor: minimaler Lohnsatz 9,50 EUR, maximaler Lohnsatz 20,00 EUR, Arbeitswert des Arbeitsplatzes 35, Mindestarbeitswert 10, Höchstarbeitswert 45.

Aufgabe:

Berechnen Sie den Lohnsatz bei Arbeitswert 35!

Lösung:

Berechnung des Steigerungsfaktors:	$f = \dfrac{20 - 9,50}{45 - 10} = \underline{\underline{0,3}}$
Berechnung des Lohnsatzes beim Arbeitswert 0:	$L_0 = 9,50 - 10 \cdot 0,3 = \underline{\underline{6,50}}$
Berechnung des Lohns für den Reparaturschlosser:	$L = 6,50 + 35 \cdot 0,3 = \underline{\underline{17,00}}$

Ergebnis:

Der Lohnsatz des Reparaturschlossers beträgt 17,00 EUR.

10.1.3.3 Bedeutung der Arbeitsbewertung

Sowohl die summarische als auch die analytische Arbeitsbewertung differenziert (unterscheidet) die Lohnhöhe nach den **Anforderungen des Arbeitsplatzes** (anforderungsabhängige Lohndifferenzierung). Insofern trägt sie zu einer gerechteren Entlohnung bei. Sie sagt aber noch nichts darüber aus, was der einzelne Mitarbeiter an seinem Arbeitsplatz tatsächlich leistet. Die **tatsächliche Arbeitsleistung** hängt vom Charakter, der Leistungsfähigkeit und vom Leistungswillen des Mitarbeiters ab. Sie kann nur insoweit bewertet werden, als sie äußerlich erkennbar ist. Merkmale sind z.B. Sorgfalt, Fleiß und Arbeitsgeschwindigkeit.

Soll die **Leistung** des einzelnen Mitarbeiters bei der Lohnfindung ebenfalls berücksichtigt werden, müssen Leistungsgrad und Istleistung ermittelt werden.

Beispiel:

Ergibt die Istleistung eines Mitarbeiters einen Leistungsgrad von 120 %, dann liegt seine Vergütung auch um 20 % über einer Vergütung bei Normalleistung.

Zusammenfassung

-

Arbeitsstudien

Arbeitsablaufstudien	**Arbeitszeitstudien**	**Arbeitswertstudien**
untersuchen Arbeitsabläufe mit dem Ziel, diese zu verbessern	dienen der Ermittlung einer gerechten Vorgabezeit	ermitteln die Anforderungen eines Arbeitsplatzes

- **Arbeitszeitstudien nach REFA** beruhen auf **Messungen** der **Arbeitszeit**. Dabei wird die Fortschrittszeit eines sich wiederholenden Arbeitsgangs fortlaufend notiert und für jeden Zeitabschnitt der Leistungsgrad beurteilt. Hieraus lässt sich die Normalzeit **(Auftragszeit, Vorgabezeit)** berechnen. Je höher der Leistungsgrad im Rahmen der Ist-Aufnahme beurteilt wurde, desto länger ist die Normalzeit.

- Die **Auftragszeit (Vorgabezeit)** wird in **Rüstzeit** und **Ausführungszeit** eingeteilt.

- Sowohl **Rüstzeit** als auch **Ausführungszeit** werden in **Grundzeit** und **Verteilzeit** zerlegt.

- Gegenstand der **Zeitaufnahme** ist nur der beobachtbare und damit der messbare Teil der Arbeit **(Grundzeit)**. Die **Verteilzeiten** fallen zwangsläufig an, sind persönlich oder sachlich bedingt, sind aber in ihrem Auftreten nicht vorhersehbar. Sie werden daher als prozentualer Zuschlag den Grundzeiten zugerechnet.

- **Arbeitswertstudien** ermitteln den **Schwierigkeitsgrad** einer Arbeit und sind Grundlage für die Entlohnung an einem bestimmten Arbeitsplatz. Bewertet wird nicht die Person, sondern der Arbeitsplatz.

- **Summarische Verfahren** bewerten den Arbeitsplatz als Ganzes. Hierzu gehören das **Rangfolgeverfahren** und das **Katalogverfahren**.

- **Analytische Verfahren** bewerten den Arbeitsplatz aufgrund bestimmter Merkmale. Die vier Hauptmerkmalsgruppen des **Genfer Schemas** sind geistiges und körperliches **Können**, geistige und körperliche **Belastung, Verantwortung** und **Umwelteinflüsse**.

- Die **endgültige Lohnhöhe** eines Mitarbeiters wird ermittelt, indem die **Anforderungen** des **Arbeitsplatzes** (Grundlage sind Arbeitswertstudien) und die **Istleistung** des **Mitarbeiters** (Arbeitszeitstudien hierfür liefern als Vergleichsmaßstab für die Normalleistung) verknüpft werden.

Übungsaufgaben

86 1. Begründen Sie die Notwendigkeit von Arbeitsstudien aus der Sicht der Arbeitnehmer!

2. Begründen Sie die Notwendigkeit von Arbeitsstudien aus der Sicht des Betriebs!

3. Worin sehen Sie die Aufgaben der Arbeitszeitstudien?

4. Warum geht das REFA-System von der Normal- und nicht von der Maximalleistung des Arbeitenden aus?

87 1. Ein Zeitnehmer führt eine REFA-Zeitaufnahme durch. Nachdem er aus den Fortschrittszeiten die Einzelzeiten ermittelt sowie die Durchschnittswerte für die Einzelzeiten und die Leistungsgrade berechnet hat, ergeben sich folgende Daten:

(Handschriftliche Notizen am Rand:)
Zeit 120%
Leistungsgrad = 33/Min
1 ʼ ʼ = 33 min × 120
100% ʼ ʼ = $\frac{33 \times 120}{100}$

Nr. der Ablaufschritte	Durchschnittlicher Leistungsgrad ($\bar{L}$)	Normalzeit
	Durchschnittliche Einzelzeit ($\bar{t_i}$)	
1	120	39,6
	33	
2	115	51,75
	45	
3	110	24,2
	22	
4	120	36
	30	
5	115	28,75
	25	

Aufgabe:
Berechnen Sie die Normalzeit für diesen Arbeitsgang!   *180,3*

2. Die Normalzeit für den Arbeitsgang „Tischbeine absägen auf Länge" beträgt je Stück 4 Minuten. Der Mitarbeiter Herr Bernhard Merkle stellt im Laufe von 12 Arbeitsstunden 225 Stück her.   *4 · (12×60) : 4 = 180*

Aufgaben:

2.1 Wie groß ist die Normalleistung für diese 12 Arbeitsstunden?

2.2 Welchen Leistungsgrad hat Bernhard Merkle erreicht?   *100 : 180 × 225 = 125 %*

3. Ermitteln Sie die Auftragszeit (bei Akkordentlohnung „Vorgabezeit" genannt), wenn folgende Daten gegeben sind: Auftragsgröße 20 Werkstücke; Rüstgrundzeit 15 Minuten je Auftrag; Rüstverteilzeit 10 %; Ausführungsgrundzeit je Werkstück 12 Minuten; Ausführungsverteilzeit 5 %!   *20 × 12 = 240 + 5 % = 252 → 10 % = 268,5*
16,5

88 1. Worin besteht die Hauptaufgabe der Arbeitswertstudien?

2. Beschreiben Sie kurz die Methoden der Arbeitswertstudien!

3. Welche der genannten Methoden halten Sie für die beste? Begründen Sie Ihre Meinung!

4. Warum ist die Arbeitsplatzbeschreibung eine Voraussetzung für eine gute Arbeitsplatzbewertung?

5. Sollen nach Ihrer Meinung die Mitarbeiter eines Betriebs bei der Arbeitsplatzbewertung ein Mitspracherecht besitzen? Welche Gründe sprechen dafür, welche dagegen?

6. Sagt die Arbeitsplatzbewertung bereits etwas über die Leistung des einzelnen Arbeitnehmers aus?

89 In einem Industriebetrieb werden drei Arbeitsplätze mit 25, 30 und 32 Punkten gemäß dem Genfer Schema bewertet. Die niedrigste betriebliche Punktzahl beträgt 12, die höchste betriebliche Punktzahl 45. Der minimale Lohnsatz beträgt 16,00 EUR, der maximale Lohnsatz 26,56 EUR.

Aufgaben:

1. Berechnen Sie die Lohnsätze für die drei Arbeitswerte!

2. Stellen Sie eine Grafik auf, in der die Abhängigkeit zwischen Lohnsatz und Arbeitswert gezeigt wird!

   (**Hinweis:** Tragen Sie auf der x-Achse den Arbeitswert, auf der y-Achse die Höhe des Lohnsatzes ein!)

10.2 Entlohnungssysteme

10.2.1 Überblick

Nach der Berechnung der Bruttolöhne werden folgende **Lohnformen (Entlohnungssysteme, Entlohnungsformen)** unterschieden:

Leistungslohn i. w. S.				
Zeitlohn (Tag-, Wochen-, Dekaden-lohn, Monatslohn, Monatsgehalt, Jahresgehalt)	Leistungslohn i. e. S. (Lohnanreizsysteme)			
	Akkordlohn (Stücklohn)			Prämien-lohn
	Geld-akkord	Zeit-akkord	Sonstige Formen d. Akkordlohns	

10.2.2 Zeitlohn

Beim Zeitlohn wird die Lohnhöhe nach der tatsächlich im Betrieb zugebrachten Zeit berechnet:

Bruttolohn = Anzahl der Zeiteinheiten · Lohnsatz je Zeiteinheit

Der Zeitlohn ist anwendbar bei Arbeiten, die Aufmerksamkeit, Sorgfalt und geistige Tätigkeit verlangen, bzw. bei Arbeiten, bei denen eine Lohnfestsetzung nach Leistungseinheiten unmöglich ist (z.B. Bürotätigkeit, Lagerarbeiten, Aufsicht). Auch dort, wo das Arbeitstempo durch ein Fließband vorgegeben ist, wird Zeitlohn gezahlt. Allerdings wird bei Fließbandarbeit mitunter auch Gruppenakkord nach dem **Zahlpunktsystem** (siehe S. 331) bezahlt.

Vorteile	Ein wichtiger Vorteil des Zeitlohns ist die einfache Berechnung des Bruttoverdienstes. Darüber hinaus kommt beim Zeitlohn kein überhastetes Arbeitstempo auf. Infolgedessen kann auf die Qualität der Arbeit Rücksicht genommen werden. Die Gesundheit der Mitarbeiter wird nicht geschädigt.

Nachteile	Ein wichtiger Nachteil des Zeitlohns besteht darin, dass der Betrieb das Risiko des Arbeitswillens und der Geschicklichkeit des Mitarbeiters trägt. Das verlangt Arbeitsüberwachung und verstärkte Mengen- und Qualitätskontrollen. Der Zeitlohn gibt wenig Anreiz für die Mitarbeiter, die Leistung zu steigern. Bei Mitarbeitern mit überdurchschnittlicher Leistung führt dies zu **Unzufriedenheit.**

Die Nachteile des Zeitlohns können durch genaue Arbeitswertstudien gemildert werden.

10.2.3 Akkordlohn

10.2.3.1 Voraussetzungen für die Entlohnung nach Akkordlohn

Der Zeitlohn kann durchaus leistungsgebunden sein. Der Unterschied zum Akkordlohn (Stücklohn) besteht darin, dass beim Zeitlohn keine unmittelbare Zurechnung zur tatsächlich erbrachten Arbeitsleistung erfolgt, während beim Akkordlohn für eine bestimmte Arbeitsleistung, z.B. ein Stück, ein bestimmter Geldbetrag gezahlt wird.

Die **Voraussetzungen** der auf die Leistungseinheit bezogenen Entlohnung sind:

- Der **Arbeitsumfang** muss genau festlegbar sein (z.B. Zahnräder fräsen).
- Die **Arbeitszeit bei Normalleistung** muss exakt ermittelt werden können (z.B. durch Arbeitszeitstudien).
- Die **Arbeitsgeschwindigkeit** muss ganz oder zumindest teilweise vom Arbeitenden beeinflusst werden können (z.B. Fliesen legen). Folglich sind vollautomatisierte Fertigungsabläufe nicht akkordfähig.
- Die **Arbeitsgänge** müssen sich wiederholen, d.h., die zu fertigende Stückzahl darf nicht zu klein sein.

10.2.3.2 Einzelakkord

(1) Wichtige Begriffe

Beim Einzelakkord geht es darum, die Arbeitsleistung eines **einzelnen Mitarbeiters** zu entlohnen.

Die Höhe des Akkordlohns wird zunächst durch den **Akkordrichtsatz** bestimmt. Der Akkordrichtsatz besteht aus zwei Komponenten[1]:

- dem **Grundlohn (Mindestlohn),** der meist dem Stundenlohn entspricht, den Zeitarbeiter für die gleiche oder ähnliche Arbeitsverrichtung beziehen. Der Grundlohn ist von der **Lohngruppe** abhängig, die tariflich vereinbart ist. Das Verhältnis der Lohngruppen wird über **Lohngruppenschlüssel** bestimmt.

Beispiel für einen Lohngruppenschlüssel:
Ungelernte Arbeit 80 %, angelernte Arbeit 85 %, qualifiziert angelernte Arbeit 90 %, Facharbeiter 100 %, qualifizierter Facharbeiter 110 %, bestqualifizierter Facharbeiter 125 %.

- dem **Akkordzuschlag,** der in der Regel 15 % bis 25 % des Grundlohns beträgt. Die Höhe des Akkordzuschlags ist in der Regel tariflich festgelegt.

Akkordrichtsatz = Grundlohn + Akkordzuschlag

---

1 Komponente: Bestandteil.

(2) Geldakkord (Stückgeldakkord)

Beim Geldakkord wird ein fester Geldsatz pro Einheit (z.B. Stück) vergütet. Den Geldsatz bezeichnet man als **Stückgeld** oder **Stückakkordsatz.**

$$\text{Stückgeld (Stückakkordsatz)} = \frac{\text{Akkordrichtsatz}}{\text{Normalleistung/Std.}}$$

Der **Bruttolohn** errechnet sich beim Geldakkord wie folgt:

$$\text{Bruttolohn} = \text{Stückgeld (Stückakkordsatz)} \cdot \text{Stückzahl (Istleistung)}$$

Beispiel:

Der Grundlohn eines Drehers beträgt 16,00 EUR je Stunde. Es wird ein Akkordzuschlag von 20% gezahlt. Die Vorgabezeit wurde auf 24 Minuten festgelegt.

Aufgabe:

1. Wie viel Euro verdient ein Dreher an einem Arbeitstag, wenn er 25 Stück je Arbeitstag fertigt?

2. Berechnen Sie den effektiven Stundenlohn des Drehers, wenn der Arbeitstag 8 Stunden hat!

Lösung:

Zu 1.: Akkordrichtsatz:

Grundlohn je Stunde	16,00 EUR
+ Akkordzuschlag (20%)	3,20 EUR
	19,20 EUR

Normalleistung je Stunde: $\dfrac{60 \text{ Min.}}{24 \text{ Min.}} = \underline{\underline{2,5 \text{ Stück/Std.}}}$

Stückgeld: $\dfrac{19,20 \text{ EUR}}{2,5 \text{ Stück}} = \underline{\underline{7,68 \text{ EUR/Stück}}}$

Bruttolohn je Arbeitstag: $7,68 \text{ EUR/Stück} \cdot 25 \text{ Stück} = \underline{\underline{192,00 \text{ EUR}}}$

Zu 2.: Effektiver Stundenlohn: $192,00 \text{ EUR} : 8 \text{ Stunden} = \underline{\underline{24,00 \text{ EUR/Std.}}}$

(3) Zeitakkord (Stückzeitakkord)

Beim Zeitakkord wird den Beschäftigten für jedes gefertigte Stück eine im Voraus festgelegte Zeiteinheit, die **Vorgabezeit (Zeitakkordsatz, Zeitsatz),** vorgegeben und mit dem Preis pro Minute **(Minutenfaktor)** vergütet.

$$\text{Bruttolohn} = \text{Stückzahl} \cdot \text{Vorgabezeit} \cdot \text{Minutenfaktor}$$

$$\text{Vorgabezeit} = \frac{60 \text{ Minuten}}{\text{Normalleistung/Std.}}$$

$$\text{Minutenfaktor} = \frac{\text{Akkordrichtsatz/Std.}}{60}$$

> **Beispiel:**
>
> Es werden die im vorangegangenen Beispiel angegebenen Zahlen zugrunde gelegt.

Lösung:

Minutenfaktor: $\dfrac{19,20\ \text{EUR}}{60\ \text{Min.}} = \underline{\underline{0,32\ \text{EUR}}}$

Bruttolohn je Arbeitstag: 25 Stück · 24 Min. · 0,32 EUR = $\underline{\underline{192,00\ \text{EUR}}}$

(4) Akkordlohnformen der Praxis

Die Praxis hat seit Einführung der Monatslöhne zahlreiche betriebsindividuelle Modelle der Akkordlohnberechnung entwickelt. Diese Modelle sind grundsätzlich wie folgt aufgebaut:

> **Beispiel:**
>
> Frau Schmitt hat einen Monatslohn (Grundlohn) von 1 600,00 EUR. Er wird auch bei Minderleistung bezahlt.
>
> Die Vorgabezeit je Werkstück beträgt 30 Minuten. Da die monatlichen Arbeitsstunden schwanken (unterschiedliche Zahl der Arbeitstage, Feiertage, Betriebsferien usw.), werden die monatlichen Sollstunden den Arbeitnehmern vorgegeben. Damit liegt auch die **Sollleistung (Normalleistung)** fest.
>
> Ein „Normalmonat" wird mit 160 Arbeitsstunden festgelegt. Das bedeutet, dass von einer **Normalleistung** von 320 Werkstücken ausgegangen wird. Dies entspricht einer Normalleistung von 2 Stück je Stunde. Frau Schmitt
>
> fertigt im Normalmonat Mai 352 Werkstücke. Sie erbringt eine Mehrleistung von 10 %, was einem Faktor von 0,1 entspricht.
>
> Der Monat Juli hat aufgrund der Betriebsferien nur 80 Arbeitsstunden. Damit beträgt die Normalleistung 160 Werkstücke. Frau Schmitt fertigt im Monat Juli wiederum 10 % mehr, also 176 Werkstücke.
>
> Der Faktor, mit dem die Mehrleistung zu gewichten ist, bezeichnet man als **Umrechnungsfaktor.**
>
> **Aufgabe:**
>
> Berechnen Sie den Lohn von Frau Schmitt für die Monate Mai und Juli!

Lösung:

Umrechnungsfaktor Monat Mai: $\dfrac{160\ \text{Std.}}{160\ \text{Std.}} = \underline{1}$　　Umrechnungsfaktor Monat Juli: $\dfrac{80\ \text{Std.}}{160\ \text{Std.}} = \underline{\underline{0,5}}$

Der Lohn von Frau Schmitt beträgt

im Mai: 　　　1 600,00 EUR + 1 600,00 EUR · 0,10 · 1　　= 1 760,00 EUR
im Juli: 　　　1 600,00 EUR + 1 600,00 EUR · 0,10 · 0,5　= 1 680,00 EUR

Erläuterung:

Obwohl Frau Schmitt im Mai und im Juli jeweils eine Mehrleistung von 10 % erbringt, erhält sie unterschiedliche Leistungszuschläge (Mai: 1 600,00 · 0,1 · 1 = 160,00 EUR, Juli: 1 600,00 · 0,1 · 0,5 = 80,00 EUR). Grund: Der Umrechnungsfaktor, mit dem die Mehrleistung zu gewichten ist, hat sich halbiert, weil sich die Zahl der Arbeitsstunden im Juli halbiert hat.

Für die Berechnung des Monatslohns gilt folgende Formel:

Monatslohn = Grundlohn + Grundlohn · Mehrleistung in % · Umrechnungsfaktor

$$\text{Umrechnungsfaktor} = \frac{\text{Arbeitsstunden des jeweiligen Monats}}{\text{Arbeitsstunden des Normalmonats}}$$

10.2.3.3 Gruppenakkord

Beim **Gruppenakkord** besteht eine Lohnvereinbarung mit einem Team (einer Arbeitsgruppe). Der gemeinsam verdiente Akkordlohn wird unter den Mitgliedern der Gruppe aufgeteilt.

Für die **Aufteilung** des Mehrverdienstes bei Teamarbeit können folgende Gesichtspunkte maßgebend sein:

- gleichmäßige Verteilung,
- Verteilung nach Lohngruppen,
- Verteilung nach Alterseinstufung oder
- Verteilung mithilfe eines Leistungsfaktors, der vom Akkordführer festgelegt wird.

Das **Zahlpunktsystem** ist eine Form des Gruppenakkords, das bei der Fließfertigung angewandt wird.

Beispiel:

Die gesamte am Montageband arbeitende Belegschaft wird zu einer Gruppe zusammengefasst. Die zusammengebauten Erzeugnisse werden gezählt und verrechnet. Der „Zahlpunkt" ist in diesem Fall das Ende des Fließbands, an dem die fertigen Stücke abgenommen werden. Ein Einzelakkord ist nicht anwendbar, weil dem Einzelnen das Arbeitstempo durch das Fließband aufgezwungen wird.

10.2.4 Prämienlohn

Bei der Prämienentlohnung wird zu einem vereinbarten Grundlohn noch eine Zulage, die **Prämie**, gewährt. Dabei ist zu unterscheiden, ob die Prämie für **qualitative** (gütemäßige) **Arbeitsleistungen** und/oder **quantitative** (mengenmäßige) **Arbeitsleistungen** gezahlt wird.

(1) Prämienlohn für qualitative Arbeitsleistungen (Arbeitsgüte)

Je nach Art der Qualität der Leistungen werden folgende Prämienarten unterschieden:

Güteprämien	Sie werden z. B. gewährt bei Verringerung des Ausschusses.
Stoffausbeuteprämien	Sie werden für eine hohe Ausbeute wertvoller Roh-, Hilfs- und Betriebsstoffe sowie Halbfabrikate gewährt.
Nutzungsprämien	Sie werden für eine gute Maschinenausnutzung gezahlt.
Ersparnisprämien	Sie sollen einen Anreiz zur Einsparung von Hilfs-, Betriebs- und Rohstoffen sowie Energien geben.[1]
Terminprämien	Sie werden bei eiligen Aufträgen gezahlt, falls die Termine eingehalten oder unterschritten werden.

---

1 Die **Ersparnisprämien** müssen sorgfältig geplant sein. Wird z. B. eine Prämie für die Senkung des Schmiermittelverbrauchs gewährt, besteht die Gefahr, dass die Maschinen unzureichend geschmiert werden. Die Kosten des Maschinenverschleißes steigen dadurch schneller als die Ersparnis beim Schmiermittelverbrauch. Richtig hingegen ist, die sorgsame Behandlung der Maschine zu prämieren.

(2) Prämienlohn für quantitative Arbeitsleistungen (Arbeitsmenge)

Hierbei handelt es sich um den Prämienlohn im eigentlichen Sinne, weil er – wie der Akkordlohn auch – die mengenmäßige Arbeitsleistung erhöhen soll. Das mengenbezogene Prämienlohnverfahren wird anhand des **Prämienlohnsystems nach Halsey** erläutert.

Bei diesem System erhält der Mitarbeiter neben dem Grundlohn eine Prämie von $33^1/_3$ bis 50 % des Zeitlohns, der durch Unterschreiten der Vorgabezeit erspart wird. Der Profit aus der Mehrleistung wird also zwischen Arbeitgeber und Arbeitnehmer geteilt. Die Lohnkosten je Stück nehmen mit zunehmender Leistung ab.

Beispiel:

In einem Betrieb wird 10 Stunden am Tag gearbeitet. Die Vorgabezeit je Werkstück beträgt eine Stunde. Der Stundenlohn (Grundlohn) beläuft sich auf 20,00 EUR. Die Prämie wird auf 50 % des ersparten Zeitlohns festgesetzt.

Aufgaben:

1. Wie entwickelt sich der Bruttolohn je Tag, wenn ein Mitarbeiter seine Tagesleistung wie folgt steigert: 10, 12, 14, 16, 18 und 20 Stück je Tag?
2. Wie viel Euro betragen die Lohnstückkosten bei den unterschiedlichen Tagesleistungen?
3. Berechnen Sie den Stundenlohn bei den unterschiedlichen Tagesleistungen!

Lösungen:

Ist-leistung (Stück)	Arbeits-zeit (in Std.)	Ersparte Zeit (in Std.)	Grund-lohn (EUR)	Prämie 50 % des Stunden-lohns (EUR)	Tag-lohn (EUR)	Lohn-stück-kosten (EUR)	Stunden-lohn (EUR)
10	10	–	200,00	–	200,00	20,00	20,00
12	10	2	200,00	20,00	220,00	18,33	22,00
14	10	4	200,00	40,00	240,00	17,14	24,00
16	10	6	200,00	60,00	260,00	16,25	26,00
18	10	8	200,00	80,00	280,00	15,56	28,00
20	10	10	200,00	100,00	300,00	15,00	30,00

Die **Vor- und Nachteile des leistungsmengenbezogenen Prämienlohns** sind im Wesentlichen die gleichen wie die des Akkordlohns. Für den Betrieb ergibt sich jedoch der Nachteil schwieriger Berechnung. Dafür sinken die Lohnstückkosten mit zunehmender Leistung des Arbeitnehmers.

Für den Mitarbeiter ist von Nachteil, dass – im Gegensatz zum Akkordlohn – sein Einkommen nicht im gleichen Verhältnis wie seine Leistung steigt. Andererseits ist die Gefahr der Überanstrengung und der Gesundheitsgefährdung geringer, weil der Anreiz zur Mehrleistung geringer ist.

Zusammenfassung

- **Zeitlohn**

Anwendung	- bei Arbeiten, die Aufmerksamkeit und Sorgfalt verlangen (Einstellarbeiten, Restaurierungen), - bei Tätigkeiten, bei denen die Arbeitsgeschwindigkeit von einer Maschine bestimmt wird und vom Menschen nicht beeinflusst werden kann (Fließband mit festem Zeittakt), - bei Tätigkeiten, die sich einer Leistungsmessung entziehen und überwiegend geistiger Art sind (Forschung und Entwicklung, betriebliche Schulung), - bei überwachenden und kontrollierenden Tätigkeiten (Portier), - Arbeiten, bei denen eine Leistungssteigerung mit erheblichen Risiken verbunden wäre (Fernfahrer).
Vorteile	- Einfache Berechnung des Bruttoverdienstes, - gute Arbeitsqualität, - kein Zeitdruck, - Arbeitskraft hat festes Einkommen, - keine geistige und körperliche Überforderung.
Nachteile	- Unternehmer trägt Risiko der Leistungsbereitschaft des Arbeitnehmers, - kein finanzieller Leistungsanreiz, - Leistungskontrollen sind notwendig.

- **Akkordlohn**

Voraussetzungen	- Arbeitsumfang ist begrenzt, - Leistung ist messbar und Normalleistung ist festgelegt, - Arbeitskraft kann Arbeitsgeschwindigkeit beeinflussen, - Arbeitsgang wiederholt sich.
Vorteile	- Finanzieller Anreiz zur Mehrleistung, - Mehrleistung wird entlohnt, - leichtere Kalkulation, da konstante Lohnstückkosten, - Mehrleistung verbessert die Auslastung der Maschinen.
Nachteile	- Risiko der geistigen und körperlichen Überanstrengung, - höheres Risiko durch Arbeitsunfälle, - schwankendes Einkommen des Mitarbeiters, - schwierigere Lohnberechnung, - u. U. Minderung der Qualität der Leistung.

- Beim **Einzelakkord** erfolgt die Berechnung des Akkordlohns getrennt für jeden Mitarbeiter.

- Beim **Gruppenakkord** wird der Akkordlohn für eine ganze Gruppe ermittelt. Das Problem hierbei besteht in einer gerechten Verteilung des Gesamtlohns auf die Gruppenmitglieder.

- **Akkordrichtsatz** = Grundlohn + Akkordzuschlag.

- Der **Akkordzuschlag** ist eine Vergütung für die Bereitschaft, unter Akkordbedingungen zu arbeiten.

- Beim **Geldakkord (Stückgeldakkord)** ist die Basis der Lohnberechnung die Vergütung je Mengeneinheit.

  Bruttolohn = Stückgeld · Stückzahl (Istleistung)

- Zur Ermittlung des **Zeitakkords (Stückzeitakkords)** benötigt man folgende Werte:

  - Vergütung je Minute bei Normalleistung (Sollleistung)

    $$\text{Minutenfaktor} = \frac{\text{Akkordrichtsatz}}{60}$$

  - Vorgabezeit je Stück

    $$\text{Vorgabezeit} = \frac{60\ \text{Minuten}}{\text{Normalleistung}}$$

  Mithilfe des Minutenfaktors und der Vorgabezeit lässt sich der Bruttolohn wie folgt ermitteln:

  Bruttolohn = Stückzahl · Vorgabezeit · Minutenfaktor

- Da die monatlichen Arbeitsstunden aufgrund von Feiertagen, unterschiedlicher Zahl der Arbeitstage usw. schwanken, ist eine Anpassung des Leistungszuschlags an die schwankende Normalleistung des Monats erforderlich. Dies geschieht über **Umrechnungsfaktoren.**

- Beim **Prämienlohn** wird zum vereinbarten Grundlohn noch eine **Prämie** für quantitative und/oder für qualitative Arbeitsleistungen bezahlt, z.B. für Arbeitsqualität, Verringerung des Verschnitts, Maschinennutzung oder Termineinhaltung.

Übungsaufgaben

90 Wir greifen auf das Einführungsbeispiel auf S. 330 zurück:

Angenommen, die Monatsarbeitsstunden betragen im Januar 90, im Februar 150 und im März 120 Stunden. Frau Schmitt fertigt im Januar 198, im Februar 315 und im März 230 Werkstücke.

Aufgabe:

Berechnen Sie ihre Monatslöhne vom Januar bis zum März!

91 Die Schwarz Elektro GmbH stellt elektrische Mess- und Regelgeräte her. Hauptumsatzträger ist die Schwarz-Zeitschaltuhr, mit der die Ein- und Ausschaltzeiten von Elektrogeräten vorprogrammiert werden kann. Dieses Gerät wird in mehreren Ausführungen in größeren Stückzahlen hergestellt. Die einzelnen Bauteile werden bezogen bzw. vollautomatisch hergestellt. Die Zeitschaltuhren werden aus rund 25 Bauteilen von jeweils einem Montagearbeiter komplett zusammengesetzt.

Die Geschäftsleitung steht zurzeit vor folgenden Problemen:

- Der Absatz hat in den letzten Monaten mengenmäßig stark zugenommen. Die Lieferfristen für die Zeitschaltuhren haben sich verlängert.

- In dieser Zeit häufen sich auch die Reklamationen von Kunden. Die Zeitschaltuhren sind des Öfteren unzuverlässig.

- Ausländische Konkurrenten drücken den Preis von Zeitschaltuhren. Die Geschäftsleitung hält es für wichtig, die Lohnkosten in der Fertigung zu begrenzen.

Bisher wurden Montagearbeiter im Stundenlohn bezahlt. Es wird die Entlohnung im Akkordsystem angeregt.

Aufgaben:

1. Beschreiben Sie Vor- und Nachteile der beiden genannten Lohnformen für die Arbeitnehmer und für den Arbeitgeber!

2. Entscheiden Sie begründet unter besonderer Berücksichtigung der vorgenannten Probleme (Reklamationen, Lieferfristen, Lohnkosten), welche Lohnform für die Schwarz Elektro GmbH am besten geeignet ist!

3. Im Zusammenhang mit notwendigen Rationalisierungsmaßnahmen werden bei der Schwarz Elektro GmbH Arbeitszeitstudien nach dem REFA-System durchgeführt.

   Eine Zeitaufnahme erbrachte folgende Normalzeiten:
   - Zeit für Herrichten des Arbeitsplatzes: 15 Minuten
   - reine Arbeitszeit für das Montieren von 50 Stück: 100 Minuten
   - Zeit für das Säubern des Arbeitsplatzes: 5 Minuten
   - für Unterbrechungen persönlicher und sachlicher Art wird ein Zuschlag von 10% berechnet

   3.1 Berechnen Sie
      - die Rüstzeit,
      - die Stückzeit und
      - die Auftragszeit für einen Auftrag über 100 Stück!

   3.2 Für eine im Akkord zu entlohnende Arbeit wird bei der Schwarz Elektro GmbH eine Vorgabezeit von 12 Minuten pro Stück festgesetzt. Der Akkordrichtsatz des Arbeiters beträgt 18,00 EUR. Der Arbeiter fertigt 1 000 Stück.

      3.2.1 Wie viel Euro beträgt der Bruttolohn des Arbeiters?

      3.2.2 Wie hoch war der Leistungsgrad des Mitarbeiters und sein effektiver Stundenlohn, wenn er zur Durchführung des Auftrags 160 Stunden benötigte?

4. Die Geschäftsleitung der Schwarz Elektro GmbH beschließt, die Montage der Zeitschaltuhren in Teamarbeit (Gruppenarbeit) montieren zu lassen. Mehrleistung soll in Form eines Prämienlohns vergütet werden.

   4.1 Erklären Sie, was unter Prämienlohn zu verstehen ist!

   4.2 Erläutern Sie die Probleme, die bei der Bruttolohnberechnung der Mitarbeiter des Teams entstehen können!

92 In der Maschinenfabrik Raimann GmbH soll das Prämienlohnsystem eingeführt werden. Der Grundlohn beträgt 16,20 EUR, die Vorgabezeit je Werkstück 20 Minuten. Es werden 8 Stunden je Tag gearbeitet.

Aufgaben:

1. Wie viel EUR verdient ein Mitarbeiter je Tag, wenn er alternativ 24, 25, 26, 27, 28, 29 und 30 Stück je Tag herstellt und das Prämienlohnsystem nach Halsey bei 50%iger Prämie zugrunde gelegt wird?

2. Stellen Sie die Ergebnisse grafisch dar!

3. Wie viel EUR beträgt der tägliche Bruttolohn bei den oben genannten alternativen Leistungen, falls Akkordlohn gezahlt wird? (Akkordrichtsatz 19,44 EUR je Stunde.)

4. Die Maschinenfabrik Raimann GmbH stellt zum 1. Oktober 20.. Herrn Moosbrucker als neuen Mitarbeiter ein. Er wird als Arbeiter an der Stanzmaschine beschäftigt.

   4.1 Geben Sie drei Gründe an, warum für diese Tätigkeit Akkordlohn infrage kommen kann!

4.2 Nennen Sie zwei mögliche Nachteile des Akkordlohns für den Arbeitnehmer!

4.3 Welche zwei Berechnungsarten für den Akkordlohn sind möglich?

4.4 Nennen Sie zwei Tätigkeiten, für die sich der Akkordlohn besonders eignet!

4.5 Nennen Sie zwei mögliche Vorteile des Akkordlohns für den Arbeitnehmer!

4.6 Wie wird sichergestellt, dass der Verdienst des Arbeitnehmers nicht zu gering wird, wenn er die Zeitvorgaben unverschuldet überschreitet?

5. Grenzen Sie den Prämienlohn vom Akkordlohn ab!

6. Welche Lohnformen eignen sich für die Fließbandfertigung?

10.3 Lohn- und Gehaltsbuchungen

10.3.1 Aufbau der Lohn- und Gehaltsabrechnung

Die Lohn- und Gehaltsabrechnung vollzieht sich in drei Stufen:

- Ermittlung des **Arbeitsentgeltes** (Gesamtentgelt),
- Ermittlung des **Nettoentgeltes,**
- Ermittlung des **Auszahlungsbetrages.**

(1) Ermittlung des Arbeitsentgeltes (Bruttoentgeltes)

Zum Arbeitsentgelt (Arbeitslohn) gehören alle Einnahmen, die dem Arbeitnehmer aus dem Dienstverhältnis zufließen. Es ist gleichgültig in welcher Form oder unter welcher Bezeichnung die Einnahmen gewährt werden. Neben **Geldbeträgen** können dem Arbeitnehmer auch **Sachwerte** (freie Kost und Wohnung oder Waren) zugeflossen sein. Welcher Wert für derartige Sachbezüge anzusetzen ist, richtet sich nach besonderen Verordnungen bzw. orientiert sich am Marktpreis. Neben den Sachbezügen zählen auch sogenannte **geldwerte Vorteile,** z.B. die kostenlose Zurverfügungstellung eines Geschäftswagens, zum Arbeitsentgelt. Dem Arbeitnehmer werden dann die ersparten Aufwendungen, die für ein eigenes Auto dieses Typs anfallen, als Arbeitslohn hinzugerechnet.

(2) Ermittlung des Nettoentgeltes

Zieht man vom steuer- und sozialversicherungspflichtigen Bruttoentgelt die vom Arbeitnehmer zu tragende Lohn- und Kirchensteuer, den zurzeit erhobenen Solidaritätszuschlag und den Arbeitnehmeranteil an den Sozialversicherungsbeiträgen (Kranken-, Renten-, Pflege- und Arbeitslosenversicherung) ab, erhält man das Nettoentgelt.

(3) Ermittlung des Auszahlungsbetrages

Das Nettoentgelt stellt nicht zwangsläufig auch den Auszahlungsbetrag dar. In vielen Fällen wird das Nettoentgelt um bestimmte Abzugsbeträge gekürzt. Als Abzugsbeträge können z.B. infrage kommen: vermögenswirksame Anlagen, Verrechnung von Vorschüssen, Kostenanteil für das Kantinenessen, Mietverrechnung für eine Werkswohnung, evtl. auch Lohnpfändungen.

In schematischer Darstellung erhalten wir folgendes Abrechnungsschema:

Ermittlung des Bruttoentgelts[1]	Addition von Gehalt, Überstundenvergütungen, Urlaubsgeld, Sachwerte, geldwerte Vorteile
– Steuern	Lohnsteuer, Solidaritätszuschlag, Kirchensteuer
– Sozialversicherungsbeiträge[2]	Kranken-, Pflege-, Renten- und Arbeitslosenversicherung (unter Berücksichtigung der Beitragsbemessungsgrenzen)
Nettoentgelt	
– sonstige Abzüge	Verrechnung von Vorschüssen, Kantinenessen, Lohnpfändung, vermögenswirksamen Leistungen
Auszahlungsbetrag	

10.3.2 Berechnung der Lohnsteuer, des Solidaritätszuschlags und der Kirchensteuer

(1) Lohnsteuer und Solidaritätszuschlag

Nach dem Einkommensteuergesetz sind alle inländischen natürlichen Personen – von einer bestimmten Einkommenshöhe ab – zur Zahlung von Steuern aus dem Einkommen verpflichtet. Die Lohnsteuer ist eine Sonderform der Einkommensteuer. Besteuert werden dabei die **Einkünfte aus nichtselbstständiger Arbeit**. Die **Höhe der Lohn- bzw. Einkommensteuer** wird bestimmt durch die **Höhe des Bruttolohns** bzw. -gehalts, den **Familienstand**, die **Anzahl der Kinder** und durch bestimmte **Freibeträge**. Auf die Lohnsteuer wird derzeit ein Solidaritätszuschlag von 5,5 % erhoben.

(2) Kirchensteuer

Die Kirchensteuer erheben die Kirchen von ihren Mitgliedern. Die Veranlagung erfolgt durch die Finanzämter, an die auch die Zahlungen zu leisten sind. Bei den Arbeitnehmern wird die Kirchensteuer zusammen mit der Lohnsteuer und dem Solidaritätszuschlag vom Arbeitgeber einbehalten und abgeführt. Zurzeit beträgt die Kirchensteuer 8 % bzw. 9 % (je nach Bundesland) von der zu zahlenden Lohn- bzw. Einkommensteuer, die sich nach Abzug des Kinderfreibetrags vom Bruttolohn ergibt. In Baden-Württemberg beträgt der Kirchensteuersatz 8 %.

(3) Lohnsteuertabelle

Die **Feststellung der Lohnsteuer, der Kirchensteuer und des Solidaritätszuschlags** erfolgt mithilfe von **Lohnsteuertabellen,** aus denen die entsprechenden Beträge abgelesen werden können. Die allgemeine Lohnsteuertabelle enthält sechs **Lohnsteuerklassen,** in denen die persönlichen Verhältnisse des Arbeitnehmers berücksichtigt werden.

---

1 Das Arbeitsentgelt wird im Folgenden nicht berechnet, sondern jeweils vorgegeben.

2 Zur Berechnung der Sozialversicherungsbeiträge siehe S. 339f.

Übersicht über die Lohnsteuerklassen

Steuer-klasse	Personenkreis	Pauschbeträge u. Freibeträge[1]	EUR[2]
I	Arbeitnehmer, die (1) ledig oder geschieden sind, (2) verheiratet sind, aber von ihrem Ehegatten dauernd getrennt leben, oder wenn der Ehegatte nicht im Inland wohnt, (3) verwitwet sind, und bei denen die Voraussetzungen für die Steuerklasse III und IV nicht erfüllt sind.	Grundfreibetrag Arbeitnehmer-Pauschbetrag	8 004,00 1 000,00
II	Arbeitnehmer der Steuerklasse I, wenn bei ihnen der **Entlastungsbetrag für Alleinerziehende** zu berücksichtigen ist.	Grundfreibetrag Arbeitnehmer-Pauschbetrag	8 004,00 1 000,00
III	**Verheiratete** Arbeitnehmer, von denen nur ein Ehegatte in einem Dienstverhältnis steht oder der andere Partner zwar arbeitet, aber in der Steuerklasse V eingestuft ist, und verwitwete Arbeitnehmer für das Kalenderjahr, in dem der Ehegatte verstorben ist.	Grundfreibetrag Arbeitnehmer-Pauschbetrag	16 008,00 1 000,00
IV	**Verheiratete** Arbeitnehmer, wenn **beide** Ehegatten Arbeitslohn beziehen.	Grundfreibetrag Arbeitnehmer-Pauschbetrag	8 004,00 1 000,00
V	**Verheiratete** Arbeitnehmer, die unter die Lohnsteuerklasse IV fallen würden, bei denen jedoch ein Ehegatte nach Steuerklasse III besteuert wird.	Arbeitnehmer-Pauschbetrag	1 000,00
VI	Arbeitnehmer, die aus **mehr** als einem Arbeitsverhältnis (von verschiedenen Arbeitgebern) Arbeitslohn beziehen.		

Neben den in der Lohnsteuertabelle schon eingearbeiteten Pausch- und Freibeträgen kann der Steuerpflichtige noch **zusätzliche** Freibeträge beantragen.

Auszug aus der Lohnsteuertabelle:

MONAT 1 920,– *

Abzüge an Lohnsteuer, Solidaritätszuschlag (SolZ) und Kirchensteuer (8%, 9%) in den Steuerklassen

I–VI ohne Kinderfreibeträge

Lohn/Gehalt bis €		LSt	SolZ	8%	9%
1 937,99	I,IV	211,16	11,61	16,89	19,—
	II	182,41	10,03	14,59	16,41
	III	32,50	—	2,60	2,92
	V	430,83	23,69	34,46	38,77
	VI	459,33	25,26	36,74	41,33
1 940,99	I,IV	211,83	11,65	16,94	19,06
	II	183,08	10,06	14,64	16,47
	III	32,83	—	2,62	2,95
	V	431,66	23,74	34,53	38,84
	VI	460,33	25,31	36,82	41,42
1 943,99	I,IV	212,58	11,69	17,—	19,13
	II	183,75	10,10	14,70	16,53
	III	33,33	—	2,66	2,99
	V	432,66	23,79	34,61	38,93
	VI	461,33	25,37	36,90	41,51

I, II, III, IV mit Zahl der Kinderfreibeträge ...

	LSt	0,5 SolZ	0,5 8%	0,5 9%	1 SolZ	1 8%	1 9%	1,5 SolZ	1,5 8%	1,5 9%	2 SolZ	2 8%	2 9%	2,5 SolZ	2,5 8%	2,5 9%	3 SolZ	3 8%	3 9%
I	211,16	7,45	10,84	12,20	—	5,23	5,88	—	0,84	0,95	—	—	—	—	—	—	—	—	—
II	182,41	5,51	8,68	9,77	—	3,42	3,84	—	—	—	—	—	—	—	—	—	—	—	—
III	32,50	—	—	—	—	—	—	—	—	—	—	—	—	—	—	—	—	—	—
IV	211,16	9,50	13,82	15,55	7,45	10,84	12,20	3,71	7,96	8,96	—	5,23	5,88	—	2,85	3,20	—	0,84	0,95
I	211,83	7,49	10,90	12,26	—	5,28	5,94	—	0,88	0,99	—	—	—	—	—	—	—	—	—
II	183,08	5,65	8,74	9,83	—	3,46	3,89	—	—	—	—	—	—	—	—	—	—	—	—
III	32,83	—	—	—	—	—	—	—	—	—	—	—	—	—	—	—	—	—	—
IV	211,83	9,54	13,88	15,61	7,49	10,90	12,26	3,85	8,02	9,02	—	5,28	5,94	—	2,89	3,25	—	0,88	0,99
I	212,58	7,53	10,95	12,32	—	5,32	5,99	—	0,91	1,02	—	—	—	—	—	—	—	—	—
II	183,75	5,78	8,79	9,89	—	3,50	3,93	—	—	—	—	—	—	—	—	—	—	—	—
III	33,33	—	—	—	—	—	—	—	—	—	—	—	—	—	—	—	—	—	—
IV	212,58	9,57	13,93	15,67	7,53	10,95	12,32	3,98	8,07	9,08	—	5,32	5,99	—	2,93	3,29	—	0,91	1,02

---

1 Aus Vereinfachungsgründen wird nur die wichtigste Pauschale und der wichtigste Freibetrag angeführt.

2 Stand Januar 2012.

> **Beispiel:**
>
> Die Angestellte Edda Meyer, Kornacker 2, 70329 Stuttgart, bezieht für den Monat Juli ein Brutto-gehalt in Höhe von 1 940,00 EUR. Sie ist ledig (Lohnsteuerklasse I) und hat keine Kinder. Konfession: röm.-kath.
>
> | | |
> |---|---|
> | Bruttogehalt | 1 940,00 EUR |
> | Lohnsteuer lt. LSt.-Tabelle (Klasse I, ohne Kinder) | 211,83 EUR |
> | Solidaritätszuschlag | 11,65 EUR |
> | Kirchensteuer 8 % | 16,94 EUR. |
>
> Die Angestellte hat insgesamt 240,42 EUR an Steuern zu entrichten. (Siehe Auszug aus der Lohn-steuertabelle auf S. 338!)

Der Arbeitnehmer hat dem Arbeitgeber eine **Lohnsteuerkarte** vorzulegen. Diese wurde letztmalig für das Jahr 2010 von den Gemeinden ausgestellt. Der Arbeitnehmer ist verpflichtet, diese unmittelbar seinem Arbeitgeber einzureichen. Der Arbeitgeber hat die Lohnsteuerkarte aufzubewahren. Seit 2011 wird die Lohnsteuerkarte durch ein **elektronisches Verfahren zur Erhebung der Lohnsteuer** ersetzt. Bis zum Jahr 2013 werden nach und nach in einer Datenbank beim Bundeszentralamt für Steuern (BZSt) „**E**lektronische **L**ohn**St**euer**A**bzugs**M**erkmale" (kurz: **ELStAM**) gesammelt.

Die **Lohnsteuerkarte 2010** behält auch noch **für die Jahre 2011 und 2012** ihre Gültigkeit. Im Falle eines Arbeitsplatzwechsels nimmt der Arbeitnehmer die Karte mit. Für Eintragungen und Änderungen ist seit 2011 ausschließlich das Finanzamt zuständig. Ab dem **Jahr 2013** ist allein die Finanzverwaltung dafür zuständig, dem Arbeitgeber die notwendigen Merkmale für die Besteuerung des Arbeitnehmers zu übermitteln. Alle Daten werden dann beim **Bundeszentralamt für Steuern (BZSt)** gespeichert. Sobald jemand eine Arbeitsstelle antritt und lohnsteuerpflichtig ist, fragt der Arbeitgeber beim BZSt nach den notwendigen Daten, um sie dann in das Lohnkonto des Beschäftigten zu übernehmen. Die Arbeitnehmer müssen bei Beginn des Arbeitsverhältnisses lediglich ihre **steuerliche Identifikationsnummer** und das Geburtsdatum angeben.

Am Ende des Jahres erhält der Arbeitnehmer vom Arbeitgeber eine **Lohnsteuerbescheinigung**[1] mit den Angaben über Bruttoverdienst und einbehaltene Abzüge (Lohnsteuer, Solidaritätszuschlag und Kirchensteuer). Sie dient dann dem Arbeitnehmer im Falle der Einkommensteuerveranlagung als Nachweis über die gezahlten Abzüge (Lohnsteuer, Solidaritätszuschlag und Kirchensteuer).

10.3.3 Berechnung der Sozialversicherungsbeiträge

Die Sozialversicherung ist eine gesetzliche Versicherung (Pflichtversicherung), der ca. 90 % der Bevölkerung angehören. Sie soll die Versicherten vor finanzieller Not bei Krankheit **(gesetzliche Krankenkasse)**, bei Arbeitslosigkeit **(gesetzliche Arbeitsförderung)**, bei Pflegebedürftigkeit **(soziale Pflegeversicherung)** und bei Erwerbsunfähigkeit, meistens aus Altersgründen **(gesetzliche Rentenversicherung)**, schützen.

Außer der **Unfallversicherung**, die der Arbeitgeber allein zu tragen hat, müssen Arbeitnehmer und Arbeitgeber je 50 % der Beiträge zur Kranken-, Pflege-, Renten- und Arbeitslosenversicherung zahlen. Die Beiträge für jeden Sozialversicherungszweig werden bis

---

1 Die Arbeitgeber sind verpflichtet, die ausgestellten Lohnsteuerbescheinigungen bis zum 28. Februar des Folgejahres elektronisch an die Finanzverwaltung zu übermitteln.

zur jeweiligen Beitragsbemessungsgrenze über einen festen Prozentsatz vom jeweiligen Bruttoverdienst berechnet. Über die Beitragsbemessungsgrenze hinaus werden keine Beiträge zur jeweiligen Sozialversicherung erhoben.

Derzeit gelten für die Sozialversicherung folgende monatliche Beitragssätze bzw. **Beitragsbemessungsgrenzen (2012):**[1]

				In den alten Bundesländern	In den neuen Bundesländern
Krankenversicherung:*	15,5%	Beitragsbemessungsgrenze:		3825,00 EUR	3825,00 EUR
Pflegeversicherung:	1,95%	Beitragsbemessungsgrenze:		3825,00 EUR	3825,00 EUR
Rentenversicherung:	19,60%	Beitragsbemessungsgrenze:		5600,00 EUR	4800,00 EUR
Arbeitslosenversicherung:	3,0%	Beitragsbemessungsgrenze:		5600,00 EUR	4800,00 EUR

* Der Beitragssatz zur Krankenversicherung in Höhe von 15,5% gilt **bundeseinheitlich**. Er enthält einen **Arbeitnehmersonderbeitrag** von 0,9%. An diesem Beitrag ist der **Arbeitgeber nicht beteiligt**, d.h., der Arbeitgeberanteil zur Krankenversicherung beträgt somit 7,3% und der Arbeitnehmeranteil 8,2%.

Sonderregelungen zur Finanzierung der Pflegeversicherung:

Für alle kinderlosen Pflichtversicherten erhöht sich der Beitrag zur Pflegeversicherung um 0,25% des beitragspflichtigen Einkommens. Für diesen Personenkreis beträgt daher der Beitragssatz 1,225%. An dieser Erhöhung ist der **Arbeitgeber nicht beteiligt**. Ausgenommen von diesem Beitragszuschlag sind Personen, die das 23. Lebensjahr noch nicht vollendet haben.

Beispiel 1:[2]

Die kinderlose Angestellte Edda Meyer, 25 Jahre alt, erhält ein Bruttogehalt in Höhe von 1940,00 EUR.

Aufgaben:

Berechnen Sie

1 den Arbeitnehmeranteil zum Sozialversicherungsbeitrag,

2. den Arbeitgeberanteil zum Sozialversicherungsbeitrag!

Lösungen:

Bruttogehalt	1940,00 EUR
Krankenversicherung: 14,6% (7,3% AN-Anteil)	141,62 EUR
Sonderbeitrag für Arbeitnehmer: 0,9%	17,46 EUR
Pflegeversicherung: 1,95% (0,975% AN-Anteil)	18,92 EUR
Sonderbeitrag für kinderlose Arbeitnehmer: 0,25%	4,85 EUR
Rentenversicherung: 19,6% (9,8% AN-Anteil)	190,12 EUR
Arbeitslosenversicherung: 3,0% (1,5% AN-Anteil)	29,10 EUR
1. Arbeitnehmeranteil	402,07 EUR
2. Arbeitgeberanteil (402,07 EUR – 22,31 EUR)	379,76 EUR

---

1 Die Beitragssätze für die Sozialversicherung bzw. die Beitragsbemessungsgrenzen werden im Regelfall jährlich neu festgelegt. Informieren Sie sich bitte über die derzeit geltenden Beitragssätze und Bemessungsgrenzen.

2 Die Höhe und die Aufteilung der geleisteten Beiträge wird vom Arbeitgeber für jeden Abrechnungszeitraum auf einem **Beitragsnachweis** dokumentiert und an die zuständigen Krankenkassen weitergeleitet. Der **Beitragsnachweis** ist rechtzeitig, **spätestens zwei Arbeitstage vor Fälligkeit der SV-Beiträge** zu übermitteln. Zusätzlich sind die vom Arbeitgeber aufzubringenden Beiträge zu den **Unterstützungs- bzw. Ausgleichskassen (U1/U2/U3)** vermerkt. Neben den Umlagen zur Lohnfortzahlung im Krankheitsfall (U1) und zum Mutterschaftsgeld (U2) betrifft dies die Insolvenzgeldumlage (U3).

Beispiel 2:

Der Abteilungsleiter Peter Sonnenschein arbeitet in Stuttgart, ist verheiratet und hat ein Kind. Er verdient 5 920,00 EUR. Er ist gesetzlich krankenversichert.

Aufgaben:

Berechnen Sie

1. den Arbeitnehmeranteil zum Sozialversicherungsbeitrag,

2. den Arbeitgeberanteil zum Sozialversicherungsbeitrag!

Lösungen:

Bruttogehalt		5 920,00 EUR
Krankenversicherung: 7,3 % (von 3 825,00 EUR)	279,23 EUR	
Sonderbeitrag für Arbeitnehmer: 0,9 % (von 3 825,00 EUR)	34,43 EUR	
Pflegeversicherung: 0,975 % (von 3 825,00 EUR)	37,29 EUR	
Rentenversicherung: 9,8 % (von 5 600,00 EUR) *BBG*	548,80 EUR	
Arbeitslosenversicherung: 1,5 % (von 5 600,00 EUR)	84,00 EUR	
1. Arbeitnehmeranteil	983,75 EUR	
2. Arbeitgeberanteil (983,75 EUR – 34,43 EUR)	949,32 EUR	

Übungsaufgabe

93

1. Ein verheirateter Mitarbeiter, dessen Ehefrau nicht berufstätig ist, erhält ein Bruttogehalt von 1 984,20 EUR. Er hat ein Kind und ist kirchensteuerpflichtig mit 8 %.

   Aufgabe:

   Erstellen Sie die Gehaltsabrechnung für den Mitarbeiter (Steuerklasse III) unter Verwendung des abgedruckten Auszugs aus der Lohnsteuertabelle und der Beitragssätze zur Sozialversicherung lt. S. 340 f.!

2 015,99* MONAT

Lohn/Gehalt		Abzüge an Lohnsteuer, Solidaritätszuschlag (SolZ) und Kirchensteuer (8 %, 9 %) in den Steuerklassen																								
		I–VI				**I, II, III, IV**																				
			ohne Kinderfreibeträge						mit Zahl der Kinderfreibeträge . . .																
							0,5			**1**			**1,5**			**2**			**2,5**			**3** **		
bis €*		LSt	SolZ	8 %	9 %		LSt	SolZ	8 %	9 %	SolZ	8 %	9 %	SolZ	8 %	9 %	SolZ	8 %	9 %	SolZ	8 %	9 %	SolZ	8 %	9 %
1 982,99	I,IV	221,66	12,19	17,73	19,94	I	221,66	8,—	11,64	13,09	—	5,94	6,68	—	1,35	1,52	—	—	—	—	—	—	—	—	—
	II	192,75	10,60	15,42	17,34	II	192,75	6,50	9,46	10,64	—	4,05	4,55	—	0,02	0,02	—	—	—	—	—	—	—	—	—
	III	38,66	—	3,09	3,47	III	38,66	—	—	—	—	—	—	—	—	—	—	—	—	—	—	—	—	—	—
	V	444,83	24,46	35,58	40,03	IV	221,66	10,06	14,64	16,47	8,—	11,64	13,09	5,63	8,73	9,82	—	5,94	6,68	—	3,46	3,89	—	1,35	1,52
	VI	473,83	26,06	37,90	42,64																					
1 985,99	I,IV	222,41	12,23	17,79	20,01	I	222,41	8,03	11,69	13,15	—	5,98	6,73	—	1,38	1,55	—	—	—	—	—	—	—	—	—
	II	193,41	10,63	15,47	17,40	II	193,41	6,54	9,51	10,70	—	4,09	4,60	—	0,05	0,05	—	—	—	—	—	—	—	—	—
	III	39,16	—	3,13	3,52	III	39,16	—	—	—	—	—	—	—	—	—	—	—	—	—	—	—	—	—	—
	V	445,83	24,52	35,66	40,12	IV	222,41	10,10	14,69	16,52	8,03	11,69	13,15	5,76	8,78	9,88	—	5,98	6,73	—	3,50	3,93	—	1,38	1,55
	VI	474,66	26,10	37,97	42,71																					
1 988,99	I,IV	223,08	12,26	17,84	20,07	I	223,08	8,07	11,74	13,21	—	6,03	6,78	—	1,42	1,59	—	—	—	—	—	—	—	—	—
	II	194,08	10,67	15,52	17,46	II	194,08	6,57	9,56	10,76	—	4,13	4,64	—	0,08	0,09	—	—	—	—	—	—	—	—	—
	III	39,50	—	3,16	3,55	III	39,50	—	—	—	—	—	—	—	—	—	—	—	—	—	—	—	—	—	—
	V	446,66	24,56	35,73	40,19	IV	223,08	10,14	14,75	16,59	8,07	11,74	13,21	5,90	8,84	9,94	—	6,03	6,78	—	3,54	3,98	—	1,42	1,59
	VI	475,66	26,16	38,05	42,80																					

2. Ein Mitarbeiter erhält einen Bruttolohn von 3 610,00 EUR; Lohnsteuerklasse II/1. Abzüge: Vermögenswirksame Sparleistung 36,00 EUR, Lohnpfändung 110,00 EUR, Wareneinkauf im Betrieb 90,00 EUR zuzüglich 19 % USt, Miete für Werkswohnung 360,00 EUR.

Aufgabe:

Berechnen Sie den Auszahlungsbetrag für den Mitarbeiter! (Die Kirchensteuer beträgt 8 %.)

3 647,99* `MONAT`

Lohn/Gehalt bis €*	StKl	LSt (ohne Kinderfreibeträge)	SolZ	8%	9%	StKl	LSt	SolZ 0,5	8%	9%	SolZ 1	8%	9%	SolZ 1,5	8%	9%	SolZ 2	8%	9%	SolZ 2,5	8%	9%	SolZ 3**	8%	9%
3 608,99	I,IV	659,50	36,27	52,76	59,35	I	659,50	30,83	44,84	50,45	25,64	37,30	41,96	20,71	30,13	33,89	16,04	23,34	26,25	11,63	16,92	19,03	7,47	10,87	12,23
	II	622,—	34,21	49,76	55,98	II	622,—	28,86	41,98	47,23	23,77	34,58	38,90	18,94	27,55	30,99	14,36	20,90	23,51	10,05	14,62	16,44	5,58	8,71	9,80
	III	381,66	20,99	30,53	34,34	III	381,66	16,83	24,49	27,55	12,81	18,64	20,97	0,03	12,97	14,59	—	7,86	8,84	—	3,49	3,92			
	V	1 025,50	56,40	82,04	92,29	IV	659,50	33,51	48,75	54,84	30,83	44,84	50,45	28,20	41,02	46,15	25,64	37,30	41,96	23,14	33,66	37,87	20,71	30,13	33,89
	VI	1 058,91	58,24	84,71	95,30																				
3 611,99	I,IV	660,41	36,32	52,83	59,43	I	660,41	30,87	44,91	50,52	25,68	37,36	42,03	20,75	30,19	33,96	16,08	23,40	26,32	11,66	16,97	19,09	7,51	10,92	12,29
	II	622,91	34,26	49,83	56,06	II	622,91	28,91	42,05	47,30	23,81	34,64	38,97	18,98	27,61	31,06	14,41	20,96	23,58	10,08	14,67	16,50	5,71	8,76	9,86
	III	382,33	21,02	30,58	34,40	III	382,33	16,87	24,54	27,61	12,85	18,69	21,02	0,16	13,02	14,65	—	7,90	8,89	—	3,53	3,97			
	V	1 026,58	56,46	82,12	92,39	IV	660,41	33,56	48,82	54,92	30,87	44,91	50,52	28,25	41,09	46,22	25,68	37,36	42,03	23,19	33,73	37,94	20,75	30,19	33,96
	VI	1 060,08	58,30	84,80	95,40																				
3 614,99	I,IV	661,33	36,37	52,90	59,51	I	661,33	30,92	44,98	50,60	25,73	37,43	42,11	20,80	30,26	34,04	16,12	23,46	26,39	11,71	17,03	19,16	7,54	10,98	12,35
	II	623,83	34,31	49,90	56,14	II	623,83	28,95	42,12	47,38	23,86	34,71	39,05	19,02	27,67	31,13	14,44	21,01	23,63	10,12	14,72	16,56	5,83	8,81	9,91
	III	383,—	21,06	30,64	34,47	III	383,—	16,91	24,60	27,67	12,88	18,74	21,08	0,30	13,08	14,71	—	7,94	8,93	—	3,57	4,01			
	V	1 027,66	56,52	82,21	92,48	IV	661,33	33,61	48,90	55,01	30,92	44,98	50,60	28,29	41,16	46,30	25,73	37,43	42,11	23,23	33,80	38,02	20,80	30,26	34,04
	VI	1 061,16	58,36	84,89	95,50																				

3. Ein leitender Angestellter erhält ein Bruttogehalt von 5455,00 EUR einschließlich 36,00 EUR monatlich vermögenswirksame Leistung. Lohnsteuerklasse III/3. Für die Abwicklung eines Großauftrags erhält der Angestellte eine Sonderzahlung von 250,00 EUR. Abzüge: Vermögenswirksame Sparleistung 36,00 EUR, Tilgung und Zinsen für ein Arbeitgeberdarlehen 450,00 EUR, einbehaltener Vorschuss 500,00 EUR.

Aufgabe:

Berechnen Sie den Auszahlungsbetrag für den Angestellten! (Die Kirchensteuer beträgt 8 %.)

Allgemeine Monats-Lohnsteuertabelle/West Kirchensteuer 8 %[1]

ab €	StK	Kinderfreibetrag — Steuer	SolZ 0	KiStr 0	SolZ 0,5	KiStr 0,5	SolZ 1	KiStr 1	SolZ 1,5	KiStr 1,5	SolZ 2	KiStr 2	SolZ 2,5	KiStr 2,5	SolZ 3	KiStr 3
5.703,00																
	I	1.442,41	79,33	115,39	72,59	105,58	65,84	95,77	59,17	86,07	52,75	76,74	46,60	67,78	40,70	59,20
	II	1.396,66	-	-	70,07	101,92	63,32	92,11	56,75	82,54	50,43	73,35	44,36	64,53	38,56	56,09
	III	955,16	52,53	76,41	47,51	69,10	42,61	61,98	37,84	55,05	33,21	48,30	28,70	41,74	24,31	35,37
	IV	1.442,41	79,33	115,39	75,95	110,48	72,59	105,58	69,21	100,68	65,84	95,77	62,48	90,88	59,17	86,07
	V	1.857,00	102,13	148,56	-	-	-	-	-	-	-	-	-	-	-	-
	VI	1.890,50	103,97	151,24	-	-	-	-	-	-	-	-	-	-	-	-
5.706,00																
	I	1.443,66	79,40	115,49	72,65	105,68	65,91	95,87	59,24	86,17	52,82	76,83	46,66	67,87	40,75	59,28
	II	1.397,91	-	-	70,13	102,02	63,39	92,21	56,81	82,64	50,49	73,44	44,43	64,62	38,61	56,17
	III	956,16	52,58	76,49	47,55	69,17	42,66	62,05	37,89	55,12	33,25	48,37	28,74	41,81	24,36	35,44
	IV	1.443,66	79,40	115,49	76,03	110,59	72,65	105,68	69,28	100,78	65,91	95,87	62,54	90,98	59,24	86,17
	V	1.858,25	102,20	148,66	-	-	-	-	-	-	-	-	-	-	-	-
	VI	1.891,75	104,04	151,34	-	-	-	-	-	-	-	-	-	-	-	-

10.3.4 Buchung von Personalaufwendungen

Die erforderlichen Buchungen lassen sich mithilfe der nachfolgenden Fragen ableiten. Hierbei gehen wir von der Entgeltabrechnung von Frau Edda Meyer, Angestellte der Lampenfabrik Franz Kraemer OHG, für den Monat Juli aus.

---

1 Quelle: imacc.de

Arbeitgeber-anteil an der Sozial-versicherung	Name	Brutto-gehalt	Abzüge			Abzüge insgesamt	Nettogehalt (Auszah-lungs-betrag)
			Lohnst./Sol.-Zuschl.	Kirchen-steuer	Sozial-versicherung		
379,76	Edda Meyer	1 940,00	223,48	16,94	402,07	642,49	1 297,51

Aufwendungen des Arbeitgebers — Abzuführende Beträge (Verbindlichkeiten) – an das Finanzamt – an die zuständige Krankenkasse — Aus-zahlungs-betrag

(1) Welche Aufwendungen erwachsen der Lampenfabrik monatlich für diese Mitarbeiterin?

Für Frau Meyer hat die Lampenfabrik folgende Beträge aufzuwenden:

Personalkosten (Bruttogehalt)	1 940,00 EUR
+ Sozialversicherungsbeiträge (Arbeitgeberanteil)	379,76 EUR
	2 319,76 EUR

Diese beiden Aufwandsposten müssen auf entsprechenden Aufwandskonten in unserer Buchführung gebucht werden: das **Bruttogehalt** auf dem Konto **6300 Gehälter**, der **Arbeitgeberanteil zur Sozialversicherung** auf dem Konto **6400 Arbeitgeberanteil zur Sozialversicherung**.

(2) Welche Abzüge werden einbehalten?

An **Lohnsteuer, Solidaritätszuschlag und Kirchensteuer** werden 240,42 EUR (211,83 EUR + 11,65 EUR + 16,94 EUR) einbehalten. Solange die einbehaltenen Steuern nicht an das Finanzamt abgeführt sind, stellen sie für das Unternehmen Verbindlichkeiten dar. Die Buchung erfolgt auf dem Konto **4830 Sonstige Verbindlichkeiten gegenüber Finanzbehörden**.

Die **einbehaltenen Sozialversicherungsbeiträge** umfassen 402,07 EUR. Sie müssen an die zuständige Krankenkasse weitergeleitet werden. Solange dies noch nicht erfolgt ist, stellen die einbehaltenen Sozialversicherungsbeiträge ebenso wie der Arbeitgeberanteil Verbindlichkeiten dar. Die Buchung erfolgt auf dem Konto **4840 Verbindlichkeiten gegenüber Sozialversicherungsträgern**.

(3) Welcher Betrag wird monatlich an Frau Meyer ausbezahlt?

Frau Meyer erhält das Nettogehalt in Höhe von 1 297,51 EUR ausgezahlt. In Höhe dieses Betrages erfolgt bei der Gehaltsauszahlung ein Abgang auf dem Zahlungskonto. Bei Bankzahlung, wie wir annehmen wollen, bedeutet das eine Habenbuchung auf dem Bankkonto.

(4) Zu welchem Zeitpunkt sind die entsprechenden Beträge zu begleichen?

Die Sozialversicherungsbeiträge (Arbeitnehmeranteil und Arbeitgeberanteil) hier in Höhe von 781,83 EUR (Arbeitgeberanteil 379,76 EUR + Arbeitnehmeranteil 402,07 EUR) sind spätestens zum drittletzten Bankarbeitstag des laufenden Monats fällig. Damit der Zahlungszeitpunkt eingehalten werden kann und Säumniszuschläge vermieden werden, bedeutet das praktisch, dass die Berechnung der voraussichtlichen Beitragsschuld und die Zahlungsanweisung schon einige Tage vor diesem Fälligkeitstag erfolgen müssen. Bei sich ändernden Berechnungsgrundlagen (Änderungen des Personalbestandes, der Arbeitsstunden, der Arbeitstage, der Lohnsätze usw.) im Laufe des Monats, wie das in größeren Betrieben üblich ist, weicht die voraussichtliche Berechnung der Beitragsschuld von der tatsächlichen Schuld ab. Eine erforderliche Nachverrechnung (Nachzahlung oder Überzahlung) wird bei der nächsten Abrechnung vorgenommen. Unproblematisch erweist sich die Ermittlung der fälligen Beitragsschuld in den Fällen, bei denen sich die Abrechnungsgrundlagen nicht verändern. In diesen Fällen, von denen wir der Einfachheit halber hier ausgehen, kann auch die fällige Beitragsschuld in der korrekten Höhe ermittelt werden.

(5) Wie sind die einzelnen Beträge bei der Lohn- und Gehaltsabrechnung zu buchen?

Wir gehen bei der Buchung von unserem Beispiel der Gehaltsabrechnung von Frau Edda Meyer aus. Dabei orientieren wir uns an der für die Praxis von der DATEV[1] vorgeschlagenen Buchungsweise.

Es ergeben sich folgende Buchungen:[2]

1. **Zum drittletzten Bankarbeitstag des laufenden Monats**	■ Zahlung der fälligen Sozialversicherungsbeiträge (Arbeitnehmer- und Arbeitgeberanteil).
2. **Am Monatsende**	■ Buchung des Bruttogehaltes mit Auszahlung des Nettogehaltes, Verrechnung des bereits bezahlten Arbeitnehmeranteils zur Sozialversicherung und der Erfassung der einbehaltenen und abzuführenden Beträge an das Finanzamt. ■ Buchung des bereits bezahlten Arbeitgeberanteils zur Sozialversicherung.
3. **Am 10. des folgenden Monats**	■ Zahlung der einbehaltenen Lohnsteuer, der Kirchensteuer und des Solidaritätszuschlags.

Buchungssätze:

Nr.	Konten	Soll	Haben
1.	4840 Verbindlichkeiten geg. Sozialversich.-Trägern an 2800 Bank	781,83	 781,83
2.	6300 Gehälter an 2800 Bank an 4830 Sonstige Verbindl. geg. Finanzbehörden an 4840 Verbindlichkeiten geg. Sozialvers.-Trägern 6400 AG-Anteil zur Sozialversicherung an 4840 Verbindlichkeiten geg. Sozialvers.-Trägern	1 940,00 379,76	 1 297,51 240,42 402,07 379,76
3.	4830 Sonstige Verbindl. geg. Finanzbehörden an 2800 Bank	240,42	 240,42

---

1 DATEV: Datenverarbeitungsorganisation des steuerberatenden Berufes in der Bundesrepublik Deutschland.

2 Alle Zahlungen erfolgen durch Banküberweisung.

Erläuterungen zum 1. Buchungssatz:

Hier wird auf der Sollseite eine Verbindlichkeit ausgebucht, obschon sie buchtechnisch auf der Habenseite noch nicht gebucht ist. Das hängt mit abrechnungspraktischen Gesichtspunkten zusammen.

Die Verbindlichkeiten gegenüber Sozialversicherungsträgern sind mit der Meldung der Sozialversicherungsbeiträge an die Krankenkasse bereits entstanden. Sie werden aus Vereinfachungsgründen jedoch erst später, und zwar zusammen mit den Gehaltsbuchungen in zwei Teilbeträgen in Höhe von 402,07 EUR (Arbeitnehmeranteil) und 379,76 EUR (Arbeitgeberanteil) gebucht.

Anmerkung: Die Beiträge zur **gesetzlichen Unfallversicherung** trägt der Arbeitgeber allein. Zu buchen ist auf dem Konto **6420 Beiträge zur Berufsgenossenschaft**.

Übungsaufgaben

94 Bilden Sie die Buchungssätze zu der folgenden Gehaltsabrechnung!

1. Wir überweisen die einbehaltenen Sozialversicherungsbeiträge für unsere Mitarbeiter in Höhe von 10 188,72 EUR durch die Bank.

2.

Gehaltsliste Monat Juni				
Bruttogehälter	LSt, Sol.-Zuschlag und Kirchensteuer	Sozial-versicherung	Bank-überweisung	Arbeitgeber-anteil
25 440,00	3 869,00	5 208,84	16 362,16	4 979,88

95 Wir überweisen das Gehalt in Höhe von brutto 2980,00 EUR an eine Mitarbeiterin durch die Bank. Der Arbeitnehmeranteil zur Sozialversicherung beträgt 610,16 EUR, die Lohnsteuer, der Solidaritätszuschlag und die Kirchensteuer betragen 278,04 EUR. Der Arbeitgeberanteil zur Sozialversicherung beträgt 583,34 EUR. Die Sozialversicherungsbeiträge werden am drittletzten Bankarbeitstag überwiesen.

Aufgabe:

Bilden Sie die Buchungssätze für obige Angaben!

96 Wir zahlen einbehaltene Abzüge (Lohnsteuer, Solidaritätszuschlag und Kirchensteuer) in Höhe von 4 670,00 EUR sowie die fällige Grundsteuer in Höhe von 3 120,80 EUR durch Banküberweisung.

Aufgabe:

Bilden Sie die Buchungssätze für die Geschäftsvorfälle!

97 Ein Filialleiter erhält ein monatliches Grundgehalt von 3 200,00 EUR. Sofern seine Verkaufserlöse 25 000,00 EUR übersteigen, erhält er vom Mehrbetrag 3 % Umsatzprovision, die im Folgemonat ausbezahlt wird.

Im Oktober beträgt sein Umsatz 51 400,00 EUR.

Aufgaben:

1. Berechnen Sie den Auszahlungsbetrag vom November, wenn folgende Abzüge anfallen: Lohnsteuer, Solidaritätszuschlag und Kirchensteuer 1041,75 EUR. Der Arbeitnehmeranteil zur Sozialversicherung beträgt 802,05 EUR! Der Arbeitgeberanteil zur Sozialversicherung beträgt 767,62 EUR.

2. Bilden Sie die Buchungssätze
   2.1 für die Zahlung der Sozialversicherungsbeiträge (Banküberweisung) und
   2.2 für die Gehaltsabrechnung (Banküberweisung)!

3. Beschreiben Sie die Auswirkungen eines steuermindernden Freibetrages als Lohnsteuer-
   abzugsmerkmal für den Steuerpflichtigen bei seiner Gehaltsabrechnung!

98

Gehaltsliste Monat Oktober					
Bruttogehalt	Lohnsteuer/ Sol.-Zuschlag	Kirchen- steuer	Sozial- versicherung	Gesamt- abzüge	Auszahlung Bank
30 390,00	4 686,00	393,00	6 222,35	11 301,35	19 088,65

Aufgaben:

Bilden Sie die Buchungssätze

1. für die Zahlung der Sozialversicherungsbeiträge (Arbeitgeberanteil zur Sozialversicherung
   5 948,84 EUR) durch Banküberweisung,

2. für die Gehaltsabrechnung lt. Gehaltsliste und

3. für die erforderliche Banküberweisung an das Finanzamt!

99 Bilden Sie für die Stahlbau David Otto KG die Buchungssätze zu folgenden Geschäftsvorfällen!

1. Wir zahlen das Gehalt eines Mitarbeiters durch Banküberweisung

   Bruttogehalt   2 680,00 EUR
   – Lohnsteuer/Solidaritätszuschlag   179,33 EUR
   – Kirchensteuer   6,53 EUR
   – Sozialvers.-Beitr./Arbeitnehmeranteil   548,73 EUR   734,59 EUR
   = Auszahlungsbetrag   1 945,41 EUR

   Der Arbeitgeberanteil zur Sozialversicherung beträgt   524,61 EUR

   Die Sozialversicherungsbeiträge werden durch Banküberweisung beglichen.

2. Wir zahlen Löhne per Banküberweisung aufgrund einer Lohnliste:

   Bruttolöhne   85 600,00 EUR
   – Lohnsteuer, Solidaritätszuschlag
     und Kirchensteuer   25 680,00 EUR
   – Sozialvers.-Beitr./Arbeitnehmeranteil   17 526,60 EUR   43 206,60 EUR
   = Auszahlungsbetrag   42 393,40 EUR

   Der Arbeitgeberanteil zur Sozialversicherung beträgt   16 756,20 EUR

   Die Sozialversicherungsbeiträge werden durch Banküberweisung beglichen.

3. Wir überweisen per Bank die einbehaltenen Steuerbeträge
   (siehe Fälle 1 u. 2)   25 865,86 EUR

4. Wir überweisen per Bank den Beitrag an die
   Berufsgenossenschaft   2 150,00 EUR

100 Die Prokuristin Frieda Fleißig hat ein Bruttogehalt von 5690,00 EUR. Sie ist röm.-kath., unterliegt
der Lohnsteuerklasse I und erhält einen Kinderfreibetrag.

Aufgaben:

1. Erstellen Sie die Gehaltsabrechnung aufgrund der abgedruckten Lohnsteuertabelle! Zu den
   Abzügen für die Sozialversicherung vergleichen Sie bitte die Angaben auf S. 340.
   (Die Kirchensteuer beträgt 8 %.)

2. Berechnen Sie den Arbeitgeberanteil zur Sozialversicherung!

3. Bilden Sie die Buchungssätze
   3.1 für die Zahlung der Sozialversicherungsbeiträge (Banküberweisung),
   3.2 für die erstellte Gehaltsabrechnung (Banküberweisung)!

		Kinderfreibetrag	0		0,5		1		1,5		2		2,5		3	
ab €	StK	Steuer	SolZ	KiStr	SolZ	KiStr	SolZ	KiStr	SolZ	KiStr	SolZ	KiStr	SolZ	KiStr	SolZ	KiStr
5.688,00																
	I	1.436,16	78,98	114,89	72,24	105,08	65,49	95,26	58,84	85,58	52,43	76,27	46,29	67,33	40,40	58,76
	II	1.390,33	-	-	69,72	101,42	62,98	91,61	56,42	82,06	50,11	72,89	44,06	64,09	38,27	55,66
	III	950,33	52,26	76,02	47,25	68,73	42,36	61,62	37,60	54,69	32,97	47,96	28,47	41,41	24,09	35,05
	IV	1.436,16	78,98	114,89	75,61	109,98	72,24	105,08	68,86	100,17	65,49	95,26	62,14	90,38	58,84	85,58
	V	1.850,75	101,79	148,06	-	-	-	-	-	-	-	-	-	-	-	-
	VI	1.884,16	103,62	150,73	-	-	-	-	-	-	-	-	-	-	-	-
5.691,00																
	I	1.437,41	79,05	114,99	72,31	105,18	65,56	95,36	58,90	85,68	52,50	76,36	46,35	67,42	40,46	58,85
	II	1.391,58	-	-	69,79	101,52	63,05	91,71	56,48	82,16	50,17	72,98	44,12	64,18	38,33	55,75
	III	951,33	52,32	76,10	47,30	68,81	42,41	61,69	37,65	54,77	33,01	48,02	28,51	41,48	24,14	35,12
	IV	1.437,41	79,05	114,99	75,68	110,08	72,31	105,18	68,93	100,27	65,56	95,36	62,20	90,48	58,90	85,68
	V	1.852,00	101,86	148,16	-	-	-	-	-	-	-	-	-	-	-	-
	VI	1.885,41	103,69	150,83	-	-	-	-	-	-	-	-	-	-	-	-

Quelle: www.imacc.de

11 Personalfreisetzung

11.1 Notwendigkeit von Personalfreisetzungen

(1) Gründe für Personalfreisetzungen

In einem Unternehmen kann es notwendig werden, den Mitarbeiterbestand zu verringern. Die Freisetzung kann in der **Person** oder dem **Verhalten des Mitarbeiters** begründet sein oder auf **dringenden betrieblichen Erfordernissen** beruhen. Geschieht die Auflösung eines Beschäftigungsverhältnisses im Rahmen des täglichen Betriebsablaufs, spricht man von **Trennung**. Die Beendigung von Beschäftigungsverhältnissen in Krisensituationen bezeichnet man als **Personalabbau.**

Die wichtigsten **Gründe für Personalfreisetzungen** aus betrieblichen Erfordernissen sind:

- Absatz- und der damit verbundene Produktionsrückgang,
- Aufgabe eines oder mehrerer Produkte,
- Stilllegung einzelner Abteilungen,
- Rationalisierungsmaßnahmen.

(2) Maßnahmen zur Vermeidung von Personalfreisetzungen

Zunächst wird die Geschäftsleitung versuchen, die Kündigung von Beschäftigungsverhältnissen zu vermeiden. Möglichkeiten sind:

- **Versetzung** zu anderen Produktionsstandorten.
- **Abbau von Überstunden.**
- **Teilung von Arbeitsplätzen,** d.h., zwei oder mehr Mitarbeiter, die bisher vollzeitbeschäftigt waren, teilen sich einen Arbeitsplatz **(Jobsharing).**
- **Teilzeitarbeit,** z.B. Halbtagsarbeit.

- **Gleitender Übergang in den Ruhestand** durch ein- oder mehrstufige Verkürzung der Arbeitszeit.
- **Einführung von Kurzarbeit** (Vorübergehende Herabsetzung der üblichen betrieblichen Arbeitszeit).
- **Ausnutzung der Fluktuation,** indem freiwerdende Stellen (z.B. durch Kündigungen von Arbeitskräften, Pensionierungen, Tod) nicht mehr besetzt werden.
- Vorzeitige Pensionierung.
- **Abschluss von Aufhebungsverträgen** (vertragliche Beendigung von Arbeitsverhältnissen, die i.d.R. mit der Zahlung von Abfindungen verbunden sind).

Die angeführten Maßnahmen, die das Ziel haben, die personelle Überdeckung nicht durch die Beendigung des bestehenden Arbeitsvertrags, sondern durch die Herabsetzung der Arbeitszeit zu beseitigen, bezeichnet man als **interne Personalfreisetzung.** Reichen die angeführten Maßnahmen nicht aus, werden Kündigungen zur Beendigung des bestehenden Arbeitsvertrags erforderlich. In diesem Fall spricht man von **externer Personalfreisetzung.**

11.2 Kündigung

11.2.1 Begriff Kündigung

Das Arbeitsverhältnis ist normalerweise ein **Dauervertrag,** der mit der **Kündigung** nach den Bestimmungen der §§ 621 bis 623 BGB endet [§ 620 II BGB].

Merke:

- Die **Kündigung** ist eine **einseitige empfangsbedürftige Willenserklärung** des Arbeitgebers oder Arbeitnehmers mit der der Arbeitsvertrag beendet werden soll. Die Kündigung muss **keine Begründung** enthalten.[1]
- Die Kündigung muss immer **schriftlich** erfolgen [§ 623 BGB]. Die elektronische Form ist ausgeschlossen.
- Die Kündigung ist **zugegangen,** wenn sie so in den **Machtbereich des Empfängers gelangt,** dass dieser unter gewöhnlichen Verhältnissen die Möglichkeit zur Kenntnisnahme hat.

11.2.2 Arten der Kündigung

(1) Gesetzliche Kündigung (ordentliche Kündigung)

Gesetzliche Kündigungsfristen für Arbeitsverhältnisse sind Mindestvorschriften, die jedoch durch Einzelarbeits- oder Kollektivarbeitsvertrag (Tarifvertrag) grundsätzlich verlängert werden können (Tariföffnungsklausel) [§ 622 IV BGB]. Auch die Kündigungstermine können vertraglich vereinbart werden (z.B. Kündigung zum Quartalsende statt zum Monatsende). Für Arbeiter und Angestellte gelten die gleichen gesetzlichen Kündigungsfristen.

---

1 Der Betriebsrat ist vor jeder Kündigung durch den Arbeitgeber unter Angabe der Kündigungsgründe zu hören [§ 102 BetrVG]. Ohne Anhörung des Betriebsrats ist die Kündigung unwirksam.

■ **Grundkündigungsfrist**

Das Arbeitsverhältnis eines Arbeitnehmers kann vom Arbeitgeber und vom Arbeitnehmer mit einer Frist von **vier Wochen** zum **Fünfzehnten** oder zum **Ende eines Kalendermonats** gekündigt werden [§ 622 I BGB]. **Ausnahme:** Während einer vereinbarten Probezeit (längstens für die Dauer von sechs Monaten) kann das Arbeitsverhältnis mit einer Frist von zwei Wochen gekündigt werden [§ 622 III BGB].

■ **Verlängerte Kündigungsfristen für die Arbeitgeber**

Bei längerer Betriebszugehörigkeit ab dem vollendeten **25. Lebensjahr** gelten für eine **Kündigung** durch den **Arbeitgeber** verlängerte gesetzliche Kündigungsfristen [§ 622 II BGB].[1]

Betriebszugehörigkeit ab dem 25. Lebensjahr	Kündigungsfristen zum Monatsende
ab 2 Jahre	1 Monat
ab 5 Jahre	2 Monate
ab 8 Jahre	3 Monate
ab 10 Jahre	4 Monate
ab 12 Jahre	5 Monate
ab 15 Jahre	6 Monate
ab 20 Jahre	7 Monate

Beispiel:

Die Mühlenbach-AG beschließt eine Reihe von Kündigungen. Den Betroffenen gehen die Kündigungen am 15. April zu:

(1) Carla Monti, 22 Jahre, seit 4 Jahren im Betrieb;

(2) Emil Huber, 30 Jahre, seit 7 Jahren im Betrieb und

(3) Hanna Schmidt, 42 Jahre, seit 20 Jahren im Betrieb.

Aufgabe:

Ab welchem Zeitpunkt sind diese Kündigungen rechtswirksam?

Lösung:

(1) Carla Monti: Es gilt die Grundkündigungsfrist. Die Betriebszugehörigkeit wird erst ab dem 25. Lebensjahr berücksichtigt. Die Kündigung wird folglich am 15. Mai rechtswirksam.

(2) Emil Huber: Er ist ab dem 25. Lebensjahr 5 Jahre im Betrieb beschäftigt. Es gilt deshalb eine verlängerte Kündigungsfrist von 2 Monaten zum Monatsende. Die Kündigung ist frühestens zum 30. Juni rechtswirksam.

(3) Hanna Schmidt: Sie ist ab dem 25. Lebensjahr 17 Jahre im Betrieb beschäftigt. Für sie gilt eine Kündigungsfrist von 6 Monaten zum Monatsende. Es kann ihr also frühestens zum 31. Oktober rechtswirksam gekündigt werden.

(2) Vertragliche Kündigung

Die zwischen Arbeitnehmern und Arbeitgebern vereinbarten (einzelvertraglichen) Kündigungsfristen dürfen grundsätzlich länger, aber nicht kürzer als die gesetzlichen Kündigungsfristen sein. Will ein Arbeitnehmer kündigen, gilt somit die vertragliche oder die gesetzliche Kündigungsfrist von vier Wochen [§ 622 I BGB]. Die Arbeitnehmer müssen den Kündigungsgrund nicht angeben.

Eine Ausnahme besteht z.B. für Kleinbetriebe mit in der Regel höchstens 20 Arbeitnehmern ausschließlich der zu ihrer Berufsausbildung Beschäftigten, soweit die Kündigungsfrist vier Wochen nicht unterschreitet [§ 622 V, Nr. 2 BGB]. Für die Kündigung des Arbeits-

---

1 Der Europäische Gerichtshof (EuGH) hat diese bisher im deutschen Arbeitsrecht geltende Vorschrift, Beschäftigungszeiten vor der Vollendung des 25. Lebensjahres bei der Berechnung der Kündigungsfrist nicht zu berücksichtigen, in seinem Urteil vom 19.01.2010 verworfen (Rechtssache C-555/07). Da diese Regelung jüngere Arbeitnehmer wegen ihres Alters benachteilige und somit gegen das Diskriminierungsverbot verstoße, sind deutsche Gerichte angewiesen, diese Regelungen in laufenden Prozessen vor Arbeitsgerichten nicht mehr anzuwenden. Außerdem muss der Gesetzgeber das deutsche Kündigungsrecht ändern.

verhältnisses durch den Arbeitnehmer darf keine längere Frist vereinbart werden als für die Kündigung durch den Arbeitgeber [§ 622 VI BGB].

(3) Fristlose Kündigung (außerordentliche Kündigung)

Das Arbeitsverhältnis kann von jeder Vertragspartei ohne Einhaltung einer Kündigungsfrist gelöst werden, wenn ein wichtiger Grund vorliegt [§ 626 BGB].

Beispiele:
Verstöße gegen die Schweigepflicht; Diebstahl; grobe Beleidigungen; Tätlichkeiten; Mobbing (soziale Isolierung von Kollegen durch üble Nachrede, Missachtung und Unterstellungen); ungerechtfertigte Arbeitsverweigerung; nachhaltiges fremdenfeindliches Verhalten; sexuelle Belästigung; zweimaliges Verweigern eines amtsärztlichen Zeugnisses.

Wenn der Betriebsrat nicht vor der Kündigung unterrichtet wird, ist diese **unwirksam.** Der Betriebsrat kann der außerordentlichen Kündigung unverzüglich, spätestens jedoch innerhalb von drei Tagen, der ordentlichen Kündigung innerhalb einer Woche unter Angabe der Gründe schriftlich widersprechen [§ 102 BetrVG].

11.2.3 Kündigungsschutz

(1) Allgemeiner Kündigungsschutz

Der allgemeine Kündigungsschutz ist im Kündigungsschutzgesetz (KSchG) geregelt und schützt Arbeitnehmer vor **sozial ungerechtfertigter Kündigung,** wenn das Arbeitsverhältnis im gleichen Unternehmen ohne Unterbrechung länger als sechs Monate bestanden hat und das Unternehmen in der Regel mehr als zehn Arbeitskräfte (Auszubildende nicht mitgerechnet) beschäftigt [§§ 1, 23 KSchG]. Leitende Angestellte genießen keinen erhöhten Kündigungsschutz (Näheres siehe § 14 KSchG).

Eine **sozial ungerechtfertigte Kündigung** ist **rechtsunwirksam.** Bei notwendigen Entlassungen müssen z. B. die Dauer der Betriebszugehörigkeit, das Lebensalter und die Unterhaltspflichten der Arbeitnehmer berücksichtigt werden [§ 1 III KSchG].

Beispiel:
Einem einzelnen Angestellten in einem Unternehmen mit 2000 Belegschaftsmitgliedern wird mit der Begründung gekündigt, es läge Auftragsmangel vor.

Sozial gerechtfertigt ist eine Kündigung z. B. in folgenden Fällen [§ 1 II KSchG]:

Kündigungsgrund	Beispiele
■ Der Kündigungsgrund liegt in der **Person** des Arbeitnehmers.	Eine Angestellte ist nicht in der Lage, sich auf die sich ändernden Anforderungen des Arbeitsplatzes umzustellen. – Ein Arbeiter leidet unter einer schweren Krankheit, sodass er seine Arbeit nicht mehr ausführen kann.
■ Der Kündigungsgrund liegt im **Verhalten** des Arbeitnehmers.	Eine Arbeiterin macht dauernd überdurchschnittlich viel Ausschuss. – Eine Kassiererin unterschlägt mehrere tausend Euro.
■ Die Kündigung ist durch **dringende betriebliche Erfordernisse** bedingt.	Personalabbau aufgrund von erforderlichen Rationalisierungsmaßnahmen. – Entlassungen aufgrund von nachhaltigem Auftragsmangel.

Der Personalabbau muss sozial gerecht verteilt werden. Die soziale Auswahl der zuerst zu entlassenden Beschäftigten darf z. B. nicht auf die Abteilung beschränkt werden, in der Personal eingespart werden soll.

(2) Besonderer Kündigungsschutz

Einen besonderen Kündigungsschutz genießen z. B. Betriebsratsmitglieder, Jugend- und Auszubildendenvertreter [§ 15 KSchG], Frauen während der Schwangerschaft und bis zum Ablauf von vier Monaten nach der Entbindung [§ 9 I MuSchG], Arbeitnehmer höchstens acht Wochen vor dem Beginn der Elternzeit und während der Elternzeit [§ 18 I BEEG], schwerbehinderte Menschen [§§ 85 ff., 101 ff. SGB IX] sowie Auszubildende nach der Probezeit und während der Berufsausbildung [§ 22 BBiG].

(3) Abmahnung

Vor allem in den dem Kündigungsschutzgesetz unterliegenden Unternehmen haben die Arbeitnehmer das Recht, **vor einer Kündigung** durch den Arbeitgeber eine sogenannte **Abmahnung** zu erhalten.

Mit der rechtswirksamen – gesetzlich nicht geregelten – Abmahnung muss ein konkreter Vorfall oder ein bestimmtes Fehlverhalten des Arbeitnehmers (z. B. fehlende unverzügliche Krankmeldung, unpünktlicher Arbeitsbeginn) missbilligt und der Arbeitnehmer aufgefordert werden, dieses Fehlverhalten künftig zu unterlassen. Weiterhin müssen bei weiteren Verfehlungen der gleichen Art Rechtsfolgen (z. B. die Kündigung des Arbeitsverhältnisses) angedroht werden.

Die Abmahnung hat eine Hinweis- und Warnfunktion. Entbehrlich ist eine Abmahnung bei gravierenden Vertragsverletzungen (z. B. Diebstahl, Unterschlagung), die auch ein Grund zu einer fristlosen (außerordentlichen) Kündigung sind. Auf eine Abmahnung kann auch dann verzichtet werden, wenn sie wenig Erfolg versprechend ist. Dies gilt insbesondere dann, wenn erkennbar ist, dass der Mitarbeiter nicht gewillt ist, seinen Arbeitsvertrag zu erfüllen.

11.3 Arbeitsgerichtsbarkeit

(1) Instanzen

Die Arbeitsgerichtsbarkeit wird durch **Arbeitsgerichte, Landesarbeitsgerichte** und das **Bundesarbeitsgericht** in Erfurt ausgeübt [§§ 1, 40 I ArbGG].

(2) Zuständigkeit

Sachlich ist das Arbeitsgericht (erste Instanz) z. B. für alle Streitigkeiten aus dem Arbeitsverhältnis zwischen Arbeitgebern und Arbeitnehmern (Arbeiter und Angestellte sowie die zu ihrer Berufsausbildung Beschäftigten, aber keine Beamten) zuständig (Näheres siehe §§ 2 ff. ArbGG). Die Parteien können den Rechtsstreit vor den Arbeitsgerichten selbst führen, sich von den Vertretern der Verbände (Gewerkschaften, Arbeitgeberverbände) oder von Rechtsanwälten vertreten lassen **(Parteifähigkeit)**.

Örtlich zuständig ist grundsätzlich das Gericht, in dessen Bezirk sich der Erfüllungsort aus dem Arbeitsverhältnis befindet. Erfüllungsort ist die Arbeitsstätte des Arbeitnehmers, z. B. der Niederlassungsort des Unternehmens, dessen Zweigniederlassung oder der Ort einer staatlichen Verwaltung.

(3) Instanzen der Arbeitsgerichtsbarkeit

Erste Instanz ist das **Arbeitsgericht**.

Die **Landesarbeitsgerichte** sind die **zweite Instanz,** die **Berufungssachen** gegen das Urteil der ersten Instanz, also der Arbeitsgerichte, behandeln [§§ 8 II, 64 ff. ArbGG]. Es besteht **Anwaltszwang,** sofern die Parteien sich nicht durch die Verbände vertreten lassen wollen. Das Wesen der **Berufung** besteht darin, dass die Parteien neue Tatsachen vorbringen können, sodass der gesamte Rechtsstreit von neuem verhandelt wird. Berufung ist grundsätzlich nur möglich, wenn

- bei vermögensrechtlichen Streitigkeiten der Streitwert 600,00 EUR übersteigt oder
- die Berufung im Urteil des Arbeitsgerichts zugelassen ist oder
- es sich um Rechtsstreitigkeiten über das Bestehen, das Nichtbestehen oder die Kündigung eines Arbeitsverhältnisses handelt [§§ 64 ff. ArbGG].

Gegen Beschlüsse der Arbeitsgerichte kann gleichfalls beim Landesarbeitsgericht **Beschwerde** eingelegt werden.

Gegen ein Endurteil bzw. gegen einen Beschluss eines Landesarbeitsgerichts kann unter bestimmten Voraussetzungen **Revision** bzw. **Rechtsbeschwerde** beim **Bundesarbeitsgericht** (mit Sitz in Erfurt) eingelegt werden. Beim Bundesarbeitsgericht besteht Anwaltszwang. Die Revision kann – im Unterschied zur Berufung – nicht mit neuen Tatsachen begründet werden, sondern lediglich damit, dass das Urteil des Gerichts einer niederen Instanz z. B. auf der Verletzung einer oder mehrerer Rechtsvorschriften (Rechtsnormen) beruhe.

Die Revision ist z. B. zulässig, wenn diese im Urteil eines Landesarbeitsgerichts oder im Beschluss des Bundesarbeitsgerichts wegen der grundsätzlichen Bedeutung des Streitfalls oder wegen Meinungsverschiedenheiten verschiedener Arbeitsgerichte zugelassen ist.

Zusammenfassung

- Der Personalwirtschaft kommt auch die Aufgabe zu, den Personalbestand durch **Personalfreisetzungen** an die wirtschaftliche Entwicklung des Unternehmens anzupassen.
- Die **Kündigung** eines **Arbeitsvertrags** bedarf zur Rechtswirksamkeit der **Schriftform**. Die elektronische Form ist ausgeschlossen. Sie muss zur Gültigkeit als einseitiges Rechtsgeschäft dem **Vertragspartner rechtzeitig zugehen**.
- Bei der Kündigung eines Arbeitsverhältnisses unterscheiden wir die **gesetzliche** und die **vertragliche Kündigungsfrist**. Liegt ein wichtiger Grund vor, kann die Kündigung auch **fristlos** erfolgen.
- Wer länger als sechs Monate ohne Unterbrechung in einem Betrieb mit regelmäßig mehr als zehn Arbeitnehmern (Auszubildende nicht mitgerechnet) gearbeitet hat, genießt einen **allgemeinen Kündigungsschutz** gegen eine sozial ungerechtfertigte Kündigung.
- Einen **besonderen Kündigungsschutz** genießen z. B. Auszubildende, Betriebsratsmitglieder, Jugend- und Auszubildendenvertreter, werdende Mütter, schwerbehinderte Menschen und Arbeitnehmer während der Elternzeit.
- **Zuständigkeit der Arbeitsgerichte:**
  - **Sachlich zuständig** bei Streitigkeiten zwischen Arbeitgeber und Arbeitnehmer/Auszubildenden, zwischen Tarifparteien, zwischen Arbeitgeber und Betriebsrat.
  - **Örtlich zuständig** ist grundsätzlich das Gericht, in dessen Bezirk sich der Erfüllungsort aus dem Arbeitsverhältnis befindet.
-
- **Berufung** gegen ein Urteil bedeutet, dass die Parteien neue Tatsachen vorbringen können, sodass der gesamte Rechtsstreit neu verhandelt wird.
- Die **Revision** kann nicht mit neuen Tatsachen begründet werden, sondern lediglich damit, dass das Urteil des Gerichts einer niedrigeren Instanz z. B. auf der Verletzung einer Rechtsvorschrift beruht.

Übungsaufgaben

101 Bei der Kniebis KG besteht wegen des seit längerer Zeit anhaltenden Absatztiefs eine personelle Überdeckung.

Aufgaben:

1. Erklären Sie, was unter personeller Überdeckung und unter Personalfreisetzung zu verstehen ist!

2. Der Betriebsrat der Kniebis KG wünscht, dass sich die Geschäftsleitung auf interne Personalfreisetzungsmaßnahmen beschränkt, während die Geschäftsleitung auch an externe Personalfreisetzungsmaßnahmen denkt.

   Unterscheiden Sie zwischen interner und externer Personalfreisetzung!

3. Nennen Sie drei Maßnahmen der internen und der externen Personalfreisetzung!

4. In der Diskussion zwischen Betriebsrat und Geschäftsleitung fallen Begriffe wie z.B. Flexibilisierung der Arbeitszeit und Jobsharing.

   Erklären Sie diese Begriffe!

5. Nennen Sie zwei weitere Maßnahmen der internen Personalfreisetzung!

102 1. Die Mitarbeiterin Franziska Müller (28 Jahre; 5 Jahre im Betrieb) will zum 30. Juni kündigen.

   Aufgaben:

   1.1 Wie lange beträgt ihre Kündigungsfrist?

   1.2 Geben Sie das Datum an, an dem die Kündigung dem Arbeitgeber spätestens vorliegen muss!

   1.3 Franziska Müller kündigt am 30. Mai. Wann ist ihr letzter Arbeitstag?

   1.4 Dem Mitarbeiter Albert Schön wurde fristgemäß zum 30. September gekündigt. Albert Schön hält die Kündigung für sozial ungerechtfertigt.

   1.4.1 Bei welchen Gründen wird eine Kündigung als sozial ungerechtfertigt bezeichnet?

   1.4.2 An welches Gericht kann sich Herr Schön wenden, wenn die Kündigung vom Arbeitgeber nicht zurückgenommen wird?

   1.5 Aufgrund der guten Prüfung wird der Auszubildende Fritz Roth als Angestellter übernommen. Wodurch unterscheidet sich sein jetziges Beschäftigungsverhältnis vom bisherigen Ausbildungsverhältnis? Nennen Sie drei wesentliche Unterschiede!

2. Der Einzelunternehmer Kern e. K. kündigt dem zwanzigjährigen Klaus Bär, der seit einem Jahr in seinem Unternehmen beschäftigt ist, zum 31. Dezember. Es ist davon auszugehen, dass die Kündigung sozial gerechtfertigt ist.

   Aufgaben:

   2.1 An welchem Tag muss Kern spätestens kündigen?

   2.2 Warum muss die Kündigung begründet werden?

   2.3 Was könnte Klaus Bär gegen die Kündigung unternehmen?

   2.4 Nennen Sie zwei Gründe für eine fristlose Entlassung eines Mitarbeiters!

   2.5 Klaus Bär erhielt rechtzeitig eine Abmahnung. Erklären Sie, was hierunter zu verstehen ist!

   2.6 Nennen Sie einen Fall, bei dem eine Abmahnung entbehrlich ist!

3. Herrn Knolle, 28 Jahre alt, seit fünf Jahren kaufmännischer Angestellter im gleichen Betrieb, wird am 31. Mai zum 30. Juni gekündigt. Grund: Seine Arbeitsleistungen ließen objektiv sehr zu wünschen übrig. Eine Abmahnung diesbezüglich hatte Herr Knolle bereits im Vorfeld erhalten.

   Aufgaben:

   3.1 Ist die Kündigung rechtswirksam?

   3.2 Wäre die Rechtslage anders, wenn Herrn Knolle bereits am 19. Mai gekündigt worden wäre?

   3.3 Wie wäre die Rechtslage, wenn Herr Knolle 31 Jahre alt wäre?

   Alle Antworten mithilfe des Gesetzes begründen!

4. Zu welchem Zeitpunkt werden die folgenden Kündigungen rechtswirksam? Begründen Sie Ihre Entscheidung!

4.1 Dem 40-jährigen Angestellten Fritz Bauer, seit 18 Jahren im gleichen Betrieb tätig, wird aus zwingenden betrieblichen Gründen am 16. Februar gekündigt.

4.2 Zum gleichen Zeitpunkt wird auch der Angestellten Maria Hehl mit der gleichen Begründung gekündigt. Sie weist durch ärztliches Attest eine bestehende Schwangerschaft nach. Voraussichtlicher Geburtstermin: 20. August. Sie möchte den Erziehungsurlaub in Anspruch nehmen.

103 1. Frau Erna Spät aus Karlsruhe hat ihr Arbeitsverhältnis bei der Spar & Sam OHG in Mannheim aufgegeben. Wegen des noch ausstehenden Weihnachtsgelds in Höhe von 1 200,00 EUR will sie ihren früheren Arbeitgeber verklagen.

Aufgabe:

Wo kann sie das tun?

2. Die Kassiererin Lang-Finger hat Schwierigkeiten. Ihr fehlen schon zum dritten Mal einige 50-Euro-Scheine in der Kasse. Der Chef kürzt ihr Gehalt um 10 % mit der Drohung, sie fristlos zu entlassen, wenn noch einmal ein Kassenfehlbestand auftreten sollte. Frau Lang-Finger will wegen der Gehaltskürzung gegen ihren Arbeitgeber klagen.

Aufgabe:

Bei welchem Gericht könnte sie dies tun?

3. Beschreiben Sie den Instanzenaufbau der Arbeitsgerichtsbarkeit! Erörtern Sie hierbei kurz die örtliche und sachliche Zuständigkeit der Gerichte!

12 Bewältigung von Konfliktsituationen der Arbeitnehmer

12.1 Betriebsverfassung und Unternehmensverfassung

Die betriebliche Leistung ist auf das Zusammenwirken aller Produktionsfaktoren, vor allem „Arbeit" und „Kapital", zurückzuführen. Hieraus leitet sich der Anspruch der Arbeitnehmer auf Mitbestimmung ab. „Quod omnes tangit, ab omnibus comprobetur" – was alle betrifft, sollte auch von allen mitbestimmt werden! So befanden bereits die alten Römer.

In der Bundesrepublik Deutschland kennt die Mitbestimmung der Arbeitnehmer zwei Ebenen, nämlich die Mitbestimmung durch die **Aufsichtsräte** einerseits (Unternehmensverfassung)[1] und die Mitbestimmung durch die **Betriebsräte** andererseits (Betriebsverfassung). Die Betriebsverfassung wird durch das Betriebsverfassungsgesetz [BetrVG] geregelt.

12.2 Betriebsrat

(1) Begriff, Zusammensetzung und Wahl des Betriebsrats

Merke:

Der **Betriebsrat** ist eine Vertretung der Arbeitnehmer gegenüber dem Arbeitgeber.

---

1 Die Behandlung der Unternehmensverfassung wird im Lehrplan nicht verlangt.

In Betrieben mit in der Regel mindestens fünf ständig wahlberechtigten Arbeitnehmern, von denen drei wählbar sind, werden Betriebsräte gewählt [§ 1 I BetrVG]. Es besteht kein gerichtlich durchsetzbarer Zwang zur Errichtung eines Betriebsrats, wenn die Arbeitnehmer passiv bleiben.

- In Betrieben mit 5 bis 20 wahlberechtigten Arbeitnehmern besteht der Betriebsrat aus einer Person.
- Bei mehr als 20 Arbeitnehmern besteht der Betriebsrat aus mindestens 3 Mitgliedern. Die Zahl der Betriebsratsmitglieder steigt mit der Zahl der wahlberechtigten Arbeitnehmer.
- Bei 7 001 bis 9 000 Arbeitnehmern hat der Betriebsrat z.B. 35 Mitglieder (Näheres siehe § 9 BetrVG).

In Betrieben mit in der Regel 200 bis 500 Arbeitnehmern ist mindestens ein Betriebsratsmitglied von seiner beruflichen Tätigkeit freizustellen (Näheres siehe § 38 BetrVG).

Der Betriebsrat soll sich möglichst aus Arbeitnehmern der einzelnen Organisationsbereiche zusammensetzen. Dabei sollen möglichst auch Vertreter der verschiedenen Beschäftigungsarten der im Betrieb tätigen Arbeitnehmer berücksichtigt werden. Das Geschlecht, das in der Belegschaft in der Minderheit ist, muss mindestens entsprechend seinem zahlenmäßigen Verhältnis [§ 15 BetrVG] im Betriebsrat vertreten sein, wenn der Betriebsrat aus mindestens drei Mitgliedern besteht.

Sofern der Betrieb in der Regel mindestens 5 Arbeitnehmer beschäftigt, die das 18. Lebensjahr noch nicht vollendet haben oder die in ihrer Berufsausbildung stehen und das 25. Lebensjahr noch nicht vollendet haben, wird von dem genannten Personenkreis eine **Jugend- und Auszubildendenvertretung** gewählt [§§ 60, 61 BetrVG].

(2) Wahlrecht

Wahlberechtigte Belegschaftsmitglieder[1] sind vor allem Arbeiter, Angestellte und Auszubildende des Betriebs, sofern sie das 18. Lebensjahr vollendet haben [§ 7 BetrVG]. Leitende Angestellte haben kein Wahlrecht.[2] **Wählbar sind alle wahlberechtigten Arbeitnehmer,** die mindestens sechs Monate dem Betrieb angehören.[3]

(3) Amtszeit des Betriebsrats

Der in geheimer und unmittelbarer Wahl gewählte Betriebsrat [§§ 13, 14 I BetrVG] bleibt vier Jahre im Amt [§ 21 BetrVG].

(4) Zusammenarbeit von Arbeitgeber und Betriebsrat

Grundsätzlich gilt, Arbeitgeber und Arbeitnehmer sollen vertrauensvoll zusammenarbeiten. Sie sollen mindestens einmal im Monat zusammentreten, um bei strittigen Fragen eine Lösung zu finden. Dabei verpflichtet das Betriebsverfassungsgesetz die Parteien dazu, mit ernstem Willen zur Einigung zu verhandeln und Vorschläge für die Beseitigung von Meinungsverschiedenheiten zu machen [§ 74 I BetrVG].

---

1 Das Recht, wählen zu können, nennt man „aktives Wahlrecht". („Aktiv sein" bedeutet „tätig sein"; wer wählt, „tut etwas".)

2 In Betrieben mit in der Regel mindestens zehn leitenden Angestellten [§ 5 III BetrVG] werden Sprecherausschüsse der leitenden Angestellten gewählt, die mit dem Arbeitgeber vertrauensvoll unter Beachtung der geltenden Tarifverträge zum Wohl der leitenden Angestellten und des Betriebs zusammenarbeiten [§§ 1, 2 SprAuG].

3 Das Recht, gewählt zu werden, bezeichnet man als „passives Wahlrecht". (Wenn jemand „passiv" ist, geschieht etwas mit ihm, er lässt etwas mit sich tun. Beim „passiven" Wahlrecht wird also jemand gewählt.)

(5) Rechte des Betriebsrats

Die im Betriebsverfassungsgesetz geregelte Mitbestimmung umfasst mehrere Stufen.

Rechte des Betriebsrats	Beispiele
■ Informationsrecht des Betriebsrats Der Betriebsrat hat einen Anspruch auf rechtzeitige und umfassende Unterrichtung über die von der Geschäftsleitung **geplanten betrieblichen Maßnahmen** [§ 90 I BetrVG]. Die Information ist die Voraussetzung dafür, dass der Betriebsrat seine weitergehenden Rechte überhaupt wahrnehmen kann.	Information über geplante Neu-, Um- und Erweiterungsbauten, Einführung neuer Arbeitsverfahren und Arbeitsabläufe oder Veränderung von Arbeitsplätzen, Unterrichtung bei Einstellung leitender Angestellter.
■ Beratungsrecht des Betriebsrats Der Betriebsrat hat das Recht, aufgrund der ihm gegebenen Informationen seine **Auffassung** gegenüber dem Arbeitgeber darzulegen und **Gegenvorschläge** zu unterbreiten [§ 90 II BetrVG]. Die Beratung geht somit über die einseitige Information hinaus. Eine Einigung ist jedoch nicht erzwingbar. Die Beratung ist ausdrücklich in sogenannten „wirtschaftlichen Angelegenheiten" vorgeschrieben.	Personalplanung (gegenwärtiger und künftiger Personalbedarf), Sicherung und Förderung der Beschäftigung, Ausschreibung von Arbeitsplätzen, Rationalisierungsvorhaben, Einschränkung oder Stilllegung von Betriebsteilen, Zusammenschluss von Betrieben, Änderung der Betriebsorganisation oder des Betriebszwecks, sofern nicht Betriebs- und Geschäftsgeheimnisse gefährdet werden.
■ Mitwirkungsrecht des Betriebsrats Das Mitwirkungsrecht des Betriebsrats wird auch als „eingeschränkte Mitbestimmung" bezeichnet. Im Gegensatz zum Beratungsrecht besitzt hier der Betriebsrat ein **Vetorecht (Widerspruchsrecht)**. Die eingeschränkte Mitbestimmung umfasst vor allem die „personellen Einzelmaßnahmen" wie Neueinstellungen, Eingruppierungen in Lohn- und Gehaltsgruppen und Versetzungen von Arbeitskräften [§ 99 BetrVG]. Auch bei Kündigungen hat der Betriebsrat ein Widerspruchsrecht.[1]	Das Wesen des Widerspruchsrechts wird an folgendem Fall deutlich. Angenommen, einem jungen Arbeitnehmer wird fristgemäß gekündigt. Der Betriebsrat widerspricht. Dieser Widerspruch führt nicht zur Aufhebung der Kündigung. Gibt die Geschäftsleitung nicht nach (hat z. B. der Spruch der Einigungsstelle zugunsten des Gekündigten keinen Erfolg), muss der Fall vom Arbeitsgericht geklärt werden. Unter Umständen sichert der Widerspruch die Weiterbeschäftigung des gekündigten Arbeitnehmers bis zur endgültigen gerichtlichen Entscheidung.
■ Mitbestimmungsrecht im engeren Sinne Die Mitbestimmung i.e.S. ist **zwingend**. Dies bedeutet, dass der Arbeitgeber bestimmte Maßnahmen **nur mit Zustimmung des Betriebsrats** durchführen kann. Diese eigentliche Mitbestimmung steht dem Betriebsrat vor allem in sogenannten „sozialen Angelegenheiten" zu, soweit eine gesetzliche oder tarifliche Regelung nicht besteht [§ 87 BetrVG].	Arbeitszeitregelung, Zeit, Ort und Art der Auszahlung der Arbeitsentgelte, Aufstellung allgemeiner Urlaubsgrundsätze und des Urlaubsplans, Einführung der Arbeitszeitüberwachung (z. B. Stempeluhren), Regelung der Unfallverhütung, Form, Ausgestaltung und Verwaltung der Sozialeinrichtungen (z. B. Kantinen, Erholungsheimen), Zuweisung und Kündigung von Werkswohnungen, betriebliche Lohngestaltung (z. B. Einführung von Akkordlöhnen), Regelung des betrieblichen Vorschlagswesens und der Abschluss der Betriebsvereinbarung (Betriebsordnung [§ 77 II BetrVG]).

---

1 Die Mitbestimmung bei personellen Einzelmaßnahmen besteht in Unternehmen mit in der Regel mehr als zwanzig wahlberechtigten Arbeitnehmern [§ 99 I BetrVG].

Zu beachten ist, dass das weitergehende Recht des Betriebsrats immer das weniger weitgehende Recht einschließt. So umfasst das Mitbestimmungsrecht i. e. S. in sozialen Angelegenheiten zugleich die Mitwirkung, die Beratung und – als Voraussetzung – die Information.

Der Betriebsrat hat in jedem Kalendervierteljahr eine **Betriebsversammlung** einzuberufen, die während der Arbeitszeit stattfindet [§§ 431, 441 BetrVG]. In der Betriebsversammlung berichtet der Betriebsrat über seine Tätigkeit und der Arbeitgeber z. B. über die wirtschaftliche und soziale Lage des Betriebs sowie über den betrieblichen Umweltschutz. Betriebsversammlungen sind **nicht öffentlich**.

Der **Arbeitgeber** ist zu den Betriebsversammlungen unter Mitteilung der Tagesordnung **einzuladen**. Er ist berechtigt, in der Versammlung zu sprechen.

12.3 Weitere Organe nach dem Betriebsverfassungsgesetz

(1) Wirtschaftsausschuss

In Unternehmen mit in der Regel mehr als 100 ständig beschäftigten Arbeitnehmern ist ein **Wirtschaftsausschuss** zu bilden (3 bis 7 Mitglieder). Die Mitglieder des Wirtschaftsausschusses werden vom Betriebsrat für die Dauer seiner Amtszeit bestimmt. Die Aufgabe des Wirtschaftsausschusses ist, wirtschaftliche Angelegenheiten, vor allem auch Fragen des betrieblichen Umweltschutzes, mit der Geschäftsleitung zu beraten und den Betriebsrat zu unterrichten [§§ 106 ff. BetrVG].

(2) Einigungsstelle

Bei Bedarf ist eine **Einigungsstelle** einzurichten, die paritätisch (zu gleichen Teilen) aus Vertretern der Belegschaft und der Arbeitgeberseite sowie einem unparteiischen Vorsitzenden bestehen muss.[1] Die Einigungsstelle hat die Aufgabe, Streitigkeiten zwischen Betriebsrat und Unternehmensleitung beizulegen [§ 76 BetrVG]. Kann eine Einigung nicht zustande kommen, sind die Arbeitsgerichte zuständig. Die Kosten der Einigungsstelle trägt der Arbeitgeber [§ 76 I a BetrVG].

12.4 Unmittelbare Rechte der Belegschaftsmitglieder nach dem Betriebsverfassungsgesetz

Das Betriebsverfassungsgesetz regelt nicht nur die Rechte und Pflichten des Betriebsrats bzw. des Arbeitgebers, sondern legt darüber hinaus bestimmte unmittelbare Rechte der einzelnen Arbeitnehmer fest:

(1) Recht auf Unterrichtung

Der Arbeitgeber hat die bei ihm beschäftigten Arbeitnehmer über deren Aufgabe und Verantwortung sowie über die Art ihrer Tätigkeit zu unterrichten. Über Veränderungen in ihren Arbeitsbereichen sind die Arbeitnehmer rechtzeitig zu unterrichten (Näheres siehe § 81 BetrVG).

---

1 Durch Betriebsvereinbarung kann eine ständige Einigungsstelle errichtet werden [§ 76 I, S. 2 BetrVG).

(2) Recht auf Anhörung

Die Arbeitnehmer haben das Recht, in allen betrieblichen Angelegenheiten, die ihre Person betreffen, von den zuständigen Stellen des Betriebs gehört zu werden. Sie sind berechtigt, Vorschläge für die Gestaltung ihrer Arbeitsplätze und die Arbeitsabläufe zu machen. Darüber hinaus können die Arbeitnehmer verlangen, dass ihnen die Berechnung und Zusammensetzung ihrer Arbeitsentgelte erläutert und mit ihnen die Beurteilung ihrer Leistungen sowie die Möglichkeiten ihrer beruflichen Entwicklung im Betrieb erörtert werden. Die Arbeitnehmer können ein Mitglied des Betriebsrats hinzuziehen [§ 82 BetrVG].

Das Recht auf Anhörung umfasst:

Einsicht in die Personalakten	Alle Arbeitnehmer haben das Recht, in die über sie geführten Personalakten Einsicht zu nehmen. Sie können (müssen aber nicht) ein Mitglied des Betriebsrats hinzuziehen [§ 83 BetrVG].
Beschwerderecht	Alle Arbeitnehmer sind berechtigt, sich bei den zuständigen Stellen des Betriebs zu beschweren, wenn sie sich vom Arbeitgeber oder von Arbeitnehmern des Betriebs benachteiligt, ungerecht behandelt oder in sonstiger Weise beeinträchtigt fühlen [§ 84 BetrVG]. Der Betriebsrat hat die Beschwerden der Arbeitnehmer entgegenzunehmen und bei berechtigten Beschwerden beim Arbeitgeber auf deren Abhilfe hinzuwirken [§ 85 BetrVG].

12.5 Betriebsvereinbarung

Merke:

Betriebsvereinbarungen[1] sind Absprachen zwischen Arbeitgeber und Betriebsrat. Die **schriftlich** niedergelegte und von beiden Seiten unterzeichnete Betriebsvereinbarung wird auch **Betriebsordnung** genannt [§ 77 II BetrVG].

In den Betriebsvereinbarungen werden den Arbeitnehmern meistens unmittelbare und zwingende Rechte gegenüber dem Arbeitgeber eingeräumt, auf die nur mit Zustimmung des Betriebsrats verzichtet werden kann [§ 77 IV BetrVG].

Zusammenfassung

- Das **Arbeitsschutzrecht** umfasst Bestimmungen, Vorschriften, Maßnahmen, welche dem Schutz des Lebens und der Gesundheit der Arbeitskraft dienen.

- Dem **Betriebs- und Gefahrenschutz** dienen z.B. das Arbeitsschutzgesetz, das Geräte- und Produktsicherheitsgesetz, das Arbeitssicherheitsgesetz, die Arbeitsstättenverordnung u.a.

- Die Einhaltung wird z.B. durch die **Gewerbeaufsichtsämter** und die **Berufsgenossenschaften** überwacht.

- Die **Mitbestimmung der Arbeitnehmer** auf betrieblicher Ebene erfolgt durch den **Betriebsrat**.

---

1 Siehe auch S. 282.

- Der **Betriebsrat** ist eine Vertretung der Arbeitnehmer gegenüber dem Arbeitgeber. Wahl, Zusammensetzung und Aufgaben des Betriebsrats sind im Betriebsverfassungsgesetz (BetrVG) geregelt.

- **Wahlberechtigte Arbeitnehmer** sind Arbeiter, Angestellte und Auszubildende, sofern sie das 18. Lebensjahr vollendet haben.

- Die **Organe der Betriebsverfassung** sind
    - die Betriebsversammlung,
    - der Betriebsrat,
    - der Wirtschaftsausschuss (bei Unternehmen mit in der Regel mehr als 100 ständig beschäftigten Arbeitnehmern) und
    - die Einigungsstelle (bei Bedarf oder ständig durch Betriebsvereinbarung).

- Die **Stufen der betrieblichen Mitbestimmung (Rechte des Betriebsrats)** im weiteren Sinne sind:

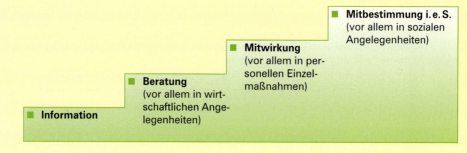

- **Betriebsvereinbarungen** sind Absprachen zwischen Arbeitgeber und Betriebsrat zur Regelung vor allem sozialer Angelegenheiten. Die schriftlich niedergelegte Betriebsvereinbarung heißt auch **Betriebsordnung**.

Übungsaufgaben

104 Ein Textilunternehmen beschäftigt 50 Mitarbeiter. Die Mitarbeiter beschließen, einen Betriebsrat zu wählen.

Aufgaben:
1. Kann sich der Geschäftsinhaber dem Wunsch der Belegschaft widersetzen? Begründen Sie Ihre Meinung!
2. Nennen Sie vier Rechte des Betriebsrats!
3. Geben Sie für das Mitwirkungsrecht und das Mitbestimmungsrecht i. e. S. des Betriebsrats jeweils zwei Beispiele an!

105 In der Unruh AG sind 420 Arbeitnehmerinnen und Arbeitnehmer beschäftigt. Der Vorstand versucht mit allen Mitteln, die Bildung eines Betriebsrats zu verhindern.

Aufgaben:
1. Zu welcher Mitbestimmungsform zählt die Einrichtung eines Betriebsrats?
2. Nennen Sie die Organe des Betriebsrats und ihre jeweilige Hauptaufgabe!
3. Unterscheiden Sie aktives und passives Wahlrecht!

4. Die Einrichtung eines Betriebsrats soll dazu beitragen, Konflikte zwischen der Arbeitnehmer- und der Arbeitgeberseite zu vermeiden, zu mildern oder gar zu lösen. Welche Konflikte können das sein?

5. Die Mitbestimmung des Betriebsrats umfasst mehrere Ebenen (Stufen).
   5.1 Welche sind das?
   5.2 Führen Sie mindestens je drei Beispiele an!

6. Die Belegschaft der Unruh AG sieht in der Mitbestimmung allgemein nur Vorteile, die Geschäftsleitung nur Nachteile.
   6.1 Nennen Sie mindestens zwei Vor- und Nachteile!
   6.2 Überwiegen Ihrer Ansicht nach die Vor- oder die Nachteile?

106 Entscheiden Sie in folgenden Fällen:

1. Die Geschäftsleitung der Otto Schnell KG hat den Angestellten Bückling zum Leiter der Rechnungswesenabteilung ernannt. Der Betriebsrat widerspricht. Er sähe an dieser Stelle lieber das langjährige Gewerkschaftsmitglied Blau. Wird sich der Betriebsrat durchsetzen können?

2. Herr Knifflig, seit langen Jahren im Betrieb angestellt, hat sich um die neue Stelle als Verkaufsleiter beworben. Er fällt durch. Nunmehr verlangt er Einsicht in seine Personalakte. Kann er das?

3. Ohne Anhörung des Betriebsrats führt die Otto Schnell KG neue Arbeitszeiten ein. Der Betriebsrat widerspricht dieser Anordnung. Ist die Anordnung trotzdem wirksam?

13 Personal-Controlling

13.1 Operatives und strategisches Personal-Controlling

13.1.1 Grundsätzliches

Allgemein versteht man unter Controlling einen stetigen informationsverarbeitenden Prozess mit dem Ziel, die Unternehmensleitung in der Steuerung und Überwachung der Unternehmensabläufe zu unterstützen.

Controlling ist also mehr als reine Kontrolle, in welcher vergangenheitsbezogene Informationen statistisch (z.B. Personalstatistik) aufbereitet werden. Controlling stellt vielmehr Kennzahlen zur Verfügung, die künftige Entwicklungen rechtzeitig in ihrer Tendenz erkennbar machen.

Merke:

Das **Personal-Controlling** hat den Führungskräften alle wichtigen personalpolitischen Informationen zu liefern, die für den personalwirtschaftlichen Entscheidungs- und Steuerungsprozess von Bedeutung sind.

Betrachtet man das Personal-Controlling unter dem **Kriterium des Zeitbezugs,** dann ist zu unterscheiden in strategisches Personal-Controlling und operatives Personal-Controlling.

13.1.2 Operatives Personal-Controlling

Das operative Personal-Controlling ist **kurzfristig angelegt** und orientiert sich an den **quantitativen Größen** des Tagesgeschäfts. Hierzu gehören insbesondere die Personalplanung, die Personaleinsatzplanung, die Personalentwicklung und die Personalführung.

(1) Operatives Controlling im Rahmen der Personalplanung

Wichtig sind hier Werte und Kennzahlen, welche einerseits eine grundlegende Zukunftsplanung unterstützen und andererseits Rückschlüsse liefern über die Qualität der Planung aus den Vorperioden.

Beispiele für solche Kennzahlen sind:

$$\text{Vorstellungsquote} = \frac{\text{Vorstellungen} \cdot 100}{\text{Anzahl der Bewerbungen}}$$

$$\text{Verteilung des Jahresurlaubs} = \frac{\frac{\text{Anzahl der genommenen Urlaubstage}}{\text{eines bestimmten Monats}} \cdot 100}{\frac{\text{Gesamtzahl aller verfügbaren Urlaubstage}}{\text{der Mitarbeiter}}}$$

$$\text{Fehlzeitenquote} = \frac{\text{Fehltage} \cdot 100}{\text{Arbeitstage}}$$

Weitere mögliche Kennzahlen geben z.B. Auskunft über

- Entwicklung des Personalbedarfs nach Ausbildungsstand, Geschlecht, Beruf,
- Arbeitszeitregelungen,
- Unfallhäufigkeit.

(2) Operatives Controlling im Rahmen der Personaleinsatzplanung

Aufgabe der Personaleinsatzplanung ist, jede Arbeitsstelle so zu besetzen, dass ein störungsfreier Leistungserstellungsprozess sichergestellt ist. Dementsprechend sind Kennzahlen zu bilden, die Aufschluss darüber geben, inwieweit es gelungen ist, die Personaleinsatzplanung umzusetzen.

Beispiele für solche Kennzahlen sind:

$$\text{Personaldeckungsquote} = \frac{\text{Personal-Istbestand} \cdot 100}{\text{Personal-Sollbestand}}$$

$$\text{Überstundenquote} = \frac{\text{Anzahl der geleisteten Überstunden} \cdot 100}{\text{Istarbeitsstunden}}$$

Weitere mögliche Kennzahlen geben z.B. Auskunft über

- Anzahl der Krankmeldungen, Kuren, Erziehungsurlaub,
- Arbeitsanfall und Mitarbeiterpräsenz,
- Krankheitszeitquote.

(3) Operatives Controlling im Rahmen der Personalentwicklung

Aufgabe der Personalentwicklung ist es, dafür Sorge zu tragen, dass die Mitarbeiter über jene Qualifikationen verfügen, mit deren Hilfe der Betrieb die Herausforderungen der Zukunft bewältigen kann. Dementsprechend richtet sich der Fokus des Controllings hier auf die Planung der Laufbahn, die Aus-, Fort- und Weiterbildung der Mitarbeiter, die persönlichen und sozialen Interessen und Neigungen der Mitarbeiter, Ausgestaltung der einzelnen Arbeitsplätze. Mögliche Kennzahlen in diesem Bereich geben z.B. Auskunft über

- Teilnahme an Aus- und Weiterbildungsmaßnahmen,
- Angebote an Veranstaltungen, die auf die Förderung persönlicher und sozialer Kompetenz ausgerichtet sind,
- Abwicklung von Arbeitsprozessen.

(4) Operatives Controlling im Rahmen der Personalführung

Controlling in diesem Bereich konzentriert sich auf die Arbeitsbeziehung zwischen Vorgesetztem und Mitarbeiter bzw. zwischen den Kollegen. In diesem Fall schließt Controlling nicht nur die Beurteilung der Mitarbeiter, sondern auch die der Vorgesetzten mit ein. Gute Informationsquellen liefern hierfür z.B. Beratungs- und Fördergespräche, Betriebsumfragen zur Führung oder Kooperation. Mögliche Kennziffern sind hier z.B.

- Frühfluktuationsrate,
- Anzahl der Versetzungswünsche nach kurzer Dienstdauer,
- Zufriedenheitsindex („Wie zufrieden sind Sie mit Ihrem Arbeitsplatz/Vorgesetzten?").

13.1.3 Strategisches Personal-Controlling

Das strategische Personal-Controlling überwindet die zeitlichen Grenzen des operativen Controllings, schaut wesentlich weiter in die Zukunft und verwendet weniger die „harten" Instrumente, wie z.B. Kennzahlen. Die Hauptaufgabe besteht darin, die Personalplanung auf die Planung des Unternehmens und dessen Interessenlage abzustimmen. Ein häufiger verwendetes Instrument des strategischen Personal-Controllings ist z.B. das Personal-Portfolio.[1] Es ordnet die einzelnen Mitarbeiter in Bezug auf ihr Leistungsverhalten und ihr Entwicklungspotenzial in eine grafische Darstellung ein.

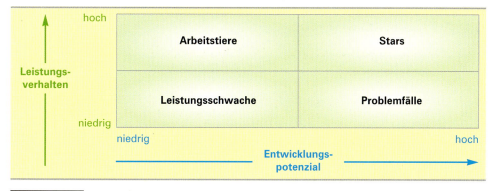

---
1 Zur Portfoliodarstellung siehe S. 190ff.

Diese Einordnung erlaubt die Aufdeckung von Stärken/Schwächen der Mitarbeiter sowie die Chancen und Gefahren für das eigene Unternehmen. Für die **langfristige Personalplanung** können hieraus Schlüsse gezogen werden, wie z. B.:

- Leistungsschwache Mitarbeiter werden entweder gefördert, auf unbedeutende Stellen versetzt oder freigesetzt.
- „Arbeitstiere" müssen u. U. zum eigenen Schutz individuell geführt werden.
- Problemfälle arbeiten unter ihren Möglichkeiten, müssen also nachhaltig gefordert werden.
- Stars erbringen hohe Leistungen und verfügen über Entwicklungspotenzial. Sie sind also in besonderem Maße zu fördern.

13.2 Erfassung und Aufbereitung von Personaldaten

Voraussetzung für eine zielgenaue Planung des Personalbestands und eines optimalen Einsatzes der Mitarbeiter ist eine genaue Erfassung und Aufbereitung der Personaldaten. Die Personalverwaltung führt deshalb **Personalakten,** unterhält ein **Personalinformationssystem** und bereitet Personaldaten in **Personalstatistiken** auf.

13.2.1 Personalakte

Alle Unterlagen, die für die Person und das Arbeitsverhältnis des Mitarbeiters von Bedeutung sind, werden in einer Personalakte gesammelt und aufbewahrt. Eine Ausnahme bilden lediglich die Entlohnungsunterlagen, die in der Gehalts- und Lohnabrechnung aufzubewahren sind (Grundsatz ordnungsmäßiger Buchführung). Gesetzlich ist der Arbeitgeber zur Führung von Personalakten nicht verpflichtet.

Die Personalakte wird von der Personalverwaltung in der Regel in verschiedene Sachgebiete gegliedert. Folgende Gliederung könnte z. B. gewählt werden:

Art der Dokumente	Beispiele
Angaben zur Person	Personalien, Schul- und Arbeitszeugnisse, ärztliches Zeugnis, evtl. polizeiliches Führungszeugnis, persönliche Veränderungen, z.B. Heirat, Kinder.
Vertragliche Vereinbarungen	Arbeitsvertrag, zusätzliche Vereinbarungen zum Arbeitsvertrag, z.B. Konkurrenzklausel, Änderung der Bezüge oder der Tätigkeiten.
Tätigkeit	Versetzung, Beförderungen, Abordnungen, Verwarnungen, Abmahnungen, Beurteilungen.
Bezüge	Grund- und Zusatzentgelt, Vorschüsse, Arbeitgeberdarlehen, Lohnsteuer, Sozialversicherung.
Abwesenheiten	Urlaub, Krankheitsnachweise.
Schriftverkehr	Mit der Agentur für Arbeit, den Sozialversicherungsträgern, der Bundeswehrverwaltung.

Neben der Personalakte empfiehlt sich die Einrichtung einer Personaldatei, die die wesentlichen persönlichen Daten sowie alle statistischen Informationen über den Mitarbeiter erfasst.

Der Arbeitnehmer hat das **Recht,** die über ihn geführten **Akten einzusehen** [§ 83 I BetrVG]. Nicht einsichtspflichtig sind Unterlagen, die der Vorbereitung einer Beurteilung oder Unternehmensentscheidung dienen, und Unterlagen, die Aussagen über andere Mitarbeiter enthalten (z. B. Gehaltsgegenüberstellungen).

13.2.2 Personalinformationssystem und Personalstatistik

13.2.2.1 Personalinformationssystem

Die Güte der Personalpolitik eines Unternehmens wird entscheidend durch den Umfang und die Qualität der verfügbaren Personalinformationen mitbestimmt. Die erforderlichen Informationen liefert ein Personalinformationssystem (PIS) als Teil eines Managementinformationssystems.

> **Merke:**
>
> - **Personalinformationssysteme** sind i. d. R. computergestützte Verfahren zur geordneten Erfassung, Speicherung, Verarbeitung und Bereitstellung aller relevanten (bedeutsamen) Informationen über den Arbeitsmarkt, die Arbeitsplätze bzw. die Arbeitssituationen sowie die Mitarbeiter und deren Qualifikationen.
> - Sie haben die Aufgabe, bestimmte zugangsberechtigte Führungskräfte, Personalsachbearbeiter und Arbeitnehmervertretungen mit **Informationen** zu versorgen, die sie zur Ausübung ihrer **Führungs- und Verwaltungsaufgaben** benötigen.

Die Personalinformationssysteme werden vor allem bei der Personalbedarfsplanung, der Personalbeschaffungsplanung, der Personalerhaltungs- und -entwicklungsplanung, der Personaleinsatzplanung und der Entgeltfindung eingesetzt. Die mithilfe der Personalbeurteilung und der Personalstatistik gewonnenen Daten werden in das Personalinformationssystem eingespeist. Hier setzt der **Datenschutz** ein, denn **personenbezogene Daten** (Einzelangaben über persönliche oder sachliche Verhältnisse einer natürlichen Person wie z. B. betriebliche Beurteilungen; siehe § 4 BDSG) dürfen nicht unbefugt verarbeitet oder weitergegeben werden. Dies gilt auch nach der Beendigung der Tätigkeit [§ 5 BDSG].

Computergestützte Personalinformationssysteme bestehen meistens aus den drei Teilbereichen:

Personaldatenbank	Sie beinhaltet quantitative und qualitative Aussagen über den **Personalbestand** eines Betriebs (z. B. Personalnummer, Tarifgruppe, Tätigkeitsschlüssel, Beurteilungspunkte zur Qualifikation).
Stellendatenbank	In ihr sind quantitative und qualitative Anforderungen über die **Arbeitsplätze und Tätigkeitsbereiche** des Betriebs enthalten.
Methoden- und Modellbank	Sie dient dazu, mithilfe weiterer statistischer Daten und Methoden Prognosen über die **Personalentwicklung** und den **Personalbedarf** zu liefern.

13.2.2.2 Personalstatistik

Merke:

Die **Personalstatistik** hat die Aufgabe, alle zahlenmäßig ausdrückbaren Beziehungen zwischen dem Unternehmen und den Mitarbeitern zu erfassen, aufzubereiten und auszuwerten.

Die Personalstatistik sollte Auskunft geben über:

Bereiche der Personalstatistik	Beispiele
Personalstruktur	Zusammensetzung der Belegschaft nach ■ Arbeitern, Angestellten, Auszubildenden, ■ weiblichen und männlichen Mitarbeitern, ■ gelernten, angelernten und ungelernten Mitarbeitern, ■ Alter, Familienstand, Betriebszugehörigkeit, ■ Berufskategorien, ■ Vollzeit-, Teilzeitbeschäftigte, Leihmitarbeiter.
Personal-bewegungen	Zu- und Abgänge untergliedert nach ■ Kündigung durch Arbeitnehmer, ■ Entlassungen, ■ Pensionierungen, ■ krankheitsbedingt, ■ Wehrdienst.
Arbeits- und Ausfallzeiten	■ geleistete Normalarbeitszeit, ■ Überstunden, ■ Urlaubszeiten, ■ Krankheitszeiten, Mutterschutz, Unfall, ■ durch Betriebsstörungen.
gezahlte Löhne und Gehälter	Aufgliederung der Löhne und Gehälter nach ■ Lohnformen, ■ Betriebsabteilungen, ■ Zulagen, ■ Erfolgsbeteiligungen.
Sozialleistungen	■ gesetzliche Sozialleistungen, ■ tarifliche Sozialleistungen – vermögenswirksame Leistungen, – Altersversorgung, ■ freiwillige Sozialleistungen – Betriebsrenten, – Werkswohnungen, – Betriebskindergarten.

In der betrieblichen Praxis werden die Daten in **Kennzahlen**[1] zusammengefasst, um diese Daten noch transparenter[2] zu machen.

---

1 Siehe hierzu die Ausführungen auf S. 362.

2 Transparent: deutlich, verstehbar, durchsichtig.

Zusammenfassung

- **Personal-Controlling** beinhaltet sowohl die Bewertung der Leistung einer Arbeitskraft als auch der Arbeit der Personalabteilung selbst.

- **Operatives Personal-Controlling** orientiert sich am Tagesgeschäft und benutzt tendenziell „harte" Instrumente, wie z. B. Kennzahlen oder Indizes.

- Die Aufgabe des **strategischen Personal-Controllings** besteht darin, die Personalplanung mit der Unternehmensplanung zu koordinieren.

- Das **Personalinformationssystem** ist Teil des Managementinformationssystems. Es baut auf der Verarbeitung der Massendaten der Personalverwaltung auf und liefert verdichtete Informationen für die Führungsebene.

- Ziel der **Personalstatistik** ist es, eine Datengrundlage für die Personalplanung zu liefern. Hierzu gehören Statistiken über die Personalstruktur, die Personalbewegung, den Personalbestand, die Arbeitszeit, das Arbeitsentgelt, die Fehlzeiten und die Fluktuation.

Übungsaufgabe

107
1. Formulieren Sie die generelle Zielsetzung des Personal-Controllings!

2. Worin besteht der grundsätzliche Unterschied zwischen dem operativen und dem strategischen Personal-Controlling?

3. Versuchen Sie Kennzahlen zum operativen Controlling im Rahmen der Personalführung und der Personalentwicklung zu formulieren!

4. 4.1 Beschreiben Sie die Zielsetzung eines Personalinformationssystems!

   4.2 Aus welchen Teilbereichen bestehen Personalinformationssysteme?

Lernfeld 6: Investitions- und Finanzierungsprozesse planen

1 Einbettung der Investitions- und Finanzierungsprozesse in das Gesamtsystem betrieblicher Geschäftsprozesse[1]

Die nachfolgende Abbildung dient der Standortbestimmung des Kapitels „**Investitions- und Finanzierungsprozesse planen und durchführen**", indem der Serviceprozess „Investitionen und Finanzierung durchführen" hervorgehoben wird. Dieser Serviceprozess ist dadurch gekennzeichnet, dass er die Kernprozesse unterstützt.

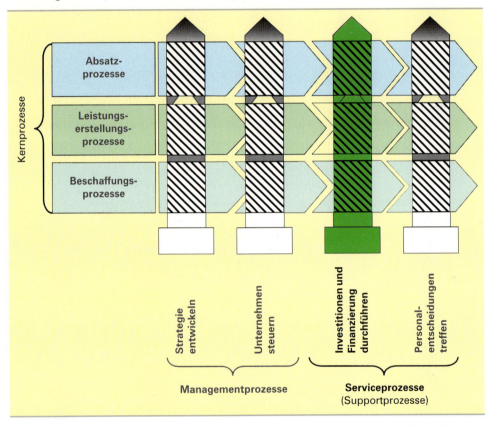

Betrachtet man den Serviceprozess „Investitionen und Finanzierung durchführen" gesondert und gliedert ihn stufenweise zunächst in **Planungsprozesse, Steuerungsprozesse** und **Controllingprozesse** und diese wiederum in ihre einzelnen Teilprozesse (Subprozesse), dann erhält man die auf S. 369 abgebildete Übersicht, mit deren Hilfe zugleich eine Zuordnung zwischen den einzelnen Teilprozessen und deren betriebswirtschaftlichen Inhalten möglich ist.

---
[1] Zum Gesamtkonzept betrieblicher Geschäftsprozesse vgl. im Grundband, Lernfeld 1, Kapitel 2, S. 30ff.

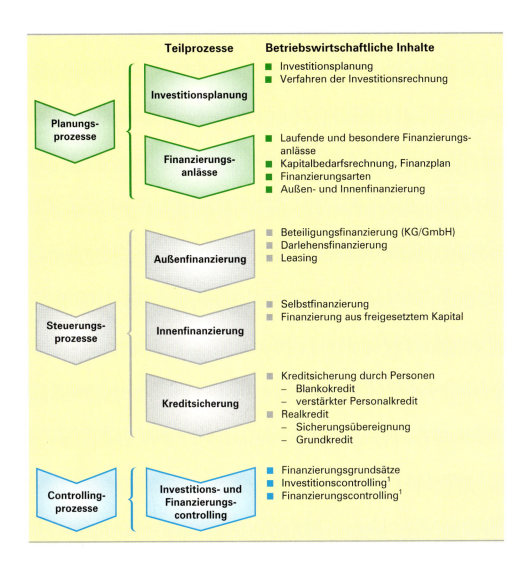

[1] Der Lehrplan sieht die Behandlung dieser Themengebiete nicht vor.

2 Zusammenhang zwischen Investition und Finanzierung

(1) Investition

Die betriebliche Tätigkeit ist dadurch geprägt, dass ständig ein Strom von betrieblichen Leistungen von der Beschaffung über die Produktion hin zum Absatz fließt. Dabei erfolgt zunächst eine **Kapitalbindung** während der **Beschaffungs- und Produktionsphase** und anschließend eine **Kapitalfreisetzung** in der Absatzphase.[1]

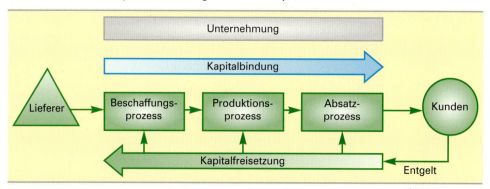

Werden im Rahmen der Beschaffungs- und Produktionsphase **größere Anfangszahlungen** für **einzelne Vermögensgegenstände** (z. B. Grundstücke, Maschinen, Beteiligungen, Patente) aufgewendet (gezahlt) und ist die **Kapitalbindung** dabei **längerfristig** (wenigstens länger als eine Abrechnungsperiode) angelegt, so spricht man von **Investitionen**. Nach dieser Definition werden laufende Lohnzahlungen, Zahlungen für Werkstoffe, Energie, Versicherungen u. Ä. **nicht** als Investionen bezeichnet, obwohl es sich hier zweifelsfrei um kapitalbindende Maßnahmen handelt.

> **Merke:**
>
> Werden bei der Beschaffung von **Sachvermögen, Finanzvermögen** oder **immateriellem Vermögen größere Anfangszahlungen** getätigt und ist die **Kapitalbindung längerfristig** (wenigstens länger als eine Abrechnungsperiode), so spricht man von **Investitionen**.

(2) Finanzierung

Zur Durchführung von Investitionen muss Kapital beschafft und bereitgestellt werden. Dies ist Aufgabe der Finanzierung.

> **Merke:**
>
> **Finanzierung** ist die Bereitstellung von **finanziellen Mitteln** zur Durchführung der **betrieblichen Leistungserstellung** und **Leistungsverwertung** sowie aller **sonstiger finanzieller Vorgänge** (z. B. Gründung, Investitionen, Sanierung, Liquidation).

---

1 Die Investitionen werden in Form von Abschreibungen in die Verkaufspreise einkalkuliert. Kann der Verkaufserlös am Markt durchgesetzt werden, fließt das investierte Kapital in Form von liquiden Mitteln wieder zurück. Diese Freisetzung von investiertem Kapital bezeichnet man als **Desinvestition**.

(3) Zusammenhang zwischen Investition und Finanzierung

Betrachtet man die Finanzierung und Investition vom Standpunkt der Bilanz, so zeigt sich die **Kapitalbeschaffung** im **Kapitalbereich (Passivseite)**. Sie gibt Auskunft darüber, welche Kapitalbeträge dem Betrieb zur Nutzung überlassen worden sind und in welcher rechtlichen Form (Eigenkapital, Fremdkapital) das geschehen ist. Aus dem **Vermögensbereich (Aktivseite)** ist zu erkennen, welche **Verwendung die Mittel** (Anlagevermögen, Umlaufvermögen) gefunden haben.

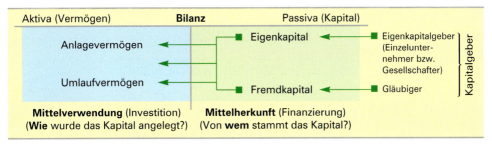

3 Investitionsplanung

3.1 Investitionsanlässe und Investitionsarten

(1) Gliederung der Investitionen nach den Investitionsanlässen

Es gibt unterschiedliche Anlässe in einer Unternehmung, Investitionen zu tätigen. Die nachfolgende Übersicht zeigt die Zusammenhänge zwischen den Investitionsanlässen und den Investitionsarten auf.

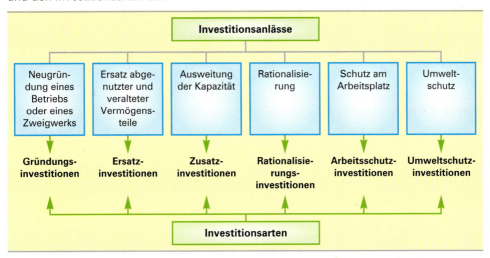

Erläuterungen:

Gründungs-investitionen (Erstinvestitionen)	Hierunter versteht man alle Investitionen, die anlässlich der Gründung eines Unternehmens erforderlich sind. Dazu gehören die Anlageinvestitionen, Vorratsinvestitionen und die Finanzinvestitionen (z.B. Bankguthaben, Mindestkassenbestand).
Ersatz-investitionen (Reinvestitionen)[1]	Sie dienen dazu, ausscheidende Vermögensteile zu ersetzen. Die **Kapazität des Betriebs** – gleichbleibenden technischen Stand vorausgesetzt – wird **nicht verändert.**[2] **Beispiel:** Vier ausgediente Maschinen werden durch vier neue Maschinen ersetzt. – Ein alter Lkw wird für einen neuen Lkw in Zahlung gegeben.
Zusatz-investitionen (Erweiterungs-investitionen, Neuinvestitionen, Netto-investitionen)[3]	Hierbei handelt es sich um Investitionen, die über die Ersatzinvestitionen hinausgehen. Die **Kapazität des Betriebs wird** (falls die Nettoinvestitionen größer bzw. kleiner als null sind) **verändert.** **Beispiel:** Es scheiden 4 Werkzeugmaschinen zum Anschaffungspreis von je 100 000,00 EUR zum Jahresende aus. Gleichzeitig werden 6 Werkzeugmaschinen zum Anschaffungspreis von je 100 000,00 EUR gekauft.[4] Die Ersatzinvestition beträgt dann 400 000,00 EUR, die Zusatzinvestition (Erweiterungsinvestition) 200 000,00 EUR.
Rationalisierungs-investitionen	In der Regel beinhalten sowohl Ersatz- als auch Neuinvestitionen technische Verbesserungen (z.B. mehr Leistung bei gleichen Kosten oder geringere Kosten bei gleicher Leistung oder bessere Produktqualität usw.). Man spricht daher auch von **Verbesserungsinvestitionen (Rationalisierungsinvestitionen).**
Schutz-investitionen	Andererseits können Investitionen Schutzinvestitionen sein (Umweltschutz, Schutz am Arbeitsplatz), die die Kapazität des Betriebs nicht unmittelbar verändern.

Die **Summe aller Investitionen** (Ersatz- und Zusatzinvestitionen) ist die Gesamtinvestition **(Bruttoinvestition).**

---

1 Reinvestieren: wieder investieren.

2 Die Reinvestitionen sind aus einer Bilanz nicht ersichtlich, weil sich Preise und Qualitäten der Investitionsgüter ändern. Um dennoch bestimmte Aussagen über die Investitionstätigkeit eines Unternehmens oder der Volkswirtschaft machen zu können, behilft man sich damit, dass man die **Abschreibungen** als Ausdruck für die Abnutzung der Investitionsgüter den Reinvestitionen gleichsetzt.

3 Eine Nettoinvestition kann auch negativ sein. Dies ist der Fall, wenn Investitionsgüter aus dem Betrieb ausscheiden ohne durch neue ersetzt zu werden. Man spricht von **Desinvestition**. Werden die Kosten einer Investition (z.B. die Abschreibung) in die Verkaufspreise einkalkuliert, so fließt das in dem Investitionsgut gebundene Kapital wieder in das Unternehmen zurück. Sofern der Markt also die Erzeugnisse zu kostendeckenden Preisen aufnimmt, entsprechen den Desinvestitionen i.d.R. die freigesetzten Finanzmittel.

4 Es werden konstante (gleichbleibende) Preise unterstellt.

Beispiel:

In einem Betrieb scheiden 5 Gabelstapler zum Anschaffungspreis von je 120000,00 EUR aus. Zum gleichen Zeitpunkt werden 7 Gabelstapler zu je 120000,00 EUR beschafft (konstante Preise vorausgesetzt).

Investitionsbegriffe	Investition in Stück	Investition in EUR
Ersatzinvestition (Reinvestition)	5	600 000,00
+ Zusatzinvestition (Nettoinvestition)	2	240 000,00
Gesamtinvestition (Bruttoinvestition)	7	840 000,00

(2) Gliederung der Investitionen nach der Form der Anlage

Nach der Form der Anlage unterscheidet man zwischen Sachinvestitionen, Finanzinvestitionen und immateriellen Investitionen.

Sachinvestitionen	Sie liegen vor, wenn in Grundstücke, Maschinen, Werkzeuge, Vorräte u.Ä. investiert wird.
Finanzinvestitionen	Hier erwirbt das Unternehmen Forderungs- und Beteiligungsrechte (z.B. Obligationen, Aktien).
Immaterielle Investitionen	Hierzu zählen z.B. Forschungs- und Entwicklungsinvestitionen, Werbeinvestitionen, Ausbildungsinvestitionen, Sozialinvestitionen.

3.2 Verfahren der Investitionsrechnung

3.2.1 Grundsätzliches

Ein Investor wird sich dann für die Durchführung einer Investition entscheiden, wenn sich das gebundene Kapital in einer Höhe verzinst, die er im Vergleich zu alternativen Anlagemöglichkeiten als ausreichend ansieht. Anders formuliert: Eine Investition ist als lohnend anzusehen, wenn über den Nutzungszeitraum die aus der Investition fließenden Einnahmen höher sind als die damit verbundenen Ausgaben und der Überschuss der Einnahmen eine angemessene Verzinsung des eingesetzten Kapitals ermöglicht.[1] Die Schwierigkeit für den Planer liegt in der Unsicherheit begründet, dass die durch das Investitionsobjekt bedingten zukünftigen Einzahlungen und Auszahlungen nicht exakt einzuschätzen sind.

Um die Vorteilhaftigkeit von Investitionen zu bestimmen, haben Theorie und Praxis eine Anzahl von Rechenverfahren entwickelt. Man unterscheidet **statische** und **dynamische Investitionsrechnungen.** Die statischen Verfahren lassen den Faktor Zeit unberücksichtigt, d.h., bei diesen Verfahren spielt es **keine** Rolle, zu welchem Zeitpunkt eine bestimmte Ausgabe bzw. Einnahme getätigt wird. Dynamische Methoden berücksichtigen die Zeit. Je weiter eine Einzahlung bzw. Auszahlung in der Zukunft liegt, desto geringer wird sie gewichtet.

Aufgrund des Lehrplans werden im Folgenden nur die statischen Verfahren der Investitionsrechnung dargestellt.

---

1 Man nennt die Investitionsrechnung deshalb auch **Wirtschaftlichkeitsrechnung.**

3.2.2 Einsatz statischer Verfahren der Investitionsrechnung zum Vergleich von Investitionsalternativen

3.2.2.1 Begriff und Arten der statischen Verfahren

Merke:

Als statisch werden die Verfahren deshalb bezeichnet, weil sie den **Faktor Zeit außer Betracht lassen.** Es spielt keine Rolle, zu welchem Zeitpunkt eine Einnahme oder Ausgabe stattfindet. Es zählt nur die Höhe des Betrags.

Im Folgenden werden vier Verfahren vorgestellt:

- die **Kostenvergleichsrechnung**,
- die **Gewinnvergleichsrechnung**,
- die **Rentabilitätsrechnung** und
- die **Amortisationsrechnung**.

Für die Darstellung der einzelnen Verfahren verwenden wir das nachfolgende Investitionsvorhaben.[1]

Beispiel:

Die Hohenlimburger Kaltstahl AG möchte eine moderne Presse zur Produktion von Formteilen beschaffen. Es liegen zwei Angebote vor, die von der Abteilung Betriebswirtschaft ausgewertet werden:

Angebot 1 (vollautomatische Presse)

Anschaffungskosten 162 000,00 EUR, geplante Nutzungsdauer sechs Jahre, geplante Leistungsmenge pro Jahr 18 000 Teile, Kapazitätsgrenze 28 000 Teile, gesamte Fixkosten pro Jahr 74 800,00 EUR, variable Kosten je Stück 9,50 EUR.

Angebot 2 (halbautomatische Presse)

Anschaffungskosten 90 000,00 EUR, geplante Nutzungsdauer vier Jahre, geplante Leistungsmenge pro Jahr 18 000 Teile, Kapazitätsgrenze 27 000 Teile, gesamte Fixkosten pro Jahr 24 200,00 EUR, variable Kosten je Stück 12,00 EUR.

Der Verkaufspreis für ein Formteil liegt zurzeit bei 14,00 EUR. Die Hohenlimburger Kaltstahl AG schreibt linear ab.

Aufgabe:

Werten Sie die beiden Angebote für das erste Wirtschaftsjahr mithilfe der Kostenvergleichsrechnung, der Gewinnvergleichsrechnung, der Rentabilitätsvergleichsrechnung und der Amortisationsvergleichsrechnung aus!

---

[1] Eine Investitionsrechnung ist eigentlich nur dann aussagekräftig, wenn sie die Alternativen vollständig betrachtet. Dies bedeutet, dass z. B. bei der Rentabilitätsrechnung von einem gleich hohen Kapitaleinsatz auszugehen ist. Ist der Kapitaleinsatz der einen Alternative geringer, dann muss in einer vollständigen Betrachtung berücksichtigt werden, zu welchem Zinssatz das Differenzkapital anderweitig investiert werden kann. Dies kann u. U. dazu führen, dass die zunächst attraktivere Investition mit dem geringerem Kapitalbedarf in der Gesamtbetrachtung unattraktiver wird, weil das übrige Kapital im Rahmen der anderweitigen Verwendung sich deutlich schlechter verzinst und damit in der ganzheitlichen Betrachtung des Investitionsvergleichs unterliegt. Entsprechende Überlegungen gelten auch für andere Verfahren der Investitionsrechnung.
Aus Gründen der Vereinfachung bleibt dieser Anspruch an eine genaue Investitionsvergleichsrechnung außer Betracht.

3.2.2.2 Kostenvergleichsrechnung

(1) Grundlegendes

Die Kostenvergleichsrechnung beurteilt – wie schon der Name sagt – Investitionsalternativen ausschließlich nach den von ihr verursachten Kosten. Die **Kosten pro Periode** setzen sich zusammen aus **Kapitalkosten** (z. B. kalkulatorische Abschreibungen, kalkulatorische Zinsen für das gebundene Kapital) und **Betriebskosten** (z. B. Löhne für das Bedienungspersonal, Material-, Instandhaltungs-, Raum- und Energiekosten).

> **Merke:**
>
> - Beim **Kostenvergleichsverfahren** vergleicht der Investor die **investitionsbedingten Kosten** der verschiedenen Investitionsalternativen in **einer Nutzungsperiode**.
> - Der Investor wird sich dann für das Investitionsvorhaben mit den **geringsten Kosten** entscheiden.

(2) Lösung des Beispiels von S. 374 nach der Kostenvergleichsrechnung

■ Vergleich der Gesamtkosten für die Nutzungsperiode

	Angebot 1	Angebot 2
Fixkosten	74 800,00	24 200,00
variable Kosten	171 000,00	216 000,00
Gesamtkosten	245 800,00	240 200,00

Ergebnis: Unter dem Gesichtspunkt der Gesamtkosten hat die halbautomatische Presse (Angebot 2) bei einer Produktionsmenge von 18 000 Stück einen jährlichen Kostenvorteil von 5 600,00 EUR.

■ **Vergleich der Stückkosten**

■ Bei **gleicher Leistungsmenge** ergeben sich folgende Stückkosten: 245 800,00 EUR : 18 000 Stück = 13,66 EUR und 240 200,00 EUR : 18 000 Stück = 13,34 EUR.

> **Ergebnis:** Unter dem Gesichtspunkt der Stückkostenbetrachtung bei **gleichen Produktionsmengen** hat die halbautomatische Presse (Angebot 2) einen Kostenvorteil von 0,32 EUR.

■ Plant die Unternehmensleitung, dass mit den Pressen **unterschiedliche Leistungsmengen** produziert und abgesetzt werden, so ist ein Stückkostenvergleich erforderlich.

Im Folgenden gehen wir davon aus, dass mit der vollautomatischen Presse (Angebot 1) 20 500 Teile und mit der halbautomatischen Presse 18 000 Teile produziert werden. Die übrigen Größen bleiben unverändert.

	Angebot 1	Angebot 2
Fixe Kosten je Stück 74 800,00 EUR : 20 500 Stück 24 200,00 EUR : 18 000 Stück	3,65 EUR/Stück	1,34 EUR/Stück
Variable Kosten je Stück[1]	9,50 EUR/Stück	12,00 EUR/Stück
Stückkosten	13,15 EUR/Stück	13,34 EUR/Stück

---

1 Die variablen Stückkosten bleiben bei einer Veränderung der Produktionsmenge gleich hoch.

Ergebnis: Unter dem Gesichtspunkt der Stückkostenbetrachtung bei **unterschiedlichen Produktionsmengen** hat die vollautomatische Presse (Angebot 1) einen Kostenvorteil von 0,19 EUR.

Generell gilt: Je größer die produzierte Leistungsmenge ist, desto geringer ist der Fixkostenanteil je Stück bzw. je niedriger die produzierte Leistungsmenge ist, desto höher ist der Fixkostenanteil je Stück.

■ Berechnung der kritischen Ausbringungsmenge

Ist es unbestimmt, ob die angenommenen Absatzmengen erreicht werden können, muss die kritische Menge ermittelt werden. Die kritische Menge gibt in diesem Beispiel diejenige Absatzmenge an, bei der die Kosten für beide Anlagen gleich hoch sind.

$$\text{Gesamtkosten Angebot 1} = \text{Gesamtkosten Angebot 2}$$
$$74\,800,00 + 9,50\,x = 24\,200,00 + 12\,x$$
$$2,5\,x = 50\,600$$
$$x = 20\,240$$

Ergebnis: Die kritische Menge beträgt 20 240 Stück. Werden weniger Teile produziert, lohnt sich unter Kostengesichtspunkten die halbautomatische Presse (Angebot 2); werden mehr Teile hergestellt, lohnt sich die vollautomatische Presse (Angebot 1).[1]

Probe: Angebot 1: 74 800,00 EUR + 192 280,00 EUR = 267 080,00 EUR
Angebot 2: 24 200,00 EUR + 242 880,00 EUR = 267 080,00 EUR

(3) Kritische Anmerkungen zur Kostenvergleichsrechnung

■ Die Kostenvergleichsrechnung lässt die Erlöse außer Betracht.

■ Die Kostenvergleichsrechnung beurteilt nur die **Höhe der durch die Investition verursachten Kosten**. Da die Kosten nicht in Relation zum eingesetzten Kapital gesetzt werden, lassen sich **keine Vergleiche mit alternativen Kapitalanlagen** anstellen.

■ Mithilfe der Kostenvergleichsrechnung lassen sich nur **sachlich ähnliche bzw. identische Investitionsprojekte vergleichen**.

■ Die Tatsache, dass ein Verfahren kostengünstiger ist als das andere, besagt in keiner Weise, dass damit auch ein Gewinn erwirtschaftet wird.

3.2.2.3   Gewinnvergleichsrechnung

(1) Grundlegendes

Ein grundlegender Mangel der Kostenvergleichsrechnung ist, dass nur die Kosten und die Produktionsmenge berücksichtigt werden. Diesen Mangel versucht die Gewinnvergleichsrechnung zu beheben, indem sie die Erlöse mit in die Rechnung einbezieht.

---

1 **Beispiel:** Wir gehen davon aus, dass pro Jahr 15000 Teile produziert werden.
Angebot 1: 74 800,00 EUR + 142 500,00 EUR = 217 300,00 EUR Kosten.
Angebot 2: 24 200,00 EUR + 180 000,00 EUR = 204 200,00 EUR Kosten.

Merke:

- Vergleichsmaßstab für eine Investitionsentscheidung ist der durch die Investition erzielte Gewinn einer Nutzungsperiode.[1]
- Die Alternative mit dem höchsten Gewinn gilt als die vorteilhafteste.

(2) Lösung des Beispiels von S. 374 nach der Gewinnvergleichsrechnung

	Angebot 1	Angebot 2
Erträge	252 000,00 EUR	252 000,00 EUR
– Gesamtkosten	245 800,00 EUR	240 200,00 EUR
Gewinn	6 200,00 EUR	11 800,00 EUR

Ergebnis: Die halbautomatische Presse (Angebot 2) hat bei einer Produktionsmenge von 18000 Stück einen jährlichen Gewinnvorteil von 5 600,00 EUR.

(3) Kritische Anmerkungen zur Gewinnvergleichsrechnung

- Es wird unterstellt, dass sich die **Gesamtproduktion** zum **geplanten Verkaufspreis** absetzen lässt.

- Die Gewinnvergleichsrechnung gibt nur die **absolute Höhe des durch die Investition erzielten Gewinns** an. Da der Gewinn nicht in Relation zum eingesetzten Kapital gesetzt wird, lassen sich **keine Vergleiche mit alternativen Kapitalanlagen** anstellen.

- Gegenüber der Kostenvergleichsrechnung ermöglicht die Gewinnvergleichsrechnung die **Berücksichtigung von Preisschwankungen** in Abhängigkeit von der abgesetzten Menge.

- Solange sich die Erzeugnisse beider Alternativen nur zum gleichen Preis verkaufen lassen, bedeutet der **Kostenvorteil** einer Alternative einen **Gewinnvorteil** in derselben Höhe.

3.2.2.4   Rentabilitätsrechnung

(1) Grundlegendes

Merke:

- Beurteilungsmaßstab der Rentabilitätsrechnung ist die Verzinsung des durchschnittlichen Kapitaleinsatzes.[2]

$$\text{Rentabilität} = \frac{\text{durchschnittlicher Gewinn}}{\text{durchschnittlicher Kapitaleinsatz}} \cdot 100$$

- Die Alternative mit der höchsten Rentabilität gilt als die vorteilhafteste.

---

1 Es kann auch der durchschnittliche Gewinn der Nutzungsdauer herangezogen werden.

2 Aus Vereinfachungsgründen wird von einem durchschnittlichen Kapitaleinsatz von den halben Anschaffungskosten ausgegangen. Außerdem wird unterstellt, dass am Ende der Nutzungsdauer kein Restwert (Schrottwert, Liquidationserlös) anfällt.

(2) Lösung des Beispiels von S. 374 nach der Rentabilitätsrechnung[1]

	Angebot 1	Angebot 2
Rentabilität	$\dfrac{6\,200 \cdot 100}{81\,000} = 7,65\,\%$	$\dfrac{11\,800 \cdot 100}{45\,000} = 26,22\,\%$

(Handschriftliche Anmerkungen: Erhöhe — Gesamtkosten; halbe Anschaffungskosten)

Ergebnis: Die Rentabilität der halbautomatischen Presse (Angebot 2) ist höher als die der vollautomatischen Presse (Angebot 1). Unter dem Gesichtspunkt der Rentabilität sollte die Hohenlimburger Kaltstahl AG das Angebot 2 annehmen.

(3) Kritische Anmerkungen zur Rentabilitätsrechnung

■ Gegenüber der Gewinnvergleichsrechnung stellt die Rentabilitätsrechnung eine Verbesserung dar, da sie auch den **Vergleich mit verschiedenartigen Investitionsprojek-
ten ermöglicht.**

■ Die Rentabilitätsrechnung hat allerdings die **gleichen Schwächen wie die Kosten- und
Gewinnvergleichsrechnung,** da sie auf diesen Verfahren aufbaut.

3.2.2.5   Amortisationsrechnung

(1) Grundlegendes

Die Amortisationsrechnung[2] geht von der Überlegung aus, ob sich die Investition in dem
vom Investor gewünschten Zeitraum amortisiert hat oder nicht. Die Investitionsentscheidung hängt folglich von der Zeitdauer (Amortisationszeit, Wiedergewinnungszeit, Pay-off-
Periode) ab, über die das eingesetzte Kapital wieder zurück in das Unternehmen fließen
wird, d.h., die Investition hat sich amortisiert, sobald die Erlöse die Anschaffungsauszah-
lungen und die laufenden Betriebskosten decken. Der Kapitalrückfluss, durch den sich das
eingesetzte Kapital amortisiert, setzt sich aus zwei Faktoren zusammen: dem Gewinn und
den kalkulatorischen Abschreibungen.

Die Amortisationsrechnung orientiert sich damit nicht am Vermögens- oder Gewinnstreben, sondern am Sicherheitsstreben, d.h., es ist ein Verfahren, das der Berücksichtigung
der Risikoeinschätzung des Investors dient.

Merke:

■ Die Amortisationsrechnung beurteilt ein Investitionsprojekt nach der Amortisationszeit (Wiedergewinnungszeit).

$$\text{Amortisationszeit} = \frac{\text{Kapitaleinsatz}}{\text{jährlicher Gewinn} + \text{jährliche Abschreibungen}}$$

■ Die Alternative mit der kürzesten Amortisationszeit gilt als die vorteilhafteste.

---

1 Der nicht getätigte Kapitaleinsatz in Höhe von 36 000,00 EUR bei Angebot 2 müsste eigentlich in die Betrachtung der Alternativen einbezogen werden. Aus Vereinfachungsgründen bleibt dieser Gesichtspunkt außer Betracht.
2 Amortisation: Tilgung, Abzahlung.

(2) Lösung des Beispiels von S. 374 nach der Amortisationsrechnung

	Angebot 1	Angebot 2
Amortisationszeit	$\dfrac{162\,000}{6\,200\ +\ 27\,000} = 4{,}87$ Jahre	$\dfrac{90\,000}{11\,800\ +\ 22\,500} = 2{,}62$ Jahre

Ergebnis: Die Amortisationszeit der halbautomatischen Presse (Angebot 2) ist deutlich geringer als die Amortisationszeit der vollautomatischen Presse (Angebot 1). Unter dem Gesichtspunkt der Amortisationsdauer sollte die Hohenlimburger Kaltstahl AG das Angebot 2 annehmen.

(3) Kritische Anmerkungen zur Amortisationsrechnung

■ Die Amortisationsrechnung will das Risiko einer Investition berücksichtigen. Die Amortisationszeit ist aber ein sehr grober Risikomaßstab.

■ Da die Gewinnentwicklung eines Investitionsprojekts nur während der Amortisationszeit betrachtet wird, erlaubt die Amortisationsrechnung keine Aussage über die Rentabilität eines Investitionsprojekts. Vielmehr ist es möglich, dass eine Alternative mit der höheren Rentabilität die längere Amortisationszeit hat.

3.2.2.6 Kritische Anmerkungen zu den statischen Verfahren der Investitionsrechnung

Wie ausgeführt, berücksichtigen die statischen Verfahren nicht die Tatsache, dass Zahlungen zu unterschiedlichen Zeitpunkten auch unterschiedlich zu bewerten sind. Berücksichtigt man den Zinseffekt, so ist der Wert einer in der Zukunft liegenden Zahlung geringer als der Wert einer Zahlung in der Gegenwart.

Weiterhin wird unterstellt, dass die Ein- und Ausgaben im Laufe der Nutzungszeit gleich bleiben. Kosten und Erlöse können sich aber bekanntlich im Laufe der Nutzungsdauer schnell ändern. Der Unsicherheitsfaktor der Zukunft bleibt demnach unberücksichtigt. Außerdem betrachten die statischen Verfahren die Investitionen isoliert, d.h., Interdependenzen zu anderen Bereichen bleiben außer Betracht.

Zusammenfassung

■ Die **Investition** kann in **Sach-, Geld-** und **immateriellem Vermögen** erfolgen.

■ Die **Finanzierung der Investitionen** kann mit **Sachkapital** oder **Geldkapital** vorgenommen werden.

■ **Anlässe** für eine **Investition** sind Neugründung, Ersatz abgenutzter und veralteter Vermögensteile, Ausweitung der Kapazität, Rationalisierung, Arbeitsschutz und Umweltschutz.

■ **Aufgabe** der **Investitionsrechnung** ist es, die Vorteilhaftigkeit einer unternehmerischen Investitionsentscheidung zu beurteilen.

■ Zu den **statischen Verfahren der Investitionsrechnung** gehören
- die **Kostenvergleichsrechnung,**
- die **Gewinnvergleichsrechnung,**

- die **Rentabilitätsrechnung** und
- die **Amortisationsrechnung.**

■ **Statisch** sind Investitionsverfahren dann, wenn sie den Faktor Zeit außer Betracht lassen, es also keine Rolle spielt, zu welchem Zeitpunkt eine bestimmte Einnahme oder Ausgabe stattfindet. Es zählt nur die Höhe des Betrags.

Übungsaufgaben

108 1. Unterscheiden Sie die Begriffe Finanzierung und Investition!

2. Wie schlagen sich Finanzierung und Investition in der Bilanz eines Unternehmens nieder?

3. Unterscheiden Sie Investitionsarten

   3.1 nach der Form der Anlage,

   3.2 nach dem Zweck der Investition!

4. In einem Betrieb wurden im vergangenen Jahr 10 Fräsmaschinen zu je 160 000,00 EUR angeschafft. Ausgeschieden sind 7 Fräsmaschinen zu je 160 000,00 EUR Anschaffungswert.

   Aufgaben:

   4.1 Berechnen Sie die Brutto-, Netto- und Reinvestition in Stück und in Euro!

   4.2 Warum muss mit konstanten Preisen gerechnet werden, wenn die reale (wirkliche) Höhe von Brutto-, Netto- und Reinvestitionen berechnet werden soll?

109 Die Aggregatebau Leipzig GmbH beabsichtigt eine neue Anlage anzuschaffen, um die Kapazität zu erweitern. Für die vorliegenden Angebote: Halbautomat (Angebot 1) bzw. Vollautomat (Angebot 2) liegen die nachfolgenden Daten vor.

	Angebot 1	Angebot 2
Anschaffungskosten	130 000,00 EUR	364 000,00 EUR
geplante Nutzungsdauer	6 Jahre	8 Jahre
geplante Leistungsmenge	20 800 Stück / Jahr	20 800 Stück / Jahr
Kapazitätsgrenze	26 000 Stück / Jahr	26 800 Stück / Jahr
gesamte Fixkosten / Jahr	41 600,00 EUR	101 400,00 EUR
variable Kosten je Stück	11,40 EUR	8,90 EUR
Verkaufspreis je Stück	14,20 EUR	14,20 EUR

Aufgaben:

1. Führen Sie eine Kostenvergleichsrechnung durch!

2. Berechnen Sie die kritische Menge und geben Sie an, in welchen Mengenbereichen sich der Halbautomat bzw. der Vollautomat lohnen würde!

3. Führen Sie eine Gewinnvergleichsrechnung und eine Rentabilitätsrechnung durch!

4. Ermitteln Sie die Amortisationsdauer der beiden Angebote! (Die kalkulatorische Abschreibung erfolgt linear von den Anschaffungskosten!)

5. Beurteilen Sie die Kostenvergleichsrechnung sowie die Rentabilitätsrechnung!

4 Finanzierungsplanung

4.1 Finanzierungsanlässe

Die Finanzierungsanlässe können wie folgt systematisiert (in eine Ordnung gebracht) werden:

Laufende (ordentliche) Finanzierungsanlässe	Besondere (außerordentliche) Finanzierungsanlässe
Sie dienen der Finanzierung des laufenden Betriebsprozesses. Regelmäßig zu finanzieren sind z. B. Löhne, Sozialversicherungsabgaben des Arbeitgebers, Steuern, Einkäufe von Roh-, Hilfs- und Betriebsstoffen, Handelswaren, Raumkosten, Reparaturen, laufende Ersatzbeschaffungen, Tilgungsraten.	Besondere Finanzierungsanlässe (Finanzierungszwecke) sind Gründungen (auch von Zweigniederlassungen), Betriebserweiterungen und -umstellungen, Rationalisierungsmaßnahmen, Arbeitsplatzschutz- und Umweltschutzmaßnahmen, auch Sonderfälle wie Umwandlungen (z. B. von einer KG in eine GmbH), Vergleiche und Insolvenzen.

4.2 Kapitalbedarfsermittlung

(1) Faktoren zur Berechnung des Kapitalbedarfs

Das Unternehmensziel kann nur erreicht werden, wenn eine angemessene **Kapitalausstattung** gegeben ist. Die Höhe des Kapitalbedarfs hängt von zahlreichen Faktoren ab, von denen die wichtigsten genannt werden:

Art des Unternehmens	Anlagenintensive Unternehmen benötigen – bei gleichem Umsatz – mehr Kapital als arbeitsintensive.
Umschlagshäufigkeit des Kapitals[1]	Je größer die Umschlagshäufigkeit des Kapitals ist, desto geringer ist der Gesamtkapitalbedarf. Der wichtigste Faktor, der den Kapitalumschlag beeinflusst, ist die Umschlagshäufigkeit des Vorratsvermögens (Waren, Roh-, Hilfs- und Betriebsstoffe sowie unfertige und fertige Erzeugnisse).
Länge des Liefererziels	Je länger das durchschnittliche Liefererziel (das von den Lieferern eingeräumte Zahlungsziel) ist, desto geringer ist der Kapitalbedarf.
Länge der Kundenziele	Je länger das den Kunden (Käufer) eingeräumte Zahlungsziel ist, desto größer ist der Kapitalbedarf.
Produktionsdauer	Neben der Lagerdauer der Waren, der Roh-, Hilfs- und Betriebsstoffe und der fertigen und unfertigen Erzeugnisse, die unmittelbar die Umschlagshäufigkeit des Kapitals beeinflusst, ist die Dauer der Produktionsperiode von entscheidender Bedeutung für den Kapitalbedarf. Je länger die Produktionsperiode ist, desto größer ist der Kapitalbedarf.
Preise der eingesetzten Produktionsfaktoren	Mit steigenden Faktorpreisen (z. B. für Rohstoffe, Energie, Löhne) steigt auch der Kapitalbedarf.

---

1 $\text{Kapitalumschlagshäufigkeit} = \dfrac{\text{Umsatzerlöse}}{\text{durchschnittliches Gesamtkapital}}$

(2) Beispiel: Kapitalbedarfsrechnung eines Industriebetriebs

Sachverhalt:

Ein Industriebetrieb plant die Gründung eines Zweigbetriebs. Folgende Finanzmittel werden erforderlich:

300 000,00 EUR für Gebäude, angenommene Nutzungsdauer 50 Jahre;
120 000,00 EUR für maschinelle Anlagen, Nutzungsdauer 5 Jahre;
 80 000,00 EUR für Betriebs- und Geschäftsausstattung, Nutzungsdauer 10 Jahre.

Der eiserne Bestand beträgt 10 Tagesmengen des Rohstoffverbrauchs.

An täglichen Kosten werden eingeplant:
- für Fertigungslöhne (Fertigungseinzelkosten [FE])   200,00 EUR
- für Rohstoffverbrauch (Materialeinzelkosten [ME])   150,00 EUR
- für Materialgemeinkosten (MGK)   15,00 EUR
- für Fertigungsgemeinkosten (FGK)   35,00 EUR
- für Verwaltungs- und Vertriebsgemeinkosten (VerwGK/VertrGK)   30,00 EUR
- für Gewinn (Gew)   100,00 EUR

Die Lieferer der Rohstoffe gewähren 15 Tage Ziel. Die Lagerdauer (LD) der Rohstoffe beträgt 6 Tage, die der Fertigerzeugnisse 4 Tage. Die Produktionsdauer beläuft sich auf 20 Tage, das Kundenziel auf 30 Tage. 6+4+20+30 = 60

Das Zweigwerk ist vom Tag der Beschaffung der Rohstoffe an betriebsbereit.

Zur Finanzierung stehen 300 000,00 EUR Eigenkapital zur Verfügung. Außerdem soll eine Grundschuld über 150 000,00 EUR aufgenommen werden. Der restliche Kapitalbedarf wird mit einem Kontokorrentkredit gedeckt.

Aufgaben:
1. Berechnen Sie den Kapitalbedarf für das Umlaufvermögen!
2. Erstellen Sie den Kapitalbedarfsstatus!

Lösungen:

Zu 1.: Zur Berechnung des Kapitalbedarfs für das Umlaufvermögen

Um den Kapitalbedarf des Umlaufvermögens zu errechnen, empfiehlt es sich, die Durchlaufzeiten wie folgt darzustellen:

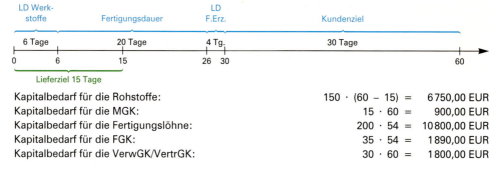

Kapitalbedarf für die Rohstoffe:	150 · (60 − 15) =	6 750,00 EUR
Kapitalbedarf für die MGK:	15 · 60 =	900,00 EUR
Kapitalbedarf für die Fertigungslöhne:	200 · 54 =	10 800,00 EUR
Kapitalbedarf für die FGK:	35 · 54 =	1 890,00 EUR
Kapitalbedarf für die VerwGK/VertrGK:	30 · 60 =	1 800,00 EUR

Zu 2.: Erstellen des Kapitalbedarfsstatus

Vermögen	Kapitalbedarfsstatus		Kapital
Anlagevermögen		**Eigenkapital**	300 000,00
Gebäude	300 000,00	**Verbindlichkeiten**	
Maschinen	120 000,00	Grundschuld	150 000,00
Betriebs- u. Geschäftsausstattung	80 000,00	Kontokorrentkredit	73 640,00
eiserner Bestand	1 500,00		
Umlaufvermögen	*[?10×150*		
Zahlungsmittelbestand			
für ME	6 750,00		
für MGK	900,00		
für FE	10 800,00		
für FGK	1 890,00		
für VerwGK/VertrGK	1 800,00		
	523 640,00		523 640,00

Allgemein gilt:

■ **Kapitalbedarf für die Rohstoffe**

= täglicher Rohstoffverbrauch · (Lagerdauer der Rohstoffe + Produktionsdauer + Lagerdauer der Erzeugnisse + Kundenziel – Liefererziel)

■ **Kapitalbedarf für die Materialgemeinkosten**

= tägliche ausgabewirksame Aufwendungen · (Lagerdauer der Rohstoffe + Produktionsdauer + Lagerdauer der Erzeugnisse + Kundenziel)

■ **Kapitalbedarf für die Fertigungslöhne**

= tägliche Fertigungslöhne · (Produktionsdauer + Lagerdauer der Erzeugnisse + Kundenziel)

■ **Kapitalbedarf für die Fertigungsgemeinkosten**

= tägliche ausgabewirksame Aufwendungen · (Produktionsdauer + Lagerdauer der Erzeugnisse + Kundenziel)

■ **Kapitalbedarf für die Verwaltungs- und Vertriebsgemeinkosten**

= tägliche ausgabewirksame Aufwendungen · (Lagerdauer der Rohstoffe + Produktionsdauer + Lagerdauer der Erzeugnisse + Kundenziel)

4.3 Finanzplan

(1) Begriff und Aufbau des Finanzplans

Die auf die Finanzierung gerichteten Überlegungen der Geschäftsleitung erschöpfen sich nicht in der einmaligen Feststellung des Kapitalbedarfs bei Gründungen, Erweiterungen oder Umstrukturierungen eines Unternehmens. Vielmehr müssen **Finanzpläne** erstellt werden, die die erwarteten (geplanten) Einnahmen den erwarteten (geplanten) Ausgaben je Periode (z. B. 14-tägig, monatlich, jährlich) gegenüberstellen. Dabei müssen die erwarteten Einnahmen zumindest die erwarteten Ausgaben **längerfristig** decken. Sind auf längere Sicht die erwarteten Ausgaben höher als die erwarteten Einnahmen, ist das **finanzielle Gleichgewicht** gestört, d. h., das Unternehmen kann in ernste Schwierigkeiten geraten, wenn die Geschäftsleitung nicht rechtzeitig Maßnahmen ergreift. Hier zeigt sich dann auch die große Bedeutung der Finanzplanung als Steuerungsinstrument der Geschäftsleitung.

> **Merke:**
>
> Der **Finanzplan** ist eine Einnahme-Ausgabe-Vorschaurechnung. Man unterscheidet kurz-, mittel- und langfristige Finanzpläne.

Der Finanzplan muss **ständig überprüft** und gegebenenfalls einem **veränderten Kapitalbedarf angepasst** werden.

> **Beispiel:**
>
> **I. Sachverhalt:**
> Die Einnahmen-Ausgaben-Entwicklung in einem kleinen Zweigwerk der Max Raibold GmbH wird aufgrund der Abstimmungsergebnisse mit der Absatz-, Beschaffungs-, Personal- und Investitionsplanung für die kommenden 6 Monate wie folgt geplant:
>
> 1. Januarumsatz 200 000,00 EUR. Monatliche Wachstumsrate (preislich und mengenmäßig) 1 %. Das durchschnittliche Kundenziel beträgt ein Monat. Eingänge aus den Dezemberforderungen 190 000,00 EUR im Januar.
> 2. Einzahlung einer noch ausstehenden Einlage im März: 25 000,00 EUR.
> 3. Roh-, Hilfs- und Betriebsstoffkäufe im Januar: 40 000,00 EUR. Die monatliche Wachstumsrate (preislich und mengenmäßig) beläuft sich auf 1 %. Das durchschnittliche Liefererziel beträgt $^1/_2$ Monat. Die Zahlungen an Lieferer aus den Dezemberrechnungen betragen 19 000,00 EUR.
> 4. Sonstige monatliche ausgabewirksame Aufwendungen im Januar: 130 000,00 EUR. Monatliche Steigerungsrate 0,5 %.
> 5. Tilgung einer Darlehensschuld im April: 90 000,00 EUR.
> 6. Kauf einer Fertigungsmaschine im Juni. Anschaffungswert 80 000,00 EUR, zahlbar netto Kasse.
>
> Alle Zahlungen erfolgen über das Bankkonto. Der eingeräumte Kontokorrentkredit beträgt 50 000,00 EUR. Kontostand Anfang Januar: Soll 30 000,00 EUR.
>
> **II. Aufgabe:**
> Erstellen Sie einen Finanzplan für die Monate Januar bis Juni!

Lösung:

Einnahmen/Ausgaben \ Monate	Januar	Februar	März	April	Mai	Juni
1. Einnahmen *aus Dez*	*aus Jan +1%*	*+1%*	*+1%*	*+1%*		*Wachstumsrate*
Erlöse	190 000,00[1]	200 000,00	202 000,00	204 020,00	206 060,00	208 120,00
Einlage			25 000,00			
Summe der Einnahmen	190 000,00	200 000,00	227 000,00	204 020,00	206 060,00	208 120,00
2. Ausgaben						
Vorratskäufe	39 000,00[2]	40 200,00	40 602,00	41 008,00	41 418,00	41 832,00
sonstige Ausgaben	130 000,00	130 650,00	131 303,00	131 960,00	132 620,00	133 283,00
Darlehenstilgung				90 000,00		
Maschinenkauf						80 000,00
Summe der Ausgaben	169 000,00	170 850,00	171 905,00	262 968,00	174 038,00	255 115,00
3. Überschuss/Defizit (−)	21 000,00	29 150,00	55 095,00	− 58 948,00	32 022,00	− 46 995,00
4. Kontokorrentkonto	− 9 000,00[3]	20 150,00	75 245,00	16 297,00	48 319,00	1 324,00

Erläuterungen:

1 Die Zahlungseingänge für die im Januar entstandenen Forderungen erfolgen im Februar, für die im Februar entstandenen Forderungen im März usw.

2 19 000,00 EUR werden im Januar für die Restverbindlichkeiten aus Dezember bezahlt. Hinzu kommen 20 000,00 EUR aus den im Januar entstandenen Verbindlichkeiten. Im Februar ist die zweite Hälfte in Höhe von 20 000,00 EUR zu zahlen. Hinzu kommen 50 % der im Februar entstandenen Verbindlichkeiten in Höhe von 20 200,00 EUR, sodass im Februar insgesamt 40 200,00 EUR Ausgaben für den Kauf von Roh-, Hilfs- und Betriebsstoffen anzusetzen sind. Für die Folgemonate gelten die gleichen Überlegungen.

3 Berechnung:

Kontostand Monatsanfang	− 30 000,00 EUR	− 9 000,00 EUR
Überschuss/Defizit	+ 21 000,00 EUR	+ 29 150,00 EUR
Monatsende	− 9 000,00 EUR	+ 20 150,00 EUR

(2) Unterfinanzierung und Überfinanzierung

Ist das tatsächlich vorhandene Eigenkapital kleiner als der Kapitalbedarf, liegt **Unterfinanzierung** vor. Das Unternehmen muss seine Ziele zurückstecken, Ausgaben (Investitionsvorhaben) kürzen, ausgabewirksame Kosten einsparen (z. B. durch Rationalisierungsmaßnahmen), die Einnahmen erhöhen (z. B. durch größere Verkaufsanstrengungen) und/oder Fremdkapital aufnehmen.

Ist das tatsächlich vorhandene Eigenkapital größer als der Kapitalbedarf, liegt eine **Überfinanzierung** vor. Dies scheint auf den ersten Blick wünschenswert zu sein. Die Überfinanzierung geht jedoch in der Regel zulasten der Rentabilität.

Zusammenfassung

■ **Finanzierungsanlässe** entstehen aufgrund des laufenden Betriebsprozesses (z. B. Lohn- und Steuerzahlungen) oder aufgrund außerordentlicher Ereignisse (z. B. Filialgründung).

- Die **Höhe des Kapitalbedarfs** wird bestimmt durch die Art des Unternehmens, die Umschlagshäufigkeit des Kapitals, das eingeräumte Zahlungsziel des Lieferanten und gegenüber dem Kunden, die Dauer des Produktionsprozesses und die Preise der eingesetzten Produktionsfaktoren.

- Ein **Finanzplan** schreibt die Ein- und Ausgaben der nächsten Planungsperioden fort und erlaubt es, finanzielle Engpässe rechtzeitig zu erkennen.

- Bei **Unterfinanzierung** ist das vorhandene Kapital (Eigenkapital) geringer als der Kapitalbedarf. Kürzungen auf der Ausgabenseite (z. B. Werbeausgaben) und/oder Aufnahme/Erhöhung des Fremdkapitals sind notwendig.

- Bei **Überfinanzierung** ist mehr Kapital (Eigenkapital) vorhanden als erforderlich. Die Rentabilität wird belastet.

Übungsaufgaben

110 1. Erklären Sie an einem selbst gewählten Beispiel, warum bestimmte Unternehmensziele (z. B. Produktions-, Absatz- und Gewinnziel) nur dann erreichbar sind, wenn das Unternehmen angemessen mit Kapital ausgestattet ist!

2. Erklären Sie, warum die Höhe des notwendigen Kapitals (der Kapitalbedarf) von der Art, der Menge und den Preisen der zu beschaffenden betrieblichen Produktionsfaktoren abhängt!

3. Erklären Sie die Begriffe Unter- und Überfinanzierung!

4. Welchen Zweck verfolgt der Finanzplan?

5. Warum ist der Finanzplan eng mit dem Investitionsplan verknüpft?

6. Ein Finanzplan enthält häufig nicht nur die Planzahlen (das „Soll"), sondern auch die tatsächlichen Zahlen (das „Ist") sowie die Planabweichungen.

   Aufgaben:

   6.1 Vervollständigen Sie den Finanzplan von S. 385 für das erste Quartal nach obigem Muster, wenn sich die tatsächlichen Einnahmen und Ausgaben wie folgt entwickeln:

	Januar	Februar	März
Erlöse	185 000,00 EUR	196 000,00 EUR	205 000,00 EUR
Einlage			25 000,00 EUR
Vorratskäufe	40 000,00 EUR	40 300,00 EUR	39 000,00 EUR
sonstige Ausgaben	132 000,00 EUR	133 000,00 EUR	131 500,00 EUR

   Verwenden Sie zur Lösung das nachfolgende Schema!

Monate Einnahmen/Ausgaben	Januar			Februar			März		
	Soll	Ist	A	Soll	Ist	A	Soll	Ist	A

   A: Abweichungen vom Plan

   6.2 Worauf können die Abweichungen (Über- bzw. Unterdeckungen) zurückzuführen sein?

111 Ein Industriebetrieb plant die Gründung eines Zweigbetriebs. Folgende Mittel werden erforderlich: 300 000,00 EUR für Gebäude, angenommene Nutzungsdauer 40 Jahre; 78 624,00 EUR für maschinelle Anlagen, Nutzungsdauer 6 Jahre; 120 000,00 EUR für Betriebs- und Geschäftsausstattung, Nutzungsdauer 8 Jahre. Der eiserne Bestand beträgt 12 Tagesmengen des Rohstoffverbrauchs.

An täglichen Kosten werden eingeplant:
- für Fertigungslöhne (Fertigungseinzelkosten [FE])   170,00 EUR
- für Rohstoffverbrauch (Materialeinzelkosten [ME])   130,00 EUR

386

– für Materialgemeinkosten (MGK)	5,60 EUR
– für Fertigungsgemeinkosten (FGK)	72,50 EUR
– für Verwaltungs- und Vertriebsgemeinkosten (VerwGK/VertrGK)	96,00 EUR
– für Gewinn (Gew)	70,00 EUR

Die Lieferer der Rohstoffe gewähren 10 Tage Ziel. Die Lagerdauer der Rohstoffe beträgt 8 Tage, die der Fertigungserzeugnisse 5 Tage. Die Produktionsdauer beläuft sich auf 12 Tage, das Kundenziel auf 20 Tage.

Das Zweigwerk ist vom Tag der Beschaffung der Rohstoffe an betriebsbereit.

Zur Finanzierung stehen 210 000,00 EUR Eigenkapital zur Verfügung. Außerdem soll eine Grundschuld über 225 000,00 EUR aufgenommen werden. Der restliche Kapitalbedarf wird mit einem Kontokorrentkredit gedeckt.

Aufgaben:
1. Berechnen Sie den Kapitalbedarf für das Unternehmen sowie den eisernen Bestand!
2. Erstellen Sie den Kapitalbedarfsstatus!

5 Langfristige Finanzierungsmöglichkeiten

5.1 Übersicht über die Finanzierungsarten

(1) Finanzierungsarten

In den folgenden Kapiteln wird ein Überblick über die Arten (Formen) der Finanzierung gegeben. Hierbei wird nachstehendes Begriffssystem verwendet.

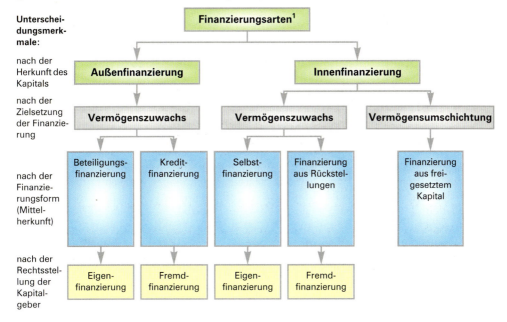

---
1 Vgl. hierzu Wöhe, G.: Einführung in die Allgemeine Betriebswirtschaftslehre, 17. Auflage, München 1990, S. 760.

(2) Erläuterungen zu den Finanzierungsarten

■ Außenfinanzierung

Fließt dem Unternehmen Kapital von außen zu, also nicht aus dem betrieblichen Umsatzprozess, sondern aus Kapitaleinlagen der Gesellschafter und/oder Kapitalgewährungen durch Gläubiger, so liegt eine **Außenfinanzierung** vor.

Beteiligungs-finanzierung	Sie ist gegeben, wenn dem Unternehmen Eigenkapital durch den Unternehmer bzw. durch die Gesellschafter von Personengesellschaften oder durch den Ersterwerb von Anteilen an Kapitalgesellschaften zugeführt wird.
Kredit-finanzierung	Sie ist gegeben, wenn dem Unternehmen Fremdkapital (z.B. von Banken) von außen zugeführt wird.

■ Innenfinanzierung

Bei der Innenfinanzierung stammen die Mittel aus dem Umsatzprozess des Unternehmens. Die Innenfinanzierung kann zwei Zielsetzungen haben: Zum einen kann sie darauf ausgerichtet sein, neue Finanzmittel zu bilden **(Vermögenszuwachs)** und zum anderen kann die Zielsetzung darin bestehen, investierte Geldbeträge wieder in flüssige Mittel umzuwandeln **(Vermögensumschichtung)**.

■ Innenfinanzierung mit der Zielsetzung des Vermögenszuwachses

Werden die Gewinne, die den Eigenkapitalgebern zustehen, nicht ausgeschüttet, sondern für zusätzliche Investitionen (Nettoinvestitionen) herangezogen, so erhöht sich das Vermögen und das Eigenkapital. Die Finanzierung aus Gewinnen bezeichnet man auch als **Selbstfinanzierung.** Die Finanzierung führt zu **Eigenkapital.**

Der einer Rückstellung[1] zugeführte Betrag verringert den Bilanzgewinn und kann das Unternehmen daher nicht als Gewinnausschüttung oder Steuerzahlung verlassen. Der Betrag bleibt zunächst an das Unternehmen gebunden. Da die Rückstellungen erst zu einem späteren Zeitpunkt zur Zahlung fällig werden (z.B. Pensionsrückstellungen für einen 40-jährigen Arbeitnehmer müssen erst mit dem Renteneintritt ausbezahlt werden), stehen sie vorübergehend z.B. für Nettoinvestitionen zur Verfügung **(Finanzierung aus Rückstellungswerten)**. Die Finanzierung aus Rückstellungen führt zu **Fremdkapital.** Voraussetzung für eine Finanzierung aus Rückstellungen ist, dass die für ihre Bildung erforderliche Aufwandsverrechnung nicht zu einem Bilanzverlust führt.

■ Innenfinanzierung mit dem Ziel der Vermögensumschichtung

Zur Leistungserstellung ist es notwendig, Werkstoffe zu kaufen, Arbeitsleistungen, Maschinenleistungen usw. aufzuwenden. Diese Aufwendungen werden in die Verkaufspreise der Erzeugnisse eingerechnet und fließen, wenn kostendeckende Preise erzielt werden, dem Unternehmen durch den Verkauf der Fertigfabrikate wieder als liquide Mittel zu. Die freigesetzten Finanzmittel können dann zur sofortigen Reinvestition, d.h. zur Wiederholung der bisherigen Investitionen verwendet werden **(Finanzierung aus freigesetztem Kapital)**. Man nennt diese Form der Finanzierung auch **Finanzierung aus Abschreibungsgegenwerten.** Die Gesamtkapazität und die Periodenkapazität bleiben dabei unverändert.

---

[1] Rückstellungen sind Schulden, die zwar der Art nach feststehen, deren genaue Höhe und/oder Fälligkeit (Zahlung) zum Bilanzstichtag jedoch noch nicht bekannt ist. Die Rückstellungen werden im Band „Steuerung und Kontrolle" behandelt.

Die „Wiedergeldwerdung" bereits einmal investierter Finanzmittel stellt eine Innenfinanzierung dar, die zu einer Vermögensumschichtung (Aktivtausch) führt. Eine solche Finanzierung aus freigesetztem Kapital bezeichnet man auch als **Uminvestierung**. Eine **Umfinanzierung** liegt dagegen vor, wenn Umschichtungen in der Kapitalstruktur vorgenommen werden.

5.2 Formen der Außenfinanzierung

5.2.1 Beteiligungsfinanzierung

5.2.1.1 Begriffsklärungen

> **Merke:**
>
> Der Begriff der **Beteiligungsfinanzierung** betrifft die **Rechtsstellung des Kapitalgebers.** Sie ist durch folgende **Merkmale** gekennzeichnet:
>
> - Die Kapitalgeber (Gesellschafter) erwerben in Höhe ihrer Einlage **Anteilsrechte** (Beteiligungsrechte) **am Eigenkapital** der Unternehmen.
> - Die Kapitalgeber (Gesellschafter) erhalten eine **gewinnabhängige Vergütung.**
> - Die Kapitalgeber (Gesellschafter) erwerben **Mitwirkungsrechte** (z.B. Geschäftsführungs- und Vertretungsrechte).

Die aus der Beteiligungsfinanzierung (Eigenfinanzierung) stammenden Mittel bezeichnet man bilanzrechtlich als Eigenkapital. Unter dem **Gesichtspunkt der Kapitalherkunft** zählt die Eigenfinanzierung durch Einlagen bzw. Beteiligungen zur Außenfinanzierung, weil dem Unternehmen Finanzmittel von außen zugeführt werden.

5.2.1.2 Beteiligungsfinanzierung am Beispiel der KG

Bei der KG erfolgt die Beteiligungsfinanzierung dadurch, dass der aufzunehmende Komplementär (Vollhafter) bzw. Kommanditist (Teilhafter) Einlagen in die KG einbringt. Dabei können die Einlagen aus Geldkapital (Geldmittelfinanzierung) oder aus Sachkapital (Sacheinlagenfinanzierung) bestehen. Da die Kommanditisten nur in Höhe ihrer Einlage haften und auch gesetzlich nicht zur Geschäftsführung und Vertretung verpflichtet und berechtigt sind, ist die Aufnahme neuer Kommanditisten relativ problemlos. Daher ist die KG bezüglich der Möglichkeit der Eigenfinanzierung (Beteiligungsfinanzierung) weit besser gestellt als die OHG. Wenn neue Gesellschafter aufgenommen werden sollen, besteht allerdings auch bei der KG die Notwendigkeit zur Änderung des Gesellschaftsvertrags, zur Erstellung einer Sonderbilanz und zur Anmeldung beim Registergericht.

Beispiel:

In der Huber KG mit Huber als Komplementär und Sauter als Kommanditist ergeben sich folgende Bilanzpositionen:

Anlagevermögen 2 500 000,00 EUR, Umlaufvermögen 1 900 000,00 EUR, Kapital Huber 600 000,00 EUR, Kapital Sauter 300 000,00 EUR. Die Restsumme auf der Passivseite betrifft Verbindlichkeiten (Fremdkapital) der KG. Die KG plant eine Erweiterungsinvestition, die durch Aufnahme eines weiteren Kommanditisten finanziert werden soll. Alex Teich ist bereit, sich mit 300 000,00 EUR als Kommanditist zu beteiligen. Nach Erledigung der Formalitäten zahlt Teich zunächst die Hälfte seiner Beteiligung durch Banküberweisung ein.

Aufgaben:

1. Stellen Sie die Bilanz vor Aufnahme des Kommanditisten Teich auf!
2. Bilden Sie den Buchungssatz für die Aufnahme von Teich als Kommanditist bei Einzahlung der Hälfte seiner auf 300 000,00 EUR festgesetzten Kommanditeinlage!
3. Stellen Sie die Bilanz nach Einzahlung der Hälfte der Kommanditbeteiligung auf!
4. Wie lautet der Buchungssatz, wenn Teich später den Rest seiner Kommanditeinlage durch Banküberweisung einzahlt?
5. Wie viel EUR beträgt die zusätzliche Eigenfinanzierung?

Lösungen:

Zu 1.:

Aktiva	Bilanz der Huber KG **vor** der Einlage		Passiva
Anlagevermögen	2 500 000,00	**Eigenkapital**	
Umlaufvermögen	1 900 000,00	Komplementärkapital Huber	600 000,00
		Kommanditkapital Sauter	300 000,00
		Verbindlichkeiten	3 500 000,00
	4 400 000,00		4 400 000,00

Zu 2.:

Konten	Soll	Haben
0000 Ausstehende Einlagen	150 000,00	
2800 Bank	150 000,00	
an 3070 Kommanditkapital Teich		300 000,00

Zu 3.:

Aktiva	Bilanz der Huber KG **nach** der Einlage		Passiva
Ausstehende Einlagen	150 000,00	**Eigenkapital**	
Anlagevermögen	2 500 000,00	Komplementärkapital Huber	600 000,00
Umlaufvermögen	2 050 000,00	Kommanditkapital Sauter	300 000,00
		Kommanditkapital Teich	300 000,00
		Verbindlichkeiten	3 500 000,00
	4 700 000,00		4 700 000,00

Erläuterungen:

Unabhängig von der Höhe des eingezahlten Betrags erscheint die vereinbarte Kapitaleinlage des Kommanditisten unter der entsprechenden Bezeichnung in voller Höhe auf der Passivseite der Bilanz. Die noch nicht eingezahlten Beträge erscheinen vor dem Anlagevermögen unter „Ausstehende Einlagen" auf der Aktivseite der Bilanz.

Zu 4.:

Konten	Soll	Haben
2800 Bank	150 000,00	
an 0000 Ausstehende Einlagen		150 000,00

Zu 5.: Die Höhe der zusätzlichen Eigenfinanzierung beträgt nach Einzahlung der gesamten Kommanditeinlage durch Teich 300 000,00 EUR.

Merke:

■ Die Kapitalbeträge der Kapitalkonten der Komplementäre einer KG sind variabel.

■ Die Kapitalbeträge der Kapitalkonten der Kommanditisten einer KG sind dagegen konstante Größen.

5.2.1.3 Beteiligungsfinanzierung am Beispiel der GmbH[1]

Bei der GmbH wird das erforderliche Eigenkapital durch Einlagen der Gesellschafter aufgebracht – entweder durch die Erhöhung der Stammeinlagen der bisherigen Gesellschafter oder durch die Aufnahme neuer Gesellschafter. Der neue Gesellschafter erwirbt einen Geschäftsanteil gegen Einlage. Dabei wird die Kapitalerhöhung erschwert durch gesetzliche Vorschriften wie die notariell beurkundete Änderung des Gesellschaftsvertrags und deren Eintrag ins Handelsregister sowie die darauf folgende Veröffentlichung. Voraussetzung für die Änderung des Gesellschaftsvertrags ist ein notariell beurkundeter Gesellschafterbeschluss mit einer Mehrheit von drei Vierteln der abgegebenen Stimmen, wobei jede fünfzig Euro eines Geschäftsanteils eine Stimme gewähren [§§ 55, 47, 53 GmbHG].

Zusammenfassung

■ Möglichkeiten der Beteiligungsfinanzierung bei der KG bzw. GmbH

Unternehmens-formen	Kapitaleigentümer	Arten der Beteiligungs-finanzierung
Kommandit-gesellschaft (KG)	Die KG weist zwei Gesellschaftergruppen auf: ■ Komplementäre: Gesellschafter, die voll haften (Vollhafter) und ■ Kommanditisten, die als „Nur-Kapitalgeber" lediglich mit ihrer Kommanditeinlage haften (Teilhafter).	Hereinnahme zusätzlicher Gesellschafter und/oder Erhöhung der Einlagen.
Gesellschaft mit beschränkter Haftung (GmbH)	Das Eigenkapital (Stammkapital) wird durch Einlagen der Gesellschafter eingebracht. Der GmbH-Gesellschafter trägt lediglich das Risiko, den Wert seines Gesellschaftsanteils zu verlieren.	Erhöhung des Stammkapitals durch Gesellschaftereinlagen; Einforderungen von Nachschusskapital.

Übungsaufgaben

112 1. Erklären Sie den Begriff Außenfinanzierung!

2. Welche Möglichkeiten der Beteiligungsfinanzierung hat

2.1 das Einzelunternehmen,

2.2 die Kommanditgesellschaft und

2.3 die GmbH?

---

1 Aus Gründen der Vereinfachung wird der Ablauf der Stammkapitalerhöhung im Einzelnen nicht dargestellt.

113 Die Kirch KG mit Kirch als Komplementär und Braun als Kommanditist weist folgende vorläufige Bilanzposten auf:

Anlagevermögen 1 500 000,00 EUR, Umlaufvermögen 1 250 000,00 EUR, Kapital Kirch 500 000,00 EUR, Kapital Braun 350 000,00 EUR. Der Restbetrag der Passivseite betrifft Verbindlichkeiten der KG.

Zur Beschaffung der erforderlichen Finanzmittel für ein größeres Investitionsvorhaben soll Anton Klein als weiterer Kommanditist mit einer Beteiligung von 200 000,00 EUR in die Gesellschaft aufgenommen werden. Nach Abwicklung der Aufnahmeformalitäten zahlt Klein 3/5 seiner Kommanditbeteiligung durch Banküberweisung ein. Der Restbetrag soll vereinbarungsgemäß zu einem späteren Zeitpunkt durch eine Sacheinlage in Form eines Lkw geleistet werden, dessen Wert auf 80 000,00 EUR festgesetzt ist.

Aufgaben:

1. Stellen Sie jeweils die Bilanz vor und nach der Aufnahme von Klein auf!

2. Bilden Sie die Buchungssätze:

   2.1 Bei Aufnahme von Klein bei gleichzeitiger Einzahlung von 3/5 seiner Kommanditbeteiligung!

   2.2 Bei Einbringung des Lkw!

3. Wie viel EUR beträgt die zusätzliche Eigenfinanzierung durch die Aufnahme des Kommanditisten Klein?

5.2.2 Darlehensfinanzierung als Beispiel für eine langfristige Fremdfinanzierung durch Banken

5.2.2.1 Begriff Fremdfinanzierung (Kreditfinanzierung)

Reichen die eigenen Finanzmittel des Unternehmens zur Finanzierung nicht aus, ist das Unternehmen darauf angewiesen, Geld von Fremden **(Kredit)**[1] aufzunehmen. Diese Fremdmittel stellen u. a. Banken, Versicherungen, Privatpersonen, evtl. sogar der Staat, meistens gegen Zinszahlung zur Verfügung. Der Kredit wird dem Unternehmen ohne Weiteres gewährt, wenn das Unternehmen den Kreditgeber davon überzeugen kann, beispielsweise durch die Überlassung entsprechender Kreditsicherheiten (Grundstücke, Gebäude, Wertpapiere), dass es in der Lage sein wird, Zins und Tilgung vereinbarungsgemäß zu leisten.

Fremdfinanzierung kann außer mit Geldmitteln auch mit Sachmitteln erfolgen. Kreditgeber für Geldmittel sind insbesondere die Banken (z. B. Kontokorrentkredit, Darlehen) und die Lieferer (Liefererkredite). Eine wichtige Möglichkeit der Fremdfinanzierung mit Sachmitteln ist das Leasing.[2]

> **Merke:**
>
> ■ Unter einem **Kredit** versteht man die zeitweilige Überlassung von Geld (oder Sachgütern) im Vertrauen darauf, dass der Kreditnehmer den Kredit (z. B. das überlassene Geld- bzw. Sachkapital) fristgerecht zurückbezahlt.

---

1 Der Begriff Kredit kommt vom lateinischen Wort credere: glauben, vertrauen.
2 Vgl. hierzu die Ausführungen im Kapitel 5.2.4, S. 403ff.

- Unter **Fremdfinanzierung (Kreditfinanzierung)** verstehen wir die Beschaffung fremder Finanzmittel (Geld oder Sachen) für eine bestimmte Zeit **(Außenfinanzierung mit Fremdkapital)**. Sie führt zur Bildung bzw. Erhöhung von Fremdkapital.

Als Beispiel für eine **langfristige Fremdfinanzierung** wird im Folgenden das **Darlehen** vorgestellt. Wir beschränken uns dabei auf die Behandlung des Bankdarlehens.

5.2.2.2 Bankdarlehen

(1) Begriff

Merke:

- **Darlehen** sind Kredite, die in einer Summe bereitgestellt und dem Finanzbedarf entsprechend ausbezahlt werden, und dann entweder am Fälligkeitstag in einer Summe oder während einer vorbestimmten Laufzeit in Raten (Teilbeträgen) getilgt werden müssen.
- Dem Kredit in Form eines Darlehens liegt ein **Darlehensvertrag** zugrunde. Darlehen sind in aller Regel mittel- oder langfristige Kredite. Rechtsgrundlagen des Darlehens sind die §§ 488 ff., 607 ff. BGB.[1]

(2) Zustandekommen eines Darlehensvertrags

Jeder Krediteinräumung gehen im Allgemeinen Vorverhandlungen zwischen Kreditnehmer und Kreditgeber voraus, in denen die Kreditart und die Kreditvertragsinhalte festgelegt werden. Das Ergebnis der Vorverhandlungen wird in der Regel in einem Kreditvertragsformular festgehalten. Im rechtlichen Sinne handelt es sich um einen Antrag des Kreditnehmers. Der Kreditvertrag kommt mit der rechtzeitigen Annahme des Kreditantrags durch die Bank zustande.

Merke:

Der **Darlehensvertrag (Kreditvertrag)** kommt dadurch zustande, dass der **Kreditantrag** des Kreditnehmers und die **Kreditzusage** des Kreditgebers inhaltlich **übereinstimmen** und die Kreditzusage dem Kreditnehmer rechtzeitig zugegangen ist [§§ 145 ff. BGB]. Es handelt sich um ein **zweiseitiges Rechtsgeschäft**.

(3) Inhalte des Darlehensvertrags

Wichtige Inhalte des Darlehensvertrags sind:

- **Kredithöhe und Rückzahlungsmodus**

Der Darlehensnehmer muss sich festlegen auf die Kreditsumme, auf die Höhe und die Zeit der Tilgung. Außerdem muss der Darlehensnehmer erklären, dass er über getilgte Beträge nicht mehr verfügt.

---

1 Die §§ 607 ff. BGB regeln den sogenannten **Sachdarlehensvertrag,** bei dem der Darlehensgeber verpflichtet ist, dem Darlehensnehmer eine vereinbarte vertretbare Sache zu überlassen.

■ **Kreditkosten**

Zins	Der Darlehensnehmer kann wählen zwischen einem Festzins und einem variablen Zins. Beim Festzins bleibt der Zins für eine bestimmte (vereinbarte) Laufzeit gleich, beim variablen Zins kann der Zinssatz durch Anpassungsklauseln geändert werden.
Bereitstellungs-zinsen	Wenn der Darlehensbetrag zum vereinbarten Auszahlungstermin vom Darlehensnehmer nicht in Anspruch genommen wird, kann die Bank vom vereinbarten bis zum tatsächlichen Auszahlungstermin einen Zinsausgleich (z. B. 3 % p. a.) beanspruchen.
Damnum (Disagio)	Das Damnum stellt eine Kürzung des auszuzahlenden Darlehensbetrags dar und soll zum einen die Bearbeitungskosten decken und/oder zum anderen den Nominalzins absenken. In der Geschäftspraxis ist das Damnum (Disagio) vor allem eine **laufzeitabhängige Zinsvorauszahlung**. Den Kunden (Kreditnehmern) werden von den Banken oft mehrere Darlehensverträge mit unterschiedlichen Varianten (Kombinationen) der Nominalzinssätze und Disagiobeträge bzw. Auszahlungskurse angeboten.

■ **Sicherheiten**

Langfristige Darlehen werden häufig für einen Hausbau, für den Bau neuer Fabrikanlagen oder für den Kauf eines Grundstücks verwendet. Diese Art der Darlehensgewährung wird in der Regel durch Grundpfandrechte[1] abgesichert.

Daneben werden von Banken noch kurz- oder mittelfristige Darlehen zur Finanzierung von Konsumgütern bzw. Produktionsanlagen angeboten. Diese Darlehen werden entweder aufgrund der persönlichen Kreditwürdigkeit des Darlehensnehmers oder gegen die Verpfändung beweglicher Sachen gewährt.

(4) Berechnung des effektiven Jahreszinssatzes

Das Bankdarlehen stellt die Grundform des langfristigen Kredits dar. Die verschiedenen Kreditarten unterscheiden sich vor allem in ihren Auszahlungs- und Rückzahlungsmodalitäten. Der Auszahlungsbetrag liegt in der Regel bei 90–98 % der Darlehenssumme. Die Differenz zu 100 % wird als Disagio (Abgeld) bezeichnet. Der **effektive Jahreszinssatz (Darlehenszinssatz)** ist daher höher als der Nominalzinssatz.

Beispiel:

Ein Bankdarlehen über 100000,00 EUR mit einer Auszahlung von 97 % und einer Laufzeit von 10 Jahren soll jährlich mit 7,5 % verzinst werden.

Aufgabe:

Berechnen Sie den effektiven Jahreszinssatz!

Lösung:

Bei der Berechnung des effektiven Jahreszinssatzes muss das Disagio in Höhe von 3000,00 EUR auf die Laufzeit von 10 Jahren verteilt werden. Ferner muss berücksichtigt werden, dass der verfügbare Darlehensbetrag nur 97000,00 EUR beträgt.

$$\text{Effektiver Jahreszinssatz} = \frac{(7\,500,00 \text{ EUR } + \ 3\,000,00 \text{ EUR}/10) \cdot 100}{97\,000,00 \text{ EUR}} = 8,04\,\%$$

Zinsen pro Jahr

$$\text{Effektiver Jahreszinssatz} = \frac{(\text{Nominalzinsen} + \text{Disagio} + \text{Gebühren}/\text{Laufzeit}) \cdot 100}{\text{Auszahlungsbetrag}}$$

---

1 Zu Einzelheiten vgl. Kapitel (2), S. 426ff.

(handschriftliche Notizen:)
* Auszahlungsbetrag → 100 %
(Zinsen + Disagio pro Jahr + %

$$x = \frac{100 \times (\text{Zinsen} + \text{Disagio pro Jahr})}{\text{Auszahlungsbetrag}}$$

(5) Arten von Darlehen

Nach der **Art der Rückzahlung** unterscheidet man:

Fälligkeitsdarlehen (Festdarlehen)	Abzahlungsdarlehen (Ratendarlehen)	Annuitätendarlehen
Für die Rückzahlung der gesamten Darlehenssumme ist ein bestimmter Termin vereinbart (z.B. „rückzahlbar am 31. Dez. 20.."). Während der Laufzeit des Darlehens sind in vertraglich vereinbarten Zeitabständen lediglich die Zinsen zu zahlen (z.B. vierteljährlich, halbjährlich, jährlich).	Hier erfolgt die Tilgung in stets gleichbleibenden Raten zu den vereinbarten Tilgungsterminen (z.B. vierteljährlich). Die Zinsen werden jeweils von der Restschuld errechnet und ermäßigen sich daher von Rate zu Rate.[1] Damit sinkt die Gesamtbelastung durch Zins- und Tilgungszahlungen.	Hier wird eine feste Annuität (Zins + Tilgung), d.h. Gesamtbelastung vereinbart. Die Summe aus Zins und Tilgung bleibt – außer bei der letzten Restzahlung – bei jeder Zahlung (z.B. monatlich, vierteljährlich) gleich. Daher nimmt die Zinsbelastung ab und die Tilgungsbeträge steigen an.[1]

(6) Darlehensformen im Vergleich

Beispiel:

Der Unternehmer Hans Wetzel benötigt für den Kauf einer Maschine ein Darlehen über 120 000,00 EUR für die Dauer von 6 Jahren. Seine Hausbank bietet ihm folgende Konditionen an: Nominalzins 8 %, Auszahlung 100 %, Tilgung nach Wunsch.[2]

Aufgaben:

1. Vergleichen Sie für Herrn Wetzel die Liquiditäts- und Aufwandsbelastungen beim
   1.1 Fälligkeitsdarlehen,
   1.2 Abzahlungsdarlehen und
   1.3 Annuitätendarlehen!
2. Beurteilen Sie die Liquiditäts- und Aufwandsbelastungen der verschiedenen Darlehensarten!

Lösung:

Zu 1.1: Fälligkeitsdarlehen (Festdarlehen)

Jahr	Darlehen Jahresanfang	Darlehen Jahresende	Tilgung	Zinsen	Mittelabfluss
1	120 000,00	120 000,00	0,00	9 600,00	9 600,00
2	120 000,00	120 000,00	0,00	9 600,00	9 600,00
3	120 000,00	120 000,00	0,00	9 600,00	9 600,00
4	120 000,00	120 000,00	0,00	9 600,00	9 600,00
5	120 000,00	120 000,00	0,00	9 600,00	9 600,00
6	120 000,00	0,00	120 000,00	9 600,00	129 600,00
Summe			120 000,00	57 600,00	177 600,00

---

1 Die Zinsen werden immer aus der Schuldsumme (Restschuld) berechnet.
2 Zur Vereinfachung erfolgen die gewählten bzw. vereinbarten Tilgungen jeweils am Ende des Kalenderjahres.

Zu 1.2: Abzahlungsdarlehen (Ratendarlehen)

Jahr	Darlehen Jahresanfang	Darlehen Jahresende	Tilgung	Zinsen	Mittelabfluss
1	120 000,00	100 000,00	20 000,00	9 600,00	29 600,00
2	100 000,00	80 000,00	20 000,00	8 000,00	28 000,00
3	80 000,00	60 000,00	20 000,00	6 400,00	26 400,00
4	60 000,00	40 000,00	20 000,00	4 800,00	24 800,00
5	40 000,00	20 000,00	20 000,00	3 200,00	23 200,00
6	20 000,00	0,00	20 000,00	1 600,00	21 600,00
Summe			120 000,00	33 600,00	153 600,00

Zu 1.3: Annuitätendarlehen

Jahr	Darlehen Jahresanfang	Darlehen Jahresende	Tilgung	Zinsen	Mittelabfluss (Annuität)
1	120 000,00	103 642,15	16 357,85	9 600,00	25 957,85
2	103 642,15	85 975,67	17 666,48	8 291,37	25 957,85
3	85 975,67	66 895,87	19 079,80	6 878,05	25 957,85
4	66 895,87	46 289,69	20 606,18	5 351,67	25 957,85
5	46 289,69	24 035,20	22 254,67	3 703,18	25 957,85
6	24 035,02	0,00	24 035,02	1 922,83	25 957,85
Summe			120 000,00	35 747,10	155 747,10

Erläuterungen:

Der Mittelabfluss entspricht hier der Annuität, d. h. der gleichbleibenden Summe aus Zinsen und Tilgung. Die Annuität wird mithilfe von Annuitätenfaktoren, die in der Praxis einer Tabelle entnommen werden, durch Multiplikation mit der Darlehenssumme errechnet. Der Faktor ist abhängig vom Zinssatz und der Laufzeit des Annuitätendarlehens und beträgt in unserem Fall 0,216315. Den Tilgungsbetrag erhält man durch Subtraktion der jeweiligen Zinsen von der Annuität.

Zu 2.: Ergebnisse

- Beim **Fälligkeitsdarlehen** steht das gesamte Darlehen bis zum Ende der Laufzeit zur Verfügung. Die Liquiditätsbelastung ist aber im 6. Jahr aufgrund der Tilgung des gesamten Darlehensbetrags sehr hoch. Die jährliche Aufwandsbelastung durch die Zinsen bleibt konstant.

- Beim **Ratendarlehen** sinkt die Aufwands- und Liquiditätsbelastung von Tilgungsjahr zu Tilgungsjahr.

- Eine gleichmäßige Liquiditätsbelastung gewährleistet das **Annuitätendarlehen,** wobei die Tilgungsbeträge den sinkenden Zinsaufwendungen entsprechend steigen.

Merke:

- Die Aufwands- und Liquiditätsbelastung ist neben dem Zinssatz vor allem vom Tilgungsmodus abhängig.

- Fälligkeitsdarlehen ermöglichen eine gleichmäßige Aufwandsverteilung, Annuitätendarlehen eine gleichmäßige Liquiditätsbelastung.

- Beim Ratendarlehen sinkt die Gesamtbelastung von Jahr zu Jahr.

(7) Abgrenzung des Darlehens zum Kontokorrentkredit

> **Merke:**
>
> ■ Unter **Kontokorrentkredit**[1] versteht man eine laufende Rechnung zwischen zwei Vertragspartnern, i.d.R. zwischen einer Bank und einem Bankkunden. Aber auch Unternehmen können untereinander Kontokorrente führen.
>
> ■ Das Wesen des Kontokorrents besteht darin, dass sich beide Vertragspartner ihre **gegenseitigen Forderungen stunden** und in **regelmäßigen Zeitabständen** (meist vierteljährlich oder halbjährlich) **gegeneinander aufrechnen.** Schuldner ist jeweils die Partei, zu deren Ungunsten der Saldo des Kontokorrentkontos steht.
>
> ■ Der **Saldo** (Ergebnis der Aufrechnung) wird **auf neue Rechnung vorgetragen.** In ihm gehen die verschiedenen Forderungen unter, d.h., dass nur der Saldo eingeklagt werden kann (siehe auch §§ 355ff. HGB).

Wichtige **Abgrenzungskriterien** zum Darlehen sind:

Der Kontokorrentkredit bei einer Bank dient vor allem der **Abwicklung von allen eingehenden und ausgehenden Zahlungen** (Zahlungsaufträge für eingekaufte Waren, für Rohstoffe, Löhne und Zahlungseingänge für verkaufte Waren). Er sichert damit die Zahlungsbereitschaft. Der Kreditnehmer kann hierbei bis zur Kreditobergrenze (Kreditlimit), die im Kreditvertrag vereinbart ist, frei über das Kontokorrentkonto verfügen. Der Saldo auf dem Konto ist daher, je nach Umfang der eingehenden und ausgehenden Zahlungen, ständigen Schwankungen unterworfen. So entsteht ein Kontokorrent, d.h. eine laufende Rechnung, die ein **wechselseitiges Schuld- und Guthabenverhältnis** darstellt. Wegen der schwankenden Beanspruchung des Kredits ist insbesondere die **Grundschuld** als Sicherheit geeignet.

Weist das Konto ein **Guthaben** aus, erhält der Kunde **Habenzinsen.**[2] Wird ein **Kredit** beansprucht, müssen **Sollzinsen** an die Bank entrichtet werden. Aus der Sicht der Bank ist „Bewegung" auf dem Kontokorrentkonto erwünscht, denn Anzahl und Umfang der Bewegungen werden als Maßstab für die wirtschaftliche Aktivität des Unternehmens gewertet. Gleichbleibende Haben- oder Sollsalden widersprechen dem Sinn des Kontokorrentkredits.

Die **Zinsen** werden **vom in Anspruch genommenen Kredit** berechnet. Die Zinsbelastung passt sich somit der täglichen Veränderung des beanspruchten Kredits an.[3] Die Zinsen werden dem Konto belastet bzw. gutgeschrieben. Die Kosten des Kontokorrentkredits sind verhältnismäßig hoch, da der Sollzinssatz für den Kreditsaldo erheblich höher ist als der Habenzinssatz für den Guthabensaldo.

Überziehungszinsen sowie eine **Überziehungsprovision** kommen dann zur Anwendung, wenn der Kunde ohne vorherige Krediteinräumung sein Konto überzieht bzw. seine ihm eingeräumte Kreditgrenze überschreitet. Der Überziehungszinssatz beträgt im Normalfall 1,5 % – 3 % p. a. und wird neben den Sollzinsen in Rechnung gestellt.

---

1 Kontokorrent heißt wörtlich „laufendes Konto", weil sich i.d.R. der Kontostand laufend verändert. Rechtlich ist das Kontokorrentkonto geregelt in den §§ 355ff. HGB.

2 Bei den meisten Banken werden jedoch Habenzinsen erst dann vergütet, wenn das Guthaben vierteljährlich einen bestimmten **Durchschnittsbetrag** (z. B. von 3 000,00 EUR) erreicht.

3 Bei einem Darlehen müssen grundsätzlich Zinsen auch dann bezahlt werden, wenn der von der Bank auf dem Darlehenskonto bereitgestellte Darlehensbetrag nicht (voll) vom Kreditnehmer in Anspruch genommen wird. Erhöhungen und Verminderungen des Darlehensbetrags müssen jeweils wieder neu vereinbart werden.

Eine **Kreditprovision** für nicht in Anspruch genommenen Kredit wird selten berechnet.

Um die Kosten des Zahlungsverkehrs zu decken, werden in der Regel **Gebühren** (z. B. für die Kontoführung und die einzelnen Buchungen) sowie für die anfallenden Postentgelte (Versand der Kontoauszüge) berechnet.

Der Kontokorrentkredit kann zeitlich begrenzt oder bis zur Kündigung in Anspruch genommen werden. Er ist formal **kurzfristig bzw. kurzfristig kündbar,** kann aber durch ständige Prolongation über längere Zeiträume laufen. Durch diese enge, langfristige Verflechtung von Bank und Unternehmen wird die kreditgebende Bank zur „Hausbank".

Zusammenfassung

- Bei der **Kreditfinanzierung** werden die von den Unternehmen für Investitionszwecke benötigten Finanzmittel durch verschiedene **Gläubiger** zur Verfügung gestellt.

- Unter **Kredit** verstehen wir die zeitweilige Überlassung von Geld (oder Gütern) im Vertrauen darauf, dass der Kreditnehmer den Kredit termingerecht zurückzahlt und verzinst.

- Der **Kreditvertrag** kommt durch zwei inhaltlich übereinstimmende Willenserklärungen (z.B. Kreditgesuch des Kreditnehmers, Annahme des Kreditgesuchs durch die Bank) zustande, wenn die zweite Willenserklärung (z.B. Annahme des Kreditgesuchs) dem Erklärungsempfänger rechtzeitig zugegangen ist.

- Das **Darlehen** ist in der Regel ein langfristiger Kredit. Zweck des Darlehens ist es, einen in der Höhe bestimmten (vorhersehbaren) Fremdkapitalbedarf abzudecken. Daneben unterscheiden wir kurz- und mittelfristige Darlehensarten als Konsumkredit.[1] Die Rückzahlung erfolgt entweder in einer Summe (Fälligkeitsdarlehen) oder nach einem vereinbarten Tilgungsplan (entweder als Abzahlungs- oder Annuitätendarlehen).

- Wichtige **Inhalte des Darlehensvertrags** sind: (1) Kredithöhe und Rückzahlungsmodus, (2) Kreditkosten (Zinsvereinbarung, Bereitstellungszinsen, Damnum), (3) Sicherheiten.

- Bei Kreditverträgen muss zwischen dem sogenannten **Nominalzinssatz** und dem tatsächlich berechneten Zinssatz (dem **Effektivzinssatz**) unterschieden werden.

- Der **Kontokorrentkredit** passt sich kurzfristig den jeweiligen Kreditbedürfnissen des Kunden an. Er dient dem Zahlungsverkehr. Es handelt sich um einen Kredit in laufender Rechnung, bei dem sich ein wechselseitiges Schuld- und Guthabenverhältnis bildet (Kontokorrent). Die Bank fordert nur Zinsen für die jeweils beanspruchte Kreditsumme. Der Kontokorrentkredit ist formal kurzfristig. In der Praxis wird der Kontokorrentkredit jedoch immer wieder verlängert.

Übungsaufgaben

114 1. Bei der Kreditfinanzierung ist zwischen Geldmittelfremdfinanzierung und Sachmittelfremdfinanzierung zu unterscheiden. Warum?

2. 2.1 Erklären Sie, wie ein Kreditvertrag zustande kommt!

    2.2 Nennen Sie drei Punkte, die ein Kreditvertrag enthalten sollte!

---

1 Die aufgrund der persönlichen Kreditwürdigkeit den Konsumenten (Letztverbrauchern) zum Kauf von der Bank gewährleisteten Kredite („Konsumkredite") werden in der Praxis auch als Kleinkredite oder als **Anschaffungsdarlehen** bezeichnet.

115 1. Ein Darlehen in Höhe von 100 000,00 EUR soll wie folgt zurückgezahlt werden: Tilgung vierteljährlich 2 500,00 EUR bei einem Zinssatz von 8 %.

Aufgaben:

1.1 Welche Darlehensart liegt vor? Begründen Sie Ihre Antwort!

1.2 Erstellen Sie rechnerisch den Zins- und Tilgungsplan für die ersten 3 Jahre!

Angenommen, das Darlehen ist vertragsgemäß in der Weise zu verzinsen und zu tilgen, dass vierteljährlich ein Betrag zu zahlen ist, der Zins und Tilgung enthält. (Die Summe von Zins und Tilgung soll aber konstant bleiben.)

Aufgaben:

1.3 Welche Darlehensart liegt vor? Begründen Sie Ihre Antwort!

1.4 Erstellen Sie rechnerisch den Tilgungsplan für die ersten 3 Jahre!

1.5 Nennen Sie je einen Vor- und Nachteil der in den Aufgaben 1.1 und 1.3 genannten Darlehensarten für den Kreditnehmer!

2. Erläutern Sie einem Interessierten die folgenden Fragen zum Kontokorrentkredit bzw. Darlehen:

2.1 Beschreiben Sie stichwortartig den Unterschied zwischen Kontokorrentkredit und Darlehen!

2.2 Geben Sie Gründe dafür an, dass der Zinssatz für den Kontokorrentkredit höher ist als für das Darlehen! (Hinweis: Erfragen Sie die geltenden Zinssätze bei einer Bank!)

2.3 Erklären Sie die Bedeutung eines Auszahlungskurses in Höhe von 98 % bei einem Darlehen!

2.4 Welchem Zweck kann die Aufnahme eines Darlehens dienen?

2.5 Weshalb wäre es unwirtschaftlich, für einen nur gelegentlich auftretenden finanziellen Spitzenbedarf ein Darlehen aufzunehmen?

2.6 Ein Kredit wird als Abzahlungsdarlehen (Ratendarlehen) gewährt. Beschreiben Sie diese Darlehensart!

3. 3.1 Die örtliche Bank gewährt der Schwarz OHG ein Darlehen über 120 000,00 EUR. Der Kredit ist bei einer Auszahlung von 92 % mit 6 % nachschüssig zu verzinsen. Vereinbart wird eine jährliche Tilgung von 10 %, erstmals am Ende des ersten Darlehensjahres.

Aufgaben:

3.1.1 Wie viel Prozent beträgt der effektive Jahreszinssatz im 1. Jahr?

3.1.2 Stellen Sie tabellarisch den Darlehensverlauf dar und ermitteln Sie die jährliche Aufwandsbelastung!

3.2 Die Sparkasse bietet der Holzbau Achern GmbH folgendes Darlehen an: Kreditsumme: 80 000,00 EUR, Laufzeit 5 Jahre, Bearbeitungsgebühr 1 %, Zinssatz 8,0 %.

Aufgaben:

3.2.1 Berechnen Sie den effektiven Jahreszinssatz für das 1. Jahr!

3.2.2 Der Geschäftsführer der Holzbau Achern GmbH möchte eine gleichbleibende Liquiditätsbelastung.

3.2.2.1 Wie viel EUR betragen die jährlichen Annuitätenzahlungen, wenn der Annuitätenfaktor 0,25046 beträgt (Tabellenwert)?

3.2.2.2 Wie viel EUR beträgt die gesamte Aufwandsbelastung für diesen Kredit?

5.2.3 Industrieobligation als Beispiel für einen Kapitalmarktkredit

5.2.3.1 Begriff und Arten des Kapitalmarkts

Merke:

Unter **Kapitalmarkt** versteht man den Markt für langfristige Anleihen, Anlagen und Beteiligungen.

Es wird zwischen organisertem und nicht organisiertem Kapitalmarkt[1] unterschieden.

- Der **organisierte Kapitalmarkt** ist der Markt der Banken und Wertpapierbörsen. Die Wertpapierbörsen haben einen Aktien- und einen Rentenmarkt. Der Rentenmarkt – und nur er ist hier von Interesse – ist der Markt für festverzinsliche längerfristige Anleihen.
- Der **nicht organisierte Kapitalmarkt** umfasst z. B. die Direktanleihen der Versicherungsgesellschaften und die Nachfrage und das Angebot von langfristigen Finanzierungsmöglichkeiten beispielsweise über Anzeigen in Zeitungen, durch private Finanzmakler und private Geldverleiher.

5.2.3.2 Industrieobligation

(1) Wesen der Industrieobligationen

Merke:

- **Industrieobligationen**[2] (Industrieanleihen, Industrieschuldverschreibungen) gehören zu den i. d. R. festverzinslichen Gläubigerpapieren. Industrieobligationen verbriefen ein **langfristiges Darlehen,** das ein Großunternehmen (nicht nur der Industrie, sondern z. B. auch des Handels) über die Börse aufnimmt.
- Zu diesem Zweck erfolgt eine Stückelung der Gesamtsumme in **Teilschuldverschreibungen**. Der Nennwert beträgt i. d. R. 100,00 EUR. Die kleine Stückelung ermöglicht es, die Industrieobligationen auch bei Sparern mit einem geringen Sparvermögen unterzubringen.

Industrieobligationen sind für die ausgebenden Unternehmen ein verhältnismäßig teures Instrument der externen Fremdfinanzierung (Kreditfinanzierung). Die Emissionskosten (Ausgabekosten) betragen rund ein Zwanzigstel des Nennwerts (Druckkosten, Kosten für die Werbeprospekte, Bankprovisionen). Aus diesem Grund wurde eine weitere Art der langfristigen Kreditfinanzierung entwickelt: das Schuldscheindarlehen.

Merke:

Unter einem **Schuldscheindarlehen** versteht man einen längerfristigen Kredit, der in Millionenbeträgen von Kapitalgebern wie z. B. Versicherungen vor allem an erstklassige Industrie- und Handelsunternehmen auf der Grundlage eines Schuldscheins gewährt wird.

---

1 Häufig wird unter dem organisierten Kapitalmarkt lediglich die Wertpapierbörse verstanden.

2 Obligation heißt Verpflichtung, Schuld, Verbindlichkeit. Gewöhnlich werden die Begriffe Obligation, Schuldverschreibung, Teilschuldverschreibung und Anleihe synonym (gleichbedeutend) verwendet. Zu den **Obligationen** (Gläubigerpapieren) gehören auch die Obligationen (Anleihen) mit variablen Zinssätzen, die sogenannten „Floating Rates Notes" (kurz „Floater" genannt).

(2) Bestandteile der Industrieobligationen

Die Industrieobligation besteht aus dem **Mantel**, dem **Zinsscheinbogen** und dem **Erneuerungsschein (Talon)**. Der Mantel enthält u. a. den aufgedruckten Nennwert und die Angabe des Jahreszinssatzes. Gegen den abgetrennten Zinsschein erhält der Inhaber i. d. R. jährlich Zinsen. Ist der Zinsscheinbogen aufgebraucht, erhält der Obligationär (Inhaber der Obligation) gegen Einsendung des Erneuerungsscheins einen neuen Zinsscheinbogen mit Talon.

(3) Sicherheit der Industrieobligationen

Die Sicherheit der Industrieschuldverschreibung liegt meist in erstrangigen **Grundpfandrechten** am gesamten Grundbesitz einschließlich der Gebäude und fest installierten Betriebsanlagen.

(4) Verkauf der Industrieobligationen

Der Verkauf (die „Placierung") der Obligationen erfolgt in der Regel über ein **Emissionskonsortium**,[1] das auch die Zulassung der Papiere zum Börsenhandel beantragt.

(5) Kurs

Auch bei den Gläubigerpapieren weicht der Kurs in der Regel vom Nominalwert ab. Die Höhe des aufgedruckten Zinssatzes **(Nominalzinssatzes)** ist nicht gleichzusetzen mit der Verzinsung des angelegten Kapitals. Der Zinssatz, den der Aussteller des Gläubigerpapiers festlegt, richtet sich an dem gerade herrschenden Zinssatz auf dem Kapitalmarkt aus. Hat also ein Kapitalgeber eine Anleihe zu einem festen Zinssatz von 6 % erworben und nach geraumer Zeit steigt der Zinssatz auf dem Kapitalmarkt auf 7 % an, sodass jetzt die neu herausgegebenen Gläubigerpapiere mit 7 % verzinst werden, so wird der Kurs des 6 %igen Gläubigerpapiers sinken. Kauft ein Kapitalgeber zu einem unter dem Nennwert liegenden Kurs, dann erzielt er eine höhere Rendite als es dem Nominalzins von 6 % entspricht.

Die effektive Verzinsung eines Gläubigerpapiers errechnet sich wie folgt:

Beispiel:	
Nennwert: 100,00 EUR; Nominalzinssatz 6 %; Kauf zu einem Kurs von 85 %.	**Aufgabe:** Wie viel Prozent beträgt die effektive Verzinsung?

Lösung:

Für 85,00 EUR Kapitaleinsatz erhalten wir 6,00 EUR Zinsen.
Für 100,00 EUR Kapitaleinsatz erhalten wir x EUR Zinsen.

$$x = \frac{6 \cdot 100}{85} = \underline{\underline{7,05\,\%}}$$

$$\text{Effektive Verzinsung} = \frac{\text{Nominalzins} \cdot 100}{\text{Kaufpreis}}$$

Ergebnis: Die effektive Verzinsung beträgt 7,05 %.

---

1 „Konsorte": Mitglied, Genosse; Konsortium: Zusammenschluss von Personen oder Unternehmen zur Durchführung eines Sondergeschäfts.

Bei den festverzinslichen Wertpapieren besteht somit vor dem Fälligkeitstermin der Rückzahlung ein Kursrisiko. Die Rückzahlung am Fälligkeitstermin erfolgt dann aber in der Regel zum Nennwert.

(6) Vor- und Nachteile der Finanzierung mit Industrieobligationen

Der größte **Vorteil** der Finanzierung durch Ausgabe von Industrieschuldverschreibungen besteht darin, dass der Emittent aufgrund der Anleihestückelung große Kreditsummen beschaffen kann, die möglicherweise die Kapitalkraft eines Kreditgebers oder weniger Kreditgeber übersteigt. Ein weiterer Vorteil im Vergleich zur Eigenfinanzierung kann darin liegen, dass die Kreditgeber keine Mitwirkungsrechte (z.B. Stimmrecht in der Hauptversammlung einer AG) haben.

Von **Nachteil** sind die hohen Emissionskosten (z.B. Prospektkosten, Bankvergütungen, Druckkosten für die Wertpapiere). Um Druckkosten zu sparen, gehen deshalb die Unternehmen immer mehr dazu über, überhaupt keine Papiere mehr zu drucken. Die Eigentumsverhältnisse werden vielmehr von den verwaltenden Banken nur noch buchmäßig festgehalten (Käufe, Verkäufe, Zinsgutschriften).

Zusammenfassung

- Langfristige Kredite können auch auf dem organisierten Kapitalmarkt (an der Wertpapierbörse) durch Ausgabe von Obligationen (Schuldverschreibungen) beschafft werden **(Kapitalmarktkredite).**

- Unter **Kapitalmarkt** versteht man den Markt für langfristige Anleihen, Anlagen und Beteiligungen.

  - Der **organisierte Kapitalmarkt umfasst den Aktienmarkt und den Rentenmarkt.**

  - Der **nicht organisierte Kapitalmarkt** umfasst z.B. die Direktanleihen der Versicherungsgesellschaften und Industrieunternehmen sowie die Kredite der privaten Geldvermittler und Geldverleiher.

- Bei den **Industrieobligationen** handelt es sich um Schuldverschreibungen, die von großen Industrieunternehmen ausgegeben werden, um ihren langfristigen Fremdkapitalbedarf zu decken.

Übungsaufgabe

116 Die Geschäftsleitung einer AG rechnet mit einem zusätzlichen Kapitalbedarf zur Finanzierung des neuen Geschäftsbereichs Umwelttechnologie von 100 Mio. EUR beim Umlaufvermögen.

Der Vorstand erwägt die Ausgabe einer Industrieobligation von nominal 100 Mio. EUR.

Ausstattungsmerkmale: Nominalzins 8%, Ausgabekurs 97%, Rückzahlungskurs 101%, Laufzeit 8 Jahre, Rückzahlung in einem Betrag, jährliche nachträgliche Zinszahlung.

Aufgaben:

1. 1.1 Erläutern Sie zwei Gesichtspunkte, welche die AG bei der Ausgestaltung der Obligation beachten muss!

1.2 Berechnen Sie, welchen Mittelzufluss die AG erwarten kann, wenn diese Obligation voll platziert werden kann (ohne Emissionskosten)!

1.3 Wie viel Prozent beträgt der effektive Zinsfuß für die AG, wenn zusätzlich einmalige Kosten von 2,5 Mio. EUR und jährlich 0,8 Mio. EUR wiederkehrende Kosten entstehen?

2. Am 1. Juli 20.. wird von der AG eine 6 %ige Industrieschuldverschreibung von 60 Mio. EUR zu 98 % und einer Laufzeit von längstens 10 Jahren emittiert. Rückzahlung zu 101 % bei vier tilgungsfreien Jahren in sechs gleichen Jahresraten gemäß Auslosung. Die Emissionskosten betragen 750 000,00 EUR.

2.1 Welcher Finanzierungsbetrag (Mittelzufluss netto) steht der AG aus dieser Emission zur Verfügung? Führen Sie den rechnerischen Nachweis!

2.2 Berechnen Sie die Zinsen, welche die AG für die Industrieschuldverschreibung während der gesamten Laufzeit aufzubringen hat!

5.2.4 Leasing[1]

5.2.4.1 Begriff und Wesen des Leasings

> **Merke:**
>
> Unter **Leasing** versteht man das Mieten bzw. Pachten von Anlagegütern (Maschinen, Fahrzeugen, Computern, ganzen Fabrikanlagen).

Als Leasingobjekte können sowohl unbewegliche Anlagegüter (z.B. Gebäude, Produktionsanlagen) als auch bewegliche Anlagegüter (z.B. Pkw, Lkw, Büromaschinen, Computer) dienen. Nach Beendigung der Vertragszeit hat der Leasingnehmer das Gut zurückzugeben, wenn er nicht von der Möglichkeit Gebrauch machen will, einen Verlängerungsvertrag abzuschließen oder das Leasinggut käuflich zu erwerben.

Leasing ist insofern eine Art der **Fremdfinanzierung,** als die Finanzierung der Anschaffungskosten eines Objekts nicht von dem den Gegenstand nutzenden Unternehmen (Leasingnehmer), sondern von einem anderen Unternehmen, dem Leasinggeber, getragen wird. Im Gegensatz zu den übrigen Arten der Fremdfinanzierung handelt es sich beim Leasing nicht um einen Geldkredit, sondern um einen **Sachkredit**. Die Leasing-Finanzierung wird daher auch als **Sachmittelfremdfinanzierung** bezeichnet.

5.2.4.2 Möglichkeiten der Vertragsgestaltung

Leasingverträge lassen sich unter sehr unterschiedlichen Merkmalen gestalten. Einige Gestaltungsmöglichkeiten werden im Folgenden angeführt.

---

1 To lease (engl.): mieten. Da die „geleasten" Wirtschaftsgüter nicht nur genutzt, sondern auch zur Gewinnerzielung („Fruchtziehung") eingesetzt werden, enthält der Leasingvertrag Elemente des Miet- wie auch des Pachtvertrags.

(1) Unter dem Gesichtspunkt des geleasten Gegenstands

Ausrüstungsvermietung (Equipment-Leasing)	Hier werden Gegenstände, die der „Ausrüstung" eines Unternehmens dienen, vermietet bzw. verpachtet (z.B. Maschinen, Bagger, Transporteinrichtungen, Datenverarbeitungsanlagen).
Industrieanlagenvermietung (Industrieleasing)	In diesem Fall werden ganze Industrieanlagen vermietet bzw. verpachtet (z.B. Fabrikgebäude einschließlich der Ausrüstung).
Konsumgüterleasing	Leasingnehmer (Mieter) sind die privaten Haushalte, Leasinggüter sind z.B. Autos, Fernsehgeräte, Waschmaschinen, Gefriertruhen.

(2) Unter dem Gesichtspunkt des Inhalts der Leasingverträge

Leasingverträge ohne Kauf- oder Mietverlängerungsoption	Bei diesen Verträgen hat der Leasingnehmer kein Recht auf Verlängerung der Leasingzeit bzw. keinen Anspruch darauf, das Leasinggut nach Ablauf der Grundmiet- bzw. -pachtzeit kaufen zu können.
Leasingverträge mit Kauf- oder Mietverlängerungsoption	Bei diesen Leasingverträgen wird dem Leasingnehmer das Recht eingeräumt, nach Ablauf der Grundmiet- bzw. -pachtzeit das Leasinggut weiter zu leasen oder kaufen zu können.

(3) Unter dem Gesichtspunkt der Dauer der Leasingzeit

■ Operate-Leasing

Beim Operate-Leasing ist die **Grundmietzeit** relativ kurz, sodass die Leasingraten nicht für die Amortisation der Anschaffungskosten ausreichen. Die Restamortisation, die angefallenen Kosten und ein angemessener Gewinn können im Allgemeinen erst durch Folgeverträge bzw. durch den Verkaufserlös des Leasingobjekts gedeckt werden. Die Bilanzierung des Leasingobjektes erfolgt beim Leasinggeber. Der Leasingnehmer kann die Leasingraten als Betriebsausgaben absetzen. Bei dieser Art des Leasingvertrags hat das Leasingunternehmen neben der Finanzierung der Anschaffungskosten auch für die uneingeschränkte Nutzungsfähigkeit des Leasingobjektes zu sorgen. Wartungskosten, Reparaturkosten und Versicherungskosten gehen zu seinen Lasten. Auch für den Fall eines Totalausfalls hat die Leasinggesellschaft für ein Ersatzobjekt zu sorgen.

Beim Operate-Leasing **übernimmt der Leasinggeber** das gesamte **Investitionsrisiko,** da der Leasinggeber, bei Kündigung vor Ablauf der Nutzungsdauer durch den Leasingnehmer, eine volle Amortisation nur durch eine oder mehrere Anschlussmiet- bzw. pachtzahlungen erzielen kann. Infolge dieser Risikobelastung des Leasinggebers werden für derartige Verträge nur Wirtschaftsgüter herangezogen, die jederzeit erneut vermietet bzw. verpachtet werden können (z.B. Autovermietung, Vermietung von Universalmaschinen, Computer-, Telefonanlagen).

■ Finance-Leasing

Das Finance-Leasing ist überwiegend langfristig angelegt. Innerhalb der **Grundmietzeit,** die meistens bei **40% bis 90% der betriebsgewöhnlichen Nutzungsdauer** des Leasinggutes liegt, ist der Vertrag nicht kündbar. Bei dieser Vertragsgestaltung hat der Leasingnehmer die laufenden Betriebskosten zu tragen. Auch das Risiko eines Totalschadens trägt grundsätzlich der Leasingnehmer. Finance-Leasing-Verträge enthalten üblicherweise ein **Optionsrecht**[1] **des Leasingnehmers,** das nach Ablauf der Grundmietzeit wahrgenommen werden kann. Es kann sich beziehen auf eine **Kaufoption** (Recht zum Kauf des Leasingobjekts zu einem vorher vereinbarten Restwert) oder eine **Miet- bzw. Pachtverlängerungsoption** (Recht auf Verlängerung der Mietzeit bzw. Pachtzeit mit geringeren Leasingraten).

Da der Leasingnehmer das volle Investitionsrisiko übernimmt, eignet sich das Finance-Leasing nicht nur für marktgängige Wirtschaftsgüter, sondern auch für Verträge über Güter, die nach den besonderen Anweisungen eines Leasingnehmers gestaltet werden, wobei gegebenenfalls der Leasingnehmer unmittelbar mit dem Hersteller in Verhandlungen tritt **(Spezial-Leasing).**

Finance-Leasing-Verträge können bezüglich der Höhe der Leasingrate bzw. bezüglich der Dauer der Grundmietzeit unterschiedlich ausgestaltet sein. Zu unterscheiden sind:

Vertragsarten des Finance-Leasings	Erläuterungen	Beispiele
Vollamortisations-verträge, Full-pay-out-Verträge	Verträge, die dem Leasinggeber innerhalb der Grundmietzeit (Grundpachtzeit) die Erstattung der vollen Objektkosten (Anschaffungs- bzw. Herstellungskosten des Wirtschaftsgutes sowie sämtliche Nebenkosten wie z. B. Vertrieb, Verwaltung, Finanzierung) zuzüglich eines angemessenen Gewinns ermöglichen.	■ Immobilien ■ hochwertige Maschinen, Anlagegüter, die speziell nach den Anweisungen des Leasingnehmers erstellt werden.
Teilamortisations-verträge, Non-pay-out-Verträge	Verträge, bei denen dem Leasinggeber innerhalb der Grundmietzeit nur ein Teil der Objektkosten ersetzt werden. Für diesen Fall hat der Leasingnehmer nach Ablauf der Grundmietzeit (Grundpachtzeit) das Verwertungsrisiko zu übernehmen (z. B. Verlängerung der Mietdauer, Kauf des Objekts, Weiterverkauf des Objekts an einen Dritten).	■ Kfz-Leasing ■ Leasing von Computeranlagen

(4) Sale-and-lease-back

Verträge, bei denen der Leasingnehmer ein ihm gehörendes Wirtschaftsgut an die Leasinggesellschaft verkauft, die es anschließend an den Leasingnehmer verleast **(Sale-and-lease-back).** Eine solche Vorgehensweise hat in der Regel einen steuerrechtlichen Hintergrund. Angewendet wird dieses Verfahren oftmals bei Immobilien.

5.2.4.3   Rechnerischer Vergleich von Leasing und Kreditfinanzierung

Der Vergleich zwischen Leasing und Kreditkauf konzentriert sich im rechnerischen Vergleich auf die Liquiditäts- und Aufwandswirkung der beiden Finanzierungsarten.

> **Beispiel:**
>
> Die Backfein GmbH beabsichtigt, ihren Maschinenpark um einen Backautomaten zu erweitern. Nach den Angaben des Herstellers betragen die Anschaffungskosten 480000,00 EUR. Die betriebsgewöhnliche Nutzungsdauer wird mit 6 Jahren angegeben. Es wird linear abgeschrieben.

---

1 Option: Wahlrecht.

Da die Backfein GmbH gerade erst die Produktionshalle erweitert hat, ist eine Finanzierung mit eigenen Finanzmitteln nicht möglich. Das Unternehmen hat zwei Finanzierungsalternativen:

1. Angebot: Leasingangebot des Herstellers:

Bei einer Grundmietzeit von 4 Jahren betragen die Leasingraten 135 000,00 EUR pro Jahr. Im Falle einer Vertragsverlängerung sinkt die Rate auf 80 000,00 EUR.

2. Angebot: Kreditangebot der Hausbank:

Ratentilgungsdarlehen mit 5 Jahren Laufzeit über 500 000,00 EUR, Auszahlung 96 %, Nominalzinssatz 7,5 %.

Aufgabe:

Vergleichen Sie beide Angebote unter den Gesichtspunkten von Liquiditäts- und Aufwandsbelastung!

1. Angebot: Aufwands- und Liquiditätsbelastung bei Leasing:

Jahr	Mittelabflüsse (Leasingraten)[1]	Aufwendungen
1	135 000,00 EUR	135 000,00 EUR
2	135 000,00 EUR	135 000,00 EUR
3	135 000,00 EUR	135 000,00 EUR
4	135 000,00 EUR	135 000,00 EUR
5	80 000,00 EUR	80 000,00 EUR
6	80 000,00 EUR	80 000,00 EUR
Summe	700 000,00 EUR	700 000,00 EUR

2. Angebot: Aufwands- und Liquiditätsbelastung bei Kreditfinanzierung:

Jahr	Rest-darlehen EUR	Tilgung EUR	Zinsen EUR	Abschreibung Backautomat EUR	Abschreibung Disagio EUR	Mittel-abflüsse EUR	Aufwen-dungen EUR
1	500 000,00	100 000,00	37 500,00	80 000,00	4 000,00	137 500,00	121 500,00
2	400 000,00	100 000,00	30 000,00	80 000,00	4 000,00	130 000,00	114 000,00
3	300 000,00	100 000,00	22 500,00	80 000,00	4 000,00	122 500,00	106 500,00
4	200 000,00	100 000,00	15 000,00	80 000,00	4 000,00	115 000,00	99 000,00
5	100 000,00	100 000,00	7 500,00	80 000,00	4 000,00	107 500,00	91 500,00
6	0,00	0,00	0,00	80 000,00	0,00	0,00	80 000,00
						612 500,00	612 500,00

Ergebnis: Die Kreditfinanzierung ist rechnerisch sowohl hinsichtlich der Liquiditäts- als auch hinsichtlich der Aufwandsbelastung günstiger.

Ob sich Leasing anstelle eines Kreditkaufs lohnt, darf nicht allein aufgrund des Ausgaben- bzw. Aufwandsvergleichs entschieden werden. Hier würde das Leasing meistens schlechter abschneiden, weil der Leasingnehmer innerhalb der Grundmietzeit etwa 120 bis 150 % der Anschaffungskosten zahlt.

---

1 Die Leasingrate („Mietpreis") enthält folgende Finanzierungskosten:

1. den **Abschreibungsbetrag** (die Ausgaben bzw. Aufwendungen des Leasinggebers für die Beschaffung oder Herstellung des Leasingguts werden auf die Dauer der Grundleasingzeit verteilt);
2. die **Verzinsung** (das vom Leasinggeber investierte Kapital muss sich verzinsen);
3. eine **Risikoprämie** (z. B. für schnelles Veralten);
4. die **sonstigen Verwaltungs- und Vertriebskosten** (einschließlich der laufenden Servicekosten);
5. den **Gewinnzuschlag.**

Unter Berücksichtigung der steuerlichen Wirkung, die jeweils nach Höhe des Gewinns die höhere Aufwandsbelastung des Leasingangebots durch eine Steuerersparnis effektiv auf weniger als die Hälfte reduziert, wird der Abstand zwischen den beiden Angeboten deutlich geringer.

Für die endgültige Entscheidung sollten jedoch vor allem die Besonderheiten des Einzelfalles Beachtung finden. So können beispielsweise bei einer Entscheidung für das Finanzierungsleasing die eingesparten Anschaffungskosten in andere Projekte investiert werden. Außerdem werden die Finanzierungskennzahlen positiv beeinflusst.[1]

5.2.4.4 Beurteilung des Leasings

Mit dem Leasing sind für den Leasingnehmer folgende Vorteile bzw. Nachteile verbunden:

Vorteile	Nachteile
▪ Aufbau, Erweiterung bzw. Rationalisierung eines Betriebs können ohne großen Geldkapitalbedarf durchgeführt werden. ▪ Das eingesparte Geldkapital kann anderweitig rentabler eingesetzt werden. ▪ Da mit der Nutzung Erträge anfallen, können die Kosten aus dem laufenden Ertrag bezahlt werden. ▪ Rasche Anpassung an den technischen Fortschritt ist beim kurzfristigen Leasing möglich. ▪ Leasing schafft klare Kalkulationsgrundlagen. ▪ Nutzungskonforme Finanzierungsdauer, d.h., die Laufzeit des Leasingvertrags richtet sich in der Regel an der betriebsgewöhnlichen Nutzungsdauer des Leasingobjekts aus. ▪ Zur Anschaffung des Vermögensgegenstandes sind keine Kreditsicherheiten erforderlich.	▪ Die Leasingkosten sind hoch, denn die Gesamtkosten des Leasinggebers müssen in relativ kurzer Zeit aufgebracht werden. ▪ Die Kosten fallen regelmäßig an, sodass es unter Umständen zu Liquiditätsschwierigkeiten kommen kann, wenn die Zahlungen aus Verkäufen nicht rechtzeitig eingehen. ▪ Eigentum an dem Investitionsgut wird nicht erworben. Deshalb darf der Leasinggegenstand vom Leasingnehmer ohne Zustimmung des Leasinggebers auch nicht verändert werden. ▪ Das Fehlen von Anlagevermögen mindert die Möglichkeit einer eventuell später notwendig werdenden Kreditsicherung. ▪ Ausschluss der Kündigung des Leasingnehmers während der Grundmietzeit.

5.2.5 Factoring

(1) Begriff

Merke:

Beim **Factoring**[2] kauft der Factor (eine Bank oder eine spezielle Factorgesellschaft) alle Forderungen seines Kunden, die aus Sach- und Dienstleistungen stammen, gegen ein entsprechendes Entgelt auf und übernimmt das volle Kreditrisiko (Delkredere).[3]

---

1 Die Finanzierungskennzahlen werden im Band „Steuerung und Kontrolle" behandelt.

2 Factura: Rechnung.

3 Delkredere (wörtlich): „vom guten Glauben". Im Grunde ist das Factoring eine besondere Form des **Zessionskredits**. Zum Zessionskredit siehe S. 422f.

Die Factorgesellschaft übernimmt die Debitorenbuchhaltung (Kundenbuchhaltung), das Mahnwesen und den Einzug (Inkasso) der Forderungen. Manche Factorinstitute übernehmen – freilich ebenfalls gegen Gebühr – auch die Rechnungsschreibung (Fakturierung).

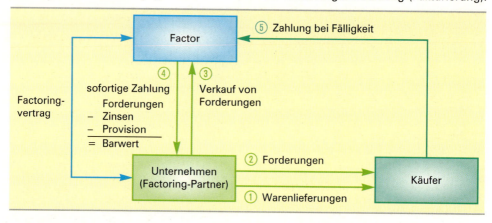

(2) Aufgaben

Die Factorgesellschaft übernimmt danach für das betreute Unternehmen drei verschiedene Aufgaben:

Dienstleistungsfunktion	Führung der Debitorenbuchhaltung einschließlich Mahnwesen und Einzug der Forderungen. Eventuell auch Übernahme der Fakturierung.
Kreditgewährungsfunktion	Ankauf der Forderungen (offene Zession) und Vorfinanzierung bis zum Fälligkeitstermin bzw. Zahlung der Forderungen.
Kreditsicherungsfunktion	Übernahme der Haftung für einen eventuellen Forderungsausfall (Delkrederefunktion).[1]

(3) Beurteilung

Das Factoring hat für den **Kunden** folgende Vorteile und Nachteile:

Vorteile	Nachteile
■ Sofortige Verfügung über den Barwert der Forderungen. ■ Verbesserung der Liquidität. ■ Kein Ausfallrisiko bei den Forderungen. ■ Einziehung von Forderungen entfällt.	■ Leistung von (hohen) Zins- und Provisionszahlungen an den Factor. ■ Kein Eingehen auf individuelle Zahlungsprobleme von einzelnen Kunden. ■ Verärgerung von Kunden durch schematischen Forderungseinzug.

---

[1] Von Forderungsausfällen spricht man, wenn Forderungen des Gläubigers wegen Zahlungsschwierigkeiten oder Zahlungsunfähigkeit der Schuldner nicht mehr oder nur teilweise erfüllt (z.B. bezahlt) werden.

5.2.6 Beurteilung der Fremdfinanzierung

Die Vor- und Nachteile der Fremdfinanzierung sind in der folgenden Tabelle aufgelistet.

Vorteile	Nachteile
■ Die Finanzierung von Betriebserweiterungen ist auch dann möglich, wenn die Finanzkraft des Unternehmens (Selbstfinanzierung) oder der Teilhaber (Beteiligungsfinanzierung) erschöpft ist. ■ Die Rentabilität des Unternehmens kann erhöht werden. (Bedingung ist, die Verzinsung der zusätzlichen Investitionen übersteigt den Fremdkapitalzinssatz.) ■ Risikoreiche Investitionen werden vermieden oder eingeschränkt, weil die Zins- und Liquiditätsbelastung des Fremdkapitals zu sorgfältiger Kalkulation und Finanzplanung zwingt. ■ Volkswirtschaftlich dann positiv, wenn die Kreditaufnahme der Unternehmen und Haushalte in etwa der Gesamtersparnis in der Volkswirtschaft entspricht.	■ Die Mittel stehen dem Unternehmen zeitlich nicht unbegrenzt zur Verfügung. ■ Die Fremdmittel müssen i. d. R. verzinst und getilgt werden. Damit werden Kalkulation und Liquidität belastet. ■ Insbesondere bei hoher Verschuldung eines Unternehmens nehmen die Gläubiger Einfluss auf die Geschäftsleitung, um die Verwendung ihrer Mittel zu kontrollieren. ■ Mit zunehmender Fremdfinanzierung sinkt die Kreditfähigkeit des Unternehmens. ■ Ein hoher Fremdkapitalanteil am Gesamtkapital verschlechtert den guten Ruf (Goodwill) eines Unternehmens. ■ Hohe Kapitalbeschaffungskosten vor allem bei Kapitalgesellschaften (z. B. anlässlich der Ausgabe von Industrieschuldverschreibungen).

Zusammenfassung

■ **Leasingverträge** sind miet- oder pachtähnliche Verträge, die die Nutzung eines Leasingobjekts ermöglichen, ohne die Anschaffungskosten finanzieren zu müssen. Als Gegenleistung zahlt der Leasingnehmer die vereinbarten Leasingraten.

■ Möglichkeiten der **Vertragsgestaltung.** Man unterscheidet:

■ Der **Factor** kauft von seinem Factor-Partner dessen Forderungen aus Warenlieferungen und Dienstleistungen und bevorschusst sie vor Fälligkeit des Rechnungsbetrags.

■ Der Factor übernimmt eine **Dienstleistungsfunktion** (z. B. Führung der Debitorenbuchhaltung), eine **Kreditgewährungsfunktion** (Ankauf der Forderungen vor ihrer Fälligkeit) sowie eine **Kreditsicherungsfunktion** (z. B. Übernahme der Haftung bei einem Zahlungsausfall).

Übungsaufgaben

117 1. Eine Möglichkeit, die Anschaffung eines Geschäftswagens zu finanzieren, bietet das Leasing.

Aufgaben:

1.1 Worin liegt der Grundgedanke des Leasings?

1.2 Definieren Sie den Begriff Leasing!

1.3 Erklären Sie den Satz: Stecken Sie Ihr Kapital ins Geschäft und nicht in den Geschäftswagen!

2. „Leasing hilft Kosten sparen" – so lautet häufig die Werbung der Leasinggesellschaften. Prüfen Sie diese Aussage!

3. Erläutern Sie die Grundzüge des Operate-Leasings und des Finance-Leasings!

4. Nennen Sie die zwei wichtigsten Vorteile und Nachteile der Leasingfinanzierung aus der Sicht des Leasingnehmers und begründen Sie Ihre Wahl!

118 Bei der Lars Biller KG ist letzte Woche eine alte Maschine endgültig ausgefallen. Eine moderne Ersatzmaschine kostet 96 000,00 EUR und hat eine Nutzungsdauer von 8 Jahren. Die Maschine soll linear abgeschrieben werden.

Das Unternehmen hat infolge hoher sonstiger Investitionen mit Liquiditätsengpässen zu kämpfen. Für Lars Biller kommt daher nur die Finanzierungsalternative mit der geringeren Liquiditätsbelastung infrage.

Es gibt folgende Finanzierungsalternativen:

– Bankkredit: Laufzeit 8 Jahre; Auszahlung 100 %, Zinssatz 9,5 %, Tilgung in gleichen Raten am Jahresende.

– Leasing: Grundmietzeit 5 Jahre, Leasingrate 25 000,00 EUR/Jahr, Anschlussleasing mit einer jährlichen Leasingrate von 10 000,00 EUR möglich.

Aufgaben:

1. Stellen Sie die beiden Finanzierungsalternativen hinsichtlich ihrer Liquiditätsbelastung tabellarisch gegenüber!
   Zu welcher Finanzierungsart raten Sie der KG? Begründen Sie Ihre Ansicht!

2. Sollte die Lars Biller KG eventuell mit ihrer Bank wegen eines Fälligkeitsdarlehens verhandeln? Rechnerischer Nachweis ist erforderlich.

119 Die Württembergische Holzpress AG will ihr Werk modernisieren. Geplant ist die Anschaffung einer modernen Mehrzweckmaschine. Für die Finanzierung dieser Maschine mit Anschaffungskosten in Höhe von 100 000,00 EUR und einer Nutzungsdauer von 5 Jahren bestehen zwei Alternativen:

Alternative 1: Angebot der Deutschen Leasing AG

Zeitspanne	Degressives Leasingentgelt/Monat für die Grundmietzeit
1. – 12. Monat	4 000,00 EUR
13. – 24. Monat	2 800,00 EUR
25. – 36. Monat	2 000,00 EUR
37. – 48. Monat	1 600,00 EUR

Alternative 2: Die Mehrzweckmaschine wird gekauft und durch die Aufnahme eines Bankkredits finanziert. Der Zinsfuß beträgt 10 %; die Zinszahlung erfolgt jährlich nachträglich. Tilgung entsprechend der bilanziellen Abschreibung: 30 % degressiv, ab dem 3. Jahr linear.

410

Aufgaben:

1. Nennen und erklären Sie bei der Alternative 1 die Leasingart!

2. Wer trägt bei dieser Leasingart das Investitionsrisiko?

3. Ab dem 49. Monat fällt das Leasingentgelt auf monatlich 300,00 EUR.
   Worauf führen Sie diese starke Abnahme zurück? Begründen Sie Ihre Antwort!

4. Vergleichen Sie die beiden Finanzierungsmöglichkeiten hinsichtlich der Aufwendungen!
   Verwenden Sie zur Lösung folgendes Schema! Centbeträge sind auf volle EUR zu runden.

Jahr	Fremdkapital	Zinsen für Fremdkapital	Abschreibung	Gesamtaufwendungen	
				Alternative 1 Leasing	Alternative 2 Kreditfinanzierung

5. Wie unterscheiden sich Alternative 1 und 2 hinsichtlich ihrer Auswirkung auf die Liquidität im 1. Jahr?

6. Die Leasinggesellschaft wirbt mit „Leasen steigert Ihre Rentabilität und schont Ihre Liquidität". Nehmen Sie dazu Stellung!

120 Die Möhrle Design AG benötigt Textilmaschinen für die Produktion von Kleidern. Die Anschaffungskosten der Maschinen betragen 1,2 Mio. EUR. Zwei Finanzierungsmöglichkeiten sind gegeben:

- Kauf der Textilmaschinen mithilfe eines Bankkredits zu 8%. Ratentilgung in 4 Jahren am Ende des Jahres.

- Leasing zu einem Monatsbetrag von 2,5% des Anschaffungswertes. Die Grundmietzeit beträgt 4 Jahre. Nach deren Ablauf wird die Monatsmiete auf 10% des bisherigen Betrags gesenkt, falls der Leasingvertrag verlängert wird. Die Wartungskosten trägt der Leasingnehmer.

Die Nutzungsdauer der Textilmaschinengruppe beträgt 8 Jahre. Die Abschreibung wird linear vorgenommen.

Aufgaben:

1. Welche Art des Leasingvertrags liegt vor?

2. Wie viel EUR beträgt der Zinsaufwand für den Bankkredit?

3. Wie viel Prozent macht der Zinsaufwand vom Kaufpreis der Textilmaschinen aus?

4. Angenommen, die Möhrle Design AG kündigt den Leasingvertrag nach Ablauf der Grundmietzeit. Wie viel Prozent vom Kaufpreis beträgt der jährliche Mietaufwand im Jahr der Kündigung?

5. Angenommen, die Möhrle Design AG mietet die Textilmaschinen für 8 Jahre. Wie viel Prozent vom Kaufpreis beträgt der durchschnittliche Mietaufwand?

6. Angenommen, eine Kostenvergleichsrechnung ergibt, dass die Finanzierung durch Leasing teurer als der Kauf ist. Welche Gründe könnten dennoch für die Sachmittelfremdfinanzierung sprechen?

7. Welche Gründe sprechen für den Kauf der Textilmaschinen?

121 1. Beschreiben Sie das Wesen von Factoring mit eigenen Worten!

2. Nennen Sie die Funktionen des Factors und ordnen Sie diesen die entsprechenden Kosten zu!

3. Nennen Sie die Vor- und Nachteile der Factoring-Finanzierung für den Kunden!

4. Begründen Sie, warum Factor-Gesellschaften u.a. mit folgendem Argument werben: „Factoring beseitigt Ihre Liquiditätsprobleme"!

5.3 Formen der Innenfinanzierung

5.3.1 Selbstfinanzierung

5.3.1.1 Begriff und Arten der Selbstfinanzierung

Merke:

Unter **Selbstfinanzierung** versteht man eine Finanzierung aus erwirtschafteten Gewinnen. Das bedeutet den Verzicht auf Gewinnentnahmen bzw. Gewinnausschüttung. Der Gewinn wird also ganz oder teilweise im Unternehmen einbehalten (Gewinnthesaurierung).[1] Es handelt sich um eine **Innenfinanzierung.**

Je nachdem, ob die Selbstfinanzierung aus der Bilanz ablesbar ist oder nicht lesbar ist, unterscheidet man in offene und in verdeckte Selbstfinanzierung.

Offene Selbstfinanzierung	Sie liegt vor, wenn die Erhöhung der Kapitalanteile (bei Kapitalgesellschaften als Gewinnrücklagen) offen zu Tage tritt.
Verdeckte Selbstfinanzierung[2]	Sie liegt vor, wenn durch Unterbewertung von Aktivposten oder durch Überbewertung von Passivposten der ausgewiesene Gewinn verringert wird. Es bilden sich sogenannte stille Reserven, die erst durch den Verkauf des unterbewerteten Anlageguts realisiert werden.

Unter dem **Gesichtspunkt der Kapitalherkunft** zählt die Selbstfinanzierung zur **Innenfinanzierung,** weil die Mittel aus dem Betrieb selbst stammen. Unter **rechtlichem Aspekt** gehört die Selbstfinanzierung zur **Eigenfinanzierung.**

5.3.1.2 Offene Selbstfinanzierung am Beispiel der KG

Merke:

Eine **offene Selbstfinanzierung** liegt bei der KG vor, wenn der **Gewinn** (Teile des Gewinns) der **Komplementäre** (des Komplementärs) **nicht ausgeschüttet** wird, sondern auf den **Kapitalkonten der Komplementäre** (des Komplementärs) stehen bleibt.

(1) Gewinnverteilung bei der KG

Bei der Verteilung von Gewinn und Verlust bei der KG verweist der Gesetzgeber im § 168 I HGB auf die für die OHG geltenden Vorschriften. Ohne eine vertraglich anderslautende Regelung erhält demnach im Falle eines ausreichenden Gewinns jeder Gesellschafter 4% seines durchschnittlichen Kapitalanteils. Aufgrund der andersartigen Rechtsverhältnisse ist der danach noch verbleibende Gewinn bei der KG nicht nach Köpfen, sondern nach § 168 II HGB in einem den Umständen nach angemessenen Verhältnis der Kapitalanteile aufzuteilen. Wegen dieser ungenauen Aussage des Handelsgesetzbuchs wird deutlich, dass zur Vermeidung von Streitigkeiten bei der KG eine konkrete vertragliche Regelung der Gewinn- und Verlustverteilung wichtig ist.

---

[1] Thesaurieren (gr.-lat.): Geld horten; hier: Gewinn im Unternehmen einbehalten (nicht an die Gesellschafter des Unternehmens ausschütten).

[2] Die verdeckte Selbstfinanzierung wird im Band „Steuerung und Kontrolle" behandelt.

(2) Gewinnverwendung beim Kommanditisten

Die Höhe des Kapitalanteils des Kommanditisten ist im Handelsregister eingetragen. Daraus folgt, dass der Kommanditist **nicht zu Privatentnahmen berechtigt** ist und sein **Gewinnanteil** bis zur Ausschüttung eine **Verbindlichkeit der Gesellschaft** darstellt. Sofern der Kommanditist seinen Kapitalanteil noch nicht voll eingezahlt hat, besteht in Höhe der ausstehenden Einlage eine Forderung der Gesellschaft gegenüber dem Kommanditisten.

Die dem Kommanditisten zustehenden Gewinnanteile werden zunächst zur **Auffüllung seines Kapitalanteils** verwendet. Der danach verbleibende Restbetrag stellt bis zur Ausschüttung eine Verbindlichkeit der KG gegenüber dem Kommanditisten dar.

Ist eine **Verlustbeteiligung** des Kommanditisten vertraglich nicht ausgeschlossen, entsteht in Höhe des Verlustanteils eine **Forderung der Gesellschaft gegenüber dem Kommanditisten,** die praktisch einen Korrekturposten zur Kommanditeinlage darstellt. Erzielt die KG in späteren Jahren einen Gewinn, so wird dieser zunächst mit den früheren Verlusten verrechnet. Eine Gewinnauszahlung kann der Kommanditist erst dann verlangen, nachdem die Korrekturposten aus den früheren Verlusten vollständig verrechnet sind (vgl. § 169 I HGB).

Beispiel:

An der Wagner KG ist Fritz Wagner als Komplementär mit 400 000,00 EUR und Elisabeth Vollmar als Kommanditist mit 100 000,00 EUR beteiligt. Von der Kommanditeinlage der Frau Vollmar sind 8 000,00 EUR noch nicht eingezahlt. Im abgelaufenen Geschäftsjahr, das mit dem Kalenderjahr übereinstimmt, wurde ein Gewinn in Höhe von 82 000,00 EUR erzielt. Der Komplementär Fritz Wagner entnahm im Laufe des Geschäftsjahres für private Zwecke insgesamt 55 000,00 EUR.

Der Gesellschaftsvertrag enthält unter anderem folgende Regelungen:

§ 4   Vom erzielten Jahresgewinn erhält jeder Gesellschafter 6 % auf das eingezahlte Kapital. Rückständige Einlagen sind mit 6 % zu verzinsen. Ein danach verbleibender Restgewinn wird im Verhältnis 4 : 1 verteilt.

§ 5   Ein Verlust wird im Verhältnis 2 : 1 getragen.

Aufgaben:

1. Berechnen Sie für jeden Gesellschafter
   1.1 die 6 %ige Verzinsung des Kapitalanteils sowie
   1.2 den Anteil am Restgewinn!
2. Stellen Sie anhand der Berechnungen eine Gewinnverteilungstabelle auf (mit Angabe der Kapitalbeträge am Ende des Geschäftsjahres sowie des an Frau Vollmar auszuzahlenden Gewinnanteils)!
3. Wie viel EUR beträgt die Selbstfinanzierung der Wagner KG?

Lösungen:

Zu 1.1:   **Berechnung der Kapitalverzinsung**

Wagner:	6 % von 400 000,00 EUR für 360 Tage	=	24 000,00 EUR
Vollmar:	6 % Habenzinsen von 92 000,00 EUR für 360 Tage	=	5 520,00 EUR
−	6 % Sollzinsen von 8 000,00 EUR für 360 Tage	=	480,00 EUR
	Zinsanteil		5 040,00 EUR

Zu 1.2: **Berechnung des Anteils am Restgewinn**

Jahresgewinn		82 000,00 EUR
– Verzinsung Komplementär Wagner	24 000,00 EUR	
– Verzinsung Kommanditist Vollmar	5 040,00 EUR	29 040,00 EUR
= Restgewinn		52 960,00 EUR : 5 = 10 592,00 EUR
Anteil am Restgewinn Wagner	4 · 10 592,00 =	42 368,00 EUR
Anteil am Restgewinn Vollmar	1 · 10 592,00 =	10 592,00 EUR

Zu 2.: **Vereinfachte Gewinnverteilungstabelle[1]**

Gesell-schafter	Anfangs-kapital	6 % Vor-dividende	Restgewinn 4 : 1	Gesamter Gewinnanteil	Privatent-nahmen	Endkapital	Auszuzahl. Gewinn
Komplem. Wagner	400 000,00	24 000,00	42 368,00	66 368,00	55 000,00	411 368,00	– – –
Komman. Vollmar	100 000,00 (92 000,00)	5 040,00	10 592,00	15 632,00	– – –	100 000,00	7 632,00
KG insge-samt	500 000,00 (492 000,00)	29 040,00	52 960,00	82 000,00	55 000,00	511 368,00	7 632,00

Zu 3.: **Höhe der Selbstfinanzierung**

Eigenkapital am Ende des Geschäftsjahres		
Komplementär Wagner	411 368,00 EUR	
Kommanditist Vollmar	100 000,00 EUR	511 368,00 EUR
– Eigenkapital zu Beginn des Geschäftsjahres		
Komplementär Wagner	400 000,00 EUR	
Kommanditist Vollmar	100 000,00 EUR	500 000,00 EUR
Höhe der Selbstfinanzierung		11 368,00 EUR

5.3.1.3 Offene Selbstfinanzierung am Beispiel der GmbH

Bei der Selbstfinanzierung der GmbH werden Teile des Jahresüberschusses in **offene Rücklagen (Gewinnrücklagen)** eingestellt. Diese Bildung von Gewinnrücklagen ist gesetzlich nicht vorgeschrieben. Die Satzung kann jedoch vorschreiben, dass aus dem Jahresüberschuss ein bestimmter Prozentsatz oder eine bestimmte Summe in Gewinnrücklagen einzustellen sind. Außerdem kann die Gesellschafterversammlung beschließen, dass aus dem Jahresüberschuss, unabhängig von den Regelungen im Gesellschaftsvertrag, Beträge in die Gewinnrücklagen einzustellen sind (siehe §§ 29, 46, Nr. 1 GmbHG).[2]

Zusammenfassung

■ **Selbstfinanzierung** ist möglich, wenn das Unternehmen im Laufe des Geschäftsjahres einen Finanzmittelzuwachs (Gewinn) selbst erwirtschaftet und diesen Gewinn ganz oder teilweise im Unternehmen belässt.

---

1 Aus Vereinfachungsgründen werden die Auswirkungen von Privatentnahmen auf die Verzinsung entgegen der Regelung des § 121 II, S. 2 HGB nicht berücksichtigt.

2 Aus Vereinfachungsgründen wird der Ablauf der Bildung von Gewinnrücklagen im Einzelnen nicht dargestellt.

- Bei der **offenen Selbstfinanzierung der KG** werden die **Gewinnanteile der Komplementäre** ihren Eigenkapitalkonten **gutgeschrieben,** während jene der **Kommanditisten ausgeschüttet** werden.

- Bei der **offenen Selbstfinanzierung der GmbH** werden die **nicht ausgeschütteten Gewinnanteile** in die **Gewinnrücklagen** eingestellt.

Übungsaufgaben

122 1. Nennen Sie zwei Beispiele für Finanzierungsarten, die der Eigenfinanzierung zugeordnet werden müssen!

2. Formulieren Sie den Begriff Selbstfinanzierung mit eigenen Worten!

3. Erklären Sie den Unterschied zwischen offener und verdeckter Selbstfinanzierung!

4. Bilden Sie jeweils ein Beispiel:

   Aufgaben:

   4.1 Eigenfinanzierung, die der Außenfinanzierung zugerechnet werden muss,

   4.2 Eigenfinanzierung, die der Innenfinanzierung zugerechnet werden muss!

5. Welchem Bilanzposten sind nicht entnommene (nicht ausgeschüttete) Gewinne zuzurechnen?

6. Wie schlagen sich zurückbehaltene Gewinne

   Aufgaben:

   6.1 in der Bilanz eines Einzelunternehmens und einer Kommanditgesellschaft nieder,

   6.2 in der Bilanz einer GmbH nieder?

123 Die Kurz & Klein KG hatte folgende Entwicklung:

	Kapitalanteil zum 1. Januar 20..	Entnahmen
Komplementär Fritz Kurz	400 000,00 EUR	32 500,00 EUR
Komplementär Paul Klein	390 000,00 EUR	35 000,00 EUR
Kommanditist Martin Enderle	330 000,00 EUR	

Der Gewinn des Geschäftsjahres beträgt 297 600,00 EUR.

Der Gesellschaftsvertrag regelt in § 8 Folgendes zur Gewinnverteilung:

- Die Komplementäre erhalten vorab eine Arbeitsvergütung von je 4000,00 EUR monatlich.
- Das Jahresanfangskapital der Gesellschafter wird mit 6 % verzinst.
- Der Restgewinn wird nach dem Verhältnis der Kapitalkontostände zum Jahresanfang verteilt.

Aufgaben:

1. Erstellen Sie die Gewinnverteilungstabelle nach folgendem Muster:

Gesellschafter	Anfangs-kapital	Zinsen 6 %	Tätigkeits-vergütung	Kopf-anteil	Gesamt-anteil	Privat-entnahmen	Schluss-kapital

2. Berechnen Sie die Höhe der Selbstfinanzierung!

5.3.2 Finanzierung aus freigesetztem Kapital (Mittelfreisetzung durch Vermögensumschichtung, Finanzierung aus der Abschreibung)

5.3.2.1 Mittelfreisetzung durch Vermögensumschichtung

Mittelfreisetzungen können z. B. erreicht werden durch

- den Verkauf von nicht betriebsnotwendigen Sach- und Finanzanlagen,
- die Anwendung des sogenannten Sale-and-lease-back-Verfahrens (vgl. S. 405),
- die Verringerung der Lagerbestände durch Rationalisierungen im Beschaffungs- und Vertriebsbereich,
- den Abbau des Forderungsbestandes durch verkürzte Zahlungsziele,
- eine Verlängerung der von den Lieferern gewährten Zahlungsziele.

Beispiel:

Die Bambini Textil-GmbH möchte eine dringende Dachreparatur am Verwaltungsgebäude in Höhe von 195 000,00 EUR durch Vermögensumschichtungen finanzieren. Infrage kommen folgende Vermögenspositionen:

(1) Zurzeit nicht benötigter Lkw, Buchwert 46 000,00 EUR,

(2) Wertpapiere des Umlaufvermögens, Buchwert 33 000,00 EUR,

(3) Lagerbestand an Zulieferteilen: 150 000,00 EUR, davon A-Teile 90 000,00 EUR,

(4) Forderungsbestand: 360 000,00 EUR; durch konsequentes Mahnen wäre eine Senkung der durchschnittlichen Zahlungsfrist um 5 Tage auf 40 Tage möglich.

Aufgabe:

Wie viel EUR können durch eine Vermögensumschichtung freigesetzt werden?

Lösung:

(1) Der Verkauf des Lkw bringt 46 000,00 EUR.

(2) Diese Liquiditätsreserve sollte nur in Angriff genommen werden, wenn die anderen Möglichkeiten erschöpft sind.

(3) Senkung des Lagerbestandes um 90 000,00 EUR durch Einführung von Just-in-time-Verfahren für die Zulieferung von A-Teilen.

(4) Konsequentes Mahnen setzt durch Senkung des Forderungsbestandes auf 320 000,00 EUR Mittel in Höhe von 40 000,00 EUR frei $\left(\dfrac{360\,000 \cdot 5}{45} = 40\,000,00 \text{ EUR} \right)$.

Ergebnis: Ohne den Verkauf der Wertpapiere können liquide Mittel in Höhe von 176 000,00 EUR freigesetzt werden.

Merke:

Eine **Vermögensumschichtung** ist eine Möglichkeit, gebundene Finanzmittel wieder freizusetzen.

5.3.2.2 Finanzierung aus Abschreibungsrückflüssen (Abschreibungsfinanzierung)

(1) Notwendigkeit von Abschreibungen

Maschinen und Baulichkeiten werden **verbraucht**. Sie verlieren durch Nutzung, kaufmännische und technische Überholung sowie Zeitablauf an Wert, wie jeder Autobesitzer weiß. Dieser Tatsache wird durch die Abschreibung Rechnung getragen.

> **Merke:**
>
> **Abschreibungen** erfassen die Wertminderungen des abnutzbaren Anlagevermögens sowie die Wertverluste beim Umlaufvermögen.

Auch das Umlaufvermögen muss erforderlichenfalls abgeschrieben werden (z.B. Abschreibungen auf Forderungen bei Zahlungsunfähigkeit (Insolvenz) der Kunden; Abschreibungen auf Wertpapiere des Umlaufvermögens, wenn der Börsenkurs am Bilanzstichtag unter den Anschaffungswerten liegt; siehe auch § 253 HGB).

(2) Kalkulatorische und bilanzielle Abschreibungen[1]

■ **Kalkulatorische Abschreibungen**

> **Merke:**
>
> Die **kalkulatorischen Abschreibungen** erfassen die kostenwirksamen Wertminderungen. Kalkulatorische Abschreibungen werden als Kosten in die Preise der Produkte einkalkuliert und fließen dem Unternehmen über die Umsatzerlöse wieder zu.

Für die Kosten- und Leistungsrechnung muss die tatsächliche Wertminderung angesetzt werden, da ansonsten die Kostenrechnung ungenau wird. Die kalkulatorischen Abschreibungen können z.B. von den Anschaffungs- bzw. Herstellungskosten eines Wirtschaftsgutes oder auch vom sogenannten voraussichtlichen (geschätzten) höheren **Wiederbeschaffungswert** vorgenommen werden.

■ **Bilanzielle Abschreibungen**

> **Merke:**
>
> Die **bilanzielle Abschreibung** erfasst die erfolgswirksamen Wertminderungen. Die Abschreibung erscheint in der Gewinn- und Verlustrechnung als Aufwand und verhindert damit, dass die in den Erlösen rückfließenden kalkulierten Abschreibungsbeträge bis zur Höhe der bilanziellen Abschreibungen zu Gewinn werden.

Berechnungsgrundlage der bilanziellen Abschreibungen sind aufgrund der handelsrechtlichen Bestimmungen die **Anschaffungs- und Herstellungskosten**.

---

1 Zu Einzelheiten siehe Band „Steuerung und Kontrolle".

(3) Abschreibungskreislauf

Decken die Umsatzerlöse die kalkulierten Abschreibungen (man spricht in diesem Zusammenhang von „verdienten Abschreibungen"), so kommt es zu einer **Vermögensumschichtung (Aktivtausch)**. Geldmittel, die für längere Zeit in Sachmittel gebunden sind, werden schrittweise wieder in die liquide Form überführt. Der Bilanzwert des Anlagevermögens nimmt ab, der Bestand an Zahlungsmitteln erhöht sich, wobei die teilabgeschriebenen Anlagen weiterhin produktiv sind **(Kapitalfreisetzungseffekt)**. Der Vorgang ist erfolgsneutral, wenn die kalkulatorischen Abschreibungen durch die Umsatzerlöse gedeckt und nicht höher als die bilanziellen Abschreibungen sind.[1]

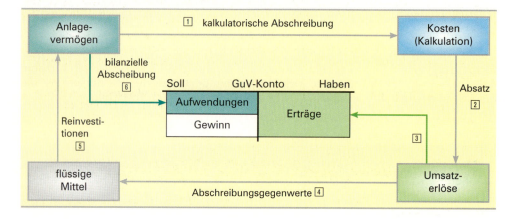

Die **Abschreibungsrückflüsse** sind in der Periode ihrer Erwirtschaftung **nicht mit Ausgaben verbunden** und sind daher zunächst frei verfügbar. Der Unternehmer hat damit die Möglichkeit,

- die während der Nutzungszeit hereinfließenden Abschreibungserlöse zu „speichern", d. h. auf **Geldkonten zu sparen**.
- die angesparten Gelder **nach Ablauf der Nutzungszeit zu investieren** und die Vermögensgegenstände wieder zu beschaffen oder
- die eingehenden Abschreibungserlöse **sofort in neue Anlagegüter zu investieren**.

Beispiel:	
Die Anschaffungskosten für eine Maschine betragen 40 000,00 EUR. Die Nutzungsdauer der Maschine beträgt 4 Jahre. Die Abschreibung erfolgt linear. Die kalkulatorische und die bilanzmäßige Abschreibung sind gleich hoch. Die Abschreibungsbeträge werden über den Verkauf der Erzeugnisse verdient.	**Aufgabe:** Wie viel EUR betragen die liquiden Mittel am Ende der Nutzungsdauer?

---

[1] Aus Vereinfachungsgründen unterstellen wir im Folgenden, dass die kalkulatorischen Abschreibungen und die bilanziellen Abschreibungen gleich hoch sind.

Lösung:

Jahr	Buchwert der Maschine	Abscheibungs-betrag	Liquide Mittel pro Jahr	Liquide Mittel insgesamt	Restbuchwert der Maschine
1.	40 000,00	10 000,00	10 000,00	10 000,00	30 000,00
2.	30 000,00	10 000,00	10 000,00	20 000,00	20 000,00
3.	20 000,00	10 000,00	10 000,00	30 000,00	10 000,00
4.	10 000,00	10 000,00	10 000,00	40 000,00	0,00

Zusammenfassung

■ Werden die verrechneten **Abschreibungsbeträge über die Umsatzerlöse erwirtschaftet,** so kommt es zu einer **Vermögensumschichtung** (Aktivtausch). Das Anlagevermögen wird über die in den Verkaufserlösen enthaltenen Abschreibungen schrittweise wieder in liquide Mittel überführt.

■ Der Vorgang der Vermögensumschichtung durch Abschreibung ist **erfolgsneutral,** wenn die kalkulatorischen Abschreibungen und die bilanziellen Abschreibungen gleich hoch sind und diese durch die Umsatzerlöse gedeckt werden.

Übungsaufgaben

124 1. Erklären Sie die „Finanzierung aus freigesetztem Kapital" am Beispiel der Abschreibungsfinanzierung!

2. Entscheiden Sie, welche Finanzierungsart bei den nachstehenden Fällen vorliegt! Begründen Sie Ihre Antwort!

2.1 Der Inhaber eines Einzelhandelsunternehmens gewinnt im Lotto und zahlt den „Gewinn" auf sein Geschäftskonto ein.

2.2 Eine GmbH bildet eine Rücklage.

2.3 Eine GmbH trägt einen Gewinn vor.

2.4 Eine KG überzieht das Girokonto.

2.5 Eine EDV-Anlage wird gemietet.

2.6 Warenlieferung auf Ziel.

2.7 Es wird eine Rückstellung für einen schwebenden Prozess gebildet.

2.8 Die Abschreibungserlöse werden für Investitionen verwendet.

2.9 Der Komplementär Schmidt entnimmt nur die Hälfte des ihm zustehenden Gewinnanteils.

2.10 Eine Maschine wird in 5 Jahren abgeschrieben, obwohl sie 8 Jahre lang genutzt wird.

2.11 Eine GmbH erhöht ihr Stammkapital gegen Einlagen.

125 Die Anschaffungskosten für ein Anlagegut betragen 48 000,00 EUR. Die Nutzungsdauer beläuft sich auf 5 Jahre. Die kalkulatorische und die bilanzmäßige Abschreibung sind gleich hoch. Die Abschreibungsbeträge werden über den Verkauf der Erzeugnisse verdient.

Aufgabe:

Wie viel EUR betragen die liquiden Finanzmittel am Ende der Nutzungsdauer, wenn das Anlagegut linear abgeschrieben wird und die Geldmittel thesauriert werden?

6 Kreditsicherung durch Personen und Vermögensgegenstände

6.1 Überblick über Möglichkeiten der Kreditsicherung

Sicherheiten müssen vom Kreditnehmer immer dann gestellt werden, wenn seine gegenwärtigen finanziellen Verhältnisse keine sicheren Rückschlüsse auf die fristgerechte Zahlung der vereinbarten Zins- und Tilgungsbeträge zulassen.

Nach der **vom Kreditnehmer gestellten Sicherheit** unterscheiden wir folgende Kreditarten:

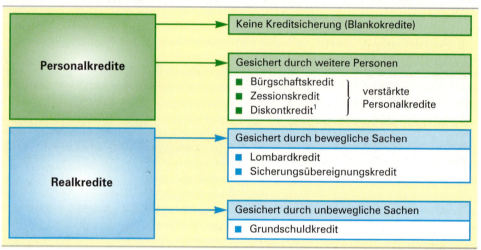

6.2 Personalkredite

6.2.1 Blankokredite

> **Merke:**
>
> Kredite, die ohne Sicherheit gewährt werden, nennt man ungesicherte (ungedeckte) Kredite oder **Blankokredite (reine** oder **einfache Personalkredite)**. Die „Sicherheit" des Blankokredits liegt in der persönlichen Zuverlässigkeit des Kreditnehmers.

Banken gewähren Blankokredite im Allgemeinen nur Privatpersonen, Einzelunternehmen und Personengesellschaften. Es handelt sich dabei in der Regel um kurzfristige Kredite in begrenzter Höhe (z. B. Kredite auf Gehaltskonten und Kontokorrentkredite auf Geschäftskonten).

---

[1] Beim **Diskontkredit (Wechseldiskontkredit)** werden noch nicht fällige **Besitzwechsel** (Rimessen genannt) vor Fälligkeit vor allem an Banken **verkauft**. Auf den Diskontkredit wird im Folgenden nicht eingegangen.

6.2.2 Verstärkter Personalkredit

6.2.2.1 Bürgschaftskredit

(1) Begriff: Verstärkter Personalkredit

> **Merke:**
>
> Ein **verstärkter Personalkredit** liegt vor, wenn neben dem Kreditnehmer noch weitere Personen haften.

Eine solche Haftung wird z. B. begründet durch eine Bürgschaftserklärung.

(2) Begriff: Bürgschaftskredit

> **Merke:**
>
> Beim **Bürgschaftskredit** wird die Forderung des Gläubigers durch Abschluss eines Bürgschaftsvertrags zwischen dem Bürgen und dem Gläubiger derart gesichert, dass der Bürge **neben** den eigentlichen Schuldner (dem **Hauptschuldner**) tritt. Der Bürge verpflichtet sich, für die Erfüllung der Verbindlichkeiten des Hauptschuldners (Tilgung, Verzinsung) einzustehen [§§ 765 ff. BGB, §§ 349 f. HGB].

(3) Form des Bürgschaftsvertrags

Der Bürgschaftsvertrag unter **Nichtkaufleuten** ist **schriftlich** abzuschließen. Die Erteilung einer Bürgschaftserklärung in elektronischer Form ist nicht rechtswirksam [§ 766 BGB]. Die Bürgschaft unter **Kaufleuten** ist auch **mündlich** und in **elektronischer Form gültig**, falls sie auf der Seite des Bürgen ein **Handelsgeschäft darstellt** [§ 350 HGB].

(4) Arten

Nach der **Strenge der Haftung,** die der Bürge übernimmt, unterscheidet man:

Ausfallbürgschaft (nachschuldnerische Bürgschaft)	Der Bürge haftet erst **nach** dem Hauptschuldner und nur unter der Voraussetzung, dass die Zwangsvollstreckung[1] in dessen Vermögen fruchtlos war. Es besteht für den Bürgen das Recht der **Einrede der Vorausklage** [§ 771 BGB]. Muss der Bürge zahlen, geht die Forderung an ihn über [§ 774 I BGB].

---

[1] Z. B. Pfändung aufgrund eines Gerichtsurteils.

Selbstschuldnerische Bürgschaft	Im Gegensatz zur Ausfallbürgschaft haftet der Bürge bei der selbstschuldnerischen Bürgschaft genauso wie der Hauptschuldner selbst [§ 773 BGB, § 349 HGB]. Dem Gläubiger steht somit das Recht zu, die Leistung (z.B. Zahlung) unmittelbar vom Bürgen (oder wenn mehrere Personen gebürgt haben, von irgendeinem Mitbürgen) ohne vorherige Klage zu verlangen. Der Bürge haftet **selbstschuldnerisch** (so, als ob er selbst Schuldner wäre).
	Ist die Bürgschaft für den Bürgen ein **Handelsgeschäft,** dann liegt immer eine selbstschuldnerische Bürgschaft vor, weil dem Bürgen in diesem Fall das Recht der Einrede der Vorausklage nicht zusteht [§ 349 HGB]. Gewähren Banken einen Bürgschaftskredit, verlangen sie jeweils die selbstschuldnerische Bürgschaft.
	Bei Bürgschaftsverträgen ist die Vereinbarung von Höchstbeträgen möglich und üblich. Der Höchstbetrag liegt **über** der ursprünglichen Schuldsumme, weil er neben der Hauptforderung (z.B. Darlehenssumme) auch Nebenforderungen (z.B. Zinsen, Mahngebühren) umfassen soll.

6.2.2.2 Zessionskredit

(1) Begriff

> **Merke:**
>
> Beim **Zessionskredit** [§§ 398ff. BGB] werden der Bank Forderungen abgetreten (zediert). Dadurch wird die Bank Eigentümerin der Forderungen, tritt also an die Stelle des alten Gläubigers [§ 398 BGB].

Die Banken beleihen einen Forderungsbestand mit etwa 60 bis 70% seines Werts.

(2) Arten

■ **1. Einteilungskriterium**:

Je nachdem, ob der **Drittschuldner Kenntnis von der Abtretung hat oder nicht,** unterscheiden wir die stille Zession und die offene Zession.

Stille Zession	Sie liegt vor, wenn der **Drittschuldner** (Kunde des Bankschuldners) **keine Kenntnis von der Abtretung** hat. Die stille Zession ist die übliche Zession, weil die Drittschuldner im Normalfall keine Kenntnis von der Zession haben sollen. Es ist nämlich für den guten Ruf eines Unternehmens nicht unbedingt förderlich, wenn seine Kunden wissen, dass ihre Verpflichtungen an sonstige Kreditgeber (z.B. Kreditinstitute) abgetreten worden sind oder ständig abgetreten werden.
Offene Zession	Sie ist gegeben, wenn der **Drittschuldner von der Abtretung weiß.** Eine ursprünglich stille Zession wird dann eine offene Zession, wenn der Bankschuldner (Zedent) mit seinen Verpflichtungen in Verzug kommt. In diesem Fall teilt die Bank (Zessionar) dem Drittschuldner das Vorliegen einer Zession mit. Bei der offenen Zession können Drittschuldner nur noch mit befreiender Wirkung an die Bank (den Zessionar) zahlen [§ 407 BGB].

■ **2. Einteilungskriterium:**

Je nachdem, ob eine **bestimmte Forderung** oder eine sich **ständig ändernde Summe von Forderungen** abgetreten wird, unterscheiden wir zwischen Einzelzession und Kollektivzession.

Einzelzession	Hier wird **eine bestimmte Forderung** an den Kreditgeber abgetreten. So kann sich z. B. ein Angestellter bei seiner Bank einen Kontokorrentkredit gegen Abtretung seiner Lebensversicherungspolice einräumen lassen. Im Geschäftsleben sind Einzelzessionen selten, weil im Allgemeinen die Abtretung einer einzigen Forderung nicht ausreicht.
Kollektivzession	Höhe und Zusammensetzung der Forderungen eines Unternehmens ändern sich ständig. Deswegen werden Zessionskredite der Banken meist in Form der Kollektivzession eingeräumt. Bei der Kollektivzession unterscheiden wir zwei Arten:

Arten der Kollektivzession

Mantelzession	Globalzession
Eine stille Zession wird wirkungslos, wenn die Drittschuldner an den Zedenten zahlen. Deswegen muss sich der Schuldner im Abtretungsvertrag verpflichten, der Bank (dem Zessionar) in regelmäßigen Zeitabständen die **neuesten Debitorenlisten** (Forderungslisten) in der vereinbarten Gesamthöhe einzureichen. Mit der **Einreichung** gelten die neuen Forderungen als abgetreten.	Hier tritt der Schuldner (Zedent) nur Forderungen **bestimmter Kundengruppen** an die Bank (den Zessionar) ab, z. B. alle Forderungen an die Kunden mit den Anfangsbuchstaben A–F. Das bedeutet, dass alle Forderungen an die Kunden A–F vom Zeitpunkt ihrer Entstehung an als an die Bank abgetreten gelten. Aufgrund der Globalzession werden also Forderungen **im Voraus** abgetreten.

6.3 Realkredite

6.3.1 Überblick

Merke:

Realkredite sind Kredite, die durch **Sachen** („Dinge") oder **Wertpapiere** gesichert sind (dinglich gesicherte Kredite).

■ **Beleihbare Sachen** sind:
- ■ **bewegliche Sachen (Mobilien):** z. B. Schmuck, Münzen, Waren, Fahrzeuge.
- ■ **unbewegliche Sachen (Immobilien):** z. B. unbebaute Grundstücke, bebaute Grundstücke.

■ **Beleihbare Wertpapiere** sind vor allem **vertretbare Wertpapiere (Effekten)** wie z. B. Aktien und Anleihen.

6.3.2 Durch bewegliche Sachen gesicherte Kredite

6.3.2.1 Lombardkredit[1]

(1) Begriff

> **Merke:**
>
> Beim **Lombardkredit** verpfändet ein Kreditnehmer an einen Kreditgeber (meist eine Bank) **bewegliche Sachen** (z. B. Waren) oder **Wertpapiere** zur Deckung eines kurzfristigen Kredits.

Die Verpfändung erfolgt durch **Einigung zwischen dem Eigentümer der Sache[2] und dem Gläubiger** darüber, dass dem Gläubiger das Pfandrecht zustehen soll und durch **Übergabe des Pfands an den Gläubiger**. Wenn der Gläubiger bereits im Besitz der Sache ist, dann genügt die Einigung über die Entstehung des Pfandrechts [§ 1205 I BGB]. **Eigentümer des Pfands** bleibt der **Verpfänder**. Der **Pfandgläubiger** (Kreditgeber) wird lediglich **Besitzer**.

Beim Pfandrecht ist der Kreditgeber zweifach gesichert, und zwar durch
- die **persönliche (schuldrechtliche) Haftung des Kreditnehmers** und durch
- das **dingliche Recht**, d. h. das Recht auf Verwertung des Pfands, falls der Kreditnehmer seinen Verpflichtungen aus dem Kreditvertrag nicht nachkommt.

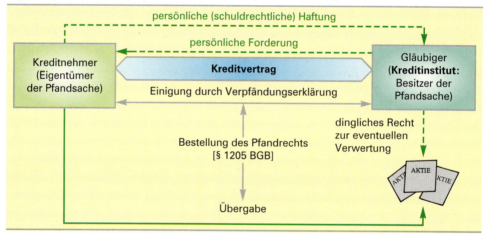

In der Praxis ist die Verpfändung von Wertpapieren (Wertpapierlombard) häufiger als die Verpfändung von Waren (Warenlombard). Der Grund: Die Kreditinstitute haben i. d. R. nicht die Räumlichkeiten, um Pfandsachen (z. B. Handelswaren) lagern zu können.

Banken beleihen Pfandgegenstände nicht zum vollen Wert, um das Risiko des zwischenzeitlichen Wertverlusts (z. B. aufgrund von Preis- und Kursrückgängen) auszuschalten und die Nebenforderungen (z. B. Zinsen, Mahngebühren) abzudecken. Waren und Aktien werden zu rund 50 %, festverzinsliche Wertpapiere bis zu 70 % des Marktwertes beliehen.

---

[1] Das Wort „Lombard" stammt aus Italien, weil in der Lombardei bereits im Mittelalter derartige Beleihungsgeschäfte getätigt wurden. (Oberitalien war im Mittelalter Zentrum des europäischen Handels.)

[2] Meistens ist der Kreditnehmer auch der Eigentümer des Pfands. Die verpfändeten Sachen und Wertpapiere können aber auch Eigentum anderer Personen (z. B. Bruder, Vater, Freund des Kreditnehmers) sein.

Das **Pfandrecht erlischt,** wenn der Kreditnehmer seine Verbindlichkeiten erfüllt hat [§ 1252 BGB] oder wenn der Kreditgeber (Pfandgläubiger) das Pfand an den Eigentümer oder Verpfänder zurückgegeben hat [§ 1253 BGB].

(2) Pflichten des Kreditgebers und des Kreditnehmers

Der **Kreditgeber** (Pfandgläubiger) ist verpflichtet, das Pfand sorgfältig aufzubewahren. Nach Erlöschen des Pfandrechts muss das Pfand an den Verpfänder zurückgegeben werden [§ 1223 BGB].

Erfüllt der **Kreditnehmer** (Schuldner) seine Verpflichtungen aus dem Kreditvertrag nicht (z.B. Zinszahlungen, Leistung der Tilgungsraten), so kann der Kreditgeber (Pfandgläubiger) das Pfand veräußern [§ 1221 BGB, §§ 1235ff. BGB].[1] Zwar bestehen nach den §§ 1234ff. BGB Androhungs- und Wartefristen, bei Lombardgeschäften mit einem Kreditinstitut unterwirft sich der Kunde jedoch den allgemeinen Geschäftsbedingungen, welche Androhungs- und Wartefristen ausschließen.

(3) Vorteile und Nachteile

Der **Vorteil** des Lombardkredits für den Kreditnehmer ist, dass sich der Kreditnehmer schnell Überbrückungskredite verschaffen kann, ohne die beliehenen Gegenstände (vor allem Wertpapiere mit Kurssteigerungsaussichten) verkaufen zu müssen. Für den Kreditgeber (Pfandgläubiger) liegt der Vorteil darin, dass dieser eine dingliche Sicherheit erhält.

Der **Nachteil** des Lombardkredits für den Kreditnehmer liegt darin, dass der Kreditnehmer den unmittelbaren Besitz an der verpfändeten Sache verliert, sie wirtschaftlich also nicht mehr nutzen kann. (Verpfändete Waren können beispielsweise nicht mehr verkauft, verpfändete Rohstoffe können nicht zur Produktion verwendet werden.) Nachteilig für den Kreditgeber ist, dass er die verpfändeten Sachen sicher aufbewahren muss.

6.3.2.2   Sicherungsübereignungskredit

(1) Begriff und Wesen

Merke:

- Bei der **Sicherungsübereignung** erhält der Kreditgeber (meist eine Bank) zwar eine **dingliche Sicherheit** für seine Forderung, die **übereignete Sache** bleibt jedoch im unmittelbaren **Besitz des Schuldners** [§§ 929, 930 BGB].[2]
- Mit dem Sicherungsübereignungsvertrag wird deswegen zugleich ein **Miet-, Pacht-** oder **Leihvertrag** abgeschlossen.

Beispiel:

Der Sportartikelvertreter Bernhard Siegel e.Kfm. kauft sich einen neuen Pkw im Wert von 28000,00 EUR. Da er den Betrag nicht voll durch eigene Finanzmittel aufbringen kann, bittet er seine Bank um einen Kredit in Höhe von 12000,00 EUR. Als Sicherheit bietet er der Bank sein Fahrzeug an. Eine Pfandübergabe kommt nicht infrage, da er das Fahrzeug dringend für sein Geschäft benötigt.

---

1 Hat das Pfand einen Börsen- oder Marktpreis (z.B. Wertpapiere, Gold), erfolgt ein freihändiger Verkauf [§ 1221 BGB]. In allen anderen Fällen erfolgt der Verkauf des Pfands durch eine öffentliche Versteigerung [§§ 1233ff. BGB].

2 Bei diesem sogenannten Besitzkonstitut des § 930 BGB wird der Kreditgeber mithin Eigentümer und mittelbarer Besitzer. Der Kreditnehmer bleibt unmittelbarer Besitzer der Sache.

Die Sicherungsübereignung wurde durch die Rechtsprechung der Gerichte als Ergänzung für das Pfandrecht (z. B. für den Lombardkredit) entwickelt. Sie ist gesetzlich nicht ausdrücklich geregelt und stellt daher ein Beispiel für ein Gewohnheitsrecht dar.

Das **Eigentumsrecht des Kreditgebers** ist nur bedingt, d. h., es wird erst wirksam, wenn der Kreditnehmer seinen Verpflichtungen nicht nachkommt. Dann nämlich („unter dieser Bedingung") kann der Kreditgeber erst die Herausgabe der Sache verlangen. Bei Rückzahlung des Kredits geht das Eigentum ohne besondere Vereinbarung wieder auf den Kreditnehmer über.

Sicherungsübereignungskredite sind grundsätzlich **mittel- oder kurzfristige Kredite**.

(2) Vorteile und Nachteile der Sicherungsübereignung

Vorteile	■ Der Vorteil der Sicherungsübereignung besteht darin, dass der Schuldner unmittelbarer Besitzer der übereigneten Sache bleibt, diese also wirtschaftlich nutzen kann. Zur Sicherungsübereignung eignen sich deshalb vor allem bewegliche Sachen wie z. B. Maschinen, Transporteinrichtungen, Kraftfahrzeuge und u. U. Warenlager. ■ Der Kreditgeber als Eigentümer hat den Vorteil, dass er die sicherungsübereigneten Sachen nicht wie ein Pfand aufzubewahren braucht.
Nachteile	■ Ein gewisser Nachteil der Sicherungsübereignung für die Bank kann sein, dass der Schuldner die übereigneten Gegenstände an gutgläubige Dritte veräußert, an die ein Herausgabeanspruch der Bank (des Gläubigers) nicht besteht. ■ Ein Nachteil ist ferner, dass die vom Schuldner weiter genutzten Gegenstände rascher an Wert verlieren, als der Kredit getilgt wird.

6.3.3 Durch Grundstücke gesicherte Kredite (Grundkredite)

(1) Begriffe

Eine ausgezeichnete Kreditsicherheit bieten Grundstücke. Bebaute und unbebaute Grundstücke haben sich im Laufe der Jahre als besonders wertbeständig erwiesen. Sie bieten dem Gläubiger gerade für langfristige Forderungen die gewünschte Sicherheit. Grundstücke werden zur Kreditsicherung eingesetzt, indem sie verpfändet werden.

Merke:

- **Grundkredite** sind Kredite, die durch Eintragung eines Grundpfandrechts im Grundbuch gesichert sind.
- Ein **Grundpfandrecht** ist ein **Pfandrecht** an einem **Grundstück**.
- **Grundpfandrechte** sind: die **Hypothek**,[1] die **Grundschuld** und die **Rentenschuld**.[2] Alle Grundpfandrechte müssen im **Grundbuch** eingetragen sein.
- Durch ein Grundpfandrecht wird ein Grundstück in der Weise belastet, dass eine **bestimmte Geldsumme aus dem Grundstück zu zahlen ist** (dingliches Recht), d.h., das Grundstück kann verwertet werden, wenn der Kredit **(Grundkredit)** nicht zurückgezahlt werden kann.

(2) Grundbuch

Das **Grundbuch** ist ein Verzeichnis (Register) aller Grundstücke in einem Amtsgerichtsbezirk. Die Grundbücher werden von den Amtsgerichten geführt [§ 1 I GBO]. Wenn dies einer schnelleren und rationelleren Grundbuchführung dient, sind die Landesregierungen ermächtigt, durch Rechtsverordnungen die Führung des Grundbuchs einem Amtsgericht für die Bezirke mehrerer Amtsgerichte zuzuweisen. Die Landesregierungen können außerdem durch Rechtsverordnung bestimmen, dass und in welchem Umfang das Grundbuch in maschineller Form als automatisierte Datei geführt wird.

Das Grundbuch gliedert sich wie folgt:

Aufschrift (Deckblatt)	Bestandsverzeichnis	Abteilung I	Abteilung II	Abteilung III
enthält u.a.: 1. Amtsgericht 2. Grundbuchbezirk 3. Blatt-Nummer 4. bei Wohnungseigentum das Wort „Wohnungs-Grundbuch" 5. evtl. Umschreibungsvermerk bzw. Schließungsvermerk	enthält u.a.: 1. Grundstückskennzeichnung (Gemarkung, Flur, Flurstück, Wirtschaftsart, Lage, Größe) 2. mit dem Grundstück verbundene Rechte (z.B. Wegerechte, Kanalleitungsrechte	enthält u.a.: 1. Eintragung des oder der Eigentümer 2. Eintragungsgrundlage (z.B. Auflassung, Erbfolge)	enthält u.a.: Lasten und Beschränkungen (außer Grundpfandrechten), – Dauerwohnrechte – Vorkaufsrechte – Nießbrauch – Erbbaurechte – Reallasten	enthält u.a.: Grundpfandrechte, z.B. – Hypotheken – Grundschulden – Rentenschulden (Betrag, Zinssatz, Gläubiger, Bedingungen usw.)

---

1 Die **Hypothek** ist ein **dingliches Pfandrecht** an einem Grundstück **zur Sicherung einer Forderung**. Die Hypothek wird aufgrund einer Forderung eingetragen, d.h. Grundstück und Schuldner haften (dingliche und persönliche Haftung). **Ohne Forderung keine Hypothek** (Akzessorietät), d.h., die Hypothek nimmt in gleichem Maße ab, wie sich die Höhe der Darlehensschuld aufgrund der Tilgung verringert. Die Hypothek **entsteht durch Einigung und Eintragung ins Grundbuch** [§ 873 BGB] und **Übergabe des Hypothekenbriefs** [§§ 1116f. BGB].

2 Bei der **Rentenschuld** kann der Gläubiger regelmäßig wiederkehrende Geldleistungen aus dem Grundstück verlangen. Auf die Rentenschuld wird im Folgenden nicht eingegangen.

Eintragungen und Löschungen im Grundbuch genießen **öffentlichen Glauben**. Dies bedeutet, dass man sich auf den Inhalt des Grundbuchs verlassen darf, auch wenn er nicht mit dem tatsächlichen (wahren) Rechtsverhalt übereinstimmen sollte. Jedem, der ein berechtigtes Interesse nachweisen kann, ist die **Einsicht** in das Grundbuch gestattet (**Öffentlichkeit des Grundbuchs**).

(3) Grundschuldkredit

■ **Begriffe**

Beim **Grundschuldkredit** handelt es sich in der Regel um ein **langfristiges Darlehen, das durch Eintragung einer Grundschuld** im Grundbuch gesichert ist.

> **Merke:**
>
> ■ Die **Grundschuld** ist ein rein **dingliches Pfandrecht** und besagt, dass an den Inhaber der Grundschuld eine bestimmte Geldsumme aus dem Grundstück zu zahlen ist.
> ■ Die Grundschuld **setzt keine Forderung voraus**. Allein das Grundstück haftet.

Die Unternehmen verwenden den Grundschuldkredit zur Finanzierung langfristiger Investitionen (z. B. Kauf und Erstellung von Gebäuden und Maschinen). Privatpersonen verwenden den Grundschuldkredit meist für die Finanzierung von Wohnbauten.

> **Beispiel:**
>
> Paul Kempter e. Kfm. erstellt eine weitere Lagerhalle für seine Fertigerzeugnisse. Er beansprucht hierfür ein Darlehen von seiner Bank über 150 000,00 EUR. Nach vier Jahren beträgt der Kontostand seines Darlehenskontos noch 120 000,00 EUR.

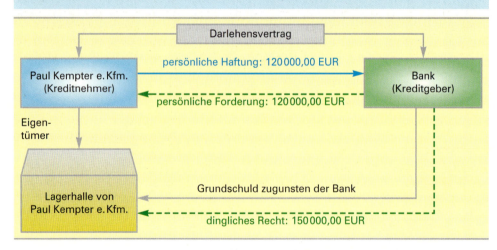

Da die Grundschuld von der persönlichen Forderung losgelöst ist, bleibt sie trotz teilweiser oder vollständiger Tilgung des Darlehens unverändert. Auch wenn die gesicherte Forderung vollständig getilgt wird, verändert sich dadurch die Grundschuld nicht. Sie erlischt erst dann, wenn sie im Grundbuch gelöscht wird.

■ Entstehung von Grundschulden

Die Voraussetzungen für die Entstehung von Grundschulden sind [§ 873 BGB]:

Einigung	Einigung zwischen dem Grundschuldgläubiger und dem persönlich haftenden Schuldner[1] (oder einem Dritten)[2] über die Bestellung des Grundpfandrechts.
Eintragung	Eintragung des Grundpfandrechts in das Grundbuch.
Übergabe des Grundschuldbriefs an den Gläubiger	Sofern Gläubiger und Schuldner nicht das Gegenteil vereinbaren, wird für die Grundschuld ein **Brief (Grundschuldbrief)** ausgestellt [§§ 1116, 1192 BGB]. Dies ist ein vom Grundbuchamt ausgestelltes **nicht vertretbares Kapitalwertpapier.**[3]

■ Übertragung von Grundschulden

Die **Buchgrundschuld** wird übertragen durch eine notariell beglaubigte Abtretungserklärung des Grundschuldgläubigers und die Umschreibung auf den neuen Gläubiger im Grundbuch.

Zur Übertragung einer **Briefgrundschuld** ist die Übergabe des Grundschuldbriefes mit einer schriftlichen Abtretungserklärung an den neuen Gläubiger notwendig. Die Übertragung kann (muss nicht) im Grundbuch eingetragen werden.

■ Rangstufen der Grundschulden

Ein Grundstück kann mit mehreren Grundpfandrechten belastet werden. Nach der Reihenfolge der Eintragungen im Grundbuch unterscheidet man erste, zweite, dritte usw. Grundschuld.

Die Rangstufen im Grundbuch richten sich, falls nichts anderes vereinbart ist, nach der Reihenfolge der Eintragungen der Grundpfandrechte [§§ 879 ff. BGB]. In der Praxis werden jedoch häufig die Rangstufen von vornherein mit den Darlehensgebern vereinbart. So geben sich z. B. Bausparkassen mit dem zweiten Rang zufrieden, falls der Bauherr von einer Bank eine erste Grundschuld in Anspruch nimmt. Die Bedeutung der Rangstufen liegt darin, dass bei einer Zwangsversteigerung die Forderungen der Grundpfandgläubiger nach ihrer Rangfolge befriedigt werden. Aus diesem Grund hat eine erststellige Grundschuld einen höheren Sicherungswert als eine nachrangige.

■ Erlöschen der Grundschuld

Ist eine Forderung bezahlt, kann die Grundschuld gelöscht werden, es sei denn, der Grundstückseigentümer möchte eine Eigentümergrundschuld zur späteren Verwendung im Grundbuch stehen lassen.

Zur Löschung einer Grundschuld sind eine notariell beglaubigte Löschungsbewilligung des ehemaligen Gläubigers und ein Löschungsantrag erforderlich. Bei Briefgrundschulden ist dem Grundbuchamt außerdem der Grundschuldbrief vorzulegen. Die Löschung einer Eintragung erfolgt im Grundbuch – soweit dieses auf Grundbuchblättern erfolgt – durch rotes Unterstreichen.

---

1 Der persönlich haftende Schuldner ist Grundstückseigentümer (Regelfall).

2 Ein Dritter (z. B. Vater des Schuldners), der persönlich nichts schuldet, ist Grundstückseigentümer (Ausnahme).

3 Kapitalwertpapiere werfen einen Ertrag (z. B. Zinsen, Dividenden) ab und verbriefen langfristige Forderungen (Schuldverschreibungen) oder Beteiligungen (Aktien). Nicht vertretbar bedeutet, dass kein Wertpapier dem anderen gleicht (z. B. voneinander abweichende Laufzeiten, verschieden hohe Verzinsung und unterschiedliche Bonität der Grundstücke und Schuldner bei Grundschuldbriefen). Vertretbare Kapitalwertpapiere sind z. B. die Aktien und Obligationen.

■ **Zweck der Grundschuld**

Der Zweck (die Sicherheit) einer Grundschuld besteht für den Gläubiger darin, dass er sich aus dem Verkaufserlös des Grundstücks befriedigen kann, wenn der Schuldner mit seinen Leistungen in Verzug kommt. Der Verkauf erfolgt z. B. im Wege der Zwangsversteigerung und Zwangsverwaltung (Zwangsvollstreckung; § 1147 BGB; §§ 866 ff. ZPO).[1]

■ **Bedeutung der Grundschuld**

Der Grundschuldkredit ist der am häufigsten verwendete Realkredit, weil er den Banken verschiedene Vorteile bietet. So haftet die Grundschuld nicht nur für ein bestimmtes Darlehen, für das sie als Sicherungsmaßnahme ursprünglich gedacht war, sondern auch für die aus dem Darlehen erwachsenen Zinsen, Provisionen und anderen Nebenforderungen. Darüber hinaus wird die Grundschuld nach den allgemeinen Geschäftsbedingungen der Banken auch zur Sicherung aller anderen Kreditgeschäfte mit demselben Bankkunden herangezogen. Außerdem ist die Grundschuld von einer bestehenden Forderung unabhängig. Die Entstehung einer Grundschuld setzt keine Forderung voraus [§ 1191 BGB].

Zusammenfassung

■ Nach dem **Kriterium der Art ihrer Sicherheit** unterscheidet man folgende Kredite:

Ungesicherte Kredite		Gesicherte Kredite	
Personalkredite		Dinglich gesicherte Kredite (Realkredite)	
reine Personalkredite (Blankokredite)	verstärkte Personalkredite	durch bewegliche Sachen oder Wertpapiere gesicherte Kredite	durch Grundstücke gesicherte Kredite
Der Kreditgeber gewährt den Kredit ohne jede Sicherheit. Es haftet lediglich der als zahlungskräftig und -willig bekannte Kreditnehmer.	Neben dem Kreditnehmer haften noch weitere Personen, z. B. beim ■ Bürgschaftskredit.	Neben dem Kreditnehmer dienen Wertpapiere oder bewegliche Sachen als Sicherheit, z. B. beim ■ Sicherungsübereignungskredit.	Hier dienen Grundstücke zur Absicherung des gegebenen Kredits, z. B. ■ Grundschuldkredit.

■ Dem **Bürgschaftskredit** liegen **zwei Rechtsgeschäfte** zugrunde: (1) ein Kreditvertrag zwischen Schuldner und dem Gläubiger und (2) ein Bürgschaftsvertrag zwischen dem Bürgen und dem Gläubiger.

■ Nach dem Zeitpunkt der Haftung, die der Bürge übernimmt, unterscheidet man die **Ausfallbürgschaft** (nachschuldnerische Bürgschaft) und die **selbstschuldnerische Bürgschaft** [§§ 765 ff. BGB, §§ 349 f. HGB].

■ Bei der **Sicherungsübereignung** erwirbt der **Kreditgeber** das **bedingte Eigentum** an einer beweglichen Sache und wird **mittelbarer Besitzer** (Besitzkonstitut). Der **Schuldner** bleibt **unmittelbarer Besitzer.**

■ Die Sicherungsübereignung ist **verhältnismäßig unsicher,** da der Schuldner im Besitz der Sache ist (anderweitige Übereignung, Weiterveräußerung an gutgläubigen Dritten, Abnutzung, Zerstörung).

---

1 Bei einer Zwangsversteigerung erhält der Gläubiger den ihm zustehenden Erlös, bei einer Zwangsverwaltung die Erträge (z. B. Mieterträge) des verpfändeten Grundstücks bzw. Gebäudes [§§ 148 II, 149 ZVG].

- **Grundschuldkredite** sind Kredite, die durch Eintragung eines Grundpfandrechts im Grundbuch gesichert sind.

- Die **Grundschuld** ist ein Pfandrecht an einem Grundstück, bei dem nur das belastete Grundstück, nicht aber der Grundstückseigentümer haftet (nur dingliche Haftung).

- Nach der Art der Bestellung unterscheidet man zwischen der **Buchgrundschuld** (Einigung und Eintragung ins Grundbuch) und der **Briefgrundschuld** (sie entsteht wie die Buchgrundschuld, zusätzlich wird aber noch eine Urkunde ausgestellt).

- Das grundsätzlich von den Amtsgerichten geführte **Grundbuch** ist ein Verzeichnis aller Grundstücke in einem Amtsgerichtsbezirk.

Übungsaufgaben

126 1. Welche Bedeutung hat die Kreditsicherung für die Kreditinstitute und ihre Kunden?

2. 2.1 Erklären Sie den Unterschied zwischen einem einfachen Personalkredit (Blankokredit) und dem verstärkten Personalkredit!

   2.2 Man sagt, Blankokredite seien die sichersten Kredite. Warum?

3. Herr Brecht, Inhaber einer Möbelgroßhandlung und Herr Groß, Inhaber einer Möbelfabrik, sitzen beim Stammtisch. Herr Brecht braucht einen Bankkredit, muss aber einen Bürgen beibringen. Er fragt deshalb Herrn Groß, der sofort zustimmt.

   Aufgaben:

   3.1 Ist der Bürgschaftsvertrag geschlossen? Wenn nein, warum nicht?

   3.2 Herr Brecht entschließt sich, bei seiner Hausbank einen Bürgschaftskredit aufzunehmen. Welche Bürgschaft wird die Bank verlangen? (Begründung!)

   3.3 Erklären Sie den Begriff Bürgschaftskredit!

   3.4 Ein Bürgschaftsvertrag mit einem Nichtkaufmann muss schriftlich abgeschlossen werden. Warum verlangt der Gesetzgeber die Schriftform?

4. Ein Unternehmer bietet seiner Bank als Kreditsicherheit einen Forderungsbestand in Höhe von 140 000,00 EUR an.

   Aufgaben:

   4.1 Nennen und beschreiben Sie die Art der Kreditsicherung durch diese Forderungen!

   4.2 Erklären Sie die zwei Arten, in der diese Kreditsicherheit im Hinblick auf den Drittschuldner auftreten kann!

5. Kredit ist Vertrauenssache, darüber hinaus verlangen die Kreditinstitute im Allgemeinen eine Sicherheit.

   Aufgabe:

   Worin besteht die Sicherheit beim Zessionskredit?

6. 6.1 Warum ist im Wirtschaftsleben die Sicherungsübereignung notwendig?

   6.2 Wie wird die Sicherungsübereignung durchgeführt?

127 Die Friedrichshafener Maschinenfabrik AG (kurz: FREMAG) möchte ihre Produktionsanlagen modernisieren. Hierzu benötigt sie einen Kredit in Höhe von 6 Mio. EUR. Die Hausbank der FREMAG entscheidet u.a. aufgrund der beiden letzten Jahresschlussbilanzen der FREMAG (TEUR: Zahlen in Tausend EUR).

Aktiva	Jahresschlussbilanz zum 31. Dezember 09 (vereinfacht)		Passiva
Bebaute Grundstücke	4 500	Grundkapital	5 500
Maschinen	3 000	Kapitalrücklage	2 800
Fuhrpark	1 400	Gewinnrücklagen	
Vorräte	2 000	gesetzliche Rücklage	150
Forderungen	2 400	andere Gewinnrücklagen	200
Bankguthaben	850	Rückstellungen	150
		Verbindlichkeiten	
		gegenüber Kreditinstituten*	2 900
		a. Lieferungen u. Leistungen	2 100
		sonstige Verbindlichkeiten	350
	14 150		14 150

* Durch Grundpfandrechte gesichert.

Aktiva	Jahresschlussbilanz zum 31. Dezember 10 (vereinfacht)		Passiva
Bebaute Grundstücke	4 400	Grundkapital	6 000
Maschinen	4 300	Kapitalrücklage	3 300
Fuhrpark	1 400	Gewinnrücklagen	
Vorräte	2 200	gesetzliche Rücklage	150
Forderungen	2 600	andere Gewinnrücklagen	400
Bankguthaben	550	Rückstellungen	200
		Verbindlichkeiten	
		gegenüber Kreditinstituten*	3 000
		a. Lieferungen u. Leistungen	2 100
		sonstige Verbindlichkeiten	300
	15 450		15 450

* Durch Grundpfandrechte gesichert.

Aufgaben:

1. Nennen Sie die Finanzierungsmaßnahmen, die die FREMAG im Jahr 10 im Vergleich zu 09 vorgenommen hat! Erläutern Sie auch, zu welcher Finanzierungsart die von Ihnen genannten Maßnahmen gehören!

2. Erläutern Sie je zwei Vor- und Nachteile zu den von Ihnen genannten Finanzierungsarten!

3. Der gewünschte Kredit der FREMAG soll für Erweiterungsinvestitionen verwendet werden. Prüfen Sie, welche Kreditsicherheiten die FREMAG ihrer Hausbank anbieten kann. Das bewegliche Vermögen der FREMAG ist durch keine Pfandrechte belastet. Die Vorräte wurden unter Eigentumsvorbehalt geliefert.

4. Begründen Sie, ob die Bank der FREMAG den gewünschten Kredit gewähren sollte!

5. Die Balinger Elektronikbau GmbH will ein neues Fabrikationsgebäude für 800 000,00 EUR erstellen. Davon müssen 500 000,00 EUR langfristig fremdfinanziert werden.

   Aufgaben:

   5.1 Welche Kreditsicherungsmöglichkeit kommt dafür infrage?

   5.2 Wie entsteht ein Grundpfandrecht an einem Grundstück?

   5.3 Wie kann auch nach Rückzahlung des Kredits die grundpfandrechtliche Sicherheit für künftige Kredite erhalten bleiben?

5.4 Was kann der Kreditgeber unternehmen, wenn die Balinger Elektronikbau GmbH später diesen Kredit nicht mehr zurückzahlen kann?

5.5 Welche Bedeutung hat die Rangordnung der Grundbucheintragungen der Grundpfandrechte?

5.6 Außerdem sollen neue Präzisionsmaschinen für 300 000,00 EUR angeschafft werden. 80 000,00 EUR müssen durch Kreditaufnahme aufgebracht werden.

Aufgaben:

5.6.1 Beschreiben Sie kurz die infrage kommende Kreditart!

5.6.2 Welche Vorteile und welche Nachteile sehen Sie dabei für den Schuldner?

5.6.3 Welche Gegenstände eignen sich für diese Art der Kreditsicherung?

6. Der Prokurist Selz der Lackgroßhandlung Froh & Sinn OHG lässt sich von dem Neukunden Max Färber e. K. einen Grundbuchauszug vorlegen, um sich über dessen Belastungen zu erkundigen. Er stellt fest, dass dort Grundschulden in Höhe von 1,6 Mio. EUR eingetragen sind. Er will deswegen nur noch gegen Sicherheitsleistungen an Färber liefern. Hat Selz Recht?

7. Die Seilerei Peter Flechter e. Kfm. hat in das Grundstück ihres Schuldners Erich Lang e. K. vollstrecken lassen. Zu ihren Gunsten ist eine drittrangige Grundschuld in Höhe von 100 000,00 EUR eingetragen. Die eingeklagte Forderung beträgt 80 000,00 EUR. Die erste Grundschuld zugunsten der Oberkircher Volksbank eG beträgt 75 000,00 EUR, die zweite Grundschuld zugunsten der Meier KG in Rode 65 000,00 EUR. Der Reinerlös aus der Versteigerung betrug 200 000,00 EUR.

Aufgaben:

7.1 Wie viel EUR erhält die Seilerei Peter Flechter e. Kfm.? (Begründung!)

7.2 Hat Peter Flechter noch weitere Ansprüche? Wenn nein, warum nicht? Wenn ja, wie kann er sie geltend machen?

8. Die Sona AG hat sich eine Eigentümergrundschuld eintragen lassen. Erläutern Sie den Sinn einer Eigentümergrundschuld (siehe §§ 1163, 1177, 1196 BGB)!

6.4 Finanzierungsgrundsätze

(1) Grundlagen

Bevor der Kredit bewilligt wird, überprüfen die Banken die Kreditwürdigkeit. Gegenstand derartiger Kreditwürdigkeitsprüfungen sind z. B. Untersuchungen über die Vermögens- und Ertragslage des Kreditnehmers, die Möglichkeit der Sicherung des Kredits und der Verwendungszweck des Kredits.

Das Wesen der Kreditwürdigkeitsprüfung wird in der Regel anhand einer Bilanzanalyse[1] dargestellt. Grundlage der Bilanzanalyse sind Vorstellungen darüber, wie ein gesundes Unternehmen finanziert sein sollte. Diese Vorstellungen bezeichnet man als **Finanzierungsgrundsätze.**

---

1 Auf die Bilanzanalyse wird im Buch „Steuerung und Kontrolle – Fachstufe", Lernfeld 9, Kapitel 3.4 ausführlich eingegangen.

(2) Allgemeine Finanzierungsgrundsätze

Die allgemeinen Finanzierungsgrundsätze gelten für den gesamten Betriebsprozess, ohne sich auf einzelne Bilanzpositionen zu beziehen.

■ Unter- und Überfinanzierung vermeiden

Dieser Grundsatz der bedarfsgerechten Finanzierung besagt, dass ein Unternehmen nur so viel Kapital einsetzen soll, wie zur Gewährung eines reibungslosen Betriebsablaufs erforderlich ist. Andernfalls besteht die Gefahr der Unter- oder Überfinanzierung.

■ Fristenparallelität berücksichtigen

Bei der Aufnahme fremder Finanzierungsmittel ist darauf zu achten, dass die Tilgung aus dem Rückfluss des Vermögens möglich ist. Das bedeutet, dass sich die Fristigkeiten des Vermögens und der Kapitalien decken sollen, um Liquiditätsschwierigkeiten zu vermeiden. (Im Kreditgewerbe spricht man in diesem Zusammenhang von der **„goldenen Bankregel".**)

■ Optimalen Verschuldungsgrad anstreben

Die Aufnahme zusätzlicher Kredite zur Finanzierung von Kapazitätserweiterungen ist nur so lange rentabel, wie der Fremdkapitalzinssatz niedriger als die zu erwartende Gesamtkapitalrentabilität ist:

- ■ Ist der Fremdkapitalzinssatz niedriger als die Gesamtkapitalrentabilität, führt die Aufnahme zusätzlicher Kredite zu steigender Eigenkapitalrentabilität.
- ■ Ist der Fremdkapitalzinssatz höher als die Gesamtkapitalrentabilität, führt die Aufnahme zusätzlicher Kredite zu sinkender Eigenkapitalrentabilität.

Beispiel:

Angenommen, die betriebliche Kapazität und der Gewinn vor Abzug der Fremdkapitalzinsen steigen im gleichen Maße wie die zusätzliche Kreditaufnahme. Dann ergeben sich unter sonst gleichen Bedingungen folgende Zahlen:

	Ursprüngliche Situation 10%	Kreditaufnahme 100 000,00 EUR Zinssatz 9%	Kreditaufnahme 100 000,00 EUR Zinssatz 10%	Kreditaufnahme 100 000,00 EUR Zinssatz 11%
Eigenkapital (EK) Fremdkapital (FK)	400 000,00 EUR 600 000,00 EUR	400 000,00 EUR 700 000,00 EUR	400 000,00 EUR 700 000,00 EUR	400 000,00 EUR 700 000,00 EUR
Gesamtkapital (GK)	1 000 000,00 EUR	1 100 000,00 EUR	1 100 000,00 EUR	1 100 000,00 EUR
Gewinn vor Abzug der FK-Zinsen FK-Zinsen	100 000,00 EUR 60 000,00 EUR	110 000,00 EUR 63 000,00 EUR	110 000,00 EUR 70 000,00 EUR	110 000,00 EUR 77 000,00 EUR
Gewinn ohne Zinsen	40 000,00 EUR	47 000,00 EUR	40 000,00 EUR	33 000,00 EUR
EK-Rentabilität GK-Rentabilität	10,00% 10,00%	11,75% 10,00%	10,00% 10,00%	8,25% 10,00%

■ **Ökonomisches Prinzip beachten**

Dieser Finanzierungsgrundsatz verlangt, dass vor der Aufnahme von Krediten verschiedene Finanzierungsmöglichkeiten hinsichtlich ihrer Kostenbelastung verglichen werden müssen, um die günstigste Finanzierungsart auswählen zu können. Hierbei handelt es sich also um eine Art der praktischen Anwendung des ökonomischen Prinzips.

■ **Substanz des Unternehmens durch Selbstfinanzierung erhalten**

Die Erneuerung des Betriebsvermögens muss sich aus dem Ertrag finanzieren lassen. Das heißt, dass der Ertrag mindestens so hoch sein muss wie die laufenden Aufwendungen einschließlich der Abschreibungen. Erweiterungen können mit zusätzlichem Eigenkapital oder mit Hilfe von Fremdkapital durchgeführt werden.

■ **Liquidität sichern**

Das Prinzip der Sicherung der Zahlungsbereitschaft hat zum Ziel, eine **Über-** oder **Unterliquidität** zu vermeiden.

Optimale Liquidität. Die Liquidität ist dann optimal, wenn einerseits **keine finanziellen Engpässe** auftreten, andererseits aber die **Rentabilität des Unternehmens nicht beeinträchtigt** wird. Das Letztere ist der Fall, wenn finanzielle Mittel brachliegen.

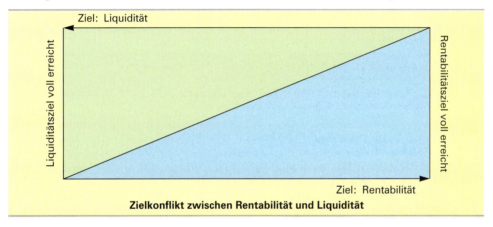

Zielkonflikt zwischen Rentabilität und Liquidität

(3) Besondere Finanzierungsgrundsätze

Die besonderen Finanzierungsgrundsätze werden auf die einzelnen Bilanzpositionen bezogen und führen zu speziellen Kennzahlen.[1]

■ **Finanzierung**

Darunter versteht man das Verhältnis von Eigenkapital zu Fremdkapital. Für die anlageintensive Industrie gilt die Faustregel 1 : 1, für den Handel das Verhältnis 1 : 2. Diese Finanzierungsregel entstammt der Ansicht, dass ein Unternehmen, dessen Fremdfinanzierungsanteil relativ hoch ist, in Abhängigkeit der Gläubiger geraten kann, insbesonde dann, wenn in Zeiten der Geldknappheit die Gefahr von Kreditkündigungen durch die Gläubiger besteht.

---

1 Auf die Finanzierungskennzahlen wird im Folgenden nicht eingegangen. Sie werden lehrplanmäßig im Buch „Steuerung und Kontrolle – Fachstufe", Lernfeld 9, Kapitel 3.4.3.4 ausführlich behandelt.

Die moderne Formulierung besagt, dass das Verhältnis von Eigenkapital zu Fremdkapital so zu gestalten ist, dass die größtmögliche Rentabilität des Eigenkapitals erreicht werden kann. Das ist so lange der Fall, wie der Fremdkapitalzinssatz niedriger als die Gesamtkapitalrentabilität (Unternehmensrentabilität) ist.

■ **Anlagedeckung (Investierung)**

Die Anlagedeckung (Investierung) ist das Verhältnis von Eigenkapital zu Anlagevermögen. Hier gilt der Grundsatz, dass das Anlagevermögen einschließlich des eisernen Bestands an Werkstoffen (z. B. Rohstoffen) durch Eigenkapital gedeckt sein sollte (**„goldene Bilanzregel"**: Anlagevermögen entspricht dem Eigenkapital). Bei weniger risikoreichen Investitionen ist es in der Praxis jedoch üblich, Teile des Anlagevermögens auch mit langfristigem Fremdkapital zu finanzieren (vgl. den „Grundsatz der Fristenparallelität"). Eine gewisse Überdeckung mit langfristigem Kapital schadet nicht, da auch Teile des Umlaufvermögens langfristig gebunden sein können (z. B. dann, wenn ein Kunde illiquide wird oder wenn Teile des Vorratsvermögens nicht mehr abgesetzt werden können).

■ **Liquidität**

Aus dem Grundsatz, dass das Anlagevermögen durch langfristiges Kapital gedeckt sein sollte, folgt, dass das Umlaufvermögen mit kurzfristigem Fremdkapital finanziert sein soll. Das Liquiditätsverhältnis (Umlaufvermögen: kurzfristiges Fremdkapital) müsste demnach 1 : 1 betragen. Die Amerikaner vertreten allerdings die „two-to-one-rule", d. h., sie betrachten das Liquiditätsverhältnis dann als gut, wenn die halbe Summe des Umlaufvermögens dem kurzfristigen Fremdkapital entspricht.

■ **Konstitution**

Das Konstitutionsverhältnis (der Vermögensaufbau) bezeichnet das Verhältnis von Anlagevermögen zu Umlaufvermögen. Hier lässt sich überhaupt kein Finanzierungsgrundsatz aufstellen, weil der Vermögensaufbau weitgehend vom Wirtschaftszweig und der Unternehmensgröße abhängig ist. Zwischenbetriebliche Vergleiche können jedoch Aufschlüsse über die Lage eines Unternehmens geben, insbesondere dann, wenn die Entwicklung mehrerer Jahre verglichen wird.

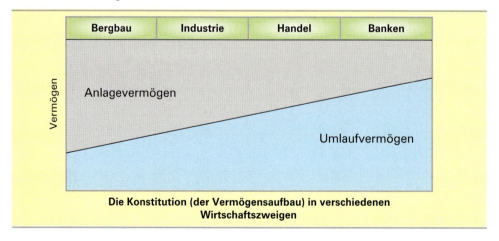

Die Konstitution (der Vermögensaufbau) in verschiedenen Wirtschaftszweigen

Übungsaufgabe

128 1. Nennen und beschreiben Sie wichtige allgemeine Finanzierungsgrundsätze! Erklären Sie vor allem die „goldene Bankregel"!

2. Nennen und beschreiben Sie die vier speziellen (besonderen) Finanzierungsgrundsätze!

3. Inwiefern widerspricht die „goldene Bankregel" der „two-to-one-rule"?

4. Folgende Bilanz ist gegeben:

Aktiva		Jahresschlussbilanz	Passiva
Anlagevermögen	300 000,00	Eigenkapital	320 000,00
Umlaufvermögen		Langfristige Verbindlichkeiten	90 000,00
Vorräte	260 000,00	Mittelfristige Verbindlichkeiten	10 000,00
Forderungen	180 000,00	Kurzfristige Verbindlichkeiten	370 000,00
Zahlungsmittel	50 000,00		
	790 000,00		790 000,00

Aufgaben:

4.1 Berechnen Sie die folgenden Bilanzkennzahlen!

    4.1.1 Finanzierung,

    4.1.2 Deckungsgrad I,

    4.1.3 Konstitution,

    4.1.4 Liquidität 1. und 2. Grades.

4.2 Beurteilen Sie die von Ihnen errechneten Zahlen anhand der auf S. 434f. beschriebenen Finanzierungsgrundsätze!

437

Beispiele für die schriftliche Abschlussprüfung im Prüfungsfach: Betriebswirtschaft / Geschäftsprozesse

Beispiel 1: Prüfungsaufgaben Sommer 2005[1]

Aufgabe 1: Finanzierung

Die Fauser KG produziert spezielle Metallteile für die Flugzeugindustrie mit Hilfe einer CNC-Maschine. Durch eine anhaltende Nachfragesteigerung könnte der Absatz monatlich verdoppelt werden. Die Komplementäre Klittich und Augenstein überlegen, ob sie die bereits abgeschriebene CNC-Maschine durch eine neue Maschine ersetzen sollen.

1. Die alte Maschine verursacht fixe Kosten in Höhe von 25 000,00 € und variable Stückkosten von 250,00 €. Beide Maschinen arbeiten bei einer Stückzahl von 200 kostengleich.

   Berechnen Sie die variablen Stückkosten der neuen Maschine, wenn die fixen Kosten 40 % höher sind als bei der alten Maschine!

2. Für die Finanzierung kommen drei Alternativen in Betracht:
   a) Aufnahme von weiteren Krediten bei der Hausbank,
   b) der Gewinn soll nicht an die Komplementäre ausgeschüttet werden,
   c) Aufnahme eines weiteren Gesellschafters.

   2.1 Um welche Finanzierungsart handelt es sich jeweils?
   2.2 Führen Sie zu jeder Finanzierungsalternative zwei Vor- und Nachteile auf!
   2.3 Zu welcher Finanzierungsart würden Sie der Fauser KG raten? Begründen Sie Ihre Antwort!

3. Die Fauser KG entscheidet sich gegen die Aufnahme eines neuen Gesellschafters. Die Hausbank wäre bereit, den Kapitalbedarf zu finanzieren, verlangt jedoch entsprechende Sicherheiten. Der Bank wird folgende vereinfachte Bilanz vorgelegt:

Aktiva	Bilanz Fauser KG	Passiva	
Grundstücke und Gebäude	700 000,00	Eigenkapital	1 200 000,00
Maschinen	450 000,00	Grundschulden	350 000,00
Rohstoffe	100 000,00	Verbindlichkeiten geg. Kreditinst.	380 000,00
Fremdbauteile	360 000,00	Verbindlichkeiten a. L. u. L.	410 000,00
Forderungen a. L. u. L.	450 000,00		
Wertpapiere des UV	80 000,00		
Kasse, Bank	200 000,00		
	2 340 000,00		2 340 000,00

   3.1 Für welche Kreditarten können die einzelnen Vermögensteile zur Sicherheit herangezogen werden?
   3.2 Die Gesellschafter wollen die neue Maschine als Sicherheit anbieten. Erläutern Sie diese Form der Kreditsicherung und nennen Sie die Hauptvorteile dieses Kredits für die Fauser KG!
   3.3 Die Bank beleiht neue Maschinen bis 60 %. Die vorhandenen Maschinen, die bisher zur Finanzierung noch nicht zur Sicherheit herangezogen sind, können mit 40 % beliehen werden. Ermitteln Sie rechnerisch, ob die Maschinen zur Sicherung ausreichen!

4. Die Gesellschafter sind sich nicht einig, ob sie die Maschine finanzieren oder leasen sollen. Die Gesellschafter erhalten ein Finanzierungsangebot (Anlage) sowie ein Leasingangebot (Anlage) von ihrer Hausbank.

---

1 Die Prüfungsaufgaben wurden teilweise abgeändert und aktualisiert.

Beurteilen Sie die beiden Angebote für die einzelnen Jahre und insgesamt nach folgenden Gesichtspunkten: Auswirkungen auf die Liquidität und Erfolgswirksamkeit (Lösungsblatt [Anlage] verwenden)!

Treffen Sie eine begründete Entscheidung. Steuern und Skonto werden nicht berücksichtigt, das Disagio wird linear abgeschrieben, die Nutzungsdauer der Maschine beträgt acht Jahre, die Abschreibung erfolgt linear.

5. Nachdem der Finanzierung der CNC-Maschine nichts mehr im Wege steht, beschließt die Fauser KG die Maschine zu kaufen.

    5.1 Buchen Sie die Eingangsrechnung (Anlage)!

    5.2 Nach einer Woche wird die Rechnung unter Skontoabzug überwiesen. Buchen Sie die Zahlung!

    5.3 Buchen Sie den Abschreibungsbetrag im Jahre 2004 (mit Rechenweg) und bestimmen Sie den Buchwert (Anlage)!

6. Berechnen Sie aufgrund der auf S. 438 dargestellten Bilanz die allgemeine Lage hinsichtlich

    6.1 der Anlagendeckung (Deckungsgrad II),

    6.2 des Verschuldungsgrades,

    6.3 der Liquidität 1. und 2. Grades!

Anlage 1

Schwäbische Bank AG   _Riegelstraße 4_   _74876 Stuttgart_

Fauser KG
Schickhardstr. 1
73033 Göppingen

Ihre Kreditanfrage vom 12.01.2004   14. Januar 20..

Sehr geehrte Damen und Herren,

gerne bestätigen wir Ihnen, dass wir aufgrund der uns bisher vorliegenden Unterlagen bereit sind, Ihnen ein Darlehen in Höhe von 335 000,00 € zur Anschaffung einer CNC-Maschine zu folgenden Konditionen zu gewähren:

Bei einer Laufzeit von fünf Jahren berechnen wir Ihnen derzeit einen Zinssatz von 8% p.a. bei 98% Auszahlung. Die Tilgungszahlungen erfolgen in gleichen Raten am Ende des Jahres.

Die Sicherstellung des Darlehens erfolgt durch Bestellung dinglicher Sicherheiten im Rahmen der üblichen Beleihungsgrenzen.

Ergänzend gelten unsere Allgemeinen Geschäftsbedingungen, die Sie in unseren Geschäftsräumen einsehen können.

Sollten Sie mit unseren Bedingungen einverstanden sein, bitten wir Sie höflich, den beiliegenden Kreditantrag unterschrieben an uns zurückzusenden.

Mit freundlichen Grüßen
ppa. Steidle

Steidle

Schwäbische Bank AG in Stuttgart

Anlage 2

Schwäbische Bank Leasinggesellschaft AG
Riegelstraße 4 74876 Stuttgart

Fauser KG
Schickhardstr. 1
73033 Göppingen

Ihre Finanzierungsanfrage vom 12.01.2004 14. Januar 20..

Sehr geehrte Damen und Herren,

wir freuen uns, Ihnen ein Vertragsangebot über das Leasing einer CNC-Maschine KJ 487 geben zu können.

Leasingobjekt:	CNC-Maschine Typ 281631
Investitionssumme:	350 000,00 €
Lieferant:	Maschinenfabrik Eierle, 79106 Tübingen
Standort:	76646 Stuttgart

Die unkündbare Grundmietzeit beträgt fünf Jahre. Nach Abschluss der Grundmietzeit erhält der Leasingnehmer das Recht, den Leasingvertrag um ein Jahr zu verlängern. Als monatliche Leasinggebühr werden während der Grundmietzeit 6 755,00 € berechnet.

Nach der Grundmietzeit besteht eine Kaufoption in Höhe von 10% der AHK.

Des Weiteren gelten unsere Allgemeinen Geschäftsbedingungen.

Sollten Sie mit den angebotenen Konditionen einverstanden sein, übersenden Sie uns bitte den beigefügten Leasingvertrag.

Mit freundlichen Grüßen
ppa. Gscheidle

Gscheidle

Schwäbische Bank
Leasinggesellschaft AG

Anlage 3

Jahr	Kredit							Leasing	Differenzen	
	Darlehen	Tilgung	Zinsen	Disagio	Abschreibung	Summe Aufwandsbelastung	Summe Liquiditätsbelastung	Leasingrate	Aufwand	Liquidität
Summe										

Anlage 4

Maschinenfabrik GmbH
IFW

✉ IFW, Albstr. 45, 73734 Esslingen

Fauser KG
Schickhardstr. 1
73033 Göppingen

Esslingen, 26. 02. 04

Rechnung Nr. 98009

Position	Beschreibung	Menge	Preis	Gesamt
1	CNC-Maschine Typ 281631	1	335 000,00 €	335 000,00 €
	Nettowarenwert			335 000,00 €
	+ 19 % Mehrwertsteuer			63 650,00 €
	Gesamtbetrag			398 650,00 €

Zahlbar rein netto innerhalb 4 Wochen, innerhalb einer Woche 2 % Skonto.

Anschrift: Albstr. 45, 73734 Esslingen, Tel. 0711 37098, Fax 0711 37099
Bankverbindung: Kreissparkasse Esslingen, BLZ: 611 500 20, Kto.-Nr.: 123456
Steuer-Nr.: 4212/0815/007   USt.-ID: 758483447DE

Anlage 5

▦ 87032 CNC-Maschine - Anlagenkarte

| Allgemein | Buchen |

Nr. . . . .   87032 [...] ✎

Beschreibung . . . . . .   CNC-Maschine

Seriennr.   54321-1351

AfA Buchcode	Anlagenbuchungsgruppe	AfA-Methode	Startdatum AfA	Nutzungsdauer (Jahre)	
▶ ABSCHREIB	MASCH	Linear	01.02.04	8,00	

Aufgabe 2:   Produktion

Die Möbelfabrik Wohncomfort GmbH in Pforzheim beschäftigt ca. 350 Mitarbeiter und fertigt Möbel für Privathaushalte, vor allem Holz- und Polstermöbel.

1. Die Geschäftsführung erwägt, Näh- und Polsterarbeiten von einem Unternehmen in Minsk in Weißrussland ausführen zu lassen; die reinen Fertigungskosten wären dort wesentlich niedriger. Erklären Sie vier weitere Kriterien, welche die Geschäftsführung vor ihrer Entscheidung prüfen müsste!

2. Die Produktionsplanung der Wohncomfort GmbH ist auftragsorientiert ausgerichtet. Von einem Mitarbeiter der Produktionsplanung erhalten Sie für eine Schrankschublade (Artikel-Nr. 70012) die Mengen- und Zeitvorgaben dreier Kundenaufträge (Anlage).

Schrankschublade (Artikel-Nr. 70012)			
Auftrag (Kunde)	Wohnfabrik GmbH, Karlsruhe	Wohn-Profi Kuhnle e.K., Bad Wildbad	Rhein-Möbelzentrum KG, Kehl
Fertigstellungstermin	15.04.2005	28.04.2005	19.05.2005
Bedarf	400	100	700

2.1 Erklären Sie, was man unter auflagefixen Kosten versteht!

2.2 Prüfen Sie, ob die Aufträge jeder einzeln bearbeitet, alle auf einmal gefertigt oder teilweise zu Losen gebündelt werden sollen! Berechnen Sie für alle möglichen Alternativen in einer über-sichtlichen Darstellung die Lager- und die auflagefixen Kosten! Begründen Sie, für welche Ihrer Alternativen Sie sich unter Kostengesichtspunkten entscheiden würden (Anlage)!

3. Die Möbelfabrik verwendet in ihrem Fertigungsprogramm sehr häufig die verzinkte Holzschraube 2,5/16 mm. Zeigen Sie anhand dieses Beispiels

3.1 den Unterschied zwischen Stücklisten und einem Teileverwendungsnachweis,

3.2 den Unterschied zwischen einer Mengen- und einer Baukastenstückliste!

4. Die Wohncomfort GmbH fertigt bisher die Holzgriffe für ihre Schranktüren selbst. Dadurch entste-hen pro Stück Kosten in Höhe von 0,86 €; außerdem werden monatlich 2 000,00 € fixe Kosten ver-ursacht.

   Ein Lieferer aus Polen bietet diese Griffe frei Haus für 1,16 € pro Stück an. Bei Bezug der Griffe könnten die eigenen Fixkosten zu 90 % abgebaut werden.

   Prüfen Sie, unter welchen Voraussetzungen es kostenmäßig sinnvoll wäre, die Griffe nicht mehr selbst zu fertigen!

5. Ermitteln Sie den Nettobedarf für Schrankschlösser (Artikel-Nr. 1964-S), wenn 280 dreitürige Schränke gefertigt werden sollen! Jeweils zwei Türen pro Schrank sind abschließbar. 56 der im Lager vorhandenen Schlösser sind bereits für einen anderen Kundenauftrag reserviert.

6. In einem räumlich abgetrennten Fertigungsbereich wird der Schreibtisch MV/de Luxe produziert. Zwei Facharbeiter sowie ein Hilfsarbeiter arbeiten dort jeweils 180 Stunden im Monat und fertigen zusammen als Gruppe 270 Schreibtische. Ein Schreibtisch kann für 220,00 € ohne USt. verkauft werden.

6.1 Die Geschäftsleitung beauftragt Sie, mit Hilfe weiterer Daten aus dem Produktionscontrolling, Wirtschaftlichkeit und Arbeitsproduktivität für diesen Fertigungsbereich zu ermitteln. Berech-nen Sie die erforderlichen Kennzahlen auf eine Nach-Komma-Stelle!

Zahlenmaterial aus dem Produktionscontrolling:

Lohnkosten/Std. Facharbeiter	35,00 €
Lohnkosten/Std. Hilfsarbeiter	16,00 €
Materialkosten/Stück	110,00 €
sonstige Kosten/Stück	20,00 €
Raumkosten/Monat	1 200,00 €
sonstige Kosten/Monat	2 220,00 €

6.2 Ab Mai des Jahres werden die Lohnkosten um 3 % steigen; außerdem muss voraussichtlich wegen des Wettbewerbs der Verkaufspreis für Schreibtische um bis zu 10 % gesenkt werden. Die Geschäftsleitung ist besorgt, ob sich die Produktion dieses Schreibtisches noch weiterhin lohnen wird. Erläutern Sie vor diesem Hintergrund, wie sich durch die erwarteten Änderungen die von Ihnen ermittelten Kennzahlen verändern werden!

Anlage 1

Anlage 2

443

Beispiel 2: Prüfungsaufgaben Winter 2005/2006

Aufgabe 1: Personalwesen

Die Meister KG in Stuttgart stellt seit über 100 Jahren Schul- und Laboreinrichtungen von höchster Qualität her. Wichtige Elemente ihrer Firmenkultur sind teamorientiertes Arbeiten und ein kooperativer Führungsstil. Sie beschäftigt insgesamt 400 Mitarbeiter.

Zurzeit befinden Sie sich in der Personalabteilung und werden beauftragt, folgende Aufgaben zu erledigen:

1. Der Personalleiter Herr Mager bittet Sie, für das Jahr 2005 einen Personalbedarfsplan für die Abteilung Verkauf zu erstellen. Dazu legt er Ihnen folgende Daten vor:

Aktueller Personalbestand	30 Mitarbeiter/-innen
– sichere Abgänge (Ruhestand, Wehrdienst, Erziehungsurlaub)	5 Mitarbeiter/-innen
– statistische Abgänge (Fluktuation, Tod)	1 Mitarbeiter/-in
– Übernahme aus Ausbildungsverhältnissen	2 Mitarbeiter/-innen
– Rückkehr vom Bildungsurlaub	1 Mitarbeiter/-in

   Eine weitere Planstelle ist für den Vertriebsbereich Schul- und Laboreinrichtungen „Bayern" zu besetzen.

   1.1 Berechnen Sie den Netto-Personalbedarf für die Abteilung Verkauf!

   1.2 Bei der Unterhaltung mit Herrn Mager ist von einer internen bzw. einer externen Personalbeschaffung die Rede. Erklären Sie diese Beschaffungsmethoden und nennen Sie jeweils zwei mögliche Vor- und Nachteile!

2. Über die Süddeutsche Zeitung soll ein(e) neue(r) Gebietsverkaufsleiter/-in für den Bereich „Laboreinrichtungen Bayern" gefunden werden. Bevor eine Annonce aufgegeben wird, bekommen Sie von Herrn Mager den Auftrag, eine Stellenbeschreibung zu erstellen.

   2.1 Formulieren Sie vier wesentliche Inhaltspunkte einer Stellenbeschreibung und begründen Sie die Bedeutung für das Unternehmen und den Stelleninhaber!

   2.2 Es wurde eine Stellenanzeige (Anlage) aufgegeben. Für die ausgeschriebene Stelle gingen zahlreiche Bewerbungen ein. Nur zwei Bewerber (Anlage) sind in die engere Wahl gekommen.

   2.2.1 Führen Sie zwei mögliche Gründe auf, die zum Ausschluss der anderen Bewerbungen geführt haben könnten!

   2.2.2 Mit welchem Bewerber würden Sie die Stelle besetzen? Begründen Sie Ihre Entscheidung durch Gegenüberstellung der Vor- und Nachteile der beiden Bewerber!

3. In der Meister KG wird bisher nach Zeitlohn vergütet. Herr Storch, der Abteilungsleiter in der Stuhlmontage, schlägt der Geschäftsleitung der Meiter KG vor, in seiner Abteilung Akkordlohn einzuführen.

   3.1 Welche Voraussetzungen müssen grundsätzlich für die Entlohnung im Akkord gegeben sein?

   3.2 Welche zwei Argumente sprechen für die Einführung des Akkordlohns bei der Meister KG?

   3.3 Ein Arbeiter in der Stuhlmontage verdiente bisher durchschnittlich 1950,00 € pro Monat. Die monatliche Arbeitszeit beträgt 162,5 Stunden. Zukünftig soll er im Akkord arbeiten. Dafür erhält er einen Grundlohn von 12,00 €/Std. und einen Akkordzuschlag von 15 %. Für die Montage eines Stuhles wurde als Vorgabezeit 12 Minuten ermittelt.

   3.3.1 Wie viele Stühle muss er pro Monat künftig montieren, um weiterhin den gleichen Durchschnittslohn zu bekommen?

   3.3.2 Wie hoch ist in diesem Fall sein Leistungsgrad?

   3.4 Beschreiben Sie eine sinnvolle Alternative zum Akkordlohn, welche die Leistung qualitativ bzw. quantitativ steigern könnte!

   3.5 Herr Mager gibt Ihnen die Gehaltsabrechnung von Herrn Lay (Anlage). Gleichzeitig bittet er Sie, das Kündigungsschreiben von Frau Nolte zu überprüfen (Anlage); sie ist seit 20 Jahren bei der Meister KG beschäftigt.

3.5.1 Ergänzen Sie die Gehaltsabrechnung (rechnerischer Nachweis) und bilden Sie anschließend die Buchungssätze am Monatsende!

3.5.2 Beurteilen Sie, ob die Kündigung von Frau Nolte rechtswirksam ist!

3.5.3 Begründen Sie, welche Art von Zeugnis Frau Nolte bei ihrem Ausscheiden wünscht!

Anlage 1

Wir, ein leistungsstarkes mittelständisches Unternehmen mit 400 Mitarbeitern in der Schulmöbelbranche, suchen zur Verstärkung unseres Vertriebsteams zum nächstmöglichen Termin eine(n) ehrgeizige(n)

Gebietsverkaufsleiter/-in
für den Bereich **Schul- und Laboreinrichtungen**
in Süddeutschland (Bayern)

In dieser Funktion erwartet Sie eine interessante und anspruchsvolle Aufgabe mit überdurchschnittlichen Verdienstmöglichkeiten bei hoher Eigenverantwortung. Ihre Projekte betreuen Sie von der Angebotsphase bis zur Schlüsselübergabe. Verhandlungsgeschick und sicheres Auftreten setzen wir voraus. Sie sollten darüber hinaus bereits mehrjährige Erfahrung im Verkaufsbereich besitzen, kontakt- und kommunikationsstark sein sowie zielorientiertes Handeln gewohnt sein. Bei der Einarbeitung steht Ihnen ein junges und leistungsfähiges Vertriebsteam zur Seite. Noch Fragen? Dann wenden Sie sich bitte an Herrn Wolf (0711 32168). Ansonsten senden Sie uns Ihre vollständigen Bewerbungsunterlagen unter Angabe Ihrer Gehaltsvorstellungen.

MEISTER KG – Personalabteilung – Esslinger Str. 18 – 70190 Stuttgart

Anlage 2

Externer Bewerber

Volker Hau, 38 Jahre alt, gelernter Industriekaufmann mit sehr gutem Abschluss, wurde bei den Vereinigten Schulmöbelwerken in Bayreuth ausgebildet und ist dort seit 18 Jahren beschäftigt.

Seiner Bewerbung legt er folgendes Arbeitszeugnis bei:

Auszug:

Herr Hau hat bei uns am 1. September 1987 sein Ausbildungsverhältnis zum Industriekaufmann begonnen und war anschließend bis 1. September 2005 als Verkäufer tätig. Zu seinen Aufgaben gehörte die Betreuung von Schulbauprojekten im süddeutschen Raum. Er arbeitete weitgehend selbstständig, zuverlässig und gewissenhaft. Die ihm übertragenen Aufgaben führte er zu unserer Zufriedenheit aus. Er galt im Kollegenkreis und gegenüber der Geschäftsleitung als toleranter Mitarbeiter.

Herr Hau scheidet im beiderseitigen Einvernehmen zum 1. September 2005 aus.

Interne Bewerberin

Isabel Michl, 28 Jahre alt, wurde im Unternehmen zur Industriekauffrau ausgebildet und bestand die Abschlussprüfung mit gutem Erfolg. Sie ist seit acht Jahren im Verkauf tätig und bewirbt sich um diese Stelle, weil diese besser bezahlt wird. Durch die Mitarbeit bei der Betreuung von Schulbauten im Hohenloher Raum hat sie bereits Erfahrungen bezüglich der Angebotserstellung und der Verhandlung mit Auftraggebern.

Aus dem letzten Beurteilungsbogen von Isabel Michl erfahren Sie Folgendes:

Beurteilungsbogen					
Arbeitnehmer/-in: Abteilung:	Michl, Isabel Verkauf		Personalnummer: 22105		
Zeitraum: 01.01.–30.06.2005	+ +	+	0	–	– –
Aufgabendurchführung					
– Sorgfalt, Gründlichkeit		x			
– Anwendung von Kenntnissen		x			
– selbstständiges Arbeiten	x				
– Arbeitsquantität	x				
– Arbeitsqualität		x			
Wirksamkeit in der Arbeitsgruppe					
– Weitergabe von Kenntnissen			x		
– Aufgreifen von Anregungen	x				
– Kooperationsbereitschaft		x			
– Kontaktpflege (intern/extern)	x				

Anlage 3

Gehaltsabrechnung

Datum	Name	Brutto-gehalt	Abzüge				Summe	Netto-gehalt
			LSt.	KSt.	SolZ.	SV		
31.10.	Lay, Thomas	2700,45						

Weitere Angaben zur Gehaltsabrechnung von Herrn Lay:

– verheiratet/zwei Kinder; Steuerklasse 3; Kirchensteuersatz 8 %; besitzt ein Girokonto bei der VoBa

– Beitragssätze: 14,9 % Krankenversicherung
   19,9 % Rentenversicherung
   2,8 % Arbeitslosenversicherung
   1,95 % Pflegeversicherung
   0,9 % Sonderbeitrag für Arbeitnehmer

2 690,99* MONAT

Lohn/Gehalt bis €*		LSt	SolZ	8%	9%		LSt	0,5 SolZ	8%	9%	1 SolZ	8%	9%	1,5 SolZ	8%	9%	2 SolZ	8%	9%	2,5 SolZ	8%	9%	3 SolZ	8%	9%
	I,IV	455,91	25,07	36,47	41,03	I	455,91	20,98	30,52	34,34	17,07	24,83	27,93	13,34	19,40	21,83	9,78	14,22	16,—	6,40	9,31	10,47	—	4,71	5,30
2 690,99	II	422,—	23,21	33,76	37,98	II	422,—	19,20	27,93	31,42	15,37	22,36	25,15	11,71	17,04	19,17	8,23	11,98	13,47	1,75	7,18	8,07	—	2,91	3,27
	III	181,83	3,96	14,54	16,36	III	181,83	—	10,02	11,27	—	5,97	6,71	—	2,44	2,74	—	—	—	—	—	—	—	—	—
	V	838,66	46,12	67,09	75,47	IV	455,91	23,—	33,46	37,64	20,98	30,52	34,34	19,—	27,64	31,10	17,07	24,83	27,93	15,18	22,08	24,84	13,34	19,40	21,83
	VI	870,91	47,90	69,67	78,38																				
	I,IV	456,83	25,12	36,54	41,11	I	456,83	21,03	30,59	34,41	17,11	24,90	28,01	13,38	19,46	21,89	9,82	14,28	16,07	6,43	9,36	10,53	—	4,76	5,36
2 693,99	II	422,91	23,26	33,83	38,06	II	422,91	19,25	28,—	31,50	15,41	22,42	25,22	11,76	17,10	19,24	8,27	12,04	13,54	1,88	7,23	8,13	—	2,96	3,33
	III	182,66	4,13	14,61	16,43	III	182,66	—	10,08	11,34	—	6,04	6,79	—	2,48	2,79	—	—	—	—	—	—	—	—	—
	V	839,91	46,19	67,19	75,59	IV	456,83	23,05	33,54	37,73	21,03	30,59	34,41	19,05	27,71	31,17	17,11	24,90	28,01	15,23	22,15	24,92	13,38	19,46	21,89
	VI	872,16	47,96	69,77	78,49																				
	I,IV	457,75	25,17	36,62	41,19	I	457,75	21,08	30,66	34,49	17,16	24,96	28,08	13,42	19,53	21,97	9,86	14,35	16,14	6,48	9,42	10,60	—	4,82	5,42
2 696,99	II	423,83	23,31	33,90	38,14	II	423,83	19,29	28,06	31,57	15,45	22,48	25,29	11,80	17,16	19,31	8,31	12,10	13,61	2,03	7,29	8,20	—	3,—	3,38
	III	183,50	4,30	14,68	16,51	III	183,50	—	10,14	11,41	—	6,09	6,85	—	2,53	2,84	—	—	—	—	—	—	—	—	—
	V	841,25	46,26	67,30	75,71	IV	457,75	23,10	33,60	37,80	21,08	30,66	34,49	19,10	27,78	31,25	17,16	24,96	28,08	15,27	22,22	24,99	13,42	19,53	21,97
	VI	873,41	48,03	69,87	78,60																				
	I,IV	458,66	25,22	36,69	41,27	I	458,66	21,12	30,73	34,57	17,21	25,04	28,17	13,47	19,59	22,04	9,90	14,41	16,21	6,52	9,48	10,67	—	4,86	5,47
2 699,99	II	424,75	23,36	33,98	38,22	II	424,75	19,34	28,14	31,65	15,50	22,55	25,37	11,84	17,22	19,37	8,36	12,16	13,68	2,16	7,34	8,26	—	3,05	3,43
	III	184,33	4,46	14,74	16,58	III	184,33	—	10,20	11,47	—	6,14	6,91	—	2,57	2,89	—	—	—	—	—	—	—	—	—
	V	842,50	46,33	67,40	75,82	IV	458,66	23,15	33,68	37,89	21,12	30,73	34,57	19,14	27,85	31,33	17,21	25,04	28,17	15,32	22,28	25,07	13,47	19,59	22,04
	VI	874,66	48,10	69,97	78,71																				
	I,IV	459,58	25,27	36,76	41,36	I	459,58	21,17	30,80	34,65	17,26	25,10	28,24	13,51	19,66	22,11	9,95	14,47	16,28	6,55	9,54	10,73	—	4,92	5,53
2 702,99	II	425,58	23,40	34,04	38,30	II	425,58	19,39	28,20	31,73	15,55	22,62	25,44	11,88	17,29	19,45	8,40	12,22	13,74	2,31	7,40	8,33	—	3,10	3,48
	III	185,16	4,63	14,81	16,66	III	185,16	—	10,26	11,54	—	6,20	6,97	—	2,62	2,95	—	—	—	—	—	—	—	—	—
	V	843,75	46,40	67,50	75,93	IV	459,58	23,20	33,75	37,97	21,17	30,80	34,65	19,19	27,92	31,41	17,26	25,10	28,24	15,36	22,34	25,13	13,51	19,66	22,11
	VI	875,91	48,17	70,07	78,83																				
	I,IV	460,50	25,32	36,84	41,44	I	460,50	21,22	30,87	34,73	17,30	25,17	28,31	13,56	19,72	22,19	9,99	14,53	16,34	6,60	9,60	10,80	—	4,97	5,59
2 705,99	II	426,50	23,45	34,12	38,38	II	426,50	19,43	28,27	31,80	15,59	22,68	25,52	11,93	17,35	19,52	8,44	12,28	13,81	2,45	7,46	8,39	—	3,14	3,53
	III	186,—	4,80	14,88	16,74	III	186,—	—	10,33	11,62	—	6,25	7,03	—	2,66	2,99	—	—	—	—	—	—	—	—	—
	V	845,—	46,47	67,60	76,05	IV	460,50	23,25	33,82	38,05	21,22	30,87	34,73	19,24	27,99	31,49	17,30	25,17	28,31	15,40	22,41	25,21	13,56	19,72	22,19
	VI	877,16	48,24	70,17	78,94																				
	I,IV	461,41	25,37	36,91	41,52	I	461,41	21,27	30,94	34,81	17,35	25,24	28,39	13,60	19,78	22,25	10,03	14,59	16,41	6,64	9,66	10,86	—	5,02	5,65
2 708,99	II	427,41	23,50	34,19	38,46	II	427,41	19,48	28,34	31,88	15,64	22,75	25,59	11,97	17,42	19,59	8,48	12,34	13,88	2,60	7,52	8,46	—	3,19	3,59
	III	186,83	4,96	14,94	16,81	III	186,83	—	10,38	11,68	—	6,30	7,09	—	2,72	3,06	—	—	—	—	—	—	—	—	—
	V	846,25	46,54	67,70	76,16	IV	461,41	23,30	33,89	38,12	21,27	30,94	34,81	19,29	28,06	31,56	17,35	25,24	28,39	15,45	22,48	25,29	13,60	19,78	22,25
	VI	878,41	48,31	70,27	79,05																				

Abzüge an Lohnsteuer, Solidaritätszuschlag (SolZ) und Kirchensteuer (8%, 9%) in den Steuerklassen I–VI (ohne Kinderfreibeträge) bzw. I, II, III, IV (mit Zahl der Kinderfreibeträge).

Anlage 4

Auszug aus dem Kündigungsschreiben

Frieda Nolte   Stuttgart, 2005–10–12

…

da ich mich beruflich wesentlich verbessern kann, kündige ich mein Arbeitsverhältnis

zum 31. 10. 2005

…

Ich bitte mir ein Zeugnis über Führung und Leistung sowie Art und Dauer der Tätigkeit auszustellen.

Aufgabe 2: Beschaffung und Produktion

Die HARO GmbH ist ein mittelständisches Unternehmen in Balingen. Sie ist ein Handels- und Endmontageunternehmen für Gebrauchsartikel unterschiedlichster Art.

Die Abnehmer der HARO GmbH befinden sich überwiegend in Deutschland. Es werden Produktionsbetriebe, Baumärkte und Raumausstatter beliefert.

Neben dem Handel mit den entsprechenden Artikeln wird ein Teil des Sortiments auch durch Endmontage der speziell eingekauften Einzelkomponenten selbst hergestellt.

1. Am 07.10.2005 geht ein Auftrag der Müller-Möbel GmbH ein (Anlage).

   1.1 Prüfen Sie, ob Sie der Müller-Möbel GmbH den Auftrag wie gewünscht bestätigen können!

   1.2 Erläutern Sie die zwei bei der HARO GmbH verwendeten Bestellverfahren und bestimmen Sie, welches beim Artikel 221100 angewandt wurde (Anlage)!

   1.3 Die HARO GmbH ist auf der Suche nach einem neuen Lieferanten. Aufgrund von Anfragen treffen am 10.10.2005 drei Angebote ein (Anlage). Ermitteln Sie das günstigste Angebot (Tabellenform) und entscheiden Sie sich begründet für einen Lieferanten!

   1.4 Stellen Sie den Vorgang der Fremdbeschaffung vom Ereignis „Kundenauftrag eingegangen" bis zum Ereignis „Lieferant kann liefern" als Prozesskette dar!

   1.5 Die HARO GmbH bestellt am 13.10.2005 10 Stück CONFERENZ Plasma TV/Videokombinationen. Begründen Sie mit Hilfe des Gesetzes, welche Rechtswirkung die Bestellung hat!

Im Folgenden wird davon ausgegangen, dass die Lieferung unabhängig von der Auswahl in 1.3 für den 31.10.2005 vereinbart wurde. Am 03.11.2005 ist die Ware noch nicht bei der HARO GmbH eingetroffen. Die HARO GmbH muss schnellstmöglich bei einem anderen Lieferanten bestellen.

   1.6 Prüfen Sie, ob die HARO GmbH vom ursprünglichen Kaufvertrag zurücktreten kann![1]

   1.7 Der andere Lieferant erfüllt den neu abgeschlossenen Kaufvertrag rechtzeitig. Er liefert die Waren am 15.11.2005 (Warenwert netto 54000,00 €). Die HARO GmbH begleicht die Rechnung am 20.11.2005 unter Abzug von 3% Skonto.

   Bilden Sie die Buchungssätze für die Eingangsrechnung/den Wareneingang und den Zahlungsausgleich!

Bei der Müller-Möbel GmbH werden außerdem 20 Stück BEROMASTE-Chefzimmerbürolampen bestellt (Anlage). Die HARO GmbH unterhält eine kleine Forschungs- und Entwicklungsabteilung (F&E), die versucht, Kundenwünsche aufzugreifen und ihnen gerecht zu werden. In dieser Abteilung entstand die spezielle Form des Artikels BEROMASTE-Chefzimmerlampe, die von den handelsüblichen, bisher auf dem Markt angebotenen Stehleuchten stark abweicht und aufgrund ihrer Extravaganz die Kunden sehr anspricht.

   1.8 Erläutern Sie, warum die HARO GmbH eine eigene F&E-Abteilung hat!

   1.9 Geben Sie an, woran man in der Artikelkarte gewöhnlich ablesen kann, ob bei einem Artikel Eigenfertigung oder Fremdbezug vorliegt (Anlage)!

   1.10 Die Grundlage für einen Fertigungsauftrag bildet der Basisarbeitsplan. Welche Angaben sind darin enthalten? Worin unterscheidet sich der Basisarbeitsplan vom Auftragsarbeitsplan?

   1.11 Zur Herstellung des Artikels werden dem Lager Netzteile (Fremdbauteile) im Wert von 80,00 € entnommen. Buchen Sie diesen Vorgang!

   1.12 Erläutern Sie, welche Veränderung sich in der Artikelkarte beim Artikel „BEROMASTE-Chefzimmerbürolampe" nach der Buchung der Fertigmeldung ergeben hat (Anlage)!

---

1 Auf die Angabe des Gesetzestextes wird hier verzichtet.

Anlage 1

MÜLLER-MÖBEL GmbH
Objektausstattungen
Tischler-Str. 4-10 · 40155 Düsseldorf

MÜLLER-MÖBEL GmbH, Tischler-Str. 4-10, 40155 Düsseldorf

HARO GmbH
Im Industriegebiet 11
72336 Balingen

Ihr Zeichen, Ihre Nachricht vom	Unser Zeichen, unsere Nachricht vom	Datum
Tk, 23.08.2005	We/Kl	05.10.2005

Bestellung

Sehr geehrte Damen und Herren,

wir bestellen gem. Ihren Lieferbedingungen folgende Artikel:

Artikel-Nr.	Bezeichnung	Menge	Stückpreis (netto)
221100	CONFERENZ Plasma TV/Videokombination	10	5.990,00 €
221101	BEROMASTE Chefzimmerbürolampe	20	695,00 €

Ihre Lieferung muss bis 20.10.2005 erfolgen.

Mit freundlichen Grüßen

Weber

i.A. Weber

Geschäftsräume	Geschäftszeit	Deutsche Bank Filiale Düsseldorf	Postbank Frankfurt
Tischler-Str. 4-10	07:30 Uhr – 17:00 Uhr	Kto.-Nr. 1007855	Kto.-Nr. 38116-602
40155 Düsseldorf		BLZ 300 700 10	BLZ 500 100 60
Sitz der Gesellschaft	Registergericht	STEUER-Nr. 12740510	
Düsseldorf	Düsseldorf HRA 879	FA Düsseldorf	

Anlage 2

Anlage 3

Angebot Technikversand OHG Kaiserslautern

Sehr geehrte Damen und Herren,

vielen Dank für Ihre Anfrage. Wir bieten Ihnen mit Lieferung zum 25.10.2005 an:

CONFERENZ Plasma TV/Video Kombination: 106 cm Plasma Display im 16:9 Format mit einer Helligkeit von 600 cd/m^2 und einem Kontrast von 3000:1 für brillante Darstellung.

    Listenpreis je Stück   5 500,00 €
    zzgl. Umsatzsteuer

Ab einem Bestellwert von 50 000,00 € netto gewähren wir Ihnen 10 % Rabatt. Das Zahlungsziel beträgt 30 Tage, bei Bezahlung der Rechnung innerhalb von 10 Tagen nach Lieferung gewähren wir Ihnen zusätzlich 2 % Skonto. Alle Beträge netto.

Die Lieferung erfolgt frei Haus.

Angebot Medienwelt KG Ludwigshafen

Sehr geehrte Damen und Herren,

vielen Dank für Ihre Anfrage. Wir bieten Ihnen mit Lieferung zum 31.10.2005 an:

CONFERENZ Plasma TV/Video Kombination: 106 cm Plasma Display im 16:9 Format mit einer Helligkeit von 600 cd/m^2 und einem Kontrast von 3000:1 für brillante Darstellung.

> Listenpreis je Stück   4800,00 €
> zzgl. Umsatzsteuer

Ab einem Bestellwert von 50000,00 € netto gewähren wir Ihnen 10 % Rabatt. Das Zahlungsziel beträgt 60 Tage. Alle Beträge netto.

Die Lieferung erfolgt frei Haus.

Angebot High Tech Land GmbH München

Sehr geehrte Damen und Herren,

vielen Dank für Ihre Anfrage. Wir bieten Ihnen mit Lieferung zum 31.10.2005 an:

CONFERENZ Plasma TV/Video Kombination: 106 cm Plasma Display im 16:9 Format mit einer Helligkeit von 600 cd/m^2 und einem Kontrast von 3000:1 für brillante Darstellung.

> Listenpreis je Stück   5300,00 €
> zzgl. Umsatzsteuer

Ab einem Bestellwert von 30000,00 € netto gewähren wir Ihnen 3 % Rabatt, ab 50000,00 € 6 % Rabatt. Das Zahlungsziel beträgt 30 Tage, bei Bezahlung der Rechnung innerhalb von 10 Tagen erhalten Sie 3 % Skonto. Die Kosten für die Fracht betragen 500,00 €, zusätzlich Rollgeld 174,60 €. Alle Beträge netto.

Anlage 4

📇 221101 BEROMASTE - Artikelkarte	⬛⬜❎

| Allgemein | Fakturierung | Beschaffung | Planung | Außenhandel |

Nr.	221101 [...] ✏	Lagerbestand	0
Beschreibung	BEROMASTE	Menge in Bestellung . . .	0
Basiseinheitencode . . .	STÜCK ⬆	Menge in Fertigung . . .	20
		Menge in Auftrag	0

Beispiel 3: Prüfungsaufgabe Sommer 2006

Aufgabe 1: Absatz

Die Thomas Rack GmbH in Reutlingen, Hersteller von hochwertigen Fahrrädern, sieht sich einem starken Wettbewerb, speziell durch Anbieter aus Polen, Taiwan und Litauen, ausgesetzt. Der Umsatz des bestehenden Sortiments aus Trekkingrädern, Rennrädern und Mountain-Bikes ging seit 2002 beständig zurück. Die Zusammenarbeit zwischen der Rack GmbH als Hersteller und den Fahrrad-Fachgeschäften war über viele Jahre vertrauensvoll.

Ein neuer Trend aus Amerika ist das Fitness-Bike. Dieses Fahrrad vereint die Vorteile verschiedener Fahrradtypen in einem einzigen Modell und soll die Leute ansprechen, die im Winter ins Fitness-Studio gehen und im Sommer in der Natur auf dem Rad trainieren wollen!

Das neu entwickelte Fitness-Bike der Rack-GmbH hat ein pfiffiges Aussehen und weist einige technische Besonderheiten auf.

1. In einer Besprechung der Geschäftsleitung Anfang März 2006 wurde aufgrund der prognostizierten Absatzzahlen im Inland entschieden, Fitness-Bikes ins eigene Produktionsprogramm aufzunehmen.

   1.1 Beschreiben Sie die wesentlichen Schritte wie man zu einer Marktprognose kommt! Welchem Zweck dient eine Marktprognose?

   1.2 Analysieren und beurteilen Sie die Entwicklung des Marktvolumens sowie der Marktanteile der Rack GmbH anhand der prognostizierten Absatzzahlen!

Prognostizierte Absatzzahlen in Stück im Inland						
Jahre	**2007**		**2008**		**2009**	
	Markt-volumen	Absatz Rack GmbH	Markt-volumen	Absatz Rack GmbH	Markt-volumen	Absatz Rack GmbH
Fitness-Bikes	180 000	16 000	240 000	22 500	280 000	26 400
Fahrräder insgesamt	4 780 000	277 100	4 870 000	270 150	4 915 000	260 380

2. Die Rack GmbH entscheidet sich, das Fitness-Bike in ihr Produktionsprogramm aufzunehmen.

   2.1 Begründen Sie, um welche produktpolitische Maßnahme es sich dabei handelt!

   2.2 Neben den Absatzzahlen werden die Preise sowie die Kostenentwicklung für das Fitness-Bike wie folgt prognostiziert:

	Jahr		
	2007	**2008**	**2009**
Preis/Stück	1 000,00 €	900,00 €	800,00 €
Kosten/Stück	700,00 €	650,00 €	600,00 €

   Skizzieren Sie den Verlauf von Umsatz und Gewinn für das Fitness-Bike in den Jahren 2007 bis 2009 und ordnen Sie die einzelnen Jahre den Phasen eines Produktlebenszyklus zu! Schlagen Sie zwei Marketing-Maßnahmen vor, welche die Rack GmbH aufgrund der Ergebnisse für das Jahr 2009 ergreifen sollte!

3. Zur Markteinführung des Fitness-Bikes am 20.04.2006 soll eine Werbekampagne gestartet werden.

   3.1 Erläutern Sie die AIDA-Formel im Rahmen der Produktwerbung!

   3.2 Die Geschäftsleitung überlegt, für welche Zielgruppe sie sich entscheiden sollte. Zur Diskussion stehen einerseits die 18- bis 30-Jährigen oder andererseits die 50- bis 65-Jährigen.

   Entwickeln Sie Erfolg versprechende Werbepläne für diese beiden Zielgruppen. Beurteilen Sie diese Strategien nach Werbewirksamkeit und Kosten!

3.3 Die eigentlichen Werbeaktionen sollen zusätzlich durch verkaufsfördernde Maßnahmen unterstützt werden. Schlagen Sie zwei mögliche Maßnahmen vor.

4. Aufgrund der Werbekampagne erhielten wir von verschiedenen langjährigen Kunden Bestellungen für das neue Fitness-Bike.
   4.1 Am 02.03.2006 lieferten wir zusammen mit der Ausgangsrechnung 12 Fitness-Bikes an den Fahrrad-Einzelhändler Klaus Mattes in Schorndorf. Buchen Sie die Ausgangsrechnung (Anlage)!
   4.2 Klaus Mattes sendet zwei zu viel gelieferte Fitness-Bikes zurück. Er bezahlt die Rechnung unter Abzug der zwei Bikes und des Skontos per Banküberweisung.
   4.3 Der Einzelhändler Norbert Kurz in Nürtingen stellt bei Erhalt der Lieferung fest, dass ein Fitness-Bike zu wenig geliefert wurde und an zwei Bikes leichte Lackschäden am Rahmen sichtbar sind. Beurteilen Sie die rechtliche Situation der Rack GmbH ausführlich!

5. Die neue Mitarbeiterin Sabine Stark stellt bei Durchsicht der offenen Posten fest, dass ein langjähriger Kunde, der Fahrradhändler Peter Schmitt in Schwäbisch Gmünd, eine Rechnung vom 02.03.2003 trotz mehrfacher Mahnungen bis heute noch nicht bezahlt hat. Der Kunde verweist auf die Verjährung der Forderung. Beurteilen Sie die Rechtslage ausführlich!

6. Bisher belieferten wir nur den Facheinzelhandel mit unseren Fahrrädern.
   6.1 Schlagen Sie zwei andere Vertriebswege vor. Erläutern Sie dabei auch Vor- und Nachteile dieser neuen Vertriebswege.
   6.2 Welche Auswirkungen hätten diese beiden neuen Vertriebswege einerseits auf die Produkt- und Programmpolitik sowie andererseits auf die Preispolitik?

Anlage

Thomas Rack GmbH – Im Industriegebiet 10 – 72768 Reutlingen

Firma
Klaus Mattes
Fahrräder
Schulstraße 3
73614 Schorndorf

Rechnung
(Bitte bei Zahlung angeben)

80067 / 02.03.2006
Referenznummer/Datum

80067
Auftragsnummer

Pos.	Menge	Bezeichnung	Einzelpreis	Gesamtpreis
000010	12	Fitness-Bikes, Art.-Nr. 3125	1 000,00 €	12 000,00 €
Summe Positionen				12 000,00 €
MWSt 19 %				2 280,00 €
Endbetrag				14 280,00 €

Zahlungsbedingungen:
Zahlbar innerhalb von 10 Tagen mit 2 % Skonto, innerhalb 30 Tagen rein netto.
Lieferbedingungen: frei Haus

Wir danken für Ihren Auftrag.

Wir bitten um Überweisung auf unser unten aufgeführtes Bankkonto.

Aufgabe 2:   Beschaffung

Die HARO GmbH in Balingen ist Hersteller von Werkzeugen für das Handwerk und den privaten Hobbyhandwerker. Die Produktpalette besteht aus Handelswaren sowie aus kleineren Maschinen, deren Einzelteile eingekauft und zu Fertigprodukten montiert werden.

Der Artikel Nr. 221047 Elektronik-Halbrundzange wurde bisher bei der Richard Vollmer & Co. KG in Reutlingen bezogen. Der Lieferant hat mitgeteilt, dass er den Artikel künftig nicht mehr liefern kann, da er ihn aus dem Sortiment genommen hat. Die Leiterin des Einkaufs, Frau Meinhard, hat Sie beauftragt, Angebote möglicher neuer Lieferanten einzuholen. Diese gingen Ihnen im Februar 2006 per Post zu (Anlagen).

1. Nennen Sie vier Möglichkeiten, wie Sie neue Bezugsquellen für diesen Artikel erschließen können!

2. Führen Sie einen rechnerischen Angebotsvergleich in übersichtlicher Darstellung durch! Gehen Sie dabei von einer Bestellmenge in Höhe von 1000 Stück aus!

3. Erweitern Sie den Angebotsvergleich um drei qualitative Kriterien. Wählen Sie den geeignetsten Lieferanten aus und begründen Sie Ihre Entscheidung unter Zuhilfenahme der in der Anlage vorgegebenen Entscheidungsbewertungsmatrix. Bei Testkäufen war die gelieferte Ware der Kugler und Grauer KG im Wesentlichen in Ordnung, von der Ware der Weinmann GmbH wiesen 1% Mängel auf und die Mängelquote bei Liebherr & Söhne lag bei 2%.

4. In den Angeboten werden unterschiedliche Erfüllungsorte genannt. Erklären Sie deren Bedeutung.

5. Erläutern Sie die von dem Unternehmen für das Produkt angewandte Dispositionsmethode für den Artikel 221047 und grenzen Sie dieses Verfahren gegenüber dem Bestellrhythmusverfahren ab (Anlagen)!

6. Ermitteln Sie aufgrund der vorliegenden Daten des bisherigen Lieferanten den Tagesbedarf, den Jahresbedarf und die Anzahl der erforderlichen Bestellungen pro Jahr. Ein gleichmäßiger Verbrauch an den 250 Arbeitstagen wird unterstellt (Anlagen)!

7. In den Anlagen finden Sie einen Auszug aus der Lagerbestandsführung dieses Artikels. Berechnen Sie möglichst genau

   7.1   den durchschnittlichen Lagerbestand,

   7.2   die Lagerumschlagshäufigkeit,

   7.3   die durchschnittliche Lagerdauer!

8. Erläutern Sie zwei konkrete Möglichkeiten, wie die Lagerumschlagshäufigkeit in diesem Falle erhöht werden könnte!

9. Ermitteln Sie die optimale Bestellmenge (Anlage), wenn zum Lieferanten Kugler und Grauer KG gewechselt wird. (Unterstellen Sie folgende Werte: Einstandspreis je Stück 3,78 €; bestellfixe Kosten: 28,35 € pro Bestellung; Lagerhaltungskostensatz 12%. Sollten Sie bei Aufgabe 6. den Jahresbedarf nicht ermitteln können, so rechnen Sie mit 3000 Stück weiter.) Nennen Sie Gründe aus der betrieblichen Praxis, die für eine von der optimalen Bestellmenge abweichende Bestellmenge sprechen!

10. Der Meldebestand soll nach dem Wechsel zum neuen Lieferanten Kugler und Grauer KG auf 45 Stück gesenkt werden. Beurteilen Sie diesen Vorschlag!

11. Wir bestellen am 22.02. 500 Stück des Artikels Nr. 221047 Elektronik-Halbrundzange bei der Firma Kugler und Grauer KG. Begründen Sie, wie in diesem Fall ein rechtsgültiger Kaufvertrag zustande kommt (Anlage)!

Anlage 1

72379 Hechingen – Fliederstr. 35 ☎ 07471 55337

HARO GmbH
Im Industriegebiet 11
72336 Balingen

Angebot

Datum 14.02…
Angebots-Nr. 5397

Aufgrund Ihrer Anfrage vom 10.02… bieten wir Ihnen an:

Art.-Nr.	Artikelbezeichnung	Einzelpreis
221047	Elektronik-Halbrundzange	4,00 €

Bei einer Abnahme ab 400 Stück pro Bestellung gewähren wir einen Mengenrabatt in Höhe von 2,5 %. Keine Mindestbestellmenge.

Die Lieferung erfolgt innerhalb einer Woche frei Haus.

Zahlbar 30 Tage netto, 10 Tage 2 % Skonto.

Gesetzlicher Erfüllungsort: Hechingen

Bank: Volksbank Hohenzollern (BLZ 641 632 25) Konto-Nr. 251 631 55
Sitz/Registergericht: Hechingen, Amtsgericht Hechingen HRB 963
Geschäftsführer: Markus Weinmann – Steuer-Nr.: 47032/00178

Anlage 2

Kugler und Grauer KG

Königstr. 13 Telefon: 0711 86852 E-Mail: kugler@grauer.com
70173 Stuttgart Fax: 0711 86853

HARO GmbH
Im Industriegebiet 11
72336 Balingen

Datum 13.02...
Angebots-Nr. 3624

Angebot: Ihre Anfrage vom 10.02...

ArtNr.	Artikelbezeichnung	Menge	Einzelpreis	Betrag
221047	Elektronik-Halbrundzange		3,80 €	

Auf die angeführten Listenpreise gewähren wir Ihnen 10 % Wiederverkäuferrabatt
Für die Lieferung berechnen wir Ihnen 0,35 € je Stück
Lieferzeit: 3 Tage ab Auftragseingang
Mindestbestellmenge: 500 Stück
Zahlung innerhalb 30 Tagen netto
Der Erfüllungsort ist für beide Vertragsparteien Stuttgart.

Bankverbindung: BfG Bank, BLZ 600 101 11, Konto 834629
Sitz/Registergericht: Stuttgart, Amtsgericht Stuttgart HRA 1576   Steuer-Nr. 83024/00546

Anlage 3

HARO GmbH
Im Industriegebiet 11
72336 Balingen

Datum 15.02...
Angebots-Nr. 73621

Freibleibendes Angebot: Ihre Anfrage Nr. 41001 vom 10.02...

ArtNr.	Artikelbezeichnung	Menge	Einzelpreis	Betrag
221047	Elektronik-Halbrundzange		3,60 €	

Zahlbar innerhalb 14 Tagen ohne Abzug;
Verpackungs- und Versandkostenpauschale pro Lieferung: 150,00 €
Mindestbestellmenge: 1000 Stück
Die Lieferung erfolgt innerhalb ca. 10 bis 15 Tagen nach Bestellung.

Bankverbindung: Deutsche Bank Tübingen, BLZ 640 700 85, Konto-Nr. 68943
Sitz/Registergericht: Tübingen, Amtsgericht Tübingen HRA 41357   Steuer-Nr. 52544/00321

Anlage 4

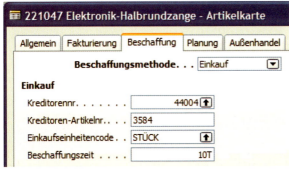

Anlage 5

Buchungsdatum	Postenart	Artikel-Nr.	Menge
01.01.	AB	221047	300
15.01.	Entnahme	221047	280
20.01.	Zugang	221047	500
20.02.	Entnahme	221047	250
18.03.	Entnahme	221047	260
13.04.	Zugang	221047	500
15.04.	Entnahme	221047	290
10.05.	Zugang	221047	500
12.05.	Entnahme	221047	360
20.06.	Entnahme	221047	280
21.08.	Zugang	221047	500
23.08.	Entnahme	221047	250
12.09.	Entnahme	221047	260
15.09.	Zugang	221047	500
03.10.	Entnahme	221047	290
10.11.	Zugang	221047	500
15.11.	Entnahme	221047	360

Anlage 6

HARO GmbH – Im Industriegebiet 11 – 72336 Balingen

Kugler & Grauer KG
Königstr. 13
70173 Stuttgart

	Bestellung	
	Datum	Bestell-Nr.
	22.02.20..	25501

Art.-Nr.	Artikelbezeichnung	Menge	Einzelpreis	Betrag
221047	Elektronik-Halbrundzange Transport – 10 % Rabatt	500	3,80	1 900,00 € 180,00 € 208,00 €
	Nettobetrag + 19 % MWSt **Rechnungsbetrag**			1 872,00 € 355,68 € **2 227,68 €**

Zahlbar innerhalb 30 Tagen ohne Abzug

Sparkasse Zollernalb, BLZ 653 512 60, Kto.-Nr. 24 999 111
Volksbank e.G., Balingen, BLZ 653 912 10, Kto.-Nr. 11 111 011
Sitz/Registergericht: Balingen, Amtsgericht Balingen HRB 554, Geschäftsführer: Hans-Jürgen Hahn
UST-ID-Nr.: DE 811306524 – Steuer-Nr.: 53050/00954

Anlage 7

Angebotsvergleich

	Gewichtung	Einzelwerte (EW) und Bewertung (Bew) (1: ungenügend; 6: sehr gut)					
		Weinmann GmbH		Kugler und Grauer KG		Liebherr & Söhne	
		EW	Bew	EW	Bew	EW	Bew

Optimale Bestellmenge

Anzahl der Bestellungen pro Jahr	Bestell-mengen	Durchschnitt-licher Lager-bestand in EUR	Lagerkosten pro Jahr in EUR	Bestellfixe Kosten pro Jahr in EUR	Gesamt-kosten in EUR
1					
2					
3					
4					
5					
6					

Teil 2: Geschäftsprozessorientierte Projekte

1 Projekt: Leistungserstellungsprozess

1.1 Grundlagen und Basisdaten

In der HWR GmbH ist auch der Produktionsbereich mit dem Beschaffungs- und Absatzbereich verzahnt und in das integrierte ERP-System eingebunden, mit dessen Hilfe Sie die aus Kundenaufträgen ergebende Planung und Durchführung der Beschaffung und Fertigung sowie die übrigen anfallenden Arbeitsaufträge im Rahmen des betrieblichen Leistungserstellungsprozesses durchführen sollen.

Situation

Die HWR GmbH plant, den „Schubkarren 85L Standard" mit der Artikelnummer 220001 herzustellen. Die nebenstehende Konstruktionszeichnung zeigt im Profil den Grundaufbau des Schubkarrens. Neben dem Fremdbezug einiger Komponenten des Schubkarrens werden einzelne Teile aus eingekauftem Rohmaterial auch selbst gefertigt.

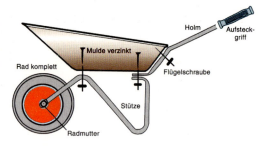

Für eine computergestützte Fertigung müssen die Artikel (Komponenten), Stücklisten, Arbeitspläne, Arbeitsplätze in den einzelnen Menüpunkten der entsprechenden Module des ERP-Systems als Datenbasis vorhanden sein. Diese Informationen sind untereinander vernetzt und werden dann bei einem konkreten Fertigungsauftrag zusammengeführt und gebündelt.

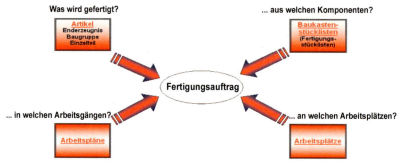

Modul/Menüpunkt	Daten
Produktion ⊟ 📂 Fertigungsstammdaten 　　▦ Baukastenstücklisten 　　▦ Arbeitspläne 　　▦ Arbeitsplätze 　　▦ Arbeitsplatzgruppen 　⊞ 📁 Berichte ⊟ 📂 Planung 　　▦ Absatzplanung 　　▦ Planungsvorschläge 　　⁂ Grafische Plantafel ⊟ 📂 Auftragssteuerung 　　▦ Geplante FA 　　▦ Fest geplante FA 　　▦ Freigegebene FA 　　⁂ Grafische Plantafel 　　▦ Verbrauchs Buch.-Blätter 　　▦ Istmeldungs Buch.-Blätter	– Stücklisten (Erzeugnisstruktur) – Baugruppen mit Komponenten und Komponentenmenge – Arbeitspläne – Arbeitsgänge – Bearbeitungszeiten – Arbeitsplätze – Kostensatz des Arbeitsplatzes je Zeiteinheit – Zu verrechnende Gemeinkosten – Planungsvorschläge für Beschaffungs- und Fertigungsbedarf – Zeitplanung – Fertigungsaufträge mit unterschiedlichem Status – Materialverbrauch – Fertigmeldung (Lagerzugang)
Lager ⊟ 📂 Lager 　　▦ Artikel 　　▦ Lagerhaltungsdaten	– Artikel – Lagerbestände – Bezugsquellen – Dispositionsmethoden – Beschaffungszeiten – Einstandspreise (Materialkosten) – Materialgemeinkosten
Finanzmanagement ⊟ 📂 Finanzbuchhaltung 　　▦ Kontenplan 　　▦ Fibu Buch.-Blätter 　　▦ Kontenschemata 　⊞ 📁 Berichte 　⊟ 📂 Historie 　　　▦ Journale	– Kontenplan mit Anzeige der Kontenstände – Ausgleich offener Posten – Journale über die Buchungen in der Finanz- und Lagerbuchhaltung

461

Projektaufgabe

1 Gegenwärtig wird in der HWR GmbH für den Schubkarren mit der Artikelnummer 220001 die Aufnahme in die Produktion vorbereitet.

Das Rohmaterial (Rundstahlrohr) sowie die Einzelkomponenten „Mulde verzinkt", „Flügelschraube", „Rad komplett", „Aufsteckgriff" und „Radmutter" werden eingekauft. Hieraus werden im Betrieb dann die Baukasten-Artikel und das Enderzeugnis gefertigt und montiert.

Erzeugnisstruktur Schubkarren

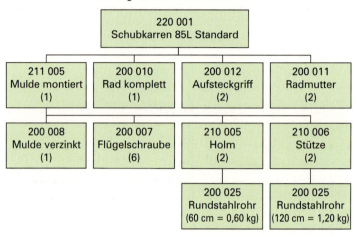

1. **Artikel (Erzeugniskomponenten), Stücklisten und Teileverwendungsnachweis**

    Die Datengrundlage eines sich aus einem Kundenauftrag ergebenden Fertigungsauftrages bilden zunächst der zu fertigende Artikel mit seinen Baukastenstücklisten und den jeweiligen Komponenten.

    (1) Kennzeichnen Sie in der Abbildung der Erzeugnisstruktur sämtliche Komponenten nach ihrer „Beschaffungsmethode" mit einem „E" (Einkauf) bzw. „F" (Fertigungsauftrag).

    (2) Über wie viele Baustufen erstreckt sich der Aufbau des Schubkarrens?

    (3) Auf welcher Baustufe befindet sich die Komponente „Rundstahlrohr"?

    (4) Aus wie viel Baukästen setzt sich der Schubkarren zusammen?

    Bearbeitungshinweis:
    Zu einem Baukasten gehören immer nur die Komponenten der unmittelbar darunterliegenden Fertigungsebene.

    (5) Erstellen Sie zunächst auf dem Papier als Vorbereitung für die spätere Erfassung im System die Baukastenstücklisten nach folgendem Muster!

Baukastenstückliste		
Artikel-Nr.	Komponentenbezeichnung	Menge

(6) Erstellen Sie für den Schubkarren eine Strukturstückliste nach folgendem Muster!

Strukturstückliste			
Baustufe	Artikel-Nr.	Komponentenbezeichnung	Menge

(7) Erstellen Sie für die Komponente „200025 Rundstahlrohr" einen Strukturteileverwendungsnachweis nach folgendem Muster!

Strukturteileverwendungsnachweis			
Baustufe	Artikel-Nr.	Komponentenbezeichnung	Menge

(8) Im Modul *Lager* sind die Komponenten des Schubkarrens bereits als „Artikel" erfasst. Die Beziehungen zwischen den Artikeln/Komponenten, also welche Komponenten einen Baukasten bilden, werden über die Baukastenstücklisten definiert. Die Baukastenstückliste des Enderzeugnisses „220 001 Schubkarren" ist im System als Muster bereits angelegt.

Erfassen Sie die übrigen Baukastenstücklisten des Schubkarrens im Modul *Produktion!*

Bearbeitungshinweis:

Die Stücklisten erhalten die gleiche Nummer wie der Artikel bzw. der Baukasten. Die Vorlaufzeit bei den Fremdbezugskomponenten beträgt 1 Tag, d. h., sie müssen am Tag vor der Verarbeitung bzw. Verwendung in der Fertigung angeliefert sein. Nach der Erfassung der Baukastenstückliste ist im „Stücklistenkopf" der *Status* auf „Zertifiziert" einzustellen, damit die Stückliste als gültig aktiviert wird.

(9) Verbinden Sie in der Artikelkarte im Register *Beschaffung* die Baukasten-Artikel, die eigengefertigt werden, mit ihrer (Baukasten-)Stückliste.

(10) Lassen Sie sich die Strukturstückliste des Schubkarrens sowie den Teileverwendungsnachweis des Rundstahlrohres anzeigen und vergleichen Sie diese mit Ihrer manuellen Lösung aus Aufgabe (6) und (7)!

(11) Worin besteht der wesentliche Vorteil und Nachteil einer Baukastenstückliste?

(12) Inwiefern gleicht die Strukturstückliste den Nachteil einer Baukastenstückliste aus?

(13) Welchem wesentlichen Zweck dient ein Teileverwendungsnachweis?

2. **Arbeitspläne und Arbeitsplätze**

Für die zu fertigenden Artikel bzw. die einzelnen Baukästen müssen in Arbeitsplänen die Arbeitsgänge festgelegt sein und an welchen Arbeitsplätzen diese durchzuführen sind.

(1) Im System sind die Arbeitsplätze bereits angelegt.

Stellen Sie fest, mit welchem Einstandspreis (Einzel- und Gemeinkosten) eine Arbeitsplatzminute an den Montagearbeitsplätzen verrechnet wird!

(2) Erfassen Sie die übrigen Arbeitspläne für die Fertigung der einzelnen Baukästen.

Der Arbeitsplan für den Baukasten „210005 Holm" ist als Muster im System bereits angelegt.

Arbeits-plan Nr.	Baukasten Bezeichnung	Arbeits-platz Nr.	Arbeitsgang Nr.	Arbeitsgangbeschreibung	Rüstzeit (Min.)	Bearbeitungszeit (Min.)
210005	Holm	100	10	Rohr auf Länge absägen	0	0,50
		301	20	Rohr zum Holm biegen	0	0,50
		302	30	Holmende zusammendrücken	0	0,50
		400	40	Schraubloch bohren	0	0,50
		310	50	Kanten entgraten	0	0,50
210006	Stütze	100	10	Rohr auf Länge absägen	0	0,50
		301	20	Rohr zur Stütze biegen	0	0,50
		302	30	Stützenden zusammendrücken	0	0,75
		400	40	Schraublöcher bohren	0	1,00
		310	50	Kanten entgraten	0	0,75
211005	Mulde montiert	710	10	Montage Mulde montiert	0	6,00
220001	Schubkarren	720	10	Endmontage Schubkarren	0	6,00

Bearbeitungshinweis:

Die Arbeitspläne erhalten die gleiche Nummer wie die zu fertigende Komponente. Bei allen Arbeitsplänen handelt es sich um „serielle" Arbeitspläne, d.h., die Arbeitsgänge werden einzeln nacheinander abgearbeitet. Die Arbeitsgänge werden in der Praxis meist in 10er-Schritten nummeriert, sodass später – falls erforderlich – immer noch weitere Arbeitsgänge eingefügt werden können, ohne dass die vorhandenen umnummeriert werden müssen. Nach der Erfassung des Arbeitsplanes ist im „Arbeitsplankopf" der *Status* auf „Zertifiziert" einzustellen, damit der Arbeitsplan als gültig aktiviert wird.

(3) Verbinden Sie in der Artikelkarte im Register *Beschaffung* die Baukasten-Artikel, die eigengefertigt werden, mit ihrem jeweiligen Arbeitsplan.

3. Produktkalkulation

Im Folgenden sollen die Herstellungskosten des Schubkarrens kalkuliert werden.

(1) Berechnen Sie am Beispiel der Komponente „200025 Rundstahlrohr", mit wie viel Prozent Materialgemeinkosten kalkuliert wird!

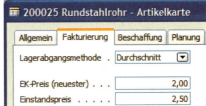

Bearbeitungshinweis:

Die Angaben zu den Materialkosten der einzelnen Komponenten sind in der Artikelkarte im Register *Fakturierung* hinterlegt.

Der Einkaufspreis (EK-Preis) entspricht den Materialeinzelkosten. Der Einstandspreis des Materials für die Fertigung beinhaltet neben den Materialeinzelkosten auch die Materialgemeinkosten.

(2) Die zu verrechnenden Materialgemeinkosten der einzelnen Komponente können in der Artikelkarte alternativ in Prozent oder als Absolutbetrag hinterlegt werden.

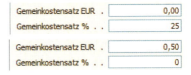

Warum wäre es sinnvoll, bei schwankenden Materialeinkaufspreisen die zu verrechnenden Materialgemeinkosten je Einheit als Absolutbetrag statt in Prozent zu hinterlegen?

(3) Im nachfolgenden Kalkulationsblatt, das entsprechend der Erzeugnisstruktur aufgebaut ist, sind die erforderlichen Kalkulationsdaten aus den Artikelkarten, den Baukastenstücklisten und den Arbeitsplänen zum Schubkarren bereits enthalten. Für die Komponente „Rundstahlrohr" und „Stütze" sind die Kalkulationswerte bereits berechnet.

Ermitteln Sie zunächst aus den vorhandenen Kalkulationsdaten noch den Fertigungsgemeinkostenzuschlagsatz!

Übertragen Sie die nachfolgende Lösungsstruktur auf Ihr Blatt und vervollständigen Sie anschließend zur Herstellkostenermittlung des Schubkarrens die Kalkulation (von unten nach oben)!

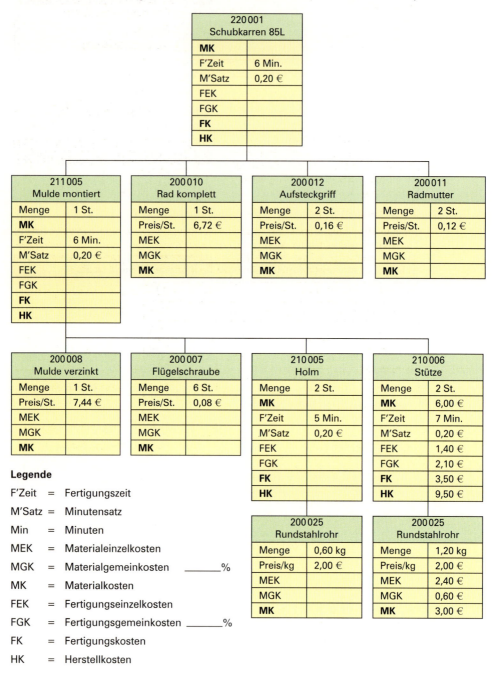

(4) Vergleichen Sie Ihre manuelle Kalkulation mit dem Bericht *Detailkalkulation* des Systems!

(5) Ermitteln Sie, wie viel Prozent Gewinn der HWR GmbH vom Erzeugnis „220001 Schubkarren 85L Standard" unter Berücksichtigung der Angaben im Bearbeitungshinweis verbleiben!

Bearbeitungshinweis:

Der geplante Verkaufspreis des Schubkarrens ist in der Artikelkarte bereits hinterlegt. Die HWR GmbH kalkuliert noch mit 15 % Verwaltungs- und Vertriebsgemeinkosten. Rabattgewährung an Kunden beträgt durchschnittlich 6,50 %. Für alle Kunden gilt eine einheitliche Zahlungsbedingung, die in der Debitorenkarte hinterlegt ist.

Herstellkosten Schubkarren	EUR	➤ siehe Kalkulationsblatt
+ Verwaltungs-/Vertriebsgemeinkosten	EUR	➤ 15 %
Selbstkosten	EUR	
+ Gewinn	EUR	➤ ____ %
Barverkaufspreis	EUR	
+ Skonto	EUR	➤ siehe Debitorenkarte
Zielverkaufspreis	EUR	
+ Rabatt	EUR	➤ durchschnittlich 6,5 %
Nettoverkaufspreis	EUR	➤ siehe Artikelkarte

1.2 Leistungserstellungsprozess auf der Basis eines Kundenauftrages

Die folgende Abbildung skizziert vereinfacht den grundsätzlichen Ablauf des Geschäftsprozesses Kundenauftragsabwicklung in Verbindung mit dem Leistungserstellungs- und Beschaffungsprozess im ERP-System.

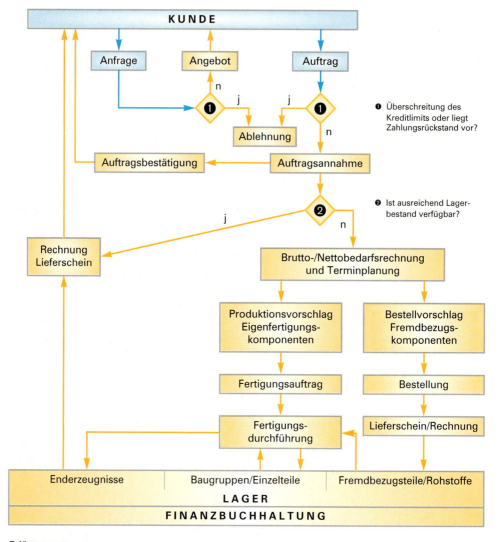

Erläuterung:

Bei einem Auftragseingang (mit oder ohne vorausgegangenes Angebot) prüft das ERP-System im Rahmen der Auftragserfassung neben der Bonität (Kreditlimit, Zahlungsrückstand) des Kunden, ob ein ausreichender Lagerbestand verfügbar ist.

Als Ergebnis muss hier eventuell in einen Leistungserstellungsprozess verzweigt werden. Dabei leistet das System bereits Unterstützung, indem in einem Planungsvorschlag simultan eine Brutto-/Nettobedarfsrechnung und eine Terminplanung durchgeführt wird, die in einen Produktions- und einen Bestellvorschlag einmündet. Diese Vorschläge werden nach eventuell vorheriger Abänderung in einen Fertigungsauftrag und in Materialbestellungen überführt. Sind die Rohstoffe und Fremdbezugskomponenten angeliefert, kann stufenweise die Fertigung der Einzelteile und Baugruppen bis hin zum Enderzeugnis erfolgen, um schließlich dem Kunden das Enderzeugnis ausliefern zu können.

Projektaufgabe

2 1. **Anfrage und Angebot**

Von der Heimwerkermarkt GmbH, die bereits Kunde der HWR GmbH ist, ging folgende E-Mail ein:

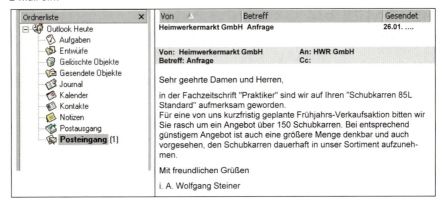

(1) Prüfen Sie vor einer eventuellen Angebotsabgabe anhand der Debitorenkarte im Modul *Verkauf*, ob der Kunde das eingeräumte Kreditlimit überschreitet, falls das Angebot zu einem Auftrag führen würde und ob der Kunde aufgrund eventuell früherer Lieferungen im Zahlungsrückstand ist!

Bearbeitungshinweis:

Einen raschen Überblick über die „offene Posten" der Kunden erhält man über das Register *Allgemein* der betreffenden Debitorenkarte.

Über die Pfeilschaltfläche im Betragsfeld *Saldo* öffnet sich im Weiteren die Anzeige der offenen Posten.

469

(2) Erstellen Sie unter dem Arbeitsdatum des 27.01. für die Heimwerkermarkt GmbH ein Angebot mit Einräumung eines Rabattes!

Bearbeitungshinweis:

Da die Heimwerkermarkt GmbH ein guter Kunde ist, soll im Falle einer Überschreitung des Kreditlimits oder bei fälligen offenen Posten trotzdem ein Angebot abgegeben werden.

Beachten Sie bei Ihrer Rabattfestlegung, dass die HWR GmbH unter Berücksichtigung der den Kunden eingeräumten Zahlungsbedingung beim Schubkarren mindestens eine Gewinnspanne von 7,5 % realisieren möchte und für eventuelle Angebotsnachverhandlungen noch ein Rabattzugeständnis möglich sein soll. Der Nettoverkaufspreis des Schubkarrens ist in der Artikelkarte hinterlegt. Wie weiter vorne bereits ermittelt wurde, betragen die Herstellkosten des Schubkarrens 40,00 EUR und die HWR GmbH kalkuliert mit 15 % Verwaltungs- und Vertriebsgemeinkosten.

	Vorwärtskalkulation	Rückwärtskalkulation
Herstellkosten Schubkarren	EUR	
+ Verwaltungs-/Vertriebsgemeinkosten	EUR	
Selbstkosten	EUR	
+ Gewinn (Differenz)		**EUR**
Barverkaufspreis		EUR
+ Skonto		EUR
Zielverkaufspreis		EUR
+ Rabatt		EUR
Nettoverkaufspreis		EUR

2. **Angebot und Auftrag**

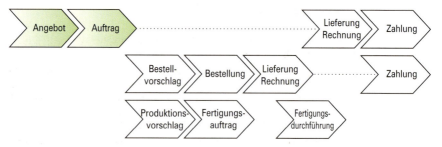

Am 01.02. meldet sich Herr Steiner von der Heimwerkermarkt GmbH telefonisch aufgrund des abgegebenen Angebotes. Um „ins Geschäft zu kommen" musste nach zähen Verhandlungen ein Rabatt von 8 % zugestanden werden. Allerdings gelang es, eine Auftragsmenge von 200 Stück zu vereinbaren. Die Lieferung sollte – wenn möglich – bis zum 20.02. erfolgen.

(1) Ermitteln Sie, wie viel Prozent Gewinn der HWR GmbH bei diesem Auftrag aufgrund des gewährten Rabattes und der geltenden Zahlungsbedingung verbleiben, wenn sämtliche Kalkulationsdaten sich unverändert realisieren lassen!

(2) Erzeugen Sie unter dem Arbeitsdatum des 01.02. aus dem vorhandenen Angebot unter Berücksichtigung der Verhandlungsergebnisse einen Auftrag und drucken Sie die Auftragsbestätigung aus!

(3) Inwiefern ist aus der Artikel- bzw. Lagerhaltungsdatenkarte des Artikels Nr. „220001 Schubkarren 85L Standard" im Register *Allgemein* ersichtlich, dass ein zu erfüllender Kundenauftrag vorliegt?

3. Auftrag und Fertigungsprozessplanung

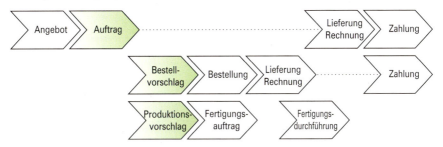

Aufgrund des vorliegenden Kundenauftrages soll nun die Termin- und Materialbedarfsplanung vorgenommen werden. Die HWR GmbH hat von den einzelnen Komponenten des Schubkarrens keinerlei Bestände auf Lager. Bestellungen für die erforderlichen Fremdbezugskomponenten sind bislang ebenfalls noch nicht erfolgt.

(1) **Terminplanung (Rückwärtsrechnung)**

Zunächst muss geprüft werden, ob der vom Kunden gewünschte Liefertermin möglich ist. Führen Sie nach dem Muster der nachfolgenden Strukturgrafik die Terminplanung (Rückwärtsrechnung) durch!

Bearbeitungshinweis:

Aus Gründen der Vereinfachung und besseren manuell-rechnerischen Nachvollziehbarkeit soll unterstellt werden, es gäbe keine arbeitsfreien Tage (z.B. Samstage, Sonntage, Feiertage, Urlaub usw.).

Bei den Fremdbezugskomponenten können im Modul *Lager* aus der Artikel- bzw. Lagerhaltungsdatenkarte die Wiederbeschaffungstage entnommen werden. Der Bestelltag selber gehört nicht zur Wiederbeschaffungszeit. Die Fremdbezugskomponenten haben eine Vorlaufzeit von 1 Tag, d.h., sie müssen bis Ende des Vortages der fertigungstechnischen Verwendung im Betrieb angeliefert sein.

Die einzelnen Arbeitsgänge laut Arbeitsplan zur Herstellung einer Eigenfertigungskomponente laufen stets nacheinander (seriell) ab. Voneinander unabhängige Baugruppen können jedoch parallel gefertigt werden. Eine Arbeitsschicht im Betrieb beträgt täglich 8 Stunden (8.00 Uhr – 16.00 Uhr ohne Unterbrechung). Weiterhin ist zu berücksichtigen, dass die Fertigstellung des Schubkarrens spätestens am Vortag des Lieferdatums erfolgen muss.

220001 Schubkarren 85L	
Σ Min	
SEZ	19. – 16:00 h
SAZ	

Legende

Σ Min: Auftragsmenge · Bearbeitungszeit + Rüstzeit laut Arbeitsplan

SEZ: Spätester Endzeitpunkt (Tag – Uhrzeit)

SAZ: Spätester Anfangszeitpunkt

211005 Mulde montiert	
Σ Min	
SEZ	
SAZ	

200010 Rad komplett	
Tage	
SEZ	
SAZ	

200012 Aufsteckgriff	
Tage	
SEZ	
SAZ	

200011 Radmutter	
Tage	
SEZ	
SAZ	

200008 Mulde verzinkt	
Tage	
SEZ	
SAZ	

200007 Flügelschraube	
Tage	
SEZ	
SAZ	

210005 Holm	
Σ Min	
SEZ	
SAZ	

210006 Stütze	
Σ Min	
SEZ	
SAZ	

200025 Rundstahlrohr	
Tage	
SEZ	
SAZ	

200025 Rundstahlrohr	
Tage	
SEZ	
SAZ	

(2) Erstellen Sie entsprechend dem folgenden Muster ein Balkendiagramm (Gantt-Diagramm), aus dem die spätesten Bestellzeitpunkte sowie die Beschaffungs- und Fertigungszeiträume der einzelnen Komponenten ersichtlich werden!

220001 Schubkarren																			
200010 Rad komplett																			
200011 Radmutter																			
200012 Aufsteckgriff																			
211005 Mulde montiert																			
200007 Flügelschraube																			
200008 Mulde verzinkt																			
210005 Holm																			
210006 Stütze																			
200025 Rundstahlrohr																			
Kalendertag Februar	3	4	5	6	7	8	9	10	11	12	13	14	15	16	17	18	19	20

(3) **Bedarfsplanung**

Unter dem (Primär)Bedarf versteht man die Mengen an Erzeugnissen, die der Kunde aufgrund seines Auftrages wünscht. Für diesen (Primär)Bedarf müssen nun die Mengen (Sekundärbedarf) der zu fertigenden und einzukaufenden Komponenten ermittelt werden. Vom sogenannten Bruttobedarf spricht man, wenn bei der Bedarfsermittlung keine eventuell vorhandenen Lagerbestände berücksichtigt (abgezogen) werden. Aufgrund der Erzeugnisstruktur wird ein Bruttobedarf (Kundenauftragsmenge) multipliziert mit der jeweiligen Menge auf der darunterliegenden Fertigungsstufe, so ergibt dies wiederum den dortigen Bruttobedarf. Zieht man vom jeweiligen Bruttobedarf den Lagerbestand ab, erhält man den Nettobedarf.

Begründen Sie, warum im vorliegenden Fall der Brutto- und Nettobedarf identisch ist!

(4) **Bruttobedarfsrechnung**

Führen Sie auf der Basis der Erzeugnisstruktur entsprechend dem nachfolgenden Muster eine Bruttobedarfsrechnung für den Kundenauftrag durch!

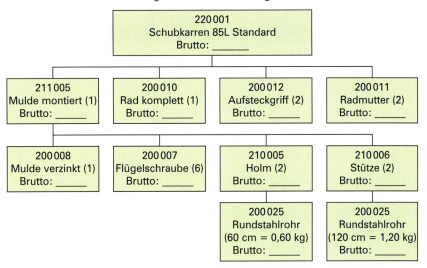

(5) **Brutto-/Nettobedarfsrechnung**

Bei einer Brutto-/Nettobedarfsermittlung werden Lagerbestände berücksichtigt. Darüber hinaus sind jedoch im Weiteren bei der Planung neben dem tatsächlichen (effektiven) Lagerbestand weitere Faktoren rechnerisch zu berücksichtigen:

Sicherheitsbestand	Festgelegter Bestand, der für Eventualfälle immer im Lager sein sollte
Menge in Auftrag	Reservierungen des Lagerbestands für andere Aufträge
Menge in Bestellung	Bereits bestellte, aber noch nicht angelieferte Menge
Menge in Fertigung	Bereits in Produktion befindliche, aber noch nicht fertiggestellte Menge

Werden neben dem (effektiven) Lagerbestand diese Faktoren berücksichtigt, so spricht man vom **disponierbaren Lagerbestand.**

Merke: Bruttobedarf – disponierbarer Lagerbestand = Nettobedarf

```
  Lagerbestand (effektiv)
– Sicherheitsbestand
– Menge in Auftrag
+ Menge in Bestellung
+ Menge in Fertigung
= disponierbarer Lagerbestand
```

Nehmen Sie an, die Lagerhaltungsdatenübersicht mit dem erfassten Kundenauftrag würde nachfolgendes Bild anzeigen:

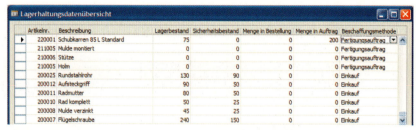

Führen Sie mithilfe der weiter vorne stehenden Erzeugnisstruktur des Schubkarrens eine Brutto-/Nettobedarfsrechnung nach dem Muster der nachfolgenden Tabelle bzw. Strukturgrafik durch!

Artikel	Brutto-bedarf	+ effektiver Lagerbestand	− Sicherheits-bestand	− Menge in Auftrag	+ Menge in Bestellung	+ Menge in Fertigung	= dispo. Lagerbestand	Netto-bedarf
220001								
200010								
200011								
200012								
211005								
200007								
200008								
210005								
210006								
200025								

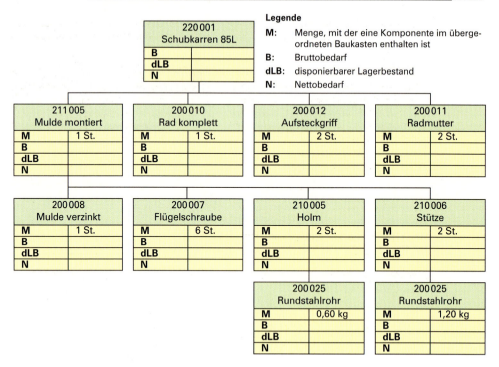

Legende

- **M:** Menge, mit der eine Komponente im übergeordneten Baukasten enthalten ist
- **B:** Bruttobedarf
- **dLB:** disponierbarer Lagerbestand
- **N:** Nettobedarf

(6) Lassen Sie sich im Modul *Produktion* über *Planungsvorschläge* die vorläufige Planung zur Terminberechnung (Rückwärtsterminierung) und zur Brutto-/Nettobedarfsrechnung anzeigen und gleichen Sie diese mit Ihrer Terminplanung und Bruttobedarfsplanung ab!

Bearbeitungshinweis:

Im Register *Optionen* ist das Auftragsdatum und Enddatum der Auftragsabwicklung als Planungshorizont für die Berechnungen anzugeben.

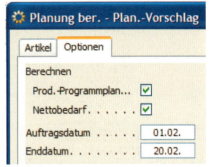

(7) Begründen Sie, warum Ihre manuelle Terminberechnung bei den Komponenten „210006 Stütze" und „200025 Rundstahlrohr" von der des Planungsvorschlages abweicht!

Bearbeitungshinweis:

Schauen Sie sich hierzu die Arbeitspläne der Komponenten „210005 Holm" und „210006 Stütze" an und an welchen Arbeitsplätzen die einzelnen Arbeitsgänge stattfinden!

4. **Materialbestellung und Fertigungsauftrag**

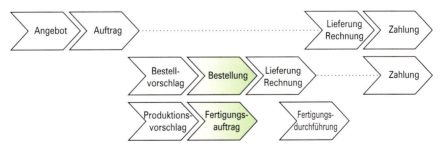

475

(1) Der Planungsvorschlag, der mit einer Mengenübersichtsstückliste vergleichbar ist, zeigt an, dass ein Beschaffungs- und Fertigungsbedarf aufgrund des Kundenauftrages als Ereignis eingetreten ist. Diese Mengenübersichtsstückliste wird nun aufgeteilt in die Komponenten, die durch Einkauf über eine Bestellung zu beschaffen sind sowie in die Komponenten, die in der Produktion über einen Fertigungsauftrag herzustellen sind.

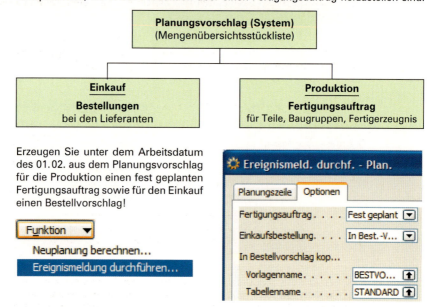

Erzeugen Sie unter dem Arbeitsdatum des 01.02. aus dem Planungsvorschlag für die Produktion einen fest geplanten Fertigungsauftrag sowie für den Einkauf einen Bestellvorschlag!

(2) Begründen Sie, warum es sinnvoll ist, die vom System laut Planungsvorschlag benötigten Materialmengen zunächst in einen noch änderbaren Bestellvorschlag zu kopieren, statt sofort Bestellungen daraus zu erzeugen!

(3) Der Bestellvorschlag zeigt als Bestelldatum das aktuelle Datum (frühester Bestellzeitpunkt) sowie das Fälligkeitsdatum (erwartetes Lieferdatum) an. Gleichzeitig ist im Bestellvorschlag bereits der „Standardlieferant" des Artikels vermerkt.

Erzeugen Sie aus dem Bestellvorschlag (ohne mögliche Abänderung) die Bestellungen!

(4) Überprüfen Sie, ob das in den einzelnen Positionszeilen der erzeugten Bestellungen angegebene (späteste) Bestelldatum mit Ihrer Terminplanung in Aufgabe 3 (1) übereinstimmt!

(5) Die Komponenten 200008 und 200025 werden vom Lieferanten „44009 Focke & Co. KG" und die Komponenten 200007, 200010, 200011 und 200012 vom Lieferanten „44003 Breuer-Technik GmbH & Co. KG" bezogen.

Wann müssen die Komponenten unter praktischen Gesichtspunkten spätestens bestellt werden, wenn beim einzelnen Lieferanten eine Lieferzusammenfassung vorgenommen werden soll?

(6) Inwiefern ist am Beispiel der Komponente „200007 Flügelschraube" und der Baugruppe „211005 Mulde montiert" aus der Artikel- bzw. Lagerhaltungsdatenkarte ersichtlich, dass eine Bestellung bzw. ein Fertigungsauftrag vorliegen?

5. Lieferung und Eingangsrechnung der Fremdbezugskomponenten

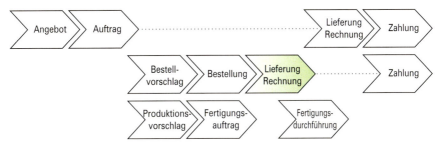

(1) Am 10.02. bzw. 14.02. gehen gleichzeitig mit den Lieferungen nachfolgende Rechnungen bei der HWR GmbH ein. Prüfen Sie, ob die Eingangsrechnungen mit den Bestellungen übereinstimmen und geben Sie die Buchungssätze für die Belege an!

Buchen Sie die Bestellungen als Lieferung und Rechnung in das System ein!

Bearbeitungshinweis:

Aktualisieren Sie in der Bestellung die Datumsangaben und ergänzen Sie die Kreditorenrechnungsnummer!

Focke & Co. KG

Lichtensteinstr. 23
72766 Reutlingen

☎ 07121 33411
Fax 07121 33413

Focke & Co. KG * Lichtensteinstr. 23 * 72766 Reutlingen

HWR GmbH
Im Industriegebiet 20
72336 Balingen

RECHNUNG

Rechn.-Nr.	Kunden-Nr.	Rechn.-Datum
80258	34657	10.02. ....

Art.-Nr.	Text	Menge	Einzelpreis	Betrag
74950	Rundstahlrohr	720	2,00	1.440,00
35795	Mulde verzinkt	200	7,44	1.488,00
		2.928,00	556,32	3.484,32
		Nettowarenwert	19 % MwSt	Endbetrag

Zahlungsbedingung: 3% Skonto innerhalb 8 Tage / Zahlungsziel 30 Tage

Bank: Landesgirokasse
BLZ 64050181, Konto-Nr. 671823

UST-ID-Nr.: DE 246867982

Sitz/Registergericht:
Reutlingen, Amtsgericht Reutlingen HRA 498

Steuer-Nr.: 26083/124819

BREUER-TECHNIK GmbH & Co. KG

Achalmstr. 23
72766 Reutlingen

☎ 07121 426387
Fax 07121 426388

Breuer GmbH & Co. KG * Achalmstr. 23 * 72766 Reutlingen

HWR GmbH
Im Industriegebiet 20
72336 Balingen

RECHNUNG

Rechn.-Nr.	Kunden-Nr.	Rechn.-Datum
35543	85492	14.02. ....

Art.-Nr.	Text	Menge	Einzelpreis	Betrag
48623	Flügelschraube	1200	0,08	96,00
49163	Rad komplett	200	6,72	1.344,00
8923	Radmutter	400	0,12	48,00
18271	Aufsteckgriff	400	0,16	64,00
		1.552,00	294,88	1.846,88
		Nettowarenwert	19 % MwSt	Endbetrag

Zahlungsbedingung: 2% Skonto innerhalb 14 Tage / Zahlungsziel 30 Tage

Bank: Badenwürttembergische Bank
BLZ 64020030, Konto-Nr. 832555

UST-ID-Nr.: DE 165329875

Sitz/Registergericht:
Reutlingen, Amtsgericht Reutlingen HRA 883

Steuer-Nr.: 23027/102477

(2) Erläutern Sie, welche Änderung sich in der Artikel- bzw. Lagerhaltungsdatenkarte durch das Buchen der Lieferung ergeben hat!

6. **Fertigungsdurchführung**

(1) Nachdem das Material angeliefert ist, kann nun über die Schaltflächen *Funktion / Status ändern* der fest geplante Fertigungsauftrag freigegeben werden.

Führen Sie die Freigabe des Fertigungsauftrages unter dem Datum des 11.02. über *Status ändern* durch!

(2) Überprüfen Sie die Terminplanung auch anhand der grafischen Plantafel im System!

(3) Mit der Auftragsfreigabe wird mit der Fertigung der „untersten" Komponenten „210006 Stütze" und „210005 Holm" begonnen.

Am 14.02. erhalten Sie folgende Fertigmeldungen dieser Komponenten.

Fertigmeldung: 210 006 Stütze			
Arbeitsgang Nr.	Arbeitsplatz Nr.	Zeit/Min.	Menge/St.
10	100	200	400
20	301	200	400
30	302	300	400
40	400	400	400
50	310	300	400

Fertigmeldung: 210 005 Holm			
Arbeitsgang Nr.	Arbeitsplatz Nr.	Zeit/Min.	Menge/St.
10	100	200	400
20	301	200	400
30	302	200	400
40	400	200	400
50	310	200	400

Buchen Sie den Materialverbrauch und die Fertigstellung der Komponenten „210006 Stütze" und „210005 Holm" über das *Produktionsbuchungsblatt!*

Bearbeitungshinweis:

Materialverbrauch und Fertigstellung der einzelnen Baugruppen erfolgen nach Fertigungsstufen. Beim Schubkarren sind dies zunächst die beiden Baugruppen „210006 Stütze" sowie „210005 Holm".

Über das *Produktionsbuchungsblatt* kann zeilenweise der Materialverbrauch und gleichzeitig die Fertigstellung Baugruppe für Baugruppe gebucht werden.

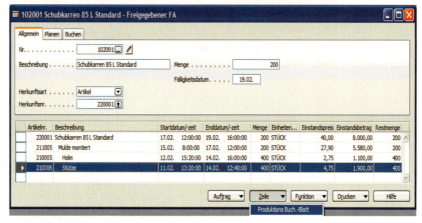

Im Produktionsbuchungsblatt sind die aus der Fertigung gemeldeten Bearbeitungszeiten für die einzelnen Arbeitsgänge zu erfassen.

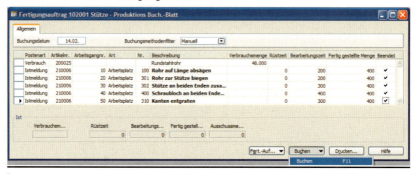

Über die Schaltflächen *Buchen / Buchen* wird die Baugruppe mengen- und wertmäßig im Lager und in der Finanzbuchhaltung zugebucht.

(4) Begründen Sie, wie sich nach der Fertigstellung von „Holm" und „Stütze" der im Konto „Unf. Erzeugn. (gefert. Teile)" ausgewiesene Bestandswert erklärt!

(5) Am 17.02. erhalten Sie die Fertigmeldung der Baugruppe „211 005 Mulde montiert" und am 19.02. die Meldung über die Fertigstellung der Schubkarren.

Fertigmeldung: 211 005 Mulde montiert			
Arbeitsgang Nr.	Arbeitsplatz Nr.	Zeit/Min.	Menge/St.
10	710	1 200	200

Fertigmeldung: 220 001 Schubkarren 85L Standard			
Arbeitsgang Nr.	Arbeitsplatz Nr.	Zeit/Min.	Menge/St.
10	720	1 200	200

Buchen Sie den Materialverbrauch und die Fertigstellung der Baugruppe „Mulde montiert" und des Schubkarrens analog zu den Komponenten Holm und Stütze!

(6) Begründen Sie, wie sich nach der Fertigstellung der Baugruppe „220001 Schubkarren 85L Standard" im Kontenplan der im Konto „2200 Fertigerzeugnisse" ausgewiesene Bestandswert erklärt!

(7) Welche Veränderung ergibt sich durch die Fertigstellung in der Artikel- bzw. Lagerhaltungsdatenkarte des Artikels „220001 Schubkarren 85L Standard"?

7. Lieferung und Ausgangsrechnung

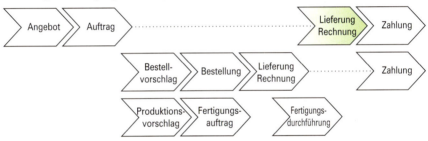

Die Auslieferung des Auftrages über 200 Schubkarren mit gleichzeitiger Rechnungsstellung erfolgt am 20.02. an den Kunden.

(1) Buchen Sie unter dem Arbeitsdatum des 20.02. den Kundenauftrag als Lieferung und Rechnung!

Drucken Sie die Rechnung aus!

(2) Welche Auswirkung hat die Auslieferung des Auftrages in der Artikel- bzw. Lagerhaltungsdatenkarte des Artikels „220001 Schubkarren 85L Standard"?

(3) Geben Sie an, welche Buchungen sich in der *Finanzbuchhaltung* durch die Auslieferung bzw. durch den Verkauf der Schubkarren ergeben!

(4) Vergleichen Sie Ihre Buchungen mit denen des Systems in der *Finanzbuchhaltung* anhand der Journale *Lagerwertbuch* und *Verkauf*!

8. **Zahlungsabwicklung**

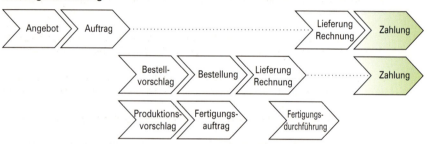

Die HWR GmbH erhält von ihrer Hausbank nachfolgenden Kontoauszug, der die Zahlungsvorgänge im Zusammenhang mit der Produktionsaufnahme und der Kundenauftragsabwicklung beinhaltet.

SPARKASSE ZOLLERNALB		Auszug 7	Konto	24 999 111
	Alter Kontostand vom 15.02.		EUR	118.774,85+
Tag	Text	Wert	Belastung	Gutschrift
16.02	FOCKE & CO. KG R-NR 80258, ABZÜGL. SKONTO KD-NR 34657	16.02	3.379,79	
25.02	BREUER-TECHNIK GMBH & CO. KG KD-NR 85492, R-NR 35543 ABZÜGL. SKONTO	25.02	1.809,94	
03.03	HEIMWERKERMARKT GMBH R-NR 25516, KD-NR 24001	03.03		11.650,00
	Neuer Kontostand vom 03.03.			125.235,12+
++++	NEUER ZINSSATZ SEIT 15.01. 10,75%			

(1) Prüfen Sie die sachliche und rechnerische Richtigkeit der Überweisungen, die laut Kontoauszug an die beiden Lieferanten vorgenommen wurden!

Bearbeitungshinweis:

Ein Überblick über die noch zu zahlenden Rechnungen („offene Posten") eines Lieferanten erhält man über das Register *Allgemein* der betreffenden Kreditorenkarte. Über die Pfeilschaltfläche im Betragsfeld *Saldo* öffnet sich im Weiteren die Anzeige der offenen Posten.

(2) Ermitteln Sie, ob es für die HWR GmbH von Vorteil gewesen wäre, auch bei Inanspruchnahme des Kontokorrentkredites der Bank zum im Kontoauszug genannten Zinssatz die Rechnung des Lieferanten Focke & Co. KG mit Skontoabzug zu zahlen?

(3) Geben Sie die Buchung für die vorgenommene Überweisung an den Lieferanten Focke & Co. KG an!

(4) Prüfen Sie analog zur vorigen Aufgabe (1) die sachliche und rechnerische Richtigkeit des Überweisungseinganges des Kunden 24001 Heimwerkermarkt GmbH!

(5) Sollte sich beim Zahlungseingang des Kunden eine Betragsdifferenz ergeben, so treffen Sie eine begründete Entscheidung, wie mit der Differenz verfahren werden soll!

(6) Geben Sie den Buchungssatz für den Überweisungseingang des Kunden an!

(7) Erfassen Sie über das Fibu-Buchungsblatt den Zahlungsausgleich „offener Posten" des Kontoauszuges.

Bearbeitungshinweis:

Beim Verkaufsprozess ist bereits beispielhaft die Darstellung der Buchungserfassung für einen Zahlungseingang beschrieben. In analoger Weise erfolgt die Buchungserfassung für einen Zahlungsausgang.

Vor dem Buchen der erfassten Zahlungsvorgänge im Buchungsblatt sollte eine Kontoabstimmung erfolgen. Hierbei kann abgeglichen werden, ob die erfassten Zahlungsvorgänge in der Finanzbuchhaltung zum gleichen Kontostand führen wie im Bankkontoauszug ausgewiesen. Bei Abweichungen sind die erfassten Buchungen nochmals zu überprüfen. Hierdurch lassen sich spätere Korrekturbuchungen vermeiden.

(8) Führen Sie eine Kontoabstimmung durch und buchen Sie anschließend die erfassten Zahlungsvorgänge über die Schaltflächen *Buchen* / *Buchen* in das System ein!

483

Projektaufgabe

3   1.   **Weitere Kundenaufträge**

Die Resonanz auf die Präsentation des neuen Schubkarrens in der Fachzeitschrift „Praktiker"
war sehr erfolgreich. Zwei weitere Aufträge gingen bei der HWR GmbH telefonisch ein.

Führen Sie die Kundenauftragsabwicklung unter dem angegebenen Arbeitsdatum analog
zu den Arbeitsschritten des vorausgegangenen Auftrags der Heimwerkermarkt GmbH anhand der nachfolgenden zeitlichen Ereignisse durch!

(1)   25.02.   Auftragseingang vom Kunden „24002 Bauland AG":
Auftragsmenge 125 Stück, 5 % Rabatt, gewünschter Liefertermin 18.03.

      27.02.   Auftragseingang vom Kunden „24006 Hobby-Center GmbH":
Auftragsmenge 75 Stück, kein Rabatt, gewünschter Liefertermin 20.03.

Erfassen Sie die Kundenaufträge!

Bearbeitungshinweis:

Sollte bei den Kunden das Kreditlimit überschritten werden oder ein „überfäl-
liger Saldo" gegeben sein, so soll der Auftrag trotzdem angenommen werden.

(2)   01.03.   Aufgrund der im Betrieb recht angespannten terminlichen Situation sollen die
Bestellungen nicht erst zum spätesten Zeitpunkt, sondern bereits jetzt durchgeführt werden. Außerdem soll vorsorglich die zu bestellende Materialmenge
so erhöht werden, dass eine Produktion von weiteren 80 Schubkarren kurzfristig möglich ist.

Führen Sie die entsprechenden Arbeitsschritte bis zur Bestellung im System
durch!

(3)   08.03.   Die bestellten Materialien sind einschließlich der Eingangsrechnung Nr. 35584
von der Breuer-Technik GmbH & Co. KG und der Eingangsrechnung Nr. 80294
von der Focke & Co. KG bei der HWR GmbH eingetroffen.

Buchen Sie die Materialeingänge!

Berechnen Sie auch, welchen Betrag an Kapitalbindungskosten die eingekaufte Materialmenge bei einem Kontokorrentzinssatz der Bank von 10,75 % pro
Tag verursacht!

(4)   09.03.   Der Fertigungsauftrag wird freigegeben.

Die Fertigstellung der nachfolgenden Komponenten wird von der Produktion
gemeldet.

Führen Sie die entsprechenden Arbeitsschritte durch!

      12.03.

Fertigmeldung: 210 006 Stütze			
Arbeitsgang Nr.	Arbeitsplatz Nr.	Zeit/Min.	Menge/St.
10	100	200	400
20	301	200	400
30	302	300	400
40	400	400	400
50	310	300	400

12.03.

Fertigmeldung: 210 005 Holm			
Arbeitsgang Nr.	Arbeitsplatz Nr.	Zeit/Min.	Menge/St.
10	100	200	400
20	301	200	400
30	302	200	400
40	400	200	400
50	310	200	400

15.03.

Fertigmeldung: 211 005 Mulde montiert			
Arbeitsgang Nr.	Arbeitsplatz Nr.	Zeit/Min.	Menge/St.
10	710	1 200	200

(5) 16.03. Die Materialeingangsrechnungen der Lieferanten werden mit korrektem Skontoabzug laut Kontoauszug Nr. 8 der Sparkasse Zollernalb überwiesen.

Geben Sie auch den Buchungssatz für die Überweisung an die Focke & Co. KG an!

(6) 17.03. Die Endmontage des Schubkarrens wird abgeschlossen.

Fertigmeldung: 220 001 Schubkarren 85L Standard			
Arbeitsgang Nr.	Arbeitsplatz Nr.	Zeit/Min.	Menge/St.
10	720	1 200	200

Geben Sie den Buchungssatz für den Lagerzugang an Fertigerzeugnissen an!

(7) 18.03. Die beiden Aufträge werden einschließlich der Ausgangsrechnung an die Kunden versandt.

Geben Sie am Beispiel des Kunden Bauland AG an, welche Buchungen sich in der Finanzbuchhaltung durch die Auslieferung bzw. durch den Verkauf der Schubkarren ergeben und überprüfen Sie Ihre Buchungen anhand des Journals im ERP-System!

(8) 30.03. Von beiden Kunden gingen die Rechnungsbeträge unter korrektem Abzug von Skonto laut Kontoauszug Nr. 9 auf dem Konto bei der Sparkasse Zollernalb ein.

Geben Sie auch die entsprechende Buchung für den Zahlungseingang des Kunden Bauland AG an und vergleichen Sie diese anhand des Journals im ERP-System!

2. In der HWR GmbH werden die Fertigungsaufträge für die Schubkarrenproduktion sich künftig aus Kundenaufträgen, Betriebsaufträgen (lagerorientierte Produktion) oder einer Mischung aus beidem ergeben.

(1) Nennen Sie Gründe, warum in vielen Betrieben nicht nur kundenauftragsbezogen produziert werden kann, sondern auch lagerorientiert produziert werden muss!

(2) Die HWR GmbH möchte sich künftig bei den Fremdbezugskomponenten des Schubkarrens auf die bedarfsorientierte Dispositionsmethode „Los-für-Los" festgelegen.

Erläutern Sie, was man unter bedarfsorientierter Beschaffung versteht und welche Auswirkung diese Entscheidung auf die Lagerbestandshaltung der Fremdbezugskomponenten des Schubkarrens hat!

2 Projekt: Beschaffungsprozess

2.1 Grundlagen und Basisdaten

Situation

Die HWR GmbH als Handels- und Endmontagebetrieb für Artikel aus dem Bereich Hobby, Werken und Renovieren hat ein umfangreiches Handelswarensortiment.

Durch entsprechende Lagerhaltung bei diesen Artikeln ist bisher auch stets eine hohe Lieferfähigkeit gewährleistet. Um dem Problem der hohen Lagerhaltungskosten zu begegnen, ist man in der HWR GmbH bestrebt, durch entsprechende Bestelldisposition die Lagerbestände insbesondere bei Artikeln mit kürzerer Wiederbeschaffungszeit möglichst niedrig zu halten.

In der HWR GmbH ist auch der Beschaffungsbereich in das integrierte ERP-System eingebunden, mit dessen Hilfe Sie die aus Kundenaufträgen ergebende Lagerbestands- und Bestelldisposition sowie die übrigen anfallenden Arbeitsaufträge im Rahmen des betrieblichen Beschaffungsprozesses durchführen sollen.

Die wesentlichen Daten zum Beschaffungsprozess sind in den einzelnen Menüpunkten der entsprechenden Module des ERP-Informationssystems bereits vorhanden oder werden im Rahmen der Prozessabwicklung erzeugt.

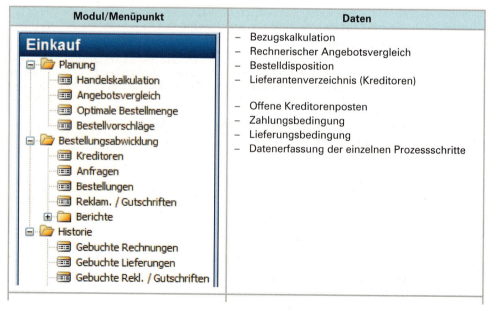

Projektaufgabe

4 1. Die HWR GmbH hat ein umfangreiches Handelswarenlager. Dies ermöglicht bei den meisten Kundenaufträgen eine sofortige Lieferfähigkeit aus dem vorhandenen Bestand heraus. Jedoch die anfallenden Lagerzinskosten und die hohe Kapitalbindung für den kreditfinanzierten Lagerbestand werden für die HWR GmbH zunehmend zu einem Problem.

(1) Berechnen Sie, welcher Lagerzinskostenbetrag bei der HWR GmbH pro Tag anfällt, wenn der Lagerbestand mit einem Kreditzinssatz von 7,5 % fremdfinanziert ist!

Bearbeitungshinweis:

Rufen Sie im Modul *Lager* über Menüpunkt *Berichte* den Bericht *Aktuellen Lagerwert ermitteln* auf! Im Register *Optionen* ist das Datum einzustellen (31.01.), zu dem der Lagerwert festgestellt werden soll. Nehmen Sie an, der Lagerwert zu diesem Zeitpunkt würde auch in etwa dem durchschnittlichen Lagerbestand während des Jahres entsprechen.

(2) Erläutern Sie Faktoren, die zu einer Verringerung der Lagerzinskosten führen könnten!

(3) Nennen Sie weitere Kostenarten, die im Zusammenhang mit der Lagerhaltung anfallen können!

2. Im ERP-System ist bereits ein Kundenauftrag der Hahn & Widmann OHG erfasst. Die HWR GmbH legt großen Wert auf Lieferzuverlässigkeit. Daher wird nach Eingang eines Kundenauftrages sofort geprüft, ob eine Lieferung zum vom Kunden gewünschten Termin aus dem vorhandenen Lagerbestand möglich ist und ob eventuell ein Beschaffungsprozess angestoßen werden muss.

(1) Prüfen Sie anhand der Daten in den einzelnen Registern der Lagerhaltungsdatenkarte, ob mengenmäßig und zeitlich eine Lieferung zum gewünschten Termin möglich ist!
(Annahme: Kalendertage = Werktage)

(2) Ermitteln Sie, wann im Falle einer notwendigen Artikelbeschaffung spätestens eine Bestellung zu veranlassen wäre, wenn der Bestelltag nicht zur Beschaffungszeit zählt!

(3) Stellen Sie aufgrund der Angaben im Register *Planung* der Lagerhaltungsdaten beim Artikel Nr. *221014 Kneifzange* fest, welches Wiederbeschaffungsverfahren bei einer Bestellung dieses Artikels angewandt wird und beschreiben Sie dieses Wiederbeschaffungsverfahren!

(4) Ermitteln Sie beim Artikel Nr. *221014 Kneifzange*, von welchem durchschnittlichen täglichen Verbrauch bzw. Bedarf ausgegangen wird!

3. Das ERP-System unterstützt auch die Bestelldisposition.

Lassen Sie sich aufgrund des vorliegenden Kundenauftrages vom System im Modul *Einkauf* einen Bestellvorschlag erzeugen!

Bearbeitungshinweis:

Im Menüpunkt *Bestellvorschläge* wird über die Schaltfläche *Funktion / Planung berechnen* die Bestellplanungsberechnung durchgeführt. Im Fenster *Planung berechnen* ist im Register *Optionen* der Planungszeitraum anzugeben, auf den die Berechnung beschränkt werden soll.

(1) Begründen Sie die angezeigten Bestellvorschlagsmengen zum angegebenen Fälligkeitsdatum (erwartetes Lieferdatum / Eintreffdatum) bei den einzelnen Artikeln in Verbindung mit den entsprechenden Dispositionsangaben in der jeweiligen Lagerhaltungsdatenkarte!

(2) Nehmen Sie an, man würde bei den vom Kunden Hahn & Widmann OHG bestellten Artikeln vom bisherigen Bestellpunktverfahren auf das bedarfsorientierte Dispositionsverfahren umstellen.

Beschreiben Sie beide Dispositionsverfahren, insbesondere auch in Bezug auf die Lagerhaltung!

(3) Stellen Sie bei den Artikeln (Nr. 221001 Schraubzwinge, Nr. 221014 Kneifzange, Nr. 221067 Arbeitshandschuhe) in der Lagerhaltungsdatenkarte das Dispositionsverfahren auf „Los-für-Los"[1] bedarfsorientiert um und lassen Sie sich einen neuen Bestellvorschlag generieren[2]!

Begründen Sie das Ergebnis des Bestellvorschlages durch rechnerischen Nachweis!

Bearbeitungshinweis:
Löschen Sie eventuell noch vorhandene Bestellvorschlagszeilen und führen Sie den Bestellvorschlag nochmals wie oben beschrieben durch!

4. Aus dem Bestellvorschlag heraus kann mit oder ohne Abänderung eine Bestellung erzeugt werden, sodass anschließend im System unter dem Menüpunkt *Bestellungen* die Bestellung hinterlegt ist.

(1) Stellen Sie im Menü *Extras* das Arbeitsdatum auf den 24.01. und erzeugen Sie im Fenster des Bestellvorschlages über Schaltflächen *Funktion / Ereignismeldung durchführen* eine Bestellung!

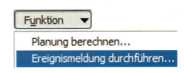

(2) Öffnen Sie im Menüpunkt *Bestellungen* die erzeugte Bestellung und begründen Sie das in der Bestellzeile angegebene Bestelldatum des Artikels unter Berücksichtigung des vom Kunden gewünschten Liefertermins und der Beschaffungszeit des Artikels!

---
1 Beim Wiederbeschaffungsverfahren „Los für Los" wird von mehreren Kundenaufträgen, die innerhalb einer bestimmten Zeitspanne (z. B. 1 Woche) zu erfüllen sind, der notwendige Beschaffungsbedarf zu einer Bestellung zusammengefasst.
2 Generieren: erzeugen, produzieren.

Bearbeitungshinweis:
Im „Bestellkopf" schlägt das System das aktuelle Datum (frühestes Bestelldatum) vor. Das in der Bestellzeile angegebene Bestelldatum ist der späteste Bestelltermin. Dabei zählt zur Liefer- bzw. Beschaffungszeit des Artikels der Tag der Bestellung nicht mit. Für den Transport der Ware zu den Kunden ist in der Debitorenkarte bei allen Kunden eine Transportzeit von 1 Tag vermerkt.

(3) Erläutern Sie, inwiefern auch im Register *Allgemein* der Artikel- bzw. Lagerhaltungsdatenkarte des betreffenden Artikels nun ersichtlich ist, dass eine Bestellung vorliegt!

5. Trifft die beim Lieferanten bestellte Ware mit Rechnung ein, so erfolgt im ERP-System automatisiert und integriert eine Buchung in der Finanzbuchhaltung und im Warenwirtschaftssystem (Lagerbuchhaltung) in zwei Schritten:

1. Schritt: Zunächst wird der Rechnungsbetrag getrennt nach Nettowarenwert und Vorsteuer aufwandsrechnerisch gebucht.

2. Schritt: Die einzelnen Artikel aus der Rechnung werden mengen- und wertmäßig in das Warenwirtschaftssystem übernommen. Da die Handelswaren Vermögen darstellen, muss der Aufwand wieder korrigiert werden.

Beispiel:

Der HWR GmbH liegt die nachfolgende Eingangsrechnung vor.

Aufgabe:
Stellen Sie den Sachverhalt auf den Konten dar!

Lösung:

490

S	2210 Handelswaren	H	S	6080 Aufw. f. HW	H	S	2600 Vorsteuer	H
(2a) 6080 300,00			(1) 4400 800,00	(2a) 2210 300,00		(1) 4400 152,00		
(2b) 6080 500,00				(2b) 2210 500,00				

S	4400 Verb. a.L.u.L.	H
	(1) 6080/	
	(1) 2600	952,00

Lagerzugang/Aufwandskorrektur

Erläuterung:

Die wertmäßige Verzahnung (Integration) zwischen dem Warenwirtschaftssystem und der Finanzbuchhaltung erfolgt über die Bestandskonten der Werkstoffe und Handelswaren. Die Bestandskonten sind somit das wertmäßige Abbild des Warenwirtschaftssystems in der Finanzbuchhaltung. Daneben sind im Warenwirtschaftssystem u.a. Bestandsdaten, Bezugsquellen, Bestelldaten, Lieferzeiten, Ein- und Verkaufspreise usw. gespeichert.

Die theoretisch naheliegende Überlegung, die Beschaffung von Werkstoffen und Handelswaren mit nur einer einzigen Buchung sofort bestandsrechnerisch – also ohne Buchung auf dem Aufwandskonto – vorzunehmen, ist in der betrieblichen Praxis nicht praktikabel. Die bestandsrechnerische Buchung unterstellt, dass der Eingang der Rechnung und die Warenlieferung komplett und zeitgleich erfolgen, was in der Praxis häufig nicht der Fall ist. Weiterhin gibt es im Unternehmen auch Artikel von wert- und mengenmäßig geringerer Bedeutung, bei denen eine Lagerbestandsführung und Artikelverwaltung zu verwaltungsaufwendig und lediglich eine Aufwandsbuchung sinnvoller ist.

(1) Die bestellten Kneifzangen sind zusammen mit der Eingangsrechnung (siehe nachfolgender Rechnungsauszug) bei der HWR GmbH eingegangen.

Geben Sie die Buchungen an, die das ERP-System beim Einbuchen der Lieferung und Rechnung automatisch vornimmt!

(2) Rufen Sie die Bestellung auf und ergänzen Sie im „Bestellkopf" das Buchungsdatum und die Kreditoren-Rechnungsnummer! Buchen Sie nun über die Schaltflächen *Buchen/Buchen* die eingegangene Lieferung und Rechnung ein!

491

(3) Vergleichen Sie in der *Finanzbuchhaltung* in *Journale* die erzeugten Buchungen in den Journalen LWERTBUCH (Lagerwertbuch) und EINKAUF mit Ihren vorigen Buchungen!

(4) Erläutern Sie, welche Änderung sich im Register *Allgemein* der Artikel- bzw. Lagerhaltungsdatenkarte des betreffenden Artikels durch die eingebuchte Lieferung ergeben hat!

(5) Am 01.02. wird der Auftrag der Hahn & Widmann OHG ausgeliefert. Erzeugen Sie aus dem Auftrag eine Lieferung und Rechnung im System!

Projektaufgabe

5 1. Die HWR GmbH möchte eine Montagestütze in ihr Sortiment aufnehmen. Auf die Anfragen bei verschiedenen Lieferanten sind die in den nachfolgenden Anlagen auszugsweise dargestellten Angebote eingegangen.

(1) Führen Sie einen rechnerischen Angebotsvergleich durch! Gehen Sie von einer Bestellmenge von 400 Stück aus!

Bearbeitungshinweis:
Beachten Sie, dass in den Eingabefeldern der Angebotsvergleichsmaske auch Rechenvorgänge durchgeführt werden können.

Anlage 1

Anlage 2

Anlage 3

(2) Erläutern Sie, welche nichtrechnerischen Kriterien man in den Angebotsvergleich noch einbeziehen könnte!

(3) Begründen Sie, ob die Lieferzeit des Lieferanten eine Auswirkung auf den Meldebestand und den Sicherheitsbestand hat.

2. Der Artikel „Montagestütze" (siehe vorige Aufgabe) soll vom preislich günstigsten Lieferanten bezogen werden. Nun sollen für die Lager- und Bestelldisposition einige Daten ermittelt werden.

Gehen Sie hierzu von folgenden Werten aus: Einstandspreis siehe vorige Aufgabe, ca. 250 Werktage, mit dem Sicherheitsbestand sollen 2 Werktage überbrückt werden können, Lagerhaltungskostensatz 12 %, Jahresbedarf 8 000 Stück, bestellfixe Kosten 50 EUR.

(1) Ermitteln Sie anhand der Werte den Meldebestand und den Sicherheitsbestand!

(2) Ermitteln Sie die optimale Bestellmenge!

Stellen Sie die Berechnung nach dem Muster der nachfolgenden Tabelle dar bzw. lösen Sie die Aufgabe mit Unterstützung einer Tabellenkalkulation!

Bestellanzahl pro Jahr	Bestellmenge pro Bestellung	Lagerwert der Bestellmenge (Bestellwert/2) €	Bestellfixe Kosten pro Jahr €	Lagerkosten pro Jahr €	Gesamtkosten pro Jahr €
5					
10					
15					
20					
25					
30					

(3) Legen Sie den Lieferanten und den Artikel im System an!

(4) Ermitteln Sie für den Artikel „Montagestütze" die optimale Bestellmenge über die entsprechende Funktion im System und vergleichen Sie das Ergebnis mit der tabellarischen Berechnung!

2.2 Beschaffungsprozess auf der Basis eines Kundenauftrages

Die folgende Abbildung skizziert vereinfacht den grundsätzlichen Ablauf eines Kundenauftrages in Verbindung mit der laufenden Bestelldisposition und Terminplanung im Rahmen eines Beschaffungsprozesses im Bereich der Handelswaren.

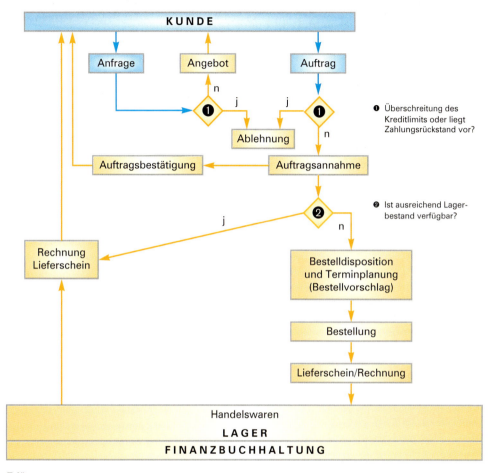

Erläuterung:

Bei einem Auftragseingang (mit oder ohne vorausgegangenes Angebot) prüft das ERP-System im Rahmen der Auftragserfassung neben der Bonität (Kreditlimit, Zahlungsrückstand) des Kunden, ob ein ausreichender Lagerbestand verfügbar ist. Als Ergebnis muss hier eventuell in einen Beschaffungsprozess verzweigt werden. Dabei leistet das System bereits Unterstützung bei der Lagerbestands- und Bestelldisposition. Auf der Basis des Dispositionsverfahrens und der Beschaffungszeit der Artikel wird ein Bestellvorschlag unterbreitet, wenn keine ausreichende Artikelmenge vorhanden ist oder durch die Kundenauftragsabwicklung bestimmte Lagerbestandsgrenzen unterschritten werden. Der Bestellvorschlag kann mit oder ohne Veränderung in eine Bestellung überführt werden. Mit dem Eingang der Lieferung/Rechnung wird die Voraussetzung für die weitere Abwicklung der zu erfüllenden Kundenaufträge geschaffen.[1]

---

1 Aus Vereinfachungsgründen werden die Zahlungsabwicklung und eine eventuelle Rücksendung/Gutschrift als weitere mögliche Elemente des Absatz- und Beschaffungsprozesses im Schaubild nicht dargestellt.

Projektaufgabe

6 1. **Angebot und Auftrag**

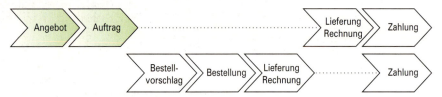

An die Kunden Heimwerkermarkt GmbH und Bauland AG wurden Angebote abgegeben, die im ERP-System bereits erfasst sind.

Von der Heimwerkermarkt GmbH ging folgende E-Mail ein:

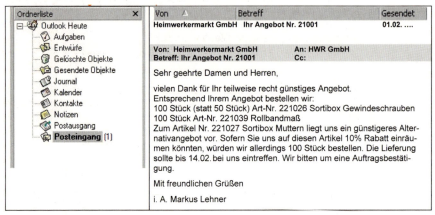

Von einem Telefonat mit dem Kunden Bauland AG liegt folgende Gesprächsnotiz vor:

Telefonnotiz	
Datum:	01.02.
Gesprächspartner:	Herr Wieland, Bauland AG
Gesprächsnotiz:	Bezug auf unser Angebot Nr. 21002 vom 26.01. Auftragserteilung bzw. Bestellung nur, wenn generell auf alle Artikel 10% Rabatt gewährt werden. Beim Artikel Nr. 221118 würden wir dann auch die Bestellmenge um 25 Stück erhöhen. Bitte heute noch Auftragsbestätigung und Lieferung bis 17.02. falls Auftrag angenommen wird.

(1) Prüfen Sie, ob bei den Vorgaben des Kunden Heimwerkermarkt GmbH am Artikel Nr. *221027 Sortibox Muttern* noch etwas verdient ist, wenn mit innerbetrieblichen Kosten (Handlungskostenzuschlag) in Höhe von 25% auf den Einstandspreis kalkuliert werden muss und der Kunde entsprechend der Kundenzahlungsbedingung eventuell noch den Skontoabzug vornimmt!

(2) Beide Aufträge sollen entsprechend den Kundenwünschen angenommen werden. Erläutern Sie, was vom ERP-System bei der Erstellung eines Kundenauftrages abgeprüft wird!

Führen Sie diese Prüfvorgänge vorab manuell am Beispiel des Kunden Heimwerkermarkt GmbH durch!

(3) Nehmen Sie unter dem Arbeitsdatum des 01.02. im „Angebotskopf" und bei den Angebotspositionen der zugrunde liegenden Angebote die entsprechenden Änderungen vor und erzeugen Sie aus den Angeboten über die Schaltfläche *Auftrag erstellen* jeweils den Auftrag!

(4) Ergänzen Sie im Anschluss an die Umwandlung des Angebotes in einen Auftrag im Menüpunkt *Aufträge* im Kopf der Auftragsmaske das Lieferdatum – wenn nicht vorhanden – und nehmen Sie den auf die Auftragsannahme folgenden Arbeitsschritt vor!

(5) Inwiefern ist am Beispiel des Artikels Nr. *221027 Sortibox Muttern* aus der Artikel- bzw. Lagerhaltungsdatenkarte nun ersichtlich, dass zu erfüllende Kundenaufträge vorliegen?

2. **Auftrag, Bestellvorschlag und Bestellung**

Um einen höchstmöglichen Grad an Lieferfähigkeit zu gewährleisten, wird in der HWR GmbH arbeitstäglich festgestellt, ob aufgrund vorhersehbarer Lagerbestandsunterschreitungen ein Beschaffungsprozess eingeleitet werden muss.

(1) Begründen Sie vorab anhand der Lagerhaltungsdatenkarte des Artikels Nr. *221027 Sortibox Muttern*, ob und gegebenenfalls welchen Bestellmengenvorschlag das ERP-System bei diesem Artikel machen wird!

(2) Lassen Sie sich aufgrund der vorliegenden Kundenaufträge vom System im Modul *Einkauf* einen Bestellvorschlag erzeugen!

Bearbeitungshinweis:
Im Bestellvorschlagsfenster wird über die Schaltflächen *Funktion / Planung berechnen* die Bestellplanungsberechnung durchgeführt. Im Fenster *Planung berechnen* ist im Register *Optionen* der Planungszeitraum anzugeben, auf den die Berechnung beschränkt werden soll.

(3) Begründen Sie, warum das ERP-System bei der Auftragserstellung aus den Angeboten nur eine Bestandswarnmeldung beim Artikel Nr. *221027 Sortibox Muttern* angezeigt hat, nun aber noch für weitere Artikel aus den Kundenaufträgen einen Bestellvorschlag unterbreitet!

(4) Begründen Sie das im Bestellvorschlag beim Artikel Nr. *221027 Sortibox Muttern* als Fälligkeitstag (Eintreff- bzw. Lieferdatum) der Ware angegebene Datum in Verbindung mit dem vom Kunden Bauland AG gewünschten Lieferdatum!

(5) Erstellen Sie unter dem Arbeitsdatum des 01.02. aus dem Bestellvorschlag ohne Abänderung die entsprechenden Bestellungen und öffnen Sie anschließend die Bestellung bei der Liebermann KG!

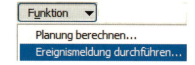

(6) Begründen Sie das in der Bestellzeile des Artikels Nr. *221027 Sortibox Muttern* angegebene (späteste) Bestelldatum!

(7) Erläutern Sie, welche Änderung sich im Register *Allgemein* der Artikel- bzw. Lagerhaltungsdatenkarte des Artikels Nr. *221027 Sortibox Muttern* sowie auch bei den anderen bestellten Artikeln durch die Bestellung ergeben hat!

3. **Lieferung und Eingangsrechnung**

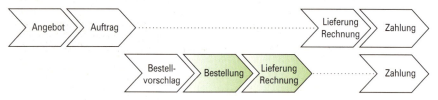

Am 11.02. trifft von der Liebermann KG die bestellte Ware ein. Aufgrund einer derzeit laufenden Verkaufsaktion erhielten wir – wie im nachfolgenden Rechnungsauszug zu ersehen ist – auf die einzelnen Artikel einen Rabatt, der in der Bestellung noch nicht berücksichtigt ist.

498

Liebermann KG

Heimwerkerbedarf

Brahmsstr. 17, 72072 Tübingen, Tel.: 07071 483531

Liebermann KG * Brahmsstr. 17 * 72072 Tübingen

HWR GmbH
Im Industriegebiet 20
72336 Balingen

Rechnung-Nr.: 73483
Kunden-Nr.: 38941
Datum: 11.02...

Lieferschein / Rechnung

Art.-Nr.	Text	Menge	Einzelpreis	Rabatt %	Betrag
78529	Sortibox Gewindeschrauben	200	2,50	5	475,00
835462	Sortibox Muttern	200	2,50	7,5	462,50

	Nettowarenwert	937,50
	+ 19 % MwSt.	178,13
	Rechnungsbetrag	1115,63

(1) Erläutern Sie, welche Auswirkung der Wareneingang im Lager (Artikel- bzw. Lagerhaltungsdatenkarte) hervorruft!

(2) Geben Sie die Buchung für die obige Eingangsrechnung an, die im ERP-System automatisch vorgenommen wird!

(3) Buchen Sie aus der Bestellung heraus über die Schaltflächen *Buchen* / *Buchen* unter Berücksichtigung des Rabattes die Lieferung und Rechnung!

Öffnen Sie anschließend in der *Finanzbuchhaltung* den Menüpunkt *Journale* und analysieren und vergleichen Sie die Buchungen unter LWERTBUCH (Lagerwertbuch) und EINKAUF mit Ihren Buchungen aus Aufgabe 2!

(4) Am 14.02. traf bereits vorzeitig die Lieferung und Rechnung Nr. 34633 von der Kulmbach & Forch OHG ohne Abweichung von der Bestellung ein.

Buchen Sie aus der Bestellung heraus über die Schaltflächen *Buchen / Buchen* die Lieferung und Rechnung!

4. **Rücksendung und Einkaufsgutschrift**

Bereits am 11.02. haben wir einer Produktinformation der Kulmbach & Forch OHG entnommen, dass der Artikel Nr. *221118 Elektro-Tacker* in Kürze durch ein leistungsfähigeres Nachfolgemodell abgelöst wird. Bei einem sofortigen Telefonanruf konnte die HWR GmbH erreichen, dass aus Kulanzgründen 50 Stück der Elektro-Tacker, die „durch ein Versehen" zuviel bestellt wurden, wieder zurückgenommen werden. Da die geringere Menge in der Rechnung Nr. 34633 nicht mehr berücksichtigt werden konnte, erteilte die Kulmbach & Forch OHG sofort die Gutschrift (siehe nachfolgender Auszug), die zeitgleich mit der Rechnung am 14.02. einging. Ebenfalls am 14.02. wurden 50 Stück der Elektro-Tacker wieder zurückgesandt.

KULMBACH & FORCH OHG

Hirschweg 14
72072 Tübingen
Tel.: 07071 483531
Fax: 07071 483532

HWR GmbH
Im Industriegebiet 20
72336 Balingen

Gutschrift-Nr.: 99341
Kunden-Nr.: 21536

Datum 14.02...

GUTSCHRIFT

Art.-Nr.	Text	Menge	E-Preis	Rabatt %	Betrag
98654	ELEKTRO-TACKER	50	12,50		625,00
			Nettowarenwert		625,00
			+ 19 % MwSt.		118,75
			Gutschriftbetrag		743,75

(1) Erläutern Sie, welche Auswirkung bzw. Veränderung die Gutschrift in der Finanzbuchhaltung und in der Lagerwirtschaft haben wird!

(2) Bilden Sie den Buchungssatz für die Rücksendung bzw. Gutschrift!

(3) Stellen Sie in der *Finanzbuchhaltung* im *Kontenplan* die Kontenstände der Konten fest, die durch die Gutschriftbuchung betroffen sind und stellen Sie im Weiteren im Modul *Lager* den momentanen Lagerbestand des Artikels Nr. *221118 Elektro-Tacker* fest!

(4) Bearbeiten Sie die Gutschrift im System und begründen Sie anschließend die Veränderung der Kontenstände und des Lagerbestands gegenüber dem Ergebnis der vorigen Aufgabe!

Bearbeitungshinweis:

Steht der Cursor im Feld *Nr.* der Gutschriftmaske, erhalten Sie über die Enter-Taste einen Vorschlag für die Gutschriftnummer.

Anschließend ist über die Schaltflächen *Funktion / Beleg kopieren* am unteren Bildschirmrand die gebuchte Rechnung aufzurufen, auf die eine Gutschrift erteilt werden soll.

Durch das Setzen des Häkchens in der vorigen Abbildung werden die Adressdaten und der Inhalt der gebuchten Rechnung in die Gutschrift übernommen. Die von der Gutschrift nicht betroffenen Positionen (Zeilen) sind zu löschen, während betroffene Positionen entsprechend mit der Rücksendungsmenge zu korrigieren sind.

5. **Lieferung und Ausgangsrechnung**

Am 14.02. und am 17.02. liefert die HWR GmbH entsprechend dem Kundenwunsch die Aufträge an die Heimwerkermarkt GmbH und die Bauland AG aus:

(1) Erläutern Sie, welche Auswirkung die Auslieferung der Aufträge im Lager (Artikel- bzw. Lagerhaltungsdatenkarte) hervorruft!

(2) Erzeugen Sie unter dem entsprechenden Datum aus den Aufträgen über die Schaltflächen *Buchen / Buchen* eine Lieferung und Rechnung!

Lassen Sie sich für die Lieferung und Rechnungsstellung (Fakturierung) vom System auch die Belege ausdrucken!

(3) Geben Sie die Buchung für die Ausgangsrechnung an die Heimwerkermarkt GmbH an, die im ERP-System automatisch vorgenommen wird!

Bearbeitungshinweis:
Beachten Sie, dass dem Umsatzerlös aus dem Handelswarenverkauf sofort bei jedem Verkaufsvorgang der Lagerabgang der einzelnen Artikel als Wareneinsatz mit einer Handelswarenaufwandsbuchung gegenübergestellt wird. Das integrierte Warenwirtschaftssystem liefert hierzu mengen- und wertmäßig die entsprechenden Zahlen. Aus der Differenz zwischen Handelswarenerlös und Handelswarenaufwand ergibt sich sofort bei jedem Verkaufsgeschäft der sogenannte Warenrohgewinn.

(4) Öffnen Sie in der *Finanzbuchhaltung* den Menüpunkt *Journale* und analysieren und vergleichen Sie die Buchungen unter LWERTBUCH (Lagerwertbuch) und VERKAUF mit Ihren Buchungen aus Aufgabe 3!

Bearbeitungshinweis:
Alternativ zum Journal lassen sich die Buchungen auch im Kontenplan über die Schaltfläche *Saldo / Saldo* analysieren. Setzen Sie als Datumsfilter den Tag der Rechnung, um gezielt nur diese Buchungen angezeigt zu bekommen!

(5) Ermitteln Sie aus den Zahlen der Buchungen den Handelswarenrohgewinn aus diesen Kundenaufträgen!

6. **Zahlungsabwicklung**

Die HWR GmbH erhielt von ihrer Hausbank nachfolgenden Kontoauszug:

SPARKASSE ZOLLERNALB		Auszug 7	Konto	24 999 111
	Alter Kontostand vom 02.03.		EUR	118.774,85+
Tag	**Text**	**Wert**	**Belastung**	**Gutschrift**
24.02	LIEBERMANN KG, KD-NR 38941 R-NR 73483, ABZÜGL. SKONTO	24.02	1.082,16	
24.02	KULMBACH & FORCH OHG R-NR 34633 ABZÜGL. GUTSCHRIFT NR 99341 UND SKONTO	24.02	2.359,22	
27.02	HEIMWERKERMARKT GMBH R-NR 25517, KD-NR 24001 ABZÜGL. SKONTO	27.02		1.131,21
28.02	BAULAND AG, KD-NR 24002 R-NR 25483, 25502, 25509, 25518 ABZÜGL. SKONTO	28.02		61.300,00
	Neuer Kontostand vom 01.03.			177.764,68 +
++++	NEUER ZINSSATZ SEIT 15.01. 10,75%			

(1) Prüfen Sie die sachliche und rechnerische Richtigkeit der Zahlungsvorgänge laut Kontoauszug!

Bearbeitungshinweis:
Einen Überblick über „offene Posten" der Kunden und bei Lieferanten erhält man sehr schnell auch über das Register *Allgemein* der betreffenden Debitoren- bzw. Kreditorenkarte.

Über die Pfeilschaltfläche im Betragsfeld *Saldo* öffnet sich im Weiteren die Anzeige der offenen Posten.

503

(2) Geben Sie jeweils den Buchungssatz an, der sich durch den Zahlungsausgang an die Kulmbach & Forch OHG und durch den Zahlungseingang von der Bauland AG ergibt!

Bearbeitungshinweis:

Der sich ergebende Differenzbetrag bei der Bauland AG soll als offener Posten weitergeführt und daher nicht ausgebucht werden.

(3) Ermitteln Sie, ob es für die Heimwerkermarkt GmbH auch dann von Vorteil gewesen wäre, die Rechnung der HWR GmbH mit Skontoabzug zu zahlen, wenn sie dazu den Kontokorrentkredit ihrer Bank zum im Kontoauszug genannten Zinssatz hätte in Anspruch nehmen müssen!

(4) Erfassen Sie über das Fibu-Buchungsblatt den Zahlungsausgleich „offener Posten" des Kontoauszuges.

Bearbeitungshinweis:

Beim Verkaufsprozess ist beispielhaft die Darstellung der Buchungserfassung für einen Zahlungseingang beschrieben. In analoger Weise erfolgt die Buchungserfassung für einen Zahlungsausgang.

Vor dem Buchen der erfassten Zahlungsvorgänge im Buchungsblatt sollte eine Kontoabstimmung erfolgen. Hierbei kann abgeglichen werden, ob die erfassten Zahlungsvorgänge in der Finanzbuchhaltung zum gleichen Kontostand führen wie im Bankkontoauszug ausgewiesen. Bei Abweichungen sind die erfassten Buchungen nochmals zu überprüfen. Hierdurch lassen sich spätere Korrekturbuchungen vermeiden.

Führen Sie eine Kontoabstimmung durch und buchen Sie anschließend die erfassten Zahlungsvorgänge über die Schaltflächen *Buchen / Buchen* in das System ein!

(5) Analysieren Sie die Systembuchungen in der *Finanzbuchhaltung* unter *Journale* und vergleichen Sie diese mit Ihren manuellen Buchungen!

Projektaufgabe

7 1. Das Konto „2210 Handelswaren" zeigt seit Jahresbeginn bis Ende Februar nachfolgende Werte an:

(1) Die Handelswareneinkäufe überstiegen in dieser Zeit die Handelswarenabgänge um 3658,50 €. Wie hoch war der Handelswarenanfangsbestand?

(2) Ermitteln Sie aus den verfügbaren Zahlenwerten den durchschnittlichen Lagerbestandswert!

(3) Angenommen, der Lagerbestand sei zum angegebenen Zinssatz im weiter vorne dargestellten Kontoauszug fremdfinanziert. Mit welchen monatlichen Zinskosten müsste die HWR GmbH rechnen?

(4) Nehmen Sie an, die bisherigen Handelswarenabgänge (Wareneinsatz) würden sich bis Ende des Jahres so weiterentwickeln und auch der berechnete durchschnittliche Lagerbestand würde dem Jahresdurchschnitt entsprechen. Berechnen Sie auf der Basis dieser Annahmen die Lagerumschlagshäufigkeit und die durchschnittliche Lagerdauer!

(5) Beurteilen Sie die berechnete durchschnittliche Lagerdauer!

(6) Angenommen, die berechnete durchschnittliche Lagerdauer würde so auch auf den Artikel „221075 Elektro-Heckenschere" zutreffen. Berechnen Sie, welche Lagerzinskosten jedes Stück dieses Artikels verursachen würde! (Zinssatz wie vorher)

(7) Erläutern Sie mögliche Maßnahmen, um die durchschnittliche Lagerdauer zu verkürzen!

(8) Ermitteln Sie im Modul *Lager* über den Bericht *Aktuellen Lagerwert ermitteln*, welcher Artikel momentan (28.02.) am meisten Kapital bindet!

(9) Welchen prozentualen Anteil am Gesamtlagerwert nimmt dieser Artikel ein?

2. Die Zahlungen aufgrund von Einkäufen des laufenden Jahres sind bis Ende Februar im System erfasst.

(1) Stellen Sie im Modul *Einkauf / Bestellungsabwicklung* anhand des Berichtes *Kreditor – Top 10 Liste* fest, bei welchen drei Lieferanten im laufenden Jahr am meisten eingekauft wurde!

Bearbeitungshinweis:
Geben Sie unter dem Datumsfilter den Zeitraum ein. Anstelle von „xx" ist die entsprechende Jahreszahl einzugeben. Das Anfangsdatum und das Enddatum wird durch „.." (zwei Punkte) getrennt.

505

(2) Welchen prozentualen Einkaufsanteil haben diese Lieferanten am bisherigen Gesamt-einkaufsvolumen?

(3) Unsere Zahlungsverpflichtungen gegenüber Lieferanten sind fast alle zur Zahlung fäl-lig. Es sind auch schon Mahnungen eingegangen. Prüfen Sie, ob wir in der Lage sind, den Zahlungsverpflichtungen nachzukommen, wenn wir erwarten, dass in den folgen-den zwei Wochen unsere Kunden ca. 30 % der offenen Rechnungsbeträge zahlen!

(4) Nennen Sie mögliche Maßnahmen, die unsere Zahlungsfähigkeit verbessern könnten!

(5) Geben Sie den Sachverhalt an, der zur nachfolgenden Journalbuchung geführt hat!

Buchungsdatum	Belegart	Belegnr.	Sachkontonr.	Sollbetrag	Habenbetrag
24.02.	Zahlung	7	2800		1.082,16
24.02.	Zahlung	7	2600		5,34
24.02.	Zahlung	7	4400	1.115,63	
24.02.	Zahlung	7	2213		28,13

Abkürzungen
Gesetze, Rechtsverordnungen

AktG	Aktiengesetz
AO	Abgabenordnung
ArbGG	Arbeitsgerichtsgesetz
ArbSchG	Gesetz über die Durchführung von Maßnahmen des Arbeitsschutzes zur Verbesserung der Sicherheit und des Gesundheitsschutzes der Beschäftigten bei der Arbeit (Arbeitsschutzgesetz)
ArbSichG	Gesetz über Betriebsärzte, Sicherheitsingenieure und andere Fachkräfte für Arbeitssicherheit (Arbeitssicherheitsgesetz)
ArbStättV	Verordnung über Arbeitsstätten (Arbeitsstättenverordnung)
BBankG	Gesetz über die Deutsche Bundesbank (Bundesbankgesetz)
BBiG	Berufsbildungsgesetz
BetrVG	Betriebsverfassungsgesetz
BGB	Bürgerliches Gesetzbuch
BImSchG	Gesetz zum Schutz vor schädlichen Umwelteinwirkungen durch Luftverunreinigungen, Geräusche, Erschütterungen und ähnliche Vorgänge (Bundes-Immissionsschutzgesetz)
BNatSchG	Gesetz über Naturschutz und Landschaftspflege (Bundesnaturschutzgesetz)
ChemG	Gesetz zum Schutz vor gefährlichen Stoffen (Chemikaliengesetz)
DrittelbG	Gesetz über die Drittelbeteiligung der Arbeitnehmer im Aufsichtsrat (Drittelbeteiligungsgesetz)
EBRG	Gesetz über Europäische Betriebsräte (Europäisches Betriebsrätegesetz)
EStDV	Einkommensteuer-Durchführungsverordnung
EStG	Einkommensteuergesetz
EStR	Einkommensteuerrichtlinien
FamFG	Gesetz über das Verfahren in Familiensachen und in den Angelegenheiten der freiwilligen Gerichtsbarkeit
Finanzdienstleistungsaufsichtsgesetz	
GenG	Gesetz betreffend die Erwerbs- und Wirtschaftsgenossenschaften (Genossenschaftsgesetz)
GeschmMG	Gesetz über den rechtlichen Schutz von Mustern und Modellen (Geschmacksmustergesetz)
GewO	Gewerbeordnung
GG	Grundgesetz für die Bundesrepublik Deutschland

GmbHG	Gesetz betreffend die Gesellschaften mit beschränkter Haftung
Grundbuchordnung	
GVG	Gerichtsverfassungsgesetz
GWB	Gesetz gegen Wettbewerbsbeschränkungen (Kartellgesetz)
HGB	Handelsgesetzbuch
HRV	Handelsregisterordnung
InsO	Insolvenzordnung
JuSchG	Jugendschutzgesetz
KrW-/AbfG	Gesetz zur Förderung der Kreislaufwirtschaft und Sicherung der umweltverträglichen Beseitigung von Abfällen (Kreislaufwirtschafts- und Abfallgesetz)
KSchG	Kündigungsschutzgesetz
MarkenG	Gesetz über den Schutz von Marken und sonstigen Kennzeichen (Markengesetz)
Montan-MitbestG	Gesetz über die Mitbestimmung der Arbeitnehmer in den Aufsichtsräten und Vorständen der Unternehmen des Bergbaus und der Eisen und Stahl erzeugenden Industrie (Montan-Mitbestimmungsgesetz) von 1951
MitbestG (1976)	Gesetz über die Mitbestimmung der Arbeitnehmer (Mitbestimmungsgesetz) von 1976
MünzG	Münzgesetz
NachwG	Gesetz über den Nachweis der für ein Arbeitsverhältnis geltenden wesentlichen Bedingungen (Nachweisgesetz)
PatG	Patentgesetz
ProdHaftG	Gesetz über die Haftung für fehlerhafte Produkte (Produkthaftungsgesetz)
SGB	Sozialgesetzbuch (12 Bücher)
SigG	Signaturgesetz
StGB	Strafgesetzbuch
TVG	Tarifvertragsgesetz
UWG	Gesetz gegen den unlauteren Wettbewerb
UmweltHG	Gesetz über die Umwelthaftung (Umwelthaftungsgesetz)
UStG	Umsatzsteuergesetz
Verordnung zur elektronischen Signatur (Signaturverordnung)	
ZPO	Zivilprozessordnung

Stichwortverzeichnis

A

Abbuchungsauftragsverfahren 119f.
ABC-Analyse 88ff.
Abmahnung 351
Abnahme 110
abnehmerorientierte Preispolitik 207f.
Absatzlogistik 246f.
Absatzmarketingkonzept 253ff.
Absatzorgane 233ff.
Absatzorganisation 244ff.
– äußere 244f.
– direkter Absatz 244
– indirekter Absatz 244f.
– innere 245f.
Absatzpotenzial 180f.
Absatzprozesse 169ff.
Absatzvolumen 181f.
Absatzweg 244ff.
Abschlussvertreter 240
Abschöpfungsstrategie 192
Abschreibungsfinanzierung 417ff.
Abschreibungskreislauf 417f.
Abschreibungsrückflüsse 417ff.
Abzahlungsdarlehen 395f.
Agentur für Arbeit 273
Agenturvertrag 240
Akkordlohn 328ff.
Akkordrichtsatz 329
Alleinwerbung 221
Allgemeinverbindlichkeit 281
Allowable Costs 213f.
Amortisationsvergleichsrechnung 378f.
analytische Arbeitsbeurteilung 311
analytisches Arbeitsverwertungsverfahren 322
angelernte Arbeit 271
Anlagedeckung 436
Annahme 110
Annuitätendarlehen 395
Anschaffungskosten 132
Aperzeptionszahl 225
Aquisitionszahl 225
Arbeitsbereicherung 309
Arbeitsbewertung 320ff.
Arbeitsentgelt 336
Arbeitserweiterung 308
Arbeitsformen 271
Arbeitsgerichtsbarkeit 351ff.
Arbeitskampfmaßnahmen 281
Arbeitsplatzwechsel 309
Arbeitsproduktivität 37
Arbeitsstrukturierung 308ff.
Arbeitsstudien 314
Arbeitsverleihunternehmen 273
Arbeitsvertrag 277ff.

Arbeitswertstudien 320ff.
Arbeitszeitflexibilisierung 293f.
Arbeitszeitmodelle 293ff.
Arbeitszeitstudien 315ff.
Artvollmacht 287
Assessment-Center 276
Auditoren 69
Auftragszeit 318f.
Ausbildung 306f.
Ausfallbürgschaft 421
Ausführungszeit 319
ausgegliederter Absatz 240ff.
Außenfinanzierung 387, 389ff.
äußere Absatzorganisation 244f.
außerordentliche Kündigung 350
autonome Arbeitsgruppen 309

B

B2A 235
B2B 124, 167, 235
B2C 124, 235
B2G 236
Bankdarlehen 393ff.
Bankkarte 120
bargeldlose Zahlung 115ff., 126
Barzahlung 113f.
Baukastensystem 47f.
BDE 59
Bedarfsdeckung
– durch Vorratshaltung 100
– ohne Vorratshaltung 101
Bedarfsplanung 86
Beeindruckungserfolg 226
Befragung 179
befristete Arbeitsverträge 296
Beitragsbemessungsgrenze 339
Benchmarking (Fußnote 1) 19
Beratung 200
Berührungserfolg 226
Berufsausbildung 306
Berufung (Arbeitsgericht) 352
Beschaffung
– als Geschäftsprozess 76ff.
– Buchungen bei der Beschaffung 129ff.
– Controlling 152ff.
– Informationen über Lieferer 80ff.
– Informationsquellen 83ff.
– Liefererauswahl 104ff.
– Marktforschung 78ff.
– Materialbereitstellungsverfahren 100ff.
– Mengenplanung 94ff.
– planung 85ff.
– prozesse 110ff.
– Ziele 76f.

Beschaffungs-Controlling 152 ff.
Beschaffungs-Marketing 78 ff.
Beschäftigungsgrad 20
Beschaffenheitsgarantie 201
Beschwerde (Arbeitsgericht) 352
Besitzkonstitut 426
bestandsorientiertes Verfahren 123
Bestellkosten 94 f.
Bestellpunktverfahren 96 ff.
Bestellrhythmusverfahren 96 ff.
Bestellung 110
Beteiligungsfinanzierung 395, 397 ff.
betriebliches Vorschlagswesen 73
Betriebsdatenerfassung (BDE) 59
Betriebsordnung 282, 359
Betriebsrat 355 f.
Betriebsvereinbarung 282, 359
Betriebsverfassung 355
Betriebsversammlung 358
Beurteilungsformen 310
Beurteilungskriterien 310
Bewerbungsunterlagen 275
Bezugskalkulation 104 f.
Bezugsquellendaten 84
Bezugskosten 132
BIC 118
bilanzielle Abschreibung 417
Blankokredite 420
Break-even-Point 31
Briefgrundschuld 429
Bruttoentgelt 336
Bruttoinvestition 372
Buchführung
– Beschaffung von Werkstoffen und Handels-
  waren 129 ff.
– Lohn- und Gehaltsbuchungen 336 ff.
Buchgeld 113
Buchgrundschuld 429
Bürgschaftskredit 421 ff.

C
C-Commerce 166
CAD 57
CAM 57
CAP 57
CAQ 57
Cashcows 191
chaotische Lagerplatzordnung 164
Checkliste zur Liefererauswahl 81
CIM-Konzept 57 ff.
Coaching 307
Co-Branding 231
Computer Aided Design (CAD) 57
Computer Aided Manufacturing (CAM) 57
Computer Aided Planning (CAP) 57
Computer Aided Quality Assurance (CAQ) 57

Computer Integrated Manufactoring (CIM) 57 f.
Controlling
– Aufgaben 16
– Begriff 15
– Beschaffungs-Controlling 17, 152 ff.
– Marketing-Controlling 17, 262 ff.
– operatives 16 f.
– Personal-Controlling 17, 361 ff.
– Produktions-Controlling 15 ff.
– strategisches 17
Corporate Identity 228

D
Damnum 394
Darlehen (Begriff) 393
Darlehensfinanzierung 392 ff.
Darlehensvertrag 393 f.
Datenschutz 312
Dauerauftrag 119
Deckungskauf 149
Degenerationsphase 188
degressive Kosten 24
deklaratorische Wirkung der HR-Eintragung 288
Delegation 286, 302
Delivery on demand 101
Delkredere 240
Deming-Kreislauf 72 f.
Desinvestition 372
Desinvestitionsstrategie 192
dezentraler Absatz 233
dezentrales Lager 154
DIN EN ISO 9000:2008 65 ff., 71
dingliches Pfandrecht 424 f.
dingliches Recht 423 f.
Dienstvertrag 277
Direct Mailing 230
Direct Response Werbung 230
Direktmarketing 230
direkter Absatz 244
Direktwerbung 221
Disagio 394
Diskontkredit 421
Diskriminierungsverbot 296
Distributionspolitik 233 ff.
Drifting Costs 214 f.
durchschnittlicher Lagerbestand 156

E
E-Learning 307
EC-Lastschrift-Verfahren (ELV) 122
E-Commerce 125, 235 ff.
effektive Verzinsung 401
effektiver Jahreszinssatz 394
Eigenfertigung 49
Eigenfinanzierung 387, 412
Einfaktorenvergleich 104 f.

Einführungsphase 187
Einigungsstelle 358
Einzelakkord 328
Einzelbeschaffung im Bedarfsfall 101
Einzelprokura 288
Einzelvertretung 287
Einzelvollmacht 287
Einzugsermächtigungsverfahren 118
eiserner Bestand 155
Electronic cash 120 ff.
Electronic Commerce 124, 235 f.
Electronic Data Interchange 236 f.
Electronic Shopping 236 f.
elektronische Geldbörse 121
elektronische Marktplätze 167
elektronisches Geld 114
ELStAM (Fußnote 3) 338
ELV 122
Emissionskonsortium 401
Entgeltpollitik 204
Entlohnungssysteme 327 ff.
E-Procurement (Fußnote 3) 167
Equipment-Leasing 404
Erfüllungserfolg 226
Erneuerungsschein 401
ERP-System 167
Ersatzinvestitionen 372
Ersatz notwendiger vergeblicher Aufwendungen 149
Erweiterungsinvestitionen 372
Eventmarketing 230 f.

F
Facelifting 198
Factoring 407
Fälligkeitsdarlehen 395
Feldforschung 179
Fertigungsverfahren
– Einfluss der ... auf die Kosten 32 ff.
fertigungssynchrone Beschaffung 101
Fifo-Strategie 165
Filialprokura 288
Finance-Leasing 404
Finanzdienstleistungen 216
Finanzierung 368 ff.
– Anlässe 381
– als Kennzahl 435
– aus Abschreibungsrückflüssen 417 ff.
– aus freigesetztem Kapital 416 ff.
– Außenfinanzierung 388 ff.
– Beteiligungsfinanzierung 388 ff.
– Darlehensfinanzierung 392 ff.
– Grundsätze 433 ff.
– Fremdfinanzierung 392
– Industrieobligationen 409 ff.
– Innenfinanzierung 388, 412 ff.

– Kennzahlen der ... 435 ff.
– Kontokorrentkredit 397 f.
– Kreditarten 420 ff.
– Kreditfinanzierung 388, 392
– Kreditsicherung 420 ff.
– Leasing 403 ff.
– Möglichkeiten 387 ff.
– Planung 381
– Selbstfinanzierung 388, 412 ff.
– Übersicht 387
– Vermögensumschichtung 416
– Zusammenhang mit Investierung 371 f.
Finanzierungsgrundsätze 433 ff.
Finanzplan 384 ff.
fixe Kosten 21 f.
– absolut fixe Kosten 21
– relativ fixe Kosten 22
– intervallfixe Kosten 22
– sprungfixe Kosten 22
Fixum 235
Flächentarifverträge 280
flexible Arbeitsgestaltung 293 ff.
Fortbildung 306 f.
Franchising 238 ff.
freie Lagerplatzvergabe 164
Fremdbezug 49
Fremdfinanzierung 392
Friedenspflicht 281
fristlose Kündigung 350
Führungsmethoden 302
Führungsstile 301 f.
Full-pay-out-Verträge 405

G
Garantie 201 f.
Gehaltsabrechnung 336 f.
Gehaltsbuchungen 336 ff.
Geldakkord 329
Geldarten 113
Geldkarte 122 f., 126
gelernte Arbeit 271
Gemeinschaftswerbung 221
Genfer Schema 322
Gesamtprokura 288
Geschäftsführer 288
Gesetz der Massenproduktion 31
gesetzliche Kündigung 348
Gewinnschwelle 30
Gewinnvergleichsrechnung 376 f.
Gewinnverteilung KG 412 ff.
Giralgeld 113
Girocard 120
Girokonto 115 ff.
Giropay 126
Gleitarbeitszeit 295

511

Globalzession 423
goldene Bankregel 434
goldene Bilanzregel 436
Grundbuch 427f.
Grundkredit 426
Grundkredite 426ff.
Grundkündigungsfrist 349
Grundlohn 328
Grundnutzen 186
Grundpfandrecht 427
Grundschuld 427f.
Grundschuldbrief 429
Grundschuldkredit 429, 437ff.
Gründungsinvestitionen 372
Grundzeit 319
Gruppenakkord 331
Gruppenarbeit 309
Gutschriften von Lieferern 137ff.

H
halbbare Zahlung 114
Haltbarkeitsgarantie 201
Handelsvertreter 240ff.
Handlungsreisender 233ff.
Handlungsvollmacht 286ff.
Hochpreisstrategie 205
Höchstbestand 97
Homebanking 124
horizontale Diversifikation 196
Hypothek 427
Hypothekarkredit 427

I
IBAN-Code 118
indirekter Absatz 244
Industrieleasing 404
Industrieobligation 400ff.
Informationsquellen 83ff.
Inkassoprovision 240
Inkassovollmacht 240
Innenfinanzierung 387, 412ff.
innere Absatzorganisation 245f.
interne Eigenfinanzierung 388, 412
Internet als Informationsquelle 236
Investierung
 – als Kennzahl 436
Investition 368ff.
 – Anlässe 371ff.
 – Arten 371ff.
 – Begriff 370
 – Planung 371ff.
 – statische Verfahren 374ff.
 – Strategie 192
 – Verfahren der Investitionsrechnung 373

J
Jobenlargement 308
Jobenrichment 309
Jobrotation 309
Jobsharing 295
Jugend- und Auszubildendenvertretung 356
Just-in-time-Konzeption 52f.
Just-in-time-Verfahren 101

K
kaizen 55
kalkulatorische Abschreibung 417
KANBAN-Konzept 102
Kapazität 20
Kapitalbedarfsrechnung 381ff.
Kapitalfreisetzungseffekt 418
Kapitalmarkt 400
Kapitalproduktivität 37f.
Katalogverfahren 322
Käufermarkt 171
Kennzahlen (Marketing-Controlling) 260ff.
 – der Leistungserstellung 37
 – prozessorientierte 39
Kirchensteuer 337f.
Kommissionär 242ff.
Kommunikationsmix 234, 261
Kommunikationspolitik 220ff.
Konditionendatei 84
konkurrenzorientierte Preispolitik 211f.
Konstitution 436
Konsumentenrente 209
Konsumgüterleasing 404
kontinuierlicher Verbesserungsprozess (KVP) 55f., 71f.
Kontokorrentkredit 397f.
Kontovertrag 115
Kontrahierungspolitik 204ff.
Konventionalstrafe 149
kostenorientierte Preispolitik 206f.
Kostenremanenz 26
Kostenvergleichsrechnung 375f.
Kostenverschiebungen 33
Kredit (Begriff) 393
Kreditfinanzierung 392ff.
Kreditkarte 123ff.
Kreditsicherung 420f.
Kreditvertrag 393
kritische Kostenpunkte 28ff.
Kulanz 201
Kundendienst 200
Kündigung 348f.
Kündigungsschutz 350ff.
KVP 71

L

Lager
- arten 152f.
- bestand 153f.
- dauer 157
- funktionen 152
- haltungskosten 154f.
- kennzahlen 154ff.
- lagerlose Sofortverwendung 101
- organisation 163ff.
- platzvergabe 163f.
- risiken 152ff., 159
- umschlagshäufigkeit 156f.
- zinsfuß 158
Lastschrift 125
Lastschriftverfahren 119f.
laterale Diversifikation 197
Lean Management 54
Lean Production 53ff.
Leasing 403ff.
Leerkosten 22
Leistungsstörung des Beschaffungsprozesses
    145ff.
Licensing 228
Lieferbedingungen 216
Liefererauswahl 104f.
Liefererboni 139
Liefererdatei 84
Liefererskonti 140
Lieferungsverzug 145ff.
- Begriff 145
- erweiterte Haftung des Schuldners 146
- Rechte des Käufers 147ff.
- Voraussetzungen 145f.
Lifo-Strategie 165
Liquidität (als Kennzahl) 436
Logistik 162
- Bedeutung 165
Lohn- und Gehaltstarifverträge 280
Lohnabrechnung 336f.
Lohnbuchungen 336ff.
Lohnsatzberechnung 324
Lohnsteuer 337
Lohnsteuerbescheinigung 338
Lohnsteuerkarte 338
Lohnsteuerklassen 338
Lohnsteuertabelle 339
Lombardkredit 424f.

M

Make or Buy 49f.
Management by Delegation 303
Management by Exception 302
Management by Objectives 303
Mantel 401

Manteltarifverträge 280
Mantelzession 423
Marketing 171ff.
- Aufgaben 175
- Begriff 171
- Marketing-Mix 175, 253ff.
- Ziele des Marketing 172
Marketing-Controlling 256ff.
Marktanalyse 176
Marktbeobachtung 177
Marktforschung 176ff.
- Begriff 176
- Gebiete der Marktforschung 177
- Methoden 178
- Träger der Marktforschung 178
marktorientierte Preisbildung 215f.
Marktgrößen 179
Marktpotenzial 180f.
Marktprognose 178
Marktsättigung 180
Marktsegmentierung 181f., 209
Markttransparenz 180
Marktvolumen 180f.
Marktwachstum-Marktanteil-Portfolio 185,
    191ff., 255
Massenwerbung 221
Materialauswahl 86f.
Materialbereitstellungsverfahren 100
Materialdatei 84
Materialfluss 163
Materialwirtschaft 76ff.
Maximalkapazität 20
Mehrfaktorenvergleich 105
Meldebestand 155
Mengenplanung 94ff.
Menschenbilder 298
Mentoring 308
Merchandising 228
Mindestbestand 155
Minimalkapazität 20
Minutenfaktor 329
Mischkosten 25
Mitarbeiterbeurteilung 312
Mitarbeitergespräch 303
Mitbestimmung 357
Motivation 299ff.
Münzregal 113

N

nachfrageorientierte Preispolitik 207f.
Nachnahme 125
Nachwirkung 281
Nettoentgelt 337
Nettoinvestitionen 372
Nicht-Rechtzeitig-Lieferung 145ff.

Niedrigpreisstrategie 205
Nominalzinssatz 401
Non-pay-out-Verträge 405
Normalbeschäftigung 20
Normalleistung 315
Normen 45 ff.
Normung 45
Notenprovileg 113
Nutzenschwelle 30
Nutzkosten 22

O

offene Selbstfinanzierung 412 ff.
offene Zession 422
Offensivstrategie 191
Öffentlichkeitsarbeit 228 f.
Onlinebanking 124
Operate-Leasing 404
operatives Controlling 16
optimale Bestellmenge 94 ff.
optimaler Kostenpunkt 31
Optionsrecht 405
ordentliche Kündigung 348 f.
Outsourcing 56, 165

P

PayPal 126
PDCA-Kreislauf (Deming-Kreislauf) 72 f.
Penetrationspreispolitik 205
Personalwirtschaft 264 ff.
– als Geschäftsprozess 264 ff.
– Arbeitsformen 271
– Arbeitsgerichtsbarkeit 351 ff.
– Arbeitsstrukturierung 306, 308 ff.
– Arbeitsvertrag 277 ff.
– Arbeitszeitstudien 315 ff.
– Arbeitswertstudien 320 ff.
– Aufgaben 266 f.
– Bewerbungsunterlagen 275
– Bewertung der Arbeit 320
– Buchung von Personalaufwendungen 342 ff.
– Datenschutz 312
– Entlohnungssysteme 327 ff.
– Kündigung 348 ff.
– Lohn- und Gehaltsabrechnung 336 ff.
– Mitarbeitergespräche 303 f.
– Mitwirkung des Betriebsrates bei Einstellung 277
– Personalakte 364
– Personalausschreibung 272
– Personalauswahl 275 ff.
– Personalbedarfsplanung 268 ff.
– Personalberater 273
– Personalbeschaffung 275 ff.

– Personalbeschaffungsplanung 272 f.
– Personalbeschaffungswege 272 f.
– Personalbeurteilung 310 ff.
– Personalbildung 305 ff.
– Personalcontrolling 361 ff.
– Personaldaten 364
– Personaleinstellung 275 ff.
– Personaleinsatzplanung 292 ff.
– Personalentlohnung 314 ff.
– Personalentwicklung 305 ff.
– Personalförderung 305, 307 f.
– Personalfreisetzung 347 ff.
– Personalführung 298 ff.
– Personalinformationssystem 365
– Personalstatistik 366
– Stellenbeschreibung 270
– Vollmachten 286 ff.
– Ziele 266
Personalkredite 420
Perzeptionszahl 225
Pflichtverletzung 147
PIN 119
Point of Sale (POS) 119, 227
Poor Dogs 192
Portal 236
Portfolio-Analyse 190 ff.
Planungsstrategie 185
Prämienlohn 331 f.
Prämienpreisstrategie 205
Praktikum 307
Preisdifferenzierung 209 ff.
Preisnachlässe von Lieferern 137 ff.
Preispolitik 204, 206 f.
– abnehmerorientierte 207 ff.
– Arten 206
– konkurrenzorientierte 211 f.
– kostenorientierte 206 f.
– marktorientierte 212 f.
– nachfrageorientierte 207 ff.
– preispolitische Obergrenze 208
– Target Costing 212 ff.
– wettbewerbsorientierte 211 f.
– Ziele 206
Preisstrategien 204
Primärforschung 179
Product-Placement 229 f.
Produkt (Begriff) 186
Produktdifferenzierung 197 f.
– horizontale 198
– vertikale 197
Produktdiversifikation 196 f.
– horizontale 196
– laterale 197
– vertikale 197
Produkteliminierung 195, 198
Produktinnovation 195 f.

Produktions-Controlling 15ff.
– Aufgaben 18f.
Produktivität 37
Produkt-Lebenszyklus 186f.
Produktmodifizierung 195, 198
Produktmix 199f.
Produktpolitik 185ff.
Produktprogramm 186, 195ff.
Produkttest 254
Produktvariation 195, 198
progressive Kosten 24
Projektgruppeneinsatz 309
Prokura 288f.
Promotionspreispolitik 205
proportionale Kosten 23ff.
– degressive Kosten 24
– progressive Kosten 24
prozessorientierte Kennzahlen 39
Public Relations 228f.
Punktebewertungstabelle 82, 106

Q
Qualität (Begriff) 63f.
Qualitätskontrolle 61
Qualitätsmanagement 63f.
Qualitätssicherung 62
Questionmarks 191

R
Rangfolgeverfahren 321
Ratendarlehen 395f.
Rationalisierung 42ff.
– Anlässe zur Rationalisierung 43
– Begriff 42
– Einzelmaßnahmen der Rationalisierung 44
– Ziele der Rationalisierung 43
Rationalisierungsinvestition 372
Rationalisierungskonzepte 52ff.
Realkredite 423ff.
REFA-Zeitaufnahme 315
Reifephase 186
Reinvestitionen 378
Relaunch 198
Rentabilität 39
Rentabilitätsvergleichsrechnung 377f.
Rentenschuld 428
Revision (Arbeitsgericht) 352
Rückgangsphase 187
Rücksendungen an Lieferer 134
Rücktritt vom Kaufvertrag 148
Rüstzeit 319

S
Sachkredit 403
Sale-and-lease-back 405
Salespromotion 227f.

Sättigungsgrad des Marktes 181
Sättigungsphase 186
Schadensersatz
– statt der Leistung 148
– wegen Verzögerung der Leistung 147
Scheidemünzen 113
Schichtarbeit 295
Schreibtischforschung 179
Schuldscheindarlehen 400
Schutzinvestitionen 372
Scoring-Modell 105f.
Sekundärdienstleistung 200
Sekundärforschung 179
Sekure Socket Layer (SSL) 125
Selbstfinanzierung 388, 412ff.
selbstschuldnerische Bürgschaft 422
Sensitivitätsanalyse 316
SEPA-Überweisung 117f.
Servicegrad 100
Sicherheitsbestand 97
Sicherungsübereignungskredit 425
Sichteinlagen 114
Simultaneous Engineering 57
Single Sourcing 78
Skimming-Strategie 205
Sofortnachlässe 131
Solidaritätszuschlag 337
Sortiment 186
Sortimentspolitik 185
Sozialpartner 280
Sozialplan 282
sozial ungerechtfertigte Kündigung 350
Sozialversicherungsbeiträge (Berechnung)
   339f.
Sponsoring 229
Staffelarbeitszeit 295
Standard Costs 214f.
Standardisierung 44
Stars 191
Stellenausschreibung 272
Stellenbeschreibung 270
Steuerklasse 338
stille Zession 422
Strategie 185
Strategie der Lagerbewirtschaftung 163ff.
strategische Geschäfseinheit 190
strategisches Controlling 17
Streugebiet 224
Streukreis 224
Streuzeit 224
Stückgeldakkord 329
Stückzeitakkord 329
summarische Arbeitsbeurteilung 310
summarische Arbeitswertstudien 320f.
Supply Chain Management 62, 165ff.
systematische Lagerplatzordnung 164

T

Tätigkeitszeit 319
Talon 401
TAN 124
Target Costing 212f.
Target Costs 213f.
Target Gap 214f.
Target Price 213
Target Profit 213f.
Tarifautonomie 280
Tarifbindung 281
Tariföffnungsklauseln 281
Tarifparteien 280
Tarifvertrag 280ff.
Teilefamilienfertigung 44f.
Teilschuldverschreibungen 400
Teilzeitbeschäftigung 296
Teilzeit- und Befristungsgesetz (TzBfG) 296
Telefonmarketing 230
Testmarkt 254
Total Quality Management (TQM) 55f., 62f., 69f.
TQM 62
Traineeprogramm 307
Training off the job 306
Training on the job 306
Typung 48f.

U

Überfinanzierung 385
Überliquidität 435
Überweisung 116ff.
Umschulung 307
ungelernte Arbeit 271
Unterfinanzierung 385
Unterliquidität 436
Unternehmensleitbild 228
Unternehmensverfassung 355

V

variable Kosten 23ff.
verbrauchsorientiertes Verfahren 129
Verbundwerbung 221
Vergessenskurve 223
Verkaufsniederlassung 235
Verkäufermarkt 171
Verkaufsförderung 227f.
Vermittlungsvertreter 240
Vermögensumschichtung 416
verstärkter Personalkredit 421ff.
Verteilzeit 319
vertikale Diversifikation 197
vertragliche Kündigung 349
Vertragshändler 237

vertretbare Wertpapiere 423
Vertretungsmacht 286
Vertriebsgesellschaft 235
Vollmacht 286ff.
Vorauskasse 125
Vorschlagswesen 73f.
Vorstandsmitglieder 288

W

Wachstumsphase 187
Warenabnahme 110f.
Warenannahme 110f.
Wareneingangskontrolle 110
Wareneingangsschein 111
Wartezeit 319
Web-Reklame 236
Webvertising 236
Weighted-Point-Method 105
Werbung 220ff.
– Alleinwerbung 221
– antizyklische Werbung 223
– Arten 221
– Bedeutung 226f.
– Begriff 220
– Direktwerbung 221
– Einzelwerbung 221
– Gemeinschaftswerbung 221
– Grundsätze 220f.
– Massenwerbung 221
– Sammelwerbung 221
– Streugebiet 224
– Streuzeit 223
– Verbundwerbung 221
– Werbeerfolgskontrolle 224f.
– Werbeetat 223
– Werbemittel 222
– Werbeplanung 221
– Werbeträger 222
– zyklische Werbung 223
werkseigener Absatz 233ff.
werksgebundener Absatz 237ff.
Wertanalyse 215
wettbewerbsorientierte Preispolitik 211f.
Wirtschaftlichkeit 38
Wirtschaftsausschuss 358

X

XYZ-Analyse 91

Z

Zahlungsarten 113ff.
Zahlungsverkehr 113